國家清史編纂委員會·文獻叢刊

清代河南碑刻資料

6

王興亞　等　編

創于1897
商務印書館
The Commercial Press

二〇一六年·北京

目　錄

商丘市

商丘市（歸德府、商邱縣）

重修白雲寺碑記 ... 3
重修演武廳事記 ... 3
重修書院碑記 ... 4
光祿大夫太子太保內翰林國史院大學士贈少保兼太子太保文康宋公權神道碑銘 ... 5
重修察院三司記 ... 7
范文正公講院碑記 ... 7
新遷顏魯公碑記 ... 8
重修顏魯公碑亭記 ... 9
太子太保國史院大學士贈少保諡文康宋公（權）墓誌銘 ... 9
文康公賜塋祭田碑記 ... 11
宋氏先賢祠祭田記 ... 12
亡兒著壙誌 ... 13
亡妾薛氏墓誌 ... 14
微子廟碑記 ... 14
清修前明資德大夫正治上卿戶部尚書侯公（恂）暨元配楊夫人合葬墓誌銘蓋 ... 15
皇清奉議大夫刑部江西清吏司郎中恤刑浙江侯公（方夏）暨元配張宜人合葬墓誌銘 ... 15

皇清中憲大夫湖廣長沙府知府前署陝西肅州兵備道呂南呂公（夾鐘）暨元配恭人
　　邵君合葬墓誌銘 16
皇清故明通議大夫兵部左侍郎加授二品服俸青來葉公（廷桂）暨元配李淑人副室
　　劉宜人蔣孺人合葬墓誌銘 18
皇清待贈太夫人湯（斑）母軒太君墓誌銘 22
皇清誥封淑人宋（至）母葉夫人墓誌銘 24
二賢祠碑 26
青門山人墓誌銘 27
唐昌黎伯韓文公專祠碑記 28
資政大夫刑部尚書阮亭王公（士禎）暨配張宜人墓誌銘 29
光祿大夫太子少師吏部尚書宋公犖墓誌銘 31
建習禮祠碑記 33
四報祠記 34
皇清敕授儒林郎提督浙江學政翰林院編修山言宋君（至）暨元配劉安人合葬墓
　　誌銘 35
皇清賜同進士出身誥授中憲大夫刑部督捕司郎中青立宋公（華金）墓誌銘 37
請開歸德水利疏 38
巡撫蔣炳折奏歸德水利善後事宜 40
歸德治水碑記 41
重修儒學記 42
開歸陳汝四郡河圖碑 43
奉天府尹商丘宋公筠墓誌銘 43
皇清太學生韶川褚公（型良）暨元配王孺人繼配張孺人合葬墓誌銘 44
通政司右通政陳公履平墓誌銘 46
奉直大夫王公夢弼合葬墓誌銘 46
清例授儒林郎候選布政司經歷蔡君諱廷春字觀光安葬墓誌銘蓋 48

寧陵縣

呂仲和感德碑文 49
呂坤祠堂碑文 49
金龍四大王廟碑記 51
續修金龍四大王碑記 51
巡撫佟公宏仁碑 52
張弓鎮廣濟橋碑記 52

路烈女碑記 53
御製平定回部告成太學碑 54
誥授奉直大夫貴州開州知州愍軒呂公（柱石）暨德配陳宜人合葬墓誌銘 54
續修文脩書院碑記 56
皇清例贈武略騎尉保舉六品衛景陽呂公墓表 56
孝經碑 57
明指揮千户黑斯公墓誌 60

永城市（永城縣）

文林郎國子監博士□公（譜元）暨配贈封孺人賈氏劉氏石氏合葬墓誌銘 61
重修文廟碑 63
重修太邱書院碑記 63
明正治卿中奉大夫兵部尚書練公（國事）暨元配誥封夫人趙氏側室誥封夫人王氏
　合葬墓誌銘 64
重修學宮碑記 67
開濬城南溝渠記 67
重修永城縣城垣碑記 68
疏濬山城集一帶溝渠記 68
新建陳仲弓先生祠記 69
新修迎春閣記 70
迎春閣記 70
夫子巖碑記 71
濬城北溝渠記 72
還金閭碑 72
御製平定朔漠告成太學碑 72
邑侯三韓王公重修八蜡廟記 74
重修夫子巖記 74
光禄大夫武英殿大學士兼吏部尚書李文定公天馥墓誌銘 75
御製訓飭士子碑 77
御製訓飭士子碑 77
萊陽縣李公暨配練孺人墓誌銘 78
太學生李公配黃孺人合葬墓誌銘 79
顯曾祖考桂菴太府君（雯生）曾祖妣盛太君墓誌銘 80

皇清歲貢生顯考松樵府君（祖良）暨顯妣李太君合葬墓誌 82
李樗香墓誌 83
重修明倫堂碑記 84
創塑先賢先儒記 84
移營碑記 85
資政大夫呂公墓誌銘 86
重修學宮碑記 87
永城縣捐穀修倉記 88
光緒年擴修太邱書院碑記 89
永城縣重修土城記 89

夏邑縣

福勝寺完滿碑記序 91
重修東北寺記 91
東門通濟橋碑記 92
夏邑縣題名記 93
徐公德政碑記 94
重修黌學碑記 95
重修縣城碑記 96
山東登州府推官彭公舜齡墓表 97
重修城隍廟碑記 97
重修三皇廟碑記 98
重修龍王廟碑記 99
山西冀寧道孟孫繩墓誌銘 100
彭樹葵墓誌銘 101
胡家橋碑記 103
皇清敕授徵仕郎廣西憑祥州州判陸君（慶均）墓誌銘 103
李敏第墓誌銘 104
北石井村胡樓于家橋碑記 105
重修地藏王殿碑記 106
重修班家橋碑記 106
重修玉皇廟碑記 107
重修班家口橋記 107

節孝總坊碑記	108
重修崇正書院夏邑試院學田節畧碑記	109
重修崇正書院併增修試院記	109
蔣李二公祠碑記	110
重修火神廟記	111
節孝祠碑記	112
雷侯祠碑記	112
創建火德星君祠記	113
鄭欽元墓誌	114
重修城隍廟碑記	114

虞城縣

重脩聖宮記	116
重建縣治記	116
脩學記	117
義塚碑記	117
惠民溝記	118
惠民溝記	119
太常寺少卿耿公墓誌銘	120
贈文林郎江南含山縣知縣許君墓誌銘	121
加脩護城堤記	123
重建崇聖宮記	123
廣濟堂記	124
虞城縣重脩學宮記	125
醫祖華公廟碑記	126
皇清誥封光祿大夫甘肅巡撫都察院右副都御史加五級紀錄三次戊午科舉人歷任山東利津江南含山上海知縣介庵許公墓誌銘	126
重建文光閣記	128
開濬引河記	129
重濬惠民溝記	130
重脩城隍廟碑記	131
耿都諫諱大烈字承武德惠碑	131
重修奎星樓記	132

重修城隍廟碑文	133
增修古虞書院記	133
修文昌宫碑記	134
重修虞城縣碑	134
閤邑紳民感恩碑記	135
忠親王碑記	136
籌建古虞書院經費記	136
德政碑	137
重修城隍廟碑文	138
重修奎星樓記	138
商均墓碑並序	139
題詠權虞城孫刺史金鑑商均墓碑	139

柘城縣

漢壽亭侯關公廟碑記	141
舊城關公廟碑記	141
邑侯白公去思碑記	142
勅封翰林院編修李公墓誌銘	142
中丞佟公題蠲柘城夫柳德政碑	143
王雪園侍御墓誌銘	144
重修城隍廟碑記	145
朱陽書院記	146
中丞趙公捐免協柳德政碑記	147
工部主事陳公墓誌銘	148
朱陽書院創建聖殿碑記	150
中憲大夫邢公墓表	151
朱陽書院記	152
朱陽書院記	153
邑侯史公重修明倫堂碑記	154
竇筠峯先生祠記	155
內閣中書李公（芳廣）墓誌銘	156
竇筠峯先生墓表	158
建橋碑記	159

重建東曹寺記	159
學田碑記	160
邑侯史公創建名宦祠碑記	161
柘邑陞學記	162
新建東嶽廟碑記	163
徵仕郎翰林院檢討靜庵竇公墓誌銘	163
皇清鄉貢進士宜君令魏君（珖）墓誌銘	165
敕封翰林院庶吉士道康竇公墓誌銘	166
工部左侍郎惕園李公墓表	167
五經孝廉一齋竇君墓誌銘	169
烈女廟記	171
北郊公建先大人祠堂記	171
柘邑舊城士民感恩碑記	172
廣東道監察御史高公玢墓表	172
濟瀆池祈雨記	173
直隸忻州知州樗村竇公墓誌銘	174
嘉定府知府竇公墓表	175
重修朱襄氏廟記	176
重修縣署記	177
濟瀆祠禱雨靈應記	177
重修大官橋記	178
重修濟瀆池廟碑記	179
創修文昌帝君祠記	180
重修文廟碑記	180
誥授奉政大夫原任柘城縣知縣元侯遺愛碑	181

睢縣（睢州）

封建昌府推官王公墓誌銘	183
旌烈祠記	184
潼關衛儒學重建啟聖祠碑記	184
潼關樓刻詩記	185
重建漢太尉楊公饗堂碑記	186
睢州節烈祠碑	187

睢城西關帝廟記	188
重修乾明寺碑記	188
大梁處士王公墓表	189
誥贈恭人湯母趙氏節烈祠碑	190
田烈婦孫氏殉節碑記	191
文學幼兆吳君暨魏孺人合葬墓誌銘	192
睢州泰山廟碑記	193
拔貢彥公趙君墓誌銘	193
江南鎮江府海防同知冉渠吳公墓誌銘	194
清中憲大夫廣東韶州府知府巖築趙公（霖吉）暨元配恭人張氏合葬墓誌銘	196
睢州移建廟學碑記	198
南羅武君墓誌銘	200
陝西延安府靖邊同知陳公墓表	201
重修中州會館記	202
石塢山房圖記	203
三聖廟碑記	203
重修玉帝廟記	204
前兵部尚書湛虛張公墓誌銘	205
砥園施先生墓誌銘	207
奉訓大夫雲南楚雄府通判袁公賦誠墓誌銘	208
皇清誥授奉政大夫提督江南通省學政按察司僉事眉叟劉公（士龍）暨元配誥贈宜人劉氏合葬墓誌銘	209
重建節烈祠碑記	212
翰林院侍讀愚山施公墓誌銘	212
睢州復建成八蜡祠記	213
奎樓碑記	214
移獄碑記	215
重修蘇州府儒學碑記	216
慶都縣堯母陵廟碑記	217
封文林郎翰林院庶吉士余君墓誌銘	218
巡撫江寧等處都察院右副都御史陞任禮部尚書掌管詹事府事睢州湯公祠碑	219
湯公墓誌銘	220
尊經閣記	223
築堤禦災記	224

皇清經筵講官工部尚書潛庵先生神道碑銘	224
工部尚書湯公神道碑	228
新修儒學西署碑記	232
知州陳公去思碑記	233
重修玄帝廟碑記	234
清故江西撫州府推官唐誠齋先生墓表	235
皇清待贈太夫人湯（斑）母軒太君墓誌銘	237
皇清敕授文林郎湖廣衡州府安仁縣知縣王公諱贊字襄哉暨元配孺人蔣氏繼配孺人徐氏合葬墓誌銘	238
皇清崇祀鄉賢前明分守河南大梁兵巡道布政司參政兼按察司僉事石憲袁公合葬墓誌銘	241
清故進士張公懋勳合葬墓誌銘	242
郡守胡父母施粥賑饑全活二萬人感德碑記	244
道存書院碑記	244
新復學田碑記	245
湯潛菴先生墓表	246
皇清誥授奉政大夫湖廣寶慶府知府公冕王公（組）墓誌銘	247
御書"當堂常賞"四大字	249
故江南按察使司按察使王公繻墓誌銘	249
白雲寺碑	251
皇清太學生賦修袁公暨元配待贈孺人田太君合葬墓誌銘	252
皇清太學生吏部注選州同知尹思袁公墓誌銘	253
歲進士開封府滎澤縣教諭繡甫湯公及配袁孺人合葬墓誌銘	254
皇清敕授文林郎江南松江府金山縣知縣改授濟源縣儒學教諭誠齋湯公（之晟）暨元配孺人李太君繼配孺人楊太君側室唐太君合葬墓誌銘	255
皇清歲進士應授修職郎候選教諭期五蔣公（應運）暨德配應贈孺人袁太君合葬墓誌銘	257
皇清敕授修職郎閿鄉縣儒學教諭甲寅科副榜碩亭陳公（同高）暨元配張孺人合葬墓誌銘	260
重建洛學書院記	261
洛賢祠記	262
重修黌宮碑記	263
棗塚廟碑記	264
重脩棗塚廟碑記	265

重修關帝廟碑記 266
二程夫子祠記 267
重建常平倉碑記 268

民權縣

明故郟縣訓導翼宸王公暨配楊孺人墓誌銘 269
明歲進士焦瓚字含英傳略 270
清敕贈徵仕郎內閣中書舍人增生溟南王公墓誌銘 270
清拔貢同白王公暨配趙孺人墓誌銘 271
塋文 272
清歲貢生綸如王公暨配馮孺人墓誌銘 273
辛卯科副榜孫程西公傳 274
明進士德清縣知縣馮公玉九傳 274
清誥授奉政大夫禮部主客清吏司郎中念庵王公墓表 275
《清誥授奉政大夫禮部主客清吏司郎中念菴王公墓表》脫漏碑文 276
清吏部候選從品官楚淑尼公傳 276
太學生金悔齋先生盛德碑 277
清誥授奉政大夫禮部主客清吏司郎中念庵王公暨嫡配誥封宜人程氏副室文氏張氏
　合葬墓誌銘 278
兵部尚書兼都察院右副都御史總督河南山東河道總督兼軍務張師載感恩碑記 280
清同進士出身徵仕郎候補內閣中書舍人昀田王公墓誌銘 280
清邑庠生焦公中度傳 281
周明五家傳 281
六品軍功安邦孫公傳 282
清五品藍翎張公諱臨臺字函三感頌碑 283
清敕授儒林郎候選州同王公諱文田字煥章懿行碑 284
清歲進士候選訓導因之于老夫子德教碑 284
廷勳張公墓誌 285

許昌市

許昌市（許州、許昌縣）

許州創建州治大堂記 289

許州汪侯新建儀門碑記 289

重修關聖帝廟大節亭碑記 290

創建八里橋關帝廟碑記 291

清故待贈孺人姚（紳）母徐氏墓誌銘 291

三韓徐公重修許州儒學碑 293

創建關帝挑袍碑記 294

重建八蠟廟碑記 295

漢荀氏八龍塚碑記 295

許州創建金龍四大王神廟記 296

題滕之瑚竹刻歌 297

滕之瑚畫竹志 297

許州汪侯新建常平倉碑記 297

重修八里橋關帝廟記碑 298

許州太守王公德政碑 299

關帝廟拜殿石銘 299

許州八里橋重修關聖帝君廟碑 300

劉兩坡碑 301

晁錯墓碑 301

創修玄帝廟碑 302

創建聚星書院記 302

重修問安亭碑記 303

施賀堂田地碑記 304

許昌霸陵橋挑袍聖跡圖碑 305

重修壩橋關聖帝廟增建文昌帝君閣記 305

重修許州八里橋關帝廟碑 306

重修錢廟關帝殿碑文 306

重修烈女祠記 307

新建育德堂記 307

重修文明寺釋迦文佛殿鰲頭觀音殿碑記 308
重修檜樹廟碑記 309
漢關聖辭曹丞相書碑 309
重修菩提菴碑記 310
皇清太學生孫公（允中）暨朱孺人合葬墓誌銘 310
重修三岡寺碑記 312
重修鬪脊廟碑記 312
樂安墓碑 313
許州節孝總坊記 313
重修蔡孝子祠記 314
漢故司空掾陳君碑 314
漢文範先生陳君碑 315
許由砦石匾 316
許昌南城礮樓記 316
重修許州文明塔記 316
王貞媛碑記 317
關帝廟碑記 318
移集呈稿 319
東隅集首章程 319
王小圃夫子德教碑 320
油行抽稅規矩碑 320
皇清誥授中憲大夫晉封通奉大夫道銜江蘇補用知府候補直隸州吳縣知縣葛公（兆堂）
　墓誌銘 321

長葛市（長葛縣）

佟道臺剔驛弊 323
新建玄天上帝山門之誌 323
遷建學宮記 324
重修火神廟碑記 324
先賢陳文範先生碑記 325
重修碑記 326
南羅武君墓誌銘 326
重修鄭大夫子產廟碑 327

重修石固塞[寨]記	328
義士楊君祠記	329
邑侯李公疏通河渠記	329
王公書院碑	330
改建白樂天祠像記	331
修築洧川縣城記	332
邑侯李公祠堂記	332
重修長葛縣學碑	333
重修何公祠堂碑記	334
重修端璧寺記	335
大中丞書院碑	335
岳氏先塋碑	336
創修関王廟碑記	337
重修関聖帝君廟碑	337
重修長葛縣城碑	338
重修聖廟碑	338
重修洧城碑記	339
創修陘山書院碑	340
何公生祠碑記	341
重修何公祠記	342
關帝廟碑記	343
增修關帝廟並金粧碑記	343
太學生李公墓誌銘	343
重修聖壽寺碑記	344
重修関帝廟暨牛王土地神像碑記	345
暖泉觀暨橋梁碑記	346
段氏歷代宗親神主碑	347
貞惠李公墓誌銘	347
重修觀音堂門樓垣牆金粧神像碑記	347
葛邑西北雍睦保四三府關帝廟重脩碑記	348
岳氏族譜	348
岳氏受姓圖	350
盛氏宗祠楹聯	351
皇清處士周公諱中仁趙氏合塋墓碑	352

王夫人墓誌 ... 352
計開地畝碑記 ... 353
店後劉村金粧祖師神像及重修煖閣碑記 ... 354
漢孝子董永碑 ... 354
創修水房沐浴碑記 ... 354
重修老君殿西山牆記 ... 355
誥贈宜人王母張宜人墓誌銘 ... 355
重修清真寺碑記 ... 356
茂才韓君神道碑銘 ... 357
張公含萬先生懿行碑序 ... 358
張公墓誌銘 ... 359
誥封中憲大夫張公暨劉恭人墓表 ... 359
重修家譜碑 ... 360

禹州市（禹縣）

清留侯洞記 ... 362
文廟復像記 ... 362
清古城寺碑銘并序 ... 363
重修文昌閣銘 ... 363
河南府鞏縣儒學訓導受之劉公墓誌銘 ... 364
清鍾氏節烈碑 ... 365
聖祖賜沈荃"落紙雲煙"額跋 ... 366
湖廣辰州府通判黍山劉公墓誌銘 ... 366
清明倫堂石刻鈞陽八士攷並詩 ... 367
七君子配享忠烈祠記 ... 369
刺史李公重建白沙書院堂記 ... 369
明禹州兵備道李公城守死事狀刻石 ... 370
張烈女墓表 ... 371
建八蠟廟記 ... 372
重修文廟碑記 ... 373
重修禹州判官衙署記 ... 374
移建禹州奎樓碑銘並小序 ... 374
文風里神垕鎮義學移奉聖像碑記 ... 375

重修城隍廟碑記 ... 375
刺史李公重建忠烈祠記 ... 376
重修禹州尉署記 ... 377
重修聖廟碑 ... 378
贈修職佐郎余丙捷墓表 ... 378
節烈湯氏墓碑表 ... 379
彰德府林縣訓導余公珰誌銘 ... 379
重修關帝廟碑記 ... 380
科斂永裁白契過割依限報稅章程碑 ... 381
重修逍遙觀老君殿碑記 ... 381
皇清敕封太安人盛母田太安人墓誌銘 ... 382
重修三峯山湯王廟碑記 ... 383
巡撫程重修丹山書院記 ... 384
重建文昌宮碑記 ... 384
重修關帝廟並會館碑記 ... 385
重修關帝廟拜殿砌客室戲樓記 ... 386
皇清例授武德佐騎尉候選守御所千總怡亭楊君（雲祥）墓誌銘 ... 386
誥授朝議大夫調署禹州正堂馬寬夫馬大老爺永禁開設車行碑 ... 387
忠節祠碑記 ... 388
十三幫創始碑記 ... 389
禹州十三幫會館戲樓楹聯 ... 390
栗大王廟碑記 ... 390
曹公去思亭記 ... 390
山西藥材社捐銀碑 ... 391
廣藥材人和社捐銀碑 ... 392
柴統裕等捐銀碑 ... 392
金陵亳州商號捐資碑 ... 392
商城商號捐資碑 ... 393
廩生杜希春墓志銘 ... 394

鄢陵縣

重修儒學記 ... 396
臨雲堂記 ... 397

重修鄉賢祠記	397
常平倉記	398
重修儒學記	399
太常寺少卿封兵部尚書梁克從墓碑	400
邑侯裴公德政碑	400
修項公橋記	402
重修文水橋記	403
羅公德政祠碑記	404
翰林院提督四譯官太常寺少卿王君墓誌銘	405
重修儒學記	407
王公墓碑記	408
創建雙忠祠記	408
大有倉記	409
重修常平倉記	410
移建雙忠祠記	411
文清書院記	412
重建關聖大帝廟碑	412
文清書院加增膏火記	413
重修惠民橋記	413
重修文清書院記	414
重摹先賢朱子遺像跋	414
創建節孝總坊記	415
重摹薛文清公遺像跋	415
志仁堂記	416
鄢陵創修朱子祠堂記	416
新建文昌宮記	417
修試院碑記	417
妙相菴碑記	418
重修鄢邑南關三橋暨大路碑記	419
重修哪吒廟建蘭房山門廣生堂歌舞樓碑記	420

襄城縣

  茂才耀南萬公墓誌銘..................................421

  襄城縣石丈記..................................421

  襄城縣義學記..................................422

  重修襄城縣學櫺星門碑記..................................423

  蠲免官地租碑記..................................424

  永年典史張君芝玉墓表..................................425

  武進士淑韓盛老（愈）年先生墓誌..................................425

  敬惜字紙碑記..................................426

  重修希賢書院碑記..................................427

  仲民遷問津廟碑記..................................428

  李保康君歧生墓誌銘..................................428

  勅授儒林郎布政使司經歷誥封奉直大夫鹽運司運副盛公（勳）墓誌銘..................................429

漯河市

漯河市（郾城縣）

  撫治番彝西寧道副使前侍御建侯李公墓誌銘..................................433

  修塔橋坡碑記..................................434

  修龍堂陿碑記..................................434

  重修學宮碑記..................................435

  修陳太邱墓碑記..................................436

  重修縣治碑..................................437

  郾城縣常平倉添造廠房碑記..................................437

  漢太邱長陳公墓碑..................................438

  漢孝廉許公之墓碑..................................438

  皇清誥贈孺人李（繼鄴）母周太君墓誌銘..................................438

  重修沙埠口橋記..................................440

  皇清待誥徵仕郎候補內閣中書己卯科舉人靜菴李公（恪）暨元配謝孺人繼配孫孺人
    合葬墓誌銘..................................440

  重修郾城縣城記..................................442

皇清敕授承德郎候補主政前廣東廉州府合浦縣知縣加三級紀錄四次成齋李公（性）
　　暨元配應贈安人周太君合葬墓誌銘 443
郾城縣修理學宮記 444
重修八蜡廟碑記 444
新修八蜡廟正劉將軍名稱記 445
沙河隄工碑 446
修闊泥河九孔橋記 447
城工紀略 447
重修沙埠口橋工記 448
岳忠武王廟碑 448
郾城修沙河隄工碑記 449
皇清待贈儒林郎郾學庠生李公溪暨元配張孺人繼配李孺人合葬墓誌銘 450
增修沙河隄工記 451
郾城縣改建二聖廟碑記 451
例贈文林郎邑庠生若園趙公墓誌銘 452
重修古龍井誌 453
許夫子從祀文廟碑記 453
皇清修職郎候選縣丞李府君墓誌銘 454
創修漢許文公祠碑記 455
□□□大殿工竣碑記 456
重修彼岸寺碑記 456
重修郾城縣學宮記 457
荊公祠臥碑 458
開封教授柴午村神道碑 458
郾城修太邱祠碑記 459
創修後漢許公祠碑記 459

臨潁縣

繁城碑記為奉憲批諭勒石分界杜爭永垂事 461
修武縣廣文宋隆卿祠碑記 461
清故待贈孺人姚（紳）母徐氏墓誌銘 462
邑侯梁請停河夫碑記 464
清光州儒學訓導哲甫姚公（重華）墓誌銘 464

皇清候選縣二尹方麓姚公（紳）墓誌銘 466
重修宋統制楊再興墓碑記 468
創修紫陽書院碑記 469
新建雙忠祠碑記 470
清故太學生顯考姚大公（希舜）墓誌 471
修許家口隄工記 472
萬壽宮告成恭記 472
杜曲橋碑記 473
河工頌德碑文 474
重修學宮記 474
易經圖解序 475
臨潁縣霧強廟粟境碑 476
重修文廟碑 477

舞陽縣

潘公祠堂記 478
創建江南會館碑記 479
鼎建鴻文書院記 479
創修普濟堂碑記 480
重修儒學記 481
敬獻供器與當買地碑記 481
重修明殉難潘公祠堂碑記 482
重修舞陽城記 483
修舞北泥河告成記 484
縣北舞渡移兵駐防記 484
補修關帝廟大殿拜殿並增殿前甬路碑 485
御製平定準噶爾告成太學碑 487
創建舞陽縣朱衣閣碑記 487
邑賢侯林太爺修理城池功德碑記 488
創建老君廟碑記 488
會館購地碑 490
皇清援例明經興之臧君（學詩）墓誌銘 490
重修城隍廟兩廊戲樓鐘鼓樓甬道記 492
欽加五品銜特授舞陽縣右堂高大老爺德政碑 493

創建牌坊碑記..493
告示..495
重修大殿拜殿藥王拜殿創建後園敞棚門樓記..................................496
邑賢侯梓卿劉大老爺德政碑..497
邑賢侯王大老爺印元緒德政碑..497
重建關帝廟正殿並補修各殿碑記..498
邑侯鄭大老爺德政碑..501
捐助舞陽學堂經費碑記..501

平頂山市

平頂山市（寶豐縣）
清故顯考鄭公諱君智字照臨行二妣孺人葉太君合葬之墓..................505
明處士鄭公諱臣字上卿元配吳氏之墓..506

汝州市（臨汝縣）
恢復汝州記..507
重修風穴白雲寺碑記..507
巡道范老爺手郵風穴地畝來源記碑..508
創立汝陽書院碑記..509
金裝變化觀音像記..509
便公老人住世規約要畧..510
重修觀音閣神帳碑記..511
造請水陸聖像記..511
重脩地藏殿記..512
汝州風穴寺創建藏經閣碑記..513
風穴寺雪兆禪師塔銘..514
重修玉皇殿碑記..515
風穴寺免稅碑..515
重建風穴寺白雲禪寺方丈碑記..516
奉和湯西厓先生遊風韻..517

和喜公池韻	517
遊風穴寺詩碑	518
湯學憲遊風穴寺詩碑八首	518
風穴寺中佛殿聖像又金接引佛二菩薩韋馱菩薩彩畫殿宇碑記	519
重修中佛殿水陸殿大悲閣石牆碑記	520
創修中嶽拜殿三官正殿地基碑記	521
游風穴山白雲寺	522
金裝太尉神像記	522
冬日游風穴白雲寺留宿方丈有序	522
重修紫雲山觀音堂記	525
題喜公池二古附之	525
重修玉皇殿石記	526
奉和學憲鄒公原韻二首	526
重修龍王廟碑記	527
免大衆柴坡記	527
重修鐘樓記	528
李家祠創修觀音堂前戲樓碑	529
重新四堂及書齋廚房土地祠三聖祠碑記	529
便民倉記	530
重修廣生殿宇序	530
創立詩宗祠記	531
重修拜殿碑記	531
重修三官廟碑記	531
重修廣生殿碑記	532
金裝中嶽行宮記	532
募化重修玉皇山小引	533
汪太老爺德政碑	534
皇清賜進士湖北潛江縣知縣例贈奉政大夫海齋王老世臺先生暨德配誥封七品孺人例贈宜人任老太君合葬墓誌銘	535
漱玉亭記	537
重新中佛殿神像記	537
清福寺碑記	538
重修白雲寺上客堂暨禪堂齋堂記	538
衆村山主定規	539

創修觀音堂臨濟正宗第一十六世本支源流譜 ... 539
遊風穴寺詩 ... 540
風穴山白雲寺重修毗盧殿記 ... 541
湯神廟碑記 ... 542
雲水寺記 ... 543
任楓墓誌 ... 544
風穴八景 ... 545
龍安禪師重脩方丈記 ... 546

商丘市

商丘市（歸德府、商邱縣）

重修白雲寺碑記

侯方域

白雲寺者，其先隙地也，或曰舊為古刹，有遺址焉，在宋郡之郭西南五里。明崇禎之二年，中書舍人吳興君闢之，為廬一座，覆之以茅，以棲遊僧。既一年，始門焉，而堂其中，置臥佛二。三年，乃創大殿，建立三佛像與夫金剛、羅漢、韋馱、伽藍之屬，廊廡寮廚，以及棖梲櫺檻之具，靡不森鮮。其後，歲時增而不廢。迨壬午，而寇李自成益熾，攻破宋城。舍人奔金陵，僧亦散去，寺以壞。甲申，寇陷京師，金陵共擁立福藩子，舍人復補官於南。居一歲，明亡。舍人棄官歸，嘗往城之西南，觀故所謂白雲寺者，嘆曰："天下之變遷淪毀於吾前者，豈皆積劫不可救耶。予將為浮屠氏，以終老於是。"盡出家財於寺。不期月，悉復其舊。僧請記。舍人曰："是非侯子不可，姑待之。"余既歸自江南，以為請。余惟昔者崇禎以前，實克承慶之業，閻左安富，擊壤之叟，垂五十年不見兵革。歲時伏臘，莫不思有所祈報以答靈貺。小之則牽羊陳豕，奏鼓吹竽，而祭賽於村原之社；大者乃造為梵宇宮觀，香火相續。余嘗北歷燕、趙，抵齊、魯，浮江、淮，邁吳、越，所見通邑大都，金碧品赫之區，何啻白雲寺！蓋天下人之財力，當其壯盈，必有所費，無以制之，且侈而濫；又或其甚者，乃至銷磨蕩滌於水火鋒鏑之中而不能嗇而自禁，賴清靜之教，為之疏通，施而設之。所謂明治以禮樂，幽治以鬼神也。而後世博物如昌黎、清河之徒，猶相與義詆焉，無乃未之思歟？嗚呼！天下之變遷而淪毀者，若驪山之館，太液之池，金張之邸，封郡世家之宮，亦已多矣。曾不得如白雲寺者，復而新之。

舍人昔嘗官兩都，豈有所託於佛屠氏耶！舍人名議，姓沈氏，故明相國鯉之裔孫。

順治二年。

（文見康熙《商邱縣志》卷十六《藝文志》。馬懷雲）

重修演武廳事記

侯方域

某既鎮歸之五年，日勉循厥職，曠弛是懼，乃按其部伍而進之曰："講武，大事也，而無其所，可乎！"歸舊有廳，軍府將先鳩財焉，爾其各量乃力為之，部以告其將，伍以告其士。皆曰諾。於是，庀器用，均作役，立期會，閱旬而成。

嘗考歸在前代初為州，豫州故天下之腹心，而歸又豫省之腹心也。內地相仍，不特設兵戍。歸有軍衛，沿農戰，空名而已。積安二百餘年，至隆慶間，邑人師尚詔叛，乃改爲郡，置兵，立參將領之。當是時，豫州無統帥，專閫之權爲重。後小安無事，漸以殺。久之，愈益以爲無事，遂廢其官。萬曆末，又數十年矣。鄒滕妖人徐鴻儒變興，復置兵，以守備爲將，蓋不侔於昔云。歸人父老爲某言，復設兵，後妖變旋平。天下輕武，所置守備者，日趨蹌，服屬於卿大夫之家，不復坐廳事。廳事雖設，爲樵牧場，間歲，乃借於有司以較士。按部使者至，則守備拱立，拜跪其下，益踽曲。其得稍稍具威儀者，僅霜降揚兵，一升其堂而已。如此者二十年，將卑兵寡，寇氛日熾。歸人乃欲請於朝，復設參將，而破亡不可待矣！

今日稽明舊建官，某實承乏。東寇不靖，潛逸我疆。賴國家威靈，數殄滅之。五歲於茲，日警武備也。嗚呼！歸故所稱爲腹心內地，未幾而於明季爲四戰，未幾而入版圖，尤悄悄戒伏莽焉。常變安危之相倚伏，豈有定哉！然焉知後之人不更積輕而廢之，亦如昔日者耶？夫天下無事相承，廢而修之常難，輕而廢之甚易。百爾君子，敬共爾位。某之責在講武，而修廳事者乃其位也。故記。

（文見乾隆《歸德府志》卷十一《建置略》上。馬懷雲）

重修書院碑記

侯方域代宋權作。

順治八年，燕山王公來守歸德，首下教博士弟子，問以郡之政所宜先者。博士弟子對曰：“歸有范文正公書院，先太守鄭公嘗沿其意而創大之，以儲歸之材。居有號舍，贍有田，課試有約。行之既久，歸之名公鉅卿接踵其間，出爲當世用不絕。而士風亦羣感動淬厲，蒸蒸以變。今雖廢，而人之謳吟思慕鄭公之澤者，數十年不衰。竊以爲佐朝廷興道育賢，郡國之政，宜莫此爲大。”公曰：“博士弟子言是。”凡書院之爲舍者幾楹？其侵而居之者幾何家？資饋之田幾區？其官守因而入其租稅者幾何年？今坐何所？其試士之期月幾日？條約之議，詳而要者幾何？具趣所司，各以聞，以付郡博士收而掌焉。蓋自鄭公去，而書院之廢垂四十年，公一朝復之。嗚呼，偉矣！博士弟子曰：“是不可以無記。”

謹按：書院之設，始於宋范文正公。公爲諸生，即以天下爲己任，其後參大政不久，未竟厥施，然所措置，率弘以遠。即如在歸，而歸有書院，其隨地收拾人才之意，是何可一日廢也。范公往，而繼之來守者，不能識其意，亦浸以沒滅矣。歷宋而元而明，至萬曆間，始克有鄭公再舉行之。當時之人，親被鄭公之澤至於今，其遺老有能言鄭公時事者，猶過書院，仰首歎欷，不忍輒去。豈人情固習近而遺遠耶？抑所以繼范公之遺緒，於兵火喪亂之餘，久而不墜者，實鄭公力也。然則鄭公之遺緒，又豈不待後之人哉！夫天下法制，代有更變，惟學校弦誦之事，建國者卒無以易也。書院之設，與學校相表裏，王化之本，而菁莪棫樸之盛，所由自出，是誠不可一日廢。乃自范文正公以來，上下千百餘年，而其間之創而建、建而興者，僅公繼鄭公而三。然則政之舉廢存亡，豈不視乎其人歟！倘無以垂永久，則何以告於後之人，俾克守之？公曰："博士弟子言是。"其勒石為碑，而屬余為之記。嗚呼！余之望於守是邦者久矣，其何敢辭！

順治八年。

（文見乾隆《歸德府志》卷十二《建置略》中。馬懷雲）

光祿大夫太子太保內翰林國史院大學士贈少保兼太子太保文康宋公權神道碑銘

邵長蘅代湯潛菴先生

明崇禎十七年三月，流賊李自成擁衆號百萬，既剋太原，掊潼關，剽大同、昌平，長驅陷京師，遣賊將略地四出。商邱宋公，時以遵化監軍擢巡撫，甫三日，賊驟至。公知勢不揖，夜間道走入白羊峪，圖後舉。會故總兵唐鈺亦道亡，遇之，邀與俱，部曲稍稍集有五十騎。公灑泣誓衆，諭以舉兵意，斬一卒異議者以徇。勒兵襲太平，斬賊將黃錠，遣守備某從一騎馳入喜峰，謁賊將謬為白事者，突前擊斬將，左右出不意，皆讋伏，因撫定之，囊其頭還報。松棚三屯相繼下。兩日有卒三千，突入遵化，擒偽官十人，得偽印七。當此時，王師已入關。自成迎戰關門，敗，奔還。聞公舉兵屠其將，患甚，將致毒於遵化。公遣唐鈺乞援本朝，而伏千人於城外，約曰："賊至而發，第如吾令。"詰旦，賊數千騎薄城，伏卒如公戒，易兜鍪旛幟，噪而出，繞賊後大呼曰"北兵十萬至矣"，賊駭欲走，城中出三百騎躡之，遂大敗。遵化獲全。

未幾，王師入都，賊遁。公集將士諭曰："我封疆臣，國亡無所屬。復故主讐者，即吾主也。"盡誅偽官，籍所復四路二十一州縣，上於朝，曰："主讐復，臣事畢矣。"具疏乞歸田，詔不聽。公歸，巡撫如故。公復抗疏以三事請。其一，首議崇禎廟號，疏略曰："崇禎帝十七年，宵衣旰食，圖致治安，聲色玩好，一無所嗜。不幸有君無臣，釀成大亂。臣每清夜撫膺，死有餘辜。幸逢聖主殲賊復讐，祭葬以禮，血氣之倫，莫不感泣。伏冀敕定廟號，以垂萬世，仁至義盡，此臣所為報故主以報陛下者。"其二，請除苛賦，舉遺逸，皆嘉納之。是歲，即順治改元初年也。

公既受事，疏請定三年考成令；又請按兵受田，以袪屯弊；又有陳六事、論圈地諸疏，多見施行。流寇餘孽，猶蔓延三輔。公在鎮二年，前後擊降解散其黨數萬人。召拜內翰林國史院大學士。值國家初造，公處滿、漢間，持大體，不激不隨，以濟國事，上下倚之。丁亥、己丑，兩主會試，文體為一正。遭生母丁太夫人艱，請奔喪，不許。詔給假歸葬。入朝，晉太子太保，尋致仕歸。公在相位凡六年，歸則自號歸德老農，日夜與故人飲極歡。或諫宜稍節，笑曰："曹參為相國酣飲，吾忝相國亦酣飲，吾視參竟何如？"後年餘，薨於里第。訃聞，贈少保兼太子太保，諡文康，遣官臨祭營葬，官其子一人。

嗚呼！自古易姓之際，蓋難言之。公以文臣當封疆寄，倉卒受事，不幸遭離陽九，天崩地坼。是時在朝諸臣，相率鼠竄喙伏，甚者頓首賊庭，北面勸進，污偽命者，比肩也。公明知大廈傾敗，猶欲以一木相揸柱，驅數百烏合之卒，斬將拔邑，其知勇有過人者。不得已，報韓之心為哭秦之舉。既而歸命本朝，首抗疏言人所不敢言。嗚呼！可謂盡心矣。論者以公事與李勣、魏徵相類，愚則以謂勣與徵事唐，為故主之讐，公事本朝，為復故主之讐。後世必有論公之世而推其原心者。公相業可紀者尚多，它日載在史官，余可不具論，而於遵化事尤詳者，以此也。

公諱權，字雨恭，天啟乙丑成進士。初令陽曲，魏閹生祠遍天下，陽曲獨無。閹所遣詗事者至縣，人為危之，會閹敗得免。崇禎間，歷吏、工、兵給事中，出為山西按察司副使，以母老乞歸。

後數年，流賊陷歸德，一賊以令箭護其居，曰："吾故晉人，感公恩，以此報。"男婦匿公家得脫者近千人。賊退，公負母渡河，走曹南，走城武，又遷白門、京口。所至拾薪汲水，以供朝夕，能得太夫人歡。嘗刻壬午詩一卷，題曰《白華客況》，自為之《序》曰："白華，志養也。客況者何？余無家也。余何以無家？中州羣盜如毛，城破家亡，棄子負母，幸不罹難也。"嗟夫，孝子仁人之用心，讀者傷之。尋起大名道，調順廣，再調遵化。及巡撫之命下，而明事已去矣。

按：宋微子之後，以國氏，漢以來代有聞人。商邱之宋，至莊敏公始大。曾祖處士公諱雷，祖鄉飲公諱暘，鄉飲生福山公諱沾，以孝廉令福山，卒官，貧不能斂，邑人作《墮淚碑》記其事，是為公考。莊敏公者諱纁，明隆、萬間名臣，官冢宰，與海忠介瑞齊名。處士公之兄子，而公之從祖祖父。公生明萬曆戊戌，卒順治壬辰，年五十有五。配劉氏，贈一品夫人，與公同年生，後七年卒，年六十有二。墓在閼伯臺左，劉夫人祔，副室李氏、趙氏、郝氏。趙以子貴，封太孺人，贈宜人。子男四：長煒，罹寇亂，不知所終，李出；次犖，以蔭歷官，今遷山東按察使，次炘，以蔭歷吏部戶部員外郎，皆趙宜人出；次炌，舉人，內閣中書舍人，郝出。孫男十人：基，太學生，至庠生；起，候補主事；餘俱諸生。女若孫曾及姻戚，詳誌狀可互見者，不書。

公八歲，喪福山公，扶柩歸，跣足號慟如成人，福之父老嘆嗟以為異。學問淵博，詩宗少陵、摩詰，文宗歐、蘇，所推獎多知名士。商邱諸生侯方域，以古文辭名世，亦公門人。著有《白華堂詩疏稿》若干卷，鏤板行。公子炘、炌皆蚤世。

按察公以公行狀誌表來請，文其墓，隧之碑。某己丑受知公為門下士，又辱按察公姻婭，不敢辭，乃序次其實而銘之。按察公清名重朝野，天子知其廉，將大用。銘曰：

白馬作賓，宋爰肇封。後以國氏，緜歷漢唐。弘著建武，均化九江。元魏曰弁，廣平遠祖。開元相業，上媲房杜。宋有二難，曰庠曰祁。政事文學，祥麐長離。翼翼商邑，幹挺條遠。莊敏發聞，晦久斯顯。文康繼之，陽九嶇崎。歷否而泰，忠孝靡虧。遂秉國鈞，鐘鏞鼎彝。帝曰汝權，汝予皋夔。公拜稽首，臣駑乞歸。跼艾縣車，涯涘熟規。閼伯臺左，有封鬱鬱。有原膴膴，有碑揭揭。有豐其貽，有碩其世。刻茲銘辭，視古儔匹。

順治九年。

（文見錢儀吉《碑傳集》卷七。馬懷雲）

重修察院三司記

知縣劉之驥

自京以達江南三千里，以及吳越之區、閩甌之鄉，達官之以王事出者反者，蓋絡繹于宋焉。而又中州諸上官來巡于茲土者，趾相錯也，胥于公署焉，是資勝國。自京師以達于江南，陸則由山左，水則由通會河，以宋之陸道西行而東，遠且數百里也。宋之公署所迓送者，不過中州諸上官來巡于茲土者耳。鼎革之初，曹、濮之間，榆園寇滋，而山左陸道水道，有震警之虞。於是，江南、吳、越、閩、甌之王事出者反者，盡由于茲。兵馬之盤息，供億之煩興，百倍于勝國。而宋當流氛焚殺之後，田畝荒蕪，人民逃竄。舊有南察院，布政、按察、兵備三司，頹垣敗瓦，荊榛滿目，以故江南、吳、越、閩、甌之以王事出者反者，及中州諸上官之來巡于茲土者，悉擇民居以厝之，或湫隘而不容，或渙散而無制，官民逼處，上與下交病焉。

順治十年春，余以謭劣來令于茲，惻然憂之，即欲創建察院及三司，然當流氛焚殺之後，田畝荒荒，人民逃竄，而又兵馬盤息，供億煩興，計工庀材，將安出乎？不得已仍暫擇民居厝之，而日夜勸墾闢，招流徙，節歲祿。越二年，而南察院大堂五楹成，尋又置東西各三楹，以及儀門，周以垣牆，而規模具矣。越二年，而察院之西隅布政、按察、兵備三司中修一司，而大堂五楹成，而後堂三楹成，東西吏書房各七楹，有大門，有中門，堂之東西，各有廚三楹，門之外有屏有垣，旁有郡守邑宰之候謁上官者各三楹，而規模具，而且悉矣。此中一司也，而左右兩司，尚有待焉。夫此二公署也，以之修于勝國之時，兵火未加，物力充牣，呼吸可以猝辦。然以之修于流氛焚殺之後，田畝荒蕪，人民逃竄，而又兵馬盤息，供億煩興之餘，則戛戛乎其難之。故萃數年之心力，所構僅僅如此。勒于石，以志地殘也，民貧也，物力之艱也，非以志余勤也。

順治十四年。

（文見康熙《商邱縣志》卷十六《藝文志》。馬懷雲）

范文正公講院碑記

符應琦

宋晏殊知應天，宋之應天即睢陽也，召范文正公詣府學，掌學以教諸弟子，故睢陽有范文正公講院焉。明中季，睢陽沒于黃河，城遷于北，講院故址不可得。萬曆三十八年，秋浦鄭公三俊來守此土，因創于郡東城之內門之北，建講堂三楹，堂之北建文昌樓，樓之北文正祠三楹門，祠之北藏書樓三楹，自門以至藏書樓之東西各建號房二十楹，集九邑士之俊秀者肄業其中。月有給，取于學。相風雨不輟者六載，以故宋之名公鉅卿，多出其間。其後十七年，而豫章萬西元吉司李于茲復修。秋浦鄭公之事課士復六載，以故雪園人文之盛，接于三吳。崇禎十五年，講院毀于流寇，西蜀丘公正策來守，葺而新之。余于順治十五年，承簡命來司李，因思《虞書》之命皋陶曰："明于五刑，以弼五教。"是弼教乃明刑之首務也，遂造斯堂，集諸士而課之，一遵鄭公、萬公之成規，不敢殞墜。因思范文正公之在宋，理學人品，顯于後世，而鄭公、萬公之在明，氣節文章，為百世師致相符也。奈以譾陋承之，敢曰繼三先生之後，庶幾嗣守成規于無墜云。

順治十五年。

（文見順治《河南通志》卷四十八《藝文志·碑記》。馬懷雲）

新遷顏魯公碑記

侯方域

宋郡舊有魯公碑，蓋魯公所書《八關齋會報德記》也，結搆精妙，創動筆側。爰考書契，肇自皇初。蒼頡而遙，旋存篆隸。逮夫會八體之情狀，闢六勢之堂奧，王羲之一人而已。而際世不辰，靈蹟多淹，當蕭丞訪洛，昭陵升遐，方且弓劍陪玉匣之年，風雨護金壙之日，蓋大寶于茲秘矣。獨斯碑者，雲蒸霞蔚，筆既斷而還連，鳳翥龍蟠，勢如斜而反正。所謂坤輿之神奇，歷千載如一日歟？以故雖間有殘闕，而軼致可尋。海內自縉紳先生，山林風雅之士，見者未嘗不歆戲稱歎，購之惟恐不得也。而兒童走卒，或遊臥嬉戲其下，亦從而拱揖拜跪，肅然如見其人焉。豈寒磷衰草，荒祠斷碣，顧足以移人性情耶？抑魯公神明所係，魂魄時往來其間，有使之者而然耶？夫魯公名在旂常，精感日月，誰不知之；而一厄于盧杞，再陷于李希烈，當時曾不以為重。使魯公不以骨鯁處己，方正忤人，而徒矜矜于翰墨，吾知其必為一時所慕，不為一時所嫉也。然則魯公之書，豈非反以魯公之人掩哉？而數千百年之後，輒敬重愛惜，山河之佳麗，奸雄之氣焰，曾不若拳石之孤騫，立之而不忍廢之，廢之而復欲修之，又何以說也？八關齋去郡城南里許，為魯公碑舊立處，毀之者就新築也，歲在崇禎戊寅春。齋之址築為堞，下臨壕水，久之浸及碑。郡人張翮遷之，請予為記，歲在崇禎己卯夏。碑高八尺，橫八棱，棱尺許，凡八百八十六字，闕七十四字，即魯公《報德記》也。

順治十五年。

（文見乾隆《歸德府志》卷二十九《祀典略》。馬懷雲）

重修顏魯公碑亭記

侯方域

　　太保宋公入相之四年，而葬其親以歸。既畢事矣，拄杖而遊南城焉。徘徊遠眺，漠然大壚，見有嶽嶽焉，若人之立其際，強項而不僕者，顧謂其從者曰："是何為者耶？是非魯公之故植者碑耶？夫向之高甍朱題，與壕光雉影侵薄而蕩漾者也，吾幼與諸生肄業而遊者也。今老矣，物之變態固至此乎？吾將為亭以覆之。"閱月告成，而命域為之記。域請於公曰："公之為是亭也，以魯公之人耶，抑以其書耶？夫魯公之見厄於當時而直伸其志，其視贈相王侯與其國封邸第，曾不若脫屣，而何有於亭？及其罵賊而死，從容就義，視吾之頭顱身軀，皆所不愛，而何愛此蝌蚪鳥跡之遺哉？抑公今者天子之相也，苟有所舉，將觀而效之。公故能書，如以為娛悅之具？蘇軾嘗曰：'翰墨之清虛，其異於聲色財賄之惑溺也。'特一問耳。域聞古大臣之佐其君以有為，莫不勤懇于遠大之務，汲汲而構造之，而不遑於小技。及其治定功成，然後有所退託焉以自適。如謝安石之絲竹，裴晉公之松雪，亦其類也。今公意者，以開創之業為已畢歟；而或借魯公以激發天下之忠義，長養天下之人材，乃崇是亭也。夫天下大矣，倘無如魯公者之神靈，以往來昭回於荒文斷碣之間，是又蘇子所云：'深山大澤，龍亡而虎逝，吾且見狐狸之晝遊，而鰌鱔之群舞也。'公之意其為是哉！"公曰："予之言旨矣。顧吾以為少而遊焉，老而不能忘也。"嗚呼，然則公之感天下之變故深矣。乃退而為之記。

　　　　　　　　　　　　（文見乾隆《歸德府志》卷二十九《祀典略》。馬懷雲）

太子太保國史院大學士贈少保諡文康宋公（權）墓誌銘

徐作肅

　　順治九年，太子太保國史院大學士宋公薨，事聞於上，特贈少保。宗伯議禮：賜祭、營兆、廕子有差。明年冬，公子犖等既奉公葬其里闕伯臺之左矣。時以諡典未下，暫輟其幽官之石。後六年，公得諡曰文康。是年，公元配詔封夫人劉氏卒，又二年而祔於公，禮也。犖等並以其狀來請誌，曰：

　　公諱權，字平公，號雨恭。明末，為順天巡撫。李自成破京師，遣其將東略地，公自遵化倉卒走白羊谷，連兵擊賊，遇黃錠等執之。數日，王師入關，自成敗。公以錠等詰將吏曰："我，封疆重臣，誓復國讎，殺賊者即我主也。若從賊，釋錠；不從，殺賊，同我歸清。"衆憤呼"殺賊"。公乃籍所部來歸。詔以公仍巡撫順天，總轄山海、永平、密雲、昌平等處。

　　公，商邱人，周封微子於宋，子孫以國為姓，相傳公微子之後云。曾王父雷、曾王母于氏、俞氏。王父賜，王母田氏。父沾以孝廉仕福山令，嫡母張氏，母丁氏。自賜以下，皆以公詔贈資政大夫、國史院大學士。自田以下，皆以公詔贈夫人。丁氏，詔封太夫人。雷之弟曰霓者生繡，是曰莊敏公，為明名臣。

公年二十八，登天啟乙丑進士。初仕陽曲令，擢吏科給事中，工、兵兩科左、右給事中。以建言出為山西按察使副使，終養。起大名道副使，調順廣道副使，再調遵化。崇禎十七年三月，陞都察院右僉都御史，受命甫三日，而京師破，即擒賊來歸，以原官受新命。請解組，不許。順治三年，詔進內翰林國史院大學士。

公為人清慎仁厚，事親孝，為吏廉而慈，在朝廷慷慨遇事敢言。及與同列友，和衷退處，淡於利欲。其為宰也，治聲聞傍郡邑。後賊陷商邱，賊將晉人悉公治者，猶曰"此宋公家也"，遣人護其居。是時，璫人魏忠賢竊政，生祠遍海內，當事者檄建生祠於陽曲，公獨持之。在諫垣，劾冢宰用人不效，貽禍封疆。凡三奏，直聲大著，銜之者衆，而憲副之命由此出。後太宗破昌平，有讀公疏於側者，太宗異之，曰："中原若行此，豈不長有太平乎！"命錄之。去任順廣，城破已三日，吏請檄稅，不聽。集耆老諭之復農業，民始不散走。歸朝廷，上言首乞崇禎廟號，謂舊主十七年間，聲色不嗜，而臣下不能盡職，以致盜起覆國。幸聖主殲賊復讎，祭葬以禮，普天誦慕。倘天恩隆渥，敕定廟號，以光萬世，誰不歸懷？詔可。士論韙之。

明末，銓政既失，爭為躁進，多竭百姓以圖遷轉。巡撫未幾，而營巡撫，長吏尤而效之。公謂安民由於吏治，吏治由於考績，古法昭然。蓋事有一定之程，則思守；無則思競。無久道黜陟，而欲政成，難矣！請定考成之令以三年。通、鳳等處，土寇高元甯、祁得珍、楊爾善作亂，次第平之，勸歸田者萬餘人。覘時事，條明分義。定郵符，辨等威，息訛言，嚴職守，肅關禁以上。又疏圈地，又論屯田之弊，準以按兵授田，請汰屯撫、監司、廳官。密雲等處，祖軍為累，切陳其害，得除。民便之，為之歌德。蒙恩賜宴湯泉，復賜母丁太夫人宴，遂以不次參密勿。方公之未代也，復平海子、紅門等賊，前後並平懷柔、馬山、固山等賊且數萬。

丁亥，總裁會試。是時，文體詭僻，公力正之。奏言，文體正，則忠孝由此出；文體不正，則奸惡由此出。而進士以狀謁者，不受。曰："為國得人，非為私也。"順治五年，奉敕纂《太宗實錄》。丁太夫人憂，請終制，不許。益力請，遣官溫慰，賜茶酒、元狐。其居喪也，再命總裁會試。辭，復不許。疏歸葬者再，詔始給假六月，賜祭太夫人。祭一壇，造墳，併福山公、張太夫人合葬。歸途，加太子太保。葬畢，赴闕。時天下之奸宄，半營為胥吏以害民，倍逾往額。有司不敢問藩臬，藩臬不敢問巡撫，公請裁之。

順治八年，上親政，以起廢會推巡方之事陳，未幾致政歸。自號歸德老農，一寓於酒，時引故人往來，稱詩劇飲而疾。有諫者，曰："若知我耶？吾母逝，吾事畢矣。"飲如故，未幾而薨。于宦于鄉，各為之請祀于庠焉。

公生八歲，而福山公卒於官，公從兩母，二千里間關以歸。時王父母尚在，煢煢相依。及王父母、嫡母相繼以逝，公卒不負丁太夫人之教，以顯烈名世聞。公歸養時，手書《孝經》于堂，省定不廢。遭邑難，負母踰河。尋至白門，至京口，而終以成留侯之志，大從龍之績者。公之於國於家，庶幾盡矣。公詩文清和粹麗，善書畫，喜濟人急。歲饑，收童乞百餘而食之，後聽之去。避寇城武，買田以耕去，捐之學宮。他行事概如此。

劉夫人者，舉人永貽女也，年十六歸公。時張太夫人已歿，事丁太夫人朝夕惟謹。太夫人嘗語人曰："娶婦若此，足矣。"公之以建祠忤逆璫也，魏忠賢使使來偵。公欲抗疏，夫人曰："人臣之義，以直獲咎，在所不計。然不念老母三十年之苦乎？萬一得罪，且無依，何如以病辭歸養？"公慨然拂衣，適忠賢敗而止。賊至遵化，夫人奉太夫人遁山中，飲食趨侍不少怠。公入朝，又以歸請。夫人無子，勉公納李、趙、郝三夫人，友愛之声著于里。公薨，子犖請鬻產襄事。夫人曰："產歷自先人，非而父置也。且朝廷恩恤，蓋以重而父之清德，何必鬻之？"居平雖貴顯，不侈珍綺。諸子幼，勉之與賢士友，不輕以鞭扑施臧獲。曾為至戚僕婦所侮，公起官，其人悚懼以請，曰："不記有侮者，汝又何罪？"嗚呼！夫人之明大義，飭懿行，澹泊優容，公其得內助矣。公薨於順治九年六月十二日，葬於順治十年十二月十二日，享年五十有五。夫人卒於順治十六年六月二十日，葬於順治十八年十二月初九日，享年六十有二。

子四人：焞，幼以城破亡，李婦人出。犖，侍衛，娶明兵部左侍郎葉公廷桂女；炘，廕中書科中書舍人，娶監察御史王公應昌女，趙夫人出。炌，廕官監生，初聘少保兼太子太保刑部尚書劉公餘祐女，未歸，殤；娶中書科中書舍人梁公遂女，郝夫人出。皆有才名，足以繼公。女三人：一適明太常寺卿侯公執蒲子生員慮；一適明光祿署丞侯公執中子生員懃，李夫人出。一許字予次子官生士元，郝夫人出。孫男八：四為犖出，陸聘戶部郎中崔公掄奇女，餘未聘。四為炘出，遞聘庠生劉公榛女，起聘庠生葉公元渥女，餘未聘。孫女六：四為犖出，一許字貢生侯公忭子方至，三未字。二為炘出，一許字舉人徐公作肅子世際，一未字。予與公鄉、會同譜，既習公而重之以婚姻，謹次如左，而為銘曰：

惟公遠世，肇自殷恪。神明之系，思皇迭迭。有明踵焉，去瞕而霽。偉哉莊敏，駿起其業。隆萬之際，福山繼之。不以仁人，而竟厥惠。善屈而伸，在昔之云。報施無戾。公也篤生。教則有母，蠁生蚉歲。中更陸沈，志殲逆仇。爰依日月，翼翼其衷。桓桓其施，迤親揆席。公之訏謨，苗薙蠹剔。書在簡策，惟帝錫公。而先而後，昭德是赫。贔鳳巋然，龍章燦然。寵茲幽宅，夫人附焉。於配既宜，慶惟永錫。

順治十八年。

（文見錢儀吉《碑傳集》卷七。馬懷雲）

文康公賜塋祭田碑記

宋犖

事有不可不早慮而豫圖者，蓋經久之難期也。《易》不云乎"君子作事謀始"，始之不謀，而欲終之無弊，顧可得乎哉！犖幸嗣守先文康公之遺緒而沐其餘澤，入侍明光，出領方面，一門皆清華之選。而子輩又循循守禮法，無蕩陵之習，一再傳之，家聲知不遽墜也。雖然，後世烏可永保哉。每見故家之子孫，有不肖者，析田爭產，輒至於祖宗藏體魄一席之地而亦裂之，其墓頭之一草一木，亦皆人人有分，可以斬而取也。及夫秋霜春露，則若敖氏之鬼，餒而弗恤焉。嗚呼！尚忍言哉！犖家幸席舊業，莊敏公、福山公之家法未替，文康公之教澤猶新。感時物而興孝思，登隴畝而虔妥侑，固弗之敢歎矣。即墓田隧道之賦役，固無慮有不供應者，然而終非經久之謀也。除墓田舊有一頃七十九畝六分五釐五毫之外，犖復設祭田一頃，供徭賦之餘，可以辦烝嘗之獻也。從此子孫世世承之，無得割為己有，以取不孝之罪。而歲時之享祀，永為典型。敢曰犖謀始之功哉，實文康公之福佑遠矣。

（文見宋犖《西陂類稿》卷二十五。馬懷雲）

宋氏先賢祠祭田記

宋犖

先王制禮，自諸侯以降，凡卿大夫士皆得立廟，以祭其祖、考，皆有采田以共犧賦籩豆尊罍銅鼎俎筐之數，其無廟而祭於寢者，惟庶人。故《戴記》曰："圭田無征。"《疏》曰："圭，潔白也。言卿大夫德行潔白，而後可以承祭也。"又曰："大夫士宗廟之祭，有田則祭，無田則薦。"《禮書》曰："祭必卜日，而薦不擇日。"祭有尸，而薦無尸，不出神主，奠而不祭是也。周之盛時，卿大夫能力於田事，以奉祭祀。而《雅》詩詠歌之，故其詩曰："楚楚者茨，言抽其棘。自昔何為，我藝黍稷。"又曰："我倉既盈，我庾維億。以為酒食，以享以祀。"言農之去草芟除，蘊崇之而百穀以茂，則可以實之倉廩，以供祭祀也。其卒章曰："子子孫孫，勿替引之。"言子孫守此圭田，世奉享祀，長行而勿替也。遭秦滅典，井賦采田之法既廢，又一切尊君抑臣，臣下無營宗廟者。

魏、晉而後，漸復廟制。至唐、宋乃著為令，五品以上，通得立廟。然間考前史，唐侍中王珪以不營私廟，為法司所糾；宋文潞公奏立廟河南，而未知築構之式。則知唐世王珪而外，不立廟者鮮；宋世潞公而外，立廟者蓋未有也。豈非承五代蕩析之餘，禮頹教弛，而士大夫相沿為陋簡與？南渡後，多有建家廟，賜祭器，然出於大臣之濫恩，武臣之請乞，無足取者。明制闕略，品官不立家廟，修會典者，僅以朱子祠堂禮當之。而祠堂之立於家者，又多不備。雖貴極人臣，而禰食於寢，下儕氓庶。而今世俗所為宗祀，則又往往聚族合主於一堂之中，冗雜踏駁，不應古禮。嗟乎！先王制禮，吉凶鄉射賓燕之儀文，今皆廢逸。而於人治之隆，所謂莫大於祭祀，莫重於食享者，而亦聽其苟簡。如是可嘅也哉。

予常以謂士大夫廟祭之制，雖令甲所未該，而亦非令甲之所禁，特未有舉行之者耳。追宦遊大江東西，見當世名卿鉅公崛起，始受爵者，身雖不及立廟，而其子孫往往為建祠，實祭田，世世不祧，視始祖。予乃慨然嘆息，以為是得先王禮意，不可以非古禮而訾之也。

吾商邱宋氏之先，始開之者為莊敏公，奮而未究。厥施者為王父福山公，繼而大之則顯考文康公，顧未有特祠。文康公常欲成之，致政歸，未期遽棄賓客，志不克就。自惟犖不肖德薄能鮮，以文康公蔭，竊祿四十年，遭逢聖天子知遇之隆，握節千里，秩三品，微前人庥庇，曷致是？今年春，乃率猶子起塋超墻，捐公宅一區，新之為祠。

謹按：莊敏公於文康公為從祖祖父，祠建於犖，而首祀莊敏公，不忘始也。次福山公，次文康公，成先志也。祠必有祭，乃捐田百畝為祭田。遣次子至自江南歸，經紀其事。既成，顏曰宋氏先賢祠。而告於族之人曰：凡我宋氏子孫，有立身居官，無媿三公者，乃祔主於祠。不則亡論宗子支庶，皆祭於寢，毋或干也。祠之祭，吾子孫世世恪守，宗子主之，介子助之。凡牲牢酒醴黍稷之共，於田乎是資。後人苟能斥而大之至千畝，或數百畝，則以其餘贍族人之婚喪，如范文正公遺意。是則犖有志焉，而力未逮者也。其能無望後之人也夫。建祠月日既具載牲碑，祭田畝數坐址則勒於記石之陰，俾後有考。

（文見宋犖《西陂類稿》卷二十五。馬懷雲）

亡兒著壙誌

宋犖

商邱宋犖牧仲曰：

兒著，字錦含，行四，余妻葉安人出。為邑諸生，勤學，工書法，試輒高等。以病痞夭。憶兒數歲時，與諸兄以小過，觸余怒，將杖之。先母趙宜人為之言，兒懇愍諸兄長跪請杖，曰："杖則心安，否是不受教也。"其幼而明理如此。後余以刑部員外郎權關贛州，欲革船稅，每年可省商人數千金。吏胥多旁撓，兒從傍曰："吏不過八人，商則千萬人。與其八人悅，何若千萬人悅耶。"余是其語，毅然行之。寧都魏叔子徵君過贛，兒師事之，嘗為兒銘一硯曰："女方其外，而去其稜角，因其自然而不琢其璞，斯文章所由作。"知兒之奉教於徵君至矣。歸途，泛大江，和余詩云："駘蕩輕風日欲斜，雲烟縹緲接平沙。舟人指點江天外，朵朵芙蓉是九華。"今刻之《雙江唱和集》中。王阮亭先生極稱之。兒學詩纔數月，所存衹此耳。平時寡言笑，神氣淵涵不露。余期之者甚至，竟夭於痞，是可痛也。兒生於順治十七年三月十九日，卒於康熙十九年八月十一日，年二十一。娶候補中書舍人李公芳廣女。以是年九月十五日，葬於先文康公墓西南第三兒陸冢傍。抆淚誌其遺事，次兒至書石納諸壙中。寫余悲焉。

康熙十九年九月。

（文見宋犖《西陂類稿》卷三十一。馬懷雲）

亡妾薛氏墓誌

宋犖

康熙二十年正月二十九日辰時，商邱宋犖牧仲之妾薛氏歿於京邸。歿後五十一日，命姪墉載其柩南歸，以某月日葬於先文康府君賜兆之西少南。犖誌其墓曰：

氏之父虹駕，母高氏，本大名人，流寓揚州。其生也，為順治十年十一月二十三日。幼而沉靜，常隨父母過鄰園，獨向林中摘橘。橘樹忽起龍，雷電交作，父母以為死矣，氏故無恙，自是心異之。康熙五年，余佐郡黃州，內子葉安人不及從，勸余置妾，始納焉。時年十四，瀕行，其母泣語曰："人家主母遇妾媵，率寡恩。吾今送汝，心搖搖，為汝思也。"氏曰："是無難。主母，母也。妾猶女，第恐女事母不得當耳，未聞母無故罪女者。"復語其父曰："為人妾，而父母數相往來，非禮也。願父母勿復然，至則欲然。"自下，凡事一秉於禮。加意女工，酒食無紛華之好，葉安人見而喜。先母趙宜人尤篤愛，常親為沐髮。望見余，一手握髮，一手招余至，告之曰："此賢女也。吾老人所僅見，汝其善遇之。"趙宜人即世，哭幾死。葉安人偶病，晝夜侍左右，至廢寢食。復以余善病，長齋繡佛，每晨起，籲天祝無恙者十餘年，余近歲始知也。余性好為詩，恆擁被吟哦，偶燈下成一詩，索筆硯不得，氏從容曰："筆硯固在，恐公苦吟致疾，妾匿之笥中矣。"其用心多此類。隨余宦遊久，一以廉潔寬大為勸。余近有篝鑪之興，則從旁慫慂之，尤閨幃所難云。曩生一子而夭。辛酉正月二十二日生一子，前夕，見雙燈冉冉自天下。大司成王阮亭先生命名曰筠，小字炬。不謂氏於產後病疹七日而亡，蓋得年僅二十有九。悲夫，死之日，余以刑部員外郎奉命扈請仁孝、孝昭兩後梓宮，恩恩就道，棺衾不遑親經理。回顧七日，嬰兒呱呱在側，此余所以涕泗霑襟而不能自已也。

嗚呼！余三年中，一哭兒陸，再哭長女兒著[1]，今又哭氏而為之誌，其傷心為何如哉！其傷心為何如哉！

康熙二十年三月。

（文見宋犖《西陂類稿》卷三十一。馬懷雲）

微子廟碑記

劉榛代胡國佐撰。

宋，殷墟也。周封微子以封殷先王之祀，言能踐修成湯之猷，恪慎克孝，肅恭神人，上帝歆而下民協，故建為上作賓而不在臣也。詩人於是賦《振鷺賦》，有客作史亦稱其能仁

---

[1] 據前頁文《亡兒著壙誌》，"再哭長女兒著"，當爲"再哭兒著"。

賢。殷之餘民甚戴愛之，其諸所為，法施民則，祀之非與？唐天寶時，詔祀歷代忠臣，微子首登祀典。初結宇於城之東，曰象賢祠。宋行新法，盡鬻天下祠廟，而獨得不毀。歷代迄明，凡四徙。其地奠基於此者，嘉靖以來也。宋之祚，雖斬於王偃，而微子之血食無終窮，嘗慨人之惑於福極也，相率而奔走於浮屠老氏之廬。孟韓之辨，有所不能闢，故肅寺之莊嚴，擬於禁闕。而忠臣義士，可以興人心而師百世者，或不得一椽之庇，有司過而不問焉。事神化民之職，蓋兩虧矣。予蒞宋，來謁是祠，怪其頹陋，不能蔽風雨，不禁俯仰興嘆曰："嗟乎！宋之民其無反古復始之心乎！"雖然，守土者又焉辭其責，因訪其址，有私築而居者，凡為屋五十楹。又訪其祭田，故有五百四十畝，經河流之浸沒，鼎革之變亂，隱占於民間，莫可悉考。今僅得其六之一。於是，薄追其隨而益之以祿糈，新其堂寢，崇其垣墉，所謂有其舉之，莫敢廢焉者也。《祭統》曰："凡治人之道，莫急於禮。禮有五經，莫重乎祭。"予愧有治人之責，無能修復典禮，興起教化，妥百神，康萬姓，惟是幸守仁人之封，致其誠信忠敬，以奉祭祀。或因以倡乎宋之民，反古而復始，未可知也。嗟乎！讀《微子》之篇，猶足生人靖獻之心，而況居其邦，登其堂，洋洋如在恍惚與神明交，其不可以興發其忠孝也乎！後之有司，尚其永體斯義，勿使廢而不舉也，庶幾事神化民之職哉！

康熙二十年。

（文見康熙《商邱縣志》卷十六《藝文志》。馬懷雲）

清修前明資德大夫正治上卿戶部尚書侯公（恂）暨元配楊夫人合葬墓誌銘蓋

【蓋文】

前資德大夫正治上卿戶部尚書侯公暨元配楊夫人合葬墓誌銘

康熙二十六年前。

（拓片藏河南省文物考古研究所。李秀萍）

皇清奉議大夫刑部江西清吏司郎中恤刑浙江侯公（方夏）暨元配張宜人合葬墓誌銘

【蓋文】

皇清奉議大夫刑部江西清吏司郎中恤刑浙江侯公暨元配張宜人合葬墓誌銘

【誌文】

皇清奉議大夫刑部江西清吏司郎中恤刑浙江侯公暨元配誥封張氏宜人合葬墓誌銘

賜進士出身資政大夫戶部左侍郎加二級致仕前戶工二部右侍郎都察院左副都御史侍經筵丙辰會試主考殿試讀卷官順天府府尹左僉都御史通政使司右參議光祿寺少卿正四品服俸

户科掌印給事中刑科給事中癸丑會試同考掌山東道事廣東貴州江南等道監察御史年眷弟田六善頓首拜撰文。

山東等處提刑按察使司按察使眷弟宋犖頓首拜書丹。

賜同進士出身提督河南學政按察使司副使門生張好奇頓首拜篆蓋。

余同年進士商邱侯赤社，以司寇大夫恤刑兩浙，勤於王事，而死官。未及葬，其配張宜人繼歿。赤社廉而貧，其子無以襄事，積久，二喪尚在殯。將卜於康熙二十六年葬，其孤晛持徐檢討狀來謁銘。余既與赤社同舉進士，又嘗作其鄰邑令，不可以不知辭。按狀：

公姓侯氏，諱方夏，赤社其字，河南商邱人。其先自汴來遷者曰成，歷四世至進，始以孫貴，贈太常寺卿。進生璣，贈兵部右侍郎，公曾祖也。祖執蒲，前萬曆戊戌進士，太常寺卿。父恂，萬曆丙辰進士，戶部尚書，即海內清流所稱為司徒公者也。公其仲子，幼有文名，與其弟方鎮、方域，為江左張、吳、陳、夏所推轂，狎主齊盟焉。崇禎癸酉，以第二人舉於鄉。順治丙戌，成進士，授陝西平涼縣知縣，擢刑部湖廣司主事，轉員外，晉江西司郎中，恤刑浙江，以卒。其以計偕上禮部也，適司徒公與溫相忤，下請室。公侍左右不離者七年，百方營解，卒出之。其成進士也，急迎司徒公歸，使無瑣瑣之嘆。其在平涼也，毀家代民輸租，而邑中人則無不興。其為司寇大夫也，持法明允，人以無冤。其在兩浙也，不專以出罪為寬，而無辜者終不罹法。死之日，囊空如洗，賴王司理而喪始得辦。考公生平：其以智免父，孝也；代民完逋，義也；法平而生死兩以無憾，仁也；死於官且無以斂，忠與廉也。余嘗與公同官於朝，習知公，其大節表表，蓋如此也。其配張宜人，知書而良於內治，能得舅姑懽，持其子則甚嚴。公為宦十載，成懸魚之操，免拔葵之慍，皆宜人相之。

公生於萬曆三十八年十一月初九日酉時，卒於順治十三年十一月十五日丑時，年四十有七。宜人生於萬曆三十八年八月二十日子時，卒於康熙十三年十二月十三日戌時。子孫生出、婚字，詳行實。銘曰：

祖若父，公與卿。公肯穫，畝斯終。令瘠邑，哀罷癃。賦代輸，人以豐。升比部，慶咸中。持使節，錄浙東。脫眚災，論頑兇。山水間，留仁風。著公德，壽幽宮。

不孝男喻、晛，降服子咏泣血納石。

康熙二十六年。

（拓片藏河南省文物考古研究所。李秀萍）

皇清中憲大夫湖廣長沙府知府前署陝西肅州兵備道呂南呂公（夾鐘）暨元配恭人邵君合葬墓誌銘

【誌文】

欽授通議大夫大理寺正卿前太僕寺正卿都察院左僉都御史通政使司左右參議年家眷世

弟蓋平陳汝器頓首拜撰。

　　賜進士出身奉政大夫欽差提督湖廣通省學政按察司僉事年家眷弟垣邑郜煥元頓首拜篆。

　　勅授徵仕郎內府行人司行人年家眷晚生同邑劉珩頓首拜書。

　　公諱夾鐘，字南呂，豐山其號也。呂之先自太公望，遷徙不一。後周顯德中，禮部侍郎咸休世居汲。迨正慤公大防。防孫思誠，爲元三史學士。誠孫甫遷於滑，是爲始祖。生仲彬，孝廉。數傳至俊。俊生佑。佑生釗，爲江州司馬。釗生茂，爲鄉貢。茂生璋，邑庠生，公之曾祖也。生實秋，以文學餼於庠。生克美，以孝行著，飲鄉賓。贈臨洮府通判。娶於王，繼娶鄭，俱太安人。舉丈夫子，卽公也。

　　公生而警敏，七歲就外傅。少長，工屬文，有儁譽。未幾，贈君曁太安人卽世。公執喪如古禮，復廬於墓。鄉人以純孝稱。服闋後，值國朝定鼎，公出就試。督學王公大收郡邑士，讀其文，驚賞曰：此經濟才也。特以冠軍。戊子鄉闈，中副車。以別駕就選人。筮仕陝西臨洮府通判，督肅州兵屯茶馬諸務。肅自兵燹來，彌望荊榛，流離載道。公招集流民，假以牛種。而荒蕪者力請蠲除，使民得耕。不一年，丁增者户三千，地闢者頃兩千。肅兵三十六營，歲餉爲貪弁墨吏所侵蝕。公必躬詣，按籍呼名驗領，以除浮冒。又稽鹽鹾之溢額，以佐軍儲。以其餘力飭學宮，聖廟圮敝者一新之。督諸生程課文義，爲購書都會，遍授之，天末荒服始有絃誦聲。辛丑以最舉卓異。世祖予紀錄，進一秩。時監司缺人，撫臣題攝道篆。爲嚴壁壘，飾戎器，邊庭肅然。吐番入貢，公宣布德威，示以誠信，予茶舊秤十六兩者，今倍以二十。衆皆羅拜，歲進良馬皆明駞上駟也。時當計文武吏，公所舉皆負時望，後多以功名顯。嗣輯瑞入覲，恭遇覃恩。贈太公如公官，太母王氏、鄭氏爲太安人。擢臨洮府同知兼理糧河於蘭州。肅人具牒請留，不果，建祠祀之。臨行，車軏不得發。蘭綜兩河，轄三衛，號稱難治。公至，則踏勘荒熟，宜徵宜豁，立與興除。而治屯之法，必使寓兵於農，一如營平舊制。河本龍門上游，怒濤衝激，輒害民田舍。公相度經營，塞埽口，築長隄，以防秋漲。又建理巨橋，長虹翼然，爲五鎮津梁。至今西人賴之。復請蠲屬衛奏銷開載公車諸項暨節孝坊，價計千餘金，名曰冒濫。撫藩兩憲如公請。官紳咸戴公德。甘寧撫軍巡歷三邊。公隨之，請賑慶陽饑民，全活萬衆。釋錢糧註誤知縣劉怡等凡九員。政暇興學教士，一如在肅時。癸卯、丙午兩考武闈，皆稱得人。丁未，再以最薦，復以上計入觀。上賜宴大廷，予金幣。人以爲榮。未幾陞湖廣長沙府知府。蘭之留公也甚於肅。長之兵燹凋傷，數倍秦中。公以廉正率僚屬，裁樣米，甦驛遞，黜修署夫役。諸弊嚴革，州邑奇羨，正額外無銖粒浮出者。楚健訟，經欽案者三十事，株累至七百餘人。因上謁撫臣，請五日結一案。公一矢公慎，不十旬而囹圄空虛矣。時鼓鑄漕運之令並下，城市驚擾。公請置冶於藩署，購銅監造。又相江渚津要，決水灌漕以濟運。兩艱並舉，民乃安堵。歲歉，鄰郡衡陽、寶慶多徙入長沙。公開湖塘田八百頃，編饑民千餘户。流民以甦。人呼爲呂公塘。建祠於塘上，歲時祀焉。又海上諸降旅撥入長沙五營。公恐生不測，布置營房於湘西，設塘兵以禦之。至躬行教化，獎拔文士，咸彬彬也。適覆讞一疑獄。公將爲之理，吏以失出難之。公曰：苟得未減，吾何惜以一官易數人命耶。卒以此鐫其官。公怡然也。長之人數千人遮撫軍馬首請留。撫軍業爲疏以請。而公竟投劾歸矣。長人奉入名宦，復建祠於望湘門，泣而送者相屬於道。

　　公歸，屏居城西。角巾野服，明農教子。日引親舊觴對爲樂。或時慷慨吟咏。築園名曰中隱，以見志焉。邦大夫見者，有大利害，輒力白之。親族婚喪，周急之無慳色。爲善於鄉，有菩薩之號。念載而後卒。娶於邵，爲百戶三知女，有閫德。公數歷南北，皆隨，多內助焉。以覃恩封安人，進恭人。先公十七年卒。

　　嗚呼，公起諸生，徒步宦學，屢踐嚴疆，茂建勛猷。以顯庸於時。可不謂才乎！乃未老懸車，不竟厥施，功名之士未嘗不悼惜之。然士各有志。公之寄托者遠矣。公生於前丁巳年十月二十八日申時，卒於康熙二十九年庚午二月十一日亥時，得年七十有四。恭人生於前丁巳年十一月二十一日申時，卒於康熙十二年癸丑六月十六日戌時，得年五十有七。有子二：長塏奏，吏部候選同知，娶同邑廩生孫公諱繩武長女。次箎奏，貢生，娶同邑庠生王公諱鼎隆次女，繼娶貴州威寧府知府、前戶部云南司郎中燕山喬公諱謙己長女。女二：長適邑庠武生馬公諱三公次子協鸞，次適邑處士霍公諱三奇次子庠生起蛟。孫六：長文倩，邑庠生，塏奏出，娶吏部候選知縣同邑劉公諱瑜長女。次文俶，邑庠生，箎奏出，中殤，娶乙未科進士山東濟南府同知灊邑張公諱施大仲子貢生諱之綱長女。次文在，塏奏出，娶邑庠生趙公諱人銓次女。次文佩，太學生，箎奏出，娶灊庠生羅公諱繡女。次文儀，箎奏出，聘云南尋甸州知州同邑禹公諱不伐長子貢生諱崑璘長女。次文瑛，箎奏出，聘廩貢生同邑劉公諱允樟長女。孫女三：長適灊庠生程公諱有道仲子附貢生正宗，塏奏出。次適灊庠生劉公諱大壯長子庠生佑，箎奏出。一尚幼，未字，箎奏出。今卜佳城，擇吉於本年十一月二十六日奉公葬於城東孔莊新阡，開恭人窆合焉。是宜銘。銘曰：

　　河流淇衛，洋洋大伾，靈毓非常。中有伊人，系姜勛伐，肇自侍郎。才堪師帥，稱良玉門，嶽麓相望。朱旛皂蓋，飛揚亭平，丹筆如霜。拂衣解組，何妨星沙，畏壘庚桑。五馬歸來，故鄉念年，林壑徜徉。里人義問，孔彰胡爲，驂駕云翔。巫咸欲問，茫茫一丘，如堂如坊。哲人埋骨，允臧有媛，儷穴珩璜。宜爾後嗣，隆昌千秋，視此銘章。

　　不孝男塏、箎奏同泣血納石。四十年辛巳改遷於此，丁向。

　　康熙二十九年。

（拓片藏河南省文物考古研究所。李秀萍）

皇清故明通議大夫兵部左侍郎加授二品服俸青來葉公（廷桂）暨元配李淑人副室劉宜人蔣孺人合葬墓誌銘

【誌文】

　　順治丁酉科舉人浙西晚學計東頓首拜撰文。

賜進士出身徵仕郎翰林院檢討姻晚後學竇克勤頓首拜書丹。

賜進士及第資善大夫翰林院掌院學士加禮部尚書管刑部右侍郎事姪方藹頓首拜篆蓋。

公姓葉氏，諱廷桂，字青來，號蕃實，河南商邱人也。世居江西泰和縣。自諱受者，洪武初遷商邱。受生福善。福善生亨。亨生鎮，配郭氏。生郡庠生夢陽，配程氏。夢陽生郡庠生、贈通議大夫、右副都御史如蘭，配贈淑人任氏。如蘭生司訓公、贈通議大夫、右副都御史呈春，配封太宜人、贈淑人夏氏，實生公。

公生萬曆十三年乙酉十一月十八日子時。大母任淑人夢衣緋衣秉笏者來，曰"我居汝家"，俄火光燭室，□□生公。公年十八，壬寅，補郡庠博士弟子員。又十年，壬子，以《詩經》舉河南鄉試第一。又十年，壬戌，為天啟二年，成進士。葬贈都御史司訓公。明年癸亥，授戶部福建司主事。又明年甲子，管冊廩九邊舊餉及本科章奏，提督九門鹽法。乙丑，署山東司郎中，專理九邊新餉及御馬監三草場。丙寅，遷山東司郎中，十二月陞陝西右參議，分巡關內道，便道歸省。丁卯三月，丁太宜人憂。崇禎三年己巳，服闋。庚午，補陝西督糧道。九月入覲。時三秦流寇蠭起，在廷共推公邊才可任。辛未二月，調分巡關內道，特敕監軍。八月，陞陝西靖遠兵糧道副使，駐靖遠。壬申，陞參政陝西河西道，駐廓州，調山西河東道。甲戌，陞山西按察司使。在廷復共推公邊才，五月，陞都察院右僉都御史，巡撫大同。六月，出師大捷，詔賜銀幣。丁丑，敘大捷功，蔭一子錦衣衛副千戶，世襲。疏辭，不許，加右副都御史，贈大父母、父母如其官，蔭一子入監讀書。己卯，以秋防功加二品服俸，賜銀幣。自丁丑四月至己卯五月，乞休，疏凡十三上，始予告。八月，歸里。明年庚辰九月，即家拜公戶部右侍郎，督理邊餉。十一月，召對平臺，賜銀幣。辛巳五月，再敘勤寇功，轉左侍郎。十月，改兵部左侍郎，總督軍務。未幾，以疾特諭解任。壬午，將再歸里，商邱已陷賊，無家，乃僑居金陵，老病且阻兵，輾轉江浙間。順治三年丙戌十月十九日午時，歸次衢州，卒於逆旅。丁亥三月，長子金吾公元滋等，奉公櫬歸。五月，葬公於贈公墓之南阡。

公長身臺背，目光如電，性至孝友，家貧力學，顧獨好談兵，故自成進士服官二十餘年，在兵間之日居多。五歲，贈公罹外艱，哀毀不食，公默坐亦終日不食，贈公食乃食。贈公教子嚴，不以獨子故稍姑息。暑月，具衣冠侍立授經義，足疽，血涔涔下，不命之退，不敢退也。冬下帷古寺中，夜祁寒無火，納兩足敗絮中，讀書至曙。太宰鄭元岳先生典郡，招公讀書范文正公講院中，試輒第一。暨省試撤闈，報至鄭公，曰："姑勿言。"解元其葉生乎？曰：然。未釋褐，而贈公沒，公痛未逮祿養，哀毀幾滅性。又自傷無同產兄弟，視從弟如同產弟，視從弟子如己子，視父妹如父，撫其家至三世。服官之後，益勵志節，矢清慎，終其身不忘贈公之教。後累官得三誥贈司訓公如其官。

其成進士時，人爭求選為庶常，座主獨心屬公。公曰："獨不聞先臣劉大夏故事乎？人臣當宣力疆場，不能低頭習雕蟲無益之業。"座主益促之，公攜酒至玉泉峯，去不顧。其理三草場時，魏忠賢黨瑠張某者共場事，每達賢意欲交公，且置酒食數邀公。公拒弗與通，遂辭草場篆。大帥馬世龍請餉十萬，願捐十一為壽。公駭，白大司農，按期給之。

其分巡關內、奉敕監軍時，上條議十二事於撫軍練公，皆行之。督諸將軍趙大胤、張全昌、李密、張令、艾穆等，先後殺賊神一魁、點燈子、老□□、滿天星、過天星、一斗穀等。於梁家嶺獲賊首七郎，復敗之於中部、郃陽、芝川、韓城，賊慟哭奔潰。復追殺之淳化、延安、澄城、宜君、商南，斬首無算。故事，監軍道在兵間，率畏□觀勝負。公獨衷甲，身先士卒，策馬崩崖斷壑間。攻圍中部，流矢中胸，飛礮及股，不稍却。賊突圍犯我師，公自起，藝砲擊殺數十人，賊乃退。軍氣百倍，獲其渠李老砦、獨行狼、一條龍、可天飛等，獻俘闕下。當是時，秦寇幾盡，公請之撫車，願假精兵三千人，搜山谷，盡殲之，可永絕寇患。而撫議起，格不行。嗣後秦寇躥入晉地，勢遂張，始悔不用公策也。

其備兵河西時，鄜州被寇患尤劇，蒿萊滿城，狼白晝行市中。城臨河沙，不可築。公為文禱之，脫所衣緋衣覆諸地而築之，城遂成。流亡大集，鄜延乃平。其調山西、河東時，寇犯垣曲及絳。夏，援兵復大擾。公外扞強寇，內輯兵民，所向必捷。故事，冬防河遏寇。民之避寇難者，率乘河冰未合求渡，守令輒遏之。公獨縱令畢渡，約數萬人。是歲，河冰竟不合，父老以公忠仁所感，前此未有也。郡多強藩巨族，豪猾不法，公斃其魁數人。蒲州韓相國聞之嘆服，戒其族子勿犯公法。屬吏有獻新茗者，發之，白鏹也，呼還之，曰："吾不解啜此茗也。"廉得其貪汙狀，劾去之。歲大旱，無麥苗。公步禱於天，泣下雨亦下，歲乃熟。

其按察山西時，兩月清積牘三百餘事。吳公甡嘆曰："霹靂手也！"其巡撫大同時，請開馬市，獲馬十萬餘匹，又籍得節存額價六萬金，上於朝。特旨褒之。蓋前此皆歸私橐者也。給代藩宗人祿食，擒左衛邪教法王，大閱諸軍，簡精銳，汰老稗，儲糗糧，嚴哨探，大同一軍獨稱雄。中外皆倚公為重。獨以生平耿介中立，不傍門戶、事黨人，又失武陵相意。徵調無度，公擐甲率枵腹之卒，一月中行萬餘里。其不敗衂，皆公勝算，非天幸也。其乞休十三疏，大概謂臣自郎署歷監司，至開府，皆以萬死一生之身，當大兵大荒之地，積勞成病，病且不支，弗以病臣悞封疆。天子亦深知公，故特許移疾歸，前後封疆諸大臣所未有也。

其再起為司農督餉也，條上鼓鑄、鹽屯、陸運、津運、挖運、民運諸利弊，剀切詳言，不稍諱。政府畏其侃直。莅任兩月，六十萬石之運告竣。復陳機宜二十四事，釐剔楚銅扣餉八萬金。奏除漕糧交卸、計克諸弊，天下稱之。當邊境多故，廷臣每會推邊才，必首推公，然未有能盡公之才者。

公任方面，討秦晉賊，破家財，募敢死勇士薛敏忠等百人，置麾下，為選鋒。每戰輒先奔賊。及凱旋驗賊級，割賊鼻及耳如墳，血瀰灘滿前，公對酒伉慨自若也。一夕臥起，手擷襜褕，上有物纍纍膠結不可去，舉火視之，則皆隆然所割賊鼻也。又諸死士窮追賊，暮歸，適公憩，未及驗級，復恐有竊之者，率挽結賊首髮，置公臥榻下，公酣臥其上自若也。嗟乎！公起儒生，生長中原宴安之日，目不見兵革，一旦歷行間，當劇寇，忠勇奮發，有以奪宿將悍兵之氣，可謂天下之奇事也。公自言為孝廉時，潛心周、程、張、朱諸大儒書，最後嗜陽明王先生書默契不動心之旨，故能身處鋒鏑之中，意氣不稍挫。則公之所得深矣，世亦未易知公也。獨惜公條議平寇方略及佐口部奏疏，皆軍國著書，鑿然可傳於後，遭時播蕩，盡散失之，俾後世無從見公之深思妙算，而嘆公才之未盡用者。嗚呼，抑又可悲也！公之懿行不可殫述，具在公子金吾公所紋行實中，尚論者可以知公大略矣。

公享年六十二歲。元配累封淑人李氏，府庠生、十五舉鄉飲賓公若蒙女。貳室封宜人劉氏，以子金吾故得封。又帥氏，早卒，葬於平臺西北原。又蔣孺人。淑人生之夕，有皓月降渚之祥。性厚重端凝，以禮義自淑其身。事舅姑左右，色養靡少倦。當贈公没，公方遠仕京師，淑人侍太淑人於家，仰事俯御，動會準繩，門内外莫不静以治，倍得太淑人歡。宋文康公權與分為兒女姻，事淑人以嫂，嘗假歸拜於堂。淑人曰：公老矣，功成而退，古大臣之義也。文康公韙其言，未幾致政歸。淑人從未育，撫諸子恩勤如己出，而諸子亦無不人人以為淑人出者。嘗語劉宜人、蔣孺人曰：先公捐館舍，家之事皆吾與若事也，其共勉厥力，無貽先公地下戚。是以終淑人身，諸子無異爨而食。一堂雍雍，咸以為前之母師不足多也。且語人曰：吾一生不病，卒之日亦不以病累諸子。故殁之前夕，飲食言笑若平昔，偶患胃痛，一宿而終。比斂，顏色如生，宛似熟寐時。嗚呼，異矣！劉宜人與淑人有兄友弟恭之誼，凡家之米鹽瑣細，無不相酌而行。每戒諸子曰：爾善事爾母，若能使人無閒言，吾始為吾子也。交相愛敬之風，宋人多化之。其詳具在行實、家乘中。

淑人生於萬曆十五年丁亥七月初五日卯時，卒於康熙二年癸卯正月二十五日戌時，享年七十七歲。宜人生於萬曆二十八年庚子九月初八日子時，卒於康熙五年丙午三月十四日酉時，享年六十七歲。孺人生於天啓元年辛酉三月十三日寅時，卒於康熙二十八年己巳十一月十三日寅時，享年六十九歲。

子四：長，錦衣衛正千户，娶府庠廩生侯公怡女、光禄丞公執中孫女，繼娶庠生周公化遠女；次元渥，郡庠廩生，贈知縣，娶萬曆丁酉科舉人劉公格女；次元洽，附監生，娶崇禎庚午科解元徐公作霖女。俱劉宜人出。次元匯，國子監生，娶兵部尚書佘公珹女，蔣孺人出。

女六：長適陝西延安府同知鄭公之俊長子府庠廩生衍祊，山西澤州知州公際明孫；次適崇禎癸酉科舉人喬公國材次子縣庠生穎，山西左參政公巖孫；三適吏部文選司郎中王公杼長子府庠生彭年；四適陝西監軍道副使曹公心明四子縣庠生鑑；俱劉宜人出；五適太子太保内國史院大學士贈少保謚文康宋公權次子江蘇巡撫右副都御史犖，山東福山縣知縣公沾孫，帥氏出；六適崇禎己卯拔貢田公國命次子州同知有龍，通政使贈工部左侍郎公畛孫，劉宜人出。

孫男九。元滋出者四：增固，國子監典簿，娶侯氏，府庠廩生公方鎮女、國子監祭酒公恪孫女；繼娶胡氏，廣東廣州府參將公國亮女、山西寧武總鎮公來覲孫女。增高，壬子拔貢，娶劉氏，山東兗州府推官公中砥女；繼娶彭氏，夏庠廩生公九齡女、中書舍人公堯泰孫女。增藻，娶劉氏，廣西桂林府知府公麟趾女。增圖，娶竇氏，封翰林院庶吉士公大任女。元渥出者二：增奕，浙江嚴州府通判，娶彭氏，山東登州府推官公舜齡女、中書舍人公堯泰孫女。增英，理藩院知事，娶王氏，附監生公喬年女、吏部文選司郎中公杼孫女。元匯出者三：增敞，國子監生，娶陳氏，歸德營都司公廷謨女。增枚，聘佘氏，康熙壬子科武舉公應徵女、兵部尚書公珹孫女。增敏，聘劉氏，國子監生公丕忱女。

孫女九。元滋出者二：長適李式，江南江寧府推官公上林子。二適庠生宋燽，中書科舍人康熙辛酉科舉人公炘子、文康公孫。元渥出者三：長適國子監生劉德載，浙江慈谿縣知縣公勳子、中書舍人公□孫。次適貴州威寧府知府宋起，工部虞衡司郎中公炘子、文康公孫。三適州同知周圷，府庠生業炎子、工部尚書公士樸孫。元匯出者四：長適庠生楊光，附監生公爾彬子。次適州同知楊長祥，吏部稽勳司員外公春星子。三字李芳，云南陸涼州知州公培茂子。四幼，未字。

曾孫男九。增固出者：秦封，監生，娶南氏，湖廣荊門州知州鵬女、少保總戎公一魁孫女；繼娶周氏，府庠生洪謨女、浙江太平參戎公祺孫女。增高出者：嘉穎，聘李氏，偃師縣教諭存女、翰林侍講公目孫女。嘉栗，聘高氏，二等阿達哈哈番拱弼女、少保總戎公第孫女。增奕出者：維榮，聘李氏，刑部員外會生女、淮揚大參公培真孫女。維業、維杲、維棨，俱幼，未聘。增英出者：維柜，聘李氏，偃師縣教諭存女，翰林侍講公目孫女。維秠，聘劉氏，商水縣教諭德基女。

曾孫女八。增高出者：一適監生侯貢祀，武庠生珩子。一適監生劉錫履，候選縣丞德屋子、浙江慈谿令公勳孫。一幼，未字。增奕出者：一適候選教諭范時臨，四川灌縣知縣承德子。一適貢生王沛聞，候補主事繡子、江西學憲公震生孫。增英出者：一字宋韋金，縣庠生著子、江蘇中丞公筆孫。一字監生彭苞采，候選知縣宸淥子、山東登州節推公舜齡孫。一幼，未字。元孫女一，幼，未字，秦封出。銘曰：

是惟河嶽驅精靈，蜿嬗巀嶭公篤生。艱大鞏掌投孤臣，天顧既移志未申，三衢之旁稱完人。全歸爾丘息爾形，克昌厥後答忠貞。

昔公之葬也，計子東誌而銘之，然未及其墓中石。後十七年，李淑人卒；又三年，劉宜人卒。其徽音閫範及娶聘嫁字亦皆闕焉未詳。今蔣孺人於康熙三十三年甲戌十月一日祔公穴，謹補次之如左。姻晚寶克勤再頓首識。

不孝男元滋、元渥、元洽、元匯泣血納石。

康熙三十三年十月。

（銘存虞城縣圖書館。李秀萍）

皇清待贈太夫人湯（斑）母軒太君墓誌銘

【誌文】
同里眷晚生田蘭芳頓首撰文。

賜進士出身翰林院庶吉士年家眷晚生袁鍾麟頓首書丹。

賜進士出身考授內閣中書舍人年家眷晚學生吳學顥頓首篆蓋。

繪川之陽有大儒焉，曰湯潛菴先生。學醇而節高，海內無老穉賢愚，咸仰如河嶽鳳麟，冀一見之。至於以孝成德，加人不啻□□□未必能盡知之也。先生十六時，流寇陷州城，母太恭人趙氏以身殉節。先生號泣其旁，隕絕數回，幾欲相從於地下。太恭人□，公敦譬反復，然後，灑血斂瘞，侍之避地於所親三衢之署中。哀至，輒投荒山叢樹幽險，哭聲徹林表，猿鹿亦皆躑躅悲嘯，以助□□後聞於朝，建祠樹表，春秋奉蒸嘗，莫不嗚咽動路人。其參藩嶺北，時憲副公偶感微疾，聞問即棄紱來侍，眷戀庭闈，而敝屣一官，求之□□中，寧易多覯。於繼母軒太夫人，尤能養之以色，中誠所達，無間所自出。東山再起，宦迹南北，時時惟太夫人是念，白首□□□即造次顛沛，其念曾弗少敡，人皆為先生難之，不知在太夫人為尤難。太夫人性慈靖，自歸媵以及撤悅，撫先生一如己出。□間問奴課婢，節體縮□，以資先生之清槖；倚門倚閭，以望先生之宦轍。先生憂讒畏譏，則太夫人之魂驚胆裂；先生騎箕上昇，則太夫人復眼枯腸斷。卒至於嬰疾，卒至於無祿。太夫人與先生固足為衰世母子儀表，而不知太夫人與先生所以劬勞□恤，誠有遺恨於九京，而終古難釋者焉。蓋太夫人三歲失怙，依母以居，艱苦備嘗。甫歸憲副公，即丁亂離，艱苦更倍於在室。幸而子通籍矣，人情以為庶幾少追憂勞。而太夫人不止不敢冀先生之祿養，乃時時虞先生之塵甑更多於家食；不止不敢安享人世之尊榮，乃時時謂人世風波不如其優游於衡泌。終朝欽欽，心無寧晷，神已瘁矣。乃先生又先太夫人而逝，冢孫溥復繼夭，含殮之際，所以當大事者，僅任□□之幼曾。雖少子教諭君備物送往，而歸褫致贈，素車白馬，較先生生存之日，不無或異。此教諭君所以腐心疾首，既悲其母未及歸藏之榮，又逆其兄之志，必以不得身送慈親，永含戚於泉壤，冀得一人表而出之，以與天下後世共傷其遇而不遇，共諒其以不盡為盡。知蘭交先生久，習於其家庭慈孝之深，故不以蘭身賤名微，言之不文，而猥屬以壙中之石。謂可不失其隱微曲折，使母子惻怛篤愛之忱常留人間，或稍得以慰其無已之痛也。蘭忍引分固辭，用辜孝子之心哉！謹撮狀中之要，序而銘之。按狀：

太夫人姓軒氏，為明名臣介肅公輗之族，世有顯人。三歲，父智所公見背，旁無兄弟，母女相依以生。稍長，即能作苦，以分其母李太君之勞，內外已異其井井。比歸憲副孝先公，正當中原兵戈交橫，田荒而囊橐如洗。太夫人奉嚴姑，獨得其歡心，饔飧所出，蓋有不忍聞見者。姑沒，伯嫂亦於是日亡。太夫人佐憲副公於棘寋哀毀之餘，誠慎盡禮，且不敢略送其嫂，人皆稱其孝友。伯叔歿，遺有子女，撫育遣送，恩至而儀充，義聲動閭里藉藉也。潛菴先生未第時，丸熊以資清苦；既宦遊，淡泊以安廉節，尤為閨中所難。而自有之一子二女，卒無所私。潛菴先生以壯年解組，長賦歸來，太夫人欣欣然以骨肉團圞為天倫之樂，更無幾微以先生遺榮遯世不概於心者。憲副公卒，哀痛方迫，即引其子之手付先生，命以兄任父，責嚴義方，俾有成立，所見皆偉絕。其他奉亡母追慕終身，念孀姑問饋備至，無非天性所根者然也。當先生以宮端北上，紆道來省，是時，教諭君暨諸兄子亦皆有聲庠序間，踖踖繞膝下，人為太夫人榮。太夫人稔先生剛鯁疾惡，每慮不容於時，常慘慘抱無窮憂，遂已動乎疾矣。及先生薨於位，問諱驚怛，疾愈深。繼而孫溥亡，是子才而文，太夫人痛之尤劇，遂至不起。太夫人為憲副公之配，尚書公之母，身極寵榮，而實終始憂虞如此，殆難為流俗道，其亦誠可悲矣。

太夫人生於萬曆四十三年乙卯五月二十一日巳時，卒於康熙三十二年癸酉六月二十九日酉時。子二：長斌，順治壬辰進士，歷官工部尚書，即所謂潛菴先生也，憲副公前配趙恭人出。娶馬氏，封恭人。次斑，廩貢生，候選教諭，即來乞銘者，娶袁氏，太夫人出。女三：適守備司諫者，為趙恭人出。適監生袁復泰，適舉人候補中書趙易聖者，太夫人出。孫男八：溥，廩生；潛，副榜拔貢；沉，歲貢；準，監生，斌出。廣淵、日躋、秉哲、迪畏，斑出。孫女三，俱斌出。曾孫八，潛出者五：之旭、之遑、之昱、之旳[1]、景福。之遑出繼伯父溥，是為承重曾孫。沉出者二：之昶、之旳。準出者一，廉石。曾孫女九：三為溥出，三為潛出，二為沉出，一為準出。嫁娶氏族詳狀中。康熙三十四年十一月初二日未時，祔葬城北十五里澗岡憲副公之兆，禮也。爰繫之銘。銘曰：

榮於外，惕於中。遇若艱，德實豐。撫實蹟，銘幽宮。安體魄，釋怨恫。聲洋洋，極無窮。攀墳柏，省淚紅。

康熙三十四年歲次乙亥十一月朔二日。

承重曾孫之遑、孤哀子斑泣血納石。

（拓片藏河南省文物考古研究所。李秀萍）

皇清誥封淑人宋（至）母葉夫人墓誌銘

【蓋文】

皇清誥封淑人宋母葉夫人墓誌銘

【誌文】

皇清誥封淑人宋母葉夫人墓誌銘

武進邵長蘅譔文。

石門吳之振書丹。

秀水朱彝尊篆蓋。

嘗誦《詩序》薦宋夫人之德也，羔羊鵲巢之功致也。《詩疏》謂在位之卿大夫，居身節儉，為行其直，德如羔羊，然而顧推原於鵲巢之功所致。心竊疑其迂。顧三代以後，士往往以家自累，貪冒苟得，或外藩飾取名譽，而內枲帷廧之私而不能自克，蓋非必中材以下

---

[1] 此處之"之旳"，與後文沉出者之一同名，據本書所收湯之晟墓誌，其中"旳"字應為"晟"字之誤。

而後然。然後漢□人之旨深矣。而後之論世者，亦以謂惟周士大夫侯公之□修身飭行，能輔佐勗勉其君子，而王道賴以成，有以也。夫子志葉淑人，爰徵其說，益信。

葉氏於商邱為望族。淑人者，明兵部左侍郎廷桂之子貢士官訓導諱呈春之孫。年十三，歸同邑宋氏，本朝相國文康公諱權之冢婦，今大中丞公犖夫人也。中丞公嶽嶽峙名節，以廉介聞。今上稱之，有宋犖不要錢語。公為官四十餘年，不孰何家事。追官郎署，即不以家隨，家事一以任淑人。淑人性儉約，明敏能勞勤，凡織紝、澣濯、酒醴、饎爨、賓祭之事，未嘗不親執。每歲田科所入，菽粟、稷黍、穀糴、薪槀，細至雞豚、米鹽淩雜，具有簿籍握算，鉤撥纖悉，雖婢奴不能銖黍欺。躬自節嗇，而用其贏餘益市田宅。持箕箒者二十年，視中丞公家居時拓充以倍。然識大體，曩時中外姻黨，吉凶往來，餽遺必腆。其□詎及者，每家郵達中丞公，數以廉□相勗，曰：我繩勉耕紝，足為兒孫計，不願公寄一錢歸也。故中丞公二十年亦無一衣一參珥貽淑人。

嗚呼！中丞公之為廉史、為名公卿，罔不待夾輔而成。而或國事埤於外，□謫交於內，雖在□□，不能無幾芥蒂□□□然行其意難。宜中丞公之有言也，曰：室人交讁，自古已然。余何幸得□於淑人與。烏嘑！可哀也已，抑可傳也已。公所譔行述又稱：淑人事尊章以孝，接先後以和，教子女慈而嚴。予曰：內德固然。然士庶家之淑□□□之，故略弗論。初封安人，再封恭人，三封至淑人。而所為翟冠翠翹，揚□□□之飾，□嘗被體。歿之前二歲，□吳門官舍，必□服□外，□□之曰：是天子所以寵犖，大臣□逮其家者。向□其嫁時，胡有金臂□□，然其一□至吳，欲令工更造，□與久之，曰：得無累官聲？不吝不果二事，中丞公云然。

淑人生明崇禎乙亥四月十二日丑時，以康熙丁丑四月二日未時終於中丞公使院之寢，年六十又三。子男子六：基，直隸保定府同知，娶張氏，兵部車駕司主事宗哲女，皆前卒；至，副榜貢生，好古，以詩文名，娶劉氏，慈谿縣知縣勳女；陸，郡庠生，前卒，娶崔氏，戶部主事掄奇女；著，邑庠生，娶李氏，中書舍人芳廣女，皆前卒；致，貢生，初娶劉氏，安平縣知縣士僎女，繼娶王氏，滄州知州羽女。皆淑人出；筼，郡庠生，聘李氏，武英殿大學士吏部尚書天馥女，副室薛出。筼生七日喪母，淑人撫愛之過所生云。女子六：一適理藩院知事侯方至，貢生忭子；一適元氏縣知縣王組，江西提學道震生子。一適廩監生侯方復，貢生懃子；一適南陽縣學訓導劉□□，江南提學道士龍子；一適世襲二等阿達哈哈番高洪滿，鎮守□□等處總兵官左都督第子；一適貢生湯沆，工部尚書□子。俱淑人出。孫男六。基出者二：如金，候選中書□，娶李氏，理藩院院判會生女，繼娶侯氏，貢生方揆女；岐金，郡庠生，前卒。至出者一，華金，聘竇氏，翰林院檢討克勤女。陸出者一，吉金，臨沂縣學教諭，娶李氏，候選州同知□生女。著出者二，韋金，邑庠生，娶葉氏，候選通判增英女。致出者一，禹金，未聘。孫女二：一適劉錫坡，監生德□子，陸出；一□□，至出。曾孫男二：齊萬、齊□，吉金出。曾孫女一，如金出。俱幼。至等即以□□□淑人□□□□□□□之淥波村，以□月十四日窆，而奉中丞公命，先期來請銘。

先是，保定君基之喪，予即之銘，又銘□□□□君陸，故知公家世宜詳，不敢□□辭。方治淑人喪也，四方士大夫、郡縣吏賻送繫數千金，中丞公命卻之，曰："吾不忍負我淑人。"銘曰：

岱岳出云，厥妃維清。矯矯中丞，素絲□□。淑人纘之，敕身□□。一□十年，狐裘儷德。維儉成廉，□受恩福。有歸者封，有□者窆。後其□□，□□□□。□酒□□，□□□□。

不孝男致、至、篤泣血納石。

康熙三十六年四月。

（拓片藏河南省文物考古研究所。李秀萍）

二賢祠碑

知縣劉德昌

鄉先生歿而祭于社，古禮也。後世則建祠宇以祀之。孔門之通六藝者七十二人，而宋有其二，原子、司馬子是已。道以孔子為極，通其藝者即通其道者也。斯二子者，寧非宋鄉先生之長歟？余重纂邑乘，定人物諸門，而以二子並諸首，別曰先賢，示異乎後世諸品流也。二子祀兩廡，已遍海內，而宋其桑梓地，獨無專祀，非典之缺歟？

邑有宋廣文先生炫者，篤行君子也。為郡、縣博士二十餘年，偶以奉諱還里，慾焉廑之，與諸生李猶龍、張果輩謀，欲創祠以祀二子。慨然出己貲，市城東南隅民居一區，顏曰"二賢祠"。前堂奉木主，後舍闢義塾，延師以訓里中兒之貧不能讀者。復捐地一百畝，以資修脯。蘋藻紜誦，彬彬出乎其間。落成，請余記其事。余伏而嘆曰：化民成俗，修廢舉墜，機司之噴也。今之有司，沐於考功之令，日夕營營擾擾，以簿書期會為政，舍是一切置不問。二賢祠宇，邑有司不能為，而宋君為之；邑庶眾不能共為，而宋君獨為之。其賢于人加一等矣。或謂宋君故巨室，其尊人明經翁，為相國介弟，中丞季父，負材幹，饒智畧，雖隱居不仕，而品望崇重鄉邦，仰之如高山鉅谷，平生豪舉，蓄伎樂，廣苑囿，歌鐘甲第甲於一郡。今宋君出其翁貲之百一，即足以興曠典而博義聲，無難也。余曰不然，世人襲先世田宅，以為飲博狎邪費者，或勿靳矣。不爾，則守祖父一錢如頭目腦髓，肯一介與人乎？況以鄉邑公務，而一身一家，獨肩勿諉乎？況吏不迫而友不訶，而毅然出而自任乎？宋君是舉，非識量高遠，而身與道俱者，其孰能之？不惟是也，君見諸郡、邑城往往建奎文閣，形家言：凡巽峯之隆，利于舉子。歸郡舊有奎閣，隱于城闉，且歲久頹敞。宋君亦具牒郡、縣，願改建於城巔。其設心積慮，惟欲損己以利衆，是大公無我之學也。如君者，不惟謂邦國有人，亦且謂宋翁有子。余樂其成，而牽連書之，且銘以詩。其詞曰：

睢陽莽莽宋舊封，聖轍常環蒙門東。刁禮弟子多雍容，子牛子思產國中。廟廡已享千秋同，故里獨闕蘋藻宮。南陽先生心忡忡，引茲盛典任厥躬。卜地城隅計甘弓，召將庀材以鳩工。經始不日輪奐終，神妥馨薦饗饎豐。更闢講堂選楩芃，造爾小子解瞀矇。蒙以養正曰聖功，作人之澤維君庸。崇墉屹屹有異峯，奎文列宿映蒼穹。君並峙閣何龍嵷，祝士有文振國風。似君高義誠罕逢，樹標畸行俾後宗。歲在作噩與涒蒙，代石鐫泐永勿䃺。

康熙四十四年。

（文見乾隆《歸德府志》卷二十八《祀典略》。馬懷雲）

青門山人墓誌銘

宋犖

青門山人既歿之明年，厥孤士豫、士京衰絰涕洟，持狀來乞銘曰：先君葬有日矣。抑此先君之命也。憶余始識山人於黃州，嗣開府江右，山人數過從，比蒞吳，則延致院署簿書之隟，相與商榷今古，意見多合。觴詠往復，殆將一紀，今已矣。微二子之請，忍無一言，誌其幽窀，以慰亡友於地下乎。按狀：

山人系出宋大儒康節先生後。康節六世孫依婦家來毘陵，始為常州人。居武進縣之章湟里。十一傳有諱銑者，山人祖也。考諱文燦，嘗以家貲贍其鄉里，邑中稱為善人。山人幼穎敏，讀書目數行下，籍籍有神童之譽。甫十歲，即隸籍學宮。每試，屈其曹耦，謂青紫可庋契致。及省試，輒不售。山人於是發憤謝去舉子業，益潛心六經三史及唐、宋諸大家之文。鑽穴寢饋，梳爬剔抉。久之，融釋貫串，大放厥詞，理足氣溢，醇而肆簡，潔而渾雄。蓋山人根柢槃深而又甚疾。夫世之為古文者，標敩丐貸，影響依附；故其於文，洮汰鍛煉，粹然成一家之言。今所刊行《青門集》若干卷是也。往余序山人之集，謂國朝布衣之以文鳴者，自商邱侯朝宗、寧都魏叔子外，唯山人可鼎足而立。然山人起，孤生不藉家世黨援，刻苦踔厲，與之後先揖讓於壇坫之上，而詩又特工；又能於及身親見，其詩若文流布遠近，為當世所指名，以不沒於身後。較之侯、魏力倍難而遇過之。噫！可謂盛矣。世競惜山人厄於一第，侘憯不得志以老若此者，詎不謂之後幸歟。山人內行淳備，居親喪，力行古禮，又嘗獨立創始祖康節先生祠，所費不貲，皆取諸子錢家藏事。族子某有失身為豪家奴者，山人捐金拔之歸。與人交，煦然以和中坦坦無城府，意所不可，即髯張面赤，絕無洑涊阿附之習。嘗往來京師，有顯貴物色之者，山人自矜重，不先不往，蓋其制行之卓卓者如此。家故不貧，有田一區，在蓉湖之濱，歲有秔稻蔬菽之奉，居則有山池竹木禽魚之翫。其出而遊也，特欲縱覽名山大川，與一時偉人巨子抵掌樹頰，廣拓其見聞，以銷其胸中結轖抑塞之氣。故宇內名勝之地，足跡幾徧，所交悉當代第一流。晚而倦遊，詩文益恣肆瓌瑋，令人膭眙震掉。余方以此卜其松喬之壽，而山人遽不幸死矣。豈不惜哉！

山人姓邵氏，諱長蘅，一曰衡，子湘，字也。享年六十有八。歿於康熙甲申年十一月二十二日。配錢氏，前卒。側室高氏、劉氏。子男子二：長士豫，郡庠生，高出；次士京，太學生，劉出。子女子二，適管澄、毛銳。孫男女若干人。墓在某鄉某里之原，窆以某月某日。山人故嘗補博士弟子員，已而，入太學，試於吏部，當得佐貳官，絓名選人，然非其所好，稱青門山人，從素志也。噫！世之稱山人者眾矣，率弸其外而枵其中。若青門者，實乃不愧。今新城王阮亭先生雅知山人，稱其文為荊川後一人。長州汪鈍翁先生以為山人人品似陸魯望，文章似柳子厚，知言哉。嗚呼！是可銘已。銘曰：

既畀矣，孰閟之以弗，昌於時，有蔚不磨，君獲則多。

康熙四十四年。

（文見宋犖《西陂類稿》卷三十一。馬懷雲）

唐昌黎伯韓文公專祠碑記

宋犖

道待人而行，亦待人而明。人數百年而一生，亦千餘歲而開出。故天未喪斯文，則必於緜緜延延，不絕如綫之會，為之鍾靈孕異，挺生大賢。其道可以光日月，章雲漢；其學可以障百川，迴狂瀾；其守先待後，可以擬泰山之重，而北斗之尊。蓋自孔孟云亡，越秦迄漢，微言大義，侵蝕晦冥，墜緒茫茫，曾未聞起而紹續之者。獨至有唐，而崇正學，斥異端，振衰式靡，俾文人學士知性道之所由來，則有如昌黎伯文公其人也。公之言曰：堯以是傳之舜，舜以是傳之禹，禹以是傳之湯，湯以是傳之文、武、周公，文、武、周公傳之孔子，孔子傳之孟軻，孟軻之死不得其傳焉。而宋儒程子謂：公此語非是蹈襲前人，又非鑿空撰出，必有所見。若無所見，則言所傳者，果何事也。公又曰：孟子醇乎，醇者也。而先儒亦謂公論孟子甚善，非見得孟子意道不到。然則千載而下，君相師儒之所以遞傳，自公發之。所謂見知聞知之，統其源流之不沒如一日也。公之啟佑後學，厥功偉矣。夫古者生有功德於人，歿則宜祭於社；抑或仕宦所經，追思遺澤，亦往往廟食無缺。況以公之賢，表章絕學於百世之上，而又為公裔孫者敬承無斁，不忘其先，專祠之設，烏可以已。

或按公十一世孫諱文通者，元至正間，從征滇南，死於王事，蔭其子為南京羽林衛千戶，改任河南彰德衛，又改任蘇州衛，因家於蘇。越數傳，子姓繁衍，聚族而居，今吳邑臥龍街西上韓家巷是也。先是邑諸生良臣於康熙三十六年，即其始遷祖遺宅改為文公祠，役未就而歿。至康熙四十七年，其子謙益成父志，爰請當事，改建今祠，編入祀典，仍乞余文敘建祠始末，鍥諸豐碑。

余帷垂裕後昆者，宗祖之澤也。孝思不匱者，仁人之心也。而其身雖往，其道尚存，沒世而不能忘者，又天下人公共之理也。嘗讀公《原性》、《原道》、《佛骨表》諸篇，崇正闢邪，不遺餘力，實為後儒之從事聖學者開其先。由今論之，當公之時，吾道之蓁蕪已久，欲殫精萃神，□□遠紹於殘編斷簡中，而學為文章，以求見道。如公之毅然自任，不隨時俗步趨，而卒能為千百年來我道幹城者，蓋其難矣。以視後之大儒輩出，聖道昌明，有志者尚易為力也。不相去遠哉。謙益，吳之名諸生也。橫渠曰：子孫才，族將大，此事之必然。氣機之早兆者。生毋徒日世守先祀已也。行當與其族之人立志自强，希賢希聖，繩祖父而光大之，則今之姑蘇與昔之昌黎祠同不朽也。惟有以盡夫天下人，公共之理，而宗祖之垂裕、仁人之孝思，兩無遺憾。俾熾俾昌，永久勿替。吾為此日之祠卜之矣。生方憂夫繼此之難，保以無虞也。爰為敍述先德，而並書所由保世之道，勒諸石，以觀其後焉。

康熙四十七年。

（文見宋犖《西陂類稿》卷三十一。馬懷雲）

資政大夫刑部尚書阮亭王公（士禎）暨配張宜人墓誌銘

宋犖

新城大司寇王公以疾薨於家。余既為位以哭。越三月，孤子啓涑以公與宜人合葬有日，謂稔知公者莫余若。乃奉其行述來請銘。余與公生同庚，仕同時，謬以文章氣誼定交京師。嗣是宦跡各天。每歲郵筒往復商榷詩文，都不及世俗事。相好無間者數十年。昔鍾子期死，伯牙不復鼓琴，傷知者希也。余與公倡和久，切劘攻錯，辱附賞音。聞公凶問，愴然有棄琴之感。矧年迫桑榆，舊遊星散，忍無一言報公九原而違諸孤之請耶。按狀：

公諱士禎，字子真，一字貽上，號阮亭，先世自諸城徙家新城，為濟南望族，代有隱德。自潁川公以下，三世皆以太史公象乾貴，纍贈少師兼太子太師，兵部尚書、太師。公母弟方伯公諱象晉，以公貴贈資政大夫、經筵講官、刑部尚書。季子明經公諱與敕，以公貴，累贈如其官。生子四，公其季也。公生有異稟，初入家塾，善屬對。能五七言詩，不由師授，出語往往驚其長老。年十一，應童子試，縣府道皆第一。十八歲，中順治辛卯鄉試，闈中定元，三日旋改第六，品格實駕元之上。祖方伯公年九十一，猶及見，以家藏刑太僕書《白鸚鵡賦》賜之。乙未，中會試。公欲專攻詩古文詞，不與殿試。明年，省伯兄西樵公於東萊學舍，晨夕倡和，有作成囊。戊戌殿試二甲，謁選得揚州推官。揚當孔道，四方舟車畢集，人苦應接不暇。公以遊刃行之，與諸名士文讌無虛日。嘗因公事往來白門吳下，詩日益工，始自號漁洋山人。漁洋，太湖山中也。庚子秋，充鄉試同考官，名士多出其門。讞海寇諸重案，全活無辜甚衆。又設法募諸大僚及衆商，代輸欽贓二萬，揚屬積逋一清。癸卯冬，充武闈同考官。甲辰會元，其首卷也。官揚五年，內擢禮部主客司主事，與同朝諸名公為詩，會合肥龔宗伯主壇坫。時余自黃州通判入覲，始與公定交如平生歡。已，遷儀制司員外郎，旋權清江關司船廠，屏除陋規。任滿，遷戶部福建司郎中。壬子秋，典四川鄉試，歸途丁母艱。服除，補戶部四川司郎中。時上留意古學，特詔公懋勤殿試詩，稱旨。次日，傳諭王某詩文兼優，著以翰林官用，遂改侍講，旋轉侍讀。本朝由部曹改詞臣自公始，實異數也。上令入直南書房，放賜飲食、文綺無算。尋充《明史》纂修官。己未冬，典順天武闈會試，先後三狀頭，皆其門下，人豔稱之。次年，遷國子祭酒，禁絕饋遺。取士多高才生，士以不出大賢門下為恥。首奏請定孔子廟禮典，依成弘閒儀制，又請正從祀諸賢位號及增從祀理學真儒，又請修經史舊板。雖部議未允行，而有功正學，良不愧人師矣。

甲子冬，遷詹事府少詹事兼翰林院侍講學士。旋奉命代祀南海。禮成，歸次，游廬山，謁闕里。復命後一日，即請假歸省。俄聞贈公已先十日卒，徒跣慟哭，作孺子啼。蓋公生而孝友，雖期功之喪，亦必歔欷累日，輒廢寢饋，至性不可及也。葬畢，赴補，晉都察院左副都御史，尋遷兵部督捕右侍郎，充經筵講官，三朝國史副總裁。其在督捕三年，酌定條例，奏請准行，意在和平寬厚，不輕提一人，用杜州縣之擾，軍民德之。辛未，主試禮闈，文風特盛。壬申，補戶部右侍郎兼轄京省錢法。甲戌，轉左。前後官戶部七年，苞苴不入，蕭然如寒素，尤為人所難。丙子春，載命代祀西嶽，西鎮江瀆。戊寅，晉都都察院左都御史。正己率屬，務持大體，仍命直南書房，編纂御集。會御史郭金城上疏，請裁冗員，下九卿議。遂有欲裁御史數員者。公力持不可，曰："國初設都察院，御史至六十員，後減至四十員。及停止巡按之差，所存僅二十四員，每至巡城、監禮、侍班等差，往往乏人。余方欲題增數員，豈可裁耶。如論有異同，余必上疏爭之。"同朝韙其言，事乃已。是冬，晉刑部尚書，遇秋審朝審，平反矜慎，民賴以不冤。蓋自理刑內擢以迄副憲、總憲，會議多主寬和，久有仁人之稱。而司寇其尤著者也。辛巳春，請假遷葬，准尅期五月，不必開缺。主眷之隆，得未曾有。行裝無長物，載書數車以隨，好事者為作圖畫。還朝未久，以申告冤抑一案失出，罷官。公即日就道，送者填塞衢巷，莫不攀轅泣下。歸，葺夫子亭，日事著述，不與聞門外事。四方求詩文者接踵至。公亦灑然自得，有請輒應，人人厭其欲而去。

庚寅冬，上諭內閣，詢順治年間進士在籍者，已無多人。念公老成宿望，以公事窒誤，特命復職。公聞命涕零，扶病北向拜。又草疏命子啟汸詣闕馳謝。皇上眷念舊臣，始終以禮如此。唐太宗賜蘇味道詩："君臣千載遇，忠孝一生心。"公足以當之矣。亡何，病劇伏枕，猶為揚州居烈婦立傳，口授，兒子書之。蓋其居不忘宿諾，大率類是。

公長身修髯，無聲色博奕之好，惟嗜讀書。公餘手不釋卷。性好客，坐上恒滿，談言亹至夜分不倦。從不干人以私，子弟應試，雖門生故舊為主司，未嘗以一語囑也。又好汲引士類，見人有一長，稱之惟恐不及，以故遠近士大夫咸歸之。嘗云：余在九卿中，薦舉人才甚夥，率不令其人知之。他如老宿孤寒，藉齒牙以成名者，不可縷指。同年鈍翁汪公性嚴厲，不輕許可。人多舍汪而就公，謂如坐春風中也。

公元配夫人張氏，鄒平人，都察院左都御史、諡忠定、諱延登孫女，鎮江府推官諱萬鍾女，年十四歸公，事舅姑以孝，相夫以敬，御下以慈，其周恤公之戚友族黨也，有脫簪贈珮之風；客至必親治酒肴，不以委臧獲。不幸先歿，年四十。二十餘年甘苦憂患與共，公每出使必有詩寄之。其卒也，悲悼逾至，自賦輓詩數十首。至生卒年月，詳具鈍翁所作誌銘中。生子四人：長啟涑，歲貢生，原任茌平縣教諭、候補知縣；次啟渾，庠生，蚤卒；次啟汸，歲貢生，原任唐山縣知縣、候補知州；次啟汧，歲貢生，候選教諭。女四人：一適庠生張秉鎮，一蚤卒，未字；一字張秉鑾；一字畢世漄。孫五人：兆鄭、兆鄭，俱貢監生；次兆鄂、兆鄄、兆鄗。孫女八人：一適庠生畢海瑄，一適李可茂，一適歲貢生韓澤，一字朱崇謙，一字王惟治，一字劉宗潞，二未字。曾孫祖導，曾孫女字高紘緒。

公生於明崇禎甲戌閏八月二十八日亥時，薨於康熙辛卯五月十一日酉時，享年七十有八。公弱冠稱詩，五十餘年，海內學者宗仰如泰山北斗。其為詩備諸體，不名一家，自漢魏以下，兼綜而集其成，而大指以神韻為宗。文亦出入史漢八家間及六朝，有《帶經堂全集》三十餘種行世。書法高秀，似晉人，雅不欲以此自多。人以絹素求書，輒令弟子代。惟二三同好問答，書必親作，其手跡多藏弄之。余自乞歸後，擬往來錦秋長白間，為二老會，而卒不可得。悲夫！今以某年某月某日與宜人合葬於某阡。銘曰：

一代風會，必有總持。兼三不朽，自昔難之。翳惟新城，盛時羽儀。剔歷中外，卓卓有為。蚤主文壇，建鼓樹旗。特改禁林，默契主知。累司文柄，式靡起衰。冰雪清操，山嶽弗移。浡登九列，右有左宜。風采巋然，雅量莫窺。終始一節，橐無餘貲。數命祭告，以昌其詩。等身譔述，滄溟無涯。百川浩浩，於焉匯歸。雞林購紙，蠻女織衣。天假耄耋，精力不弛。帝卷舊德，詔下巖扉。為百僚法，作多士師。哲人忽萎，典型其誰。魚子山岡，卜兆有期。賢耦合窆，佳氣萃茲。奕世三公，視此銘辭。

康熙五十年五月。

（文見宋犖《西陂類稿》卷二十五。馬懷雲）

光祿大夫太子少師吏部尚書宋公犖墓誌銘

湯右曾

康熙二十五年九月太子少師、吏部尚書商丘宋公以疾卒於家。訃聞，天子震悼，下所司議卹典。一時賢士大夫莫不嗟咨歎息，謂公宿德舊望，一旦殂謝，為可痛惜也。右曾丙辰，丁巳間猥以文字之末，辱公知愛至深。既舉禮部，淵源文康公之門，於公為通家晚進。又復從公諸子遊，情好益密。凡公顯懿休美著聞於朝廷，風流衣被宗仰於四方者，右曾知公不後衆人。又當時文酒談笑，公所與游處，右曾皆識之。四十年來老成相次零落，公巋然獨存，前年相見京師，猶執手感歎。今又歿，其尤可悲也已。會孤編修君至，以書來請為銘，其安敢辭。

公諱犖，字牧仲，晚歲自號漫堂，世商丘人。曾祖諱暘；祖諱沾，仕至縣令；考諱權，由進士起家，入本朝，累官大學士，卒贈少保，諡文康。萬曆間有名臣曰莊敏公纁，終吏部尚書，則公之曾祖伯父也。文康公之存未及封其父祖，至公貴，始贈兩世，皆如公官。文康既相我世阻，公年十四，例以大臣子入宿衛，先帝器之。逾歲，分第諸在衛者，隨其文武擢用，公試第一，當改文資，文康以年小力辭，請讀書應科舉，詔可。又三年，文康致仕，公從歸里，居數歲，連丁內外艱。服除，鄉試不見收。

今上三年，謁選得黃州府通判。八年，丁生母趙夫人憂。起補理藩院院判，遷刑部貴州司員外郎，出榷贛關，歸轉本部福建司郎中。詳於律例，凡遇死刑當讞，不避譙責，爭於堂司。會通倉有獄，在官百五十人，負米萬石，詞連本管，陰有主之者，抵衆立斬，而官免議。公力持不可，爭於朝者閱月，衆坐償負，官亦奪俸。時魏敏果公長刑部，語公曰："君爭之，當危有以他事中君者。"公曰："某官卑，何惜不以易百數人生命哉？"魏公偉之。

出為通永道僉事，尋遷山東按察使。公在部久，精練法，比及轉外任，凡相殺伤及盜賊夥，多所平反。然作奸犯科者，嚴治不少縱。

在山東半歲，特擢江蘇布政使。東南財賦累數百萬，司庫多虧，歷來代者遞相容隐，積久不可爬梳。公至，盡發其弊，察出前所空闕凡三十六萬兩，揭報清刷，後來者始可居，而公受知亦由此始。

未逾年，擢都察院右副都御史、巡撫江西。舟抵江甯，聞楚夏逢龍亂，羽檄日四五至，賓僚請徐行以觀變。公曰："兩省連一江，今上流有賊，無撫臣彈壓，易生變，吾可逗留哉！"時賊連破蘄、黃左右二十餘城，避兵者蔽江下，無一人西者。公獨駕兩官舫破風浪直上。抵湖口，偵知會城遣撫標兩校出師，託言無餉不發，意頗不測。公立檄稅庫千兩，委道員往諭之乃定。省中士民聞警出避，標兵單弱，公外示鎮靜，而晝夜謀所以防患者。裁軍李美玉、袁大相密謀聚衆以應夏逆。有上變者，公佯不省，而陰授遊擊趙永吉方略，即夜縛二渠斬之，懸其頭章江、廣潤兩門，餘黨悉不問，事遂帖然。江西彤敝，又遭鄰警，公先條病民者十數事奏除之，黜貪吏之甚者，然後，緩征弛力，通商惠工，山谷宿賊，鄉里橫猾，皆名捕正法；振興學校，風化大和，清名上聞。

三十一年六月，仍以故官調撫江蘇。公持身居官，一如在江右時。承平日久，雖征賦殷繁，而法令畫一，公遂以清靜無為治之。歲豐人和，獄盜衰息。暇日搜訪古跡，延接俊流，杯觴筆硯，相與嘯咏於湖山之間。其他細務，一委有司，循舊章而已。在職十又四年，屢逢車駕南幸，迎送占對，輒荷嘉獎。前後頒賚宸翰，御製珍果祕藥，不可盡書，上至親解所御冠袍賜之。屢次乞身，以公安靜和平得大臣體，優詔不許。最後，公抱小疾，復請罷。上聞，即遣公子編修至偕御醫齎珍藥馳赴江南視疾狀，隨召為吏部尚書，聽過家上冢。時人榮焉。公熟於掌故，到部吏不能欺，而同官亦多敬之，無敢亂銓法者。

四十七年春，再以衰病乞休。上聞其老，許之。臨行，召見暢春苑，凡再賜食，命內侍泛小舟徧游苑中，賜御製五言律一章，及廄馬珍玩，慰勞再四；並咨江浙盜賊事，公對以"愚民無知，惟盡具獄，可免株連"。上是之。公世受恩，不忍去國。及歸，而上亦念之，嘗語近臣曰："宋犖在吳十餘年無一事，百姓豐樂。去後，荒旱盜發，今日人始思之。"五十二年三月聖壽六旬，公馳赴闕，賜宴苑門，恩賚重疊。上以先帝舊臣，惟公及保定田侍郎種玉，公既誥授光禄大夫，特加太子少師，加田太子少傅。夏五月，駕幸口外，公送於清河。上駐輦勞問，復賜七言律一章。

公幼負俊才，好讀書，便弓馬，嘗從章皇帝渡桑乾，水闊數丈，躍馬以過。帝見大喜，賜雕翎箭五。及侍文康家居，才人賈静子、侯朝宗輩結為應社，公與講畫辭章，討論今古。故公一生好尚風雅，雖出天性，而根株派別，蓋有所自。明季詩文壇坫，黨人門户，焚香燕坐，歷歷道其所以。東南名士多從之遊，所獎成者，率皆發聞當世。未老即屏姬侍，神强氣清。蘇多佳山水，恆肩兩人筍輿，以便面障日，流蘇玉墜，鬚眉皓白，面色紺紅，望之者如神仙焉。得告後，治西陂舊業，用御製"當樂故鄉春"句，顏之曰"樂春園"，泉石之勝，甲於一方。藏書多近萬卷，吳中得《荆公百家詩選》、施註蘇詩殘本《蘇子美集》，屬其徒校而刻之。自詩集外，所著十數種，並行於世。

生前甲戌正月二十六日，終今癸巳九月十六日，賜祭葬。配葉夫人，累封淑人，前卒，贈一品夫人。側室薛，以子貴，贈孺人。子六：基，保定府同知，前卒；至，癸未進士，翰林院編修；陸、著，皆諸生，前卒；致，四川布政使；篤，己丑進士，翰林院檢討。女六，皆歸名族，為士妻。孫男七人，如金，候補主事；吉金，寶慶府知府；岐金，庠生，前卒；韋金、華金，舉人；禹金、品金，廕生。孫女六人。曾孫二人。將以乙未年八月二十一日葬於賜塋。銘曰：

延世禄，登眉壽。運之平，年有後。外作牧，內上卿。驅垣途，崇令名。八十年，不家食。克終始，保元吉。仕而優，昌其詩。諧律吕，鳴长離。封若堂，松柏茂。子孫才，福未究。

（文見錢儀吉《碑傳集》卷六十七。馬懷雲）

建習禮祠碑記

談九敘

文雅臺距郡城三里許，小亭巋然，古碣蒼勳。上鐫先聖遺像，凜凜有生氣，傳為唐昊道予筆也。隙地雙碑，大書深刻，為先聖過塞習禮處。堂廡數楹，每逢春首，為東郊迎春之所，其褻聖也殊甚。予乘乏茲郡，視事之次年，因中五臺寺舊有聖像，閑置西廊，予心怒焉，急為遷妥。然屋宇湫隘，稽之鄰近，如陳州、夏邑，有弦歌、還鄉祠諸名，規式可仿。遂即臺西之堂廡而新之。予捐俸首倡，都人士相率欣助，鳩工庀材，不數月而告竣。中設先聖像，配以十哲，顏曰"習禮"。東廡設宗聖像，配以予思子、公明子，顏曰"省身"。西廡設亞聖像，配樂正子、萬章子，顏曰"性善"。蓋從舊制也。繚垣堅致，丹臒班駁，拳坊碧甃，髹几綺寮，都人士樂觀厥成。復謁予請記，予作而嘆曰：大哉聖人之道乎：道者所以扶天理、淑人心者也。以人心之本來，合天理之至當，是所謂禮也。世運維持，風教遐播，未有舍此而先者。即如伐檀削跡，桓司馬無禮于聖人，而一時彬雅之氣，充溢天地間，彼亦無如之何也。千百年後，經故宋之墟，每低徊而不能去，豈非禮之入人者深歟？若乃塑像之意則更重有惑者，世之儒冠儒服者，誰非聖人之徒乎？然而拜如來之座則佞佛，叩太上之堂則媚道，春秋朔望，奔走如織，不聞有操瓣香入孔廟者，習以成風，顛謬極矣。俾殫心靜氣之士，既畏敬而欽承，即粗浮乖暴之徒，一登斯祠，不覺其潛消而默奪。於是，化民成俗之治，未必無小補也。苟予曰：學莫便乎近其人。歸州去闕里不遠，先聖在天之靈，固無所不之也，與其想慕于幽遐，不若景仰于切近。予願與都人士共勉之也已。

康熙六十年。

（文見乾隆《歸德府志》卷二十八《祀典略》。馬懷雲）

四報祠記

李絨

　　凡祭有祈焉，有報焉。而報之義有二：有報其利者，有報其教者。《戴記》謂："地載萬物，天垂象，取財于地，取法于天。是以尊天而親地也。故教民美報焉。"報地，食其利也。報天，服其教也。其祀人鬼也亦然。古之賢者，吏于其地，或生于其鄉，有功德于人者，必祠以報之，推親地之義也；不必吏于其地，生于其鄉。其功德在天下，不必獨私于茲土，而其賢可法，則亦祠而報之，推尊天之義也。

　　大河南北，所在有三報祠，祀宋包孝肅、明海忠介、宋莊敏三公，而商邱西郭之祠尤盛。考包孝肅嘗權開封，旋遷右司郎中以去。海忠介則生平仕蹟，未嘗至中州。宋莊敏雖商邱人，亦未嘗特爲功于鄉黨也。然則其祀之也，奈何？以其賢也。古之賢者多矣，曷爲獨祀此三公也？以其剛也。周子論剛柔善惡，剛之惡三，其爲善也五，柔則善惡各三焉。剛之爲善也多，故聖人思見剛者，蓋陽剛而陰柔。《易》、《春秋》之義，每扶陽而抑陰，則人之法賢，必就剛而去柔矣。攷包孝肅之剛，婦孺能知之。海忠介則以剛峯自號者也。宋莊敏未嘗以剛名，然所至以執法著。撫保定，值歲饑，先賑而後聞。其在戶部，聖節賞賜二十萬，抗旨不發；裁潞王之國，費近十萬。既長吏部，獎廉抑貪，不順政府意，罪黜吏百餘人。奏用鄒忠介，不報，再疏趣之，可謂剛矣。今商邱士民請于郡守王君箴輿，增祀故戶部尚書趙恭毅公，改其顏曰"四報"。趙公則本朝所推，爲賢且剛者也。觀趙公之祀，益知昔人所以祀三公者，實由于法其賢且剛，而予之尤深。且嘗有功德于茲土，則服其教與食其利，又兼之矣。中州爲陰陽風雨所和會，其風俗中和醇粹，未嘗偏于剛。然氣質厚重，則剛直之意多。不然四公之賢，何地不當祠而法之，獨商邱人士能好賢也哉！其同郡彭君嘉問、陳君履中來屬爲之記，書此授之，俾刻于麗牲之石。

時雍正十有二年春正月也。

（文見乾隆《歸德府志》卷二十九《祀典略》下。馬懷雲）

皇清敕授儒林郎提督浙江學政翰林院編修山言宋君（至）暨元配劉安人合葬墓誌銘

【蓋文】
皇清敕授儒林郎提督浙江學政翰林院編修山言宋君暨元配劉安人墓誌銘

【誌文】
皇清敕授儒林郎提督浙江學政翰林院編脩山言宋君暨元配劉安人合葬墓誌銘

光禄大夫太子太傅文華殿大學士兼吏部尚書高安朱軾撰文。

賜進士出身中議大夫日講官起居注翰林院侍講學士加二級紀錄二次嘉興錢陳羣繕丹并篆蓋。

聖賢脩身齊家之化，莫盛於二南，故孔子以教伯魚。後世之詩稍異矣，然求其以詩學世厥家，父子相□□□□□賢元，盛唐蘇氏瓌、頲，李氏吉甫、德裕，亦不多遘也。我朝商邱宋氏，自少保文康公諱權，事□□□□祖□□□□大學士，出入綸扉，賡歌喜起，有集如干卷。太子少師、冢宰公諱犖繼之，遂以詩□□中□□新城王公□□□□□。冢宰公六子，咸世其業，而仲子編脩君尤著，山川靈秀之氣，鍾於一門。嗚乎盛矣。

編脩君諱至，字山言，晚號方庵，□□□里居，載在國史，詳於少保公、冢宰公兩世隧道之碑。君總角能辨四聲，冢宰公授以□人□□□□□□□遇賓客坐側，弄豪翰自喜，為宜興陳檢討維崧賞。新城王公以雛鳳目之。年十六，□諸生，治經史□□□□□□□於仕進，從冢宰公宦遊四方。與宣城施侍講閏章、長洲汪編脩琬、秀水朱檢討彝尊諸老宿論詩□□□□□□折者，則惟新城王公。嘗曰：古人詩歌原以被諸管絃。有明中葉，北方學者多犯聲病，無論古詩樂□即近□□□□節奏者，□同濟南，不乏遺議。今當極聲律微妙，以昌北詩。王公亦謂：詩家有三昧，當求諸□言文□之外。□與他人言，率不省。山言獨以神會。嚴滄浪所謂別才，殆其是耶。

丙子，就順天試，中副榜。明年，丁母葉太夫人憂。己卯，復試順天，獲解。癸未，成進士，引見暢春園。聖祖仁皇帝注視良久，曰：是宋犖子。敕擢翰林院庶吉士。旋命入武英殿纂脩《佩文韻府》。故事，庶吉士教習館中，不得與書局。君獨以才名選，蓋異數也。君既受特知，恒慎乃職，益務蒐□舊聞，以風雅自任。是時，王公歸新城，澤州大學士陳公獨主持文事，雅重君。而冢宰公適自蘇州巡撫入為吏部尚書，海內之言詩者，爭出兩公門下。每遇休暇，置酒召賓，一唱羣和，動獲卷軸，君所作常出諸賢上。丙戌，散館，授編脩，□□典貴州試事，解額四十一人，□食餼者四十人。壬辰，浙江學政劉□□□翰林院侍講侍讀及坊局正官，聖祖特命君以編修茊其任。浙江固才藪，爾時風氣稍不振，往往鉤□□句，以為怪奇；又或剽竊宋儒語錄，浮而不實。君至□刈其蕪陋，復還正體；誨諭諸生，以禮自守，無得溷有司。凡行部所至，旬日竣事，姦猾吏斂屏氣，宿弊頓清。間□餘暇，櫂小舟湖上，芒鞵竹杖，倘佯六橋花柳間，且嘯且吟。遇之者，不知其為賢學使者也。癸巳冬，冢宰公薨，訃聞，□上即敕奔還治喪葬如禮。會病，遂不復出。雍正三年十二月十八日卒於家，五年三月五日祔葬於冢宰公□□□□次。

君性孝，未第時，恒在冢宰公左右。初入□，以冢宰公在蘇州，以疾乞休，手書諭君勿請。疏入，□請隆宗門問狀，憂戚甚，中使詰之，具以實對。聖祖諭曰：爾父體朕心，令爾溥□供職。朕今命爾往視疾，是□得也。於是，偕太醫乘傳出都。聖祖□□□成，有詔使亟行。而君日夜馳途上，比至，冢宰公疾已愈，亟還復命。戊子，冢宰公予告歸里，君辭官偕行，冢宰公固遣之，乃還就職。其後兩使南方，皆迂道省□□□舍，十餘日始去。及冢宰公之喪，毀甚，遂得□□□。服闋，常乘輿造西□冢宰公故廬，游覽□□□泉壑，撫視松□，□□竟日。庚子後，疾彌篤，遇時祭忌日，猶□□□□□。其天□敦厚直摯，又得於詩教者□故事父事君，皆性情之真□流露，信乎詩之不可以已也。君舊所刻《緯蕭草堂詩》六卷，學士大夫家有之。其別行者《眽䏑集》一卷，蓋使貴州時作。先是，仁和湯侍郎右曾有《使黔集》，傳誦人□。君還朝，適侍郎出廣東，相見□門外。侍郎亟問君茲行吟咏，因出是編。侍郎讀之失色，曰：吾詩冶，為君掩矣。其為名輩所推服如此。卒時年七十。

夫人同縣劉氏，文華殿中書舍人諱矧之孫，慈谿縣知縣諱勳之女。端淑明敏，遇事能斷。侍葉太夫人疾，奉藥餌，扶持撫摩，必躬親，歲餘未嘗歸私寢。居喪盡哀。從子韋金少孤，撫之有恩。夫人之歿，韋金官御史，持服私卯，如喪所生。始，夫人於歸，冢宰公仕未顯，家道中落。夫人曰：奈何以衣食累公。出篋中裝授編修君，稍治生產，薄入儉出，皆有成法，不三十年，遂別有田五十頃。以是編修君居官無所求於人。後斥去其大半，為編修君弟布政君償湖南官物，鄉里稱其賢。後編修君三年歿，以十一月五日，年七十四。□一年合葬編修君墓，實雍正七年十二月二日也。兩遇覃恩，敕封安人。生男子子一，華金，登辛丑科進士第，亦工詩。女子子一，適監生徐能名。孫男二人：齊保、齊衡，並歲貢生。齊衡以冢宰公命，出為從父寶慶府知府吉金後。女五，幼。曾孫男一人，聖胈。編修君既歿九年，華金為吏部考功司主事，始狀君之行，蹠余門三拜泣曰：吾先人懲世之銘墓□不實，戒華金毋乞銘，故至今有闕。然先人實敬慕公，惟公文可昭於來世。若奉先人而賜之不朽，華金定有以□□□□敢請。余昔辱冢宰公知，又聞編修君視學之政於浙江甚詳也，其可辭？遂銘曰：

宋實華族，躬秉鈞禮。□□□□，□□冢宰。令德壽豈，厥問明明。編修晚仕，有蓄弗施。而詩則昌，立配惟賢。壼教是惠，以篤其慶。歿而同□，□□鬱□。□□□□，

□□蔚起。後百千祀，視此刻章。

雍正十二年。

（拓片藏河南省文物考古研究所。李秀萍）

皇清賜同進士出身誥授中憲大夫刑部督捕司郎中青立宋公（華金）墓誌銘

【蓋文】

皇清賜同進士出身誥授中憲大夫刑部督捕司郎中青立宋公墓誌銘

【誌文】

皇清賜同進士出身誥授中憲大夫刑部督捕司郎中青立宋公墓誌銘

蒲城原衷戴與公同官，稱友善，嘗敘公詩，道其性情最真，即用以為志。其言曰：《論語註》曰：詩以理性情。杜詩曰：不敢入州府，畏人嫌我真。夫工部詩律冠四唐，而自道其性情如此，則其詩之所以不朽者可知矣。予浮沉宦途十餘年矣，雖素性寡交，而同僚世好往還，要不能盡絕。獨任盛京刑曹以來，與宋君西陂有素心之契。每退食休暇，晨夕過從，無間風雨。約計三年來，飲啖於西陂寓者，率強半焉。即偶一登臨，亦未嘗不偕。一時在瀋諸君子，知余兩人之相得甚懽也。凡與西陂相識者，招飲必兼及予；其與予相識者，亦然。西陂性質直，不事修飾，能面道人短長。雖甚尊顯，未嘗少一俯仰。酒酣耳熱，時發狂言，乍見者或訝為傲誕，既而諒其無他，亦轉相親厚。家世衣冠，習詩律。隨興所到，托之詠歌，逸致悠然，不煩繩削而自合。其大率真人之性情，發於不容己者乎！平生卷帙頗多，其在盛京者統計若干首，名曰《關東集》，誌地也。雖然，詩特立言之一耳。西陂痛時學之弊，嘗服膺顧寧人以孔、孟為清談之說，若有深憂者，然則詩果足以盡西陂與歟。蒲城原衷戴撰，永城胡敦繋以銘，曰：吁嗟乎！有道之辭，藏諸爾室，冥途勿失。

古未有以《詩序》作墓誌者，而西陂官關東時，其僚友原公念聖序其詩稿，西陂以其能繪己性情，遂擬留作他日墓誌。解組後，屬故人永城胡孝廉師高引諸首銘焉。乾隆丁卯夏，感暑疾，稍沈，即以文授其子齊保。既沒，齊保以治命不敢違，顧墓誌例，當詳姓氏、世次、名字、爵里，師高已前歿，因請於從叔父孝廉謙六曰：秀水張丈為我父交好，今幸客大梁，叔父其持誌請書數言於後。余聞之，痛故人之殂謝，感孝子之誠衷，復何辭？

公諱華金，西陂，字也。姓宋氏，世為商邱右姓。曾祖諱權，大學士，諡文康。祖諱犖，大冢宰，加太子少師，即世所稱漫堂先生也。先生六子，仲諱至，字山言，翰林院編修，是為西陂父。西陂清醇質直，讀書穎悟，工詩文。康熙癸巳舉於鄉，辛丑成進士，簽仕吏部考功司主事。雍正十二年，蒙特恩出守襄陽。明年，移官盛京刑部員外郎。乾隆六年，召補刑部督捕司郎中。故病足，躄躄不能步，即以疾旋里。日徜徉青立軒中，以詩酒自適。西豇散漫落拓，與親故燕論，雜出詼諧，然涇渭自別，故人樂與之近，亦莫能窺其蘊。西豇年十六七，隨季父京兆公筠、從兄大名公韋金，侍漫堂先生於江蘇使院。先生方主盟壇坫，江左諸名士咸集於門。退公講論酬倡，西豇與焉，故其詩有源本。既而編修公視學兩浙，西豇隨歷東南名勝，吟賞殆徧。其後守襄陽，泛江漢，宦關東，觀滄海，又多得山水之助，故魄力彌壯。歸田諸作，則適情漫興。若不經意，其精思自不可掩蓋，所得深耳。今春先梓《歸田》一集，自為序。其不屬序於同官之朝貴，亦足徵西豇所尚矣。

西豇生於康熙丁卯十二月十八日，歿於乾隆己巳四月三十日，享年六十有三。配竇氏，淑德性成，賢孝可風。繼配汪氏、周氏，亦克盡婦道。俱前卒。子二：長齊保，歲貢生；次齊衡，歲貢生，出為從寶慶公後。孫男一，聖肱，郡學生。嗚呼！余與西豇交最後，而有深契。憶客歲閏秋，自山左之大梁道出宋中，為陳納言坦壘。所款兩旬，與西豇相往還無晨夕，豈意遽成永訣也。哀哉！師高為余舊好，維時館西豇齋，以疾還永城。余別且十餘年，不得一見，不虞其竟不起。茲補誌西豇墓，念良知相繼逝去，不禁老淚之溯溯也！

秀水張庚頓首跋并填諱。

孤哀子齊保泣血納石。

族孫聖猷篆蓋。

孫男聖肱書丹。

乾隆十四年四月三十日。

（拓片藏河南文物考古研究所。李秀萍）

請開歸德水利疏[1]

巡撫陳宏謀

為請修緊要溝河以弭水患以恤災黎事：

竊照豫省歸德一府，在省城之東南，所屬商邱、夏邑、永城等縣，地處窪下，上承開封等屬之水，下達江南宿州等處。舊有之河，日漸淺窄。每遇夏秋雨水略多，河不能容，

---

[1] 乾隆《歸德府志》卷十五載：乾隆十六年陳宏謀撫豫，巡行諸境，相度經流，繪圖具疏入告，即巡撫蔣炳複輯開浚善後事宜四條陳奏，知府陳錫輅"既取陳、蔣二公奏折刊諸石，復手撰記，詳述本末，以示來者"。所云陳公奏摺，即此。

水漫平地，即成水災。歷考從前自乾隆四年至今乾隆十六年，計十三年之中，歸郡九州、縣成災者八年，歉收者三年，中等有收成者僅一年。幾於無地不災，無歲不賑。現在倉谷空虛。有止貯谷百餘石及數百石者，連年給賑，皆由遠處撥運。即使今後設法備貯，而時有災傷，有借無還，倉貯仍歸空虛，小民年年望賑，風俗亦漸刁疲矣。先經前撫臣碩色奏請疏通河道，續經撫臣鄂容安逐處相度，奏請豫境淤淺之處，次第開濬，多挑溝渠以資容納。近年地方官督率小民開挑小溝頗多，只緣不由江南宿州境內之梁家橋、翟家橋，河多淺窄，又有沙礓阻遏，尾閭未暢。徒開上游，亦難宣瀉，且恐倒漾爲患。是以未即興舉。臣到任查勘災賑，所到被災地方，就其水到之處，得其受災之由。歸德一郡之水，均由永城以達江南，臣由永城縣直抵江南交界之宿州等處，閱看豫省河流去路，如宿州境之渦河一道，業已深通直達淮河，從前阻塞之巴溝，如梁家橋、翟家橋等處，業經河臣高斌題請動項挑挖，另開越河，改寬橋座，巴溝之水出瀔河以入洪澤湖。經部議覆，奉旨允行，現在興工疏濬，則江南下游業已通暢。豫省歸德一郡之水，不患尾閭不通，惟患中多壅積，正宜及早開修，以廣宣洩。臣一面將豫境溝河何者應歸民修，何者應歸官修，委員分別勘估。一面先將查估緣由，恭折奏聞在案。今據布政使富勒赫具詳行據委員等逐段查丈，分別民修、官修，估計具詳前來。除商邱之沙河、陳梁沙河、夏邑之毛家河、岐河，虞城之永豐溝、惠民溝、夏坡河、橫河，永城之包河、澮河，或係支流小溝，或止間斷深淺，工段無多，均令地方官督率民力挑濬外，其商邱境內之豐樂河，自朱家雙廟前，至夏邑交界之響河止，計長二十四里一百五十四步零；夏邑境內之響河，自商邱縣焦家庄起，至永城縣交界之巴溝河止，計長六十七里二百七十步；永城境內之巴溝河，自夏邑縣交界朱家橋起，至梁家橋江南交界止，計長九十五里三百三十五步，均爲該處受水、洩水之干河，河身均已淺塞，急宜挑挖寬深，非民力所能勝任。又商邱縣南門外有古宋河一道，下達江南之渦河，河身淺窄紆迴，宣洩不利，以致西來諸水均彙集於府城內外，常年不消。應於古宋河東西附近城壕處，各開引河一道，並將舊有古宋河挑挖寬深，以資宣洩，保護城池地畝。並添設板橋三座，永城縣加幫護堤一道。以上各工共估需土方、工料銀六萬六千六百餘兩。查有續收之輸工銀十萬三千餘兩，前撫臣鄂容安奏准存貯留充地方公用，如蒙俞允，請於此內動支。查商邱、夏邑、永城皆今年被災較重之地，一入新春，加賑已畢，乘此將緊要工程接續興修，災地貧民得以趁食，工程亦可速竣。統責成知府陳錫輅督率監修，再委道員往來稽查，仍令藩司另造工段土方、工料銀兩細冊，咨部查核。

　　再，所開各河內，惟永城巴溝河爲諸水咽喉，此一帶地勢本窪，所有挖河之土，即於兩岸築隄。倘遇上游水多，下游一時難洩，聽其稍爲停蓄。水小之年，岸即爲隄，大水之年，以隄爲岸，均不致於四溢爲患，仍開涵洞以洩溝水。其築隄之費，不必另請開銷。惟隄外之河灘地畝久已承糧，今既開河築隄，隄內之地可無水患，隄外之灘地難免受淹。永城之民頗有藉名求賑之惡習，請將堤外灘地額糧豁除，聽民種植蘆葦等類。將來如水漫堤根，河灘被淹，亦不報災，庶免灘民年年希冀報災請賑也。其所挑之河，所築之堤，均責成地方官分段交與有地之户，年年挑挖修築。每年於春融之後、夏汛之前，委員會同地方官查明出具，河無阻淺，堤無殘缺，印結通報，庶河堤長保無虞。干河既通，凡近河受水之處，均可多挑小溝，洩水入河。歷來受水之區可以免於災患，較之年年報災給賑，所省實多，於民大有裨益。而夏邑、虞城兩處城垣傾圮已久，急應修築，因積水浸泡，不能施工。今河溝既開，水漸消涸，可以次第修築。倉貯缺少，亦可設法籌補。歸德一郡官民，永沐聖恩於無既矣。

謹繪圖貼說，恭呈御覽，伏乞皇上訓示施行。謹奏。

乾隆十六年。

（文見乾隆《歸德府志》卷十五《水利志》二。馬懷雲）

巡撫蔣炳折奏歸德水利善後事宜 [1]

一、已開各河，宜歲加修濬，以防復淤也。查商邱縣之古宋河、豐樂河，夏邑之響河，永城縣之巴溝河，皆係動帑開挖，爲歸屬最要緊之幹河。其民修各工，如商邱之沙河、陳梁沙河，夏邑之毛家河、岐河，虞城之永豐溝、惠民溝、夏坡河、横河，永城之包河、澮河，皆各縣之干河。俱經奏明疏濬，若不加歲修，則水過沙停，年復一年，必至仍舊淤淺，前工廢棄，應於每歲春融之後，動帑興修之。巴溝等河，飭委專員會同該地方官逐加查勘。其民修各河，即飭該管官自行確勘。凡有堤岸殘缺、河身淤阻，即一面報明該管上司，勸用民力，隨時修築，務使河身益加寬深，堤岸一律完整，取完工日期及並無捏飾印結申報，委驗備案。如有應修不修，因循欺飾，致鬻成功，即行參處。

一、歲修工程，宜預定章程，以資民力也。查巴溝等河，因淤平年久，工力浩繁，今動帑開挖成功，百姓咸戴皇仁如同再造。嗣後歲修，自應集用民力，但不立定章程，誠恐臨時推諉，應令地方官查明其年分，某河某處泛濫，係某某等處村庄被淹，其成災地若干頃畝，今修濬某處河道，原爲某處，免淹没之患，應係某處村庄承修，逐處查明，計畝分工，明立檔案。並將某段工程應係某處村庄管修之處，預爲分定界址，將來遇有某處淤淺，或某堤殘缺，即令從前某處被災村庄，按地出夫濬築。擇其老成明練之人，督率料理。在各村民，各爲身家之計，自必踴躍赴工，不致推諉。其一切民修各工，俱照此法辦理。通

---

[1] 乾隆《歸德府志》卷十五載：乾隆十六年陳宏謀撫豫，巡行諸境，相度經流，繪圖具疏入告，即巡撫蔣炳複輯開浚善後事宜四條陳奏，知府陳錫輅"既取陳、蔣二公奏摺刊諸石，復手撰記，詳述本末，以示來者"。所云蔣公奏折，即此。

飾遵行，可垂永久。

一、未開支溝，宜以次修舉，以期盡善也。查商邱之豐樂河，夏邑之響河，永城之巴溝河，名雖各別，實係一河。而河南之支溝，不啻數十道，或因民心不齊，或因力難兼顧，尚未疏濬，即商邱之沙河、陳梁河，鹿邑之黑、茨、清水等河，而外亦各的水道支流，一時未及兼營者，應令各該地方官乘此幹河已通，宣洩有路之際，再將通縣小溝，細加相度，何處應再行挑挖，何處應另鑿新溝，以漸興舉。因其舊形，補其缺略。則一二年間，自可愈收實效。

一、河灘之宜酌禁栽葦，以利水道也。查歸屬凡有低窪積水之處及河灘處，所不能樹藝五穀者，民間豪强之家，率多栽蘆葦、蒲草於河身淤淺處，間築地埂以捕魚蝦。雖水濱自然之利，但因此小利，多致阻水，不能暢流，反爲上游之害。今歲如商邱之陳梁、沙河及永邑之包、澮二河，凡有蘆葦已酌量挖除，捕魚土埂悉盡挑平。第恐日久復萌，應令地方官嚴申禁令，嗣後凡係新開河身，總不許栽種蘆葦、蒲草，亦不許築埂捕魚，以阻水道。每至三月及五月，務須遴委專員，清查二次。違者，即行懲處。仍勒令開挖淨盡，以期保護河渠，不致淤阻。

（文見乾隆《歸德府志》卷十五《水利志》二。馬懷雲）

歸德治水碑記

知府陳錫輅

利民莫如水，務因地之道，相時之所利而利之，而水斯治，故治之又必得其人。古言治水，始《禹貢》。豫州諸水，惟孟豬在今歸德境，《周禮》稱九州澤藪之一。今則湄臺高腴，禽鳥滋泳，而于民無利。顧一州八縣，瀇注濚流，綿蔓曲逆，率皆桑《經》、酈《注》所未記。其所出之水隨地互異，有正出者，有懸出者，有仄出者，有溪闢而流者，有過辨而回者，有沙出而爲潭者，有汧出而不流者，要莫不有幹焉，有枝焉，其來也有源，其去也有歸焉。

府境係諸水下游，水之去路在江南宿、亳諸境，從前因未開砂礓，下無去路，故上游多壅。迨辛未春，江南大僚奏開砂礓，已蒙俞旨。是冬，值粵西陳公撫豫巡行諸境，相度源流，其形勢則分干河、支河，其經費則別官修、民修，繪圖入告朝廷。報可，動帑興工。於是，幹河之尤要者，若古宋河、豐樂河屬商邱，響河屬夏邑，巴溝河屬永城，悉命錫輅督修，二月告成。公復檄飭錫輅統率所屬州縣，勸民廣爲疏濬。凡幹河十二道，大勢由西北而達于東南，若陳梁河，若張弓河，若渦河，若清水河，若黑河，皆下歸江南亳州，經太和、蒙城二縣；若沙河，若老黃河，若豐樂河，若惠民溝，若澮河，若包河，皆下歸江南碭山縣以及宿、亳二州。十二河咸條貫於郡境。而枝分派別，稚水朦流，厥名難以悉數。計一時民修者，商邱則有惠民溝一，蘆草灣一，睦鄰溝一；寧陵則有呂家窪一，郭家漊一，何家窪一；鹿邑之支河二，曰晉溝，曰下洪溝；夏邑之支河三，曰岐河，曰毛家河，曰小引溝；虞城、考城之支河四，在虞者曰坡河，曰洪益溝，曰永豐溝，曰支溝；在考者曰盤馬寺，曰桃園集，曰汀水河，曰東南新溝。而其支流之最多者，以永城、睢州、柘城為最。永之境時則有若大澗、白洋、大清、曹溝、趙溝、王溝、曾溝凡八道，以溝名；睢之境時則有若橫河、司家河、姬家河、長岡、寄岡、蔡家橋、古路溝、申家屯、林家店凡九道；柘之境時則有若仵家集、胡襄集、周家莊、王需堂、葉家堂、官庄、王家集、明淨岡、開花店、山臺寺、李灘店、八里營、雙廟集、慈聖集、李鐵集凡十四道，又皆以地名。錫輅方督州牧、縣令計丈量尺，按畝分工，漸有成績。而陳公移撫入閩，值毗陵蔣公視河，惟恐有司不察，業將垂成，屢戒錫輅指畫心算，復手疏善後四宜陳奏。天子詔如其議。後之治水者，洵奉為行水之金鑑矣。錫輅因思是役也，開利民之源者，粵西陳公宏謀也；導利民之流者，毗陵蔣公炳也；不以隔省阻撓而救災恤隣為義，治水之去路者，江南制臺尹公繼善、河使高公斌也。其官修之費，計用土方、工料銀六萬六千六百餘兩，民修不在此數。其營濬之歲月，經始於乾隆十六年九月，訖於十七年十月而畢工也。錫輅幸際平成，辱二公委任專重，親見畚揭功興，歡騰道路。異時田疇子弟，庶獲利溥而流長，爰伐石為記，俾後人思民之艱，以圖其易云。復係以辭曰：

宋之水兮輕勁而清，有水弗治兮厥田弗耕。治我水兮利我氓，有田可耕兮婦子其寧。
乾隆十七年。

（文見乾隆《歸德府志》卷十五《水利志》二。馬懷雲）

重修儒學記

陳錫輅

國家重熙累洽，海宇乂安，八埏之內，守土者罔不崇飾學宮，俾魁秀之士修容乎禮園，翱翔乎書圃。況在微子受封之地，為至聖源流所自者哉！郡學自前代迄今屢經興替，皇帝御宇之十有五年，余奉簡命，從河南郡調守是邦。下車之後，肅謁聖廟，顧見丹堊勦昧，梁桷陊剝，懼不足以揭虔妥靈，匠成魁秀，思有以重新之。退計所費，非數百緡不濟，乃首捐薄俸。而郡人之好義者，各輸金襄事。因是擇吉鳩工，圮者整之，缺者補之，漫漶者彩煥之。始於辛未秋，迄於壬申春。幾數閱月而告竣，嚴嚴翼翼，烘赫有煒矣！夫學校者，人材所從出，其間興替如山谷之出雲焉。雲之厚薄，視乎山之崇卑。人材之多寡，視乎學校之盛衰而已。歸郡九庠，科名甲於中土，而郡庠弁之。以先師禮教之留遺，而重以弦歌之陶淑，則為功較易也。自茲以往，將見霞蔚雲蒸，蛟騰鳳起。人材之興，其未有艾乎！

乾隆十七年。

(文見乾隆《歸德府志》十二《建置志》中。馬懷雲)

開歸陳汝四郡河圖碑 [1]

皇上御極之二十有二年，大化翔洽，薄海內外，莫不被詠澤而慶咸寧。惟豫之開、歸、陳、汝數郡，因積潦成偏災。仰荷聖明獨照，憫茲一方之向隅也。撥帑運秉，以數百鉅萬拯救之，民困蘇矣。復以致患有由，必悉治諸河，永俾康乂。更大發帑金，先命侍郎臣裘曰修來豫，周行相度；臣寶泉以是年六月恭奉恩命，移撫是邦，共承厥事。臣俯念疏庸未諳，懼無以稱。乃蒙聖主南顧疇咨，頻頒訓旨，戒惜費省工而勿勞民。先飭繪圖以上，臣等次第臚陳，若干若支，肆源訖委，周以數千里記，凡高下淺深之度，彼此承接之准，悉由審覽親定，指示機宜，俾在工大小諸臣了然知所遵循。因得工鳩夫，用告成事。於是，河流順軌，耕種以時，歲則大稔。豫之民感激歡忭，請泐石以紀聖恩。上猶穆然深念，令勿事繁文。惟是水土之政，必期於永永勿墜。爰親制宸章，垂示久遠。臣敬奉聖謨，職司守土，伏念大工俱舉，仰賴聖主一心經營廣大，纖悉畢周，成規聿昭，萬世永賴。特慮後此官有更易，民隸各邑，遇修治之時，或因無據遷延，或恃兩歧推諉，小民且藉以啓爭。此向來因循所由，雖載在誌斗入乘，皆臆說而不足憑也。今以疏築實迹，合成全圖，深廣尺度，勒石而昭布之。繡錯綺交，不爽毫忝，俾臨時詳考，於善後為便。荷蒙諭允，將圖式鐫石，凡有守土之責者，按此而歲治之，庶幾仰副聖天子愛民如子，永除水患之至意云爾。

清乾隆二十三年河南巡撫胡寶瑔立碑。

(碑存商丘文物管理委員會。馬懷雲)

奉天府尹商丘宋公筠墓誌銘

沈德潛

歲在上章執徐復月，大京兆商丘宋公疾終里第，孤子瑞金孝廉卜於某年月日，葬公於祖塋之東。恪遵遺命，遣傔從持族子淇園廣文所撰生礦[壙]表，不遠二千餘里，乞銘於余。余於公為館後進，形跡疏闊，惟於晚年一遇，而易簀時以麗石之文為託，知公之契余者素也。按表：

---

[1] 此碑右半部為乾隆年間開歸陳汝四郡河流、渠道、城鎮分佈圖。左半部為胡寶瑔撰寫的碑文。

公宋姓，諱筠，字蘭揮，又號晉齋，河南商丘人。大學士文康公諱權，王考也。冢宰贈少師公諱犖，考也。少師公以詩文鳴，延攬士類，開府江蘇十有四年。公少歲隨侍使院，與諸名宿遊，術業大進。既冠，捷南宮，列侍從。年未三十，輩推為巨儒長德矣。侍親在告有年，既歷事聖祖、世宗兩朝，在詞館以纂修為志，在鎖院務得人以報國，在諫垣務直言以補闕。

上鑒其誠，擢山西巡察。公悉心釐剔，如所奏稽查驛傳，慎選民壯，嚴飭譏盜，一一准行，闔境肅然。尋授山西臬司，釋冤民十餘人。河防告警，改授銀臺，督理江南高家堰河工，同事者大理卿汪，工竣覆奏，同時召對。汪奏未明，上命宋獨前，按圖指陳，瞭如在目，上稱是者再。隨令出與桐城相國張、大司農海同議。公將工次情形密示大理，推首先對。二公覆奏，上始釋然。二公見公協和寅亮，推為不可及。由是遷江西藩司，兼攝臬司，並護撫篆，政務紛沓。時適會姦匪王益善等倡立邪教，支蔓江右、浙、閩三省。公盡力研究，置首惡極刑，其愚昧脅從者分別懲治。得旨俞允。不弛不縱，四境寧謐，不欲以多殺人為功也。

旋晉奉天府尹。奉天旗民襍處，城守尉倚勢陵人，至奪人妻女。公下車即具疏嚴禁，民情少安，而忌者滋起。恭遇今上御極，公赴都入覲，恩禮有加。其時有郡守、城守互訐事，部議鐫級調用。時公年方逾艾，有勸公具奏陳情以圖開復者，有勸公循資俛就以待超擢者，而公歸志已決，以疾告言旋矣。先是，少師公構別墅於城西，顏曰西陂，公挈家居焉，著述自娛，不入城市者十五年。會上幸中州，公伏迎道左，蒙恩賜環，而公年已七十矣。明年，恭祝慈闈六十萬壽，入都行大禮，後余見公於班行中，並論詩古文，並互述守拙娟介，同心之言，如磁引鍼。別後遙遙企望，淹忽十年，而老成遽凋謝也。嗚呼！天不慭遺，其可悲也哉。

公生於康熙辛酉，卒於乾隆庚辰，年八十。配李氏，繼配劉氏。子二：珮金，丙辰恩科舉人，先歿；瑞金，癸酉科舉人。孫三：齊唐、齊魏、齊𠦑。曾孫聖麟。公所著有《綠波園詩集》、《使滇錄》、《四書文稿》。余文不足重公，感公遺言，為之草志，以交誼雖疏而心相與者深也。事實外不加藻飾，生平節目詳淇園生壙表中。銘曰：

中郎為人作墓碑，惟郭有道無媿辭，余於晉齋亦如斯，擷抉元本言無枝，後有考者其繹思。

乾隆二十五年。

(文見錢儀吉《碑傳集》卷六十九。馬懷雲)

皇清太學生韶川褚公（型良）暨元配王孺人繼配張孺人合葬墓誌銘

【蓋文】

大清乾隆三十六年歲次辛卯季冬月穀旦墓誌銘

孝男褚沛、淳，出嗣男準、潍仝立。

【誌文】

皇清太學生韶川褚公暨元配王孺人繼配張孺人合葬墓誌銘

韶川褚先生歿後之四月，其長男庠生冠乙，以先生行述，抵余徵銘焉。且曰：賴吾子與先嚴素善，契知最稔，其有隱德未著者，今將合窆吾兩母□□□其事，而吾子採之。吾亦不敢累吾子諛墓之誚，子其毋辭。

余按《書傳》：周武元年，封殷微子於宋，客而不臣。《振鷺》之詩，可考也。今商邱睢陽，即其地。微子之後有家於褚者，因得姓，則先生固殷人也。先生高祖之先，未詳何代遷於裕東之褚家灣，高、曾之墓，咸在焉。洎先生祖燕及先生，始遷於裕邑之東街。博學能文，尤優於品，從遊者多一時名俊。顧謹以歲進士，任寶豐縣儒學訓導，人物藝文載在裕誌。燕及先生生二子：長諱岱，字長青；次諱嵩，字仲青。皆歲進士，有文名，性嗜恬退，俱未登仕板而卒。長青先生派寔以碩大，別有記載。惟先生，仲青先生次子也。伯兄諱儀良，字諤臣，歲進士。季弟諱法良，字格臣，州庠增廣生。先生諱型良，字匡臣，別號韶川，以援例入太學。先生生有至性。甫六歲，喪父，輒哀毀動人，依依母側，泣訴百端，情調悱惻，聞者憐焉。已，養母氏，舉念不忘。處世綽有行義，凡取與辭受，雖小必儼。鄰有困乏者，無不賙恤。年未及冠，頌聲已徹閭里。無何，就傅。未數歲，家稍中落。先生尚在弱冠，即慨然曰：保世滋大，以光先業，孝之大也。儒術路賒，恐非急務，且有弟姪輩，堪承儒業。遂辭講席。事無內外悉任之，勤儉勵操，數年間突臻豐豫。嗣伯兄、季弟相繼淪歿，先生早夜辛勤，撫教三姪。一登壬申鄉薦，兩列黌宮茂才。保滋大而紹書香，先生之行誼何如也。猶憶先生二軼事：乾隆之八年，有洛陽販客，過先生河堰庄，遺金十餘兩。先生以客本匪易，急使人追數十里，還其主人，封包無動。人咸義之。城南有古路，被水沖塌，至百七十餘丈，每遇陰雨，行人憚於泥塗。先生為備重價，買熟地碾作通衢。凡來往經過者，輒咄嗟贊嘆，徘徊不置。厥後年益強，德乃益懋。彌敬孝友，厚宗族，宜鄉党，州閭人咸称盛德云。

自□而先生年已幾六旬矣。却辭家務，優游庭除。時同二三故交，飲酒賞花，□款曲，通情愫，殆無虛日。每語人曰：古人七十致仕，我六十休養，不亦可乎。於斯可想見先生超然物外之致焉。乃越四年冬，漸染疾再徂夏，竟而令終，於乾隆三十六年五月初八日未時也。距生於康熙四十七年正月二十四日寅時，年正六十有四。元配王孺人，克稱婦道，生於康熙四十五年十月初五日亥時，卒於雍正十二年七月初六日寅時，年二十有九歲。生女一，適傅生心寧。繼配張孺人，敬修內職，儀範閨門，生於康熙五十年六月二十六日亥時，卒於乾隆二十六年八月二十日卯時，年五十有一歲。生男四：長淳，州庠生；次沛，太學生；次準；次潍，出嗣三門；俱業儒。生孫三：家楨、家麒、家驥，俱幼。又繼配魯氏，現居萱堂。卜合葬之期，則乾隆三十六年十二月初七日巳時也。吉地在西郭外西北一里許，杏山龍脉之末，祖塋右側。昭穆按次之穴。余以居之逼近，而知之最稔也。於是，即所述者而述之，且與之銘曰：

　　維昊有成言，敕式莫越。□而彝常，諡母康□。洒若受命，密刻於靈。椿萱花萼，如分咸寧。曰迪彝倫，惠愷則戀。力幹百為，克實厥舊。木中有柏，鐵中有錚。先生締造，蒼柏金城。

　　亂曰：松鬱鬱兮古，族綿綿兮昌。住佳城兮永，享榮封兮光。

　　再為歌曰：靉靆山云，千蒸萬結。神魄同藏，金骨石節。消息盈虛，與化無歇。

　　歲進士候選儒學訓導眷晚生龔方遂頓首拜撰文。

　　癸酉科選拔貢生候選儒學教諭眷世弟陳坤載頓首拜書丹。

　　賜進士出身知鄖縣事加三級紀錄五次年眷姪趙來章頓首拜篆蓋。

　　乾隆三十六年十月。

（拓片藏河南文物考古研究所。李秀萍）

通政司右通政陳公履平墓誌銘

張庚

　　通政陳公履平，字勉夫，號坦齋，宜興人。定生先生孫也。父贅商丘侯氏，即家焉。勉夫弱冠，隨兄任來京師。高安朱文端器異之，會開營田水利於畿輔，遂奏名以國子監生往任使。勉夫履地相度，知北地多不宜營田，間有所為者，必詳勘地形、水勢、土性，期于官民兩益。不可者力止之，天津一帶是已。且密陳其弊於高安，高安亦韙之。乾隆初，高安竟奏止其役云。勉夫任水利五載，怡賢親王保薦者三，授吏部驗封司郎中。時桐城張文和薦調文選司，後遷廣東道監察御史，巡視西城。改工科給事，晉刑科掌印，兼選事。十三年，擢太常少卿。

　　其在部曹，推授知府者再；在臺，推授川東觀察使，皆不拜。憲廟諭曰："重慶五方雜處，為重鎮，煩汝，汝憚遠耶？汝辭母老，不有汝兄在耶？"上方震怒，勉夫免冠頓首，以慈母戀幼子實情對，上許之。乾隆三年，遷通政司右通政。明年，內艱歸。

　　勉夫方巡城時，力劾滿御史之不法者，廷議削藉。有旨覆議，得留任。後掌納言。有御史言兩廣督臣浚利，下廷議，多右督臣者。勉夫偕同官六人抗爭，謂御史言是，遂兩議以上，時有七賢之目。歸時年僅四十有一，竟不復出。

（文見錢儀吉《碑傳集》卷四十二。馬懷雲）

奉直大夫王公夢弼合葬墓誌銘

郭善鄰

　　公姓王氏，諱夢弼，字代言，號惕若。其先杞人，明洪武中遠祖以從征功授世襲指揮使，歷傳至有道，為有力者奪，東徙商邱，遂家焉。曾祖父永印，祖父某，妣陳氏，其繼黃氏。父德宏，以郡庠入國學；妣戚氏。自公既貴，祖父、父並以覃恩贈文林郎、浙江鎮海縣知縣；祖妣、妣並贈孺人。公性沈敏，讀書能解悟，意度深遠，無疾言遽色，內行修飭。少抱羸疾，久不愈，然不以廢學。自經書、性理旁及理學名臣諸書，下逮參同、陰符之學，皆通梗概。心思所到，往往造其深微。

雍正六年，由選貢入成均，御試得高等。應舉北闈，中己酉科鄉試副榜。引見，發浙省試用。渡黃河，誓曰："儻蒙拔擢，當殫心圖報。若受賄賂，徇請託，有如此河。"既旋里，丁繼母閔孺人憂。服闋，赴浙，委署金華、湖州兩府通判事，遂昌、富陽、孝豐三縣事。乾隆三年，題署處州青田縣事，滿考為真。未幾，以治最調補衢州府江山縣知縣。任滿，以治最調補甯波府鎮海縣知縣。

公蒞職簡靜，功令所在，奉以周旋惟謹，遇事有執持，機務紛錯，神恬氣定，從容擘畫，動中窾會。其為政，愛民禮士，重風教，存大體，嚴號令，慎出納，鋤奸頑，撫孤弱。如開青田鐵禁，令民得陶冶取給。設法勸諭江山紳士畜婢者，各以時遣嫁，俾無失人理。及兩抗守憲，窮治麗水僧昆巖、江山大猾陸上章等。事有可以宜民厚俗者，為之必盡其力，諸邑口碑具存，可考也。浙民生事素薄，歲饑，流殍滿野。公先任江山，以旱災報，得帑金七千兩以賑其民。既鎮海，災益劇，公力請撫憲具題，且懇借帑金萬六千兩，量給富商周迴易米，使商人私其贏，而以原項還官，得外境米三十餘萬石，米價以平。比賑恤命下，公悉心經營，災民無所遺，而奸民不得冒，上臺頒其法為賑式，民賴以全活者無算。邑境當海衝，所恃惟捍海石塘，歲久傾圮，風激潮湧，居民惴惴不自保。上既允撫臣議，發帑重修，公被委綜役事。精思博訪，懲前毖後，更創新製，令鑿枘相銜，錮以秫灰，千夫合作，所以分畫約束、督察激勸之法且備，越四載，始訖工。塘成，堅厚密緻，為東南巨障。公久歷浙中，所至以清幹稱，而致力於民既艱日勤，惟賑荒、修塘二事績尤著，詳具浙人所撰生祠碑記中。

計典行，制撫兩以卓異薦，並蒙部覆引見，未幾，又以海疆俸滿例保題，推陞雲南姚安府姚州知州．尋復於堪任知府案內另疏保薦。公奉檄北上，邑人泣送者以萬計。到里門，親賓咸趣行，謂此去且得優擢。公慨然曰："宦浙二十年，嘗恐上負國家，下負所學，而競進不已乎？"遂引疾乞休，撫軍為具題．得旨以新任職銜致仕。

公治家寬而不弛，骨肉燕聚油油如也。與人接，深自斂抑，有負者以情恕之未嘗校。里居五年，日手周易、性理、程朱全書，及陶靖節詩，恬吟朗誦，綽有餘味，時錄其語，以資觀覽。疾亟，猶惓惓以廷平先生行狀開示諸子。嗚呼，其所會心者深矣。

公生於康熙年月日，卒於乾隆年月日，享年六十有八。配謝氏，副陳氏。子男五；女二。孫男十；孫女八人。

銘曰：

不擾其寧，不墮其庸，不湛其盈，以恢厥聲，可謂勿誼所學，而無忝於循吏之風矣。

揚之水,皢皢白石。閟此幽宮,萬古是保。

(文見錢儀吉《碑傳集》卷一百二。王興亞)

清例授儒林郎候選布政司經歷蔡君諱廷春字覲光安葬墓誌銘蓋

【蓋文】

皇清例授儒林郎候選布政司經歷蔡君諱廷春字覲光安葬墓誌銘

宣统三年前。

(拓片藏河南省文物考古研究所。李秀萍)

寧陵縣

呂仲和感德碑文

宇內三不朽：曰德、曰功、曰言。修身勵行，無愧聖賢，此德之不朽於後世也。事業顯著，利藾生民，此功之不朽於後世也。立說垂訓，可法可傳，此言之不朽於後也。三不朽中能其一，足以昭著青史壽貞珉，況兼有之乎？吾甯邑呂仲和先生，固兼有是三不朽之實焉。

先生天性醇朴，孝友克敦，事父母愉色婉容，先意承志，得堂上歡心，不徒養其口體。親沒，喪致哀，祭致敬。既葬，廬墓隆冬不衰。處昆季親愛怡怡，無私蓄私貨，自同居以及分爨，手足情深極。終身如一日，天倫和樂，內外無間，先生之德厚矣。少學萬人敵，出輒見售，癸卯舉於鄉。先生高尚不仕，樂志林泉，力行善事，平日施藥、施襖、施棺木，窮人蒙其恩恤者，不下數百家。他如息人之爭，釋人之忿，濟人之急，拯人之危，完聚人之婚姻，保全人之骨肉，筆不勝書，指不勝數。先生之功抑又偉矣。先生嘗手著《家訓恒言》一則，以忠孝存心、仁義行事爲本。平日遇戚黨有忠孝節烈之行未聞於上者，偕紳士里民言之邑宰，言之上憲，力爲表揚，不使幽潛之德泯沒而弗彰。遇鄉黨有凌虐不平事，先生不畏強橫，不避嫌疑，而直言無隱，扶持良懦，表彰公道，蓋一言一語之發，非有關於風化，即有裨於民生，仁人之言，其利溥不信然乎？然則今時所謂立德、立功、立言，彪炳鄉國，照耀寰區者，微先生其誰與歸！

戊子十月十九日，先生捐館前一日，召諸子而言曰："我今夕將歸矣，爾等日後爲人要存好心，行好事，切勿結交權貴，受賄營私，以致是非顛倒，公道無存，吾無遺憾矣！卒之日，閣邑聞之，巷泣途哭，萬夫共聲。古者鄉先生沒而可祭於社，其仲和先生之謂歟？吾寧邑士民，感念先生之德，景仰先生之行，所恨力不能上請於朝，以崇祀先生於鄉賢，乃捐資勒石，以誌不朽，以俟醇史云。是爲記。

歸德府儒學增廣生員邑人翟淞頓首拜撰。

順治五年十月。

（文見呂明月主編《新安呂氏文化》。馬懷雲）

呂坤祠堂碑文[1]

提學副使汪公永瑞題。

贈刑部尚書、嘉議大夫、刑部左侍郎新吾呂公諱坤，字叔簡之新祠，在歸德府寧陵之

---

[1] 康熙《寧陵縣志》卷十一《藝文志》標題作"呂沙隨先生祠記"。

北門内之街東。先生以理學經濟仕嘉靖、隆慶、萬曆間。立朝有大節，居官有善政，在鄉黨有德澤教化，言為人師，行為人法，學者稱之為沙隨先生云。

沙隨者，縣西七里地。《春秋》傳"魯成公十有六年秋，公會晉侯、衛侯、宋華元、邾人於沙隨"者是也。在宋乾道、紹興之際，沙隨程先生以理學經濟與濂、洛諸儒先後並起，其仕止於縣令，而其言見於《大全》、《性理》諸書為甚多。邑之人至今祀之，而名之曰"沙隨先生之祠"，從所產也。弘治時，提學僉事車公璽為之記，以勸學者。蓋學者之於呂先生，以為其學與程先生同，而又過之也。夫正學之不明於天下久矣，漢承秦滅學之後，諸儒推六藝於散缺不全之餘，其表彰之功大矣，然而未醇也。漢之東以迄於三國，士之生其時者，往往喜立名節，識去就之分，可謂能自立矣。然而六藝之旨，猶未大彰明較著也。自是以降，放達於二晉，淫靡於六朝，通脫於唐，廢佚於五代。士於時因其變化，亦能立事立功而求至於聖賢之域者，則概乎未有聞也。宋仁廟以後，富、韓、范、歐之德行功業炳焉煥焉矣。然猶待乎周、程、張、朱諸儒者出，而後先王六藝之旨，始大明於天下。自元及明，能起而修明之者數人而已，然而程先生既興奮於宋，呂先生復繼起於明，何沙隨之多儒者哉！猗歟，可謂盛矣！

呂先生之學以自得為宗，不切切訓詁，而於古六藝之旨，博綜貫串，馳騁上下，皆有以窮其旨趣，而通其大意。至於天地鬼神陰陽之變，山川風土之宜，兵謀權術，浮圖老子之所記載，靡不決擇而取衷焉，蓋合内外之道也。先生所著書如《夜氣鈔》、《招良心詩》、《道脉圖》、《無如》、《家禮翼》、《家禮疑》、《去偽齋語》，有《宗約》、《閨範》、《安民實務》、《交泰韻》、《陰符經注》、《小兒語》、《呻吟語》等書，皆行於世。而於《呻吟語》更示人以切近而易行，疏通而有要，凜凜乎先行其言而後從之者也。

先生家世歷官治行，見於其自誌其墓者為甚詳。大要歷齊、秦、晉三邦，皆以誠待人，務寬猛得中，而其功尤在三晉。其在銓曹者十年，自都憲陟少司寇者四年，以功以慎，皆稱其職。以持大議不合，遂引身而退，蓋所謂以道事君，不可，則止者也。先生居於鄉二十餘年，以闡揚正學為己任，四方之士從之如歸。其所講明，皆可措之設施。其於邑之人語以禦災捍患猶切。先是，寧之城圮廢，無可為民衛者。先生持議，力繕而固之，又為書以申備焉。是時，天下方太平也。及崇禎末，流寇起中原，他州縣以素無備失守。寧獨藉其城之固，又以公之法守之，城以克完。然後，邑之人自縉紳士大夫以至婦人孺子皆知思慕先生之德澤，而以為計深慮遠，其理學經濟為不可及也。夫城守一事，特經濟之小者耳。夫理學固無以為經濟也，邑之人其果知之也哉？先生有舊祠在城外，以寇毀。故崇禎十二年知縣事孟養浩移建於茲。今年五月，永瑞以承乏學使者巡是郡，適祠會鼎新，郡之士咸來謁余請記。余故與先生之孫慎多同為秋曹尚書郎。慎多亦篤行君子也，善述其祖德。余私淑先生之為人已久。蓋先生在天下則天下重，傳諸後世則後世重，可以陪同周、程、張、朱，從祀孔子廟廷，固不獨以祀於一邑為重也。然而是邑也，有先生之族屬子姓焉，有先生之門人弟子焉，有崇德報功之氓庶焉。祀之禮也。則祠之毀其可以不建乎哉？

其可以不鼎而新之，使傳之永永乎哉？使邑之士望其祠宇，拜其遺像，因而讀其書，考其所自得於理學經濟，由小以及大，由粗以達精，由其所已試推其所未行，由其所可學以至於不可及，賢者造於性命之理，不賢者以爲寡過之地。夫沙隨雖小，有程先生倡之宋，又有吕先生振之於明，則今日之士，其亦未可量也。爲沙隨吕先生祠堂記，刻之石，使勸焉。亦猶車公之於程先生云爾。

（文見吕明月主編《新安吕氏文化》。馬懷雲）

金龍四大王廟碑記

户禮工三科給事王紀

昔大禹治九州之水，惟河功為最艱且鉅。當是時，司空之屬，凡有功德於河及江淮汶濟者，莫不世食其地，守其職。而大者侯伯，小者附庸，分采宗廟饗之。子孫綿延世祚，以及春秋。今考之《左氏》、《國語》，其族姓，猶未盡卞，則秩祀猶未盡泯沒也。秦、漢以後，三代之祀蔑如，鬼神無依，山川風雨之靈，不得常享，往往託現龍身，顯祲祥，上之足以感動天子，下亦足以徵召庶民，奔走廟祀不敢懈。然則今之所崇禮為金龍四大王者，毋乃即大禹司空之屬也。而或者曰：神謝姓，諱緒，晉太傅安后，生宋徽、欽間，目擊時事，以太學生發憤上書朝廷，伏闕哀號，得上嚴譴神，由是大哭河濱累日，投身洪流以死。上帝憐之，命為龍神。而元明之世，助先朝有功，得敕封今號云。夫從來孝子忠臣義士之魂魄，往來天地間，常濟人之難，而援國家之危，誠時時有之。則金龍四大王者，毋亦古忠臣義士之流亞，與理固然也。數百年之內，千里江河之道，惟神為甚顯赫，動人民禍福怒喜，不啻如聞如見故廟祀為最多，而祭饗鼓樂，日月無虛。獨甯陵一帶，雖有建立，規模湫隘。予同鄉人宋君瑜、郜君化霖、盧君崇興、韓君瑃等，以大鹽賈出入河濟中，得神之助，風雨無災，生殖有常，因共建神祠於沙隨之西郭外里許。正殿三楹，中為享堂，前有山門，旁列樓榭，規模宏廠，氣勢尊嚴。蓋寧城一鉅觀也。經始於順治己亥，迄冬月落成。計鳩工庀材，為貲數千，皆出數君囊中物。蓋其感神之德，特規廟貌，用致報稱萬一也。時予以備兵婁東，便道展謁，而宋君等索言紀之，誼不可辭，爰薰沐稽首而紀其勝事云爾。

順治十六年。

（文見乾隆《寧陵縣志》卷十一《藝文志》。馬懷雲）

續修金龍四大王碑記

翰林院國史學士田逢吉

仙靈之宇，宜朗秀而爽塏也，宜雕飾而藻繪也，更虞興廢成毀之莫必，而不克垂厥永也。三有所備，後可以綏神明之貺，而奉其靈寵焉。沙隨平演曠潤，無名山大川，未敢號形勝之區。然伊洛、黃河之秀，太行、王屋之靈，自西北來者，實蜿蜒扶輿磅礴，而鬱積於斯。吾鄉親知宋諭、郜化霖、盧崇興、韓琚諸君，僑居茲地為大鹽賈，日來往於江、河、淮、泗之間，深荷神庥，遂營金龍四大王之廟於郊西道右，殆攬其靈秀而為建立也者。

厥址宏敞，厥位面陽，雲窗霧寮，紺宇雕甍，極其勝矣。諸君以為缺畧者尚多矣。自工竣之餘，復鳩貲庀材，補所未逮。於是，拜獻有殿，頌聖有坊，賓客有舍。黝堊丹漆有法，百爾器備，並手偕作。外之則歌舞有臺，輝煌而華麗。為永久之謀，則香火有田，田負郭而常稔。近郊野綠，遠混天碧，洋洋乎大觀哉！神之生平，教衍斯文，節貫星日，歿而三百餘年，猶凜凜有生氣，正可就此而恍然一覩見也。

若夫時和景明，風清月白，庭宇靜閒，有如浪定風平，波瀾不驚者。不依稀率羣弟子教授《五經》，講名節忠義於其中耶？至於霆雨狂霾，怒號轟激，有如千尺泓濤，溯湃砰鏗者，不依稀肅儀擁衆，駕數十萬風馬雲車，仗劍矢弓戟，驅逐水怪黿妖，以清晏江河而出入於其中耶？

是役也，諸君初建於前，再增於後，周密完匝，成一段不朽之勝，誠可以奉靈寵而久遠勿替矣。使觀者入廟貌而肅，入展拜而敬，敬而懼，則又神之忠義之氣節，福世之威德，千古不磨也。請以是記。

順治十六年。

（文見乾隆《寧陵縣志》卷十一《藝文志》。馬懷雲）

巡撫佟公宏仁碑

諱鳳彩，號高崗，遼陽人。

天挺人豪，篤生應運。歷試多方，勳猷載駿。昔撫黔蜀，今涖中土。立我蒸民，式歌且舞。全豫之苦，首惟河患。近三十載，如處昏墊。仰惟我公，四疏入告。夫枊蒙蠲，恩同再造。人忘帝力，河亦就治。由今思昔，能不記憶。軍興旁午，度支維艱。尌酌徵發，無失後先。扶良除暴，察吏剔蠹。凡在宇下，處處安堵。周之旦奭，宋之韓范。豐功大業，誰得與間。吾儕小人，何以稱報。願伐窮石，勒之周道。瓣香焚祝，俾効埃涓。更修廟享，永祀千年。

康熙十二年。

（文見乾隆《寧陵縣志》卷十一《藝文志》。馬懷雲）

張弓鎮廣濟橋碑記

王圖寧邑令

余嘗讀唐荊川先生《陳渡石橋記》云：徒杠缺而國僑致譏，川梁墮而單公以刺，因知橋梁之設，其由來重矣。邑西南三十里有張弓鎮，北枕黃河故道，岸陡而中闊，河形至此削立而巉絕，及紆迴轉徙而南。其寬，目不及東西；其深，行不露肩背。其地東通淮、泗，西接汴、洛，實屬往來孔道。每歲值霪雨浹旬，則風濤洶湧，無異江湖，歷揭而涉，胥溺是懼。

一日，里大姓路君諱純仁者，利濟情殷，身任橋梁之役。雖人咸慕義，不無涓滴之助，而自解囊金不下千鍰。卜日鳩工，築土運石。創造於庚午二月初一日，落成於辛未三月十五日。長抵兩岸百丈許，高二丈餘，中五空。羣錫其名曰"廣濟"。不獨取一方之利涉，實為斯鎮巨觀焉。

邑中士大夫、下及諸父老，皆恐其事久時遷，或致其遺愛莫彰、湮沒失傳，既連詞請採入邑乘，復協謀伐石以誌不朽，索余言以紀其事。因進諸君子與父老而告之曰：斯橋之成也，行人無跋涉之險，里居獲往來之便。不惟履巨津而如行康莊，且謀一日而計百年，則君之澤遠而願似無餘矣。

雖然，余緣事究心，更有以測其不言之微也。庚午之冬，風雪連旬，墟里絕煙，哀此遺黎，幾無粒食。自築橋之工興，居民攜老弱就役者日踵至。每役一人，日給銀若干。計一夫赴役，節其餘，可兼食二人。故民之棲於橋之左右者結篷而居，星錯如處村落之間。日出則畚者、鍤者、運者、築者蟻旋於橋上；夜則嬉嬉而臥，晏然如在樂土而忘其為歲歉饑饉之時也。自冬迄春，其全活者不下數百人。既泯賑貸之名，而陰行嘉賚之實，孰有能如君施惠於人，所不及察之地也耶？故橋梁之建，羣騰義聲，而周卹之秘，余獨美其有隱德也。衆謝曰："唯唯。"請紀余言，鑴之石，用以信今而傳後。

河之西去岸不里許，君之長君典復出其餘力，營別墅一區，林花蓊蔚，亭榭掩映。歲時伏臘，君幅巾短杖，率子若孫，開樽席酌，招鄰曲諸友，一觴一咏，歡晏終朝。日徜徉於其中，足以頤年而娛老，亦復有別致云。

康熙三十年二月。

（文見宣統《寧陵縣志》卷十一《藝文志》。馬懷雲）

路烈女碑記

賜進士出身原任信豐縣知縣年家眷侍生葉建封頓首拜撰。

甯邑烈女路氏者，少字呂生見性。父早卒，與孀母同居，沉靜寡言，嫻內則，明大義。癸酉秋，呂以疾殤。氏計至變服，誓以身殉。家人潛防之。遂絕粒二日，至夜竟縊焉，距呂之亡僅三日耳。嗚呼！可以風矣。

夫程嬰未死，以趙氏有朔子在；張世傑、陸秀夫未死，以宋氏有帝昺在。今烈女尚誰依乎！等死耳，溺死，墜死，牆死，盜賊、毒蛇、猛獸死，五日不汗死，七日不穀死，詎若氏鐵骨錚錚，以不再字死，為烈哉。村婦、皂嫗以未嫁為烈女勸，此何異以蘇屬國、洪忠宜勸人，夫蘇與洪要自有天幸，不當爲人臣道也；藉令不幸，以他故死，即不忍爲逆劉豫所留，未免爲降李陵所笑。文信國被執，就義稍緩，太學王炎午作生祭文，以速之曰："丞相欠一死耳。"今烈女飲血瘤思，呼天抱痛，捐孺帷之愛，矢志雄經，必從呂生於地下而後已。嗚呼，既不覬蘇屬國、洪忠宣之圖存，又不待王炎午之生祭，以朱顏青鬢，殞軀莫悔，嗜義如飴，則烈女之死，軼忠臣一等矣。夫一死而不辱呂家婦，一死而無黍路氏女，一死而沙隨埒首陽，一死而苗河儷娥江。俾見者肝腸皆栗，談者齒頰俱芳，感慨義烈，爲賦長歌，葬玉骨於北邱，非止爲閨閫勸，蓋爲頑廉懦立，告諸男子，慎勿負七尺之鬚眉，茂百代之剛常。歌曰：

露嶺月，寧城雪，雪白月清光皎潔。漫漫長夜拚投繯，烈嫒獨有心頭血，熱澆勁骨志成鐵。蕭瘋隱沉嫠光寒，啾啾鬼泣磨筓山，土花蝕筓剛不折。磨筓恪逢未筓年，閫寂重泉好相守，誓死追尋奉阿呂。菱花銳向奄歹圓，冥佩闌珊夏瓊玖，鴛鴦塚畔燐火昏。咄咄貞魂知見否，虛堂典祀森秃松。千尺孤碑屹遙空，椎羊酹酒復春冬。鼠拱斜陽鴟嘯風，鬱鬱勃勃氣長虹。義烈義烈女之雄，吁嗟乎，義烈義烈女之雄。

（文見呂明月主編《新安呂氏文化》。馬懷雲）

御製平定回部告成太學碑 [1]

清高宗

乾隆二十四年。

（碑存寧陵城關鎮東街。馬懷雲）

誥授奉直大夫貴州開州知州愨軒呂公（柱石）暨德配陳宜人合塋墓誌銘

【誌文】

誥授奉直大夫貴州開州知州愨軒呂公暨德配陳宜人合塋墓誌銘

誥授資政大夫兵部尚書兼都察院右都御史總督四川等處地方提督軍務兼理糧餉仍管巡撫事加三級愚弟戴三錫撰文。

敕授文林郎加州銜甘肅皋蘭縣知縣加三級愚弟李清傑書丹。

敕授承德郎户部主事加三級治年家晚生魏鴻篆蓋。

余與愨軒呂君，不見十七年矣！曩識君於班聯中，氣象沉毅，顧視端凝，已心知其爲遠到之器。及公餘促膝清談，話古今成敗事，則又議論風發，旁若無人，蓋其識之遂於家學者，有自來也。乙酉春，公之孤綏溥攜弱孫履泰走數千里，來告襄期，乞銘隧道之石，

---

[1] 見本書第一冊第 32—34 頁。

余然疑者移□。嗚呼！予惡知悅生之非惑耶，言念生平，略陳其梗概而銘之，以代楚些云。按狀：

公諱柱石，字漢宰，號毖軒。自宋文穆公以來，世為洛陽望族。再遷寧陵，則司寇新吾公，以理學名臣著見於前明萬曆間，我朝崇祀特祠。遷永之始祖式尚，以子貴，敕封文林郎。曾祖振，順治丁酉舉於鄉，辛丑、甲辰成進士，由縣令擢給諫，廉明剛正，功在生民。祖先勖，歲貢生，候補光祿寺典簿。有二子：祖瀍，公考也。世父祖澗，無子，公繼為後。俱□贈如公官。

公生而穎異，數歲，授《毛詩》，一過即成誦。及長，無書不讀，尤深佩新吾公《實政錄》、《呻吟語》等編，謂異日得志，當實見諸施行，而不屑為帖括事業。丁酉，筮仕黔，歷歸化、安平、桐梓等廳州縣，所至有政聲。旋宅本生母憂，泣血三年，毀幾滅性，人稱死孝。丙辰，服闋，入蜀供職。值川楚用兵，羽書旁午，大吏以軍需局事務非公不可。公曰：非裁其浮冒，則額外中飽之弊不絕；非罷里排陋規，則糗糧芻茭之需適以滋擾。乃著令悉照。時值蜀民咸樂輸，而趨如子來。事竣，招集流亡，復奉檄經理普濟堂事。公痛念兵燹之餘，瘡痍未復，每煮粥必親嘗，而後給之。一衣一屨，必親閱而後授之。自是來歸日衆，為請於上官，增其額數。此外，復隨時以補其不足，則公所捐廉也。難民全活亡筭。未幾，擢貴州開州牧，瀕行，攀轅雨泣者數千人，車枳不行。己巳，馳任視事。黔固屬公舊治，甫下車，為立科條，嚴賞罰，明信義。巨猾謝國柄為害一方，前吏不能治，公廉得之，置於法，境內以安。開州素無書院，公鳩工庀材，卜日創建，俾秀良絃誦其中，以興士氣。羣嘆為百餘年來未見者。又念開為巖邑，苗人居其大半，善政民畏之，不如善教之為愈也。爰集新吾先生《宗約歌》、《好人歌》、《易名教化歌》，廣為刊布。未匝月，而遵其約者約諸躬，播為歌者謳於路。嗣是，返風滅火諸異政，開之人嘖嘖稱之，不具論。

噫！公之遺澤遠矣。其撫字亦心勞矣。公性淡泊，無服飾飲食之好，冬一裘，夏一葛，朝饔夕飧，一蔬一飯，甘之如飴。俸祿所餘，輒分給宗族鄉黨。常痛祿養不逮，淚簌簌下。居恒戒子姓曰：汝得為清白吏子孫足矣！慎勿艷紛華為也。公少不事生人產，家業中落。既達矣，而能豁達大度，不瑣瑣為後人計，余以為尤難。

公生於乾隆壬申年十月十一日寅時，卒於道光辛巳年六月二十九日寅時，得年七十。配陳宜人，嫺《內則》，明大義，事姑孝，待女公女妹和，御僕婢寬。側室二，愛如娣姒，數十年雍睦無閒言。而又恒出典簪珥，以贍困窮，稱人善惟恐不及，至今宗尚中奉為女宗焉。宜人生以乾隆庚午年三月二十四日子時，卒以嘉慶丙子年三月二十九日申時，得年六十有七。子三人：綏露，候選理問，早世，以孫履泰為嗣；綏霈，庠生。俱王安人出。綏霽，未婚而卒，趙孺人出。女子二人：一適遵義太守趙遵律子庠生采，一適太學生任配地子衛范，趙孺人出。孫二人：履泰、履春，綏溥出。女孫三人：綏露出者一，綏霈出者二。以道光乙酉五年十月十七日，合窆於新橋北七里之新阡。銘曰：

维公治蹟，黔蜀名揚。維公隱德，桑梓奉嘗。鬱葱佳氣，同穴相望。卜云其吉，終焉允臧。

承重孫履泰，降服子綏霸泣血納石。

道光五年十月。

（拓片藏河南省文物考古研究所。李秀萍）

續修文脩書院碑記

邑令錢繩祖

甯陵在春秋為沙隨，宋儒程可久、明儒呂新吾，兩夫子先後挺生，皆以地稱理學名邦，流風未艾，前光舊德，文獻猶傳。矧我國家稽古右文，各行省、郡、廳、州、縣悉置書院，規仿白鹿、嵩陽之制，俾士子枕經葄史，儲為用世材。於時文教昌明，賢才蔚起，允足尊儒術而隆治功。

自粵匪煽亂，民難安堵，各處書院類皆毀於兵燹。繼雖遵奉部文，亟為修復，而廢墜者正非鮮。丁亥歲冬，此邦適闕土吏，余奉檄承乏，鄭工告急，拮据不遑。越己丑秋，簿書餘間，延訪紳耆僉云：康熙中年，黌宮而外，唯義學數區。乾隆七年，邑侯梁公景程創建書院，即縣治王公泉之碑址。嘉慶十八年，河決城潰，湮沒無存。道光元年，徐公坦請貲重建，徙於西大街南。九年，洪公守彝卜基文明，購地異位，欲經營而輒升遷。洎咸豐三年、九年兩次陷城，而後並西大街南之書院，亦為子虛烏有矣。

余聞之而慨然，亟請於郡憲文，倡捐貲財，購吳氏公館，因其堂構擴而增之，鳩工庀材，建為大廳、講堂、號房、兩廂六配、龍門、大門，計四十二間架，外置照壁，東立二賢祠。六閱月告竣，集諸董理而落成之。余瞻規模宏敞，左青右白，前朱後元，洵談經之域而講學之宮。郡憲顏之曰："文脩書院"，旋以呂子《去偽齋》名其堂，異日菁莪毓秀，棫樸呈材，仰答聖天子造士作人之至意。而程、呂兩夫子之薪傳，焜耀輝煌，竊有厚望焉。至若勸輸董工廣文呂周高、呂循直，茂材楊敬書、高駿業，封君張聖鑒諸君子，實與有勞。余雖始終其事，僅循修廢舉遺之分，亦何欤之有哉！於是乎記。

（文見民國《寧陵縣志》卷十一《藝文志》。馬懷雲）

皇清例贈武略騎尉保舉六品銜景陽呂公墓表

商邑副貢賈艮拜撰。

呂公，諱後鍾，字景陽，新吾夫子裔侄孫也。今捐館已數年矣，行將歸佳城，同鄉諸君子追思遺範，欲表碩德以誌不朽。竊思凡所以得不朽者，必豐功偉烈，炳耀當時，故人歌頌之，沒世不忘。然以一介儒士，能致此者，殊寥寥無幾也。若景陽公則不然。公遭時不造，自咸豐癸丑，穎亳間盜賊蜂起，蔓延數百里，民不聊生。賴公父錫章公與近村諸君同心協力，共成寨堡，保衛身家。但大亂未平，而錫章公溘逝。籌□禦侮，惟公之力居多，公真可謂繼志述事之孝子矣。不但惟是，而且德量寬厚，與物無爭，雖遇不平，並無疾言遽色，以是稱爲忠厚長者。尤篤於倫紀，嘗因親病，冠帶侍側，湯藥必親嘗。次弟後錕早亡，一切家政，賴公與季弟後代爲經營，難兄難弟，里黨咸稱羨之。今雖鐺火各分，而孔懷言念，白首不衰。鬩牆診臂，能弗聞而愧心哉！公更樂善好施，或有假貸資糧者，公周之無吝色；或貧不能娶，喪不能葬者，公助之無難色。里中或有忿爭，不訟之官，而求直於公。公詳陳大義，罔不帖然悅服。至於族黨子弟，言必以教課耕，反復告誡。其崇本抑末，大致類此。

公長男清疆，好讀書，雖未騰驤雲路，而望重老成，亦足以爲克家令嗣；次男畫疆，以軍功保武舉略騎尉銜，出繼他房；三男恩疆，料理家政，井井有法。而諸孫亦皆循循雅飭，故家風韻久而益昌，天之報施善人，固如是之不爽哉！據其日所夙見者，以誄之曰：

忠孝傳家，賢哲爲伍。名重一鄉，品高千古。佳城蔥郁，茂林厚土。孝子賢孫，尚其繩武。

（文見呂明月主編《新安呂氏文化》。馬懷雲）

孝經碑[1]

開宗明義章第一

仲尼居，曾子侍。子曰："先王有至德要道，以順天下，民用和睦，上下無怨。汝知之乎？"曾子避席曰："參不敏，何足以知之？"子曰："夫孝，德之本也，教之所由生也。複坐，吾語汝。身體發膚，受之父母，不敢毀傷，孝之始也。立身行道，揚名於後世，以顯父母，孝之終也。夫孝，始於事親，中於事君，終於立身。《大雅》云：'無念爾祖，聿修厥德。'"

天子章第二

子曰："愛親者，不敢惡於人；敬親者，不敢慢於人。愛敬盡於事親，然後，德教加于百姓，刑于四海。蓋天子之孝也。《甫刑》云：'一人有慶，兆民賴之。'"

諸侯章第三

在上不驕，高而不危；制節謹度，滿而不溢。高而不危，所以長守貴也。滿而不溢，所以長守富也。富貴不離其身，然後能保其社稷，而和其民人。蓋諸侯之孝也。《詩》云：'戰戰兢兢，如臨深淵，如履薄冰。'"

卿大夫章第四

---

[1] 刻石兩方。大篆體。

子曰："孝子之喪親也，哭不偯，禮無容，言不文，服美不安，聞樂不樂，食旨不甘，此哀戚之情也。三日而食，教民無以死傷生。毀不滅性，此聖人之政也。喪不過三年，示民有終也。為之棺槨衣衾而舉之，陳其簠簋而哀戚之；擗踴哭泣，哀以送之；卜其宅兆，而安措之；為之宗廟，以鬼享之；春秋祭祀，以時思之。生事愛敬，死事哀戚，生民之本盡矣，死生之義備矣，孝子之事親終矣。非先王之法服不敢服，非先王之法言不敢道，非先王之德行不敢行。是故非法不言，非道不行；口無擇言，身無擇行；言滿天下無口過，行滿天下無怨惡：三者備矣，然後，能守其宗廟。蓋卿大夫之孝也。《詩》云："夙夜匪懈，以事一人。"

士章第五

資于事父以事母，其愛同；資于事父以事君，其敬同。故母取其愛，而君取其敬，兼之者父也。故以孝事君則忠，以敬事長則順。忠順不失，以事其上，然後，能保其祿位，而守其祭祀。蓋士之孝也。《詩》云："夙興夜寐，無忝爾所生。"

庶人章第六

用天之道，分地之利，謹身節用，以養父母，此庶人之孝也。故自天子至於庶人，孝無終始，而患不及者，未之有也。

三才章第七

曾子曰："甚哉，孝之大也！"子曰："夫孝，天之經也，地之義也，民之行也。天地之經，而民是則之。則天之明，因地之利，以順天下。是以其教不肅而成，其政不嚴而治。先王見教之可以化民也，是故先之以博愛，而民莫遺其親，陳之於德義，而民興行。先之以敬讓，而民不爭；導之以禮樂，而民和睦；示之以好惡，而民知禁。《詩》云：'赫赫師尹，民具爾瞻。'"

孝治章第八

子曰："昔者明王之以孝治天下也，不敢遺小國之臣，而況于公、侯、伯、子、男乎？故得萬國之歡心，以事其先王。治國者，不敢侮於鰥寡，而況於士民乎？故得百姓之歡心，以事其先君。治家者，不敢失於臣妾，而況于妻子乎？故得人之歡心，以事其親。夫然，故生則親安之，祭則鬼享之。是以天下和平，災害不生，禍亂不作。故明王之以孝治天下也如此。《詩》云：'有覺德行，四國順之。'"

聖治章第九

曾子曰："敢問聖人之德無以加於孝乎？"子曰："天地之性，人為貴。人之行，莫大於孝。孝莫大於嚴父。嚴父莫大于配天，則周公其人也。昔者周公郊祀后稷以配天，宗祀文王於明堂，以配上帝。是以四海之內，各以其職來祭。夫聖人之德，又何以加於孝乎？故親生之膝下，以養父母日嚴。聖人因嚴以教敬，因親以教愛。聖人之教不肅而成，其政不嚴而治，其所因者本也。父子之道，天性也，君臣之義也。父母生之，續莫大焉。君親臨之，厚莫重焉。故不愛其親而愛他人者，謂之悖德；不敬其親而敬他人者，謂之悖禮。

以順則逆，民無則焉。不在於善，而皆在於凶德，雖得之，君子不貴也。君子則不然，言思可道，行思可樂，德義可尊，作事可法，容止可觀，進退可度，以臨其民。是以其民畏而愛之，則而象之。故能成其德教，而行其政令。《詩》云：'淑人君子，其儀不忒。'"

紀孝行章第十

子曰："孝子之事親也，居則致其敬，養則致其樂，病則致其憂，喪則致其哀，祭則致其嚴。五者備矣，然後能事親。事親者，居上不驕，為下不亂，在醜不爭。居上而驕則亡，為下而亂則刑，在醜而爭則兵。三者不除，雖日用三牲之養，猶為不孝也。"

五刑章第十一

子曰："五刑之屬三千，而罪莫大於不孝。要君者無上，非聖人者無法，非孝者無親。此大亂之道也。"

廣要道章第十二

子曰："教民親愛，莫善於孝。教民禮順，莫善於悌。移風易俗，莫善於樂。安上治民，莫善於禮。禮者，敬而已矣。故敬其父，則子悅；敬其兄，則弟悅；敬其君，則臣悅；敬一人，而千萬人悅。所敬者寡，而悅者眾，此之謂要道也。"

廣至德章第十三

子曰："君子之教以孝也，非家至而日見之也。教以孝，所以敬天下之為人父者也。教以悌，所以敬天下之為人兄者也。教以臣，所以敬天下之為人君者也。《詩》云：'愷悌君子，民之父母。'非至德，其孰能順民如此其大者乎！"

廣揚名章第十四

子曰："君子之事親孝，故忠可移於君。事兄悌，故順可移於長。居家理，故治可移於官。是以行成於內，而名立於後世矣。"

諫諍章第十五

曾子曰："若夫慈愛恭敬，安親揚名，則聞命矣。敢問子從父之令，可謂孝乎？"

子曰："是何言與，是何言與！昔者天子有爭臣七人，雖無道，不失其天下；諸侯有爭臣五人，雖無道，不失其國；大夫有爭臣三人，雖無道，不失其家；士有爭友，則身不離於令名；父有爭子，則身不陷於不義。故當不義，則子不可以不爭於父，臣不可以不爭於君；故當不義，則爭之。從父之令，又焉得為孝乎！"

感應章第十六

子曰："昔者明王事父孝，故事天明；事母孝，故事地察；長幼順，故上下治。天地明察，神明彰矣。故雖天子，必有尊也，言有父也；必有先也，言有兄也。宗廟致敬，不忘親也；修身慎行，恐辱先也。宗廟致敬，鬼神著矣。孝悌之至，通於神明，光於四海，無所不通。《詩》云：'自西自東，自南自北，無思不服。'"

事君章第十七

子曰："君子之事上也，進思盡忠，退思補過，將順其美，匡救其惡，故上下能相親也。《詩》云：'心乎愛矣，遐不謂矣。中心藏之，何日忘之。'"

喪親章第十八

子曰："孝子之喪親也，哭不偯、禮無容、言不文，服美不安、聞樂不樂，食旨不甘，此哀戚之情也。三日而食，教民無以死傷生，毀不滅性，此聖人之政也；喪不過三年，示民有終也。　為之棺椁衣衾而舉之；陳其簠簋而哀戚之；擗踊哭泣，哀以送之；卜其宅兆而安措之；為之宗廟，以鬼享之；春秋祭祀，以時思之。生事愛敬，死事哀戚，生民之本盡矣！死生之義備矣！孝子之事親終矣。"

跋

以大篆體寫《孝經》一卷，參用許書古文、籀文、經文、依"開元御注本"，光緒己酉夏五月吳大澂識。乙丑秋九月蘇完文悌刻石於河南宋州。

（碑存寧陵縣城關鎮北街。馬懷雲）

明指揮千戶黑斯公墓誌

永城呂永輝撰。

公姓呂氏，諱黑斯，河南新安縣人，少讀書，明義理。元末，隱居城北水南寨，灌園為業。時托吟詠以寄興，著有《七寶亭稿》。其《上巳間飲》云："水南寨下際良辰，四面風光最可人。菜滿畦中千葉好，花開竹外一枝新。何時布展經綸志，此日權為灌溉身。幸有酩酊堪為醉，醒來直到太平春。"又《上已在牡丹花前聞亂》云："戎馬東來亂似麻，不知何處是我家。牡丹不解風光變，猶自香開富貴花。"

洪武元年春，太祖追賊至橫山，公率衆助之。以報寇功，賞指揮千戶官，公辭。太祖嘉之，賜花銀一斤面取。旨復其家，俾世世無所與。聖旨尾云：敕水南寨種菜老李。欽此。黑斯公跪辯姓。太祖濡筆欲更之，筆端濃落李字上矣。尋擲筆曰："便姓李亦不妨。"公叩頭起，遂姓李。太祖命隨行，公以年老辭，命子成為千戶。公卒，葬新安縣北關老塋第三世西五穴。

天下大定，成公遷居甯陵北關。洪武元年。子八人，遂昌厥宗。公通儒術，明葬法。歿時，謂其子曰："李非賜姓也，乃朝廷誤筆。我欲生從君，死從祖，仍以呂姓葬我，題曰："呂某之墓。"司寇公官大同令，始奏復姓。

或曰：黑斯公三月三日生辰，成公十月三日生辰，故甯陵祠於此二日奉祭祀惟謹。五世孫世道公，嘉靖中遷永城。當時，千戶公墓未樹碑，無所稽考。至從高公始立碑誌焉。

光緒二十七年八月二十六日，永城十四孫永輝率子遐緩及甯陵裔孫潛源，迎鑾過此，敬為立碑，以誌始末，申孝思云。

（文見寧陵《呂氏家乘》。馬懷雲）

永城市（永城縣）

文林郎國子監博士□公（譜元）暨配贈封孺人賈氏劉氏石氏合葬墓誌銘

賜進士出身、內翰林秘書院編修、門生張爾素頓首拜撰。

賜進士出身□□□省清軍驛傳鹽法按察司僉事門生趙白瀗頓首拜篆額。

賜進士出身河南彰德府湯陰縣知縣門生楊藻鳳頓首拜書丹。

嗚呼！余□□□□□□□作有道□始稱不愧。否則才如呂黎□□以誄墓說之。其弟子而傳先生者，唯大蘇於歐公，庶幾□□□師伯仲□陵□余□眉山□也，然歐公之德□□人知也。吾師之德□其學術備而名節彰，吏績良而位不副，品□□□而□□□□，以故人罕知者。而余知吾師最深，又何敢以不文辭。

吾師諱譜元，字□始，號□泰，河南永城人。系出□□固甲□□□□□永，自曾大父皆以布衣□□□□而厥考□和公尤以□聞。歲大歉，手粥饑者於里，疾者療□□□他□□□□謂翁多陰德於間，當大至□□□□以儒顯師鼇貫□輩舉於饔，號士瑞。壬子，暨從弟並登賢書，時稱二□□□□□□上計偕□□車□□□□□師夷狀，弗屑也。先是，鄭玄岳冢宰曾刺郡，目師無雙士，期必捷。至是，或□□□□公，公弗許。師□然曰：詩□□□□□駿牝三千。安有二十年稽古之力，不能成進士者哉！且何以謝鄭公。歸□□□□□兀兀窮年歲。甲戌，遂第。□□有志者事竟成云。筮仕襄陵，邑兵燹且祲，露骼相望。師噢咻拊循，不遺餘力，有□□□之召父、杜母，□□而三□兼□太平翼城三境竹馬爭□於道。師思經畫，興利除害。如水砦驛遞諸爭，公令順之□□□，於是，歌舞之聲相聞，中牟三異，河清千奇，卓然為百城表。丙子、己卯，兩較棘闈，先後得士十人，登甲者六人，□□□□之□□重而桃李成蹊，固不減河陽矣。師既清□□知，絕苞苴餽□，強項□擊。無所避，竟中飛文，以□□行□□□□□勞催科政拙，陽城尚考下下。宜師之襆被兩出也。然師恬不介意。佐□幕署吳□推誠惠愛，一如在三□。時□□□至者，正色拒之，人彌高其風操。癸未，遷韓城。下車甫腧月，寇騎入關，藩城陷，傍郡風靡。師激厲士民，登陴固守。寇射矢勸之降。師裂書憤罵，責以人倫天道之，京師震□□韓原報不絕。毅皇帝□□□之□而督□□□中外援絕。師泫然曰：吾非惜死，如百姓何？張睢陽羅雀掘鼠，後人皆焉。顏魯公□城活人，斯□□□□不然，下□□□道□余家，握手涕□，具道不得已。故乃間關南渡，欲控於朝。不果。及清師渡□，師以□□□□□□□□絃□□□如也。委任深水，買刀買犢，枹鼓為之不鳴。遷國子監博士，人謂退之《進學解》再□□□□□□人□□乎。師性□□耆年，先人多閱牆之變。師泣諫，卒回父志，式好如初。奉兩大人晨昏不□，親侍湯藥，一夕十□。居□喪□□□□兼□□之孝。事兄惟謹，割俸□餉，經紀殮葬，哀毀有加。季弟亡，藐孤病亦篤。

焚香籲天，願以己子代。□□□□待舉□者□數。故蕭氏嫺睦之風，埒於楊愔、陳實，式為義門。師三娶，初□賈氏□□孺人，夏邑鄉耆幼范公女也。□壼範□□盤□間，□慈孝友，舉案□莊，門內彬彬有度。繼為劉氏，亳州茂才廷士公女。又繼為石氏，敕封孺人，本邑現璞公女。克勤克儉，教育諸子，一如己出。鳴鳩之詩，堪為淑人咏也。而最奇者，師次室張氏，聞訃日，椎心號慟，誓從地下。及靈車至，再拜再哭。入則閉戶自經，家人救之弗及。於時焚輪風至，素輛震撼，良久方息。嗚呼！雖柏舟黃鵠，不烈於是矣。非師刑於素感，何以□此。顧以師之德行也、文學也、政事也，無不至焉。乃一官落拓，艱苦備嘗，壽僅中年，家徒四壁，薄產不供饘粥，敝廬不蔽風雨。天之報施善人，其何如也？興言及此，未嘗不嘆息於廉吏之不可為也。唯是生而可表於鄉，宦而可祠於邑，沒而可祭於社。三者不朽，師何恨焉。師生於明萬曆癸未八月二十二日子時，卒於清順治丁亥七月二十七日辰時，春秋六十有五。賈孺人生於萬曆癸未八月十三日申時，卒於萬曆癸丑一月十二日戌時，得年三十有一。劉孺人生於萬曆丙申十月二十五日申時，卒於萬曆己未十一月初一日辰時，得年二十有四。石孺人生於萬曆辛丑七月二十七日巳時，卒於崇禎辛巳七月二十日未時，得年四十有二。吾師子五。長毓淳，拔貢生，娶夏邑茂才周融女，繼娶宿宦鄧都知縣張問德女。次毓朴，邑增廣生，娶夏邑貢生李策□女，繼娶亳州茂才董際明女。次毓泓，邑庠生，早卒。次毓厚，邑庠生，娶本邑孝廉夏敬承女。次毓粹，邑庠生，娶本邑進士咸寧知縣宋繩女。女四：一適夏邑進士計部員外陳陞男府庠生陳希望，一適亳州茂才賈應朋男賈攟□，一適本邑茂才程必□男府庠生程□，一適本邑進士歷任兵部尚書丁魁楚男邑庠生丁啟晉。孫四：一小升，幼未聘，□出。一小雍，幼未聘，厚出。一小聰，聘本邑茂才王連瑛□，朴出。一小季，幼未聘，粹出。孫女五：一適亳州茂才李天胤男李□□；一許本邑茂才胡懋孝男胡宗□，聘；一許本邑貢生侯祖□男侯鈺，聘；俱□出。一許本邑茂才李胤岳男邑庠生李應翼，聘，朴出。一幼，未許聘，厚出。將以丁亥三月二十五日卯時，葬於鄢城□□[1]。余乞銘，余思報德，惟有文章□□□道□著人耳目非阿□也，敢以□辭。□□□□□稽首，而為之銘。銘曰：

　　□五千不足為師儲，□□□□□□□□孤城走萬里，不足為師馳驅。然而學則江都，行則萊蕪，治則潁川，□與□□。其從者□青陵之妹，其傳者□烏衣之孤，師可含笑而遊云衢。嗚呼！古所云死而不朽，其斯乎？

　　不孝男毓淳、毓朴、毓厚、毓粹，孫小升、小雍、小聰、小季仝泣血納石。

　　順治四年。

（拓片藏河南省文物考古研究所。李秀萍）

---

[1] 此處記誌主丁亥三月葬，與前記誌主丁亥七月卒觝牾。

重修文廟碑

邑人李蔭嵒撰。

昔韓昌黎記處州孔子廟碑，謂祀事之盛，爲生民以來所未有。而其廟徧天下，自唐至今，垂千餘載矣，孔子之事，未之或改。又謂刺史李繁能新其廟，賦詩美之。則能新孔子之廟者，皆不可以無記也。

吾邑學宮創自宋慶歷年間，迨明季寇起，大河以南無完城，且值劉超之變，廟廡祠宇，皆爲火燬。吾邑兵燹之殘，較他邑爲甚。鼎革以還，邑侯李公念聖廟榛蕪，慨然有重修之志。學博董君共襄其事，謂今日之榱棟巍峩以崇奉佛老者，不可勝數，誠以佛老利益福田之說，可簧鼓斯世，獨孔子以德不以功，而天下之人，日飲食沐浴於孔子之教，且以取名位之榮寵，終不歸功於孔子。是人日戴天而忘天之高，日履地而忘地之厚，毋惑乎治佛老之祠則易，治孔子之廟則難也。噫嘻！其亦不思之，凡所以正人心，明人倫，收人才，扶持名教，整頓綱常，移易風俗，修明政事，且身以之正、家以之齊、國以之治、天下以之平，亦孰非孔子之道，炳炳烺烺，日彌綸於天地間，洵生民以來所未有之人，於以享生民以來所未有之祀，其誰曰不然？以此義陳於縉紳先生，及博士弟子，並飲食沐浴於孔子之教者，未有不蘧然悟，翻然悔，相與奔走不遑，而輸將恐後者。余亦勉隨衆人之後，以助一簣之成。奈彫敝之餘，物力耗竭，再歷邑侯楊公、吳公，與學博楚君、王君，方克繼李君而落其成。聖廟賢廡，煥然一新。以逮啟聖祠、明倫堂、尊經閣、黌宮、泮水、迴廊、複道，雖一遵舊制，而丹艧梓材，無不爲之改觀。一時父老子弟，傭夫豎子，亦相與流連咏嘆。況身列膠庠，有不歡忻鼓舞，以慶一時之盛者乎？余因之重有感矣。學宮重地也，昔以有守令而存，既以無守令而毀，究之以守令之賢者，乃得復新之。然則大典之興廢，視人以爲存亡，其輕重大小爲何如耶？豈獨比隆於處州刺史而已哉！余愧無文，不能繼昌黎以傳世，勉爲諸公記之。

李公名之英，遼東鐵嶺人。楊公名祖南，陝西安化人。吳公名熠，江南宜興人。董君名琳，嵩縣人。楚君名述尼，滎陽人。王君名元會，內鄉人。

順治十一年。

（文見康熙《永城縣志》卷七《藝文志·碑記》。馬懷雲）

重修太邱書院碑記

李蔭嵒撰

太邱書院，始爲漢陳公實講學地，明左公思明建之，賀公鼎繼之，舊址爲太邱驛。隆慶二年，左公以爲驛宜設於郊，以迓使者，可供行李之往來。城中地狹，不宜爲驛，遂以其址建爲書院。時永二百年無甲榜,是科胡公格誠遂捷於南宮。歲久而圮。

崇禎二年,丹陽賀公來牧斯邑,進髦士而訓之曰:"吾欲建立書院,萃諸生課其中。"乃求太邱書院遺址,擴而大之,東西二十武,南北五十武。門以北,東西各建五楹,北則講堂五楹,東西各有廊,堂之北亦有廊。東西又各五楹,北則又堂五楹,藏書樓五楹,並祀陳公、左公像於中。賀公以文學甲海內,所拔士皆先後飛鳴去。童子之穎秀者,搜邏無遺。鄰邑來試者亦與焉。學使者潘公曾紘,秉藻鑒雅重公,凡所薦士,無不前茅。公又密薦各邑童子七十餘人,皆列學宮。余時廁名於中,公不令知也。公之前二十年,郡守鄭公三俊創書院於郡,作人之盛,後先輝映焉。公擢大同口北道,以直忤時,歿於京。公去之後,邑罹兵火,巨室焚燬殆盡,而書院巍然獨存,豈非鬼神有以呵護之與?太邱邑之南二十里,有澮濱書院,元張公思立所建,建址固存。而澮濱去邑遠,且邑令簿書冗積,往返竟日,不如茲之可月試而日省之也。

書院,漢陳公遺蹟始之,明左公建之,賀公繼之,即以爲三公甘棠,顧不宜歟!

(文見康熙《永城縣志》卷七《藝文志·碑記》。馬懷雲)

明正治卿中奉大夫兵部尚書練公(國事)暨元配誥封夫人趙氏側室誥封夫人王氏合葬墓誌銘

【誌文】

皇清敕封文林郎翰林院檢討明大理寺左寺丞前工科都給事中辛未科進士興化門生李清頓首拜譔文。

賜進士出身禮科掌印給事中同邑孫塏王連瑛頓首拜書丹。

賜同進士出身壬戌科同邑眷姪趙士驥頓首拜篆蓋。

明正治卿中奉大夫、兵部尚書練公,生於萬曆壬午正月十三日,卒於乙酉三月初八日。公元配誥封夫人趙,生於萬曆乙酉十月十八日,卒於順治丁亥八月十八日。公側室誥封夫人王,生於萬曆庚寅二月初二日,卒於順治己亥十二月十三日。公卒之明年丙戌,子彥吉、謙吉、貞吉葬公於新兆。是時,即欲千里持狀問誌於余,而以革代之初,戰伐之餘,急圖妥公之靈,竟迫不及待矣。後二年,而元配夫人沒。明年,合葬於新兆。又十二年,而側室夫人沒。又二十四年,將啟窆而祔葬焉。公之冢子彥吉亦即世已六年矣。謙吉、貞吉具書齎狀,請余補公誌墓之文。余自天啟辛酉,受知於公,至今癸亥,六十有三年。余年八十有二矣。回念吾師道義之雅,數十年如一日。操觚誌公,安得不潸然而流涕乎!按狀:

公諱國事,字君豫,別號任鴻,河南永城人也。其遠祖諱素,娶孫氏,爲明宣宗皇孫后之女弟,因賜廠墅於永城之北。數傳而生壽。壽生崑。崑生絅,贈兵部侍郎。絅生惟精,贈兵部侍郎。四世獨子,至惟精生公兄國體與公。絅以上皆業農,至惟精,始作邑庠弟子員,家少振。村居爲盜所劫,時公年十二。盜瀕亡,語人曰:是子他日必爲大臣,見有鬼神呵衛之。公之兄為累贈夫人洪出，公為累贈夫人余出。兄弟友愛，逾於同乳。公性嗜讀書，年十六，補博士弟子員。二十二，登萬曆癸卯鄉榜。高邁不謀生產，布袍徒步，授書里中。萬曆三十五年丁未會試，已入彀，將唱名，易置副榜。四十四年丙辰，登錢士升榜進士。公嘗曰：使我早第十年，未讀數百卷書，豈能有所建豎哉。與魏公大中、朱公大典同出一門，誌意相得甚深。四十五年，授沛縣知縣，以廉惠稱。調繁，知淮安府之山陽縣。淮居水陸子午之衝，公潔己愛人，甦郵困，應繁劇，治之肅然。天啟元年辛酉，分校應天鄉闈，取士九人，清與李自強、孫曰紹等，受知於公者是也。冬大計，舉江北卓異第一，行取考授四川道監察御史。疏凡二十餘上，其論內臣奪閣臣票擬之權，內臣以逼取冬衣，於工部之堂辱尚書鍾羽正，非朝廷體，而魏忠賢怒。又糾丁巳主察之徐紹吉、韓浚、趙士諤植黨行私，藉鋤善類，而羣小皆怒。四年，巡按漕運。五年報命，給事中趙興邦阿忠賢意，疏劾公糾丁巳主察三臣，為王之寀雪冤，乃趙南星之黨，落職為民，追奪誥命。忠賢於修《三朝要典》，今之引入興邦疏詞，為公貽禍之地。陝西人士紹徽編《東林點將錄》，擬公為馬軍大將，以希合忠賢之旨。凡忠賢所怒，無不嗾人糾彈，中以□□，依次相及將至公，而熹宗崩，懷宗立，忠賢伏法。

　　崇禎元年，詔起公貴州道監察御史，掌京畿道刷卷。二年，遷太僕寺少卿，督餉山西。三年，陝西延安民飢為亂，叛軍附之，所在蠭起。巡撫乏人，廷議才干風力之臣，羣推公以僉都御史巡撫陝西。公入秦關，具疏曰：秦之賊起於飢民，與叛軍合而勢漸燎原，乃墨吏不恤民隱，懦弁不能行法所致。必先易墨吏與懦弁，而後賊可言平，封疆可靖也。於是，摘剔賢否，俾知法度，增設東西兩營於咽喉重地，以翼會城。乃督軍進剿。總督楊鶴誤撫，神一魁遂陷保安，李老柴、一條龍陷中部。詔逮楊鶴，命公復中部。公提兵困賊城中，賊窘，急開關出戰，大破之，斬賊一千七百餘級，擒李老柴、一條龍，獻俘京師。公日歷行陣，誓師督戰，破賊於宜川，破賊於白水，又破賊於郃陽，又大破賊於寧塞，又大破賊於蒲河西壕，又大破賊於銅川橋，又大破賊於鐵角城，誅其渠魁可天飛、獨行狼、郝臨庵。又大破賊於虎兒凹。大小百餘戰，斬賊四萬餘級，擒斬大小賊首點燈子、劉道江、郭惡虎、混天猴、神一魁、黃友才、不沾泥、普天飛、金翅飛、插漠兒、飛山虎等六十餘人，俱經巡按御史查覆。

　　六年，陝西平。公防秋□□河諸處。吏部推公天津督餉侍郎，而大學士溫體仁嫉怒東林，與公不合，乃擬旨以善後於秦，不允。公具奏乞休，言秦寇已平，母老身病，但求骸骨歸故鄉。疏再入，體仁擬旨，以議敘前績，仍善後晉，公不允。七年，山西賊勢張甚，將及河。公列戍嚴防，不得渡，乃由平陸南犯澠池、靈寶，西窺潼關。公星馳至關，力禦之。賊遂南犯楚、蜀。廷推陳奇瑜總督五省。奇瑜庸懦貪惏，毫不知兵，尾賊所向而已。尋至漢中，與賊議撫。賊偽降，奇瑜信之，以檄止各路兵，而令賊歸延安。公得驛書，大驚，力言非計。奇瑜不聽。因疏陳輕撫之害。奇瑜大啣之。已而，賊果復潰，焚掠如故，出棧道而北，疾如風雨。奇瑜大窘，乃歸咎於鳳翔人孫鵬之殺賊激變焉。公復連戰破之，疏請留勤王四鎮之兵，尚可撲滅。會侍郎李遇知等，以秦人請助秦餉疏入。溫體仁以賊變之罪坐公。兵部尚書張鳳翼，奇瑜兒女親□，乃徇奇瑜，而公竟就逮矣。公去秦之日，秦人追□號哭，聲動天地。諸將士皆嘆息泣下，不復言戰，由是而成瓦解之勢。公至京師，曰：總督輕受賊愚，以致披猖至此。明明誤撫，而曰非誤撫；明明非激變，而曰激變。孫鵬未殺降賊時，已破麟游、永壽兩邑，是何人激變乎？秦中萬耳萬目，豈可欺乎！於是，南北臺諫交章論劾奇瑜四十三疏，謂：巡撫代總督受過，真真李代桃僵，公道難泯。而奇瑜始逮。李遇知等復合詞代辯，言：臣等請餉之疏，原未嘗侵及撫臣一字，何以有嚴逮撫臣之旨？五年勞吏，一旦楚囚，編氓之情，願以身贖。且此番寇禍之□裂，由於招撫，而乃以招撫之故，歸咎於撫臣，情法殊未協也。奏入，溫體仁主之，不省，公謫戍廣西。十五年，吏部尚書鄭三俊疏舉廢籍諸臣，謂公首當湔雪。十六年，詔舉堪任督撫李遇知為吏部尚書，舉公云：原任陝西巡撫練國事，偉識遠猷，冰心敏手。曩撫臣鄉，立意以勦賊為主，與督臣陳奇瑜意見相左，被參得罪，實非其辜，應以原職起用。詔復冠帶，遇缺推用。十七年，起南戶部左侍郎，尋改兵部左侍郎，敘陝西戰功，晉尚書，以病去位。卒年六十四，詔予贈廕、祭葬、議諡。

公入仕三十年，家僮不足百指，薄田僅供饘粥。解官歸，猶僦屋以居，天下稱其介云。天啟中，有治河之役，永城丁夫、芻柳之應，乃不能堪。公致書總河曰：寧有百五十里之外，而供樵蘇於河者乎？總河是之，遂罷永城之役。後二十餘年，土人思舊德，不忘也。公元配誥封夫人趙，秉性慈厚，內政楚楚，佐公以儉，教子以義方，御下以寬仁，閭里傳為法式焉。卒年六十三。公側室誥封夫人王，推誠任勞，共襄家範，以子移封，人謂淑德之福報也。卒年七十。子三：彥吉，戊辰選貢生，廣西永福縣知縣，娶李氏。謙吉，增廣生員，歷任中軍都督府左都督，娶王氏，誥贈夫人；繼娶种氏。貞吉，拔貢生，娶彭氏，繼娶田氏。彥吉、貞吉，趙出；謙吉，王出。女一，適蕭相烈，又側室王出。孫男五：憲，附例監生，娶莊氏，繼娶高氏；慧，生員，娶劉氏；恕，娶時氏。謙吉出。慇，生員，娶侯氏。憑，附例監生，娶關氏。貞吉出。慧、憑為彥吉後。孫女十人：一適生員張震生，一適附例監生李永齡，彥吉出。一適附例監生陳暘，一適生員侯鈴，一適蔣鑑，一適丁時叙，一適賈隨，一適高同生，謙吉出。一適丁巳科舉人李昌祖，一適胡綿祖，貞吉出。曾孫男八：省振、省源，憲出。省祉、省默、省韜，慧出。省業，慇出。省驚，憑出。省謨，恕出。曾孫女八人。憲出者二，未字。慧出者一，許字生員曹嗣度子曹珍。慇出者四：一許字候選州同知黃天柱子黃愃，一許字候選訓導喬岳摺子喬濟生，二未字。恕出者一，未字。嗚呼！公之名德昭然於世，安可以不銘。銘曰：

云凝峰秀，毓此高賢。直節立朝，勳業震天。文經武緯，冠一代於澮川。身名俱泰，惟公有焉。啟後人之仰止，其展禮乎煙寒。

康熙二十四年歲次乙丑十一月二十三日。

男吉、貞吉立血纳石。

（銘存永城市陳集鄉練樓莊練義才家。李秀萍）

重修學宮碑記

河內人學諭張炳撰。

邑之有學宮，廟貌必新，堂宇必潔，几筵必整，所以重瞻仰而肅拜跪，其關於人心風俗不小也。自司牧者不知本務，修復無人，往往荒涼圮壞，所在多草茂之嘆，而佻達之風日以競焉。炳署鐸永城，五易春秋矣。邑侯李、洪、佟、王諸公，先後來宰是邑，視茲宮牆傾頹，俱有興復之志。其間，或視事之不久，或天時人事之難濟，故雖稍葺其罅漏而未能究工。今年春，郡別駕陸公攝永之三日，謁聖廟畢，環視堂廡崩缺，從祀之主飄然風雨塗泥中，因慨然曰："我輩誦詩讀書，而坐視聖廟之傾毀，可乎？"於是，估值計工捐金，卜日修復，不以炳之不才而委之董其事。興作於三月二十日，落成於七月五日。自是廢者，圮者，蓋瓦及磚之破壞者，棟、柱、門、楹之橈折者，赤、綠、青、碧之漫漶不鮮者，皆得嗟峨輝煌而復其舊觀。嗟呼！公之於永，非有歲時之久也，而於講學行禮之地，乃能加意如此，則公之為政可謂能識大體矣。況是舉也，片石艱難，一出清俸，而無累於民，其亦循良之最著者矣。他如潔己愛民，輕徭省罰，敬禮齒耆，恤養孤貧，善政未可枚舉，而關於人心風俗之大，則此舉尤不可及也。爰述其始末而勒之石。

康熙二十五年七月。

（文見康熙《永城縣志》卷七《藝文志·碑記》。馬懷雲）

開濬城南溝渠記

國朝邑令山陰人周正紀

余未涖永時，有永人往來吾鄉者，皆曰：永為平原曠野之區，舟楫之所不通，商賈之所不至，為治於茲邑者，非課農桑、督租稅，政之大概弗克舉焉。而抑知其不然。余於康熙乙丑冬初涖永，始至之時，但見田多污萊，民皆菜色。詢其故，咸曰：吾邑之苦水患者數年於茲矣！夏秋之水，至春冬而始漸涸焉，故民苦不得播種也。稍得播種矣，至夏秋而水又至焉，故民苦不得刈穫也。是固天時之齊，而抑人事之不修也。為治於茲土者，忍聽斯民之阽危而不思所以補救之耶？乃於聽政之暇，周視原野，進田間之父老而諮諏之，咸曰："吾邑城南舊址有溝渠，為豪強之所湮塞，此欲通而彼則阻焉，所以水無所歸，遂泛溢而為田間害也。"嗚呼！百聞不如一見，余若不諮諏野老，何以得悉其利害。乃先於城南門外白洋溝金帶橋頭用工開濬，漸引而南，勸督近溝有田人戶自備鍬鍤，分工逐段，加力疏泄。勤事者，備壺飧以勞之；抗阻者，微示懲以警之；數日一至工所以稽察之。始事於春初，竣事於春末。向之迂塞者，漸就開濬，東西兩岸之田沉水中者，而今始水有所歸矣。於是，復推而廣焉，東至義勇集，西至鄲陽以及會亭一帶，皆因其故迹，導其壅閼而南達之澮河。昔之舟楫所不能通者，而今且爲商賈之所輻輳，污萊之田漸成熟壤。余因念始至之時，即欲銳意疏通，而民咸苦其難。及功成之後，而民又樂其易。百姓可與樂成，難於慮始，不信然哉！惟願後之君子，不憚身爲倡率，數歲一加疏濬焉，則百姓之享其樂利者，寧有窮乎！乃援筆而爲之記。

康熙二十八年。

（文見光緒《永城縣志》卷三十三《詞章志·碑記》。馬懷雲）

重修永城縣城垣碑記

邑令山陰人周正紀

紀於康熙乙丑莅永。始至之時，見城垣傾圮，正在修築。詢之里胥，咸曰："永邑城垣，有一定之規制，里民修築，有一定之方位，雖尺寸莫敢踰也。"紀時已心識其非，特以初受事，欲改作而未遑耳。

越二年戊辰夏，霪雨爲災，城垣傾圮者甚多，則見前之修築者，未及三年而已圮矣。越明年己巳，霪雨尤甚，城垣傾圮者尤多，周遭度之竟至三百餘丈，則皆數年來里民之所修築、補砌、塗飾已完工者也。嗚呼！築城本以衛民，而反以厲民，包差者視城傾爲居奇，監督者以修葺爲故事，因循苟且，滋弊叢奸，牧茲土者能辭其咎乎？

紀按籍稽之，修城之公帑，久已奉裁，工料之物力，出於無項，又無怪乎其因循苟且爲旦夕補苴之謀也。紀每於暇時，周視原野，見城東西一帶設有窯座，則范土爲甓，不難舉也。北望芒山，去城六十里而近，伐石爲灰，可易辦也。城之內外，有官基數十處，歲應輸官若干緡，清數年之積逋，可以租作庸也。於是，分員而任，某督燒石灰若干勵，某督造大磚若干塊，鳩工庀材，雇傭和直，多方勸諭而輸之薪。於農隙築之，備壺餐以勞之，凡百日而工畢。約其費不及三百緡，而工則堅於前十倍。嗚呼！此豈有他謬巧乎？不過料物取材於境內，逋租不入於官橐，以永還永而已。或者曰："子之舉善矣。其如驟棄舊制，累及於官何？"予曰："不然。舊制有當仍者，雖百世不可易也。若其叢弊滋奸，縱有累於官，猶當去之。況此舉也，費不多而事集，民不勞而工完，即以此著爲令，何不可之有？"或者曰："然。"因書其修築始末暨監造工料數目於石，以告後之牧茲土者。

康熙二十八年。

（文見康熙《永城縣志》卷七《藝文志·碑記》。馬懷雲）

疏濬山城集一帶溝渠記

周正紀

紀於乙丑冬始莅永，時適遭水荒，流亡載道，以爲水之禍永何如是烈也！細詢其故，由於不通溝渠，水無所洩乃至此。予因周視原野，見堤之南岸，舊有溝渠，非疏瀹不可，已告成功於城南白洋金帶，東至義勇、西至鄭陽等處矣，水禍庶其無患也。無何，至戊、己兩年五六月之交，霆雨彌旬，自堤之南北竟成巨浸。嗚呼！天災流行，何代蔑有，不謂永之叠被其災，疏之瀹之而仍是也，豈疏之瀹之猶未盡去其害耶？永民之言曰："永邑之田，高阜者多在城北，下濕者多在城南，疏瀹城南者而城北可無事也。"似也，然此之汪洋成巨浸者果奚來耶？因進長年諸生徐君之孺等而詢其故，咸曰："山城一帶之苦水患也，非一日矣！自虞山而北，界接碭山，地名賈家窪，南至山城集，東去三十里，地皆下濕。砭山而西，與夏邑相連，地名梁家窪，受夏邑之水，自夏及秋俱無所歸宿也。且均慶寺之前，夫子巖之西，一遇積潦則陸地成沼，自秋及冬俱不獲樹藝也。放而達之，害何底乎！"余聞之曰：嗚呼！不謂永之叠被其災之在是也。用是勸督近山人戶，分工逐段疏瀹，一如治堤南北者而利導之，使之順流東注，以漸除其害。百姓始猶畏其用力之艱，繼乃樂其成功之易，請勒諸石以示永久。嗚呼！從古或有不齊之天時，而斷無不可施之人力。為旱為潦，此天時之難齊者也；為宣為洩，此人力之可盡者也。後之君子誠念斯民之疾苦，於所瀹之溝渠，歲一加瀹，其用力不為勞，而民患既去，民利自興，其所以福我蒸黎者寧有窮哉。

康熙二十八年。

（文見光緒《永城縣志》卷三十三《詞章志‧碑記》。馬懷雲）

新建陳仲弓先生祠記

邑人李昌祖

古聖王之制祭祀也，凡有功德於民者，皆得祀於其地，此漢陳仲弓先生之所以得祀於永也，亦祀典之所不廢也歟。余不及見其祠之盛。但為童子時，見有殘碑斷碣橫於道旁，曰漢太邱長陳仲弓先生祠。每一過焉，心輒為之不寧。雖仲弓先生德澤之在人心者，迄今已遠，而每一披其遺傳，見其以德化民，不專以法，當時海內皆慕其義，則其德澤之被太邱也，不問而可知已。永故太邱地，祠舊在西門外三里許，燬於明季。本朝定鼎近五十年，未有過而問焉者。邑侯恒庵周公，余時謁見，則曰陳仲弓先生祠之當修復也，在前為德澤之所未湮，在後則為典型之所當法，是役也，誠不可以已。余時唯唯。歲首，因迫於公車，未遑過問。初夏歸里，忽見傑閣峙於東郊，於其旁則有新祠焉，近而觀之，則新建漢太邱長陳仲弓先生祠也。嗚呼！是何其成之速而搆之易歟，曾不聞募一磚一椽，而何以忽見巍巍者閣，峩峩者祠歟，是皆由吾恒庵邑侯惠愛在人，匠心獨運，故不及周時而庶民子來，成之速搆之易也。嗚呼！數年以來，吾鄉頻遭水患，賴邑侯疏瀹有方，賑濟有法，故民不致輕去其鄉，而皆得樂歸於其土。庚午夏，麥秀雙岐，侯不以為喜。秋穀秀雙岐，更有三岐者，家君既有詩誌其事，茲祠之成，余可無記歟。雖吾邑侯之德澤，較之仲弓先生，未知孰優，試問之野老婦子，必有能識之者，非余之敢私所好也。但願後之君子，在漢則以仲弓先生為法，近今則以吾周公為法，庶幾加惠斯民，吾邑其重有賴也夫。

康熙二十九年。

（文見康熙《永城縣志》卷七《藝文志・碑記》。馬懷雲）

新修迎春閣記

周正紀

去城東二里而近，相傳有鎖鑰閣焉。余不解，地處東郊，閣胡爲以鎖鑰名也？余涖永之日，首入自東，但見敗壁頹垣嵯岈齾缺，輓輅馳驅者皆出於其下，心竊危之。詢之居民，則相傳以為鎖鑰閣者也。燬於明季，迄今垂六十餘年，未有過而問焉者。嗚呼！郡邑大利大害之所關，豈僅一閣，顧獨於閣焉是問，抑已末矣。然一閣之興廢，雖無關遠大，第昔人之創建，未必無因，若聽其嵯岈齾缺，既非所以壯景物而肅觀瞻，且即一事之廢興，亦足以覘民生之休戚，非守土者之責而誰責乎。乃於公務之暇，命匠先即其嵯岈齾缺者而平除之，以防輓輅馳驅者意外之虞。庚午夏秋，此地麥禾雙岐，亦有三岐者，頗稱有年。辛未春，余乃因其舊址，鳩工庀材，絲粟不以累民，另為修築，凡一月而閣成。費不甚侈，還其舊觀，而止易其名曰"迎春"。蓋以地屬東郊，歲祀勾芒於此，取重民事、恤國本之義也。後之登斯閣者，覽四郊之葱郁，睹人物之阜安，則當欣然以喜，與斯民同其樂焉。其或歲一不登，四野蕭瑟，則當念司牧茲土，何以奠斯民於衽席，何以底婦子於安全。曉夜靡寧，務殫其責，庶茲土其有賴乎。若謂茲閣之建，可以娛心志，侈游觀，欲以媲前人而邀後福，則余豈敢。是為記。

康熙三十年春。

（文見光緒《永城縣志》卷三十三《詞章志・碑記》。馬懷雲）

迎春閣記

王連瑛

邑之東有鎖鑰閣者，翼然隋隄之上，自崇禎乙亥，寇亂紛擾，余常往來其下，故老為余言："萬曆中，栢鄉魏侯宰吾邑，仁且賢，廉敏而多才，凡邑之廢墜無不舉者，而又精堪輿家言。自建此閣，邑中災祲不作，民無流亡，凡以科第顯者往往能致大官。今已矣，無復能繼魏侯者矣。"聽其言，其色愴然。余考堪輿之術，不見於經，其說始於東晉，而盛於唐宋之際，即蔡元定氏，亦自以為能得邵氏之傳者。夫蔡氏、邵氏為有宋大儒，豈亦惑於人世吉祥之說而為此耶，抑豈其術信而有徵，儒者所不廢耶。憶昔曾謁吾師相國貞庵先生於栢鄉里，第見其羣從奕奕，皆取科名而躋顯士，一門烜赫，甲於畿以南，豈賢令之後宜爾耶！抑以堪輿之效耶？淮陰周公涖吾邑之六年，政成而民樂，每因農隙修舉廢墜無虛歲，既舉五里之城而甓之，不費民間一錢，疏濬溝渠，放乎灘流以弭水患。今且即閣之舊，易而新之，爰命曰"迎春之閣"。若曰吾歲首迎勾芒於此，吾知為吾民祈農祥而已。嗚呼！自己亥以來五十餘年，其間宰吾邑者何限獨公與魏公，實兩相照映焉，可謂賢矣。夫古今人不必相師法，惟其道之所存，不可以強合則背而馳耳。公既深於聖賢之道，固無減於邵氏、蔡氏而仁且賢，廉敏而多才，□魏公者同此為吾民之心舉而措之，雖欲稍異，不可得也。豈心知堪輿之說，深明其意而不以語人耶？何寶寶焉取魏侯之所為而一一肖似之，惟恐後耶。殆誠有不強合而合者耶，吾知公必能以施於吾邑者，施於其家，後必有如吾師貞庵先生者，起而光大之無難也。而即今施於吾邑者，匪獨似魏侯，即以繼文範先生何愧焉。吾聞閣之西有所謂三臺閣者魏侯所建，亦同時燬。即以堪輿家言，其關繫於吾邑更鉅，公必能次第修之。吾雖老且病，猶能為公記之。

（文見光緒《永城縣志》卷三十三《詞章志・碑記》。馬懷雲）

夫子巖碑記

周正紀

天下名山幽巖之所在，有表見於天下，為人心之所嚮往者，亦有湮沒而不彰，不能悉其勝概者。豈非山巖之隱現，亦系乎其人歟？余嘗往來齊魯之郊，過泰山之麓，欲一登焉而未果。然天下莫不知有泰山，以泰山為天下之宗也。至於一邱一壑，為探奇攬勝者之所不到，以至莫能名其處者，豈少也哉！茲夫子巖之記，烏可以無作歟？巖處永邑之北，去城六十里而遙，雜於砬磶羣山之間。余嘗一至其處，有里民數輩來謁，引導而登。山不甚高，而巖獨以夫子名者，以夫子過宋，曾經遊其處，故以夫子名也。嗚呼！吾夫子歎道之不行，車轍馬跡幾半天下，而茲巖獨以夫子名，豈非茲巖之幸歟？登斯巖也，歷階而陞，則有翼然門廡焉；登堂而拜，則有巍然遺像焉；層累而上，則又有峩然傑閣焉。余雖未獲登洙泗之堂，而攬茲巖之勝，能無生嚮往之志歟？於是，每因公事之暇時，至北郊必登臨斯巖。非敢侈游觀之盛，亦以此巖為吾夫子之所托跡，即為吾夫子之所神遊；為夫子之所神遊，即為千百世而下邦人士之所景仰。於是，時進里民而諮詢之，山之左右，久置有奉祀之田，時至春秋，里之人士羣相展拜奉祀於巖下。嗚呼！吾夫子之祭遍天下，而春秋奉祀者，或多虛循故事，若茲之羣焉竭誠恪恭祀事，雖一巖之幽，安知不為吾夫子之所肸蠁而來格也歟？余因捐金為倡，俾撤其舊祠之湫隘者而另闢堂廡，庶幾後之君子莅斯地者，升其堂，登其閣，知吾夫子之道無所往而不在。由是心以事神，即推是心以治民，學道愛人，豈非吾夫子之所深許也哉！是余昔日過泰山之麓，未獲登洙泗之堂，親見吾夫子之車服禮器者，今登斯巖以北望龜蒙，亦可以稍慰也夫！是為記。

康熙三十年。

（文見光緒《永城縣志》卷三十三《詞章志・碑記》。馬懷雲）

濬城北溝渠記

邑人王連瑛

周侯治永之六年，因農隙導城南之水由白洋溝以達於渙，城南之人以耕以食，歲稔而民樂，侯自爲文記之矣。惟是城以北多荒陂大澤，夏秋霪潦之水，自西北絕睢而趨逼外郛，瀰瀰焉循隋堤而東者，往往瀦爲巨浸，橫溢而無所洩，歲傷禾稼無算。侯又戚然念之，裹糗糒舍輿而徒，不辭烈日寒風，數出入於荒澨、叢薄、榴蘙、墟里間，問之田父野老。既得其要領，今年正月下令曰："水自虞城、夏邑來者，如建瓴於屋，下流弗導，易積以肆；爰有舊渠，可疏可理；濱渠有田，其害惟均。凡吾之人，各操插畚，刈其蓊薉，決其塗泥。農耕未舉，厥惟其時；無大無小，無怠乃事。百年之患，旬日可除。吾將率二三僚佐，計里分行，以要厥成。"於是，城北之人，樂侯之愛我而除其患也，相與鼓舞趨事。旬日訖工，不爽晷刻。余惟國家太平五十年，法嚴令具，凡州縣之吏不過奉納束，謹會計而已，法令之外，不敢議也。其下者，或苟一時之安，視一官如傳舍，於民之阽危，如秦越人之相視而莫之恤，民何賴焉！侯於吾邑法行愛立，訟清而事簡，凡可以爲民者，既次第舉矣。是役也，無督責之擾，無調發期會之煩，不違法令而亦不違農時，興百里之役，除數百年之患，旬日而濟，不費民間一錢，賢者舉事，何便利如是耶？嗚呼！侯之德雖施於一邑，其仁足以示天下，其法即以傳後世可也。余故樂志之，欲後之爲吏者皆當如侯之所爲，而於侯之所爲恆舉而無廢焉，則侯之所爲非近且小者矣。周侯名正紀，字子載，江南山陽人。

康熙三十年。

（文見康熙《永城縣志》卷七《藝文志·碑記》。馬懷雲）

還金閭碑

還金閭

經筵講官吏部尚書李天馥爲耆民謝應明立。

康熙三十年歲次辛未孟冬穀旦。

（碑存永城市謝酒店村東永宿公路北側。王興亞）

御製平定朔漠告成太學碑

清聖祖

惟天盡所覆海內外，日月所出入之區，悉以畀予一人，自踐祚迄今，早夜殫思，休養生息。冀臻熙皞以克副。維皇大德好生之意，庶幾疆域無事，得以偃兵息民。乃厄魯特噶爾丹，阻險北陲，困此一方，人既荼毒，塞外輒猝焉。肆其凶逆，犯我邊鄙，虐我臣服，人用弗寧。夫蕩寇所以息民，攘外所以安內，邊寇不除，則吾民不安。此神人所共憤，天討所必加。豈憚一人之勞，弗貽天下之逸。於是，斷自朕心，躬臨朔漠，欲使悔而革心。故每許以不殺，彼怙終不悛，我師三出絕塞，朕皆親御以行，深入不毛，屢涉寒暑，勞苦艱難，與偏裨士卒共之。迨彼狂授首，脅從歸誠，荒外君長，來享闕下。西北萬里，灌燧銷鋒，中外乂謐。惟朕不得已用兵，以安民，既告厥成，事乃蠲釋。眚灾潔事，禋望為億兆祈昇平之福，而廷臣請紀功太學，垂示來茲。朕勞心於邦本，嘗欲以文德化成天下，顧茲武略，廷臣僉謂所以建威消萌，宜昭斯績於有永也。朕不獲辭。考之禮，王制有曰："天子將出征，受成於學。出征執有罪，反，釋奠於學，以訊馘告。"而《泮宮》之詩亦曰："矯矯虎臣，在泮獻馘"。又，禮"王師大獻，則奏愷樂"。大司樂掌其事，則是古者文事武事，為一折衝之用，具在樽俎之間，故受成獻，一歸於於學，此文武之盛制也。朕向意於三代，故斯舉也，出則告於神祇，歸而遣祀闕里，茲允廷之請，猶禮先師，以告克之遺意，而於六經之旨，為相符合也。爰取思樂泮水之意，為詩以銘之，以見取亂侮亡之師，在朕有不得已而用之之實，或者不戾於古帝王伐罪安民之意云爾。銘曰：

巍巍先聖，萬世之師，敬信愛人，治平所基。煌煌聖言，文武道一。禮樂征伐，自天子出。朕臨域中，踰茲三紀。嘗見羹牆，寤寐永矢。下念民瘼，上承帝謂。四海無外，盡隸侯尉。維彼凶醜，瀆亂典常。既梗聲教，遂窺我疆。譬之於農，患在螟螣。受畁不施，將定稼穡。襫彼遊魂，陲遠是恬。震以德威，可往而取。朕志先定，龜筮其依。屬車萬乘，建以龍旂。祝融驂駕，風伯戒途。宜暘而暘，利我樵蘇。大野水涸，川瀆効靈。泉忽自湧，其甘如醴。設為掎角，一出其西，一出其中自將之。絕域無人，獸羣受掩。五日窮殆，彼狂走險。大殲於路，波血其拏。翦其黨孽，俘彼卒徒。眾鳥晝號，單馬宵遁。恐久駐師，重為民困。慎固戍守，還轅於京。自夏徂冬，雨雪其零。載馳載驅，我行至再。蠢茲窮寇，昏惑不悔。我邊我氓，以休以助。爰甯其居，爰復其馘。藩落老稚，斯恬斯嬉。歲晏來歸，春與之斯。春風飄翩，揚我斾旌。我今於邁，如涉我郊。言秣我馬，狼居胥山。登高以眺，閔彼彈丸，天降凶罰。孤雛就羈。三駕三捷，封狼輿尸。既臘梟境，既獼豺軀。大漠西北，解甲棄殳。振旅凱入，澤霈郊卜。明禋肆赦，用迓景福。昔我往矣，在泮飲酒，陳師鞠旅，誓屈羣醜。今我來思，在泮獻功。有赫頌聲，文軌來同，采芹采藻，頌興東魯。車攻馬同，亦鐫石鼓。師在安民，出非得已。古人有作，昭示此旨。緬維虞廷，誕敷文德。聖如先師，戰慎必克。惟兵宜戢，惟德可綏。億萬斯年，視此銘詞。

康熙四十三年。

（碑存永城市文廟。文見光緒《永城縣志》卷一《聖制》。馬懷雲）

邑侯三韓王公重修八蜡廟記

邑人王連瑛

邑侯王公治永之明年，八蜡祠成，侯率其僚佐合宴以落之，而屬余爲記。辭之不可，乃告侯曰：余蓋作吏於畿輔之際，而知其難也。夫吏奉上法，治百里之地，意所欲爲，宜無不得者。若夫顯者有所操持以侵吏權，則訟獄不得其平；桀黠者引吏胥爲腹心，據里甲爲窟穴，厚攘於民而以什一輔之官，則農人無所於告；豪有力者敺市人而奪之貨，則道路以目；負販者紆其途以之他，而稅用絀，則壞未一也。兼并者得以營其私，則不得不變通，以求盈於往籍而維正之。賦役不均，又況上負其勢以頤指乎下，下憂其弱以勉承乎上，畏首畏尾，身其餘幾？令即天資仁厚，心有所欲，然而勢有所未可。故曾鞏氏曰："爲後世之吏，得行其志者少矣！此仕之所以難也，而縣爲尤甚。"嗚呼！豈不然哉？吾邑自周侯之去，爲攝者再，皆丞也。人之視丞，與丞之自視者，既微而暫。於是，鄉之所云，或時時有之，甚至一切不以關丞而牘滿大吏之庭，懦且良者惴惴焉，脅息重足，莫堅其命也。惟我王公，來自京師，廉且明，守法而循理，揭昭昭之誓於聽事之庭，而告人以不時出租賦，勤耕耨而已。行之三月，邑內大治，民用熙熙，風雨以時，比歲大熟，穰穰滿家。公曰："神之力也。吾意於爲民而神實相之，可亡歟？"考於《禮》，有歲終索饗報功之典，其神維八蜡，而邑之舊祠久圮，則捐貨重構之，廟貌言言，院宇深靚，閱月訖事，事已而人無知者。夫令之得行其意，微余以爲難，即曾鞏氏且慮之。公於吾邑寧獨八蜡一祠？凡所廢墜，意之所存，細大畢舉，何其易耶！意者，惟廉則未可干以私，明則無所售其欺；守法而循理，則勢無所絀，而聽無所撓，而鄉之所云者，豈憂足攖公之慮而奪公之權耶？故吾於一祠之建，而推本於公之能行其意如此，俾後之令此者，於公之能行其意，深思而得其故，則奉上法治百里之地，豈復如區區愚慮與曾氏所云者耶！

康熙乙亥九月。

（文見康熙《永城縣志》卷七《藝文志·碑記》。馬懷雲）

重修夫子巖記

邑令耿晉光

縣北六十里有芒碭山，吾夫子周流天下，過宋，經石巖下，曾避雨於斯，後遂名曰夫子巖。遺留石像於巖下，巖前尚有曬書臺舊蹟。即建殿宇一座，塑立聖像四配，至今名傳不朽。值明季兵燹後，於康熙十三年有沛人郭自高者，適遊其地，目擊心惻，矢志堅修，爲之闢荒居焉。更糾同善數輩，各輸己資，協力勷事，殿宇之損壞者補葺之，聖像四配金粧之。又於康熙十八年，創立寢樓一座啟聖殿宇。及自高並侄一鳳物故後，繼志紀綱，係徐忠禮、張起成、張國脉、郭尚義四人，同修大成門書樓。因舊祠殿宇頹壞，復於康熙三十六年重修大殿五間，新塑聖像四配，虔誠供奉，以垂永久。晉光於丙子夏，補令永城，目擊宣聖遺蹟感之，兼考諸人嚮義之誠，時會刊修邑乘，表載誌典，或可與五嶽名山爭烈千古矣。

康熙三十六年。

（文見康熙《永城縣志》卷七《藝文志·碑記》。馬懷雲）

光禄大夫武英殿大學士兼吏部尚書李文定公天馥墓誌銘

韩菼

康熙三十八年十月，大學士合肥李公薨於位。遺疏聞，上震悼，命大臣、侍衛至邸第奠茶酒，禮臣舉卹典，閣臣議諡法，翰林院撰代言之文以祭，以疏其生平立朝行己之大者著之碑。

先是，公寢疾，上自塞外聞之，曰："何不早奏？"即遣學士問所苦，賜禁方上藥，諭御醫用心調理。日視朝畢，輒問病勢減已否？蓋上臨御久，嘗屢易執政諸大臣，深惟政本之地，為治化樞，恆難慎其人，試公者歷有年所，益信其可大任。而公入閣未期月，即以憂去，上特虛席以遲其來。公益慎乃位，屬悔內乂安，持大體，不求赫赫名，惟清靜和平與師師百僚，化紛更異同之迹歸于無事，以仰稱聖天子休息愛養元元、含宏廣大之至意，中外食隱然之福無窮。在位五年，善始善終，而群情猶以年之不長，不獲究其施為惜云。

公之喪將行，孤子編修孚青以狀泣請於其長門下士韓菼為辭，以納諸墓。謹敘以銘，敘曰：

公諱天馥，字湘北，號容齋。先世湖廣黃岡人。遷於廬者為始祖韓英，洪武初，以軍功授世襲廬州衛指揮僉事，因家焉。七傳至公曾祖諱應元，祖諱長庚，父諱萬化，皆以公貴，贈光禄大夫、武英殿大學士兼吏部尚書。累世雖高勳世冑，皆好讀書。公父，初補諸生，尋襲衛職，本朝初，以都司督上江漕務，愛賓游，重然諾。生三子：公長也，次天畸、天馞。

公自少穎異，七歲能詩，稱神童。明季流寇剽掠江、淮間，合肥被陷，公隨兩大人倉皇避難，手一卷不暫釋。未及弱年，誦《四庫全書》殆徧。始，公家有別子占衛籍永城，故公即以其籍登順治丁酉鄉薦。明年，成進士，選翰林庶吉士。在館益博聞約說，縱橫演迤於經史百家，蓋經世之學基此矣。辛丑，授檢討。冬，奉嫡母張夫人諱歸里。服除，補故官。康熙戊辰，復以父憂去。辛亥，陞司業，迎養生母翟太夫人邸中。尋陞侍講、侍讀，充日講起居注官，歷講讀學士至少詹事。丁巳，陞內閣學士兼禮部侍郎。上前每有所見，必陳無隱，多見從。

辛酉，陞户部左侍郎。部故利藪，有以苞苴調者，公拒之曰："吾一日在部，汝曹無望茲事之行也。"皆動色縮手相戒。甲子，調吏部，尤以揚清激濁為己任。公在户部四年，吏部五年，而一無私焉。上自是器公益深矣。未幾，陞工部尚書，轉刑、兵二部尚書。辛未，遷長吏部，曹司吏素不便于公者，畏公之復來；而選人稔聞公名，則喜甚。公逐吏之尤黠者，以便選人，而部復為之一清云。

時當補大學士已逾年，一日，上諭滿、漢諸大臣曰："機務重任，必不可用喜事之人，朕觀李天馥老成清慎，學行俱佳，朕知其決不生事。"遂以命公，壬申十月也。次年六月，翟太夫人薨。上諭諸大臣："李天馥入閣未久，倚毗方殷，未及展施，遽爾回藉，深軫朕懷。"遂賜御書"貞松"二大字，兼賜以手卷，云："儒者當學探本原，行迪醇茂，循序進德，守己沖虛，一言一動，罔有不謹，嘉謨嘉猷，必以入告，斯廣譽翕聞為周行之士。"蓋緣公之所已能，益屬望其加勉也。行後一日，上曰："李天馥侍朕三十餘年，未嘗有過，三年易過，此官不必補人。"及服將除，即召起公。公感上知之深，益退然若不自勝，措其身於一言一動無過之地，如聖明之詔誡，而宰物應機，要皆以虛公處之，長官百司各安其職，一不以己與，威福歸之於朝，而毀譽不出諸其口。同列咸服其和敬，而小大共樂其寬雅也。

上三征朔漠還，兵革甫息，公尤以寧民之道可也在簡，欲變法不如守法，欲救弊未必無弊，奉行故事惟謹，不敢失尺寸，此乃所以報也。昔宋李文靖公為相，真宗問："治道何先？"對曰："不用浮薄喜事之人，此最為先。"文靖又嘗言："居重位蔑無補，惟中外所陳利害，一切報罷之。朝廷防制，纖悉備具。或徇所陳請，施行一事，即多所傷，所謂庸人擾之是已。"公之深慮遠識蓋絕類，上之器重公以此。然文靖在位未久，公年亦不甚過之，平格之老，不壽於天，病矣夫！公既歿，上特賜諡文定。按諡法"安民大慮曰定"。公之不喜事，所以安民也。人咸以受大名為當云。

公性至孝。先是，張夫人之喪，毀甚，杖而後起。及贈公歿，亦如之，有終身不逮養之悲。而翟太夫人之喪歸，當取道巢湖西口。時冬月水涸，及舟至，水驟湧數尺如送喪者，舟過即落如故。既葬，廬於墓側，手植松楸，晨昏禮謁，淚血沾漬墓門，忽有白燕雙飛，掠水而至，呢喃上下，久之不去，人咸以為孝感，遂名公所居為"白燕廬"，遠近皆歌而和之。友愛二弟，白首無間。尤好為德於鄉，自廬墓後，窮民歸之，遂成村落。當歲旱，苗將槁，公為壇墓前三日齋，以禱於天，方蒲伏，雨大作。及秋，忽飛蝗蔽天，皆驚恐，公復禱如前，未幾蝗盡去。鄉民咸德之，公歿而哭之者眾，久益不忘也。

公在位，尤篤於人物。如李翰林因篤、趙參政進美、秦檢討松齡等，公為學士時薦以應博學宏詞科者也。陸御史隴其、邵參議嗣堯、今巡撫彭公鵬，公為吏部所汲引以洊至大官為名臣者也。下至單門寒俊，聞聲相思，惟恐其不登用，有名章迥句，輒流連嘆詠不置。蓋汲汲于以人事君，其心好之誠，而非有強也。

公所活人尤眾。為學士時，冬月斷囚，嘗請生其死者。知縣李方廣當死，公曰："其人素有才名。"得緩不死，尋以赦免。又有殺人抵罪者，公獨言："乃仇人先折其父足，為父報仇，可赦也。"遂得減等。兵興，民多被俘，贖而歸之者，嘗數百人。在刑部，有縣令負官錢數萬，產盡應赦，而吏持之急，公至即與寬免，以釋其子孫之係累者。念囚多瘐死，為庇屋材，多為之所，別罪之輕重以居，因至今德之。又有大獄下部議者，皆曰應死，公察其冤，獨議曰不當死，上竟從公議也。

始在翰林，名籍甚，雅以文章為己任，諸號為文家，率後先倡和，而尤與葉文敏公及今尚書澤州陳公、新城王公倡復古學，刊落偽體。每朝罷讌遊，或闔戶吟賞，翛然如林下人。一篇出，好事者爭傳諷。既居相位，雅不以自多，不復有狎主宗盟之豪氣，而望其容貌，習之于語默動靜之間，其風神局度，使人意消，皆書卷之所積而然也。所傳有《編年詩》、《容齋千首詩》、《詩餘》，其古文、制誥諸集，將次第行世。

公生於有明崇禎十年正月二十四日，薨於康熙三十八年十月十五日，年六十五。夫人李氏，指揮同知諱兆生女，繼張氏，贈封皆一品夫人。子二：長編修孚青也，康熙己未進士。孚蒼，己卯舉人。女五，適字皆名族。孫三人：昉楸，貢生。昉琳、昉琴尚幼。

孚青等舉公之喪，以某年某月某日，葬於某鄉某原。

英事公于國子，後數侍後堂之末，不敢以不文卻孤之請，而公之事不勝書，深懼概而弗詳，然勿敢誣且溢。又生平奉公之教甚多，皆可書之大帶。憶公貳吏部時，英以學士與廷議，遇事有不平者，不禁形於辭色。公微笑謂英："君何至是？凡事平其氣而可也。僕初亦爾，後漸熟漸平也。"英退而尋味不已，而變化之為難，未嘗不有愧於公言。銘曰：

金斗六星，其五主廬。靈和篤公，葉贊斗樞。少也稽古，經神學府。泲更常伯，登為碩輔。薄伐既定，簧鼓笙吹。不吐不茹，公相以《詩》。官刑政典，有條秩如。遵道遵路，公相以《書》。壯不如罔，貢不如白。何慮何思，公相以《易》。運於無跡，宰而不尸。一龍一蛇，一張一弛。帝深用嘉，長倚丞弼。竭不憖遺，三能坼一。有煒玉管，紀諸湘編。載錫絲言，揭茲新阡。稷契皋陶，讀書不息。罣如鬲如，於斯長畢。過者下馬，痛者回車。鶴歸燕來，占復其初。

(文見錢儀吉《碑傳集》卷十三。馬懷雲)

御製訓飭士子碑[1]

清世祖
雍正四年。

(碑存永城市文廟。馬懷雲)

御製訓飭士子碑[2]

清世祖

---

[1] 見本書第二冊第 410 頁。
[2] 見本書第四冊第 106 頁。

雍正四年。

（碑存永城市文廟。馬懷雲）

萊陽縣李公暨配練孺人墓誌銘

桐城人方苞

　　永城李雨蒼，余石交也。爲余道邑多盛德君子，而從叔父鍾郘公，其首稱也。雨蒼未第時，飲食教誨，惟公是賴，故其相知爲最深。今年夏月，雨蒼有書來京師，言公歿已久，喪猶在殯，不幸叔母練孺人又亡。秋杪，將卜其兆域以合葬焉，而囑余銘其墓。余意雨蒼之言信而可據，銘之異於今之諛墓者，故按行狀譜之。

　　公諱昌祖，字勾文，號鍾郘。性純孝，六歲館師授以《孝經》，朝夕不忍釋手，九歲即能操觚屬文，十三歲通經史，雖老師宿儒咸嘆以爲靡。及年十七，補博士弟子員，慨然以士之溺章句，暗世務也。潛心載籍，博求古來治亂興衰之故，當其有得，輒發於詩古文辭，元元本本，皆有益世道之言也。康熙丁巳科，登賢書，凡九試，禮部皆不報，公仍恬然。或勸曰："古之作吏者，豈以甲乙榜分高下哉？君固可以仕矣。"謝曰："吾於家庭，寸陰是惜，何必三公得而一介失乎？"蓋是時，尊人峴雪公、母樊太君咸在堂也。於是，絕意進取，雞初鳴盥洗，即偕練孺人周旋親側左右，就養無方。顧峴雪公及樊太君，春秋高，俱多病，療而愈，愈而旋病，遂既失其恃，又失其怙，而天倫之樂不可再得矣。當峴雪公彌留時，灑淚教之曰："噫！長與汝訣。然君親一也，汝能移孝作忠，我死猶不死焉。"公遵遺訓，免喪，營葬畢，謀所以顯親者。

　　丁亥，遂筮仕山東萊陽縣令。時萊陽洊饑，田疇蕪，學校荒，刑罰煩，廉節墜。公勞心撫字，田疇之蕪者，易之；學校之荒者，修之；刑罰之煩者，平之；廉節之墜者，振之。然後，民樂輸公，士爭祓濯。邑舊例，諸所費非正供者皆科於民。公悉爲蠲去，竭已物力以辦之，而民無擾焉。夫《周官》六計，廉其上也。宦裔某者，以事責婢，婢忿自戕。婢父誣控某，某大懼，願以千金獻。公變色曰："令知有法，爾若無罪，有金如粟，不以入懷；若有罪，雖多金能溷我哉？"後廉得其實，竟免於罪。然公之治萊，恩威並用，不事姑息，捕擊胠篋不稍縱。入境，文登奸民王三爲暴，登、萊兩邑騷然。公設法擒治，寘諸法。其兩邑之患以息。三年治成，上憲交口譽之，將有所薦剡，乃以勞瘁致疾，卒於官所。著有《實勝齋詩》、《東海雜咏》等卷，彭閣學方洲嘗爲序云。

　　嗚呼！忠孝者，士人常節，亦復何奇？然王陵棄母，溫嶠絕裾，以從王事，是可忍也，孰不可忍也！余讀史至此，戚戚然有痛於心焉。謂若而人也，天倫既虧，尚何功名之可言哉！反是以觀鍾郘公之令萊，其克盡父母斯民之道，誠有其本矣。練孺人爲明大司馬諱國事公女孫，辛卯選貢石林先生諱貞吉女。司馬公在東林，阮大鋮所指爲急先鋒者也，石林先生亦得名於雪苑社中，孺人目見耳聞，薰習有素，故其事舅姑、佐夫子、訓子孫，皆能無悖於道。方鍾郘公之宰萊陽也，終歲所費，祇取給於清俸，孺人喜曰："吾得爲廉吏婦，幸矣。"最後見出浮於入，則奉子婦歸田里，減食節用，以所贏餘盡輸於萊。常謂長男廣文君曰："汝父貽汝以清白，不亦厚乎？汝仕雖無民社責，然所司者教化也，不可有忝厥職，以爲汝父羞。"又顧諸子曰："力耕讀書，吾家本業，勿荒於嬉，各事其事可耳。"嗚呼！孺人之於婦道也，母道也，其動中禮法如此，亦豈無所本而能然哉？

公之先，晉翼城人，始祖諱本，遷永城。八傳至公紹公，諱支承，贈儒林郎，孝行詳《省志》，公大父也。公紹公生岷雪公諱嶅，實維公考。岷雪公學問文章，在有明已有聲庠序，厥後年彌高，德彌劭，遂爲中州碩果。樊太君婦德，亦足配梁（鴻）。凡公之爲言爲行，出身加民者，有一非得於庭幃間乎？

公生於順治壬辰十二月十四日子時，卒於康熙辛卯五月初十日巳時，享年六十歲。練孺人與公同年，六月十三日巳時生，後公二十一年雍正壬子二月初二日寅時卒，享年八十一歲。其子若女，孫、曾孫之子若女，婚嫁詳狀中。於雍正十一年十月十五日丑時，安葬於澮濱先塋之次，以練孺人祔。銘曰：

山則有璵，佩之爲琚；誰非人子，公切倚閭。以公之才，蚤致令聞；銅章未受，歸賦《白雲》。親既終天，始著吾鞭；作令三載，匪私一錢。士曰吾師，於鐵爲磁；民曰我父，於祝爲尸。公有佳偶，如賓如友；相厥夫子，共此不朽。憫萊之窮，儉以飭躬；人拜其賜，勿咏《大東》。公雖大去，澤猶在世；想其遺風，莫之與媲。覷彼澮水，湯湯逝波；恐後之訛，有石可磨。石何以磨，公德可歌。

雍正十一年十月。

（文見光緒《永城縣志》卷三十五《詞章志》。馬懷雲）

太學生李公配黃孺人合葬墓誌銘

邑人李惺

丙子冬，辦嚴將北上，有族弟源來告曰："先人在殯久，今地始擇就，擬舉葬事，兄行矣，不能待。父生前嘗命源曰：木可抱亦可踏，山可絙亦可谷。維銘罔極，烱厥幽爾，其慎諸？源於今鉅公元夫既少識，兄年長，悉父行事最，且言質不華，足取信於後，謹具狀齋肅預以請。"予固行迫，義何辭。

公諱兼，蒼水其字，晚又號拙庵。考司訓公諱昌齡，祖考江南巡方侍御公諱嵩，曾祖考兵部武選公諱支揚。五世祖文學公諱良翰，兄弟六人，爲我諸李分門之始。公爲侍御公冢孫，生而穎異，七歲從蒙師授句讀，日誦百餘言，不數過即能覆，爲署晰其句，意已心解，旋能設問，以窘其師。稍長，爲舉子業，抽思鑄語新，警出意表，衆咸目以一日千里，李氏緒振於斯。詎繼遭侍御公變，慟勞交至，深秋感金氣，獲痰喘症，歷輒發，誦讀功遂自此輟。父司訓公以科目失望，深惜之，爲援例入太學上舍。畀以家政，舉事之繁劇，胥秉裁焉。公爲人軒邁朗豁，足級甚闊，無世俗鄙瑣氣，固其天性屬然，亦由席家世鼎盛，耳目見聞皆極設張豐大，故視珠玉金帛犀象等物，亦如尋常，往往塵沙用之，不自貴重，如卹人急，扶人困，所以耗物力者固多；而游閑秦伎輩，亦且收置焉。而費有不惜，故繩尺寸者，每以公之於財，能用而不能生，流何繼？吾則以特免陳思之噱，視所云近步齷齪者，高出自萬萬也。公昆季六人，雖命主事有年，而室無私蓄，手無餘錢。追分爨既久，田園之所出已減，而公之豪上如故。其不修邊幅，如張司業之所以規韓公者，時或蹈之。在當日亦祇藉以適興，而傾側者遂由此伏戎，以致家業中落，朝夕維難。公則處之冲然，不以得失爲苦樂，抑何中情浩蕩，役物而不爲物役又如此。性雖疎達不羈，而內行純摯，於父子兄弟間一無虛飾，歷數十年如一日。父司訓公任郟城，於戊子夏忽病作。信聞，公立謂諸弟曰："吾長子，呼之當常在側，弟等持門戶，難盡往。"時囊底空空，遍搜僅堪供餐五六，郟去永約里踰七百許，率一僕，徒步四晝夜達，趾盡裂不自覺。至則延醫，親理藥餌，禱神明，其間詘、伸、捫、灑、搔、抓、按、抑，經寒暑兩易，帶未寬。門下士來問疾者，見公骨立，悉感動爲咨嗟不已。適汝秋試，郟之縉紳先生欲聲聞於學使，求表揚。公聞之惶悚，踵門辭，謂："倫者常也，正人人之所宜踐，亦人人之所未易踐，祇有愧心無慊心。"辭至再至三，事乃止。後疾漸瘳，遲至壬辰，始相依還里。孩提誠於公年幾五十，見其他亦可以類知矣。夫人生亦務全其大耳，大者立，則身世之升沉利鈍皆屬淺鮮，且又何能驅天漢之水以就其蹄涔也！

公卒於雍正己酉二月初一日，年六十有八。配黃孺人，爲諱廷祚公長女，淑柔惠和，嫺於儀，工女職，十七歸太學公，協於尊章，克誠克恭，事夫順以義，處姒娌間油油無不諧，於人情世事咸洞徹，能容耐自抑下。當太學公之赴郟城也，值歲荒，孺人獨力楷柱，不使子源奔營以間誦讀，謂吾家以書爲田，田隆本則獲多，穢以瘠則出實不半，學亦務致隆其本耳。迨公返舍，源已爲博士弟子，則母氏敦勉之力也。公雖晚落拓，好客靡已，其酒醴羞膳，孺人皆預治，以需出不匱，公竟自忘其不足，而人亦疑其有餘。則孺人之以儉爲蓄，而不以傷公懷來，視北門之什爲何如也？後公十七年卒，年八十有四。子男三人：長即源，邑諸生，能復公業者；次澤，出嗣六房；次溥。女一，適劉君克著。孫男八，孫女四，曾孫男十，曾孫女六，詳行述。今擬葬公於新原，黃孺人祔。銘曰：

於戲！兩間輝爍兮維彝常，身外浮綴兮胥粃糠，志意恢恢兮曾何有乎故方？時炎蒸兮時肅霜，齊而視之自翱翔，既極復飛再成而不隕兮資嗣謀之臧。

乾隆十一年。

（文見光緒《永城縣志》卷三十五《詞章志》。馬懷雲）

顯曾祖考桂菴太府君（雯生）曾祖妣盛太君墓誌銘

【蓋文】

顯曾祖考桂菴太府君曾祖妣盛太君墓誌銘

【誌文】

　　賜進士出身誥授中大夫光禄寺少卿前光禄寺正卿山西布政使司布政使山東布政使司布政使按察使司按察使江蘇分巡淮徐海道戶科掌印給事中欽命巡視中城兵科給事中陝西道監察御史欽命巡視通州天津濟寧等處漕務工部屯田司員外郎營繕司主事戊午科四川鄉試副考官翰林院庶吉士加三級紀錄五次年家眷姻晚學生李敏第頓首拜撰文。

　　賜進士出身陝西鳳翔府岐山縣知縣年家眷姻晚學生孟玫頓首拜篆蓋。

　　歲貢生候選教諭愚甥孫呂祖枚頓首拜書丹。

　　乾隆二十六年歲在辛巳正月戊午，永城張君鶴金葬其曾祖考武平公、曾祖妣盛孺人於澮水北岸之谷。維以前事之月，請銘於余，曰：公以道德文翠名海內，凡公之詞，無不信於今，必傳於後，願乞一銘，以垂不朽。余自念固陋，言何足為武平公惠。顧余與公姻締數世，公之元孫金胄、金尾、金畢，皆李氏婿也，義何容辭？謹紀其世，列其行，以識其穸。

　　公姓張氏，諱雯生，雨文其字，號桂菴，其先勳戚世家也。公十世祖諱麒，為明誠孝昭太皇后父，以軍功封彭城侯。惠安伯諱昇者，乃公之九世祖。八世祖諱輪，為昇之仲子，嗣伯爵，世掌軍衛。當明代盛時，一門兩侯，繩繩繼繼，蟬貂烜赫，世莫倫比。而公之高祖諱鎧，獨雅意於文辭，世□而以詩書自娛。張氏傳經，實始於此。及公之曾祖諱文瑞，遂以《易經》教授開封，有蘇湖風。祖諱守鼎，博聞強識，為博士弟子，精研經義，著有《詩□解》、《書義□命》、《理元秘編》，行於世。父諱星，中崇禎甲戌進士，歷清豐令，轉光禄丞，遷太常卿，名勳大節，光照史策。間有未時，公繼之，而其美愈彰矣。公幼敏異，貌仁心慧，太常公每器之。弱冠，螢聲動藝苑。未幾，領歲薦，司鐸修武、孟津兩縣，興廢作頹，兩縣之士風方振。文詞之士咸知法度者，公力也。秩滿，簡授武平宰。武平去都遠，民性剛，難馭。毒蠱之訟，一獄反覆，數年而不決。前宰未結，後宰又興，蔓引株連，波及無辜者甚眾，無能革其弊者。公憫之，泣以□威，不事姑息，不踰二年，弊竇盡塞，民□遂熙然大變。邑文風□靡，舊有義學址，其事久湮。公任事之始，即慨然於此，因舊基而理葺之，亭廡堂室、棟楹軾級之資，皆出捐俸。延名儒為師範，月給士子膏火資，朝夕必觀考課。士風之起，與修武、孟津先後無異。吏有來獻水腳銀者，額費外可餘千金。公曰：安用此？對以為舊規。公曰：□之□世，以清白傳家，惟恐墜先太常厥聲耳，餘何計。公之清正廉惠，類如此。制府方欲薦公於朝，以期大用，而公竟以疾歸矣。惜哉！

　　公卒於康熙丙申七月二十日，年六十有八。配盛孺人，為前萬曆己丑進士戶部主事諱朝公女孫，邑庠生諱□璞公長女。淑靜和慎，協於尊章，克恭克順，太常公每稱為佳婦。後遭翁姑大喪，孺人竭哀盡誠，族黨皆為感動。武平公實太常公之嗣子也，以嗣子而養生送死，恩禮□□，人無閒言者，豈獨武平公之克敬克孝哉，亦孺人之內外調濟有以補足也。初，武平公兄弟三人，及出宰武平，兩季淪亡，而本生母馬太君尚慶不□，偕之武平，事出兩難。孺人乃迎姑奉養，置側室隨行武平，而身留以代子職。歲之所入，稍有贏餘，必具送武平，以濟公費，且勸以家有先人田，可以供饘粥，慎勿侵漁百姓也。余與武平公親且舊，耳熟其事，故能悉也。暮年，武平公復無子，撫鶴金父子為後，以長以教，恩勤保愛，甚於毛里，此尤人情所難。一門無繼，而上慈下孝，頤和成体，固宜其潭深而流長矣。孺人卒於雍正丁未八月十四日，年七十有九。只一女，適甲子科舉人、內閣辦事中書舍人趙君作鼐。嗣孫延裕，太學生，娶太學生影雋傅公女。曾孫男三人：長即鶴金，太學生，候選縣丞；次鶴修，太學生，出繼五房；次鶴鳴，邑庠生。曾孫女一，適邑膳生丁□楷。元孫男十一，元孫女七，來孫女二，俱聘字名門，詳行述。銘曰：

烈烈前猷，以學□政。纘承□□，維公克竟。振文河西，南士有賡。不回不倚，終老無恸。生則□，沒則令，㦸㦸滄濱表□行。既安且固，以鴻嗣慶。

承重曾孫張鶴金泣血納石。

乾隆二十六年。

（拓片藏河南省文物考古研究所。李秀萍）

皇清歲貢生顯考松樵府君（祖良）暨顯妣李太君合葬墓誌

【誌文】

皇清歲貢生顯考松樵府君暨顯妣李太君合葬墓誌

府君諱祖良，字性存，號松樵，姓呂氏，先世洛陽人。明初，遠祖諱黑廝公，軍功授指揮千戶，世傳為黑千戶。千戶公生洛來公諱成，徙寧陵。洛來公五傳至鶴樓公諱世道，府君高祖也。鶴樓公隨從兄新吾公諱坤，游學永城，因家焉。曾祖愛逸公諱式，尚文學，舉孝友，祀鄉賢，敕封文林郎，再贈徵仕郎、戶科給事中。祖勉菴公諱振，康熙甲辰進士，戶科給事中，晉工科掌印給事中。父樸齋公諱先醇，明經，需次州同。府君年十六，補博士弟子員，以例入成均。故事：明經授司鐸。府君辭不就，以明經終。生於康熙三十四年乙亥四月十四日卯時，卒於乾隆六年辛酉七月初九日申時，享年四十七歲。顯妣李太君前丁未進士兵部武選司員外郎諱支揚公曾孫女、丙戌進士山東道監察御史諱胤昂公孫女、封國子監典籍諱遐齡公女。生於康熙三十五年丙子九月二十五日戌時，卒於乾隆四十四年己亥七月十八日卯時，享年八十四歲。子男三：長不孝翬，監生，娶李氏，甲午副榜山東汶上縣知縣諱昉林公女。次不孝翃，監生，娶彭氏，夏邑候選州同諱紹宗公女。次不孝頵，出繼二門，前卒。娶趙氏，辛酉舉人諱德超公女，前卒；繼丁氏，監生名策君女。子女二：長適候選通判丁諱曾延公子監生諱復軾，次適監生丁諱竑公子名嵩高。孫男五。翬出者二：雯，甲午舉人，娶李氏，監生名淳君女，前卒；繼聘李氏，夏邑監生名範君女。雱，娶趙氏，宿州候選州同諱熹公女。翃出者三：云，聘丁氏名嵩高君女。需，出繼七門，聘洪氏，監生名方孟君女。霂，未聘。孫女四。翬出者二：長適歲貢生王諱孫武公子，監生鍾珽。次許字夏邑李君名式儉子檁。翃出者二：長適鹿邑湖南辰州府經歷張君名貢玉子，監生景鎮。次許字李君名淳子爾彬。曾孫男二，皆雯出：履埕，聘丁氏，南城兵馬司正指揮名德祚女。履墉，聘丁氏，陝西南鄭縣青石司巡檢名瓚女。曾孫女四。雯出者三：長許字夏邑候選布政司理問孟名養正子貢，次許字福建福清縣尉李名爾和子虹，次許字夏邑署儀封縣教諭彭名於洛子[1]己雰出者一：未許字。茲卜於乾隆四十四年十月十六日酉時，合葬祖塋之次，因備述世系，以納諸石。

賜進上出身誥授中憲大夫日講起居注官詹事府少詹事兼翰林院侍講學士上書房行走年通家侍生錢大昕頓首填諱。

孤哀子鞏、翃泣血納石。

乾隆四十四年歲次己亥十月穀旦。

（拓片藏河南省文物考古研究所。李秀萍）

李樗香墓誌

嘉慶三年五月戊辰，樗香以疾卒於予家。予兄伯愚治其喪，諸所相識，咸來哭弔且致賻。越六日，葬於太平村南。原謀買石碣其墓，李子隣野、彭子蕺山謂予曰："今之葬者，皆托名士大夫以爲榮。"昔與樗香約，有死者，則生者銘之，不外假也。不幸樗香先死，予綴其生平事寔，君書之。

按樗香，諱曇，姓李氏。其先合肥人，自高祖文定公天馥，籍永城。官翰林編修諱孚青，其曾祖也。祖昉林。父傳灼。家世稱詩，至樗香，苦貧不能爲衣食，獨善爲詩。初學濟南王氏，既而悉屏去，與蕺山過江入淛閩，極覽東南名山大澤。每有作，輒引被偃臥，終夜不能寐，鐫剔智慮，剗幽墜險，窮極怪變，見者駭悸，乃復傲睨自喜。樗香爲吾邑彭氏出，於蕺山爲諸甥，少失父母，來則住予與蕺山家，數歲不歸。性嗜飲酒，所睹，記輒不忘。人糾其過，則怒，刓其詩，當則欣然從之。喜詼語，亦時斬斬不可回。丙辰秋，客鄢陵，邑令保麟者奇其才，留之，固辭北來。卒時年四十二。無妻子，有弟昭來會葬。葬於夏，樗香志也。誄之辭曰：

嗚呼樗香，人皆以爲狂。予久與處，未見其難近也。樗香自顧與世無用，益澮漫頹廢，不自檢束，壹以飲酒賦詩爲事。流俗不解其詩，則僉非笑之。嗟呼！人負其聰明才力，或去而逐私利，一切苟且之爲，吾不知視飲酒賦詩爲何如也！使樗香周旋於世故或不達，而盡其才於詩可以無弗至。然而死矣，詩尚不可得爲。嗚呼，悲哉！

嘉慶六年歲次辛酉夏四月乙丑。

夏邑孟曾撰。

---

[1] "子"字下原空一字未刻。

李會瀛書。

（文見光緒《永城縣志》卷三十五《詞章志》。馬懷雲）

重修明倫堂碑記

固始人教諭魏蘭升撰。

學校聿設，厥惟明倫。三代而還，事有隆替。宏惟我朝，文教昌明，凌轢前古，成均以外，每縣立學。講學之處，顏其堂曰"明倫"。選官教導，治化之本源也。

永城文廟迤西，有堂三楹，廣七尋，深五尋有奇。層簷崇砌，隆然以高。前有端禮門三楹，左右官舍，正副儒官各一區。當創建伊始，此邦之賢士大夫，崇儒尚義，殫力膠庠，視教之事為重，則其地不容或輕。推而言之，重司教之地，亦即重司教之職，而司教之人亦即自重與，相得益彰，甚盛事也。道光二十有一年秋七月，余以大挑授斯邑教諭。履任之初，查所謂明倫堂者，已棟朽甃殘於榛莽荒蕪中，規模僅存而已。夫教之職易得，教之道難盡，並其地而廢之，可乎哉？爰命工師，敗者新之，陋者易之。堂階以下，增築平臺三尺，週一十六丈，瑩以文欄，障以通花壁，外門左右抱以繚垣，如兩翼然。不踰月，工竣。貫仍其舊而踵增其華，非敢侈也，重其地也。余秉鐸無狀，夙夜滋懼，迨經營此地，財力莫敢愆，俾無淪滅，以為剝果蒙泉焉耳。人苟因堂之存而思其名，因名之立以核其實，則教可以行而倫無不明矣。夫倫之斁也，起於薄物細故；堂之圮也，昉於片瓦尺題。欲大端之罔疚，而跬步必先自檢也；欲大廈之久全，而隙陋當杜其漸也。其事弗類，其道相通。然則斯堂之修，亦可為教者之一術矣。是為記。

道光二十四年歲次甲辰仲冬月穀旦。

（文見光緒《永城縣志》卷六《學校志》。馬懷雲）

創塑先賢先儒記

亳社祁壽卿

夫事數預定，物理自然，豈虛言哉？昔夫子藏素書於懸甕，其文曰："後世修吾書董仲舒，拭吾履鍾離意。"自周迄漢，元光初，董生為博士，推明孔氏之術；永平間，鍾子居魯相，親護孔廟之器。驗二子行事與秘書所載者合，符節聖人之逆，知來物也如此，而況杏壇槐市之居，麟鳳日月之來。暨夫攀麟附翼七十二子之儀範歟！一旦更新，非偶然也。夏邑縣宣聖廟，王宰德彰之所建也。殿堂廟廡，規模雅壯，甲於河南。大成正殿，素王、顏、孟十哲在焉。東西夾室，伯魚、子思在焉。塝虛兩廊，將圖像六十一賢、二十四先儒於壁。會公受代，所謀遂寢。八年於茲，乏人繼成。明昌四載，士民趙天麟等至公庭請曰："自揣庸才，得親翰墨齒於人數者，皆先聖賢佑爾。伏視縣學孔門高弟之像未完，今欲完之，改畫為塑可乎？王公泮宮之碑未立，今欲立之，因文刊用可乎？"縣官皆曰："近降朝旨，隨縣宣聖廟，士民起建者聽矧願創，修泥像將豎滯碑乎？因革之，後宜無或不可。我等雖守官常，聊與汝曹贊成其事也，則無所與焉。"衆退。於是鳩工，命匠土木繪塑之技，並與天麟等各司其局，朝夕於斯，未嘗暫離，以至公為心無一介私己。勸化中外，人樂為助，惟恐弗及，縣官公餘必以造焉。見違禮，諭之從禮。如過度者，納之合度，故用得其實。惰者，勉之以勤，勤者，激之以實，故人忘其勞，是以費至寡而功多，力勿極而效速明昌。甲寅仲春丁未日經始，距仲夏己丑日告成。宛丘侯顓孫師至頻丘侯琴張三十一賢、蘭陵伯荀况至昌黎伯韓愈一十二先儒列坐東廡。金鄉澹臺滅明至徐成侯公西箴二十賢、瑕丘伯左丘明至新野伯范甯一十二先儒列坐西廡。凡八十有五像，冕旒劍履，服裳章采，各有度數。至於門闌、窗壁、坐龕、階圯靡不鼎新。及前建學之碑，雖有其材長丈餘，有其文富千餘言，久仆於地，無自而成。命石工磨礱鐫刻，屹立於講堂之西南隅，盛矣哉！有闕里之風焉。噫！衆豪士能經營於前，四明府能裨助於後，上下相承，共濟斯事，永為賢士大夫之所瞻仰，邑里子弟之所慕樂，豈不偉歟！斯人也，豈非真儒所望董仲舒、鍾離意者乎？較其修書拭履等功，迨有過之，蓋事數物理自然而不偶耳。功成，詣僕求記。喜聞而樂道之，遂成斯文，刻諸寶琰云。

咸豐四年。

（文見民國《夏邑縣志》卷二《建置志》。孫新梅）

移營碑記

從來營汛之設，所以為國而亦所以為民。此固因時勢，察地利，諒非無故而然也。若永城一邑，為九省通衢，大梁要鑰，倘不設立防範，不惟歸德無保障，即豫省亦乏藩籬，況界連江、皖，尤為羣醜易犯之區乎！是以咸豐八年十二月間，經監察御史王德固奏明，添設歸德鎮並左右二營，將撫標歸德營移駐會亭，改為會亭營，而鎮標統焉。將商、柘二汛，亦撥歸歸德鎮左右兩營管焉。其商邱把總移為會亭隨營把總，柘城經制移為鹿邑存城經制。虞、夏、新、山、睢、寧、鹿邑各汛均皆仍之。此歸德營之移所由昉也。既而歸德府正堂姜奏署歸德鎮總鎮成巡查營汛，察會亭形勢褊小，地非要隘，其所管之睢、寧，在歸德之西，亦不與會連屬，調度維艱。又於同治二年四月間，因會銜以移設營汛，分駐將備弁兵，咨請上憲。至同治三年正月間，經欽命河南撫提部院張奏准，奉旨於同治四年五月間，會亭營移駐永城，而永城營名焉。復將歸德鎮左右兩營之馬、守兵撥添三百名，共馬、守兵九百一十九名，誠以地險而兵不容少也。於是，睢、寧二汛改歸歸德鎮左右兩營管轄，永城左軍並永城縣丞移駐麻種，以固疆域；睢州把總並寧陵把總移駐會胡，以防要隘；更兼鹿邑經制移駐白馬驛，存城額外分防鄭縣城，以壯聲勢。其間虞、夏、新、山、鄭、鹿、白、永、會、胡十汛環繞於外，而永城一營端居其中。由此專汛既不嫌其勢孤，協防亦不慮其兵單。如此變通，阨要處所俱有官兵，我參憲從中調度，不惟可以保障睢陽，藩籬梁苑，且處常則巡查易周，奸宄無從窺竊；遇警則調遣立至，官兵可便指揮。此營汛之設，謂非因時勢、察地利，大有裨於國計民命者哉！此永城營之所由設也。噫！兩移營而始駐永城，亦天造地設，莫之爲而爲也乎？凡我營汛，烏得不原其巔末，勒諸貞珉，以爲後人之觀覽，而永昭奕禩耶。

同治四年五月。

（文見光緒《永城縣志》卷七《兵防志》。馬懷雲）

資政大夫呂公墓誌銘

吳江人大學士沈桂芬

公姓呂氏，諱履泰，字君舒，一字調陽，晚號耐菴。先代世居中原，得文獻之傳，南渡後，遺族聚居伊洛間。明洪武初，有諱成者，自洛陽遷寧陵，族中故以洛來公稱。嘉靖丙辰，洛來公之五世孫鶴樓先生諱世道，設教徙居永城，生誥贈文林郎、邑庠生諱式尚。式尚生勉菴公諱振，由康熙辛丑進士[1]，歷官工科掌印給事中，充江南主考，即公之太高祖也。勉菴公季子、光祿寺典簿諱先勳生誥贈奉直大夫諱祖瀍。祖瀍生貤贈資政大夫、貴州開州知州諱柱石，號愍軒。世以孝友傳家，清白作吏云。愍軒公生誥贈資政大夫、江蘇震澤縣丞諱綏濤，號雨田，是爲公之本生父。母黃太夫人生公。少而穎悟，即爲愍軒公所鍾愛。是時，公之胞伯貤贈資政大夫、布政司理問，諱綏露，無子，愍軒公即命公爲之嗣。旋侍本生父震澤公，宦遊江蘇二十餘年，恪盡孝養。及震澤公捐館，扶櫬歸葬，即閉門授子輝讀書。手抄漢、唐以來詩，命之讀，口講指畫，以培養性情；既又授以《五子》、《性理》及經濟等書，力誡講貫服習。每言書足達用，而詩可抒懷，吾家爲中原文獻之裔，要恪遵祖訓，勉爲實學。刊其《東萊公歷代制度詳說》、《司寇公全書》，以教族人。處兄弟怡怡，未嘗有間言，析產讓諸弟自擇，待朋友始終不渝。

咸豐初年，東南多故，公首創團練之舉，論功保獎縣丞，公意泊如也。亂平後，邑中書院及鄉賢等祠破壞，倡舉修補；宗祠之損壞者，亦補葺完美。復念合邑儒童考試辛苦，捐製桌橙，以恤多士。丁丑春，豫省荒旱，民多流亡，首先輸金以助賑濟。其好義樂施類如此。以子任冕寧縣軍功，奉旨賞封朝議大夫，並賞戴花翎。復遇覃恩，晉封資政大夫。光緒丁丑仲冬二十四日，偶然中風，其子輝省視在籍，醫藥備至，曾已稍愈，十二月初五日，復增痰疾，雖言語艱澀，而精神不爽，猶執其子及仲弟之手，指畫諄囑，以讀書承家，勿墜文獻之傳爲訓。逮至申初，竟棄世去。嗚呼痛哉！

公氣體清癯，性情和緩，處家尚寬，交友尚誠，終日怡悅，未嘗有怒容。生於嘉慶二十二年十二月初三日申時，卒於光緒三年十二月初五日申時，享壽六十一歲。德配陳太

---

[1] 據《明清進士題名碑錄索引》，呂振爲康熙三年甲辰科進士。

夫人，初封恭人，晉封夫人，係黍丘文學陳君磐石次女。子一人，即吾門下士煇也，咸豐辛酉科選拔貢生，由四川奉節令洊升湖北補用道，軍功賞戴花翎。媳侯氏，商邱誥封通奉大夫、國學生印鑰長女。孫男六人：遐綱、遐繹、遐紳、遐緒俱業儒，遐續、遐緓尚幼。今卜於己卯年閏三月二十四日酉時安葬於城北巴河之陽，癸山丁向。其子煇泣以銘懇，乃撮其要而銘之曰：

文獻之裔，宋州之靈。爰育君子，貌古氣平。善著鄉里，教子成名。生於丁丑，卒於丁丑。嘉平朔日，大寒三九。太邱之陸，巴河之陽。相茲幽宮，松柏蒼蒼。欽哉敬哉！子孫永昌。

光緒五年閏三月。

（文見光緒《永城縣志》卷三十五《詞章志》。馬懷雲）

重修學宮碑記

邑人呂永輝

郡邑之有學宮，所以尊師重道也。師道立則善人多，善人多則賢才輔，賢才輔則天下治。大哉孔子！為萬世師表。其道洋洋乎參天地、極六合，無遠弗屆。自天子至於庶人，凡尊卑長幼，靡不同為尊仰。故天子設辟雍於國門而釋奠焉，俾天下法之；飭天下皆立學宮，俾郡邑之士法之。舉莫非鼓舞人才之意云。

我邑之學宮，建於唐代，燬於金亂，元季邑士君屈瑄闢草萊而重修之。明萬曆中，景州鄭邑侯東昇，始捐萬金，易以黃瓦，規制仿之辟雍，煌然極大觀矣。明季以迄國朝，官紳屢加補修，賴以不墜。乾隆中，清苑周邑侯夢龍重修之。道光末，仁和高邑侯賜祺備制樂器，延募佾生，彬彬然最稱盛制。咸豐初，疊罹於粵匪、捻匪之亂，摧殘特甚。黃梅陳邑侯夢蓮權藉籽種銀暑修之。今茲三十餘年，其間毀壞滲漏，益不可支，非所以妥先聖先賢之靈也。壽農耆侯來宰是邦，進謁而憫之，首捐千緡倡，俾小子董其役。余廼約閭學楊君毓芳、程君雲漢、蔡君學泗、蕭君重三等復捐，鄉邑學校之士共助千餘緡，以襄厥成。於光緒十五年九月開工，十六年七月蕆事。大成殿、啟聖殿暨內外泮池，煥然重新。先聖先賢之靈，得以爽然悠憑，肅然攸妥。是耆邑侯尊師重道之意也，是使庠序之士，知尊師重道之意也。我庠序之士，實有以先聖先賢之道體諸身心，居敬窮理以致其知，修齊治平以竟其署。不特人文於是焉興，即道統亦於是焉隆矣。

光緒十六年。

（文見光緒《永城縣志》卷六《學校志》。馬懷雲）

永城縣捐穀修倉記

會稽人邑令沈傳義

國家重念民瘼，備偶爾水旱災傷，設常平倉於二十行省。府有積，縣有儲，都計不下三千萬石。從古倉庾之富，未有若此者也。自道光中葉，以訖同治初元，二十餘年間，軍書旁午，餉項不充，倉糧動缺殆盡，而年穀豐歉有不可必，將何以調濟民食，而通有餘與不足？豈非長吏所當亟亟講求者歟？

余以壬辰春日蒞永，倉存現穀僅三千餘石。邑故豫東門戶，地當衝要，民鮮蓋藏，猶有逋欠穀一萬餘石，催之十年，未有償者。余愀然曰：此非永民捐存者耶？自捐而自食之，今食穀者或已物故，或已流徙，及夫赤貧之輩，顧安所責還？徒供胥役擾累耳。時適巡撫河南大中丞長白裕公通行各郡邑勸辦積穀，余因上書悉請免追宿欠，俾永民釋其重負；仍另捐穀石，以資儲蓄；附捐錢文，充修倉修城工用。已而，憲檄咸允，且曰："永令之言是也，其按舊章妥議行之。"先是光緒五年，大中丞六安涂公有整飭積穀之舉，前令陳君碧珊議章遵行，陸續收存穀萬五千三百餘石。九年秋，水爲災，借放穀萬二千二百餘石，即余所稟請豁除者。舊章隨條銀收捐，最稱簡捷。

余參用法，少變通之。戶銀在一錢以下者免捐，一兩以下者半捐，過此不在減免之限。核計徵銀一兩，捐市斗穀五升，仍別繳大錢百有六十文。以此爲率，按數增減。凡十閱月而收竣，得倉斗穀九千四百八十三石二斗六升四合。余與邑紳呂觀察永輝益捐穀五百十六石七斗三升六合，以足成萬石之數。四鄉社倉，俱就隳廢，概運城倉存儲，又隨收捐錢六千三百二十千文。計修葺倉房三十三間，拆建九間，添建二間，並同蘆席等統用錢七百九十千零，餘歸城工支用錢五千五百二十千零。一應收支款目、捐戶姓名，悉載縣檔。落成後，既詳報立案。在事諸君復請余言，以記其事。

余念邑自兵燹以後，水旱頻臻，元氣未復，民生亦何由而遂。子輿氏云："今有受人牛羊，則必爲之求牧與芻。"余忝司芻牧之任，惟盡吾力之所能爲，行吾心之所可安。其大且要者，已次第修舉，後有同志踵行不墜，又不獨倉儲盈積，饑饉無虞矣！富之教之，永之人其庶幾乎？余不禁拭目以俟之。董是役者，邑人花翎即選道呂君永輝、花翎補用總兵劉君自順、四品銜刑部主事蕭君育東、江蘇巡檢成君省堂、安徽巡檢程君雲漢、待詔銜文生范君欣榮、藍翎文生楊君心渠、廩生張君價、文生周君位中、七品封職蔡君學泗、從九銜李君登嶺暨本縣縣丞張君東玨、典史陳君世榮也，用附書之。

光緒十九年。

（文見光緒《永城縣志》卷五《建置志》。馬懷雲）

光緒年擴修太邱書院碑記

邑令沈傳義會稽人

書院之昉，自宋初白鹿、石鼓、嶽麓、鰲峯四書院始。彼其時未有州縣之學，故鄉黨士大夫留意斯文，往往釀建，延通儒大師，講學其中，即本古昔鄉序黨塾之義，在在有之，不獨書院四也。然皆建於名勝之奧區，遠於城市者，近是地方有司無所與焉。自宋仁宗慶歷間，以范氏仲淹議，詔州縣立學，選屬部爲教授，今之教官是也。不足，則取於鄉里宿學之有道者，今之山長是也。此蓋州縣學校書院之權輿。然州縣奉詔建學，或作或輟，不免具文。

永城之有書院，自元澮濱始。明左令以其去縣遼遠，始於城內太邱驛故址，創立書院，曰"太邱"。國朝乾隆間，縣復設丞，借書院爲衙署，知縣事者周君夢龍始於黌宮學校之間，移置齋舍，俾諸生不失肄習之所。然規制狹隘，苟有而已。有司歲科試士，即於本縣堂廡、吏胥之室，入場接卷。士各戴几負凳，繁重贅累，不堪言狀。

光緒元年，鄉大夫呂君永輝商諸前令汪君，就周君移置齋舍之基，改修號舍若干楹，前令陳君又捐製几凳若干事，士子就試者始無負累之苦矣。然永城童子試，不下千二三百人，號舍不足以容，又必借坐於大成殿暨兩廡，皆滿，嘈雜穢溷，實不足以昭敬也。余用愀然，學博士孔君、胡君亦以爲言，遂復謀之鄉大夫呂君及闔邑紳衆，以圖擴充。僉有同志於是，不佞捐廉爲倡，紳衆皆樂輸恐後。共集銀若干兩，錢若干緡。庀材選料，不日俱集。惟左右無隙地，講堂後即訓導齋，乃聞於大府。先移訓導齋於明倫堂後，迺得地建後堂五楹以設講席，東西齋房六楹以居諸生。又中堂五楹後，文場號舍二十六楹，砌石爲几，斲木爲凳，以容校藝。前文場、前講堂俱仍舊貫，惟別闢龍門爲點名地，改建大門以增壯濶。經始於光緒二十二年冬，迄今將彌二載，規模已具，閒有零工未畢，余即奉檄調緝祥符。不日成之，新令尹及永邑諸君之責也。倚裝記此，聊序顛末，惟冀講習於此者，彬彬雅雅，共勵爲遠到之材，不徒以文章自畫也。余有厚望焉。

督修者：教諭孔君廣階、訓導胡君贊采、京卿邑紳呂君永輝。

監修者：署新鄭教諭楊君毓芳，候選訓導劉君敬齋、李君伯海，歲貢黃君永脈，監生蔡君學泗，廩生張君价，附生呂君遐潾，舉人蔡君蔭蘭、丁君其恂也。例得備書。

光緒二十四年戊戌秋九月，知縣事調署祥符縣會稽沈傳義謹序。

（文見光緒《永城縣志》卷六《學校志》。馬懷雲）

永城縣重修土城記

邑人呂永輝

我邑居豫省之東鄙，孤懸於江、皖之間。秦末陳涉起於蘄，唐末朱溫起於碭，宋南渡，張魏公戰於符離，元季韓林兒建號於亳州，是皆與永毗連，久矣爲四戰之區焉。

　　國朝奄有中夏二百餘年，深仁厚澤，小民擊壤於堯天舜日之下，含哺樂育，皓皓如也。逮咸豐四年春，粵匪由金陵北犯，邑城遂陷。嗣後渦陽匪首張樂行等乘間竊發，遭圍困者不可數計。官民嬰城固守，幸賴鄉團解圍，得慶更生。光緒二年夏，宿州土匪匡童擾我東邊，本鎮楊軍門剿平之。二十四年冬，渦陽土匪劉朝棟等擾我南邊，本鎮武軍門剿平之。屈計我邑未及三十年，屢遭兵燹，鄉鄰顛沛流離，曷勝慨哉！當土匪之北犯也，四境倉皇，負老攜幼，黑夜逃避，又值雨雪載途，號呼之聲入耳傷心。是時，城門緊閉，惟恐奸細內應。官紳登陴，遙相傳語安慰，而鄉人卒以不得入城爲恨。彼時若得土城高堅，藉以保衛，何致警懼若是乎！

　　我邑內城建於隋朝，歷代屢圮屢修。道光二十七年，仁和高侯續補。光緒十八年，大興沈侯重修，尚資捍衛。土城修於金代，越今已六百餘年，未曾修補，南西二郭頹廢殆盡。今春正月，請於上官，發帑賑饑，得銀八千兩。愚持議以六成修補土城，以工代賑。諸友翕然從之。諏吉修築，各任厥事。鄉里踴躍赴工，其築也登登，其削之平平。未三月告竣。計周圍十六里，建門者八。樓櫓相望，巍然東鄙長城。

　　工竣之日，同人請記其事，余乃愀然悲曰："居安思危，聖人所誡。"鄰友回念賊來時，警懼奔走號呼之狀，即知余之苦心矣！然天地有好生之德，但願年豐時和，永息戈兵，耆艾婦孺，共享太平之福，是亦余心所竊禱云。

　　光緒二十四年四月。

（文見光緒《永城縣志》卷五《建置志》。馬懷雲）

夏邑縣

福勝寺完滿碑記序

睢陽宋權

余稽水陸勝會，乃梁武帝得誌公之說，以解釋罪懲，超脫沉淪，真救世之慈悲輪生之大造也。斯會也非清靜之所，不足以棲神；非虔誠之至，不足以祈事。何也？上自九天，下及九地，凡一切大小神祇，無不森列于其中，而福善禍淫之報，即因之而顯應，其毫不容忽者，正以毫不容爽，豈細故哉！今歸德府夏邑縣牛王堌東福勝禪寺，乃北川祁公宗古刹而獨立重建。其規模牆垣，廓大恢宏；其廟宇氣象，幽涵寂靜。堪立壇墠奉神明也。祁公設此，供水陸于茲已二次矣。迄今數十餘年，無善人因無善舉，未有能繼而行之者。幸有中所秦君、龍海祁君勃發善念，住持廣福振作倡率，一菩提感動眾菩提心，遂有二十餘會莫不躍然興起，隨聲響應，各捐己貲，同心協力，相與修醮禮懺，施粥濟貧。三年水陸，於今告完。誠敬潛浮於幽冥，功德普及於遐邇。所謂一人善射，百夫抉拾，然歟否歟？噫嘻，甚盛舉哉。始信善為人心之同，然無感則寂，有感則興，不然，何二君未舉以前，杳無一人為之倡？二君一舉之後，輒多善人為之應哉。雖然，余竊更有說焉。蓋天為萬物之祖，人為昊天之心；天無往而不在，心無處而不通。夫秦君等固為一鄉之善士矣。由是達之一國，達之天下，令人人心二君之心，必人人行二君之行，處處有水陸之供，必處處有水陸之應，則人與神無弗一也；無弗一，則無弗通矣。將見天地頓為之改色，民物忽為之丕變。無亢陽亦無伏陰；無拂戾亦無妖孽。景星慶雲，瑞之獻也；醴泉甘露，瑞之徵也；估申永保，培之篤也，鳥獸咸若，亨之驗也。凡若此者，弗非神靈默司於冥冥之中，而顯示於昭昭之表乎！然要一念之善可以格天，而神無弗歆，因福無弗臻也。此水陸之功德，甚有裨於世道；而二君之福力，廣有益於人間豈僅為一家一身之福祉計哉！苟不勒之石以傳後，則前人之善志善事，不免有過眼成空之歎；而後人之善根善因，不幾於無觸而泯滅殆盡哉？故詳記於碑，以垂不朽云。

順治十年。

（文見民國《夏邑縣志》卷三《廟祀志》。王偉）

重修東北寺記

李可秩撰。

福勝寺，古刹也。一曰會里寺，距邑城之東北二十有五里。莫詳其自始。寺有碑，曰：舊為廣壽禪院，金大定四年乃易斯名。由金歷元與明，以及今日，又四百九十三年矣。明末兵荒，寺因以圮，雨霽潦毀，棄委于蓁叢茀草之間者，蓋十餘年。居人比物錯處，汲炊相接，無起而謀新之者，獨里人王君毅然任之。任之既堅，以力更久而不弛，釀資鳩工，身心卒瘁。自順治十年至此，凡四歲而工乃用訖。于是，宋瘤楹桷楠帶之，浥腐摧敗者罷之，蓋障瓦甓之，壞缺者理之，丹堊之，黝闇欲泯者新之。益以僧舍，繚以庭垣。凡厥規制，務視於昔有加。高薨渠渠，朱題翼翼，觀者偉焉。李可秩曰：於戲，是王君之盛舉也！蓋竺乾蔥嶺之書"，雖儒者所不道，然福田利益之說，其為愚夫愚婦之所震而聾、跂而慕思也，則既久矣。今試取　之眾而試之曰：爾為善為良，毋不率王章應爾也，必多貌奉而心貼者；又試取蚩蚩之誠而戒之曰：爾為善為良，毋不率佛法應爾也，則必顰眉皈依，罔不帖然者。是則鼓舞天下而人不知其從之，由是而子孝臣忠，志愨女願，鹿苑法寶，未始不可與王者之法相左右也。顧不重歟，顧不重歟！寺之地北濱大河，西通雪園，其東則狐父、紅亭古名蹟在焉。後之人士征轡所經，遊屐所及，攬碣雲而思賦者，睨茲巋焉，必將詢為此者之姓與名。所謂"拯含類于三途，導羣生于十地"，實惟王君有焉，豈如陸龜蒙所言"農作之眒怖之，奉無名名之木術"云爾哉！予性不佞佛，而深嘉夫王君之有是舉也，爰令礱石命筆而為之記。

　　王君者，名守業，號奉庵，有碩德高行，古之所推為鄉之祭酒者也。

　　順治十五年。

（文見民國《夏邑縣志》卷三《廟祀志》。王偉）

東門通濟橋碑記

　　邑人李培真

　　夏邑雖蕞爾，實為睢郡之左臂。其地平衍，北距河，南通亳，東連蕭、碭，西藩梁、宋。其為城也，百雉稱固。自城抵堤，東西有百餘步，南北倍之。綠水環匝如帶，議者以表里金湯許之。其四門外橫以橋路，望之如虹。承平之日，冠蓋輪蹄，以及負販魚樵往來其上，亦宋東之勝概也。迨明之季，流氛屢犯，邑長率士民登埤不過，夜謹刁斗，而寇不能以一矢遺也。無何，辛巳之歲，池水忽竭，而橋亦漸圮，居民樹藝于旁，夏麥秀而秋禾黍，向者之盛，不可復覩矣！會歲當乙酉，我清啟運，邑侯胡公首來，鳴琴於茲，剔弊修墜，駸駸乎有鼎新之觀。越明年，政通人和，天降甘雨，明湖如鏡；時見沙鷗出沒，魚舟溯洄，民康物阜之意，宛然在目。獨郭內綫徑，尚在煙波耳。侯乃召父老而咨之曰："古之為治者，雨畢而除道，水涸而成梁。顧茲門外褰裳，非所以便吾民也。其謀所以修之者，貲將安措？"父老扶策而前，或以市廛頭會對。侯曰："病民矣，未便。"或以阡畝箕斂對，侯曰："病民矣，未便。"或曰："侯祿有可節者，試節之；民力有可蠲者，願蠲之。"侯曰："善。"於是，議定令下，未逾月而告竣。邑民之聽治於邑中者，皆不病涉。旋復植綠柳，種碧荷，為一時壯觀。于此，見侯之做事，周匝從容。太平之景，父老喜甚，乃聚而問記於予。予感夫公孫輿濟尼父，稱為古之遺愛。乃知利人濟物，洵非細故。昔李陽凝橋蜀，蔡君謨橋閩，蘇子堤于杭，樂天塘於蘇，至今傳為盛事。以侯視之，古今詎有二轍？是今日之修築，即蜀之七星也，閩之萬安也，杭之蘇堤也，蘇之白塘也。父老曰：我小人，何知故事？但見鄉間道路，有架一木、平一塗者，輒曰善舉。我公此舉，詎非善政乎！予曰："父老之言是矣！"但於流離患難之餘，恭逢康濟，又值賢父老勞來還定，故易於見德。然侯之善政，殆不止是。治績日最，將為霖雨舟楫於天下，必有薦紳先生進，志其功德而傳之奕世者，吾特以此為左券云耳。邑人李可秩引曰：天下有一日不可緩之事，眾皆欲之，顧遲之又久，必待一人而後舉者，非眾人之難於舉，蓋一人之不易遘也。夏邑環城皆水，闊可數十丈。四門舊各有埂路一綫，近城數武，斷以板橋，取以便出入、嚴防護。此固與城俱設，千百年來不可易者。明季流寇之亂，恃水為金湯，暫斷橋路，為一時守城計，非為承平之日計也。及興朝，蕩滌寇氛，承平日久，而橋路未復，民乃病涉。東西二門，舊邑侯祖公築板橋以通行人，雖未復其舊而往來者已深德之。南北二門，皆一葉小艇為出入，而一望汪洋，風波震撼，時有急事，或輾轉濡滯焉。邑人苦之久矣。欲為修舉舊路者，匪朝伊夕。幸今父母膠東張公來撫吾邑，下車方月餘，吏戢民安，更殷殷以便民為念。延合邑人士，有不便於民者議為修舉，咸以南、北門橋路請，公忻然從之。此非留心民瘼能然乎？數十年未易遘之一人，而今遘之矣。城以內外，百姓歡呼子來。以眾人欲為之事，得我公便民之誠，計可不日成功。獨是眾志雖同，必有總其綱者，方可鳩工庀材，不慮無緒。北門則耆民周楓、劉宗甫，義切急功，首事聯約。及是時，水勢少涸，舊路基址微茫將出，敷土豎木，皆易為力。凡我同儕，急捐尺寸共成不朽。此舉也，數十年不可一日緩之事，一旦興復，上以慰我公便民之盛心，下以為人民往來之永利，所關豈淺鮮哉。敬為引。

順治十五年。

（文見民國《夏邑縣志》卷二《建置志》。王偉）

夏邑縣題名記

關東劉芳顯署縣

《春秋》之法，王臣皆書，遵王命也。公卿爵之，大夫字之，至名之微者，人之繫之行事而善惡存焉。《春秋》古國史之遺法，侯國廢國史亦廢，郡縣守令循酷之蹟，史筆得以傳世，吏民得書於當時，繼者非此無以知其勸也。近世凡賢公卿大夫及外而為郡縣者，率書前政之名氏，樹之治事之堂，曰"題名記"。揭前人之名號，為來者之規鑒也，其亦古國史之遺意歟！

夏邑舊有石記，上自漢、唐、宋、元以迄明代，列若指掌，至萬曆六年郭公隣絕筆，以後闕焉不載。無亦始慎而終玩，人情則然歟？抑亦蒞斯士者，以茲義無關吏治等之，斷碣殘碑歟！夫司牧為親民之官，其德怨人民最為切近。民情之向背，即官評之賢否，不可誣也。其賢也，民得而志之；其不賢也，民得而志之。勒於愚夫婦之心版者，較金石為更永，即不名庸何傷？曰：吾非懼民之忘之，而懼牧民者之忘之也。民之忘之無損于其牧，牧之忘之將難乎其為民。由是觀之，民即忘亡，上且不忘，況民之不忘，上亡人若何之，其可旦夕忘也？予受事署篆，等之代庖耳。然竊念有一日父母之責，即為一日民命之所寄。如曰：暫攝非專責，而秦越視事焉，予則何敢舉？凡此邑利弊之所關，興廢之所宜，力所可為罔不殫竭。顧茲題名，脫絕幾百餘年，竊有懼焉。以為非予之責，則將誰始以為是予之責乎？自興朝受命定鼎以來，聖天子勵精圖治，慎選守令，為民求牧。而一時羣有司亦各洗心滌慮，以圖克稱厥職，吏治蒸蒸十五年於茲矣。且黜幽陟明，計吏之典惟嚴，惴惴夙夜畏此簡書，上下守此而勿斁，是久安長治之道也。夏雖彈丸，而土地人民之寄攸同。有邑則有官，有官則有人，有人則有政。失今不紀，後或因循，而終莫紀焉，久則愈遠而難稽。然則賢者何由勸，而不肖者何由懲乎？上既無以見聖天子慎選牧令，勵精圖治之心，下亦無以見羣有司洗心滌慮，勉稱厥職之意，甚非更治維新之義也。然則題名也，而可以名視之哉。爰召故吏，參案籍，謀所以更置之者。自丙戌令凡四易，尉亦凡四易。詳其爵里，考其姓氏，稽其始至及去之日，有記有據，靡索靡略，勒之貞珉，登於廳事，且虛其後以俟來者嗣書焉。是舉也，或於《春秋》書名之法有合歟？後之宰是邑者，將無指此石而戒之曰："是予姓名之所留也，敢不慎諸？"是為記。

順治十五年。

（文見民國《夏邑縣志》卷九《雜志》。王偉）

徐公德政碑記

永城李天馥

康熙四年乙巳秋，河決，歷虞抵夏，潰堤坏闉，城以陷。越數日而決口塞，狂瀾稍安，民得歸業。職守土者謀繕城隍，築堤防。然餘波在野，殘喘甫蘇，張惶補苴而已，迄無成效。撫台張公祖深東顧憂，單車行縣，親授經畫，瞿然曰："城，危穽也！不圖萬全，胡以善後？"於是，規大堤之極闊者以為式，責成功焉。善乎！撫台之為夏計者，何思深而慮遠也！雖然，工大而力寡，積歲不能告竣，未疲於河，先疲於堤，一難也。田廬環堤為業，毀民產以供畚捐，二難也。議下之日，中外洶洶！邑侯李公曰："無畏上意，為爾切防患耳。苟可恃無虞，奚難請命焉！"夜籌畫作，增高增厚，曰："可矣。"乃籲於撫台，並籲於藩台徐老公祖。惠風淑政，久洽中州，又夙以老成碩畫信重於撫台者也。因極言城堤之足恃，而大工之難完，撫台頷之。適公署撫方新，即為奏請而休役焉。嗟乎，仁人之言其利溥哉！惟時民既勞止，歌舞載途。邑人報德建祠，既奉撫台而祀之，更奉公而祀之，志不諼也。祠成，不可不勒珉以紀其事。余居邇鄉壤，矚情具悉，因夏人之請而濡筆以紀之曰：可樂成而難慮始者，小人之見也；圖一勞以貽永逸者，君子之事也。雖建非常，計久遠，則下不如上；權緩急，酌變宜，則以己謀人或不如人自謀之為切也。夫民未有不愛其生者也，故苟民情以為可安，亦庶幾其可安矣。息我憚人不亦可乎？且往者護堤失守，由於衣袽之不戒，況維垣增固苟同舟之合計，何處堂之忘憂？

是役也，以云防患則防固矣，以云休民則民樂矣。是撫台之殷憂而綢繆以謀始，公之勵勸而善計以謀終，道有相成而並相濟者，宜乎夏民之均戴也。借使此役不休，則今日優遊鼓腹之日，正方事卒瘏況瘁之日。昔唐人張籍之詩曰："力盡不得拋杵聲，杵聲未絕人皆死。"念及於此，則夏人有竭蹶頂不足以報萬一者矣。此夏人尸祝之意歟。若夫旬宣之弘績，保釐之善政，勒勳於天朝，謳功在八郡，非一邑之所得而私志者也。謹記。

（文見民國《夏邑縣志》卷九《雜志》。王偉）

重修黌學碑記

邑人孟卜撰。

為政之本，首重膠庠，孔子之道，垂憲萬世。古者建學教士，即祀先聖於其宮，文廟所由隆也。國家監古定制，加意學校，凡承風稟命者，罔不敬厥事。夏邑黌宮舊制閎壯，有明末季，爰遭回祿，宮牆鞠為茂草。春秋明禋，有司掃地以祭，甚褻鉅典。後復以兵燹頻仍，修舉未暇，時固然也。迨瘡痍甫蘇，文教聿興，邑長吏始議修復，然守土視為傳舍，築舍等之道旁。前後因循，迄無成功。東垣梁侯銳意更新，正殿規模草創，旋以遷去中止。今尚侯來歷茲邑，釋奠之餘，顧瞻太息，進博士與弟子員曰："聖天子崇儒重道，惓惓於圜橋璧水之間，而邑學荒廢如此，豈備官而未之聞耶？且經始而不繼成，勢將再墜，而終不舉，更余之罪也。士大夫誦法聖道，立身成名，酌流思源，寧不共襄厥事？"於是，首捐俸貲，以為表率。鼓舞之下，慕義子來。乃按故址建新模，於梓於陶，不煩閭里，晝考夕省，分督程效，經營不辭況瘁，相度悉協機宜，吏無染指，工不苦窳，凡期年而工告竣。聖宮五楹，倣舊式而增大之，上絢下翬，巍峩宏麗。東西兩廡，祀諸賢。前為戟門，外東西正列名宦、鄉賢二祠。又前為櫺星門，依池水為泮沼。啟聖殿因其成而增修完美。繚以磚垣，崇墉峻壁，屹然巨觀。是役也，闢榛蕪而建宮闕，除瓦礫而美輪奐，於制則為復舊，於工則為創始。厥功偉焉，不可以無記。

邑人孟卜記之曰：於戲！古今興廢之際，雖曰天時，豈不繇人事哉！邑學燬廢，蓋四十餘年於茲矣。前人以誒後人，動曰時絀難舉。以觀於今，水旱未嘗不見告也，民力未嘗有餘裕也，非有徵派騷動之舉，與夫神運鬼輸之能也。大壯之觀，尅期而奏，胡始難而今易，久廢而速成也？以是知教化關一時之氣運，由一人之精神、一人明作而奮屬，則天且為人用而啟其摶捖，以侯之威行愛立，詞理賦清，四境一新。所謂精神與氣運合而協其成者也。事半功倍，夫奚疑焉。卜於是，而為吾邑人幸也。曾南豐《記宜黃縣學》，述道德經術性情之源流；李觀《記袁州學》，表君父忠孝綱常之大節。夫建學之義，今古為昭。二君子獨於兩學久廢復興之後，表章而申明之，何也？蓋大道雖在人心，而晦明關乎風會。廟貌維新，風會昭明之象也。試登其殿陛，惕然金玉鐘鼓之省我聾瞶；習其禮器，肅然江漢秋陽之滌我塵蒙。如夢而覺，如迷而悟，其為提撕警覺何如也？邑君子讀古人書，殆久習曾、李二公之言矣。撫今而慕古，期無負先王立學之旨。由是儒教隆而風俗美，是良宰作新之大權也，寧祇為俎豆雍容之地哉！

廟落成於康熙之二十有五年。總其事者，邑侯三韓尚公崇震，字子夔。督理，則教諭覃懷徐君煥，訓導汝水唐君登科。

康熙二十五年。

（文見民國《夏邑縣志》卷二《建置志》。孫新梅）

重修縣城碑記

邑人李會生

國家以百里之命，寄之守令，則凡所以奠邦寧民與一切筦庫出入之計，無不於百雉是賴。有事則為嬰城之捍禦，無事則為未雨之綢繆。故令之於城，無時不宜殫厥心，議修議築，期完期固，顧其職也。夏邑舊城土垣，自狂寇冢突，所在摧陷。前邑侯邊公乃易以磚，故歷久未壞。歲之乙巳，河決隄潰，城之圮於水者大半。嗚呼，陽侯為虐，城陷矣！邑侯李公涖任，因其壞者而更築之。雖然，波濤之餘，從事畚鍤，築基無地，累砌不堅，難成而易毀，殆所不免。海城尚侯，下車閱城，愁然憂之。既而積水愈深，剝蝕愈甚。侯曰："失今不修，為患滋大，此余之責也。曷俟焉？"於是，估其工值，約費千餘金。乃先捐俸銀數十金，赴山買灰。邑人士聞而聚謀曰：夫修城，以為吾儕也。即竭賢侯之俸，烏足以興百堵之工。況既殫厥心，而又殫厥力，吾儕何心忍坐視哉？於是，合詞而前，願效力役。侯曰："是余之責也。何累吾父老子弟為？雖然，邑人之義也，敢不與父老子弟共襄厥事？且吾方懼無米難炊，而今且眾心成城也，邑之幸也！"於是，鳩工庀材，物力雲集，勤督厚犒，子來趨事，期月之間，屹然有金城之固矣。雖然，更有慮焉。邑，澤國也。城如深窈，環堤四面積水汪洋，水之沒城者恒尺許。風起濤作，澎湃衝蕩，雖累石為基，易於動搖；東築西圮，地勢使然也。己巳，水害更甚，雖賴我侯疏溝洩水，幸蘇民魚之困，然而，水之漫城者如故也。後有來者，宜隨時修築，庶可無墮前人已成之功。若曰一勞永逸，或未敢信。何也？蓋夏城原不可以他邑城例也。夏，固澤國也。城修於康熙二十七年，所費磚石、灰料、人工，另有記籍。

康熙二十七年。

（文見民國《夏邑縣志》卷二《建置志》。王偉）

山東登州府推官彭公舜齡墓表

計東

彭公容園既歿之明年，其仲子淀、季子淥來京師，持其父友同邑魏子敏祺所為行狀，泣而請予表其墓。予向既以文章受知於公，不敢辭。又讀魏子之狀質而詳，乃為墓表曰：

嗟乎！以公之才而久宦不達，止於李官，中道而歿，不竟其施，豈不以黨禍哉。前明萬曆初，商丘有相國沈公鯉者，持正不阿，為東林黨人魁，與鄞縣沈國一貫不合。一貫黨，世所稱浙黨是也。及天啟朝，東林黨人楊、左、高諸公為魏忠賢殺戮幾盡，而浙黨人與東林齟齬，互起仆，至明亡，其禍比唐牛、李，宋洛、蜀尤烈。

公夏邑人，与商丘皆归德府属密邇。公之祖諱端吾，萬曆初以名御史累官右通政，與沈相國善。其同邑後輩有御史侯恂，以忤魏忠賢，及弟司業恪皆削籍。既忠賢敗，恂特疏乞定逆案，以六等分別治罪，於是，忠賢黨無不側目歸德人者。而恂子方域，字朝宗，尤才，顧與公善。自公為諸生時，即侃侃好談門戶，別邪正清濁，且善為文辭，美姿容，工調笑，士論隱然重公。既公己卯舉河南副榜，乙酉舉鄉試，己丑成進士，簽仕得浙江嘉興府推官。而方域諸生不得志，然為古文詞日益有名，今世所傳《壯悔堂集》，指斥魏忠賢黨人不遺力。公與之交益懽。公司李五年，奏最，旦暮且入為言官矣。而忠賢之黨，在本朝初年尚有為京朝官者，夙與公祖通政公不合，而其子復為言官，遂誣公以倪氏科場事奪公官。既事累訊得白，補登州府推官，然公自一跌後，雖復精勤稱職，而意常鬱鬱不自得，竟沒於登州。

嗚呼！自明萬曆初至明亡，入本朝，將百年矣，而黨人子孫，修怨隙無已，其餘毒尚如此其烈，豈不可畏哉。

公官嘉興時，執法詳明。辛卯，為同考官，稱得人，多磊落偉異之士。至登州，適當賊于七之變，勵軍實，嚴戰守具，弭大亂，其功尤鉅。故事，昭雪者，例得合算前俸即量移，而忌者復尼之。使公官嘉興時不一跌，公即不壽，亦早為言官，多建白，一吐其氣，豈遂鬱鬱以歿。故深知公者，未嘗不感慨嘆息於黨禍也。敏祺狀引龔尚書李升贈公詩曰："法曹攜李知名早，誰上東都黨禁書。"可謂知公矣。

端吾生中書舍人堯泰。公，泰之第三子也，諱舜齡。娶倪氏。子四人：浣、淀、溶、宸淥，俱爾邑諸生或補国學生。淀、淥知名於時，其他詳狀中。

（文見錢儀吉《碑傳集》卷八十九。馬懷雲）

重修城隍廟碑記

邑人彭蕚采撰。

邑有城隍，正神也，猶邑有縣令命吏也。縣令理陽，城隍理陰。能逃陽譴者，難免陰殂。聖人以神道設教，而天下服此之謂也。夫吾儒之學，論是非不論成敗，論可否不論得喪，存循理樂道之心，則素位而行，時而富貴，時而貧賤，皆為居易之。君子懷避禍邀福之衷，則朋從爾思；一念患得，一念患失，難免行險之小人。此公私義利之辨，而學問心術所由分也。然嗜慾日深，愛惡相攻，晦盲否塞，反覆沉痼，欲盡人而存天理之公，遏人欲之私，士大夫猶難之，何況愚؟。則有所懼而不為惡，有所禱而勉為善，斯亦大遠乎冥然罔覺，悍然罔顧者也。動一念焉，而曰神其知之；行一事焉，而曰神其鑒之。煮蒿悽愴，百物之精也，神之著也。此物此志也，先民題柱有云："是是非非地，明明白白天。"嗚呼！是亦可惕然悟，憬然返矣。而世之冥然罔覺、悍然罔顧者，若以為人可欺，神亦可欺也。夫暗室虧心，天聞若雷，隱微曖昧，神目如電，烏能以毫髮逃其洞鑒哉！而冥然悍然者，其亦可誅也，夫其亦可哀也。夫邑有萬永和等尊奉城隍，修葺堦宇，久歷年所，思欲勒石，以垂久遠也。予於是乎以吾儒之學論之，而兼通其義於神道設教者如此。

雍正七年。

（文見民國《夏邑縣志》卷三《廟祀志》。孫新梅）

重修三皇廟碑記

邑人彭萼采撰。

黍邱城西堤外，舊有三皇廟，歲久荒頹。羣瞽以是為畫卦之始、醫藥之宗、律呂之原也。人不可忘本，爰同心鳩工，整厥垣墉。歲時伏臘，稱觴上壽。屬余為文，以勒於碑。

余竊考三皇之號，昉於《周禮》，外史掌三皇五帝之書，故不指其名。其次，秦博士有天皇、地皇、人皇之議，秦去古未遠，三皇之稱或庶幾焉。至漢孔安國《書·序》始以伏羲、神農、黃帝為三皇，少昊、顓頊、高辛、舜為五帝，考亭從之。此之所祀其為伏羲、神農、皇帝無疑也。夫乾坤定位，而道行乎其中，人非道不立，道非人不行。昌黎稱"堯以是傳之舜，舜以是傳之禹，禹以是傳之湯，湯以是傳之文、武、周公，文、武、周公傳之孔子，孔子傳之孟子。"昌黎以堯為稱始者，因刪《書斷》自唐虞，故《道統序》自放勳也。然吾夫子之繫《易》，首推庖犧氏王天下，次神農，次黃帝，而後及堯及舜。蓋洪荒邈邈，伊耆以前，率多怪誕之書，而道學淵源，八卦成列，實統聖學之精也。自孟子沒千三百年而後，得濂溪周元公、純公、正公繼之，楊文靖以其道南三傳至於朱子而益盛，要皆自濂溪先生開之。先生之學廣大精微，其於《太極圖》也，則曰："定以中正仁義，而主靜，立人極焉。"其於《通書》也，則曰："誠者，聖人之外者也。"誠者何？即所謂太極也。靜者何？則所謂粹。然無欲，而以全夫太極之道也，究不離乎仰觀俯察，通德類情，以為之宗。自是以後，加其膏而希其光耳。興神物以前，民用莫大乎則圖，畫卦之聖人也。

嗚呼！彼聖人者，為天地立心，為生民立命，為千聖繼絕學，為萬古開太平。民到於今，受其賜。恪恭虔肅，以承祭祀，獨寧有譽？有譽云乎哉！而羣瞽指其一端，崇奉罔替。凡操術而游州閭者，心目之間，恍乎三皇聖祖，如在上與左右，兢兢業業，惟懼獲戾神明。歲時伏臘，奉觴上壽。神道設教，而天下服此之謂也。夫五行異質，四時異氣，而皆不能外乎陰陽。陰陽異位，動靜異畦，而皆不離乎太極。大道無窮，終古常新，天人性命之旨。一理二氣，五行之分，合剛柔、仁義、禮樂制度。鬼神事物之著變，莫不遞有師承，心傳相印，先聖後聖，其揆如一。此余所以羣瞽勒碑之屬，而不禁高瞻遠望，曠然有感於斯道之統也，受齋戒而敬為之記。

雍正七年。

（文見民國《夏邑縣志》卷三《廟祀志》。孫新梅）

重修龍王廟碑記

邑人關守箴撰。

古方土氏掌建邦都州邑，以土圭測其地，而制其域，卜高原而城之。夏邑來甚久，而為城獨凹。嘗讀史，在漢為下邑，以是知相宅置邑當日，非苟也。邑形在陂澤中，表裏積水如鏡湖，每霪雨橫潦，四郭泛漲可灌，惟恃一堁土為保障。前此守是土者，或開渠以洩之，或增隄以防之，要之雨集有時，則溝澮易涸，勢緩日暇，故易因以為功。

辛卯，關東澹明張公為茲邑宰，修廢起墜諸所，為未雨之防備。再逾三年，甲午夏六月，驟雨風且異，竟夕而桑田化滄海，或曰雨妖，于是，水不浸隄者幾寸。邑人狼狽爭出，以為旦夕其魚。侯乃勤督夫役，多計壅遏，晝夜泥淖中，不惜躬親畚鍤，然力殫矣。雨方至，侯乃慨然曰："予奉天子明命，以守此土，使予奉職無狀，則譴應及身，胡殃及百姓？使予罪可塞，未應絕于明神。"為百姓請命帝天，天甯罔聞？于是，露肌衝雨，以身為禱，號泣懇測，觀者感動。俄而天日開霽，疏導徐施，天人之應若桴鼓。異哉！邑父老子弟懽欣謳頌咸歸于侯。侯曰："予何敢有予與，若俱聽命於天久矣，天不可名，求之司天之命，將與眾築祠，謹事之，以祈永康，可乎？"玫之《埤雅》曰："龍鱗具九九之數"，故為神而思水變化。論曰龍能化水謂之神，水為天一之生，分事天之虔以事龍，猶之乎事天也。于是，度地鳩工，三月而龍王廟成。邑人謀所以記之者于予曰：微我侯一念之誠不及此。曰唯唯，否否。凡人急則切，心切則誠至。雖有愚夫婦，當疾痛呼天，其念鮮有不誠者，謂盡足感格幽明。或不其然，惟德足孚眾，功大及民，我無致憾於天之理，而天或違之。則一旦之籲呼，乃以感動物而降天祥，桑林禱旱，金縢動天，以及星可退舍，蝗可避境，鱷知徙潮，虎不渡河，彼二聖數賢者，非有詭異之術，能邀不可必得之數。感之也素，故應之也神。我侯之為治也，善政廉節，古之召杜，殆無一事不足以格天者，故祈而輒驗。人以為在天，而侯以為在我也。嗟乎！天下之時事，天與人而已。人力之所艱難，則舉而問於天，一不應，則以為天實為之，甚乃益愚民以逞。此其犯天之怒彌甚。儻亦有反躬飭治如我侯之萬一者，烏見嶽神、河伯不爭效命恐後耶！今龍之為靈，昭昭也。抑將鑒侯之誠，以永福我夏。夏城，雖千百世賴侯以無患可也！

乾隆二十三年。

（文見民國《夏邑縣志》卷三《廟祀志》。孫新梅）

山西冀寧道孟孫繩墓誌銘

劉統勳

夏邑孟公諱孫繩，字文衣，號東園。原籍山東鄒縣，亞聖裔。祖處士公諱渭，始遷於夏，世稱善人。數傳而後，門祚日盛。大父觀察公，諱卜，順治戊子舉人，歷官至浙江廉使，政績載郡志。

考主政公諱肇頭，性耿介，惡奔競，終其身惟讀書樂善為事。生子一，即公也。公生而穎異，讀書一目十行，嗜古學，下筆灑灑，數千言立就。尤工詩，端莊流麗，有蘇長公風味，年十一，補博士弟子員，人以大器目之，而性不喜帖括，遂由明經入仕，選光祿寺署正，遷大理寺左寺正，又遷戶部員外郎，晉郎中。農部為財賦總滙，弊端叢集。公不辭勞瘁，加意釐剔，上游器重。雍正丁未，奉命辦理直隸賑務、文安城工營田水利及西寧大獄，皆稱職。祗以性嚴明，人不敢欺；忌者惻目，公弗為動。而如水臣心，已在九重洞鑒中矣！當是時，公聲名籍甚。予備員史館，心誌之，謂泰山巖巖，家風宛在。未幾，擢山西道監察御史。舊例，考選俱由科目，公以明經得與，益思報稱，謇謇諤諤，莫有干以私者。奸胥墨吏，一時斂手。越數月，轉山西冀寧道。甫涖任，值軍需旁午，冒雪衝馳，日夜八百里，得無誤；又以影隨表端倍砥礪。出都時，有以餽賻致詞者；抵任後，有以糜丸詭進者，皆屬免拒之，不少假借。甚至宿逋待償，嫌避瓜李，人以是知公之不可奪矣！適襄邑民有被殺者，旁置屠刀，縣令因執屠戶十餘人，盡加煅煉，幾陷無辜。公知其狀，以濫刑揭令，而因公廉訪，竟以夢中隱語緝得真兇。襄人感之，口碑載道。予嘗以事過晉，備聞歌誦"歟畏壘之民風兮，不遠而決。"重任之將寄也，乃未幾而膚疾，竟致仕。嗚呼，良吏可為而不可為，自古概之。以公操凜四知，取嚴一介，可不謂廉歟？今其子玫由進士司民牧，清白之傳，不替堂構；諸孫蔚起，亦皆恪守一經，積德餘慶，方興未艾。吾於是知廉吏之真可為，而天之所以報施者，厚也。

公性孝友，事考主政公、母李太恭人務竭力，色養備至。考先逝，事大父最久，先意承歡，觀察公為之忘老。從堂弟金章官別駕，歿于任，虧帑，公以銀五千餘兩代為彌補，其子得扶櫬歸，又前後共助田五十二頃有奇。外如和以居鄉，勤以教子，惠以賑貧，猶其小者，於是，為難能也。

公生於康熙十七年四月初九日，卒於乾隆九年十二月十一日，享年六十有七。乾隆二十六年，以子玫令歧山時恭遇覃恩，贈中憲大夫、山西冀寧道，遵成例也。原配彭恭人，邑貢生諱淀公女，生於康熙十八年三月二十八日，卒於康熙三十七年十二月二十七日，享年二十歲。繼配劉恭人，虞城候選同知諱宸公女，生於康熙二十年十二月初一日，卒於雍正十一年五月初一日，享年五十一歲。俱以子玫令歧山時恭遇覃恩，贈恭人。彭恭人德性賢淑，有懿行，惜早逝。其後數十年，代侍養，修內職，拮据辛□，俾公無內顧憂者，則劉恭人之功為居多云。子四：瑠、璟、玶、玫，女三，孫多人。婚配皆名族。茲於乾隆三十八年三月十九日，其承重曾孫賀、孤哀子玫將奉公及兩恭人柩合葬於邑東北之新阡，而以隧石請。予愧不文，第念知公最久，且悉玫又為予辛未禮闈所得士，當榜發來揭，即詢公，告以相知之雅且加勉，倏又二十載，玫以陞任刺使來都，又為公謀不朽。俯仰今昔，感慨係之，爰為之銘。銘曰：

繡為衣，豸為首。驄馬來，魍魎走。清挹冰，惡去莠。福星臨，眾人母。鳳雛翔，鹿蜀吼。火傳薪，書二酉。白雲封，黃壚厚。松與楸，千載壽。

乾隆三十八年三月。

（文見民國《夏邑縣志》卷一《地理志》。王偉）

彭樹葵墓誌銘

户部倉場左侍郎蔡新撰。

乾隆四十年四月二十三日，少宗伯彭公卒於里第。厥嗣冠具狀來請銘。予與公同年成進士，同入詞館，同朝列，交四十年；今又與冠同直內廷。兩世交情，知公最深，義弗可辭。摭其實書之。

公諱樹葵，字觀之，水南，其號也。先世自江西廬陵遷河南夏邑，世有令德。五傳而至公之曾祖，諱舜齡，順治己丑進士，任登州推官，署知府事。祖諱溶，知都勻府。父諱嘉問，康熙辛卯舉人，贈封皆如公官。

公生而英特，讀書數行俱下。年十六，補邑學生。雍正壬子，舉河南鄉試。乾隆丙辰，成進士，改翰林院庶吉士。明年，散館授編修，充八旗志纂修官。五年，擢侍讀。六年，充日講起居注官，擢侍讀學士，旋遷通政使司右通政、太僕寺卿、宗人府府丞。八年，遷都察院左副都御史。九年，擢總督倉場戶部右侍郎。十二年，署理湖北巡撫，旋實授。十四年，仍調倉塲侍郎。十六年，覃恩誥授光祿大夫。二十二年，調禮部左侍郎，旋以前任巡撫時失察事，罷歸。

二十五年，恭祝皇上五旬萬壽，特賜三品銜。公前後蒙眷遇若此。公之受上知也，自進經史講義始，以為人君之德在於慎思，引魏徵《十思疏》內語，剴切敷陳，演為十箴以獻。上嘉其得古人箴規意，於是，屬意公可大用。而公之進身以正，不愧前賢，亦於此畧見一斑矣。其後出入為卿，陳奏皆切中利弊，得旨俞允，所納者尤多。

在倉場時，北運河圩漲靡定向，動用旗丁紅剝銀兩，設淺夫開浚，復築草壩以蓄河流。

公言：草壩當山水漲發，一注即衝，柴草蕩漾，更多阻塞。水小則中流甚淺，無從收蓄，宜概行停止。仍以紅剝銀兩，給還旗丁，為起剝之用。大通橋設車戶運米，石出一錢，津貼京倉散役之費。後車戶工值裁減，而津貼如故，私遛日多。公奏免之。又增剝價及淺夫工食，以速漕運，定坐糧廳茶果銀之額，以杜浮冒；停鋪廄松板之徵，以紓丁力。遇京師米貴，輒請平糶，或先期放甲米以濟民乏。先後被施行。

其撫湖北疏言："荊襄一帶，江湖袤延千餘里，一遇異漲，必藉餘地容納。今漢水由大澤口分派入荊，夏秋泛漲，又上承荊門、當陽之水，匯入長湖，下達潛、監，瀰漫無際。三襄之水濁而多沙，有力者截流成淤，繼且築堤成垸。人與水爭地為利，水必與人爭地為害，請飭各州縣於冬春之際，親勘現垸若干，著為定數。此外禁其復築，庶幾水患可息。"嘗因穀貴，請常平暫停採買，而以穀價貯庫。遇偏災，則銀穀兼振。且穀貴即當出糶，不拘存七糶三之例。社倉穀舊貯社長家，公以稽核不便，請於七升息穀內動支變價，建倉收貯。所奏行，人皆便之。公遇事精勤，凡所區處，必盡其當，而大意務以實惠及人。

十二年，山東歲歉，上念民有流亡者，命公於通州留養。公設法招徠，吏胥咸感動，無侵蝕者。民就食至數千，咸泣且語曰："大人活我。"大兵征金川，公在楚，當調兵四千，乃料軍實，借帑金為製行裝、備冬衣，軍士無不歡呼就道。當攝事，委官調餉，諸務紛集。公晝接屬吏，夜治文書，事無鉅細，皆手自擘畫，幕僚袖手而已。性高潔，服食儉樸，不異寒素，所至未嘗名一錢。去任後，有以隻雞斗酒饋者，置門內，不告閽者而去，曰："告則必不受也。"平生無矜情飾行，居官惟以誠懇自持，荷聖主特達也。知雖仕途顛躓，人或危之，卒能保全恩遇。與人交，不為翕翕熱，亦不為孤介絕特之概，坦懷樂易，淡而彌永，人無猜者。蓋公之獲上信友，其挾持有素如此。既家居，閉門卻掃，手一編，咿唔不絕，自校讐所為詩文集外，更輯《中州詩選》、《喻言集古》二書若干卷。

公生於康熙四十八年九月二十七日，年六十有七。配張氏夫人，孝慈勤儉，克相夫子，以廉潔相敦勉，誥封一品夫人，生於康熙四十九年正月初六日，先公四年卒於乾隆三十六年十月二十四日，年六十有二。乾隆三十八年十一月二十三日，葬於城北雙樓村先塋之次。今卜於乾隆四十一年十一月十六日，厥嗣冠、選奉公柩合葬。冠，乾隆丁丑進士，日講起居注官，入直上書房，翰林院侍講。選，廩貢生，候選訓導。孫男五：驥、驤、駿、鯤、瑞，皆幼。銘曰：

嵩高之靈，有偉維公。厥初獻納，以正以忠。既宣茂猷，小大畢舉。痌瘝不除，若手斯撫。公退而歸，有聞在人。入朝於京，皤皤老臣。天子優公，曰惟舊德。公老於家，鄉邦是則。公亡若存，嗣也代興。有勒於幽，千歲其徵。

乾隆四十一年十一月。

（文見民國《夏邑縣志》卷一《地理志》。孫新梅）

胡家橋碑記

邑人胡世銓

　　夏邑之東首鎮，曰胡家橋，上通濟、汶、下連穎、亳，實為南北要衝。中間巴水支流滙邊而東，故有橋梁亙其上。橋之址，則先六世祖伯仲四房所捐，因以胡家橋名焉。乾隆四十八年，橋圮，余曾由吳下寄資高瀛溯，會同里中長者共加修築。未幾，復坍塌。行人病之。爰與諸同事再議重修。於是，閭閈好義之士各輸財，共勸善舉，不日蕆事。計糜製錢八百九千有奇。根基鞏固，岸堵堅整，視昔有加，庶可永奠磐石矣。落成，勒記原碑之陰，而列序同人於其後。其前次承修姓氏仍存之，以昭舊蹟。並添注橋基四至步弓，俾來者有所考焉。

　　乾隆四十八年。

（文見民國《夏邑縣志》卷二《建置志》。王偉）

皇清敕授徵仕郎廣西憑祥州州判陸君（慶均）墓誌銘

【蓋文】

皇清敕授徵仕郎廣西太平府憑祥州州判平甫陸君墓誌銘

【誌文】

皇清敕授徵仕郎廣西憑祥州州判陸君墓誌銘

賜進士出身通議大夫河南等處提刑按察使司按察使安邱王簡頓首拜撰文。

賜進士出身中憲大夫道銜河南歸德府知府年愚弟胡希周頓首拜書並篆蓋。

　　君諱慶均，字季成，號平甫，姓陸氏。籍本吳人，自遠祖文裕公，遷居松江府上海縣，遂世為上海縣人，至君已八傳矣。父耳山公諱錫熊，乾隆辛巳進士，歷官至都察院左副都御史。生子五，君其少子也。幼穎異，成童後，日惟沉潛經籍中。耳山公甚鍾愛之，嘗曰：此吾家讀書種子也。甫冠，補博士弟子員第一，聘福建興泉水道夏邑鑑泉胡公女。胡公以終養回里，君來夏邑就姻。後試北闈，屢薦不售，有機云才，而困躓如方干、羅隱。丙寅秋，通家馬朗山中丞巡撫河南，以君久困場屋，謂之曰：與其抱璞作和氏哭，奚如得□則駕，舒其抱負，建立功名之為愈乎。於是，以從九品分發粵西，歷權要篆。嗣以擒獲海洋盜魁得□先補蒼梧縣東安巡檢。丙子秋，山寇竊發，倉卒未及掩捕，被圍□□□□□□人皆束手，君察賊稍閒，率僕從犯圍突出。羣丑持械拒□火□□□□盡傷，君握佩刀逸伏橋畔待之。賊自奔來，出其不意，奮刀揮之，□□□□□□□一身是膽，勇出於□。君亦不自知其力之何以若此其神也。餘賊□□□□□矣，境內以安。大府以擒斬功，調補□疆要缺，陞署憑祥州州判。丙戌冬，□滿□□，行至永淳，於十一月十三日亥時，以疾卒於舟次，年四十有五。

子二：長成沅，次成湘。女一，適會□候選從□□魯墢。

君資性瓌傑俶儻，遇事敢為。每□士以氣節，□□□□□□□明一官有□□□為之事，何可自欺，虛縻廉俸耶。故雖濶跡下僚，而持□不苟，所至皆卓□有能名。惜乎天奪之年，未竟厥用，其所表著者，已□略見矣。

余陳臬中州，成沅官本司司獄，公餘接悟，知君屬纊時，遺孤纔十餘歲，□□□□□□無期功之□所有□身附棺，皆君配胡孺人手自經理，□□□□□□□於湖南古刹，而遂攜孤□□，親族憐之，助成沅輸粟得官。□乾隆五十年歲乙巳十二月初十日，成沅等奉君之柩，葬於夏邑縣城東南孟莊東之塋。所以扃墓之詞屬余為文。因為之銘曰：

君之位不稱其賢，君之壽不永其年。不名一錢，廉吏不可為而為焉。官雖卑而可傳，事有開而必先。子孫綿延，理有固然。鬱林石一船，其藏諸卑鄉之新阡。

乾隆五十年。

（拓片藏河南文物考古研究所。李秀萍）

李敏第墓誌銘

太常寺卿任撰。

余友李君毅齋與余同舉南省試，同入詞館，性情相洽，各以行誼相砥礪。君敭歷中外，所至有聲，迺未竟厥施，遽歿於位。余哭之，遇時而悲。君叔子奕疇起自孤童，成進士，官翰林，復與余有淵源之契。今年春，奕疇將之官山西，乞假歸葬，以狀請余誌墓，則君之歿已二十有八年。回溯與君同舉之歲，已六十有三年，曩遊夙好，歷歷如在目前，而同人零落盡矣。余老多遺忘，循環狀稿，盡然神傷，何以慰奕疇之望哉？然君之生平實有其可傳者，不僅重余以故舊之感也。

君諱敏第，字瀛少，號毅齋，河南夏邑人，世有令德。曾祖可秩，順治五年舉人，貤贈中大夫、太常寺少卿加一級。祖翮，歲貢生。考堪，歲貢生，候選行人司司副，俱贈中大夫、光祿寺卿。君生而俊偉，少奉庭訓，篤志向學。雍正七年，舉於鄉。明年成進士，改庶吉士。當是時，君年三十餘，和易而端重，廉隅自飭，議論有根柢，余及同年生交推重之。未幾，以憂歸。乾隆元年，補散館，改工部營繕司主事，監督琉璃廠，吏胥莫能欺。三年，典四川鄉試，稱得人，遷屯田司員外郎。六年，考選陝西道監察御史。八年，巡視通州漕務。明年，巡視山東漕，擢兵科給事中。十年，巡視天津漕，旋轉戶科掌印給事中。君讀書俱深識，曉暢政體。初入臺，即言旗下閉戶閒居屯中者，不下二萬餘人，當令出旗籍，聽自謀生。其巡通州，則言湖廣滿號船當如江西之例，許在通州變價以恤屯丁。其巡山東，則言南旺湖淤地千餘頃，無水時可暫許民租種，遇有異漲，仍資消納宣洩。因其時而膏腴無棄地。先後俱見議行。凡君所言，皆覈實效，不矜立名譽，務劑益於民生，上以是知君，欲試以吏事。十一年，授江南淮徐海道，所轄地與河南接壤。君稔知土風，因俗為教，民便之。

海州被水，多方振恤，居者忘其災。明年，擢山東按察使，數平反冤獄。十三年，晉山東布政使，尋調山西，時輪緡司庫有所謂滴珠者，沿為陋規，立除之。會用師金川，征車道出於晉，君預籌綜計，事不擾而畢集，閭里恬然。十五年，護理巡撫篆，馭以鎮靜，人皆畏懷。君在京邸，好與余輩言匡濟，及見諸行事，悉與所言符。是年冬，入為光祿寺卿。十六年，丁母夫人憂。十九年，服闋，借補光祿寺少卿。閱七年，遷太常寺少卿。

先是君在山東、山西，兩遇聖駕時巡，屢荷晝接蕃錫。三十一年夏，召見御園，溫語良久。退語余曰："吾自兩司踐卿署，恒惴惴焉，懼弗克稱職，自今益勗以慎勤，庶免於罪戾乎！"余因以知君之政成績舉，所至孚於輿論，不徒在才諝之練達也。其宅心誠慤，以遞見措施洵持之有要矣。

九月初八日，卒於京邸，距生康熙三十九年十一月三十日，年六十有七。君初娶於呂，再娶於吳，俱賢而早世，贈淑人。繼配韓氏，有婦德，以孝慈見稱，贈宜人。方君之歿也，家無儋石之儲，蓺孤贏弱，門戶幾不保矣。韓宜人茹苦持家，躬自紡績，夜則籌燈課書，每舉君之言行申誡策厲之，諸子涕泣受教。後君八年卒，年五十有九。是則君之成教，見於型家，而貽澤者遠也。子四人：長奕濬，貢生，山西婁煩司巡檢；次奕賡，廩膳生；次即奕疇，乾隆四十五年進士，翰林院檢討、禮部儀制司郎中，今為山西寧武府知府；次奕期，增廣生。女三：長適舉人彭少蓋；次適淮寧訓導彭還；次適刑部郎中吳振藻。孫男八人，孫女八人，曾孫一人。奕賡等以五十八年二月卜合葬於歐莊之新阡，以箟李孺人祔。銘曰：

庚戌春闈，舉士四百。鷥振鶮停，軒披標格。君於其間，鷟鸑霞翻。木天捕藻，柏樹生光。漕渠持節，雨潤南艎。青齊陳臬，春融曉霜。扈從泰安，御題觀止。堂構式昭，屏藩攸俾。操凜四知，廉澄自矢。非惟廉操，惠澤孔多。如裘萬丈，表裏山河。陰隲幽礎，亦化陽坡。清秩奉常，緬留芳矩。閱世成川，波新山古。致慨陳根，猶存舊雨。循思荃譜，懿嫩堪懷。為君慰藉，有子而才。佳城宰木，宜植以槐。

乾隆五十八年二月。

（文見民國《夏邑縣志》卷一《地理志》。孫新梅）

北石井村胡樓于家橋碑記

邑人胡世銓

曩余弱冠，曾課耕於胡家閣。閣之東，園林蔥蔚，蔬果芃碩，則于公君卿學圃處也。時過訪與語，忠信誠慤，不伍流俗，心竊異之。厥後，馳騁四方，不復與于公相見者三十餘年。歲在壬子，陳情歸里，里中藉藉以于善人著稱，益心異之，而未悉其善之行寔奚似也。日者李君相晼語余曰："子欲知于公之稱善乎？于公居心仁厚，時以濟人利物為懷。他不俱論，論其近事之大者。于公之居東濱引河，河無梁，每當夏秋水漲，往來病涉。于公蓋目擊而心傷焉，發願成橋，以利行人。顧限於綿力，鬱鬱弗釋者有年矣。因攉其養老之資，日積而月累之，乃悉出所有，以為倡首。而里黨好義之士，慕公之志，各出資以襄其事。于公鳩工庀材，昕夕勤劬，歷三載而工始竣，有所不敷，復自質以落其成。今將勒石橋上，以紀巔末。子既素善于公，請筆述其事可乎？"余維鄉黨善事，率多以建廟禮佛為重，推其隱念，或不無迓福祈報之情。于公殫竭心力，孜孜摩寧，惟求自釋夙願，罔顧其桑榆饗殯之謀，其不計及於果報可知也。然公逾八秩，鴻案齊眉，子若孫一堂四世，門內融融，蓋彼蒼之所以默相之者亦已久矣。范陽張氏謂人生一念之善，則天地神祇，祥風和雨，即此而在。矧善念積於平生，善事堪垂奕葉，有如斯役者乎！河水湯湯，將與公之明德俱遠。抑竊幸梓里耆英，猶能以利濟之悃誠，礪人心而厚風俗，斯足以懋昭盛世醇龐之休，而非僅為一鄉之善士慶也。於戲，可師也。已因次其事而為之記，後之覽者尚有考而興起乎。所有襄事姓字，另載碑陰，以彰眾善，茲不贅。

乾隆六十年。

（文見民國《夏邑縣志》卷二《建置志》。王偉）

重修地藏王殿碑記

邑人進士楊鼎

輪迴之說，起於浮屠氏，儒者所不道。予業儒且不能精，何遐於彼說過問之。宜無從而究其義。況其義尤荒誕而不可究耶。抑聞吾草廬先生之言曰：釋氏之言輪迴者，其義謂善之人，死則上達高明，其極品則與日月齊光。為惡之人，死則下淪污穢，其極下則與沙蟲同類。由斯言之，其勸人為善，戒人為惡，若與儒者福善禍淫之說無二理，而其徒遂造天堂、地獄，冥福冥禍；又各有主者，若地藏王十王者，一如人世帝王官司之屬。益渺冥恍惚，離奇怪變。嗚呼，踵其事而增華，變其本而加厲，凡事皆然。浮屠其尤甚者乎。顧世之人，每深信之。信之深，遂若實有其事而尊奉之。凜凜乎不敢褻。於是，為之宮，為之像，為之丹青塗畫。巍然煥然，通邑大都，窮山僻壤，莫不有之。彼捨身彼飼虎，利益天下者，當不意天下因其道而糜費至此極也。然既莫可誰何，存其說，使為惡者知譬，為善者知勸，亦神道設教之意雲爾。桑堆集舊有地藏王殿，日久圮壞，邵承嗣等糾眾重修，既請予為文以記之。予諾而為之說如此。若首事、捐資、督工姓氏，概勒碑陰，茲不具論。是為記。

（文見民國《夏邑縣志》卷二《祀廟志》。王偉）

重修班家橋碑記

邑人李奕疇

班家口石梁橫亙永、碭通衢，老乾河之要衝也。土人僉以為前明東閣大學士沈文端公鯉創修之，而邑乘缺如，不可深考。嘉慶辛未，河決，李家樓石址蕩沒，往來病涉者十有七年矣。斯邑班君榮薛、明經築亭之哲嗣，為班口世族，心焉惻之，爰與吾侄燿遠謀召工，會計若干緡，慨然傾槖，鳩眾募金，麕集嚮應，伐石架甃，閱數月厥事告成。兩邑士夫，咸相顧色喜，旅進而囑記於余。嗟呼！創始難，因舊亦難。因舊於觖陒搖動之始難，而因舊於傾圮十數餘載之後則尤難。是橋也，文端創之，河伯覆之，而班君今復創舉之，而數千百人翼助之，不終年而尹子履之。小人視之，卓哉班君，其有功于文端，利濟乎生民也，豈淺鮮哉！兩邑士夫請鎸石勸繼起者，因即所述以為記。

道光八年。

（文見民國《夏邑縣志》卷二《建置志》。王偉）

重修玉皇廟碑記

邑人道光戊子舉人楊保恒撰。

村北玉皇廟一所，築土為基，巋然數丈，其東西廊廡列閻羅像，門檻牆垣規模頗具，殘碣猶存，蓋前明隆慶四年重建也。歲既久，風耗雨蝕，有再往為墟之憂。韓子道隆過之，慨然以為其先人所修造，不忍棄基，于是，謀諸鄉里，劂金庀材，加整飭焉。事既竣，欲豎碑以記其事，而屬予為文。予維非禮而祭，聖以為謟，凡不載在祀典者，分不得舉，例禁森嚴。自象教既興，世人惑於福田利益之說，務為崇奉，以祈休祥，實讀書自好之士所不敢為。況乎香花供養，男女奔波，尤駸駸有風俗人心之憂。昌黎"人其人，廬其居"之議，狄梁公于吳越毀淫祠，胥慎之也。涓涓不塞，流為江河，況至于勢之既盛，而有識之士更為之簧鼓於其間乎？雖然，事有不能驟更者，則不如因勢利導，使人心去闇而就明，因端以為善，上天之載，無聲無臭，固非象教可以通其說，而形體為天主宰，蒼蒼之表，實有日鑒。在茲者，人心之天，即在天之天靈承之，至象以莊嚴，殆有幾希未泯者乎？輪回之說，儒者弗道，然而賞善罰惡，昭昭在目，尤冥頑不靈之輩所惕然懼，蹶然興也。由敬天一念之誠，而知屋漏有神明，即陰曹荒謬之說，而知殃祥有定理，百姓愚蒙不且烝烝向善也哉！昔先君子宰漂時，為其地祀玉皇者，闡天人合一之旨，以期民俗丕變焉。予今者因韓子之請而為是說，猶先君子之志也，庶幾為風俗人心之一助乎？至其首事諸人以及捐貲董役者，例附碑陰，以垂不朽。觀者亦足以興起焉。是為記。

道光八年。

（文見民國《夏邑縣志》卷三《廟祀志》。孫新梅）

重修班家口橋記

邑人李銘皖

吾邑班家口石梁，土人咸謂前明沈文端公鯉創修之，或言申公時行所建。申與沈同音而訛也。嗣因河伯為患，石址蕩沒。道光戊子，班君榮薛倡舉重修，橫亙通衢，行人便之。既請家大人為之記。歲壬辰，霪雨連月，水潦泛漲，橋復傾圮。榮薛之子景朔過而嘆曰："是吾父之志也。予何敢諉為異人任？"計工籌費，謀所以修葺而垂諸永久者，其志未竟而沒世。其弟遜夫慨然曰："是吾伯父之志，且吾伯兄未竟之志也，予何敢更諉為異人任？"爰與諸君子謀，傾囊募資，鳩工伐石，尅期而橋成，而往來之徒者輿者、負且載者，莫不相顧而色喜。予嘉景朔能承父志，而遜夫復能竟兄志以繼伯父志也，其利濟豈淺鮮哉。吾兄燿遠乃始終共謀此事，而黃君迎菊，班君省齋、培成，羅君雲會及浮屠明賢等，復翼助之，以成其美。可謂樂善不倦也夫。

　　道光十二年。

（文見民國《夏邑縣志》卷二《建置志》。王偉）

節孝總坊碑記

　　知縣高翱

　　國家以志節勵天下，有善必旌，故凡民間之以節孝聞者，例得賜帑建坊，誠優典也。顧坊之建也，恒出於故家巨室。其窮簷蔀屋中，勵志茹冰，盟心矢日，泯沒而無傳者，不知凡幾，此固有心者所深慨也。前中丞蜀川楊公、前方伯山右栗公首念及之，通飭所屬，詳舉節婦，以報奏請，彙建總坊，蓋欲闡幽顯微，使鄉僻霜嫠盡邀獎錫也。仁人之用心，其深且摯如此。維時，吳淞金公領縣事，亟進闔邑紳耆為之博採廣諮，雖微必錄，無遠弗周，不遺不濫，得生存節婦司楊氏等三十六名，已故節婦彭牛氏等二十八名，詳繕事實，聞於大吏。大吏以聞於朝，得旨俞允，給帑營建。恩至隆也，亦至溥也。都人士聞命之下，相與歡欣鼓舞，聚而謀曰："錫予者，朝廷之曠典；資助者，鄉黨之恒情。茲坊之建，將以昭垂永久也。若吝於財而草創一時，不數十年間，直與荒烟蔓草澌滅耳！其與不建者相去幾何？"酌籌工費，悉力捐輸，得若干數，度地節孝祠前，而鳩工庀材焉。規模宏敞，結構渾堅，巍然翼然，不誠為黍邱之一大勝事哉！夫築室於道，是用不集謀夫之多也。今合衆謀而圖一事，事之舉也，獨易且速，以正綱常，以維風化，為生者播美名，為歿者發潛德，咸於是乎在。由是而邑之士女往來瞻仰，以勸以懲，其有關人心之興起者何限？且使窮簷蔀屋之淹沒無傳者，得與故家巨室互相輝映，其足平單寒之慨嘆者又何限？大憲表微之心，良有司搜羅之力，亦莫不藉是而並著焉。是皆都人士之急公好義，不惜財力，得以相與有成也。厥功不亦偉乎？坊興工於三月十二日，告成於六月十七日。縻金錢五十萬有奇。首事者為某某人，捐資者為某某人，詳列於後，以期并為不朽云。

　　道光十七年六月。

（文見民國《夏邑縣志》卷二《建置志》。孫新梅）

重修崇正書院夏邑試院學田節署碑記

邑人彭季龍

從來立政以教化為先，教化以學校為首。書院者，所以廣教化，移風俗，端士習，育人才者也。然非經費有餘，無以延師長而勤勸課。崇正書院創始於前明，其地已無可考。國朝嘉慶以前，誌乘缺而未聞。其可稽者，道光壬辰，邑侯江西鄒公光曾奉撫憲檄，買牛官宅改建於茲。而屋宇無多，且乏經費，課試未興，旋以兵燹，盪為平地。肅清而後，民氣未復，勢無暇及，以致科名日替，事變日多，皆學校廢弛為之也。光緒甲申，楊生逢青、高君凌雲等介季請於鄭邑侯，議修書院。鄭首捐錢二百緡，益以學中廩生捐俸二季，買北街孟宅房，以便改修。議甫定，而鄭解任。署篆者為陸侯鋼，甫下車，即以創修書院為己任。商之紳民，眾皆樂從。以邑無試院，曩在縣署，張棚、負籃、攜凳，每遇風雨，辛苦萬狀，議增考棚於書院前。因北街買宅狹隘，仍就書院舊址，益以前後買宅貳處。於是，相地定基，鳩工庀材，始於乙酉四月，至丙戌六月始克告竣，並於號舍內添設石桌木凳，以圖永久。而書院之規模，煥然大備矣。

是役也，興修定議創始於季，動工後，季以訓讀遠方，未克效勞。襄其事者，堂叔麟昌、袁君錫祺、張君廷傑與諸首事力為多。而錢文出入，則關君河嵐始終經管。工歷歲餘，而諸君操勞不懈，是可嘉也。至經費一款，前未曾有。同治壬戌，查抄逆產，歸入郡之文正書院。季適當其事，亟與學中諸友稟呈上憲，始蒙撥歸夏邑書院，即王雙樓、劉菜園、黑劉莊之地是也。叔祖曜生公又捐大仇莊地一頃。班君景賢捐羅樓地一頃八十畝。其三陳樓則入官之地，邑侯蔣士潢撥入。孟樓甎窯一座，窯基四十畝，則邑侯陸鋼撥入者。此書院學田之大畧也。書院蕆事，餘捐項五百千，陸邑侯定議發店生息。又將北街宅房賣出，得價五百千，均交義聚號，照一分六厘起息。此書院經費始末也。惟地租息錢，歲得有限，不敷束修膏火之貲，誠得好義之士、賢明之宰，另有籌款，俾得綽有餘裕，庶興教有資，可以永遠不廢，尤所望於後之君子者矣。陸侯鋼、張侯鑑堂均有碑記。其於興修之始終，與學田之原起，則未之及。而諸君襄事之勤，及二公捐地之義，實有不容沒者。季是以不揣譾陋，撮其大畧，並將各莊地畝段落，附列碑陰，俾後有可考云。

光緒十二年六月。

（文見民國《夏邑縣志》卷二《建置志》。孫新梅）

重修崇正書院併增修試院記

知縣張鑑堂

皇上親政之九年，御極之十三年也，歲在丁亥，余權知紅亭，見新建試院一所，內接書院，規模宏敞，輪奐一新。甫下車，接見紳董，詢及始末，僉稱崇正書院之設，始於前明，隸城東南隅。國朝康熙中，河溢，淪為澤國，書院蕩然無存。道光中，邑侯鄒集腋復修，購牛官宅，建街西，即今之書院基也，廨舍無幾。咸豐中，粵逆竄擾，燬於兵燹。迨光緒十年，國運承平，年穀屢稔，邑侯鄭集議重修，捐貲二百緡，因解任未果。邑侯陸接任，始定議，捐貲百緡。邑人士以歲科兩試向無考棚，就縣署應試，每值風雨，無所棲止，且自備几凳，心甚苦之。議增修試院與書院連楹，除舊址外，拓地一畝五分。陸邑侯為之倡，鳩工庀材，諏吉興修。建育賢堂三楹，東西號舍二十楹，石几木凳俱備，有龍門、大門三楹，東設官廳，西設供支所，各三楹。前院照壁，東西轅門，西偏前道，建演武廳三楹。育賢堂後為書院，上房五楹，東西齋舍各三楹，為內宅。大門東向，廚舍六楹，東北角，守役房三楹，西南角，小花廳三楹，繚以圍牆，周以更道，而書院之規模備矣。試院、演武廳之規模亦備矣。一舉而三善俱存，嘉惠士林，文明大起，甚盛事也。余履任，工始落成，紳董乞余為文以紀之。計原按畝捐貲四千八百九十緡，紳富捐貲三千緡，除各項經費外，餘貲五百緡發店生息，作生童膏火之需。自今伊始，仰副聖朝作人之化，下沐熙朝養士之澤，科第聯翩，人文蔚起，是則余所厚望也。因樂而為之記。

光緒十三年。

（文見民國《夏邑縣志》卷二《建置志》。孫新梅）

蔣李二公祠碑記

邑人戊子科解元彭士彥撰。

春秋，鄭僑卒。孔子曰："古之遺愛也。"鄭俗凋弊，僑尚嚴明，孰殺孰嗣，誦之輿人，蓋毀譽猶聽之生前，而懷思必係之生後。世不乏吏才，治臻上理，蓋鮮何也。恃才者寡恩，尚德者失懦，求夫寬猛相濟，德浹民心，歷數十年不能忘者，厥惟蔣公乎。公之宰邑也，為同治丙寅，兵燹之後，元氣剝殘，撫字催科，務為休息，熟申韓書，擅折獄才，詞投輒訊，片言即決。直者感其德，曲者亦服其明。遇命盜鉅案，單騎橐筆往驗，杯水不沾唇。吏役之擾，悉除焉。公出身不事科目，而雅重文學，首新先聖廟，四校童子試，所拔皆雋才。公餘訓課，手加點竄，厚給獎，資助膏火費。戊辰秋，大水漫堤浸垣，勢若灌穴，居民洶懼。公晝夜堵禦，指水而誓曰："城，衛民者也。有司，牧民者也。城有失，吾以身殉。"脫冠投水，水於以退，疏通河道，以防後患。復多方賑濟，民無失所。會僧邸陣亡，詔許立功地建祠。邑民戴王德深謀祀於公，公建報功祠二廡，附祀粵匪陷城殉難諸公，輿情大慰。公治邑六年，百廢俱興，善政不一，而治盜尤嚴，緝獲者執法當罪。辛未，卒於官。沒之日，婦孺皆涕泣曰："天何奪我父母之速也。"光緒壬辰，邑人謀祀李公榮基，僉曰："李公善矣，顧吾曹得有室家，享和平，鳩集而卵翼之者，蔣公之惠我多也，食其德，而不報可乎？夫朱邑建祠於桐鄉，陸雲配食於浚儀，上有德澤之施，下有蒸嘗之薦。宜哉！"余生也晚，於公事不甚悉。謹依父老所口述者，鎸之於石，以待採風者節取焉。

公諱士澦，字春池，浙江鑑湖人。又李公碑記曰：公諱榮基，山東歷城人，勗齋，其字也。己丑之歲，來尹吾夏，寬明仁恕，禮士愛民，厥職聿修，百廢俱舉。宰邑三年，清風兩袖，捐館之日，公私虧累甚鉅，幾不能殮，賴接任葉公承祖慨念同舟，代完公款千餘金，始克脫然。至清釐私債，資送靈輀，則幕賓朱君爾鎮、沈君書升之力居多也。邑人士樂其政，因思其德不能忘，謀立碑，誌遺愛，復合祠籲請，入祀名官，盧列善政事實，以垂不朽。又從而銘之。銘曰：

歷山之側，濟水之陽。篤生明哲，筮任大梁。尹茲東夏，撫字多方。政同召杜，治媲龔黃。被公之化，民物阜康。沐公之教，薰德善良。一朝薤露，萬姓悲傷。仰公靈爽，思薦馨香。泐公姓字，爰說甘棠。高山矻矻，流水湯湯。願公世世子孫兮，與歷濟而俱長。

光緒十九年，紳民公建。

（文見民國《夏邑縣志》卷三《廟祀志》。孫新梅）

重修火神廟記

邑人丁鵬程撰。

邑之東關，舊有火星神廟，粵稽弘治間重修，少糸秋崖金公記述備矣。嘉靖庚寅，圮于河患，崇者頹，而下者蕪，墻垣損破，棟宇摧凋，鳥鼠上穢，羊豬外來，非能若前也。醫官崔氏子鳳深用慨嘆即奮然曰：廟何廢之耶？人廢之也。于是，飭材計費，掄吉會工，悉捐己貲，弗募于衆，為前殿三間奉神像也，為門坊一座匾神號也，為後殿三間貯祭器也，而僧某守焉。望之者突如巍如，煥如森如。頹者起，蕪者治，矗矗卓卓，鬱鬱嚴嚴，神功以彰，民用丕欽，是亦達于敬神之道也。與鳳遂偕厥弟太學生鵬求記于予。予惟曰：靈顯者神，功大者祀，德光者像，故廟之為言貌也。貌者，像也。廟火神者，謂其有功也，有德也，象其功德而祀之也。夫知火之為神之義乎？蓋在天著明，莫大于火，列宿為熒惑，序于五行，位次于南離。炎帝因之。而紀官司爟掌之以救正，尊而不親，詳註于《周禮》。內明外齊，亦見于家人。類既就燥，味惟作苦，相禪相生，而變化莫測，烜赫于宇宙之間，若曰：鑽燧而得，擊石而有，豈理也哉！按漢《糜竺傳》見一婦人從竺，求寄載行，可數里，謝去，且言"我火神也，當往燒汝家，感汝見載，故以相語"。竺先馳去，便出己財。日中，火果大發。觀此則知火神之靈無弗露，而夫人之誠可以格，致愨而愨，致敬而敬，斯亦功德之大之光使然也。嗣是而後，民心虔畏，建廟塑像，殆遍天下，滿閭閻而無數也。況于吾邑可無廟以棲靈爽、以報功德，而為肆祀之典哉！時若崔氏子兄弟暨張倫、吳道南輩秉心清直，夙夜惟寅，廓爾重修，基仍其故，廟居關之隅。是歲春越夏告成。邑人丁氏子鵬程作記，復系之以詩。俾記者歌之以侑神焉，曰：

於昭炫運，地二成形。厥性配禮，乘薪炳靈。於維精英，炎上是行。與人俱切，修景抗衡。民生賴之，日用不知。載飽載飫，誰之攸司。福善而親，禍淫而嗔。以感以應，如影響循。建廟于茲，棟隆崇基。神其至正，赤螭遲遲。壽我國脉，佑我羣黎。千秋萬歲，祀者招攜。

光緒二十六年春。

（文見民國《夏邑縣志》卷三《廟祀志》。孫新梅）

節孝祠碑記

韓思潛撰。

夫天道不能有常而無變，人事不能有順而無逆，聖人憂之，樹之綱常名教，範人心以端風化。失其道，則汶汶者草木同腐矣。得其道，則磊磊者日月爭光矣。伊古以來，臨大節而不變，歷盤錯而彌堅，求之明理達道之儒，尚不易覯，而况出之巾幗哉！乃彼天不幸，適賦柏舟，或婦代子職，或母兼父任。青年矢志，歷百折而不回；白首完名，殫一生而無告。更有從容就義，慷慨捐軀，大義昭然，心如皎日。噫！難矣。

邑節孝祠，經始不可考。道光十七年，前尹高公翱建修總坊，嗣後祠毀兵燹。歲時致祭，設位蓆棚中，供典祀者，一奠而已。廩貢生彭季龍，節孝後裔也。屢請於前有司，建修未果。予宰邑之二年，復以是請。爰籌歕三百餘緡，節孝裔共輸八十餘緡，屬彭君麟昌董其事。因舊址窪下，相宅於慈勝寺之右，高平宏敞，卜吉興工。堂三間，大門一間，東西耳房各一，繚以圍墻，規模粗具。修木牌七十位。其載在邑乘者，與修志後，兵燹前，數十年間失考者，立總牌二位。祠之落成，偕同寅具儀仗，設羊豕各一，其子若孫隨班致祭，一時嘖嘖稱盛事焉。越日，彭君請記於予。且告曰：「風化之感人甚矣哉！」舊祠之側，有劉媼者，年少夫故，奉姑以孝。聞遭家喪亂，收骸埋瘞，媼身任之，拾遺孤，撫養數十年如一日，平居有與談節孝者，茫然若不知。今逢盛舉，隨衆往觀，潛然涕下，感不自禁，語人曰：「朝廷待釐婦顧如是重耶？吾茹苦含辛歷五十餘年矣，夫誰知之。」隱念窮簷陋巷中，無力舉報，採訪未周，湮沒未彰，齎恨九原，共劉媼之垂涕者不知凡幾。夫發潛德之幽光，表貞賢之姓字，士大夫與有責焉。正人心，端風化，維持綱常名教於不敝，其在斯乎？述而記之以授彭君，俾手民災石也可。

光緒二十六年。

（文見民國《夏邑縣志》卷三《廟祀志》。孫新梅）

雷侯祠碑記

邑人丁鵬程

夫政之繫諸人心也甚大，蓋有要譽於一時，未久而遂斬焉者，惠也，而非政也。君子平其政而人思之，雖至沒世而不忘思其政，因以思其人也。法言為政有幾，曰思戢，驗諸周公、齊桓之政足徵矣。乃今邑之士庶，咸私相捐貲市地，鳩工聚材，而建雷侯之祠者，何也？夫祠者，思也，思其政而祀之也。侯發身賢科，以嘉靖癸未來宰是邑，不三月而政成化行，維時士庶舉欣欣然曰："侯其真父母矣乎！"適值夏亢旱，車馬弗御，躬禱于諸神廟，引咎自責，尋大雨，民以用懌。越明年秋，大饑，人至相食。侯夙夜皇皇，發倉賑濟。又肆開多方，義勸鄉耆崔鑑輩出粟弘濟，賴存活者萬餘人。野有餓莩，輒令鄉堡瘞之，俾勿露，恐干天和也。前邑之代征獲嘉、洧川差銀七百餘兩，舊尹若罔省知，侯忿然曰："彼邑亦邑也，奚獨重困吾民力。"數請于當道，悉復之，迄茲歙惠。以凡興利剔弊，除奸猾而安善良，數可以庇民也已。民方樂其政，以游其天，侯忽不祿，而士庶如喪考妣，雖婦人女子亦皆漣如。至則民懷厥思，猶耿耿焉。此祀之所以立也，抑以風乎。後之宰是邑者，故觀其思可以知其政，觀其政可以知其人。噫！時之為治者，亦衆矣。民有愛之如親，疾之如虜，若是乎其不同也。大抵視政之善厲何如耳？或曰："侯能致民之思。"如此不識，果能永思矣乎？曰："感遺政則興思，沐新政則兼思。"苟嗣非其人則政厲而思斁，而益思侯政為無窮也。

侯名時成，字發，東北直隸真定人。

（文見民國《夏邑縣志》卷三《廟祀志》。孫新梅）

創建火德星君祠記

邑人孟陳堯撰。

己亥之夏，淫雨連月，百川灌盈，桑田幾滄海矣。一日者，從泛小舟，觀水南郊，偶值火德君祠，殿宇傾圮，莊嚴露處。嘻嘻！火盡薪傳，神司其契否塞之象可使至此極乎？諦觀乎五德之運數，居其二位，擅南離。旺則有功，不旺則維宿失職，巽齊坤役，乾戰艮成，愆其候而天地蒙昧矣。不旺則金烏喪明，見斗見沫，借叢憑社，侵其權而王皇豐郜矣。火德關之于天下，如是其大也。而況一邑乎？虛則濟之以盈，消則救之以息，否塞之象，不可使一日見于火，德也，明矣。比時，余脉脉萌重修念，從神明起見無他想。維歲方饑饉，惴焉不敢輕舉。既而結社聯盟，同心協力，創建二載有奇，虞久消耗無稽，因勉力修建于癸卯，河皷臨星紀之，以卜聖居于原殿之東北，僅干武面矖巨浸，背負方澤，真躍龍騰虎正位，產珠之鄉。擇吉選匠，偹材鳩工，宵旦勤督，不越月而告竣焉。向之傾圮于西南者，而今聿新于東北。己遂與同社迎請舊像，臨御新居，奈勢不可移，幸彼草廬，尚蔽風雨，待其人鼎新焉可爾。旋覓工創塑神像，修龕張幔，設几懸燈，門垣道舍，犁然備具，仍捐地三十餘畝，永為供奉香火之需。揆厥所由，則同社翊贊之力不小，于以相天相地相王，佐天下文明之運，以匡邑人之不逮，胡可不為誌之，乃勒石而為之記。

光緒二十九年。

（文見民國《夏邑縣志》卷三《廟祀志》。孫新梅）

鄭欽元墓誌

門下士胡夢周

太上立德,其次立言,均以不朽。士君子得志,則出其所學以為治,天下被其德;不得志,則出其所學以為教,天下被其言。以德為治,則可以濟天地之窮;以言為教,則可以贊天地之化。其功用有大小,而其入人之深,則一也。

吾師鄭公,字子勛,諱欽元,邑東關人。學問淵懿,氣度沖和。山器難知,戴才獨步;讀書過目成誦,篆法入古獨深,見者謂為程邈、李陽冰復出。未弱冠,補博士弟子員,與伯兄翰章公、季弟瑞渠公蜚聲黌序,時稱"鄭家三傑"。雖剳試風起劉輝,而棘闈蟄同羅隱。褎然以明經終焉。文章憎命,道藝合書,教授生徒,謝跡園戶。習康成之經,傳家有道;尋晦庵之樂,讀書便佳。君子安貧,達人知命,先生有焉。其教人也,以飭行檢敦倫常為先務;其論文也,以陶詩書鎔性理為指歸,一時門下士皆蓄道德而能文章。至其行己也恕,與人也忠,取財也廉,交友也信,鄉黨薰其德,而善良者所在多有,其親炙可知已!今梁木壞而哲人萎矣。雖不能為鑄金之事,其能無墮淚之思乎?

公生於道光二十八年八月,卒於光緒二十九年冬月,春秋五十有六。死之日,遠近奔號,失聲揮涕。及至葬,會者千人,變衣冠,哭柩前,陳君致服麻之慟,叔夜來感舊之哀;白馬素車,紛錯於道。嗚呼!曾寶長易,宰木難雕,傷西去騎箕之已邈,悲東歸化鶴之無期;流連董相之墳,摩娑鄭林之杖。行路莫不泣下,而況立冬雪坐春風哉!夫《大雅》云:"亡而令德不歿者,物理之自然也。"心喪雖已而齒沒難忘者,師生之至誼也。夢周等戴天莫測天之高,學海難量海之大。然端木稱先師之聖,好所不阿;中郎撰有道之碑,辭期無愧。追隨桃李,鐫泐貞珉。履聲雖絕響於邱阿,書帶常流芳於奕世。銘曰:

翳惟鄭子,道秉先知。行方成矩,智圓中規。潤德如玉,居善若芝。穆穆亹亹,卓哉人師。

光緒二十九年冬月。

(文見民國《夏邑縣志》卷六《人物志》。王偉)

重修城隍廟碑記

知縣邱銘勛

今上龍飛之二十有九年,四海波平,兩宮駕返。勛奉檄權夏邑事,下車伊始,即按例以閱城,接篆甫經,旋照儀而謁廟。凡為祀典,靡不躬親,獨至隍宮,因之心惻。竊思廟者貌也,人皆云然。神之靈兮,伯推為最,聰明正直,赫濯聲靈,陰陽雖兩界攸分,報應自半毫不爽。堂開冰玉,大有造于斯民;地擬瑯嬛,宜獨崇乎宮闕。廼者年湮代遠,物換星移，觊剥蚀之不堪，因悽愴而特甚。兩廊鬼判像半欹斜；十殿官司身多污穢。威靈在上，縱甘守夫清廉，破落無邊，應時傷其困頓。運方值厄，地轉不靈，閒雲與潭影俱侵，敗瓦共荒苔一色。殊失妥神之道，大為當事者羞。于是，集紳耆謀修葺，先捐鶴俸，繼卜鳩工。幸他年微款已籌，何嫌覆簣；況邇日眾材畢具，正好為山。然而欲動大功，端資襄事，必任勞而任怨，乃有始而有終。爰延邑人彭君麟昌、李君慶榮、彭君鳳韶，或總其成，或助為理。開工于癸卯季春之末，告竣于甲辰仲夏之初。非徒美奐足觀，聊且苟完有序。朔望行香至止，頓增肅穆之心；士民瞻仰偕來，益壯城池之色，既終乃事，宜志不忘，用撰數言，俾書片石。後之覽者，庶巔末之得詳，尚其勉旃，願留傳於不朽。謹記。

光緒三十年五月。

（文見民國《夏邑縣志》卷三《廟祀志》。王偉）

虞城縣

重脩聖宮記

王體晉撰。

夫斯文首善之地，一邑之風氣攸聚，而文章之效靈胥關焉。其所以妥侑先師之宮廟，當不得次第議之。自明萬曆三十四年，大司寇楊公東明重新廟貌，迄今五十餘載，歲久頹敝，兼兵火之後，無復過而問者。岢興朝龍飛之八祀，歲次辛卯，僉憲楊公春育拜謁先師，目擊大成殿傾圮，而喟然嘆曰："是蓋余先人所作，余獨何心而聽其圮壞若此！"乃慨然以鼎新自任，輸金粟，計工程，而舉事焉。於是，庀材鳩工，負篆龍吻，遵其制，節梲楹檻，壯其觀，丹堊鏤刻，昭其文，不兩月而工竣。乃備牲帛香燭，邀閤邑紳士本庠師生等，迎先師神主登諸寶座。迨丁酉歲，邑宰蒲城雷公豫來蒞茲士，恭謁聖廟，見其鞏固嚴整，而深嘉楊公之獨力克成，繼美前徽，但兩廡猶有傾頹之狀，周圍宮牆尚在烏有，雖廟宇巍煥，其餘半屬未完，乃矢志整飭者久之，而又奉新旨脩理學宮為第一務，遂糾紳士而謀之，以為繕完計。眾曰唯唯。與有同心，而楊公不惜物力，復嗣前續，起工於丁酉之春，及夏月，兩廡宮牆咸告成焉。先是庚寅歲，邑宰徐公斌、司鐸梁公祚隆、李公廷獻，糾貲率眾，將櫺星門、戟門、泮池就理，而獨慮殿廡垣牆所費不貲，艱其任而難其人也。至是楊公克完之，毅然墜脩而廢舉，厥工懋哉！廟貌煥然，觀瞻聿新。是宜永勒鼎石，以傳不朽云。

順治十五年戊戌仲秋穀旦。

（文見乾隆《虞城縣志》卷八《藝文志》。馬懷雲）

重建縣治記

知縣史鵬撰。

夫封建一設，分茅胙土，而邑縣列焉。邑中官署即與邑縣並峙，蓋上以關四野之風氣，而下以聳萬民之觀瞻者也。虞封自舜子商均，其來舊矣。而縣治亦與之俱久。濱河濕瘠，衙舍歷經多年，且兼兵火爇毀，化為烏有。不佞鵬於戊戌之春三月，承乏茲土。圖居民廛，湫隘不堪，不惟褻狎體統，且六房文卷，各役帶自身邊，成何綱紀？詢及舊縣遺基，止有大堂三楹，係前任張令近督修整，尚未丹艧。監禁一圍，亦前任雷令創造粗就。現在庫樓一所，大門一所，傾頹者十之二三，此其所僅存者，其餘盡屬平原。不佞鵬即出俸貲，鳩材雇工，勉力圖成，而二堂三堂，始就緒焉。至於內宅、主房，乃僉憲楊公春育同弟貢生春融，尚義急公，獨立告竣。東房司理劉公中砥亦克成厥功焉。西房貢生范公志孝、范公圍大、范公錫侯、生員范起垣，協力共勷，相與有成。二門，高北斗捐貲從新，亦稱慕義。其餘隅筲小室，不過數椽茅茨，閉風雨而已。雖然，六房賓館尚未週全，而辦俻物料可次第就理焉。以二十載傾圮之工程，創造一旦，閱三月而落成。不佞鵬敢云善建不拔，以壯麗自侈哉！不過藉縉紳大夫聚腋成裘之力為居多，使後之不下堂而治傳諸永久，知不佞鵬與有心力焉。則余一片縷縷宣上達下之苦衷，當與此地共見之，亦何敢自施成勞，約畧其梗槩，以志歲月云爾。

時在順治十五年歲次戊戌季冬嘉平月識。

(文見乾隆《虞城縣志》卷八《藝文志》。馬懷雲)

脩學記

知縣李銓

癸亥秋，虞城黌序鳩庀落成。邑中士大夫咸曰：茂草荒墟幾二十年，一旦興復，甚盛事也。不可以無記。考邑乘，學宮同縣治遷建，凡三廢興矣。萬曆三十四年，遭霪雨盡覆。明末率為賊毀，因循墜替。庚申孟冬，銓之官，謁廟，不忍仰視，即謀脩舉，而滿眼鴻飛，隴畝未闢，何敢遽議土木？自庚之辛，招流移，勸稼穡，諮閭閻疾苦，逃散居民稍稍復業，繁植桑麻，家聞弦誦。今歲春，余乃倡言攻作，因與教諭劉焯竭捐薄俸，率尚義紳士多方勸募，輸貲者鼓舞輻輳。遂先經營禮殿，次及兩廡、戟門、泮池、櫺星，未數月，並啟聖、名宦、鄉賢各祠，同時告竣。一切磚植皆新，購從赤地，再造基址，寬廣仍舊，而棟梁榱桷，堦砌繚垣，率多增置，戟門泮池，更復異往，觀釋菜有日。士民拱瞻輪奐，簧簧在列，衣冠之輯，殆數十載無此矣。

虞，原梁孝王郡。鄒枚載筆兔園詞賦掩映。西京地當中土，四方風雨所交，休聲遐暨，諸生能翕然端尚，爭自濯磨，寧僅鹿苹雁塔，冠科名於宇內哉！工肇於癸亥春，訖於仲冬。監工：教諭劉焯，訓導劉漢官、王之相、任勸，進士耿惇，鴻臚寺序班楊覺德，監生范公遴，生員胡顯昇、劉玉堂。董事：舉人王肅、劉天賜、許士正，貢生李中龍，監生張起元，生員劉之砥、袁本貞、李中節、李如桂、范仔、張大中、韓仲玉、范國彥、張聖期、劉宗唐、范潔、張丕朗、范德溥、范之紀、胡溶然、李國柱、汪志統、李可植。力任鳩庀，不辭勞瘁，義民李心純。

康熙二十三年癸亥十有一月記。

(文見乾隆《虞城縣志》卷八《藝文志》。馬懷雲)

義塚碑記

知縣李仲極

慨夫燐燐幽火，苦向淒風，落落荒柩，臥迎寒雪。朝廷有設孤之典，西伯有瘞骨之仁，今古爭傳，洵為勝事者也。予承乏是邑，僕僕牛馬，蹉跎歲月，一日，供事河工，目覩堤之左右，柩槥纍纍，有半土半露為狂風怒雨而摧殘者，有全柩暴露而無苫蓋者，有櫬板不全竟為飢鳶聚蟻而戕其骸骨者。愁雲慘澹，舉目傷心。近郭者如是，而荒煙斷草，下里窮鄉，不知更當何如？窺其所由，或力艱而不能葬歟，或故鄉遙遠，孤魂遊蕩而不能歸歟，或家本寒微而原無林墓之地歟。日夜徬徨，興懷歎息，予欲於東西南北各置一區，移其暴露，葬其新柩。升斗之祿，力不從心。欲廣行募化，恐嫌疑招議，再四躊躇，惟捐薄俸，先創始於西關之外，購地四畝，坐落甘北里地方，立為義塚。有主棺木，或子或孫，或同姓族人，速移埋葬。而無主者，予捐俸掩埋，妥彼幽魂，完我心願。塚之四至，以石塊壘堆，俟令屆春融，栽植柳株，以分疆界，使後有同心者，按界得以守護，而舐涎者無隙可乘。噫！掩無窮之屍骸，葬有主之柩櫬，雖曰施恩於不報之地，亦守土為政之一端，何敢哆然而紀哉！至於四方各置一區，就近掩埋，更所願也。聊紀片語，以俟後來君子。是為記。

康熙二十五年十二月日。

（文見光緒《虞城縣志》卷八《藝文志》。馬懷雲）

惠民溝記

知縣李仲極

虞地濱河，瘠邑也。地勢窪下，每遇霪雨，四野汪洋，平陸可行舟楫，田禾盡淹，而城東地勢尤窪，積水猶巨浸，經年難於耕播，居民困甚。余承乏以來，六載而三澇，惄焉傷之。因自思曰："弭災患以恤民隱，司牧之職也。通溝洫以備旱潦，經野之規也。寧無利導之方而坐視其困歟！"謀諸紳衿耆老，僉云："明代萬曆時，縣城東南開水溝一道，通夏邑之單家溝，而水入於王家口河。維時地無積水，屢獲豐稔，厥後黃流衝溢，沙淤溝平，倘因其舊跡而疏濬之，庶霪潦其有備乎！"余是其言，躬詣相閱，揆現在之情形，驗往昔之成效，灼知為防潦之要者，遂毅然有疏濬之舉，請其事於撫憲，而幸蒙許可也。於是，審水道，酌變通，量溝分，丈樹標，列號令，東鄉有地之家，計畝均工，定期戒事。自胡家樓至陽堌寺，仍照舊跡疏濬，自陽堌寺至王家口河，由舊波河身至秦家庄，開溝一道，最為近捷。經始於康熙二十八年十月初一日，訖工於康熙二十九年正月二十日。統計溝長七千六百八十丈，口寬一丈，底寬五尺，深五尺。邑之紳衿耆老，復懼其久而湮沒也，請錫之以名，而記其事。余惟朝廷設官以惠民也，惠民之政，惟農事為最。重農功之事，惟溝洫為最先。顧是溝也，昔年開之，而民受其惠。厥後淤之，而民受其困。溝之係於農事，為何如乎？故以今日濬溝之舉，合之昔年開溝之役，惠民之意，先後有同揆也，名之曰"惠民溝"，可矣。獨是溝之成毀，何常之有？自萬曆迄今，僅百餘年，而其間之開而淤，淤而濬者，已歷再更，焉知後日不復淤而亦如昔日耶！蓋天下事物之變遷，關乎運數，而政治之脩舉，端在人為。因循而置之，則廢者終廢；振起而行之，則廢者可興。是在同志之君子，各盡其職，各殫其心，而不失乎惠民之意，斯千載如一日矣。何慮其湮沒乎哉！故記。

康熙二十九年正月日。

(文見光緒《虞城縣志》卷八《藝文志》。馬懷雲)

惠民溝記

闔邑紳士

朝廷設官分職，凡以利民也，故為民牧者，曰興利，曰除害，二者恆相因，去其害，正所以利民也。古來之牧民者，皆因地之利用，知國以民爲本，民以食為天，而食必資於地。虞城界黃河之南，相距僅十里許，地勢最下，河濟之間，其地夷衍，無高山大阜為之障塞，河流失道，則泛濫旁溢，大雨霖潦，則積水經年不涸，西成失望，而東作復輟。今歲之災，來歲因之。此歷世之通患也。

考明萬曆時，邑人司寇楊公東明，抱饑溺之憂，謀於邑侯王公納言，請開溝渠以通水患。爰同邑民相其地勢之高下，道路之去向，由邑城之東南，至陽堌寺，計四十里，東轉至夏邑之單家溝，而入王家河口，計十里。下流入橫河，由睢溪口入黑塔子河，會歸洪澤湖，水有去程，無旁溢，不病隣封，計至善也。邑侯具詳撫按，合疏題請開渠一道，以疏水患。歷百餘年，民享粒食之利，皆司寇楊公、邑侯王公之遺澤也。後緣黃河屢決，而舊渠淤沒，一遇霖潦，積水如故。比年以來，地蕪民貧，供賦為艱。邑侯李公諱仲極者，目擊情形，軫念民艱，集邑之紳士而議之曰：虞城地卑下，積水不流，非謀疏濬，則其害將不可以紀。詢之父老，謂吾邑有舊渠一道，乃明萬曆間所開以疏水害者，今雖壅沒，而遺跡倘存，非奉上行不敢擅舉，具文申請。適置撫軍閻憲檄下頒，有虞、永、夏三縣，地處窪下，疏通溝渠，以除水患之諭。誠虞民百代之遐福，乃恭逢千載之奇遇。噫嘻，何賢公祖愛民之鴻慈，與賢父母恤民之至意，不謀而輒合若斯耶！維時邑侯李公先勞是任，履畝查勘，自邑城東南至陽堌寺，仍循故道疏濬，自陽堌寺由秦家庄至王家口河，照舊溝式，開溝一道，樹標列號，計數分工疏鑿。溝身口寬一丈，底寬五尺，深五尺，自邑城至夏邑界五十里，萬民鼓舞，樂效其力，任其功，均其勞，庶民子來，不旬日而溝渠告成，名之曰"惠民溝"。蓋以見公祖父母，綏我嘉師之意也哉。又慮四境之內，有去溝遼遠者不能疏濬，復令各從民便，開一小溝，通入大溝，凡境內之民無不共被其澤，善政美舉，始於何年，重開復濬，繼於何官，是不可無記，謹勒之石，以誌不朽。則李公之德與楊公、王公之德，並不朽矣。是溝雖成，而歲月變遷，烏能保今日之開濬，不仍蹈前日之壅沒耶！是又望於後之賢父母矣。

康熙二十九年月日。

(文見乾隆《虞城縣志》卷八《藝文志》。馬懷雲)

太常寺少卿耿公墓誌銘

山東侍郎王懿

　　公姓耿氏，世居開封府杞縣北鄙。王父如山有隱德，家饒於財。歲荒平糶，里黨賴之。避亂於汴，寇圍，汴乏食，嘗出粟助餉。父輔，邑增生，文行並優。壬午，河決城陷，遷於虞，遂家焉。子七人。公行四，諱惇，字子厚，號木菴。幼岐嶷，儼若成人，為文宗先正，不事浮靡。戊午，舉於鄉。己未，成進士，授汝甯府教授。丁贈公憂，哀毀盡禮，服闋，補開封府教授，以卓異陞廣東平遠知縣。丁太安人憂，一如贈公時。服闋，補廣東龍川知縣。中丞彭公薦清官第一，引見，賜袍服，授吏部考功司主事，陞本司員外郎。乙酉，典試湖廣。丙戌，授稽勳司郎中。丁亥，改刑科給事中，轉戶科掌印給事中。甲午，補太常寺少卿。乙未夏，告假歸里。越二年，丁酉九月，卒。公生平出處，大畧如此。

　　其教授兩郡，課士以讀書敦行，規倣安定。初，尹平遠，嚴邑也。盡革陋項，民無游惰，境無肱篋。無何，歲大飢，富室擁厚貲貸於貧民，常子母牟其利，兼錢廢穀貴，持百錢不得升合。公蹙然曰："吾忍視吾民飢而死乎？"遂盡發常平穀萬五千石。及歲登，民爭償如額。噫！難矣。他若偵掠賣之盜，卻暮夜之金，完張姓之婚，人稱神君焉。其治龍川，尤以招徠流亡，俾民復業為急。分校粵闈，典試兩湖，所拔皆知名士，若閩撫陳公璸宮贊、彭公維新，尤其表表也。在刑垣，則以寧失出，無失入為心。在戶垣，則以綜其成，核其寔為事。大抵公之慈祥，本乎天性，經濟成於涵養，故始於立身，達於政事，著於建白，皆能發攄性情，培養元氣，俾家庭雍穆，百姓和樂，若太和在成周宇宙間。嗚呼！非盛德孰能當此而無憾乎。

　　公生於順治二年七月十九日，卒於康熙五十六年九月二十四日，得壽七十有三。配王氏，封安人，先公卒，懿行載別傳。子四人：長碩，次磻，三光，四大烈。孫男三，孫女五。銘曰：

　　維耿始封，得姓於晉。豐功湻德，世有令聞。遷汴遷虞，動與時順。公也挺生，其德淑慎。廷獻家修，孝弟忠信。以臨其民，惠心勿問。廊廟有光，林泉無慍。夫何昊天，一老不愁。兔園沃壤，孟諸澤潤。卜宅久臧，忠焉茲遯。[1]

（文見光緒《虞城縣志》卷九《藝文志》。馬懷雲）

---

[1] 錢儀吉《碑傳集》卷四十一載：撰者為呂謙恒。文也與之有異，首言："康熙五十六年丁酉九月，太常寺少卿子厚耿公以疾卒於里，其子大烈千里齎狀以志請。余與公舊嘗同官，知其行誼，不容辭，遂按狀為之誌。"

贈文林郎江南含山縣知縣許君墓誌銘

儀封尚書張伯行[1]

許君諱琦，字奇玉，歸郡之虞邑人。世為中州望族，以儒素者稱。歷傳至君之曾祖諱朝選，祖諱世坤，皆隱居不仕。父諱騰龍，明季文學。時以流寇充斥，不復事進取。生四子。君居長，博學強記，與仲弟斑各以文章自豪，同時受知於劉學使。叔、季亦能文。兄弟磨切，名日益高。一時稱家學者，則必曰許氏云。顧君患瘖痱，不能繩束進場屋，退食家居，以孝養其親。維時文學公杜門養高，喜稱述古今，多所論議。君窺見旨趣，每晨起，盥洗，問安榻前，視甘膳畢，率諸孫環侍，請講解經史及小學諸書，上下馳騁，洋洋灑灑，不啻數千言，徐進酒肴引滿極歡而罷，如是者日以為常。昔人所云："色養者惟君"，實無愧焉！母之父張太翁壽八十餘，得偏枯症，臥床褥。君躬進藥餌，衣不解帶者逾年。女兄弟六人，于歸之後，不時經紀其家，衣餼蔬果，周流饋遺無間。旬日，顧謂諸弟子曰：母之愛女至矣。仰禮親心為人子者宜如是。仲、叔兩弟，早世，遺孤待哺。君撫

---

[1] 張伯行《正誼堂續集》卷八載文與此有異，錄之如下：

君諱琦，字奇玉，歸德府虞城縣人，世為中州名族，以儒業著稱。君之曾祖朝選，祖世坤，皆隱居不仕。父騰龍，明季高材生，時以流寇充斥，不復事進取。生四子，君最長，穎悟好讀書，與仲弟斑同受知於劉學使，叔、季亦能文，兄弟自相砥礪，名日益高。而君久患瘖痱，不能束縛就場屋，專以治家養親為事。其先文學喜稱說古今，窮源竟委，人以他議聞之意輒不怡。君窺見旨趣，務順適其志，或遇抑鬱時，則率諸孫環侍，請講論經史及小學諸書，徐進酒肴引滿極歡而罷。母壽八十餘，病臥床褥，親嘗藥餌，衣不解帶者逾年，蓋終其身抱嬰兒之慕焉。女兄弟六人，于歸之後，存卹備至，凡衣飾之用，瓜果之供，饋問周流無間。嘗語子弟曰："母之愛女至矣。吾體親心，應如是也。"仲、叔兩弟早世，撫猶子如己出，後皆蔚然成佳士。其於姻黨族屬，助卹甚篤。有中表某值歲不登，以田求售。君給其值之半，以其券還之。御奴僕有恩意，有王某者所為不法，其家在鄰郡，給之資，善遣之，後入闖寇中。某年闖寇屠城，有介胄者馳至，懸弓矢於門，賊黨不敢入。於時，虞邑被虐劉而君家獨完。介胄者跪自陳，乃曩日善遣之王某也。其訓諸子，日有課，月有程，於忠孝大義提命尤加深切。戊午，長子舉賢書，君不加色喜，且勖以遠大。及為利津令，歲大祲，君遣人馳告曰："每見有司匿災不報，急催科而利羨餘，是擠人於溝壑而奪其金也。擠一人且不可，況一邑之民乎！"利津繪圖請命，發倉賑濟，民免流亡。

君生某年月日，卒於某年月日。以子士貞貴，敕贈文林郎、江南和州含山縣知縣。配劉氏，敕封太孺人。子三：士貞，戊午科舉人，歷宰利津、含山、上海三縣；士弘監生；士捷增廣生。女一，適楊乾。孫男五：宣，舉人；寅，歲貢生；容，監察御史；憲，監生；口，監生。孫女四。曾孫二，曾孫女四。方余撫吳時，上海以廉幹稱，而不能曲事上官，遂為制府所摭。余適當被議之會，雖心知其冤，有所格而不能直也。上海顧以余為知己。今歲壬寅，將葬君於某鄉某原。於是，狀君之行事寓書，鄭重命其子侍御踵余門請銘。余禮辭不獲，遂次其第梗槩而銘之，銘曰：

源之深，流之長。太嶽後，遠條揚。務積善，家餘慶。秉滑則，延龍光。高陽里，鄭公鄉。告惇史，永不忘。筮佳城，謹閟藏。昭隧道，垂銘章。

（誌存山東單縣城內許氏後裔家中。王興亞）

之若己出，飲食教誨，皆蔚然成進士。姻黨族屬宜婚葬者，勸行之，力不足者，助之。時有中表某，值歲不登，以田來售，給以田值之半，併其券還之，且慰之曰："賣田易，買田難，先世之業，豈可輕棄。"吁，嗟乎，仁人之言哉！其周旋閭閈，不為屬色邊語，日入人於春風化雨中，即有以非道來者，君處之坦如也。其於少年後進，誘掖獎藉，亹亹不倦，觸緒迎機，導以名教之樂，而不濶遠於事情，聆其緒論，人人悅服，有如渴之得漿，饑之得脯者然。

君性寬仁，而恩逮於奴僕，雖有微昝，不施鞭扑。有王二者，多為不法事，其家在鄰郡，資以路費，善遣之。後李寇潛入屠城。有介胄者馳至，懸弓矢於門，羣賊皆不入。虞邑被虐劉而君家獨完，詢之則王二也。人以為厚德之報云。其訓諸子，日有課，月有試，於忠孝大義，加意提撕，尤為深切著明。戊午歲，長子登賢書，君不色喜，且戒之曰："十年苦訓，豈僅博一第哉！宜思遠者大者勿白晝。"洎為光州學正，君教以數言，謂學宮為發祥之地，士子乃進身之始，獎成其德，以不枉其材明示之趣。而益作其氣，文藝其末也。光人士被其訓，益彬彬矣。及為利津令，歲適大祲，君急遣人馳告曰："每見有司匿災不上聞，急催科而利羨餘耳。是擠人於溝壑，而奪其金也。擠一人且不可，況一邑之民乎！"利津繪圖請命，發倉賑濟，民得不饑。於是，飲水思源，將合輿誦，為君舉介壽之觴，而君已不及待也。

君生於故明天啓五年四月初九日子時，卒於康熙三十七年八月二十三日酉時，得年七十有四。以子士正貴，贈文林郎、江南和州含山縣知縣。元配王氏、繼配李氏，俱封孺人，俱無出。配劉氏，封太孺人。子三：士正，戊午科舉人，歷宰利津、含山、上海三縣；士宏，監生；士捷，增廣生。孫男五：宣，辛卯科舉人，寅，歲貢生；容，辛卯同科舉人，廣西道監察御史；憲，監生；寵，業儒。曾孫二：履坦，履泰幼。女一。孫女四，曾孫女四。俱字名門。余方撫吳時，上海以廉幹稱，而不能曲意事上官，遂為制府所擯。余以同鄉引嫌，心知其冤，而不能伸也。上海顧以余為知己。今歲壬寅，將塟君於城南祖塋之次。於是，狀君之行事，寓書鄭重，命其子侍御踵余門再拜請銘。余禮辭不獲，遂次第其梗概而銘之。計君之捐館，念有五年，而始克襄事，豈非廉吏之難為歟！抑歐陽子所謂有待者歟！顧為善無不報而遲速有時，此誠理之不爽者也。以君之孝友淳篤，潛德弗耀，而其子又嗇其施，《詩》有之君子有穀貽孫，子是宜在侍御矣。銘曰：

　　許氏之族，系出南陽。奕世有君，質厚材良。學於古訓，不愧青緗。追之琢之，如圭如璋。一堂孝友，惠周三黨。其施不匱，其後彌昌。廉吏可為，官戀戀賞。簪組繩繩，俎豆煌煌。綸城之南，義西之鄉。兩世於斯，其固其藏。更千萬祀，其祚無疆。

　　康熙六十一年。

（文見光緒《虞城縣志》卷九《藝文志》。馬懷雲）

加脩護城堤記

夏邑進士程善述。

蓋聞大易垂設險之義，城域伊先。《月令》嚴司空之掌，堤防尤重，而可大者，難於可久，善作者不必善成，非衰旺之有數，抑或待人而後舉也。虞之為邑也，北枕大河，原田而外沮洳居半，勢與黃流相控引，衝決之患，由來舊矣。恒恃堤以為衛，先是主簿張公諱允嘉，奉委繕治脩廢補敗，大堤甫竣，併城堤而新之，屹然完固，勢等金湯。繼尹茲土者，緣堤種柳，繚以條桑，密枝繁蔭，與水光相吞吐。壯哉！一名勝也。距今六十年餘，堤雖蜿蜒如故，而禁防日疎，水齧其外，而狐穴其中，凡其嘉樹美植，又多為倅縣者所獲取，幾等牛山之濯濯，無異培塿之卑卑矣。歲己酉，上虞張公來守是邑，惠政遠布，百廢悉舉，循城之暇，單騎按部，顧是堤而愀然曰："世安有撤其外藩而能固其堂奧者乎！"予無以既厥功，若守土何，且何以庇吾民人而奠其居也？於是，捐俸百金，為紳士倡，好義者輻輳焉。許司憲耿、侍御江農部捐輸尤豐。慨焉首事擇邑中幹敏而練事者十數人，分任方隅，日夜趣工，勿之有怠。不三月而告成。夾岸植桃李桑柳，倍於舊時。春夏之交，綠蔭紅艷，益復爛然彌望矣。凡事功之脩廢，固有時哉！非公之勤於治，邑人士之協力而同心，雖有作者，誰與善其後，而美盛瑰麓之規，遙遙百年，寧復見之。夫蘇以堤而命名，召以棠，而遺愛千古，美談此物此志。是工之成也，將毋與兩公並壽乎！予之徃來於虞也有年矣。稔其事，艷其功，因記其所見所聞，以明乎永賴之休，必有待其人焉如是也。至督工紳士，則黃山曉、杜增、范繼芳、劉瑨、劉果、楊念祖、劉源潔、范遠、李樞、耿興宗、李海澄、王之頊、李學會、蔡理壯、胡承謨、劉纘武、杜橘，而協同經理者，則原署縣丞屠禹門，咸與有力焉。

雍正七年。

（文見乾隆《虞城縣志》卷八《藝文志》。馬懷雲）

重建崇聖宮記

邑人給事耿大烈

雍正甲辰，余歸自燕，有友人來言於余曰："子知崇聖宮之災於火乎，棟宇垣墉，俱成灰燼，以所費殷煩，鮮議脩者。子盍首為倡，而吾徐募以成之。"繼又極言募之之難。余乃笑而應之曰："何募為事有力所不能者，不得已而募之四方。今計其費，吾力尚可給也。"即日偕友往視，見其舊制頗隘，爰鳩工庀材，較故址而縱橫皆擴焉。越月，工竣，約費二百金。時司鐸者為蘭陽梁君，造余而謝。余笑而應之曰："公為虞庠博士，課士之暇，督齋夫勤掃除，不使鞠為茂草，余方重有賴焉。至若經營脩繕，正吾邑士大夫分內事也。何謝為？"自是余備員於京師者十年。歲乙卯，鮮綬歸。前友復告余曰："子之捐脩崇聖宮，迄今數載，吾久搆石磨礪之，待子歸，而自為計。"余笑而應之曰："前此之役，非好獨任，以子云募之不易耳。事過則已矣。何記為？"友人曰：不然，從來向善之心，不有人以導之，則繼起者弗奮。前宮之燬也，數月矣。見者非不蒿目，而議修無人。子慨然以一身任之，闔邑傳為勝事。是以癸丑之歲，重修文廟，所費不貲，捐輸者絡繹，咸指是宮而相與語曰：吾輩縱不能獨成大廈，寧不當集腋成裘耶！是子前此之舉，其激發夫輕財好義之心者，蓋已多矣。今勒之石，使後進之士過其下，覽其文，羣指而目之曰：是固給諫耿公不謀之衆，毅然獨出己貲而成之者也。倘使有興作，當必有懽忻踴躍，而爭先從事者。則此記也，非誌爾功，實以為後之樂施者勸耳。余笑而應之曰：如是則可。因序其始末，而付之貞珉。

雍正十一年。

（文見光緒《虞城縣志》卷八《藝文志》。馬懷雲）

廣濟堂記

總督王士俊

雍正十二年，知虞城縣事張令，於縣治西關得舊宅一區，榜曰廣濟堂，屋二十四楹，其直一百二十兩。召邑之鰥寡孤獨一百五人以居，而授之常餼。捐金，則署歸德府事開封郡丞金山四十兩，前歸德太守馬驥雲二十兩，令一百兩，丞簿司鐸以下各有差。薦紳之在籍者，則候選員外郎江天增一百兩，候選主事杜增二十兩，九江太守蔡學灝子理經八十兩，餘各有差。又士商棠庶並力一心，至有婦人之賢若劉門孫氏者亦百金焉。通計凡一千六十兩五錢，捐穀則紳士許寅以下各有差，凡二百十九石一斗。捐地則中丞許公尊甫士正一百畝，掌科耿公子興宗六十畝，餘各有差，凡一百六十畝。釀金所入，則屋之，直取之其贏餘，復置地四百一畝，庄舍五十六間，於是，居有所，食有給，衣有資，疾病死亡有恤。令乃以狀白予。予於是嘆令之賢。庶幾知民休戚，而虞邑之漸仁摩義於郅隆之世者，足以見鄉鄰風俗之美，為大河之冠。何其盛哉！且夫虞自有夏肇封，歷世千百，其邑古，一矣。《禹貢》："導荷澤被孟諸。"孟諸，《爾雅》十藪之一。又其地故梁孝王國，史稱梁居天下膏腴地。厥土特饒，二矣。班氏《地理志》稱："宋民厚重，多君子。"而王仲敷又言："元勳雋老，五世其昌。"則王文忠、趙康靖諸鄉先生之遺澤，其風自上乎！是其俗之茂也，三矣。若夫百里之宰，縣大夫之政，吾得二人焉，唐李錫、宋章炳文也。錫有苦井之清名，三柳之遺愛，而炳文表章曩跡，知無不為。前事之師，厥治孔良，四矣。邑古也，地饒也，俗茂而治良也。令以其間，益撫柔此民飲食而教誨之，使丁壯緣南畝，而鰥寡孤獨窮困之人亦永有賴焉。以告於吏之長，吏之長以告於天子，而無失乎聖人仁育萬物之心，斯則吏治民生之大者遠者，其必由此也夫。

是役也，令賢能子其民，宜書諸典郡者。貳邑者實左右令，亦宜書。薦紳先生以倡其縣之人，縣之人同德比義，前規而後隨焉，又將大書特書，不一書而已也。遂書之石。

張令名元鑑，上虞人。丞夏崇謙，新建人。簿吳廷清，錢塘人。尉秦懋梓，宛平人。同捐姓氏並勒石陰，其無遺一人，以勸善焉。

雍正十二年。

（文見乾隆《虞城縣志》卷八《藝文志》。馬懷雲）

虞城縣重脩學宮記

知縣張元鑑

繫維至聖先師，德侔乾坤，教垂萬世，上自侯王君公，下至庶人，莫不知仰數仞宮牆。況聖天子崇儒右文，海內讀書之士，蒸蒸蔚起，宜妥聖之宮殿無時不巍峩壯麗，整肅端嚴。乃往往瓦崩椽壞，甚至牆傾殿仆，而不可以寓目，總由脩補之不以時，而典司者之不得其人也。余之來令虞邑也，在雍正己酉之季冬，三日謁廟，遙望聖域，賢關以及櫺星門，木盡朽腐，進之而泮橋傾圮，幾不可行。名宦、鄉賢兩祠，亦鼠穿鵲巢而勢將傾覆。更進而仰瞻乎大成殿，則棟柱斜倚，碧瓦缺殘。詢之在庠諸生，僉云：「每遇陰雨，遍殿漏濕，即聖座亦在霶霖之中。至兩廡十四楹，更岌岌乎有不可終日之勢。」余目擊心傷，第其時，歲當大旱，正在議蠲議賑，官民交廹，即急思為脩葺之計而殊未遑也。越兩年，歲稍稔，因舉夙念而謀之邑紳。中丞許公恰有同心。余乃首捐俸為之倡，由是闔邑仕宦生儒無不踴躍爭輸。許公為余言，鳩工庀材，實予之責，弟子髦矣。懼弗勝，乃擇紳士之賢者六人，共襄厥事。工始於壬子之冬，訖於甲寅之夏，舉前之廢敗將盡者，一時而丹碧輝煌。余於其時歷覽一週，怡然稱快。又念典守無人，恐成而易敗，因募看守學夫一名，使居其旁，專司鎖鑰。越未幾，忽奉上諭，嗣後凡地方官及教職去任，文廟俱入交代冊內。余讀之而喜曰：是殆得我心之所同然者。從來亭榭屋宇脩補以時則可久，任其剝落則易敗。嘗見民間房舍脩建既成，寢處其中，一瓦一椽之或敝，則從而更易之，以故風雨不能為之傷，烏鼠不能為之窬。父傳子，子傳孫，恒有歷百餘年而堅固如初者。

按：虞學之脩，在康熙癸亥，經今甫五十年，而零落破敗一至於此，良由前之宰是邑者，勞勞於簿書，其於文廟僅一朔望拜謁，即見有殘缺，亦視以為不急之務。至司教者，即朝夕目覩，又自以為冷曹寒員，力不從心，且視為傳舍。而心計之曰，不轉眄而責不我屬也，遂互相推諉，以至此耳。今余與虞邑紳士捐輸者數百金，締造者幾兩載，亦云竭盡心力，始獲見廟貌之聿新，方謀為善後計，而即適有是例。後之官於虞者，縱不切水源木本之思，亦當念考成惟我之懼，自將不時防護，加意脩補，而不至仍如從前之任其摧敗也。則自今伊始，豈不歷世世而鞏固不拔也哉。因喜而敘之，以納諸石。

是役也，同事者為教諭盧崐、訓導毛文新、典史秦懋梓，總理監脩實維許公士正，而分採辦督工之任，則邑紳士杜增、袁去怠、范繼芳、釗貧、范遠、劉璠也。例得並書。

雍正十二年。

（文見乾隆《虞城縣志》卷八《藝文志》。馬懷雲）

醫祖華公廟碑記

鹽城人知縣沈儼

公姓華氏，諱陀，字元化，三國時人。史稱其曉養性之術，年百歲而有壯容。時皆以為仙精。於醫人，或疾結於內，公為刳腹洗腸，除去疾穢，既而縫合，一月皆平。復蓋神伎也。廣陵吳普從之學，語普以導引事曰："人體勞動，則殺氣得消，血脈流通，病不能生。譬猶戶樞，終不朽也。"公伎也，近於道矣。然公本士人，恥以醫見，又高蹈不仕，沛相陳珪舉孝廉，太尉黃琬辟，皆不就。曹操延治頭風，立愈。旋辭歸。操累書召之，又敕郡縣發遣，卒不至。操怒殺之。臨死出書一卷，與獄吏曰："此可以活人。"吏不敢受，其術遂失傳。惜哉！蓋操負梟雄之才，意在篡漢。公之初就操也，尚在其罪惡未播之時，及久與操處，其種種不軌之謀業已敗露。公必有大不堪於心者，故托故而還。數起不反，卒以見殺。嗚乎！當是時，操方欲羅致天下豪傑以共成大業，海內英俊之徒皆競為之用。其心實多忌刻，故孔北海、禰正平輩，俱以計致之死。公之不能逃於難也，又何足怪！要其心懷痛憤，不為黨惡，孤潔之性，自堪千古。後世論公者，僅以方伎目之，是豈足以盡公也哉！公譙人也。譙即今亳州。遠近多公廟，虞邇於亳，祀者不一，而西關廟則順治十五年邑僉憲楊公春育所建。今乾隆三年，楊公從孫念祖率廟旁居民重為脩茸落成。余適寓虞，念組請余文以勒石。余因考公生平，而誌之如此。舊志曰："醫祖華陀廟。"陀，公名也，立之祠，書名，非義也，余故改為"醫祖華公廟"云。

乾隆三年。

（文見乾隆《虞城縣志》卷八《藝文志》。馬懷雲）

皇清誥封光祿大夫甘肅巡撫都察院右副都御史加五級紀錄三次戊午科舉人歷任山東利津江南含山上海知縣介庵許公墓誌銘

皇清誥封光祿大夫甘肅巡撫都察院右副都御史加五級紀錄三次戊午科舉人歷任山東利津江南含山上海知縣介庵許公墓誌銘

賜進士出身兵部右侍郎巡撫安慶等處地方提督軍務兼都察院右副都御史紀錄二次，年家眷侄孫國璽頓首拜撰文。

賜進士出身提督湖北學政翰林院檢討加三級年眷姻侄蔣蔚頓首拜書丹。

賜進士出身提督安徽學政國子監司業加一級門下晚生開泰頓首拜篆蓋。

予與許中丞交久，備聞其太翁介庵公之賢，逮於役甘肅，觀中丞之辦理軍需、綏輯氓庶，益信傳家有素。而我世宗憲帝推恩所自，異數頻頒，洵非濫賞。今上龍飛乾隆二年秋，奉恩赴山右見公於官舍，德容道貌，誠中形外，睟如也。三年夏，余承乏安徽，中丞撫江蘇，公臨視之，九月誕辰，稱觴于署，余亦遣祝。今春正月，聞恩假中丞歸省之命，知公疾篤，緘書問訊，而公卒。中丞已歸，余不勝悲悼，遣使祭奠。秋，得中丞劄並函行述一冊，乞銘其墓石，余雖不文，其何敢辭？

公諱士正，字介庵，歸德府虞城人也。生而穎異，能文章，弱冠補弟子員，旋食餼，未幾，登賢書，就光州學政。見光州學荒，倡議捐修，學校一新，課諸生，多所成就。適州有襄陽運米及丈量地事，賴公調劑，各當所，保全者甚大。升任山東利津知縣，時利津災歉七年，前令匿不報，民多流離逃竄，村市為墟。公蒞任，即具詳上司，再三陳請，始得減災。逾期而具題，一時依附利津同報者二十三州縣，為公撫恤招徠，殫心竭力，戴月披星，身不辭瘁，民慶更生。遂丁父艱，回籍，利民號泣送者至數百里外。服除，補江南含山知縣。其邑頗近淳，公與民休息，不勞而理。突有陳和尚者，挾妖術鼓眾，公相機撲滅，殲其首惡，不株連一人，合邑生祠供奉。旋兼攝和州，纂治和如治含，前故牧虧空銀米六千有餘，公念其母老子幼，為之追逋勸告募，並以一歲耗餘雜稅等項悉為彌補，後捐資治裝送回，和人皆多公之德。政成報最，調繁上海。

上海素稱劇邑，有命盜數十案拖而未結，獄鋪填溢滿泱，數旬之間，察冤摘□，審讞定擬，隨詳憲結案，釋放寧家者五百餘人，囹圄一空。至於救災、審丁、靖地方、培士類，則尤其政之表表者也。而上民之謳敬，大略與含、和相等。當是時，張清恪公伯行撫吳，稱為治第一，將入薦列，值新任制軍與張公不協，以公為張公同鄉忌之，適奏銷漕項，分數不足，例會降調，張公欲會疏保留，制軍不允，遂解任。張公因延至署中，替理政務，逾時回籍。制軍張公互訐，復牽涉赴江南，質審久之始雪。公遂絕意仕宦，怡情丘壑，上事劉太夫人，下勸課諸子。劉太夫人年最高，公晨夕色養者幾二十幾年，丁母艱，公壽已逾古稀，哀號悲痛，執禮不異前喪。既而伯子任西曹，議獄明允，仲子品端才贍，選裕州司訓，以公年高終養不仕，季子開府西陲，正值軍興之際，外攘內安，庶績咸熙。世宗憲皇帝深嘉中丞之多俾多孝，作忠者知盡忠，即以盡孝。於是榮寵稠疊，珍物頻仍，六七年間，欽賜御書福字、人參、貂皮、寧紬手爐，錠子藥果、干奶、干夏果、貢扇、香囊。前後繹繹先諭留撫署，以全公私兩盡之道。越二歲，公歸里，年登八十，特封公如中丞官，並及三代，又傳旨詢問家居狀貌甚悉，又特諭河東總督不時令人存問，該府縣留心優待，其餘因便垂詞者不一而足。

嗚呼，公之叼受皇恩，可謂至矣，扼於前者享於後，有大德者享大壽，其食報為何如耶？

公邃於學問，沉酣經史，偶作詩，古文有大家風格，而不自表。暴性至孝，善體親意，撫諸叔遺孤，皆成立。待胞弟太學生士弘、士孝、士捷友愛甚眾，婚姻喪葬，悉為經理，糧稅不能完者代輸之，當以為常。至於築河堤、城堤，修學校、奎樓、普及堂等類，皆公家居隨在飭德也。歿之日，遠近人莫不涕泣悲哀，其所以感之者深矣。

公生於順治十二年九月十二日子時，卒於乾隆四年正月初九日卯時，享壽八十有七。康熙戊午科舉人，初任光州學政，升授山東利津縣知縣，再補江南含山縣知縣，敕授文林郎，調上海縣知縣，加一級，累封光祿大夫、甘肅巡撫、都察院右副都御史、加五級紀錄三次。祖諱騰龍，明季文學。父諱琦，邑庠生，皆以中丞貴，贈官如故。祖妣張氏，前妣王氏、李氏皆贈一品夫人，妣劉氏，累封至二品夫人，贈一品夫人。配范氏、有淑德、助理家政、訓子義方、累封至恭人，贈一品夫人。子三，長宣，辛卯科舉人，由邑令升至刑部貴州司員外郎。次寅，廩貢，授裕州訓導；次容，辛卯科人，由邑令仕至甘肅、江蘇兩省巡撫。孫五：履成，宣出；履乾、履壯、履綏，寅出；履謙，容出。女三，孫女七、今卜於乾隆四年己未十一月十三日，合葬於虞縣甘南里之新阡。

銘曰：謂天蓋悠，何不可期？果豐而德，食報詎遲。猗與許公，孝慈孔儀，早登賢書，克堪光師。遷任利津，民免阻饑。曆含攝和，牧恬彼嬉，再調上海，五載孜孜，廉於著稱。清恪歎之，清恪歎之！適遭數奇，解組歸田，更跨險戲，惟險既夷。惟德有遺，出忠入孝，垂基丕丕，司訓繼孝，司寇展慈。季子中丞，宣力邊陲，帝嘉其勤。原厥自來，溫綸屢降，疊錫珍奇。褒崇其封，龍章焜施，觀者太息。莫不可曰，宜優遊里，樹德益滋。大化難挽，箕尾遂騎。滿路揮淚，生榮死悲。甘南之裏，佳城在茲。敬志片石，實非諛辭。

（銘原存單縣大王莊許宣公後裔家中，現存河南虞城三莊集。 王興亞）

重建文光閣記

邑人袁去怠

嘗謂迎祥迓福之說，儒者所不道。然亦有事為闔邑禍福所關，雖為之而非涉一己之私，更有意重然諾，不以死生二心而務慰亡友之魂於地下者，此其事皆可傳而表而誌之，亦足以懲澆而勸善。

虞邑西關舊有關聖閣，址西向。歲壬午，邑侯程公指謂邑人曰："此閣稍為變置，大有益於文風。"因東向闢一門，供文昌帝君於其上，易其名曰"文光閣"。遙與城上奎樓相映。是科鄉試果獲雋三人。嗣是而數科更盛。豈適際其會耶，抑果有風水之可憑耶！自乙巳歲，不戒於火，閣遂廢，而科名亦漸減。孝廉耿君之旼，素善堪輿術，每過其地，輒欷戲感嘆，欲重脩而力有不能。謀之人，又鮮應者。未幾，疾作，猶諄諄道此事，不去口。太學范君繼芳慰之曰："子盍為疏以募，吾當為子佐。"耿君躍然起，遂自為文。其大畧云：邑西方沐浴之位，大河直來沖射，不有閣以鎮之，必致居民星散，風俗頹靡。纍纍數百言，肫摯懇切。夫何事未就，而耿君卒。范君體其意，遂毅然獨任，旦晝經營，雖盛暑弗輟。或有詰之者曰："子亦惑於地理耶？"范君曰："不然。此事起於耿君，而吾許助之矣。此閣一日不就，彼之目應一日不瞑。吾非為禍福計，期無負吾友於死後耳。"余聞其事而喟然曰：善哉！二君之均不可歿也。世情但圖便已，罔知利物，當前誓約，轉眼背棄。耿昌淡泊終身，所居不蔽風雨，至有關閭邑休咎事，則日夜憂思急謀，所以成之，而至死不忘。范君成亡友之志，一語相諾，遂不憚盡心竭力，期不負所約，則其平日之存心制行，不愧幽獨，不欺暗室，不概可知耶！先儒有言："苟存心於利物於人，必有所濟。"又曰："學者以忠信不欺為本。"耿君心乎濟人者也。范君信乎亡友者也。兩君之所為，皆幾於道矣。以此鼓人心而勵風俗，事之可傳孰大於是。至堪輿家迎祥迓福之說，或有或無，故置勿論可也。

（文見乾隆《虞城縣志》卷八《藝文志》。馬懷雲）

開濬引河記

閤邑士民

從來朝廷之興作，必上與下之情相孚而無間，而後踴躍歡呼，不疾而自速。虞邑馬家坊河勢南浸，直衝大堤，連年為地方之累者，難以言狀。但其勢自東北而西南，迤邐東南復繞西北，一灣數十里，形如稱鉤。其北面之不相接者僅二里許，一開引河，則東西自可直射。前官斯土者未嘗不屢有是議，而卒無成局。幸河院大人洞若觀火，乃於乾隆六年春，發帑銀九千七百九十五兩七錢三分五厘，委官挖濬。時令是邑者為泰興蔣公。公自涖虞也，以光明磊落之胸懷，凡所舉動，不啻洞開重門與閤邑共見，虞人之依之也，亦如赤子之信其父母。工興之日，公果一照所領帑金按數分給，至官吏食用等項，則悉捐己俸以給之。而又常臨工次，不時慰勞，是以供役者如子趨父事。迨工之竣也，報賽神功，當萬目共瞻之際，公復對神自誓，曰以朝廷之帑，勞萬民之力，其或有絲毫入己者，神必殛之。聞者無不感激泣下，以為清白如我公，可謂至矣。嗣是，倘更有役使而或不盡心竭力，以相與有成，豈尚有人心哉！竊念虞濱大河，修築挑濬之役，往往而有第。往昔主其事者於未經分帑之時，先開無數名目，按數扣除，而又管工者有費，催督者有費，更於分工收工之際，有漕尺銅尺之異。其制以致應募夫役賠累不堪，雖未嘗不隱忍甘受，而或不免道路之以目。惟於公之濬河也，則不惟絕無怨言而且歌聲載道。豈昔日之民頑，而今日之民馴耶？蓋緣公坦直率物，既有以信乎於平日，而是役也，自始至終又復一塵不染。誠之至者，信及豚魚，於公見之矣！使長民者而盡如公也，則虞封十四里不永為忠順不失之民也哉。

公諱光祖，字振裘，江南泰興縣拔貢。

乾隆七年春三月望日。

（文見乾隆《虞城縣志》卷八《藝文志》。馬懷雲）

重濬惠民溝記

知縣蔣光祖

《周禮‧夏官》掌固掌脩城郭溝池，樹渠之固。蓋古言水利，必曰溝渠。凡以儲水，亦以洩水者也。虞邑濱黃河之南，地處窪下，東南尤甚。每霪潦為患，民不能畊。前代萬曆間，曾開溝一道，以洩水勢，獲享其利，歲久淤塞。至本朝康熙二十九年，李公仲極詳請疏濬，令東鄉有地之家，計畝均工，定期蕆事，跡仍其舊。得溥於前，錫以嘉名。此惠民溝之所由稱也。未幾，而城之西南北各開小溝，均由東注，惠民溝遂匯衆流，漫溢不能容納。東南水勢，日益浩瀚，農其魚矣。惠民者且為厲民矣。前任上虞張公憫其苦，從衆議，開支溝一道，以分其湍。又不蕆於事，下流未透支溝之水，且倒灌以入惠民溝，而惠民溝之漫溢，且有若為狼狽以助其沮洳墊溺之勢，左右民田，不惟秋雨生魚禾頭欲耳，而二麥且間諸水濱，終歲之計，無孑遺矣。此余蒞任，而紳士耆庶亟亟以開濬請也。顧格於例，屢請動帑，無項可支，乃從糧憲胡公、巡憲金公命，勸諭士庶，量地出夫，如前李公之舉。第李公偏勸東南，今則統論四境，以通邑之水有攸歸，而其為惠均也。爰具詳撫河兩院，均蒙嘉許，併請熟於工程前虞城二尹屠公禹門董其事。由是惠民溝自趙家橋起，至於溝尾止，長四千五百一十五丈，支溝自劉家莊起，至橫河止，長一千一百八十丈，二共估溝面溝底計土四萬五千一百七十五方，共需夫銀三千一百六十餘金，皆出衆力，踴躍趨事，里糧供饋，畚鍤如雲。而屠公又精於相度，勤於董率，紓者直之，怠者作之。不兩月而工竣。於是，寬深如式，下流迅便，支溝既道其道，而惠民溝益利其利矣。嗣是虞邑匪惟東南，即四境均無水患矣乎。夫用天之道，因民之利，民事之要也。難與慮始，可與樂成，民俗之恒也。茲役也，初亦慮其重勞吾民，卒之勸諭甫加，鼓歌從事，真所謂下其令如流水者。余豈敢為倡率之有方乎！良亦吾民趨事之誠，急公之衆，殊有合於鼖鼓弗勝之意，故夫夥工繁不以為病，且以為樂，而贏糧影從如是也，是烏可不記，以垂不朽。抑余尤有念者，政舉非難，宜民為難，樂成匪易，可繼尤不易。今茲二溝之疏濬，其相與有成也，固足以惠吾民矣。而莫為之前，雖美弗彰；莫為之後，雖勝弗傳。繼自今倘無鼓舞而勸導之者，為之踵事而增華，則今之宣洩暢流，為民之惠者，寧保其不復壅淤漫溢如昔之為民厲也哉！是尤宜紀其本末，以俟後之長民者深思《周禮》掌固之義，切於溝池樹渠之政，以時勸相不忘開濬，庶利在一時，即可傳於後世。而為吾民惠不又多乎哉！記成，因繫以詞曰：

溝水潺潺，民惠無邊。伊誰之賜，爾力斯前。以疏以瀹，用祈有年。凡我同人，宜戒勿諼。悅以勞民，快如轉圜。立此片石，利我大田。

乾隆七年。

（文見乾隆《虞城縣志》卷八《藝文志》。馬懷雲）

重脩城隍廟碑記

知縣蔣光祖

　　天下事可已而不已者，妄也；可為而不為者，怠也。何謂可已不為而安焉者是也。何謂可為不為而不安者是也。如余於虞邑脩城隍廟之舉，竊以是自審已。夫隍廟之關於邑，載在祀典，徧於郡國，有民有社，振古為鉅，不待辯說而明矣。

　　余庚申冬，自鼓山調綸城。兩日，謁廟，見其廨宇傾頹，垣墉剝蝕，瓦礫而荊榛者，徧目中也。心惻然動，怦怦其不寧，即思有以新之。顧以涖任伊始，未遑卒舉。踰年秋，始諗諸邑紳士捐俸以倡，共爼厥賞。諸紳士僉曰可。於是，不日鳩工，而其間顧忽有詒予以中輟者，余領之而竊哂之曰：是何為者耶，是可為者耶，是或可已而不已，抑屬可為而不為者耶！如可已也，則以民社之所關，祀典之所係，而可聽其委於荊榛瓦礫也！如不可已也，則是必不可不為也。則是吾民水旱蟲蝗之所必禱而禳，善惡彰癉，陰陽相協之所必憑而依也。而顧可聽其廨宇傾頹，垣墉剝蝕而荊榛焉，而瓦礫焉，而群相安於冥冥夢夢之際也哉！余竊滋懼矣。懼夫妄焉者不敢為也。尤懼夫怠焉者不敢安也。謬司茲土，神人攸寄，睹茲當為者而不為，褻吾神也乎，即慢吾民也已矣。念敬我衆之謂何而顧自安於怠若是也。於是，不敢居夫怠之實，而并甘受夫妄之名，毅然首事，衆力勷之，而落其成。肇脩於壬戌之春，告竣於癸亥之夏。舊宇煥然增新，且東西各增抱廈三楹，面北特增戲樓三楹，又於寢殿旁，拓其屋舍，以棲廟祝。約費貲八百餘金，需時一歲有零。其事因而實同於創者如是也。凡余之不敢安於怠，可為而必為，不同於可已而不已者，又如是也。姑攄其本末，以紀於石。至其倡率之殷，則比部許君、黃門耿君之力居多。而綜理之有法，則劉紳果，范紳繼芳，李紳學載、學軾，楊生格也。分任之得人，則袁生去怠、耿生履中、劉生歧、范生永春暨耿紳興宗也。若夫善念攸同，共勷厥事，例得牽連以書，則皆鐫其名於碑之陰。

　　乾隆八年。

（文見乾隆《虞城縣志》卷八《藝文志》。馬懷雲）

耿都諫諱大烈字承武德惠碑

　　昔魯穆叔公之論三不朽曰："太上立德，其次立功，其次立言。"然有德者，其行端。行端者，功自著。有德者，其心正。心正者，言自彰。若是乎功之所垂，言之所發，莫非德之所見也。夫德者蘊之於心，備之於身，固非言之所能名也。故以之立朝則霖雨天下，以之在野則澤流桑梓，其生也惠及當世，其沒也愛留人心。千百世下，聞其風者，猶將流連慨想之，況身親沐浴其德者乎！

　　吾邑都諫耿公，科第世家，生而端方，當其初掇巍科而家居也，填黃堌壩，河工緊急，公即力陳於當事，民無擾累，而事獲終濟。雍正四年秋，待賓寺河漲，大堤已潰，護堤幾決。公率數百夫黑夜冒雨而往，極力壅堵，而邑之人得以無恙。是其德澤之及人，當匡居時已見矣。迨後由郎擢臺端，轉諫垣，利無不興，弊無不革，一時有鐵面冰心之目焉。吾儕鄉民亦未能歷道其詳也。及抽簪歸里，栽花種竹，以娛餘年，而於生民之休戚，又未嘗不在念。乾隆六年，開挖馬家坊河，引流而北。時邑侯初蒞虞，詢訪舊例，咸云虞事也，應以虞民。公獨極言利弊，反覆詳明，乃顧夫以成大工。其惜民力也又如此。先是乾隆五年，霖雨為災，至春月，糧價騰貴。公輸金數百，為闔邑倡，減價平糶，窮民賴以存活。是以十一年災，仍準故事而行。時公己沒，而其嗣體先人之志，復捐金以助之。是虞之人民不但食其德於前，而且沐其澤於身後矣。嗚乎！公之德不能殫此數端，公德無非功，言無非德，又何必分德與功與言而三之哉！古所稱鄉先生沒可祭於社者，非公其誰歟！今公己往，恨不能長留於世，以為吾民福。然德之在人耳目，固已彰彰若是，豈身被之而反忘之也耶。爰勒諸石，以垂不朽，並誌姓名，以示共相感德意云。

時乾隆十三年闔邑鄉民立。

（文見光緒《虞城縣志》卷九《藝文志》。馬懷雲）

重修奎星樓記

知縣龔一發

《傳》曰："有其舉之，莫敢廢也。"況克合乎興賢育才之意，而不涉於迎祥邀福之謀，尤創建之所必及，而為有司所時宜修葺者乎！余蒞虞三年，於城東南隅，見有巍然曰奎樓者，志傳邑紳許士正等移建於此，而邑中科第遂盛。夫科第盛於人文，豈崇建奎樓遂能致茲祥乎？然堪輿家往往有是說。粵考奎在西方，為二十八宿之一，祭法幽宗，與五宮夜明，同列祀典。奎星，古有成文矣。又《孝經·援神契》云："奎主文昌。"《春秋合誠圖》云："奎主武庫。"我國家至治光昭，英賢蔚起，開文、武兩科以造士。天下郡縣學校修舉外，率自奎閣及文昌宮，是亦欲興育賢才，使科甲聯翩鵲起也。茲樓歷有年所，漸以破壞，而是年為鄉試之年，予懼士之頻年困於災祲，無以鼓其志氣而振其耳目也，因捐為多士倡修，亦鼓舞之一端。與榜揭，邑中領鄉薦者文三武二。邑人士以為，是宜記以垂後，故記之。吾嘗讀《易》曰："自天祐之，吉無不利。"子曰："祐者助也。"天之所助者，順也。人之所助者，信也。履信思乎順又以尚賢也。是以自天祐之，吉無不利。又曰："公用射隼於高墉之上，獲之無不利。"子曰："隼者，禽也。弓矢者，器也。射之者，人也。"君子藏器於身，待時而動，何不利之，有動而括，是以出而有獲，語成器而動者也。多士伏而誦之，可以知決科之所自，毋徒恃乎星家之說焉，可也。

乾隆二十六年。

（文見光緒《虞城縣志》卷九《藝文志》。馬懷雲）

重修城隍廟碑文

邑人知縣劉夢熊

昔聖王之治天下也，明則有禮樂，幽則有鬼神。禮樂所以化民，鬼神實所以庇民。治明治幽，原無二理。其在《易》曰："先王以神道設教，而天下服。"況彰癉立極，尤專為一方之保障乎！故服其教者，從而繪之，從而象之，從而裝塑俎豆之，使人瞻仰悚然動其誠心，凜然戢其泆志。是以猛悍抗頑之徒，不懼王法，不畏父兄，不尊師長，有甫入廟垣，頓生惶恐，汗流浹背，却步而疾走者。則夫三代而後，人之所以遷善去惡，正賴此為之警覺也。吾虞城隍神廟，歲時歷久，風雨漂搖，瓦解木摧，金脫漆敗。客歲仲夏，住持本貞有志重修，懇請首事，募化四方，鳩工庀材，諏吉舉事。前殿後宮，兩廊齋房，以及戲樓、山門，次第修整，仍復觀主神昭著於上，諸神羅列於旁，而榱桷翼如，而法像儼如，而戈甲森如，而鐘鼓皇如，有洋洋如在之思焉。茲落成立石，求余一言，以示不朽。余曰：噫嘻，人之所靳者財與力耳。愛財惜力，有督責迫索，而私且吝者。是役也，非有督責迫索之勢，而勸功樂事，獨不日成之，何哉？蓋由香祖周縣尊樂善不倦，有以昌於前，凡紳士商民孰不效於後！余忝荷絣襹諸君同志者，承流順化，不啻草偃之從風焉。爰拜手而進言曰：猗歟，休哉！上之化民也深於命，民之效上也捷於令。行見廟貌巍然，威靈依然，降祥降殃，昭然不爽，為善為惡，終有攸歸矣。因不辭譾陋，為之記。

道光二十二年。

（文見光緒《虞城縣志》卷九《藝文志》。馬懷雲）

增修古虞書院記

知縣郝文光

虞有書院，昉自前任龔公。作人之盛效已彰於前矣。余下車，見其年久傾圮，因思是人才之所自出也，不可以不葺，遂捐廉修之。又買院旁廢宅一區，增而廣之。邑之人士各輸資助工，諸生遂公舉文生武安亭董其成，廩生胡連元、張惪滀，文生朱心田、劉惕恒、裴勉等，又相與竭力襄成之，不數月而功以竣。於是，講藝之堂，栖士之舍，息游之亭，煥然也。竊惟書院之設，仿古黨庠術序之教焉。庠序之中，以仁義忠和之德為之本，以孝友婣睦任恤為之用，其行之，有釋菜、養老、射鄉以習其禮，有羽籥干戈、受成獻馘，以廣其才。又有父師、少師董其事。故今日立身之法悉備，異日居官之道兼該，此人才之所以成也。今書院之教，重在文，制藝為先，詩賦次之，疑稍異於古。顧異者其法，而不異者其道也。蓋制藝代聖賢立言，非有學識者不能為，非深於理者不能為，非融貫於《五經》、《三傳》，史漢百家，為之亦未易工也。故其文之粹者，必熟於古先聖哲之道，必精於濂、洛、關、閩之學。熟其道，精其學，是即古仁義中和之德所為聚也，是即古孝友媚睦、任恤之行所為明也，不必習乎釋菜養老射鄉之禮，而善讀書者，必有養氣之功焉。不必講乎羽籥干戈，受成獻馘之儀，而明其意者，自有幹濟之才焉。本末兼澈，知行相資，行見今之學者，處可為博洽之儒，出則為循良之臣矣。人才之成，其異於古耶，其不異於古耶！韓文懿公有云："學制藝當視為性命之事"，其知之深矣。虞之書院功既竣，諸生請記。余何以勗諸生哉？即以人皆知制藝為詞章之末，而不知其所本者大也，特為明。夫古今之學之所以同，而人才之成，今實不異於古者，以為諸生勸。庶諸生肄業其中，見道於文，有以繼龔公作人之始焉。此余之所厚望也。是為記。

（文見光緒《虞城縣志》卷九《藝文志》。馬懷雲）

修文昌宮碑記

邑人歲貢劉銘琛

嘗考《丹桂籍》有云：文武紳衿及衣食富足之人，皆自元関而來。元関者，文星聚會之所也。善根厚者，死則收其靈氣於元関；善積多者，生亦發胎原於元関。天道福善，元関即善人，死生出入之関也。綸城羣廟，器宇宏敞，尚屬可觀。惟太乙位次，舊立文昌宮一座，祇設正殿，並無配房、垣墉。數十年因陋就簡，未嘗增其式廓者，以倡始之無人也。邑侯陳縣尊下車以來，先成民而後致力於神，召琛等而謂之曰：帝君掌天下文衡，祀典所載，禮儀優隆，斷不可苟且從事於其間。本縣欲廣其規模，先捐廉百串為倡，以作基費爾，諸君其圖之。時有高君峒、潘君正經、范君業五、蔡君虞華、劉君世安、耿君金昂、李君慶有、琛亦濫叨吹竽。琛等感邑侯之言，知邑侯之意，其政重文教孰如斯，其敦崇正學孰如斯，其追念前聖，佑啟後人又孰如斯。當即恪修寸牘，募化同人，鳩工庀材，諏吉舉事。正殿仍其舊址，於榱桷板檻之腐黑者葺之。蓋瓦級甎之破壞者補之，赤白之漫淡不鮮者鉩之。正殿前重修捲棚，以為春秋大祭、朔望拈香行禮之地。正殿北建修三代祠三間，外又高其門閭，厚其垣牆。月餘之間，煥然一新。豈非賢邑侯倡始之力歟。《詩》曰："有其舉之，莫敢廢也。"又曰："莫為之前，雖善弗彰；莫為之後，雖盛弗傳。"是役也，邑侯重義輕財，琛等亦共襄斯舉，庶幾無棄前人，無廢後觀。工既竣，邑侯以豢飲，復命琛等為文。噫噫！琛等鄙陋無知，幸得事之落成，竊喜載名其上，附諸君後有榮耀焉。因不辭公命，謹將事之始終，以為之記。

（文見光緒《虞城縣志》卷九《藝文志》。馬懷雲）

重修虞城縣碑

邑人歲貢劉銘琛

夫天下事，莫不成於人力，而必視乎人之心與人之氣，何則千萬人而舉一事，力無不足也。其事之成與否，於人心之聚散驗之，其成事之速與否，於人氣之盛衰決之。未事之先，而夐然以為難者，非必其果難也，人心之不一故也。臨事之際，而勉然以相從者，非必不樂從也，人氣之不振故也。而其心之一與氣之振，要在撫之者之平日，有以感其心而作其氣，使人人有必不容已之心，而有必不可遏之氣，故其於事可以一鼓而成。天下事大抵皆然。而虞邑之修城，其一驗也。

夫虞邑為豫省邊隅，風俗樸拙，人心平善，大率安於由舊，難於圖新。故斯城自康熙三十年前邑侯李公仲極倡修，雍正八年張公元鑑補修，乾隆二十六年龔公一發重修以來，迄今又歷百年，門樓之傾圮，雉堞之坍塌，莫甚於斯。卒未有一人焉為修城計者，無他，人心之不一，而氣之不振故耳。不然，干戈之擾攘，閭閻之荼毒，已數年矣。而斯城何獨修於邑侯李公之手乎？公江南碩彥，豫省名員。其為人也，才高而性敏，有瞻略，其勤勞尤人所莫及。每有警則率兵役，統鄉團，親冒矢石而為士卒先，以禦賊於百里之外。無事則思患預防，整飭保甲，往往無寢食暇。邑之人感其德政，其愛之如父母，而歸之如流水。邑侯因延約司教張公金相、司訓田公春澤、千戎江公維寬、少尉陳公明誠，招集城鄉紳民，首先捐銀，以為之倡。夫教之化民也深於命，民之效上也捷於令。邑侯憂民之憂，誰不自憂其憂乎？於是，富者出資，貧者出力，諏吉舉事，百堵齊興，相與勇躍爭先，不期月而垣墉聿新。而邑侯惟朝夕巡視，指畫而獎勵之，真如家人父子之營其室也。《語》云："上好禮，則民易使。"《詩》曰："庶民攻之，不日成之。經始勿亟，庶民子來。"其信然乎，其信然乎！琛學淺才疏，忝襄厥事。工既竣，僉囑琛為文。嘻！琛豈能文者。惟見此城功之易且速，而有上下一體，萬民一家之象，遂欣然而為之記。而亦自忘其詞之譾陋云。

咸豐十一年。

(文見光緒《虞城縣志》卷九《藝文志》。馬懷雲)

闔邑紳民感恩碑記

邑人歲貢劉銘琛

今夫興利去弊，為政之大端也。凡政之興也，其始莫不甚利。迨行之既久，每流而為弊也。此前之人所不及料也。即明知之，久則變，亦斷不能預為之防。惟有聽之氣數，以俟後之君子為之補救而已。即大而言之，三代聖王之政，可謂盡善美，而其後亦代有損益者。時勢有變遷，人事之不齊也，而況蕞爾之一邑乎！虞邑為豫省偏隅，原無民間支車章程，惟乾隆二十六年修築城垣，運載土木，需多車輛，邑宰因於邑之富民，按地借車，以成此舉。邑之人以為利於一邑之事，故無不樂從。因而造具清冊，事後遂存於縣。而其時亦不料其有弊也。嗣後，凡用車輛，則按冊以招，於是，弊竇叢生，而大不利於民。

邑侯李公下車以來，即以興利去弊為務，深體民間疾苦，而知此事之大有弊也。因執斯冊，招集邑人而告之曰："此事之在當時，原屬權變之法，彷而行之，遂滋弊矣。予不忍復蹈舊轍，以遺害於爾萬姓。"遂立焚於眾人之前，以示永無斯弊之意。而邑人大悅，厥後即有軍需所用車輛，無不發價顧覓，概不出於民。嗚乎！公誠實心愛民者哉！公之善政，不可枚舉，而此則其一端也。邑之人感其恩惠既深，遂勒之於石，以誌不忘，且相聚而為之歌曰：

邑侯來兮我心喜，邑侯在兮我害已。我視邑侯兮真父母，邑侯視兮屬毛裹。毛裹之恩兮不可忘，永勒石刻兮炳天章。弊絕風清兮成善政，虞民從此兮樂平康。

公名瀛，字仙洲，號蓬撫，金陵上元人。

（文見光緒《虞城縣志》卷九《藝文志》。馬懷雲）

忠親王碑記

知縣劉塏敏

凡有功德及民，而民歌頌之，思馨香以報之者，人情也。然功德有難枚舉，惟即身所親受，目所及睹者，畧陳梗概，以誌不忘焉耳。維忠親王精心孤詣，掃蕩羣醜，一縷丹忱，千秋青史，詩歌傳文人之口，俎豆抒野老之誠，祠堂之建立，固有指不勝屈者，而我虞民之所極不能忘，則在金樓一役。稽金樓地隸商邱，在邑南三十里許。咸豐十一年，教匪部逆起，煽惑鄉愚，潛通蒙、亳捻匪，互相盤踞其中，蹂躪我土地，擾害我閭閻。四鄉百姓紛集城中，城門戒嚴，晝夜環守，農廢播種，幾不聊生。同治元年正月二十二日，聞王爺大兵南下，縣令楊公印修田率紳民等焚香叩迎百里以外，駐紮馬牧集。維時虞民羣效輸將，米麵草料，備供要需，遣車運送，絡繹不絕，固不啻百萬餘斤也。而王爺愛民之心，時流露於詞色之間，相見輒慰勞之，如家人父子之親，至今猶藉藉人口不替云。迨至金樓既破，乘勝以誅張苗等逆，遠近肅清，黎民安堵如故，則王爺之功德，不已繫諸寤寐，使民不能忘乎？惜也，虞地瘠苦，本宜卜地建祠，奈需費浩繁，力不能及，因預設神位於公善局，虔心供奉，按時致祭，俟有項可籌，再為敬建專祠，以報功德於永遠。故特刻石以誌之。萬一不能逮志，猶望後之人感於斯文，追念舊德，奮然興起，營謀建修，以補其闕焉耳。是為記。

同治元年。

（文見光緒《虞城縣志》卷九《藝文志》。馬懷雲）

籌建古虞書院經費記

知縣杜傑魁

虞邑風俗古僕，人知尚義，庠序之間，英俊尤多。所謂彬彬之風，亞於鄒、魯者也。歷朝豐功偉績載之邑乘者，代不乏人。近年兵燹頻仍，科第寥寥。然則廣功名之路，宏汲引之方，思所以振興而激勵之，誠宰官之責也。余自庚午春，由西平調署茲邑，集生童於署扃試之，才思卓越，可造者甚夥。於是，按月督課，面為提撕，凡以崇學校，培士氣，育人材，勖之以端方，策之以進取，諸生皆爭自琢磨，已見蒸蒸日上矣。

舊有古虞書院一座，房宇寬闊，膏獎乏資，躊躇久之。查向來官莊地十二頃餘，歸入書院，地皆歉薄，每年獲租不滿二百緡，未能符用。又查沿河廢堤柳行官地，自乾河文武員弁裁撤後，經大憲奏明，歸地方官招佃納租，按則升科，迭飭委員勘丈在案，辦未就緒。余蒞任以來，督帶官中書役，親詣丈量招租，五閱月而始蕆事。仿照前任胡令原稟數目，計獲十二頃七十餘畝，每畝納租錢三百二百文不等，約收租三百千有奇。通稟上憲，歸入書院，作為經費，均蒙批准立案。合之官莊地共收租五百餘緡。從此，延請山長，膏獎生童，藉有資矣。辛未春，余將回任，環顧諸生，不忍去，為之紀其顛末。由是文明日啟，多士咸有志竟成，掇巍科，登顯仕，為國家有用之材，副聖天子菁莪棫樸之化，未始不於此肇其端也。後之君子，顧名思義，日增月益，必有培養遞加於無已者，俾思舉行之歷久無替也，則幸甚。

同治九年。

（文見光緒《虞城縣志》卷九《藝文志》。馬懷雲）

德政碑

邑人拔貢范更新

觀政知感，頌德不忘。編氓野老尚有同心，而況庠序之士哉！虞邑舊有古虞書院一座，士子肄業之地，實人才脫穎之區。前輩出其中者，功建當時，聲施後世，指不勝屈。然下之所成就，皆由上之所栽培。慨自龔、郝兩邑侯以後虛文，是襲實意終湮，相沿就衰，歷有年矣。邇來兵燹頻仍，頹廢益甚。自咸豐辛亥，迄同治丁卯科，入選無人，良足挽惜。庚午春，杜邑侯自西平來蒞茲邑，上體聖天子作人之雅意，他務未遑，以講學課士為兢兢，課藝呈閱，詳為斧政。一時肄業諸人爭自琢磨。是歲秋闈，遂有登科之驗焉。抑何效之神而捷乎，為虞邑慮者遠，故為虞邑謀者周。因將沿河廢堤柳行官地，稟請各大憲歸入書院，得地十二頃七十餘畝，收租三百千有奇，以為延請山長之資，並生童膏獎之費。其所以裁成而鼓勵之者，豈徒餂耳目之觀聽，邀愛士之虛名云爾哉。蓋將以實政實心與吾輩共數晨夕也。方欲仰荷甄陶，日進無疆，不意於今春奉上憲諭，調回原任，焦邑侯接篆任事。邑侯天津進士，肄業於天津書院，其得力於課藝者最多，故其經理乎課事者亦最密。乃為延請山長，以端傳授。每逢課士期，又親自招集生童，示以學術淵源，導以文章宗派，為吾輩指南至詳且悉。夫事經久廢之，後有人焉為之一振，而在下之精神，曷勝鼓舞，斯誠文人際遇之盛，而亦虞邑上達之機也，詎敢忘其所由來與！爰勒石以為之記。

同治九年。

（文見光緒《虞城縣志》卷九《藝文志》。馬懷雲）

重修城隍廟碑文

邑人同治壬戌科副貢胡文瀾

　　昔聖經有言曰：鬼神之為德，其盛矣乎，而能使人齊明承祭，洋洋乎如在其上，則城隍尊神其最著也。夫天生斯民，欲其為善也，而不能必其不為惡。是以星列棊布，各立方域。明則有宰吏以統轄之，而有刑有教節制之柄在公庭；幽則有鬼神以鑒臨之，而為彰為癉果報之權在冥府。我國家代天理物，以神道設教，建立殿宇，裝塑法像，俾遊斯地者目覩心警，知朝廷之法網易漏，冥默之鑒察難逃，懍然不敢為非，則人心賴以正，風俗賴以醇，其有俾於治化豈淺哉！然前人創之，後人修之，乃得永垂以不朽焉。緬自道光二十二年重修以來，迄今又數十年矣。正殿寢宮缺而不完，山門、戲樓危不可支，而廊房、教房皆已傾圮，是宜復重修時也。第工程甚大，時值兵荒，徒以住持之募化，領事之捐輸，必不能給。道會司張本貞謀之數年，未成而殞。竊嘆好善之無人，而重修之無望也。我邑侯蓮翁劉公樂善不倦，下車伊始，睹廟貌之寥落，早有志於繕修，慮經費之繁多，遂曲意以籌措，捐錢陸百餘仟，邀合紳士以董其成。設公善局，延請各村長，折節勸諭，隨心布施，共成善事。而各村亦莫不仰承上意，勇躍樂輸，於是，擇吉興作。局中劉錫嘏、高金松、席煥九、宋恩慶等，公同監修，鳩工庀材，仍舊更新，經年而功告竣焉。此雖人心秉懿之好，實我邑侯誠心好善，輕財樂施，有以倡感之耳。上有嘉德，下無違心，不誠然哉！

　　邑侯至誠感神，多獲福佑，其所以報施善人者，固不爽也。落成勒石，命余作序。余譾陋不能文，凡以錄其實而已。是為序。

（文見光緒《虞城縣志》卷九《藝文志》。馬懷雲）

重修奎星樓記

知縣劉堉敏

　　天之炳然常昭者，星也。胡然而狀以人？人為之，人之心為之，實人之心之靈為之。故夫奎星者，文明之象，而文教振興，科第連綿，胥兆乎此。而人靈之者，遂為之耳目手足，鑄金以事之，慮其未肖也，復為之握以斗，秉以筆，奇偉其狀而如蹈如舞，孑然特立者，人心之靈為之也。一人之心之靈，通乎千萬人之心之靈，靈與靈感，天下皆然，而像遂一成而不變。是以人心之靈，靈奎星之靈也。

　　余於丙子夏月，蒞任古虞，巡城至東南隅，見奎星樓過半坍塌，神像剝落，輒心傷焉。詢諸紳耆，謂自前年怪風飄搖，歲遇荒歉，未及鳩工云。繼與同寅教諭婁莆、訓導張清泰、典史賈寶譓、千總武呈祥,並山長新鄉縣教諭張壎等議重修,皆心焉期之,惜鉅款難籌也。孰知人之所欲,天必從之。旋謀諸紳士張鳳標、席煥九、楊勁節、孫以忠、朝賀勳等,竭力籌措,而功告竣,此固心之所乎,抑以靈之所感也。神靈矣,地亦靈,地靈而人亦傑焉。嗣後,人文蔚起,定有鍾靈於斯而名冠一時者,將徒歸功於奎星之靈乎!抑仍恃人心之靈有以靈之耳。覩斯樓者,庶無忘前人之心焉可。是為記。

光緒二年。

(文見光緒《虞城縣志》卷九《藝文志》。馬懷雲)

商均墓碑並序

知縣孫金鑑

余於光緒之二十有二年季秋,攝河南之虞城縣篆,暇閱邑乘,知其地有商均墓,在郭外西南三里。時以簿書倥傯,盜賊滋豐,未遑過訪。明年春,稍稍就理。適余戚錢君叔懋司鐸碭山。碭山去虞九十里,余執簡招之,遂率其長子過我談次,詢邑古蹟,以均墓對。乃於三月初六日,偕叔懋父子及周君牧菴、裘君沁川、大姪養吾謁之荒土一抔,有碑高七尺許,勒曰:"古虞帝子商均墓。"於時同人頗以為疑。余嘗攷《路史》,舜三妃娥皇無子,次妃女英生子義,均,三妃癸比生,女二。又攷《竹書紀年》:均於帝之二十九年封商,即商邱,商去虞七十里,虞之東北三十里有古綸邑,即虞君思之封少康者。思為均子,國不曰商而曰虞,蓋仍舜之舊號耳。總之,均封於商,今之虞城在均封內。均卒,葬此,則今墓之為均墓,固無可疑者。惟念均孟子雖目為不肖,然究不若丹朱之有實可徵,想由舜德如天,均既不肖,其如天之德,復值官天下之運不獲,竟賤帝位,後之人拘於迹,遂以不肖目之矣。噫,冤矣。然此不肖之壟亦猶諸陵之足以千秋,則均固自有不朽者在。而又歎後之重舜者,因而重均,益信舜德之足以及其子,而子之不肖,不過不肖乎舜,非後世之所謂不肖者所可藉口也。爰本此意,作長歌以弔之。歌曰:

天幬地載德夐絕,天成地平功尤烈。人縱有功德,孰與天地爭功。德縱絕殊,孰與舜禹埒虞延朱。

光緒二十二年季秋。

(文見光緒《虞城縣志》卷九《文志》。馬懷雲)

題詠權虞城孫刺史金鑑商均墓碑

訓導李書元

商均虞帝之胄子,傲虐迥非丹朱比。孟氏尚論偶相及,不肖名因成信史。吾聞知子莫如父,二字囂訟堯親語。有虞青宮無閒言,朋淫漫云均為伍。吁嗟乎重華聖德空後先,允難繼迷稱象賢。揖讓矧際官天下，遺憾千秋名競傳。獨不思禹猶避賢何爽德，一抔土剩悲荒域。嘖嘖胥歎不才子，問誰闡幽標特識。常州刺史孫伯樂，家學淵源才卓犖。一權虞城甫期月，崔苻患息頌聲作。公餘親訪均之墓，太息情深城西郭。鐫碑傳詠表均賢，論古識高詞落落。豈惟均感九泉下，前告古人後來者。我蒞斯土忝勷鐸，不圖東偏逢大雅。竊維簫韶象德莫殫奧，典樂有命夔何教。啟賢縱云能繼禹，易地亦將難為肖。均惟不肖舜愈顯，遜美歸善均且孝。弗敢有加儲子心，前星合輝天隱曜。我持此論質刺史，望古遙隼同憑弔。帝子何在稽有虞，湘靈瑟冷淚痕枯。繼繼繩繩保世祚，恒傳虞思暨陳胡。遐茲雲仍且食德，鬼豈餒而到帝儲。自今均墓碑屹立，虞城千古坿蒼梧。且不見象祠記成稱傑搆，翰墨昭昭金石壽。蒼涼荒塚樹貞珉，一體鴻文垂永久。嗟嗟！虞帝有弟亦有兒，墓借祠傳同不朽。

（文見光緒《虞城縣志》卷九《藝文志》。馬懷雲）

柘城縣

漢壽亭侯關公廟碑記

邑人王應昌

歷代建寺立祠，皆神道設教之意，容有事，設幻杳，儒者非之。唯漢壽亭侯關公，固人而神者也，又臣而神者也。其節著於西蜀，其心表於天日。生氣不磨，惟此扶漢一念。後世追尊以王，比隆於天，恐大非公意。公視天下猶然漢家之天下，故凡可爲社稷生民福者，禱無不應。其在柘，自成邑以來，水旱不為災者幾百載。頻年寇驚，鄰邑受其屠戮，而柘獨享安全，邑人感公之靈，尸而祝者，殆無虛日。去冬，人民雜居淫污祠旁，神實弗遑，焚正殿一楹。於是，邑之士大夫同心合力，不募化而廟貌重新，或謂棟宇屹然，真足以壯雄觀而為帝者居哉？予曰不然。謂之曰：帝非都城不以祠，非九楹不以居，禮行九獻，樂用八佾，惟天子得而祭之，而公固人而神者也，又臣而神者也。茅茨土階之風，亦可以妥神靈，澗溪沼沚之毛，亦足以昭忠信。故蘇子曰：神之在天地間也，譬如掘井得泉而曰水專在，是豈理也哉？予因而推廣其說曰：人之立祠，以享神也。譬如掘井得泉，而乃於此見水，是或一道也。

（文見光緒《柘城縣志》卷七《藝文志》。馬懷雲）

舊城關公廟碑記

邑人王應昌

漢前將軍關公，正氣於昭，累朝嘉賴，余既記之新城廟中，無何，故都人士亦重修公祠，應有記事之文，余其就地言之可乎！夫柘為朱襄氏故都，封建在唐虞以前。其在漢時，即不為公馬蹏所過，想亦為公顧念所及。乃自河伯為患，城社盡空，一切公廨神祠，無弗湮沒，乃獨於殘疆破宇之中，棟折垣傾之後，一綫香火，不絕於供，豈公之神，獨眷此一塊土而呵護之哉！正其正氣於昭，人心丕承，故一二子遺之家，猶能尸而祝之，謂非公之神有以呵護之不可，因是有感於古忠烈之臣，氣可貫虹，血可化碧。睢陽一守，完天日之節，朱襄一戰，寒逆奴之贍，無不當時依賴，後世尊奉若公者，心如青天白日，信如四時金石，歷代推崇已極，獨至我朝尊之以王，尊之以帝，尊之以天，雖豎夫牧子無不知為漢關公者，史曰："漢雖亡，猶凜凜有生氣。"信哉。

（文見光緒《柘城縣志》卷七《藝文志》。馬懷雲）

邑侯白公去思碑記

邑人周普

侯諱登明，號林九，遼東蓋州人。由貢士順治五年四月任，至十年三月，陞江南太倉州知州。公天性仁慈，操守清潔，培植良善，節制豪強，不逢迎上司，惟知軫恤荒殘，多方招撫。走遞馬匹，官衙自養，歲省里下數千金。加派河夫，力請停減，永滋民利億萬年。清查懸派地畝，則糧差有歸，不致獨累窮弱之氓。均分九鄉方位，則賦役惟平，盡革奸猾詭隱之弊。錢糧聽民自封，詞訟片言立剖。靜寇以安民，則村落無昏宵之警。驅惰以歸農，則荒蕪得倍蓰之穫。起解京邊錢糧，官差給費。從前賠累之憂，一旦消除。買辦接濟漕米，選擇廉謹。向來侵漁之弊，盡行劃斷。日用薪米平買，則市途商旅云集。兵馬獨力供應，則郊野雞犬安眠。兩次禱雨，隨時即降。禳解牛瘟，三日頓削。作養生童，捐修魁樓，廣設義學，申改鞘路，裁抑使客，以及省廚傳，緩催科，講鄉約，禁濫免，絕請託，惡逢迎，尤所難及。涖任五年，始終如一。淡泊寡欲，寧靜好學，退食之暇，手不停披，口不絕吟，誠百年僅見之循良，亦近今難覯之醇儒也。是以遊樂土者，萬口騰懽；攀南轅者，塞途灑涕。謹立豐碑，以永去思云。

順治十年。

（文見光緒《柘城縣志》卷七《藝文志》。馬懷雲）

勅封翰林院編修李公墓誌銘

永城人李天馥

宮贊，元振弟。予假五年，趣不起曰：吾父在，老矣。臣許國日方長，久之迫父命，乃一至闕。踰年輒疾，返，得旨，不信。宿去，曰："吾心動。"冒嚴寒，兼程。未幾，果以誥封編修。公訃至，哀辭乞誌銘，馥感之泣下。曰："鄉先生沒而名不彰，則後進者之責也。"矧予宗姓，何敢辭？按狀：

公諱豔松，字霖雨。其先洪洞人。五世祖山徙柘之白濟坡，家焉。傳本安公諱春，有潛德，生子三，而公長，魁梧穎異，喜讀書，世亂不成，去學劍，英偉有大畧。壬申歲，大河南北，寇數起，舉烽相望，柘人日夜驚。令朱君者，登陴而嘆曰："危哉柘，顧安所得與"計事者！父老以公名進。令即邀公衙舍，問守禦狀。公謝讓者再。令請益堅，乃畫方畧。密白令曰："賊自外至，易防耳，自內生者，難制。"陰察邑桀黠故與賊通者某某，屏城外，賊絕嚮導，遁去。總練某假聚眾自保而謀不軌，烏合萬餘人，椎牛馬，約日刦城庫。公偵知，密遣弟仲詐往降，悉得其謀，陰爲備。賊至，失利，邑賴安堵。及闖逆破大梁，屠掠全豫，千里絕炊烟。公奉母避濠梁，貫甲張弓，行兵火中，三遇，寇皆知公名，敬憚之，無所害。馥自丁酉里選，趣試百泉，下過黃河，眺睢陽、柘、溝之間青燐白沙，即聞邑里稱說公破賊事，曰："吾宗有長德而武，且其子也才。"又三年，宮贊果舉於鄉。明年甲辰，廷對一甲第二人。先是，吾鄉甲戌以一甲顯者有湛蓼劉公，至是又三十年而得宮贊，鄉人籍稱之。馥蓋知其有所自也。

公自六歲嬉戲，聞里舍書聲輒竚聽，移時不去，歸則忽忽不樂。母孫夫人怪之，曰："兒志欲讀書耳。"本安公曰："惜吾家貧，不能成爾志。"歲稔，勉就外舍，期月誦《孝經》、《小學》，兩論章句，解大意。無何，父卒遭喪亂，不竟，而大有造於其鄉。且公課宮贊讀，每掩卷悲咽，曰："吾不獲成名慰吾親，兒勉力不患不成名，而吾父究不及見。"因失聲不自禁。宮贊之以一甲顯其親也，公之貽矣。歲辛亥，恭遇覃恩，封文林郎、內翰林宏文院編修。時宮贊在翰林，數馳書誡曰："吾世貧賤，荷主上恩，宜勤修職業，君親僚友間，惟至誠可行。"馥親奉其教，言如昨日，而今已矣。

公孝友，不與世忤，而遇事敢為。兩弟早歿，撫遺孤如己子。晚受封，布衣蔬食，於窮親故舊盡欵洽，間有逝者，悲悼經旬不置。建橋梁，施穀賑歉，助宗黨婚葬無虛歲。郡邑延請鄉飲大賓凡十數，公僅一再赴。彌留之夕，訓子若孫曰："為正人，行正事而已，他無所及。"嗚呼！公誠嵩洛之賢者耶。少有感慨，節俠之行而折衷於道義，宜乎！宮贊之興未艾矣。子三：元振，甲辰科進士，現任左春坊左贊善兼翰林院檢討；元熠，貢生；元起，廩膳生員。孫男二：繼文，廩膳生員；繼修，廩膳生員。銘曰：

少室之旁，大河之曲。高原者誰，其人如玉。彼侯生兮，徒殉爾名兮，衛我邦土。柘乃有城兮，億萬斯年。歸者安兮，生者榮兮。

（文見光緒《柘城縣志》卷十《藝文志》。馬懷雲）

中丞佟公題蠲柘城夫柳德政碑

邑人李元振

國家承平日久，寓內阜康，經費諸大典，視世祖章皇帝龍飛之初，黔、滇海澨，軍興師旅之需，十減五六。今皇上如天好生，公美利於四海，一時在廷諸執政，復能愛惜物力，以仰承德意。凡夫郊廟壇墠，禮樂燕饗，祿廩賞賚，以及殊方異域重譯而獻琛者，類皆錫予優隆，彰柔能之化。度支之臣，持籌而計，未嘗言有無焉。獨治河一事，迄今三十餘年，發內帑，權商榷，廑睿慮，殆無虛日。議者謂："積儲大計，藉轉運於東南，黃河、淮陽間，為運道所必經。豫省潰決無常，豈特封疆攸關，更係漕河。"此治河所以獨甚於豫也。

夫柳之費，有加無已，膏脂既竭，追呼方殷，歷歲拮据，固已支援維艱矣。近復協濟江南諸工，柳束水陸之費，計河臣奉部估所發者，奚啻倍蓰。柘隸豫省之東偏，地瘠民貧，困苦尤甚。譬諸焚溺之人，復督以拯焚救溺焉，其不淪胥以沒也幾何哉。公下車之初，咨諏輿情，力為萬民請命，謂夫柳莫若官購協濟，萬不能支。詔下廷議，僉善公策。不旬日間，悉荷俞允。一時士民懽呼，謂公於我儕有再造之功矣。

余惟古人臣之致主也。有遲以歲月而始得信其志者矣，有俟乎悔悟而始得行其說者矣。昔趙忠獻啟事補牘再進，呂文穆薦人三問不移，皆遲而見信。公之撫我豫也，時未歷乎期月，毅然爲蒼生造福，舉通省之殘喘，甫奏請而登諸袵席，固我皇上神聖，卓越千古，而公之惻怛，下周乎羣黎，精誠上格於朝廷，愈於趙、呂兩君子多矣。邵子謂"寬一分，百姓受一分之賜"。公之寬我民力，恤我民命，爲何如也。嘗觀唐之都督節度使得入同平章事，今督撫大臣亦入爲部堂宰輔，漢王衛尉謂高祖曰："有便於民而請之，真宰相事。"公涖政無幾，已惠被嘉師如此。竚見功德洋溢，膺內召，贊機密，澤及普天，旋將珥管而紀其盛矣。豈徒曰豫省之慶，一時之揚扢云爾哉。

公諱鳳彩，字高岡，遼陽人。[1] 維時涖茲土者，藩司金公鉉、臬司李公士楨、管河副使崔公維雅、守道參議上官公鑑，柘令則潛江李覯，是皆爲地方申請者也。因並誌焉。

康熙十二年。

（文見光緒《柘城縣志》卷七《藝文志》。馬懷雲）

王雪園侍御墓誌銘

邑人李元振

康熙十四年，侍御雪園王公暨元配何孺人將合葬。先期公之子錟等爲余言曰："先侍御葬二十有三年矣，慟惟先孺人以今歲歿，顧先公墓地瀕河，多水患，今卜兆於邑南沙河之陽，將奉兩先人柩合葬焉。曩者孟津王文安公嘗爲銘矣。今茲睢陽參政公又爲合葬銘，惟吾子端諒不阿，非得吾子言，恐不足以傳信將來，敢請所以表揭於外者。"憶余束髮時，即聞有雪園先生名，迄今稱說弗衰。竊謂古來縉紳輩，方其勢位焜耀，聲震梓里，歿則已矣。惟濂、洛、關、閩諸大儒，即位未躋於通顯，功未竟於一邑，而賢人君子相與推尊而勿替，顧公何遽得之於當世士大夫哉！既而考公行誼，知其殫心聖學，懋著勳業，非特以世俗之勢位爲榮，是以獨能享大名於當世也。後與公諸子遊，見其秉禮蹈義，聞得諸孺人內訓之力居多，益嘆公刑於之化，家門雍肅，令哲繼起，信有淵源，是宜表而傳之者。

公諱應昌，字亮之，號雪園。先世太原。五世祖福，自晉洪洞遷睢陽之河隄嶺，因家焉。福生鷟，鷟生相，相生希堯。堯贈監察御史，初娶張氏，繼喬氏，俱贈太孺人。生三子：長安民，中殤；次玠，庠生；又次即公。公喬太孺人出。公七歲而孤，初就館舍，皆沈潛穎異，有聲稱。柘人何公雙溪品隲人物，有許邵月旦風，心器重之，以女字公，復設帳延於家，自是遂隸柘籍。公方正緘默，自成童時，即手錄《性理》一編及宋儒諸語錄，

---

[1] 錢儀吉《碑傳集》載有"以都察院右副都御史巡撫河南，兼理河道"。

潛心探索，雖步履言笑，必周旋中規矩，雙溪公每謂人曰：“學者德器未有若王子者，他日位置當在聖賢列，不徒以功名顯也。”天啟甲子，領鄉薦，筮仕交河。原冊地畝缺三千頃，勳戚貉瑙及鄰邑豪右吞噬，財賦壅蔽。公奮起清察，交人德之。渠賊張二豹呼噏武強，騷動一方。公督鄉勇悉行擒獮。修書院，暇則率諸生講論其中，公殆欲舉所學以示人，故未嘗一日忘也。

癸未，舉卓異，值李寇墮京城，交河旋為賊得。公走恆南，集豪傑起義，恢復河間、獻縣、交河、東光、甯津等五縣。已，乃退居山東之海豐，獨端坐一室，雖家人弗能見也。國朝定鼎，擢授御史。公銳意建白，以開國規模當從遠大，陳時政三疏，重人材，薄賦稅，省徭役，皆次第舉行。丙戌，按浙江，值王師東渡，百姓驚恐，九郡士大夫多疑畏不自安。公請諸當事勿妄殺一人。復集諸紳士於蕺山亭，宣佈朝廷德意。從前橫戈事，悉置不問。由是得安堵如故。公初服膺姚江，今得按部其地，乃取《傳習錄》手疏，刊刻成書，聚諸生闡明知行合一之旨，浙人翕然向學，悉公倡率之力焉。庚寅，按恆南，除元氏積蠹，甦四郡郵傳，重修崇正書院，遣使以書幣迎容城孫徵君鍾元來主教事。公晚年，向道益篤。值海隅清平，方期盡展所學，與徵君宣揚而光大之，不謂使未至，而公病竟不起矣。自後二十有六年，而何孺人歿，孺人即雙溪公之女。雪園公早失怙，與喬太孺人煢煢相依，躬操井臼，供姑甘旨，率三十年如一日也。庚寅，雪園公卒於官，人情不古，家眾數危疑不安。孺人經理措置，人無得閒，閭里稱其賢明。夫淑女君子，德以配德也，雞鳴昧旦，賢以相賢也。公砥礪身心，終日繩檢，蓋其造就已深，德力堅定，宜銜命南北，翊戴天朝，毅然為斯民興大利，除大害，而儀型伉儷，相得而益彰，不亦事之所必然者歟！余約其事而為之表，並系以銘。銘曰：

昂昂嵩嶽，千里逶迤。毓粹含貞，誕厥公兮。大道若縷，企嚮路歧。登堂窺奧，砥柱委靡。振聲臺閣，伏蒲疇比。建旄揚旌，風動俗移。恆岳之南，長江之湄。功澤霶沛，尸祝無期。典型在望，微言在笥。於萬斯年，聲名昭茲。

康熙十四年。

（文見乾隆《柘城縣志》卷十六《藝文志》。馬懷雲）

重修城隍廟碑記

邑人李元振

國家肇修祀典，自郊社壇廟，以及名山大川、五嶽四瀆各有祭。《舜典》曰：“望於山川。”又，《周禮》大宗伯有血祭貍沈之儀。其於宇宙郡縣，凡境內山川，俾守土者皆躬詣致祀，以其施澤溥惠，功被元元也。若夫聚一方之民，為高城深池以衛之，必有城隍之神以主之。蓋守令治民生於昭昭之際，城隍司民命於冥冥之中，其道一也。故其在京都也，既祔享於山川，又設廟，京尹祀之。其在外邑也設廟，守令祀之。凡涖任伊始，必與神誓。

此神之所以獨尊，而廟宇之端嚴，為綦重矣。且也人心之敬肆，尤善惡所由生，推而即治亂所攸關。夫秉禮蹈義，類屬君子；畏法懲刑，多在小人。嘗見強梁恣睢之徒，藐視三尺，及其對越明神，未有不氣喪神沮恐懼懾服，即愚夫豎子奔走悚息匪僻之人，每潛消而不自知，則是威靈所被，甚於桁楊刀鋸，更足以補王政之所不及矣。使其荒涼頹廢，入焉而弗肅，瞻焉而不畏，烏所云禮樂鬼神，幽明之間交相為治也乎。

柘自罹於水患，徙置新邑，廟建於城西南隅。數經修葺，歲時風雨，復見凋殘矣。邑令史公涖任以來，凡城垣、倉舍、橋梁、溝渠，莫不次第整理，復於茲廟也，捐俸倡先，鼓舞士庶，以共襄厥事。不數月，而煥然改觀焉。夫為政之道，治民事神而已。公樂易精明，既錫編戶以康阜，復輝煌廟宇，肅愚氓之瞻視，庶幾趨蹌伏俯，恍陟降以來格，睹洋洋如在，息狙詐之習，享和平之福，蒸蒸然有仁厚之風。是柘之人蒙神庥者，誠未有艾，而公之功愈不可沒也。

公諱鑑，號平泉，浙之仁和人。維時儒學教諭劉晟、訓導趙潛、典史陳有佐董其事，而鳩工者，候選經歷吳岱也。例得併書焉。

（文見光緒《柘城縣志》卷七《藝文志》。馬懷雲）

朱陽書院記

登封人耿介

古之教者，家有塾，黨有庠，術有序，國有學，擇民之俊秀，使之藏修遊息於詩書禮樂之席，以變化其氣質，陶鎔其德性，此三代以上，所以世際雍熙，夐哉弗可及已。周室衰，學校廢，絃誦之聲罔聞。春秋時，夫子以布衣垂教萬世，洙泗杏壇之間，弟子蓋三千焉。傳之曾子、子思，至孟子，而不得其傳。浸尋漢唐，百家二氏，皆得與吾儒抗衡，教學不明，風俗人心日趨於敝。宋興，五星集於東井，大儒輩出，往往依名山勝地，以相講授。至道、景祐間，天下有四大書院，嵩陽、睢陽、岳麓、白鹿，天子嘗驛致經書，俾生徒肄業，由是海內熙然向風。書院之設，遂與學校相表裏，蓋數百年於茲矣。明季兵燹，百不存一。

恭逢聖天子重道崇儒，乃筮吉東巡，駕幸闕里，灑宸翰書"萬世師表"，考求先賢生長教學之地，皆御賜扁額。所以風勵之者甚厚，一時道學丕振。

庚申，余興復嵩陽書院。柘城竇靜庵先生違去數百里，聲應氣求。十年之間，六過其地，相與折衷天人性命之理，油然樂也。戊辰，先生讀書中秘，太先生道康公創建書院，未就，會先生丁內艱，歸，經營締搆，為講堂三楹，東西存誠、主敬兩齋各三楹，庖湢、廄舍、門垣具備。邑侯平泉史公復捐修聖殿三楹，以地居朱襄之陽，取名朱陽。晉江陳介石太史為之記。四方來學者日盛。每月講學其中，先生以書來，命紀其事。竊嘗觀孔子言仁言孝，而知千聖心傳，莫有逾此者也，何也？是在天為元，而元為善之長，亨、利、貞皆元也。賦予人為仁，而仁為本心之全德，義、禮、智皆仁也。仁之發而為孝，而孝為百行之原，弟忠信皆孝也。蓋聖人如天然，即一二言而包舉靡遺，教非此無以為教，學非此無以為學。果能主敬以立，體窮理以致知，克己以去私，躬行以踐實，擴充以達用，覺不覩不聞之時，有一念之不謹，即非仁也、非孝也。綱常倫紀之間，有一行之不敦，即非仁也，非孝也。視聽言動之際，有一端之違理，即非仁也，非孝也。應事接物之頃，有一毫之或偽，即非仁也，非孝也。《大學》之明德，明此者也。《中庸》之誠，誠此者也。孟子之養性，養此者也。推而至周子太極，程子四箴，張子西銘，朱子仁說，無非體孔門之旨，一以貫之者也。學者其知所以用力哉。余蓋深契先生與平泉史公發揮仁孝之理，切近精實，故推廣其義，而為之記。

康熙二十七年。

（文見光緒《柘城縣志》卷七《藝文志》。馬懷雲）

中丞趙公捐免協柳德政碑記

邑人竇克勤

聖天子在上，統乾綱，御八荒，河清海宴，重譯來朝。方嶽重臣咸導揚朝廷德意，休養生息，俾小民享太平無事之福，亦良艱矣。乃擁旄數日，即救焚拯溺，與民更始，省數十萬金錢，藏之閭閻，使人得蒙業而安，斯稱難之又難者哉。

我大中丞趙公以命世之才，恭膺特簡開府豫中。豫民翹首望曰："公累世勳舊，為世所依賴。今撫兩河，吾屬有幸矣。"下車值歲暮，未及視事。迨春正十有七日啟篆，理機務，諮眾議，申條約，飭清廉，警貪墨，禁濫派，懲河徒，凡興利除害善政種種。閱二月十有一日，頒示東土，特除我柘六州縣協柳之害。以日計之，公任事纔二十有四日耳，而軫我窮黎霑大惠在旦夕閒。一時黃童白叟焚頂額賀曰：吾儕小人不知所報，惟位列三臺，調和元氣，世世子孫昌熾，作世甘霖是願。以公節鉞甫臨，而仁恩普及，人人戴之，浹入骨髓，至稱道之不足，則歌頌之；歌頌之不足，則尸祝之。嘗思古之純臣，以天下為己任，於民人有丕造之功。微公其誰歟！

方今河工底績，實賴皇上如天之仁，如神之智，屢經指畫，行所無事，以故河伯效靈，黃淮交會，漕艘歲達京通，坐享萬世無疆之利。其時臣工加意溝渠，有惠及蒸黎者，亦有一隅之工，騷動他邑者。往歲虞城之黃堌壩有事修築，議者謂官柳路柳採可立辦，乃當事又詳請牽合，令隸歸德之屬邑均之，而柘得協柳之數八千。夫柘以彈丸瘠區，去黃河二百餘里，既非產柳之地，復值水災之餘，適當此役，驚惶莫措，力不能支。公訪民間疾苦，得其狀，急止前任所派者。謂一役之興，未可疲諸州縣使供已也。爰倡率監司諸公捐俸四百金，遣送河干備用，凡永、夏、睢、甯、鹿、柘無柳之州縣，盡將協數免除。由是派者止，擾者寧，拖累者息喘，焦困者復甦，不啻饑者投之食，渴者賜之飲也。噫！公治中原無一歲,而活人之性命,奠人之室廬,不崇朝而化洽,顧至此哉!憶康熙十有二年,撫軍佟公涖茲土,首題免夫柳如所請行。民德之,勒石以紀,迄今三十餘歲,不聞派之民間者,皆佟公之賜也。獨三十六年,豪蠹奸胥巧為朘削中飽之計,復勒協虞工。究竟柳運河岸,棄如泥沙,徒耗民財,斃民命,非部行定例,令某邑協某數,後之好事者安得借茲陋舉以爲口實。公洞悉無故之攀累,而豁除之。一檄行雨露,徧視佟公之題請,動需時月,得惠之緩急,更自不同。公之再造,德速化神,以致心悅誠服,較昔誠有加矣。

柘邑人士屬余爲文以記之。余惟我公以秦關華胄為斯世儀型,自太公勇略將軍輔翼王室,勳標麟閣,海內荷鴻庇素矣。公伯仲繼起,抒名世材猷,為國家柱石。公與提鎮公宣上德威,封疆鞏固,而掌絲綸陟侍從者,且退食委蛇,優遊贊勷於內,一家多才,萬邦為憲。馨公施設,不第豫土蒙庥,雖徧海隅猶是也;不第捐柳布惠,雖整百度統此也;不第敷政之二十有四日,省民財數十萬,雖終其身,爲鹽梅,為舟楫,養天下之物力,培宇宙之民命,取諸其夙抱,裕如也。余不文,將珥筆而為公紀後效,為朝廷慶得人焉。

公諱宏夒,字亮公,陝西延安人。時各輸銀採柳,以甦民困者,方伯許公諱嗣興,臬憲高公諱啟桂,分守道參議崔公諱徵璧,管河道僉事王公諱進楫也,柘城令連肖先曾經詳請,典史陳有佐,例得並及之。

(文見光緒《柘城縣志》卷七《藝文志》。馬懷雲)

工部主事陳公墓誌銘

邑人竇克勤

陳公卒於康熙二十八年之秋,踰月,予聞於京師,哭之痛。未幾,予亦丁先太孺人艱,回籍。公嗣子樸相對泣,不知所云。數月,嗣子持公狀乞誌,且曰:"子知先君子行事最悉,微子言,無以信後。"於思公於里中屬先進,予沐公教且久。夫鄉先生沒而行弗彰,後進者之責也,況素經噓拂者乎。誌公墓,所以不忘公也。予何敢辭。謹按狀:

公諱天清,字如水,世為柘虎陳寨人。自始祖傳至昇,始居城。昇生詔,是爲公之曾大父,邑廩膳生,有文名。詔生善化,善化生鉦,鉦子二,長即公也。公生而穎異,讀書成誦不忘,甫就學,塾師即器重之。家貧無書,借他人書披讀之,一夜盡窺其秘,置不再觀,叩之豁如也。為文,宗歸茅金陳諸先正,不隨時步趨,同學皆謝不及。蓋胸有夙悟,不關指授也。相繼遭父母喪,逐逐於亂離之秋,康秕不充,稼穡漁樵,亦嘗為之值。強暴侵侮,不與校,益奮志讀書,雖極困憊,手不釋卷。已而,補博士弟子。嘗曰:"吾之學,從憂勤惕厲中來,與世俗咕嗶不同也。"乙酉,舉於鄉。己丑,成進士,出為平鄉令。

甫蒞任,見堂上懸惡人牌,以問吏,曰:"訟官吏得名耳。"公愀然曰:"官吏自有善惡,若惡在官吏,彼訟之,彼則善矣。惡之名,顧安所得加。"後廉知其人性剛方不諧俗,公更以練長委之。其不隨人為好惡如此。邑素僻陋,不知學。公設義學二百餘所,捐俸延師，立課程，以鼓勵之。嘗進學者署中，爲解經傳大義，幼者親爲正句讀，不三年，絃誦之聲遍四野焉。故令雖一邑，而平恕廉明之聲，聞於上下，上官多信任之。有鉅鹿楊姓獄，順德守誤擬重律。彼轉控上憲求白。公再鞫，按得其情。作而歎曰："安有殺人以媚人者乎！"如所應得罪申請，其人得不死。守恚甚，百方挫之，終不回。書"天道神明"四字於公堂，曰："吾惟奉此而已，他不顧也。"守見志不可奪，轉嘉其識操，曰："陳令公正人也。"每事必曰問陳令，且令諸子敬禮焉。

平與邢地密邇，自明天啓間，羣盜聚邢西山且數十年。我朝定鼎，餘氛散居四境，家干矛而市劫掠，平爲尤甚。公憐之曰："彼亦人耳，何遽至此？不過迫於饑寒，失於教訓耳。"乃撫摩之，約改行宥罪。三年，彼見公寬恕，以爲易與，卒不悛。公奮然曰："此真亡命，吾不能生之矣。"遂設奇方，使自來就獲。比成禽，人未之知也。由是四境安堵，皆歎公神謀。平地卑溼，襟漳帶滏，每夏秋患漂流，往往因水致爭，四鄰騷動。公築陞濬渠便民。因以其情形陳於上，區勢畫地。上台來閱河道者，始知公盡心於民，彼訟皆妄也，令公便宜行事，民不可罹水害。公歷任八年，興利除害，無弗殫心。嘗曰："大事令化小事，小事令化無事，吾作令可自信者惟此。"然而錫民福者，未易更僕數也。比報最，得內擢。父老遮道號泣，赴上憲請留，不可。乃日候於館門。會後令至，迓其欲弗得，遂罪士民之候公者。以是人不敢至館。三月餘，後令見公囊橐蕭然，意乃解。公赴都時，人畏後令，不敢出送，潛集境外以待公。公至，老穉環輿搶呼擁，弗得行，至有擔負至京師始返者。先是，邑人欲立石紀政，公禁之。及去後，人不能忘，勒績於石，建祠肖像，歲時展拜。公入都，補工部都水司主事，未幾，奉命督理兩窰，舊例概爲屏絕，歲省行戶廉給數萬兩。

己亥，奉命提督河南漕務。往時，運河兩岸，奸民穿穴盜水，名涵洞者，每歲一洞，私輸五十金，計南河所轄二百餘處，歲可得萬餘金。又石麻木料等，舊日購買者，悉出豪強手，分司實侵其半。公至，悉爲罷輟。辛丑，工部估計河工銀四百兩，總河有故舊者，欲取萬金，云有麻可償價直。公不應，忤彼意，譖言自此四集，始不安其位矣。以才力不及，降調。癸卯，補光祿寺署正。甲辰，告病歸。辛亥，復補，慮度支虛浮，欲減其數，扼於上官，弗能爲，因鬱鬱有歸志。

癸丑，京察，復降調。聞命，欣然就道，歸里門，日與故舊聚處，託興於酒。醉後遇不平事，輒義形於色，直其枉。以此人或有怨公者，公弗計也。曰："彼怨而直存，吾何惜焉。"有以貧告者，必分饔飱以濟之，雖匱乏無所恤。公塾師歿，殮葬、塋田之資，悉以給之。其孫幼，無所依，爲制產，終身賴焉。閒居，最喜論文。里中後學來請益者，獎藉多方，文字必繩以大家矩範，禁勦襲雷同，故服膺公教者，文皆有格律，不爲濫習以悅時。北城舊有朱襄氏祠，擴其宇，旁置圃田數畝，搆書齋，課子讀書其中。手植榆榴千株，興至而歌，觸處悟時，行物生之妙，而他人不知也。有時乘車適郊，雜老農穉子中，油油然與偕不忍去。人以爲混跡市廛，不知公視天下事若轉轆轤，別人品，判若黑白，其託跡於外,固有感於中而然也。

　　家居二十年,黜華尚樸,衣服乘輿,無異寒素。至解難救急,則慨然為之不少吝。嘗買二婢服役,後訪其家還之。其隱德及人類如此。及遘疾,以安命勤學誡其子,令其於天理、人情、王法,三者為兢兢。手書一聯,皆臨深履薄意。此可見晚年造詣,無非實踐境界矣。既歿,里人德之,無論識與不識,皆泣然流涕。著有《家訓》三卷、《天官紀略》、《北曲》六種、《四書家訓》、《詩經家訓》、《詩文全集》行世。

　　享年七十有五。元配席孺人,早卒。繼配張孺人,先公卒。公在官,凡減罪輕刑、活人命、數德澤者,孺人內助之力居多。今啓其殯,同席孺人合窆於祖塋之阡。子樸,廩生。女六。孫嵩來。女孫三。為之銘曰:

　　柘溝之側,朱襄之旁。有偉人焉,肇邦家光。雖際迍邅,於何不臧。達人順命,鴻漸翱翔。千古抗志,百代垂芳。瓜瓞緜緜,河流湯湯。銘茲兆域,以誌永昌。

　　康熙二十八年。

(文見光緒《柘城縣志》卷十《藝文志》。馬懷雲)

朱陽書院創建聖殿碑記

邑人竇克勤

　　仁和平泉史公涖柘二載,政修化行,月吉讀法而外,惟以興學育才為急,定朱陽書院成規,確有條理。值會講期,率髦士畢集,肫懇啟牖,雖風雨寒暑勿輟。自是來學者眾,遠邇嘖嘖稱盛事。顧書院規模甫定,贍田未備,公時具饌禮,學者人竟鼓舞。雖裹糧來,初無難色。

　　一日,顧謂余曰:"書院之立,與學校相表裏,必使學者耳目定,心志一,而後可以語至道,烏容不祀孔子,以定所宗。"遂蠲吉度地,於書院中央建聖殿三楹,捐俸百二十五金,購木運石,次第作興。工始於庚午之秋,閱明年辛未秋告竣。冬十有二月朔,請主舉祀。余追隨公後,樂觀盛事,因以一言紀其事曰:"公之有造於柘也,蓋在身心性命之閒乎。"柘自癙水患,改遷謀安,居無甯宇久之。築版興雉堞起,經一二賢宰撫摩休息,然後,漸改前局。閱邑乘所載,每嘆姜令壽丕造茲土。今公更以講道化俗,而書院亟創,殿庭祀孔子,此卓識恐姜令謝弗及也。且孔子之道,何道乎?子臣弟友,終身以為未能。《詩》、《禮》、《易》、《書》、《春秋》,竭刪定纂修之力,而不敢以為易,書院惟是探討,自十五以後,漸加功夫,以希志於神聖之域,由灑埽應對進退,以至於精義入神之不容自己,此造道之閫閾,學聖之脈絡也。雖然,聖道如日中天,毫無遮蔽,往往惑世誣民之說,浸淫於後,而為斯道裂,豈獨其彼之罪哉。亦以吾儒反經不力,學術偏駁,而不足以衍聖人之正派哉!故異端者流,得煽其說而售其術,以至貽禍之遠也。有世道人心之慮者,儻明諸心,知所往,取孔子之道而確遵之,非孔子之言不道,非孔子之書不讀,非孔子之步趨服習，不以之見諸躬，則正道明，而邪說詖行，自驅除無迹矣。在昔孔子之備道也，其祖述堯舜，憲章文、武，夢寐周公，皆其未嘗頃刻廢學處也。嘗自言曰下學而上達，下學者事也，上達者理也。學其事即達其理，日用間必有獨覺，其進而人不及知者，故曰"知我者其天乎。"又其言曰"人莫不飲食也，鮮能知味也。"曰"道不遠人"，曰"吾道一以貫之"，是聖心所不已於習者，道也。聖道，所不息於教者一貫也。聖人扶三綱，振五常，與萬世偕由者，惟此而已。子貢悟此而曰："夫子之文章可得而聞也，夫子之言性與天道，不可得而聞也。"然則其所謂不可聞者，果何日不與學者言乎，如所言仁遠乎哉！我欲仁斯仁至矣，君子無終食之間違仁，民之於仁，甚於水火，當仁不讓，於師皆是也。至與門弟子言克己復禮，主敬行恕，則並下手工夫，明告之矣。又其論孝之詞不一，而《孝經》一書特授曾子，實欲完全仁之本體，充滿仁之分量，使上下一於戰戰兢兢，臨深履薄之中，以至通神明而光四海，嗚呼至矣！仁與孝固孔子之所以教天下萬世，而後之學者不可不切求焉者乎。余佩平泉公屢於書院暢發厥旨，因記創建聖殿，而特揭孔子之教，與學者共勉焉。亦以見聖人必可學而至，非徒創建崇祀已也。

康熙三十年十二月。

（文見光緒《柘城縣志》卷七《藝文志》。馬懷雲）

中憲大夫邢公墓表

睢州人田蘭芳

吾師邢先生於順治庚寅，服官懷來，地居邊塞，土荒人稀。先生為政未久，募衆墾闢，具有成效。上官察先生有治地才，故奏奪江南，新命留之興屯雲中。先生毅然力任而無難色。雲、代地近倚北，土著絕少，田復沙磧苦寒，不便樹藝，且經明末撤衛卒，內捍羣盜，田益不治。中更姜逆之亂，屠割愈慘，荊榛彌望。終日行不見人烟，誰肯服勤是中，以虛擲心力？先生招徠有方，安輯得宜，為之葺廬舍，為之分區域；什伍其人，分俵其牛種；儲粟布，以裕其衣食；通商賈，以具夫什器；示以完室家，洽親鄰，厚生養，興恩讓之利，告以無奪永業；邊催科，相戕賊，相忿爭之害。故人至如歸，鼓舞爭先。不二載，草萊悉成上腴，烟火千里，如內地焉。於是，塞下之積貯既富，因守望蒐狩，以寓訓練，復無不可用之民，隱然為一方保障。大兵南下，得以一月三捷，無有掎背之虞者，恃有所資，以為捍禦備，故長往而無阻也。未久，先生移楚憲使，先生久任是職，益展其蘊。屯事當大成，屯丁當精練，一馬不敢南牧，甌脫雖百萬之食，不勞轉輸。是後阿醜送死漠北，至勤六飛往討，輓粟之役，幾半天下。始追思先生之功，而惜其用之未終焉。嗚呼！誠可惜也。

先生姓邢氏，諱以忠，字居一，號石齋，柘城人。生而溫秀，威儀翩翩，人望之自然生畏也。飲酒窮日夜，容止始終弗渝。勤於學問，寒暑不暫輟。順治戊子，以諸生第一人貢大學。庚寅，授保定府懷來衛通判，治軍恤民，各得其理。巡按御史薛公，總制宣大都御史佟公交薦之，遷江甯府同知。佟公復念當今邊屯虛弱，利在興復，得人非邢別駕無足任者。更加保留，晉秩少參，俾理雲中屯政。先生感上之知，盡心經畫。未幾，塞下之粟多，農丁胥嫺戰守。當事者檄攝左衛兵備，先生益求古練兵足餉之方，欲寓兵於農，為國家經遠計。乃以清理鹽驛，改副楚臬。甫抵任，遽以左衛失收芻餉鐫秩。左衛征限，期在秋後。先生實以春末授代，李代桃僵，甯無主是獄者。於是，楚之大吏咸為不平，合疏訟之。事白，而先生逝矣。

先生性至孝，嘗視母色為進退。初之奉檄，以及終求自直，皆以務悅親志，而蟬蛻軒冕其本懷也。或疑先生特長農田，不知先生用無不宜。當其攝兵憲日，奉命清查三邊虛伍。時蔚州尤屬籍存卒亡。先生廉得其實，馳至，州參將高永義方田於外。先生入據幕府，取其帳簿，勾考之，盡得其弊。永義大絀，請以三千金為壽。卻，弗視，治之益急。要人尺書旁午，為之緩頰。終莫聽，卒論如法。即此可以徵先生之才，隨用皆效。蘭之所以獨於屯政致詳者，特明先生所志之大而未竟，為千古用才不盡者，致憾且嘆。追尋由繹，稱道而顯揚之，以並垂於來世，終已不見其人也。先生年僅五十有一。子嶸，邑庠生，早歿。孫：洺相、孟相，學行見重庠序間，方將向用於時，以終先生之畝云。

康熙。

（文見光緒《柘城縣志》卷十《藝文志》。馬懷雲）

朱陽書院記

晉江人陳遷鶴

登封耿逸菴先生，講學於嵩山，靜菴竇先生共倡明焉。尊人道，康公闢地於柘城東門外為書院，以其地為古朱襄氏之墟也，擬其名，曰朱邱。靜菴以問於予。予曰："書院當朱襄之陽，以為朱陽何如？"逸菴、道康二先生聞而稱許，遂額書院從今名。靜菴先生因命予為記。

予謂陽也者，天地之大義也。日月之行，星辰之運，川嶽之流峙，物類之長育，恃有陽而已。使天地一日無陽，則二曜晦而不明，五氣塞而不宣，迣寒結而高下，或崩或闕，凝凍堅而飛潛，動植之成形成象者，或折或摧，其為禍於兩閒者，豈有既乎！是以善治世者必顯其道，昌其德，禮樂刑政，懸之中天而皎然。一時君子進，小人退，魑魅罔兩，不敢肆於亭午之方中；詭譎詐謀，悉消沮於冰之既泮。故以候言之曰陽和，以人言之曰陽剛，以象言之曰陽明。泰德亨通，羣賢彙茹，斯其效之極致也。聖人作而《五經》立，道統開而源流大。自有訓教以來，千聖諄諄反覆，何一不為人心扶陽計哉！為不善者，於閒居不於大庭。閒居者，陰也。大庭者，陽也。御人貸者，於險仄不於康莊。險仄者，陰也。康莊者，陽也。故曰人心惟危，道心惟微，出於危入於平，出於微入於顯，聖人精明以察之，兢業以守之，其義在於體天地之大生，法離明之常照而已。蓋讀《易》至剝復二卦，其說彰明較著矣。剝一陽在上，近之者無不利，應之者無咎。復一陽在下，近之者吉，應之者獨復。夫一陽在上，譬之於日則既西矣。在下，譬之於日則方吐也。昭昭之光，何如炎炎。而近者、應者，吉利有加。予以是知聖人垂訓至精且大也。人心值百物交攻，何啻五陰而有暫時，警覺僅見一陽，然猶幸幾希之存，故雖沉溺之已深，每愧悔於平旦，雖流波之長逝，或挽回於末景。陽氣在中，係賴至鉅。彼夫聖人之心，學天者也純，亦不已如日月貞命。賢人之心，若揭日月云。或翳之中人以下，終風且暴，終風且霾。曀曀其陰，虺虺其雷，曷有紀極。所恃天地之陽，無時滅息，故人事極紊而常理，人心極昏而常悟，撥浮雲見太空，扶微陽至剛長，進庸愚，納聖賢之域，周、程、朱、張諸君子，言之亹亹，後有作者，講學明倫，諒亦不能舍此而別立大義也。逸菴先生當今醇儒，靜菴先生操行純固，予每方之曹月川父子修明道學，書院之立規條，一倣古人，非淺陋所能禆益。然朱陽之名，既自予發之，不可不為先生暢言之。是為記。

康熙。

（文見光緒《柘城縣志》卷七《藝文志》。馬懷雲）

朱陽書院記

胡介祉

中州柘城有著姓曰竇氏，族大才多，而靜庵太史宗支尤顯。當明季鼎沸之時，太史祖筠峯先生力闢異端，尊崇聖學。紹關、閩、濂、洛之傳，闡鹿洞、鵝湖之教，惜乎未竟厥志。而太史父道康先生及太史接踵前徽，海內稱竇氏三世講學焉。

先是，天下有四大書院與學校相表裏，而嵩陽、睢陽並在中州。數百年來，風教之隆，人文之盛，惟兩河為最。及乎兵燹迭臻，僅餘故址，其不委之荒煙蔓草中者幾何矣。恭逢聖天子在上，重道崇儒，械樸菁莪之化，遠昭前代。一時文風振起，書院稍稍復其舊制。嵩陽之興，實惟登封耿逸庵先生身任其事，而太史時相過從，折衷天人性命之微，講求誠意正心之理，贊襄率作，與有力焉！惟是睢陽書院之遺，尚似有待。及太史戊辰捷南宮，讀書中秘，道康先生乃闢地於柘城東門外為書院。會太史丁母夫人艱，旋里，助先生鳩工庀材，遂告成事。經營於庚午之歲，落成於辛未之秋，以其地為古朱襄氏舊墟，故顏曰"朱陽書院"。基址廣袤，門垣宏麗，進而聖殿三楹，再進而講堂三楹。存誠在其東，主敬在其西，庖湢廡舍，無不具備。不惟與嵩陽遙峙爭輝，抑且繼睢陽之遺烈。嗚呼，盛矣！太史之功，真足仰承道康先生以善繼筠峯先生之志也。夫余于辛未承乏茲土，念兩河為人文淵藪之地，竊有意鼓勵人才，亦曾隨諸公後修復大梁書院，特以簿書鞅掌，不獲一登朱陽之堂，聿觀其盛。爰記數語，志景仰之思云。若太史三世家學，窮理盡性，繼往開來，夫人能知之，又不俟余言之瑣瑣也。

康熙三十年。

（文見乾隆《歸德府志》卷十二《建置略》中。馬懷雲）

邑侯史公重修明倫堂碑記

邑人賓克勤

　　仁義禮智，性也，具於人心，心統性情者也。聖人因人所固有者，教以父子之親，君臣之義，夫婦之別，長幼之序，朋友之信。此五倫明之自聖，百代率由之，莫能易也。虞廷命契敷教，成時雍風動之治，夏校殷序周庠，及三代所共之國學，上自天子之元子衆子，下逮公卿大夫元士之適子，與凡民之俊秀，皆於是中受學焉。其學焉者，又皆區以節候，八歲教以灑埽應對，進退禮樂，射御書數之《小學》。十有五歲，教以窮理正心，修己治人之《大學》。其設學既如是廣，教法又如是委曲而周詳，豈強人性以所本無，實導人性以所固有，故曰所以明人倫也。朱子《白鹿洞規》首列五倫，其輯小學書，提綱立教，明倫敬身。立教，教以人倫也。敬身，以明倫者敬身也，其要總歸於明倫而已。既又以明倫二字，大書校官講授之堂，後世學校徧天下，規制廣狹，不必盡同，其以明倫二字署其堂，則合四海如一也。明倫之義，帝王以之為治，師儒以之傳學，胥不外焉，蓋綦重哉。

　　柘，蕞爾邑。兵燹之後，學宮鞠為茂草。一二賢令後先相繼，崇起堂構。未幾，風雨摧殘，瓦棟有崩頹之患。邑父母史侯起而宏整之，鳩工庀材，土木匠氏之需，皆捐俸給之，毫不取之民間。以故不數月，煥然改觀，閭閻安若無事，父老惟聚觀嘆息作頌聲而已。至青衿子弟，考業問道，安於其所，莫不謂昔之頹然荒廢者，今何執經而前，嗢嗢噦噦，以甯我躬，以卒我業也，非我侯惠心之孚不及此。吁！美哉政乎。侯之啓牗斯文，豈前此所能及乎。侯為政本之以仁心，運之以精明，成之以果斷。下車來，平市價，緩征科，宣上諭，崇賓典，闢書院，設義塾，以及城郭道塗，津梁廨舍，罔不釐然具舉。又以公餘，種柳植花，俾鳥獸草木咸若其性跡。侯所為，殆媲美古賢令之芳躅矣。至學校，尤三致意焉。既銳意創建名宦祠矣，更新魁樓櫺星門，一洗從前之陋，而且，徐議祭器，捐置數百品，而復大建明倫堂，導士子以孝弟忠信之行。以學宮一事言之，其次第經理，不見創造之勞，祇覺區畫之善，蓋由才大而心密，慮長而見廣，故有是也，他政事槩可知矣。余因是不能無感焉。

　　方今聖諭布於寰區，正學炳如星日，士之朝絃夕誦於芹宮內者，率皆號為聖賢之徒者也。為問《易》、《書》、《詩》、《禮》之明訓，孔、曾、思、孟之遺緒，其教人者何為？則茫然矣。又問今日衣冠步趨之徒，儲為他日公卿大夫之選，今日修之家者何事？他日獻之庭者又何事？則益惘然矣。夫《周禮》以鄉三物教萬民，而賓興之典，蓋將以崇本敦實，率天下而仁義之也。今之取士者，雖變通乎三鄉舉里選之法，然猶存其遺於制科中，意非不善也。士之習其業者，灼然以《五經》、《四子》之書為標的矣，而身體力行者，蓋鮮其人，則以《五經》、《四子》之書為呫嗶之習，非為進德修業之地也；為利祿之階，非為綱常名教之務也。濂、洛、關、閩闡《五經》、《四子》之奧，而為儒學之大宗，紫陽復集諸儒之大成，以續尼山，集羣聖之大成，此百代人倫之至者也。今人盡讀周、程、張、朱之書，為問居敬若何？窮理若何？力行若何？則且嗒然若喪矣。又其破裂聖道者，詆《詩》《書》為糟粕，視傳註為支離，驅人於恍惚不可憑之境，以長其恣肆無忌憚之習，此非經不正而邪慝興，為世道人心之害乎。故欲維世道，先正人心。欲正人心，先明人倫。夫倫，天之經也，地之義也，民之行也。天地之經，而民是則之。所謂人性，具於人心者也。安可使一日酶於宇宙間哉！余昔諭泌居此堂，思此義，嘗以古聖敬敷之戒，糾悚瘄寐，因與泌士，明五教之旨，剖考亭之傳，不敢圖旦夕安。荒煙茂草之區，每想倫紀修明，作絃歌颰颰入耳聲而愧未逮，今思之，猶如昨也。因侯重葺是堂而並及之，蓋有見於邑宰為邦家之型，風聲所樹，由此始也。至倡導人倫，鼓舞勸迪，實司鐸者事，而諸生習禮於學舍，正不可不講人倫之大道，於未任天下國家之先，蓋上下均有其責焉矣。昔魯侯戾止泮水，講學行禮，詩人歌芹藻願獻囚而獻功焉。余於我侯在泮，亦願飲酒永錫，尤願多士克廣德心，將人性之善於此可復，我侯之倫教不蒸蒸然進於古哉。

侯諱鑑，號平泉，浙江仁和人。董事者，教諭湯伊知、訓導馬國琇，生員王楨、周式金、王臣恪、周報極、吳荊。

工始於康熙三十一年壬申之秋，竣於三十二年癸酉之仲春。於是乎記。

（文見光緒《柘城縣志》卷七《藝文志》。馬懷雲）

竇筠峯先生祠記

莆田人彭鵬

鄉先生沒而祭於社者，昔聞其語矣。今朱襄之墟，前明有儒者，世稱筠峯先生。卒後五十年，柘邑士大夫、子弟、三老，於邑舊城東郭外舊屏山前，立祠而祀焉。風遺而澤遠，感深而慕誠，義起而禮專，豈止昔人社祭云哉！

夫祠者，思也。有德於閭閻者，或生而民思之；有功於社稷者，或沒而官思之。其人皆乘權憑勢，卓然樹立。所以祀之者，有堂有室，寫其圖像，想其音徽，或置主而書其姓氏，誌其爵里，如臨如在，歲時伏臘，黍稷惟馨以實，致其崇德報功之意，此皆有所為而為之也。

筠峯先生生於明季聖學長夜之時，以一布衣揭日月而中天之無待而興，而其鄉之士大夫、子弟、三老，思之而愛，愛之而敬，祠立於五十年後，則無所為而為之也。凡無待而興者豪傑也。無所為而為者，心同理同也。於是，士大夫、子弟、三老，又必祀筠峯先生於瞽宗，然後，大愜於心。士大夫爲之狀曰："公舉醇儒，以揚潛德。"青衿子童爲之狀曰："公舉真儒，以端士習。"三老爲之狀曰："公舉鄉賢，以快輿論。"而筠峯先生孝友嫺睦，剛大直方，與夫正學明道，力行躬修，皆得耳目於學博明府。郡使君而上之督學臬藩，而大中丞咸曰："崇祀以德不以位。"筠峯，前明儒者也。卿賢可無忝，以一布衣而鄉賢蹟之，罄宗祀之，儒者爲榮，然未有若嗣之專且創也。河南兩夫子正公、純公祠在，嵩邑有二。一在陸渾山陽，兩夫子卜居地也，歷代官祠尚矣。一在鳴皋鎮，太師文潞公所贈地也。純公求龍門菴地舊址，避暑著書。文潞公復云："先生斯文已任，來學者衆，龍門菴地雖葺，幽豈能容之。吾奉伊闕南十頃爲講學之所，無煩賜價，惟簡爲憑。當日伊川書院是也。"南渡後，子姓遠處，利其田者，改爲至聖先師廟。本朝嵩邑明府楊君厥美、徐君士納，憑弔遺趾，復祠祀於側，則亦官所建也。而今柘邑士大夫、青衿子弟、三老，專祠以祀筠峯於舊屏山前，不必如兩夫子卜居舊業，又醵金於縉紳縫掖里巷之手；不必龍門菴地之以書請，又不必文潞公伊闕十頃而獨出於一門，以是知我皇上重道崇儒，普天觀感。河南爲兩夫子之鄉，其感尤易，所以不謀而合，不期而成。祠而祀之，直與祀德祀功者，同其忱悃。生逢盛事，不可謂非筠峯先生之幸也。聞祠之前，爲朱陽書院，前此未有也。有之，自道康公始。道康公之成此也，本誠敬仁孝以爲教，與嵩陽耿逸菴前輩相羽翼，曰守先待後。吾父筠峯公志此善，則歸親之義也。祠之右爲學箕園，前此未有也。有之，自靜菴太史始。太史公之築此，與其弟振起君，暨諸公子講學曰良弓學箕，吾先大父筠峯公教此，欽厥止率，乃祖攸行之意也。河南稱竇氏累世儒者，開其先者聲律身度，非先生不爲功。祠成，甲戌冬，顯親王賜"二程同派"四字題額表門。儒者之道，顧不重哉！何時入先生之里，登先生之堂，瞻先生之像，稽首下風。先辱太史公命，聊以此記爲印，可屛山之陽，心竊嚮往之矣。

康熙三十三年。

（文見乾隆《柘城縣志》卷十三《藝文志》。馬懷雲）

內閣中書李公（芳廣）墓誌銘

山陽人劉謙吉

　　康熙甲辰，余與柘城李君蓼墅，同出遂甯歸安兩夫子之門，望其丰標，聞其音吐雖傾，蓋聞已知爲瑰瑋非常士也。氣誼之投，我兩人有獨契焉。厥後君仕山左，誤攖權羅其中。謠諑讒張者，詭形殊狀，徒生世道人心之懼，不獨爲區區同好一人興慨也。迨余出守黔中，君亦息翼澗阿，不相聞問者久之。甲戌歲，余膺簡命，視學山東，君千里函書相慶慰，方求命駕，聿來清尊，相向擊築，以和商聲，盡洩其菀結無憀之夙憤，然後，徐資藻鏡，以助我不及，無何而冢君埭至，歷得君狀，哀請余爲銘。嗚呼，我兩人交誼情愫，竟止於斯耶！天實爲之無可如何，獨是君之鴻才偉抱，絕技奇情，或至湮沒，無聞於來世，則後死者之責也，銘君顧可辭哉。按狀：

　　君姓李氏，諱芳廣，字元公，蓼墅其別號也。李氏之先世爲洪洞人，明初遷柘，卜居縣西之七里岡。至君曾祖九疇公而始，顯祖復振，彬雅博通，世以醇儒相目，執經幃中，稱弟子者甚衆，往往脫穎去，而公竟以諸生老。識者已卜，後之必大矣。父榮，天啓丁卯舉人，授四川順慶府推官。母張氏。君生而韶穎，童稚時，經書過目皆能暗誦，學為文，落筆即有驚人語。十四入膠庠，時中原淪為盜區，君隨順慶公避亂白下，每侍坐名卿鉅公旁，未嘗不為君回盼嗟賞，儗諸古人。國朝定鼎，言旋舊里，君屢試輒冠其曹。順治戊子，乃以第一人拔貢於廷。是歲，凡與選者推恩俱予優銓，君且得邑授。君念世業不過中人，不足供順慶公甘旨奉，遂動捧檄之意。少宗伯薛公所蘊，順慶公同年友也，止之曰："以子之才，顧可榆枋是安耶。"君幡然來歸，益下幃課誦。辛卯，遂以《禮記》薦於鄉。壬辰、乙未，再不第，而順慶公奄然違養矣。公患病至歿，至葬，君侍湯藥，奉含殮，卜宅兆，無一不守乎禮；而且神亡形留，淚盡血續，雖免喪，既久偶言及順慶公不及待一日祿養，輒涔涔然涕下承睫也。乃謝賓客，絕宴遊，於宅內構精舍，榜曰"懸膽"，坐臥其間，不爐不扇，凡七年，而捷南宮，廷試二甲第二，例選推官，以缺裁改知縣，筮得山東之壽光。壽為縣，土瘠而民悍，宿逋既繁，盜賊多有，受事未久，已憂勞致疾。懇辭於上，以求去。巡撫趙公祥星、布政使施公天裔，力援之。曰："壽光敗壞極矣，非才莫得而理。急病讓彝，賢者所志。令慮掣其肘乎？第展底蘊，引繩批根，當不爾難也。"君不得已乃治事。稽籍大都侵挪之在官者四萬，逋欠之在民者十萬，且捕補之弊，役法尤不均，君按畝攤輸，高下無頗，然後，逐戶清覈逃亡，及貧不能自給者，設法代輸，姦頑不思奉公者，準力序督，而且逋集且歛代償，而未銷之空版，對衆焚之，曰："毋遺吾民他日累也。"前令以責逋羈是邑，凡數輩多無生還望。君惻然傷之，百方為之抵補出脫，往往得以歸骨故里。而逋在官者亦理，於是，七年之欠，得以胥清，考成二十餘案盡銷矣。乃設法以緝盜，彰威以懾逃，儲備以詰戎，均力以清役。民嚮其利，至今歌咏之。其他畏民志而訟減，實講諭而俗化，式隱孝而倫明，縣已駸駸治矣。例晉內閣中書，會舉博學鴻詞，翰林院編修趙公炳特薦君。君方待試京邸，而含沙之禍機發矣。人多爲君憂之。君則以命自信，於畫地中日誦《周易》不輟，無異黃次公、薛敬軒，身在纍拘中也。三年始脫弧遇雨，得以散髮林下，乃日課子弟，暇則琢句臨池，數出遊吳、越、閩、廣間，以山水歌吹，陶泳性情，老漸平淡，一若忘其有未盡用之才，與不能自白之隱也。晚得頭風疾，秋冬之際，每不出戶庭，惟與弟克廣相倡和，時人比諸康樂、惠連謂無讓云。所著詩文，半藏於家。

康熙甲戌十一月二十七日終於里第，距崇禎己巳九月初五日，得年六十有六。娶劉氏。子三：堞，丁巳科舉人，祥符縣署教諭，候補知縣，即來乞銘者；堽，歲貢生，候補內閣中書；坿，郡增廣生。女三。孫男六，孫女四，嫁娶詳狀中。

余往聞君之覲閔凶也，攛纓而起，怪其何為，而然疑於將出硎不擇而割，蓋批窾導窽之未曾。故遇物而不缺，則折也。及來東，得之父老之口者，無異董洛陽、元魯山之所為，而誠以運才，仁以立幹，則萬萬非二公所能及。讀其屋漏心血，剴切悱惻，未嘗不爲之茹荼飲泣也。乃悟古今忠而殞身，仁而毀名，以君方之猶未足為不幸，獨恨懷才抱志，陸沈聖世，重為公而忘私，一往不顧其身者之戒，所關甯細故哉！後有客自宋中來，間叩以君之生平，則曰吾知之。蓼墅生有異質，行如玉山照人。多讀人所未見書，搖筆而出，葩藻繽紛。君既姿貌殊絕，而才更超軼，其氣不可羈御。所遇鮮有當其意者，惟與沙隨王君為惠施，出或連轡，吟必合榻。邑中老宿莫不退舍遠避，然實孝友豈弟。父亡，事祖母如父。母亡，事繼母如母，養叔父能終其身，愛季弟不異其業。高簡自束，門無雜賓，謙和遇物，世少逆志。至於作為文章詩歌，不循途轍，而舉合雅。則其他溢情旁行，無不妙悟絕人，而足資涵泳。及解組以後，咏投湘之賦，濡醉顛之墨，伐山通道，屧驚庸人，引伎發聲，淚灑朝士，一皆不可磨滅之氣，迫之使然，而卒不至哀激怨懟，齎咨涕洟，以傷其天和，此尤人之所難焉。以余見聞，與狀相比，誠有未及詳，無溢詞也。君信乎爲鴻博有用之才，不幸躓於中道，固可惜，而晚歲斂其鍔，刓其節，弭壯志於雕蟲紅豆間，使之澌滅無餘，尤可悲也。爰為楚些用代銘焉。

撫事傷心兮回予腸酸，風射眸兮淚浪浪，嗚呼奈何兮天茫茫，紛紜回互兮道不可常。常何才而僕兮何愚而昂，以直為柔兮目忠以狂。紲繫麒麟兮樊笯鳳凰，驪告我以不復。志千里兮，乃縱舍兮使得齕飲於澗岡。有諸內者必形於外兮，屈之乎暫者自久而彌彰。後有桓兮無憂，知元倘遇賈兮甯弗弔湘。俟千秋兮萬歲，掩吾淚兮銘君之藏。

康熙三十三年。

（文見光緒《柘城縣志》卷十《藝文志》。馬懷雲）

竇筠峯先生墓表

襄城人李來章

當有明天啟、崇禎之朝，竇公帝珍講學於朱襄氏之墟，學者蓋稱為筠峯先生云。當是時，正學不明，大道湮塞，學者多爲異說所惑，務事詭僻以釣聲響。而先生獨以程、朱為宗，屹不少變。越五十餘年，同邑門人張倫、王永振傳其語錄文，孫太史靜庵先生本其夙志，建朱陽書院於城東門外。襄城後學李來章不及遊先生之門，然私淑最久。於是，表其墓曰：

先生諱如珠，字帝珍，世為柘城人。稱筠峯先生者，從學者之意也。先生早失恃，事繼母李太孺人最孝，左右就養，先意承志，無不得其歡心。待異母弟痛癢關切，友愛篤至。母嘗指先生謂所親曰："如此子者，晨昏定省，依依膝下，乃真吾所生也。"一日，母瘍發於背，憊甚，先生哭禱於神，願以身代。積數旬，惟日一飲水一啜粗糲，人弗能堪。已而，母瘳，業醫者言此非藥石力也，殆孝感所致云。

先生幼岐嶷，卓犖不凡，弱冠學，使者拔以為學宮弟子員，餼於庠。會寇氛日熾，國事日非，先生遂絕意仕進，屏居田間，課授生徒，一時從遊者甚眾。先生以程、朱之書守為學要，尤以禮自持，衣冠必整，步趨必嚴，不以顛沛流離稍失容節。嘗衣短衣，操農器，遇門弟子於隴畝，猶備周旋進反之儀。居家，與其配姚孺人相敬如賓。子弟甫三歲，即教習幼儀，出入必拜，鄉人登其室，無不嘆息，以為無異太和世界也。當流。寇破柘城，人苦饑至相食，先生收卹族眾，分穀食之，不以升合自私。嘗曰："推吾志將胥桑梓而飽之。

顧限於力，弗能徧。若茲累累者，皆吾祖考之血嗣也。忍使轉徙流亡，填溝壑乎！"先生平居謙退自下，與人言訥訥，如不能出口。有侵其田宅者，不與較，曰："是非曲直在天與人，吾理勝，又何爭也。"至於利濟人物，則日夜孜孜，惟恐不及，迄今邑人蒙其澤者，多尸而祝之曰："生我者父母，活我於困厄者筠峯先生也。"

先生享年四十，僅得中壽，又為諸生以韋布終老，人多惜其志之弗克竟也。然夷考先生之生平，持身以禮，存心以仁，孝行格於神明，學術繼乎洛、閩，固古所稱躬行君子者也。而文孫靜庵先生，承先生之志，夙以擔荷吾道為己任，今又讀中秘書，翱翔乎日月之傍，先生之學，不自此而益大彰顯於世也哉！予忝靜庵先生末交十年以來，無日不以身心性命之學，交相砥礪，今因表先生之墓，景仰高風，益徘徊興感，不能自已。後之君子，豈遂與予心異耶。

（文見乾隆《柘城縣志》卷十六《藝文志》。馬懷雲）

建橋碑記

邑人陳英畧

《夏令》曰：九月除道，十月成梁。先王之制也。迨後司空不視塗矣。川不梁，澤不陂，濡首罔濟，其傷實多。柘邑慈聖鎮北，巨河橫流，聞之老人曰："此黃河故道也。"上接平樂，延錦襄下，遞鹿亳，蕩江淮，勢不與溝洫同，觀浚洭洹寒之悲曷勝記。自我朝定鼎，大亂甫平，水為害，仁人惻之。畧先人，本邑庠生，諱嘉謨，字翊吾，順治丁亥春，築徒杠五孔，奈天道無常，頻築頻渰。余貌先制，建磚橋三孔，毀巨產，罄貲囊，亦為山一簣作進基云爾。復不憚走銀鹿，募諸公，共勷厥事。又惟恐規畫未善，攜僕北上，遇老人息樹下，斧鋸諸器傍置，余就而論橋事。老人以圖示予，若指掌。及歸，玩其圖，思規模度數作用，不覺翰音傳子半矣。方含慮就榻，夢寐神思惟橋，飲食起居惟橋，風雨暴日惟橋，心瘁力疲不知勞，稱貸借貲不曰苦，經營糾置，三月告竣。過橋者勿曰余功也，先志能伸萬一足矣。雖然，微諸公聿何及經日大慈曰普渡。諸公以之。夫余平居，聞一善必詰姓名與里居，甚則叩生平執筆端書於屏，若諸公德而闕姓名，不惟無以彰公道，過者有不及知之誚，余亦不能歷歷而長耿也。安問奕禩，爰鐫碧礑，以著為善之盛事，共慶橋梁之落成。

（文見光緒《柘城縣志》卷七《藝文志》。馬懷雲）

重建東曹寺記

邑人陳英畧

憶昔東曹創建，略據太夫子碣記，敘前記洪武年，僧洪瓚肩一衲肘一鉢，觀形勢有梵氳建刹，名曰東曹，多異解。余考志，東訓鐸聲曹衆也，警世覺民之義與深哉。歷正統、成化，寺稍治，及正德年，僧洪池極力經營，而廊腰縵迴，簷牙高啄，盤盤囷囷，不減瑤光永甯之盛，誠宇內之奇觀也。猗歟休哉！至矣。

畧按佛家西域天竺故居也，釋姓，悉達太子，跣足，偏衫，不飲酒，不茹葷，清淨無爲，煉成金鋼不磨之軀，立不依形，行不恃力，存不得生，亡不隨死，深無上之法，握天地之柄，操鬼神之權，以經文而覺羣生，以偈呪而解冤苦，浩浩乎一天而分爲西天。主號沙門，諸佛皆秉教焉。奚須東南一刹，西北一寺，且廊腰縵迴，簷牙高啄，盤盤囷囷，瑤光永甯之奇觀為哉。洎漢武帝焉支山得休屠王置甘泉，哀明踵求，釋迦傳像攝摩竺蘭等東渡，佛始入中土，勅封三教，與尼父並尊，代代守法，故建寺立像，建之立之，又惟恐不盡善且美也。是以廊腰縵迴，簷牙高啄，盤盤囷囷，瑤光永甯之設也。夫東曹，昆盧下院也。曩日奇觀之盛已杳矣。茲值崇禎兵火之害，其敗壞污穢踽涼之狀，睹之余心若刺。今又風雨之屢摧，兼以樵牧鳥獸之日殘，更加蟲鼠剛鹵，燥溼之浸毀，廟僅存者一二，像不頹者無一，岌岌乎將為荊棘之邱墟，心又胡安！

延及大清康熙乙亥，畧修補天橋方竣，急欲事東曹，囊空力疲，不敢邃舉，議衆者三，先自中宮始，次及兩廡，曰亦可矣。余思山門等不設，人將指之曰某也理，某也缺，某也修而未全，多口交譏，其誰屬之。予耄之五，久盡世棄罄囊，奚濟心孔俏矣。不憚走銀鹿，募諸公，役役乎四廟森列參差，以成星拱之勢，內外煥然一新，或庶幾矣。雖然，新則新矣，僅粗跡耳。視昔之廊腰縵迴，簷牙高啄，盤盤囷囷，瑤光永甯之盛，不亦赧然增愧貽羞哉！噫嘻，瑤光永甯之盛，誰不樂為！若力不足，時不逮，恐遺半途之嗟耳。畧量力審時，酌材度用，不知幾經參伍而始克告成，較之荒涼之日，亦稍慰矣。而又不敢康也，後有時力，公宏其規，精其制，鳩工庀材，丹楹刻桷，亦廊腰縵迴，簷牙高啄，盤盤囷囷，不減瑤光永甯之盛，更進而為奇觀者。余欣欣然祝曰："庶事畢也，寺告竣也，佛之感也，諸公之力也，百姓之福也，抑皇王之慶也，三百二十餘年之梵刹又一治也。"

康熙三十四年。

（文見光緒《柘城縣志》卷七《藝文志》。馬懷雲）

學田碑記

古有不辭一己之勞，而馴除累年積沿之害，不飾耳目之觀，而潛畫經久無窮之利，機似乎無為，而神行於不測，藏諸用而不可以跡窺也，顯諸仁則不可以地域也。詢乎為斯世所永賴，足以垂模奕禩矣。然荒度不列於《禹貢》，則明德之遠難信，故知竹帛流勳，鼎彝載烈，蓋不徒歌頌功美，實欲以鏡今而貽後也。如我邑侯史公區處學田一事，亦可謂經綸盡變，追配古烈者矣。邑有贛鎮總兵孔治國莊一處，地八頃四十畝，具呈願捐學宮，以為永業。累政招徠墾闢，未至成熟。

康熙二年二月初六日，知歸德府宋公奉憲檄，清查前侯濮公備詳，田居沮洳，年豐始足辦賦，一遇霖潦，則莽爲巨浸，實非可耕之土。若屬學宮，彼招勸無力，必至田荒賦逋，似在官不如在民之便，既上憲謂田固下隰，豈無十一可耕者，宜分別上中下，開墾輸將。侯復議，雖分別田賦，然所入尚不敷國賦，恐寒氈無力揩拄，合當縣爲經理，以熟田所入，且以兼納荒土之稅，待通共成熟，然後歸學，庶賦不虧而田丁得蘇。上允其請。而功卒不成。迨我侯涖政，緒歲開闢，漸有績效。侯心計手畫，積以歲時，一旦集師儒於頖庭，揚言曰孔宦捐地入學，原堪備脩廟課士之需，前政懼累，冷署代以任勞，然成績訖如捕風。某久淹是邦，不愛歷年之勤，以畫斯地利墾熟冊地六頃一十九畝，每畝入租一錢一分，約得租銀一百三十六兩五分六釐。每歲完正項銀四十六兩三錢，應餘租銀九十六兩五分六釐，除傾銷解費六兩九錢四分五釐，剩銀八十九兩一錢一分，應作學宮公用，內除三關義學每歲量撥紙筆費八兩，莊頭工食地三十畝，除租三兩三錢，餘分三項，一備葺廟傾圮，一資貧生不能自給，一爲終歲月課生儒供備，垂爲永久不變之模。但年之豐歉無常，佃之純頑異類，逋負不保，無有儒官，何方催督？仍宜酌用本縣一股實老成吏典，掌其每歲所入，貯之公所封記，遇有學中公用，申文請縣，縣會學宮及練事生員公同估費動支。餘仍印記存貯，以爲後來恢宏推辦之計。仍造地畝四至，佃戶姓名冊一本，繪圖一幅，縣與學各印記存案，庶絕侵欺變渝之害，諸君子以爲何如？於是，聞者歡聲雷動。進而言曰："我公之爲吾邑學校計，用力勤而興利溥，出謀周而慮患遠。吾邑爲青衿者，食公之德，當歌樂利於成功之後，敢謀伐石，樹之黌序，以彰公深衷仁澤，遠謀精畫，使將來有所稟程，變渝紛更之隙，可以永塞。吾邑食德念功永永勿替。"公曰：諾。功固不敢以尸也，變渝紛更之，是塞實吾志焉。遂述其事，刊之石。

　　康熙年間。

（文見光緒《柘城縣志》卷七《藝文志》。馬懷雲）

邑侯史公創建名宦祠碑記

邑人李克廣

　　肇興土木，成於無因，創也有因，則尋舊規，整墜續，不過增脩云爾。將焉創然亦有，有因而成，其所因不過從前相傳之空名成號，非因其木石之便，用力少而成功多，此則不謂之創，亦不可非尋常有因而成之者所可比也。如我侯之葺名宦祠，不階片瓦寸椽而非常傑搆突起於濯濯一塊土上，我故不禁大書特書曰創，不敢舉補葺之詞，以相加遺也。

　　按：名宦祠隨學宮建設，享祀春秋，亦視丁而二。固一邑之建置，與明禋所關，匪是則缺而弗備，典甚鉅也。凡加意地方者，固未有不亟思建立以隆經制者也。柘自兵燹後，名宦祠邱墟矣。蔓草露零，誰覓雕梁畫棟？白沙風捲，何由奠幣陳牲？是可惜也。侯則念之，於是，創脩之議興。或謂祠，柘祠也，宜柘力。侯曰："名宦諸君子，皆所以惠愛柘者也，豈吾葺茲祠而反以累柘乎，是殆不可。"說者猶謂侯以兩袖清風，創造無因之工，將為無米炊耶，即必欲振興大役，不全責柘，柘半侯半，共襄厥成，亦可謂平恕者矣。顧皆不納，獨捐清俸。庀材鳩工，凡累月而竣事。棟宇簷楹，丹堊雕鏤，既華且堅。侯之功於是乎偉矣！先是，予薄宦宛南。丁丑之秋，奉部檄，離任赴補。過故園，見城郭、衙署、橋梁、道路，靡不脩整。固心折我侯之偉績，可謂加意地方也。然又念名宦之邱墟者，不知其仍故否也。及過學宮，乃見煥然鼎新者，非復曩日之邱墟也。且聞我侯振興諸役，先名宦，後及城郭、公署，又後乃及橋梁、道路。至是，愈心折侯之偉績，又深服侯能明治體，輕重緩急不差銖兩。侯之功，皆侯之經濟學問也。嘻！宦何以名，此即其所以名也。吾知異日者，祠中早設一座以待矣。

康熙三十六年。

（文見光緒《柘城縣志》卷七《藝文志》。馬懷雲）

柘邑陞學記

邑人王露

今制，三年兩試，凡秀民以文藝充博士弟子者，大縣十五人，中縣十二人，小縣八人。匪贏匪縮，王道之平，以經理天下之學校，允稱極盛。然而，人材之興起，又有不可以大小拘者。柘邑區區百里，廠衛軍民錯雜其中，縣吏所治無幾，學校之數，限以八人，其制固然。嗣後以諸邑廠衛並於縣吏攝之，吾邑之土地人民拓於前矣。又值我皇上崇學右文，鄉會頻行廣額，復特簡侍從文學之臣，督天下之學政，其加意人材者誠至。而吾邑之士羣相鼓勵，爭自濯磨，應闈試而獲儁者，每科常四五人焉。而庠序之額，猶以八人為限，將見學校中敬業者廖廖，而草野俯首受書之士，望門牆而不得進者，所在皆是。一時之司文衡者，亦往往有美不盡收之嘆。此豈非其材為縣屈耶！陞學之設，庚辰以前，有其唱之，卒無力。持其議者，事遂不果行。辛巳夏，邑侯連公以名孝廉來撫茲土。凡吾邑之前所不便及所願欲而不得者，皆罷行之。一日，進諸生講學課藝，詢及學額，大懼人材放逸，慨然以陞學為己任，而吾鄉少司空李先生，議以克合，期其成厥事。於是，諸生踴躍陳言，公力為申請，再駁再覆，抗言不回。中丞徐公感其誠，為草書立奏之。而少司空起復入覲，為之颺言於朝。故朝奏入，夕報可。而柘遂得比於中學。自是以後，額數既廣，士心益奮，材之成就益多，俊秀者畢得入於膠庠，而人文蔚起，行將為天子慶得人焉。余因嘆連邑侯之為治也，首育材也，誠良有司也。李先生之舉事也，公無私也，廣士類也，而一時共事諸賢，其惜材之意，亦自有不可沒者。於是乎書。

康熙四十年。

（文見光緒《柘城縣志》卷七《藝文志》。馬懷雲）

新建東嶽廟碑記

邑人王露

聖王之導民以為善也，曰爾靜、爾慮、爾飭、爾行、爾睦，於爾家而和於爾閭也。不聞有以建祠宇、嚴廟貌之為善者，況祀典之設，先王重之。惟天子得以卜郊，諸侯祭其域內名山巨瀆，古聖陵墓。大夫士庶祗得祀乎其先而已，亦未聞有越名踰祭而用其饗者。然其時之民，雍雍成風，丕變成俗，何其盛歟！迨其後，以禮化之而不格，以刑董之而又不格。神道設教，亦聖主之無如何者也。柘邑東北鄙，信民某等新建東嶽廟，或者其善俗之一助乎。東嶽之神，泰嶽主之，峙於齊魯之界。其地之有專祀宜也，亦猶嵩衡恆華之得各祀於其地也，其他州郡奚所取爾！而東嶽則獨於城邑村里，殿宇輝煌，比比而是，其何謂乎？吾有以思其故矣。五常之性，仁為之首。五行之令，木為之首。四時之序，春為之首。五嶽之位，岱為之首。於性為仁，於令為木，於序為春，萬物發生之機，於是乎司之天下，暴雷疾風，凌冰飛霰，偶一震之，則可若連朝累月，則人將不勝其苦，而惟春風霽和，可以歷久而不厭者，無他人之所長，養在是也。然則東嶽之祀之得以徧乎天下，不誠然乎哉！且俗尚於東嶽，廡下列輪迴之象，為善有旌善之報，為惡有罰惡之應，是固不必考其說之由來，亦不必辯其事之有無，但愚婦穉子有詩書之所不能訓，律令之所不能加者，一入廟而覩象，輒不禁油然惕然焉。其於聖王導民之意，未必不默有以助之矣。今某等欲勒之於石，以誌其營建之勞。余詎以不敏也而辭之。若夫神異其詞擬惑鄉愚也，余則何敢！

（文見光緒《柘城縣志》卷七《藝文志》。馬懷雲）

徵仕郎翰林院檢討靜庵竇公墓誌銘

仁和人湯右曾

康熙四十七年戊子，又三月二十五日，檢討靜庵竇公卒於里第。冬十一月十二日，諸孤將卜葬於邑東三里許之新阡。先期持行狀，乞銘於予。予與公同舉進士，又同為史官，共晨夕者有年，稔知公學術淵源於考亭，其於金谿、姚江之學，辨析必求至當，不強為附和之詞也。丁亥，予校士睢陽，經朱襄故墟，遊朱陽書院，見門下士濟濟雍雍，被公指授，制行讀書，咸有法度，益信繼往開來之功，不在紫陽下。一旦長逝，盡焉傷懷。蓋未嘗不太息於斯文矣。按狀：

公諱克勤，字敏修，號靜庵，一號艮齋，又號遯齋。其先晉之沁水人。自五世祖兌川公遷河南之柘城，遂家焉。曾大父紹川公，積有隱德。大父篤峯公，值明季異學蠭起，仔肩斯道。再傳至封庶常道康公，是為公之父，恪守家訓，竇氏理學之傳於茲益著。

以順治十年癸巳十一月六日生。公幼穎異，五歲，受《四子書》，能解句讀。八歲，受

《易》學，為文輒得驚人句。弱冠，補博士弟子員。壬子，舉於鄉，益肆力經史，讀書外，無他嗜也。一日，讀《大學章句序》，恍然悟窮理正心、修己治人之要。於《大學》一書，沈潛反覆，五閱月不能釋手。自是奮志聖賢，屏棄舉子業。定學規，輯家規，立日錄，以自省。一言一動，必以誠意為兢兢。時耿逸庵先生，倡道嵩陽。公以所學，印可道義，切劇為忘年交。就試南宮，與湯潛庵先生講學燕臺。潛庵先生以師席不整，勸就教職。

公偕天下貢士廷試，名列第一。丙寅，授泌陽教諭。抵任，具詳上官，大修夫子廟，宮牆為之改觀。課士，倣考亭《白鹿洞規》，使學者知所淬礪。分五社，而署以仁義禮智信，擇學行足式者為之長，糾察社衆，以申獎懲。又設童子會，萃邑中俊秀十五以上讀《五經》、《性理》，十歲以下讀《孝經》、《小學》。三日一會，溫經習儀，講說義理，以提撕之。暇乃輯《理學正宗》，自濂、洛、關、閩，以及懷孟河津諸儒之原本孔、孟者，示崇正以黜邪也。

戊辰，成進士，選翰林院庶吉士。迎養道康公、李太孺人於京師，色養不減童孺時。未幾，太孺人疾作。公為文，偕王孺人禱天求代。會病劇不起。公哀毀骨立，居廬奉諱，經晝墨食，一遵古制，無有遺憾。讀禮之暇，建朱陽書院於邑東門外，來學者日益衆。公躬親督課，講學會文，蹈泌陽之法而行之。與從遊諸子，日相研究者，孔門仁孝之旨，主敬存誠之功，窮理力行，希聖希天之實事。一時朱陽之盛，媲美嵩陽。甲戌，散館，授檢討，侍直南書房。時道康公思歸切，公請假旋里，教授生徒，往還朱陽書院，雖盛暑祁寒無倦容。己卯，復入京師。

庚辰，會試，公與分校，語同事者曰："籲俊大典，安得苟且塞責，以辜聖明委任。平日銜盃酒接慇懃，交情非不可念，然甯負友朋，不敢欺君上也。文場皷觭之士，舌端非不可懼。然甯家謗讟，不敢不畏簡書也。至若利錢帛，徇虛聲，庇少年，抑耆宿，種種弊習，有一於此，天地鑒臨，鬼神昭察，殄我子孫，永絕先祀。"作誓文焚告，諸公益嚴敬之。比撤棘，得士二十一人，皆海內名宿。至未經薦拔者，亦嘆羨感愧，執經盡弟子禮。先是不知公者，妄爲暮夜之求，危其辭，脅以權勢。公曰："吾行吾直道爾，禍福何容心焉。"至是亦心折無異辭。頻經御試，溫語褒嘉。上命詞臣書字，公書"治法堯、舜，學遵孔、孟，其要在主敬謹獨"數語以進。公名久達宸聰，加俸金，賜御書，將驟驟大用，而公移疾假歸矣。

歸田以來，杜門卻掃，誦法先王。遇後進，諄諄勸誘，教思無窮。量能容，不喜道人過。至忠孝大節，有關綱常名教者，則旁引曲證，語蟬聯不能休。處桑梓間，溫厚和平，鮮倨容厲辭，而心切鄉黨，惕懷民瘼。若軍需之浩繁，力止科斂；柳夫之協濟，曲解倒懸。至今邑人德之。年纔服官政，而屏跡岩壑，自淑淑人。所著若《四書闡義》、《事親庸言》諸集，具能溯流窮源，為經傳羽翼。公之有關世道人心，詎不偉歟！嗟乎，正學不明，高者淪于虛寂，卑者溺于辭章。公崛起中原，為一代名儒，立德立言，直與伊、洛諸子並垂不朽。今春大梁晤語，每及興學造士事，公毅然爲己任。予方謂君子之樂，良友可以無憾。

竊幸朱陽一席，人文蔚興，予俟兩河蔵事後，亦得共勷盛舉，孰知竟以此永訣耶！

公年五十有六，配王氏，封孺人，男三：長容端，增廣生，前卒；次容莊，廩膳生；次容邃，康熙乙酉科舉人，候補內閣中書舍人。女四。孫四：紃、綽、繢、紓。孫女三。爰為之銘曰：

峩峩儒宗，代有其人。是紹是繼，泓、瀠之潰。震越鏗鏑，厥聲以振。卓立游夏，有炳其文。蔚為國華，如絲如綸。天子曰嘻，時維多聞。循陔三省，養隆於親。一經之貽，以昌子孫。公與道奧，實體厥身。豈惟體之，更傳其薪。講堂禮器，弟子侁侁。流風餘澤，可采而詢。銘諸幽宮，俾垂不泯。

康熙四十七年。

（文見乾隆《柘城縣志》卷十六《藝文志》。馬懷雲）

皇清鄉貢進士宜君令魏君（珖）墓誌銘

【誌文】

同邑太學生田叔廣頓首拜撰文。

同邑太學生眷姻弟王沂頓首拜篆蓋。

同邑郡廩膳生員愚表姪邢洺相頓首拜書丹。

君姓魏氏，其先鄭州人。明初，有諱二公者，以偏裨隸開平王常遇春麾下，與元兵戰山西鷂兒嶺，有奇功，陞錦衣衛指揮使。其後，以事降永寧衛七品官，仍許世襲。永樂間，再調熊韜衛，賜屯地十頃。其地在柘城西。因治室宇棲焉。又數年，歸老鄭州，留少子源居柘襲職。柘城魏氏之盛，自此始也。曾大父報國，三科武舉。妣徐氏。大父志稷，縣學生。妣范氏、李氏。父時振，字振之，縣學生，前禮部尚書鄭三俊守郡時所賞拔士也。尚書號知人，其所取士，率不過數年，皆連翩取科第，至大官。而公負經濟大略，顧獨好武事。值流寇之氛亂，常以單騎衝賊陣，所向皆靡。為守城數有功，當事者上其狀，陞國子生，授項城縣教諭。公到官不十日，輒棄去，閉戶隱居，所以教君兄弟者甚有法。年七十餘卒。妣朱氏。君諱珖，字次玉，號德章，早歲舉壬子鄉貢。而兄玧亦前舉甲午鄉貢。兄弟並上春官，人皆羨之。然君於時文尤工，為名流所矜尚，如江南張公選、李朝俊，先後稱君之文，至不容口，謂他日必當大魁天下也。君少好楷法，學歐陽率更，得其大意。久之，更為行草，愛蘇子瞻《醉翁亭記》，臨摹無虛日。余常見其醉中所書春帖，強半無墨，而意態甚備，可謂有意乎古之人者也。其行草中所署玉華吏隱者，君一為宜君令，有惠政，五閱月而歸，宜君有玉華山，又有玉華宮遺址，故以自號云。蓋自錦衣公父子以武功起家，其勇略為一時所憚服。傳數世，而武舉公繼其美。武舉公之次子志燮，又武舉也。志燮即君之叔祖。迨項城公，彬彬向於學矣。然其瞋目據矛，思得一當，猶有始祖之餘風。不謂君折節讀書，刻意文墨，乃遂如此。君天性孝友，與人交不設城府，而獨嗜飲醇酒。縣大夫史侯敬禮君，將為君謀所以買酒者，君不屑也。君既以文雅見推於世，而又清介無他營。其卒也不以年，人尤痛惜焉。君生於順治甲申年二月二十三日，卒於康熙辛卯年十二月初五日，得年六十有八。配張氏。子男一人，弘重，縣學廩生，娶王氏。女二人，諸生劉丕昌、監生羅祖錄，其壻也。孫男四人：金石，縣學增生；次金超、金紫、金城。孫女三人。曾孫一，羽林。婚聘皆名族。歲壬辰十二月初五日，君之卒一周矣，弘重將以其月十二日，祔君於項城公之兆，先期述君之行事為一卷，又出其舊譜一卷，使余志而銘之。余素不識君，其何以銘君？然所常聞君之生平於他人者，猶弘重之言也，故得以考論其世而為之銘。銘曰：

　　桓桓先烈，當時所貴。君生太平，其道則異。君有高文，湯許之儷。行草洋洋，亦重於世。嗟爾後賢，勿忘勿替。我為斯銘，庶幾不媿。

　　不孝男弘重泣血納石。

　　康熙五十一年十二月。

（拓片藏河南省文物考古研究所。李秀萍）

敕封翰林院庶吉士道康竇公墓誌銘

松江人王掞

　　公諱大任，字燕貽，號道康。其先居山西沁水之竇莊。始祖璘，宋左屯衛大將軍。曾祖聯芳，始遷於河南柘城，遂家焉。祖三畏，父如珠，號筠峯。當明末時，以程、朱之言訓後進，邑人宗之，爲專祠，祀學宮。公生而敦厚，筠峯公愛之，以為克繼家學。年十一，筠峯公捐館舍。母姚孺人能教子，嘗紡績課公，夜誦不少輟。居近學宮，見春秋行釋奠禮，儀文明肅，遂慨然有志於道，不專爲科舉之學。年三十四，始補博士弟子員。旋，丁姚孺人艱，遂絕意仕進，益務著述，而原本於躬行。

　　是時，睢州湯潛庵、嵩陽耿逸庵、蘇門孫夏峯諸先生，皆以道學自任。公居其間，聲相應和，命長子檢討君克勤，往從之遊。檢討君內奉公過庭之訓，外與諸先生講論切磋，諸先生深相契重，嘗呼爲小友。故檢討君早負時譽，學有本源，卒成名進士，為學者所依，歸公之教也。及檢討君以母憂歸，度地於東門外，創朱陽書院，聚四方從遊士，為講學之所。公時時坦步往遊，鶴髮鳩杖，顧盼矍鑠。路人望之，咸以爲仙。至則振衣登座，吐辭清越。檢討君率諸生以次問業，雍雍進退，言論終日未嘗倦。論者以為師友之誼，天倫之樂，公兼有之。公天性修整，居家必循法度，遇喪去音樂，屏佛事，一遵往制，不為習俗移動。歲時祭享，必誠必敬。教子孫以孝謹，不以居積為事，嘗作文以戒子孫。謂生平學，力本於不欺，自總角時，見遺錢不拾。由此一念守之終身，以故一生行事，無不可告人者。

　　公自少居鄉，即不立崖岸。及檢討君貴，益自謙抑，未嘗以聲色忤人。及遇事關利弊，必侃侃直言，力白於當事，不少回護。甲戌歲，邑令奉檄查未足額地畝，人心惶惑，賴公一言，公私獲安。他如親族之中，有貧不能婚喪者，無不量力周給，不見諸顏色。以是深爲鄉里推重。歲時鄉飲酒禮，有司造門敦請，以公應其事爲榮，先後凡三十一。與鄉飲大賓物論，無不允愜。公姿貌魁梧，精力倍人，雖八十外，步履飲食，不異少壯。易簀之時，猶引衣含笑，無幾微繫戀意。公之道力於此足徵云。

公生於明崇禎癸酉十二月二十有七日，終於康熙丙申六月二十日，享年八十有四。以覃恩封徵仕郎、翰林院庶吉士。配李氏，封孺人，庠生公毓女，有孝行，先卒。刑部尚書崑山徐公乾學爲墓誌。子四人：長克勤，戊辰進士、翰林院檢討、祀名宦鄉賢；次振起，甲子武舉人；次克恭，太學生，贈內閣撰文、中書舍人，皆先卒；次克讓，邑廩生。女四。孫十二：容端，增廣生，先卒；容恂，丙戌進士，內閣撰文、中書舍人；容肅，增廣生；容莊，癸巳舉人；容邃，乙酉舉人、候補內閣中書舍人；容儀，容惇，容聰，俱庠生；容謙，容觀，容恒，容升。曾孫八：緗、紀、絅、綽，絃、緯、繢、紱。將以今年十一月初四日，葬於祖塋之次。於是，公之孫中翰容恂以公行狀來請銘。銘曰：

維公之德兮直以方，維公之行兮慈以良，施雖未遐兮溢於爾鄉，善積乃興兮子姓其昌，於萬斯年兮永保斯藏。

康熙五十五年十一月。

（文見乾隆《柘城縣志》卷十六《藝文志》。馬懷雲）

工部左侍郎惕園李公墓表

仁和人湯右曾

康熙五十八年九月戊子，工部左侍郎柘城李公以疾終於家，遺疏上。天子悼惜，而一時公卿大夫無不咨嗟悲嘆。其門人與後進之士，相率為位以哭。嗚呼！公少壯登朝，五十餘年，恬於榮進，中間家居者半，顧天下知與不知，聞公名，僉曰："此正人君子"，人人無異詞。蓋道德可依歸，豐采可敬愛。初不以大官顯仕為重也。公既歿之踰年，其孤孫孝廉曾番以書來乞為文，以表其墓。右曾其奚敢辭！

公諱元振，字貞孟。先為山西洪洞人。高祖一峯始徙居柘。曾祖萬箱，祖本安，考霖雨，三世以公貴，俱誥贈如公官。曾祖母朱氏，祖母孫氏，贈一品夫人。母朱氏，封一品太夫人。公少穎悟，七歲，入家塾，誦《孝經》、《小學》、《章句》，能解大義。十四，補邑庠生，讀書城東別墅，賦詩有《俯視羣邱》之句，驚其長老云："子他日立身成名亦如是。"順治十七年，舉於鄉。十八年，成進士。康熙三年，殿試第二人及第，授宏文院編修。踰年，請假歸。因南遊金陵，徧覽吳會江山之勝。所至，賢士大夫莫不握手定交。返至濠梁，存問故舊，賙卹備至。濠梁，公祖母孫太夫人母家。公兒時從贈公避地處，相與俯仰今昔，流連歡飲累日，夕乃去。尋補原官。充康熙八年順天鄉試正考官，所收皆才雋宿學之士，時稱得人。

十年，改翰林院編修，陞右春坊右贊善，轉左贊善。丁贈公憂。服除，補原官，充日講起居注官。尋陞翰林侍講侍讀，纂修《太祖實錄》。又充康熙二十三年順天武鄉試正考官，尋陞國子監祭酒。公入太學，以端粹懿醇倡導弟子，講貫經籍俾達奧義，交章益進於古，六館之士蒸蒸咸有師法。

明年春，上召翰林院詹事府諸臣入試保和殿。舊制，翰林出，在國子監皆不與試。公循例未與試，忌者遂議公，奪級。補大理寺寺正。越八日，陞鴻臚寺少卿。二十日，陞光祿寺少卿。又十五日，陞通政使司右參議。不兩月，凡三遷。於是，乃益知上知公之深也。二十六年，陞奉天府府丞。

二十七年，陞通政使司右通政。時上以亢旱，詔羣臣直言得失，咸以時政無缺對。公獨曰："天氣下降，地氣上騰，然後，雨澤降。今至尊仁聖，惠愛焦勞萬民，乃內而部院，外而督撫諸臣，不能體國奉公，是天氣降而地氣不升也。旱魃為虐，職此之由。宜痛悛改，以應詔旨。"衆論韙之。二十九年，陞太僕寺卿。三十年，越次擢都察院左副都御史。時方大計，有屬員被劾，訐其上官。公上疏請考察督撫，飭大權以正人心。大略言督撫賢則郡邑服，廉隅飭斯吏治興。嗣後計冊報部，令各自陳，以明黜陟。累數百言，切中時弊。

三十一年，陞工部右侍郎，尋轉左侍郎。部務紛厖叢沓，前官譴去，四司無專員，事多廢；閣簿久不勾，會考校，吏得因緣為奸。公至，與同官悉心釐剔，不數月，部牘一清。公既潔廉自持，又寬厚中，精審明察，人莫能欺。三十二年，上以大同右衛地險要，設重鎮，建廨舍營房一萬八千餘區，命公領其役。邊塞土瘠民貧，物料俱倚辦數百里外。公度材木，算備餘，陶瓴甓，築垣墉，躬自檢閱，踰年報竣，既堅既完，較舊估省大農金三十萬兩。由是，上益知公廉能，加器重焉。

三十六年，丁朱太夫人憂。服除，復補工部右侍郎管左侍郎事。凡朝廷大典禮、大政事，公於僚友間虛公商榷，人皆寄重。時內外員缺，上嚮用九卿，多令廷推。公在班行，常默然無言。人問之，公曰："上日月之明，何所不燭。今下詢廷臣，人實不易知，非有灼見，樹私恩，廢公議，吾不敢也。"人以為名言。及兩河浮冒帑銀事發覺，株連蔓引罕得免者，公毫髮無所私，遂得脫。然坐不先劾奏，議落職。上稔知公無他，特令留任。旋命查勘天津河工，回奏。上曰："朕遣人多矣，未有明白無隱若此者。"嘉嘆久之。

四十六年，公年已七十，乃疏請乞身。上知公意不可回，俞旨以原官致仕。公中朝耆碩，予告而歸，都亭張飲，人皆太息，謂古人無以過，遭逢聖明，進退出處之際，得以完節，全其令名，蓋士大夫之所難也。

右曾自為國子生，辱公文字之知，顧待至厚。越二年，舉京兆試，出濟南朱公之門。朱公又公所得士，以此於公益親。每風雨明晦，下直燕閒，未嘗不追從函丈，商較古今，覆量物理，談笑論議，終夕不倦，恆有家人子弟所未及周知者。中州士大夫好講學，公嘗曰："學顧力行，何如耳？口耳誦習非心得無益也。"性至孝，居太夫人喪，年踰六十，積毀消瘠，幾至滅性。於昆弟友愛無閒，朋友交必忠信。族黨親婭遇之，皆有恩。每德施於人，人恆不知。邑嘗被水災，與邑令共捐金平糶，全活甚衆。又請巡撫疏奏，柘小學得升中學，邑士賴之。居常節約，無靡麗玩好之物，庋書簾閣，終日研索嗜學，老益不休。嘗曰："吾生平不干進，不苟得，不餙僞以釣名，不挾詐以御物，如是而已。"昔司馬溫公退居於洛，凡十五年，陝、洛間皆化其德，師其學，法其儉，有不善，曰："君實得無知之乎！"范蜀公致仕後，專以讀書賦詩自娛。客至，輒置酒盡歡。而當時，士大夫論天下賢者，必曰景仁焉。公於此殆可不愧。公歸之歲，右曾方視學河南，自汝甯之歸德，道出柘城，謁公里第。相見問無恙外，輒及八郡人材多寡，文字進退。因具道家居後，優游養志，與故人子弟晨夕聚處，談讌之樂，無一語及其私。[1]

後十二年，乃歿。享年八十三。公當國家重熙累洽，太平景運，以龐洪惇厚之德，與時際會，被上眷遇，前後天章宸翰，琅函寶硯，白金文綺，冠衣珍果，恩賜稠疊，康甯壽耉，迄於考終。過其墓者，雖老成典型，風流歇絕，而高山仰止，如賭其休光，沐其教澤。則公之所以不朽者，固永留於天壤間矣。墓在邑東南二里許。葬以康熙五十九年十一月壬申。其子孫名次列在誌銘者，不具。

康熙五十九年十一月。

（文見乾隆《柘城縣志》卷十六《藝文志》。馬懷雲）

五經孝廉一齋寶君墓誌銘

湯豫誠

嗚呼，此朱陽五經孝廉寶君淑子之墓，君余之好友也。負異資，篤行誼雅，有通儒才，乃抑鬱不得志，年不及五十而卒，困以歿，識與不識，咸爲咨嗟，而余也欷歔故舊尤切，今昔之感焉。按：

君姓寶氏，諱容莊，字淑子，號一齋。先世蓋晉之沁水人。自其六世祖兌川公遷豫，遂家於柘。靜菴太史朱陽寶先生之仲子，封庶常道康公之孫，而明儒篤峯先生之曾孫也。累世學有淵源，得濂、洛正派，至太史公倡道朱陽，尤以理學冠當世。君生有道家，幼承庭訓，年十三，螢聲藝苑，頭角崢嶸，識者已卜寶氏之有子矣。厥後潛心性命學，探索

---

[1] 錢儀吉《碑傳集》卷十八此後書作：

後六年，祝萬壽，再入京師，齒髮尚未衰。後又六年迺歿。享年八十三。公當國家重熙累洽，太平景運，以龐洪惇厚之德，與時際會，被上眷遇，前後天章宸翰，琅函寶硯，白金文綺，冠衣珍果，恩賜稠疊，康甯壽耉，迄於考終。惟是四方之望休光、承色笑者，老成典型，風流歇絕，此其可悲也。所著文集共若干卷。配某氏，繼配某氏，贈一品夫人。子二：長某，歲貢生；次繼修，用典成均，丁丑進士；俱先公卒。二女：長適某，次適某。孫男三，孫女一。銘曰：九文六采，睢渙其章。公實生之，維邦之光。持橐殿陛，職左右史。紀神聖功，貽於萬祀。師儒是聯，用典成均。曲藝必誓，羣士先先。出歷卿曹，秉憲司直。咨乃司空，率俾六職。公於學邃，外襮中允。秩秩涵涵，允積厥躬。功緒卓殊，首茲明德。流風漸濡，頑謙懦立。公之淳懿，雖歿亦存。承繼綿綿，垂延後昆。千陰之原，爰安其宅。考行纂辭，劻在銘石。

《五經》、《性理》，儒先奧旨，奮然以聖賢為必可為。食廩餼二十餘年，雖屢厄棘闈，未嘗繫得失念，而砥行考業惟惕惕以隕其家聲是懼。康熙癸巳萬壽科，始以《五經》儁，士林多憾其晚。時年已三十有五矣。四上公車，不見收視，功名富貴愈澹而學益粹。

憶余庚子謁選都門，與君及睢州蔣君無妄泰共晨夕蕭寺中最久，見君行彌飭，辭受取予，介持不苟，不減少時。而言言經濟，視曩者更裕如，咸仰其才品，而惜其困頓。君坦懷自如，絕無幾微見顏色，同人愈服其養，而敬其守。無妄以君才高學成，年愈壯，弗得志，欲他稱貸三千金，為謀一官，以試其猷，為君却之。曰："嘻，此胡為者，君孤子竄此。吾顧以債累君乎？且爾我至戚好友，義弗忍，君煢煢甯為利來耶。況士各有志，此胡為者。"遂相與揮涕。久之，時人兩高焉。蓋君以無妄事來燕，不欲因之以為利也，此余所耳而目者也，他則可知矣。其生平為學循循於日用倫常中，實致其敦篤腒摯之情，孝於親而友於弟，讓第宅，却田園，甘貧守道，撫伯兄嗣及張氏甥，而翼之有成。其報師恩也，既助其葬，而復庇其子。鉅鹿侯芭之義又何以加焉。他如卹孤嫠而扶困危，族戚依賴者復甚夥也。至國計民生，尤其所講貫而熟悉者矣。柘舊城圮於故明嘉靖時，邑侯姜公壽鸞其基於民，以修新城，舊基屬民幾二百年矣。康熙辛丑，有以侵城壖誣民者，君詳考文獻，直其事，事寢而民以安。他如鬭雞下寶、羣居酗酒歌呼，以及婚喪禮儀名分倒置，情文失宜者，往往極言危論，以救其失。最後創立社倉，未竟而歿。士論惜之。

君素留心民瘼，罔不各有成畫。而社倉則一準考亭夫子法，參之沈龍江、呂新吾、楊東明諸先正書而酌以時宜，萃為《社倉議》一冊，而未及設施。會聖天子特沛恩膏，詔諭民間立社倉，君感激涕零，應檄肩其事，扶病走勸諭親督，其唱籌會計，心力並瘁，曾弗少告勞。不數月，而困籠山圻，屹然為中州巨觀，益信坐可言，起可行，非徒高談康濟，無補實用為也。嗚呼！士生斯世，窮達者命，而志意所期，往往造物不能奪其權，況浸淫於詩書禮義之教。其經綸敷施，必有從容而裕如者，使君早得志行，其所學不啻如此，其與古之銘旂常列鼎鍾者，當必有合。惜乎其未竟厥施也，能不為蒼生浩歎哉！雖然，竇氏理學之傳，從茲流衍未艾矣。

君生於康熙十八年己未十二月十一日子時，卒於雍正二年甲辰十二月二十六日寅時，享年四十有六。以雍正三年乙巳十一月初八日，從葬於邑東太史公靜庵先生之兆。娶蔣氏。男子二人：綽，績。女子二人：長適劉憲魯，次幼未字。君於太史公著述未竟者，悉補成全書，亦其孝也。其生平自課經書，制義及詩文集若干卷，藏於家。君善臨池，得二王、顏、柳法，方嚴整秀，正如其人。其他藝能種種，又其才之波及者予與聞。子容邃，為同年友，交最深，且居嘗私淑靜庵太史之學而未逮也。今年夏，聞子狀，其兄之行，以書走德安，索予銘。予維誼屬通家，而知淑子又悉，義弗可辭也。淑子美不勝書，謹撮其大者而排纂之下，俯仰今昔，興懷賢士，不勝搤捥太息，有無窮之慨焉。銘曰：

燕山耸峙，潄浦清澄。理學淵源，朱陽一燈。君際厥家，似續克承。博雅通達，惠義歡騰。胡不逢時，翩奮霄凌。浩其永歸，生順歿甯。緬茲懿徽，斯石是徵。

雍正三年乙巳十一月初八日。

(文見光緒《柘城縣志》卷十《藝文志》。馬懷雲)

烈女廟記

邑人陳樸

女不知何許人，亦不詳其姓氏，明季流氛蜂起，民日夜奔駭，莫知所之。邑東壽峰寺側有周氏村者，居民亦逃竄，所留者止一二羸老而已。忽見婦女數十人奔至，偕一女子，年可十六七，貌頗麗，俱匿村內。未幾，寇至，呼羣婦出。見女美，欲污之。女不從，賊強之。女兩手拒門，且泣且罵。賊懾之以威，乃以刃微傷其手，血縷縷下，冀其懼而從己也。女罵不已，賊怒截其左手，女罵愈厲。賊乃殺而倒沉之井，然後，驅羣婦去。

其後，國朝定鼎，居民復業者咸他汲，廢此井者三四年。一旦，井水忽高，噴丈餘，直上觸空。村民聚觀駭異，約二時許水止，而井遂埋，女尸實葬其中。噫，異哉！

其時殺傷徧野，屍枕藉，積如京觀，止以飽鳶鳥之腹，不聞有他異也。女獨能湧泉而使之溢，激水而使之躍，且潰其砌甃，以掩其芳骨，女之神亦靈矣哉。獨怪衣冠薦紳之徒，往往有日談忠義，及禍起倉猝，稽首崩角於賊之前者比比也，婦人女子又奚責焉。而此女何以守貞自矢九死不回乎！今試思其泣罵時，義氣奮發，視斷手之刃，不啻寶珠之獲，望井泉之潔，轉恨投身之晚，尚何賊之足畏哉！其光可以射白日，其氣可以凜寒霜矣。惜乎，《栢舟》之咏不聞于詩人，旌閭之典不見于朝廷，而且求其姓氏里居而不可得，又未嘗不過井而衹徊也。村中人年七十者，尚能詳其事。余恐愈久而愈湮，則愈負此貞烈矣。公為建廟以祀之，遂述其事，而勒之碑。

雍正。

(文見乾隆《柘城縣志》卷十三《藝文志》。馬懷雲)

北郊公建先大人祠堂記

邑人陳樸

吾父歿之明年，邑之先生耆老就余而謀曰："爾父居官居家，存心制行，人共見之。鄉先生歿而祀於社，禮也。僉欲立石建祠，以誌不忘。一切諸費不以煩爾，經營之役，醴牲之文，爾其任諸。"余聞之，懼然謝曰："凡仕宦之家，思欲顯揚其親，何求不獲。若余潦倒青衿，何所勝於人，人亦何所求於我。今此之舉，學校無異議，輿論有同情，非先生耆老好德之誠，與吾父實德所感，奚能然耶。余小子敢不黽勉以襄厥事。"越明年，碑成，相與謀建碑之所即為搆祠之地，或欲置之黌宮前。予謝，不敢安。或欲置之東門肆。予又謝，不敢安。曰："此非吾父志也。吾父平日見人有德不稱實，而襲居其名者，則惡之。豈以吾父素所惡之者，而今躬自蹈之耶。北郊雖僻壤，吾父自癸丑長安歸，購地數畝，建書舍課予，已十六七年矣，無日不徘徊于此。迄今斷岸參差，煙波浩渺，白雲出沒中，猶恍惚見吾父之神眷戀而不忍去。請即建諸此地，庶足以慰吾父之志乎。至謂此地商賈不遊，冠蓋不至，雖有碑祠，誰其見之？是正與吾父潛修不求人知之心有合也，又奚疑。"於是，先生耆老僉以為然，又明年祠成。予因再拜稽首，詳其始末，而為之記。

雍正。

（文見光緒《柘城縣志》卷七《藝文志》。馬懷雲）

柘邑舊城士民感恩碑記

邑人高玢

吾邑之有舊城何？蓋自前明嘉靖二十年，黃河水決衝城，城崩，一時官署民舍沒為巨浸，知縣姜壽變價修理新城。公用戶房存案，其地外高中窪，高者為砂礫，窪者為藪澤，則蒲魚生焉。居民無恆產者，率賴以為生，而歲輸租於官。一遇天旱水涸，則蒲魚稀出，而歲輸如例，民已困矣。今我國家承平日久，生齒日繁，地不加闢。憲宗皇帝憂民之貧而無田可耕者多也。爰有墾荒之議，欲盡地利，以業窮民，亦謂有荒可耕者墾之為田耳。若吾邑地狹民貧，久無壙土矣。而大寮慮無以副明詔，縣令懼無以應憲檄，不得已，遂以舊城不毛之地報墾矣。於是，居民數百家大恐曰："是重困我也。"欲訴下情於上，而莫能自達。而上官且疑民之不畏功令也，將以峻法治之而未果。會丙辰歲，重華御宇，其仁如天，其智如神。知報墾之官吏奉行未善也，詔一切豁免。於是，舊城之民胥慶更生矣。日者居民某某等來告予曰："吾瘠民也，孰使我安堵如故乎？孰使我催科無累乎？孰使我纖蒲為業，魚釣為食，不復他適乎？請泐諸石，以垂永久，使我後人世世不忘君恩也。"予聞其言而是之。乃為之記。

乾隆元年。

（文見光緒《柘城縣志》卷七《藝文志》。馬懷雲）

廣東道監察御史高公玢墓表

商邱人侯元標

維乾隆九年十一月十一日，監察御史柘城高公卒。嗚呼哀哉！公以天挺之才，拔起單寒，弱冠舉進士，官京師，名聲震一時。及遷柏臺，未幾，則遠去塞外，伴鞍韀之隊於忒斯絕域間，晚而蒙恩賜環，同時被譴出塞者，死亡略盡。公竟生入玉門，實為古今罕事，非天所以佑忠義耶！夫士患不遇，幸而擢居言路，又多持祿固位，噤舌不敢出一言。公之諫疏，不啻朝陽鳴鳳，大節挺挺，洵足光史冊而垂無窮，可謂不負所學矣。歸田之後，又十餘年，優遊山墅，巋然獨存。學者望之，以為山斗，乃不憗遺一老。梁摧哲萎，後生靡憲。夫前典所垂歿，有可紀則誄之注，諸疏旌公，私無拘焉。小子夙附通門，謬荷殊常之盼，不揆蒙固，敢闡幽光。其辭曰：

惜哉我公，體合元精。崇嶽峩峩，降茲神靈。帝憫羣蒙，悵悵無已。乃啟鴻儒，俾牗厥世。洞視元古，揮斥八極。聾聵齊寬，骯骸盡起。公之妙年，早馳英聲。飛辭摘藻，聰慧夙成。藐姑仙姿，玉立神清。聯掇巍科，釋褐上京。步登金門，無雙國士。羣踐清華，遂躋顯仕。烏府超擢，麟綬豸衫。階榮至此，感激志完。心維至計，龍圖實言。隱默不語，負愧前賢。匪求後福，忠節是捐。拜辭丹陛，遠投沙漠。萬里荒徼，隨軍止治。觀天無門，行地有角。吞人益心，魑魅行樂。金柝夜擊，牧馬晨鳴。雄風冬埃，寒冰夏凝。祁連莽莽，蒲類溟溟。孤臣異域，望斷彤廷。晝省香爐，髣髴前生。久戍黃花，忽傳恩詔。翩然賜環，人出雪窖。馬角邊生，酒泉重到。海外來歸，鄉園笑傲。遺經獨抱，正始同標。萬古江河，雲霄羽毛。賦凌鮑謝，結體彌高。偽習劃削，直性孤陶。業富名山，總持風騷。在唐曰韓，在宋曰蘇。文華擅代，忠義同塗。典型堪式，純懿爲模。維歲在己，占夢有殊。觀臺示祲，徵應巨儒。嗚呼哀哉，憶昔梁中。扶風舊館，競說中郎。倒屣王粲，奇賞初逢。掩抑倏展，平生知顧。如公蓋鮮，文章有神。古人可感，風塵淪落。出門何之，公曰無戚。吾為子師，行年老大。如人幾時，匠石徒勞。樗櫟雖爲，涕淚交頤。深負相期，玉汝堂在。我公已邈，楊子廬邊。空縈秋草，縱解招魂。帝閽莫叫，實以誄華。撮其光耀，學愧安仁。謹鑄遺照，嗚呼哀哉！泰素復返，玉清遙開。靈輀轉轉，喪柩徘徊。驄馬舊步，大鳥新來。臧形匿景，虛廓奚聞。恍惚如公，聲欷其音，冠帶如雲，白衣交送，馬策羊曇。別街私慟，嗚呼哀哉！

乾隆九年十一月。

（文見光緒《柘城縣志》卷十《藝文志》。馬懷雲）

濟瀆池祈雨記

邑人竇容恂

柘西濱河之澝闕，地為池担，其泥塗甃井漸出，下潜及泉，溢焉沸焉，上天同霧雨澤，斯應於誌，有之曰濟瀆池。

按：濟之源，發自王屋，時伏時見，由地中行，流之所及，理或然與。戊辰，夏旱，執事不敢甯厥居，日禱於壇，弗應。時余引年歸。邑侯如皋石公就余謀，有憂色。余曰："其禱諸濟瀆可乎！"乃齋戒，宿壇次。翼日，屏騶輿，具畚鍤，率僚屬紳士耆老，先禱於神，遂命役夫撤泥塗，及井及泉，竭一日之力而止，夜半風雷作，大雨滂沱。昧爽，四野霑渥，官吏相與賀於庭，四民相慶於市野與。僉曰："靈哉。神如響斯應，固若此乎！"余曰："瀆者，通也。所以通中國，垢濁民，凌居殖五穀也，其德著大，故稱瀆。"《說苑》

曰："能蕩滌垢濁焉，能通百川大海焉，能致雲雨千里焉。"夫萬物各有其天，而四瀆各出其所，而入海則以海為天，故氣之所浹，渾渾穆穆如泰山之雲，不崇朝而遍天下。且鄉曲之士一誠所感必有所應，況侯奉聖天子命來守茲土，致誠致愨，為民請命，其藉瀆之靈，精誠上達，以興雲雨而蘇閭閻之困也，豈其微哉！或者曰，池中有龍物守之。龍性惡，擾怒而為雨。此又世俗臆說淺之乎。窺瀆之靈矣，石公礱石倩余識其事。余因興請之感悅，與一時論辯之辭而薰沐敬記之。

乾隆十三年。

（文見光緒《柘城縣志》卷七《藝文志》。王興亞）

直隸忻州知州樗村竇公墓誌銘

延津人王紱

公姓竇，容遽其諱，聞子其字，樗村其自號也。先世居沁水之竇莊。宋仁宗朝，贈左屯衛大將軍諱璘者，公始祖也。自兗川公諱聯芳者，遷居柘城。越世滋大。至明，邑廩生諱如珠，倡明正學，世所稱筠峯先生者，公曾王父也。邑庠生、封翰林院庶吉士、三十一次鄉飲大賓諱大任者，公王父也。康熙戊辰科進士、翰林院檢討諱克勤，世所稱靜庵先生者，公父也。公中康熙壬午副車，舉乙酉鄉薦，候補內閣中書舍人、兵部職方司觀政，改授四川新甯縣知縣。考滿，薦卓異，陞山西應州知州，復以大學士海寧陳公保薦，陞山西直隸忻州知州。此公所歷之官也。

其在職方，高安朱相國時為大司馬，極見推許。桐城方望溪先生嘗以文章道義相交，稱莫逆。蜀之新甯古宕渠，地處西徼，廢既久，百務凋敝，且四年中七易令長。涖茲土者，視若傳舍，莫可施為。公下車，為文誓神，曰："令有不明，惟神啟之。令有不公，惟神殛之。"一時利興弊絕，號稱極治。政餘，修邑乘，葺學宮，創建宕渠書院，置經書，立條規，進邑中子弟而教之，立品制行，卓然有所興起。人比之文翁之化蜀。邑民周公騰女被張公拔冒婚扛搶，前令立斃周公騰於三木，太守某陰為護持，獄幾寢。公方請昭雪，某令卒以濫刑敗。有假制府差官者，招搖耳目。公立縛其人，治盡法。制府黃公嘗語人曰："若竇令者，可謂不畏強禦矣。"

距城西北三十里為桑乾河，所經流沙遷徙，用阻方舟。公相度形勢，於白塘子建石橋，綿亙三十餘丈。小石口山水陡發，公築壩於三里河，民賴以安。乙丑秋，忻境及屬之定襄，旱魃為虐，公經營賑恤不遑寢食。丙寅夏，五月不雨，公為文禱神立應。郡人士豎碑於城隍廟側，紀其事。是冬，聖駕幸五臺。忻郡當孔道，大差絡繹，復承辦什物局事宜。公經緯井井，咄嗟立辦，民不知擾。撫軍阿公倚以為重，方列薦剡，而公遽移疾歸。此公歷官之大凡也。

公少秉庭訓，究心實學，為彭無山、鄭珠江兩先生所器重。與仲兄孝廉一齋公擅元、季之目。方太史公講學朱陽，從遊者不下數百人。公與共相討論，無不各有所啟發。太史公家故貧，生平著述等身，多未授梓。公午夜編校，千金之工，三年克竣。屢奉部檄，需次選人。時公母王太孺人春秋高，依依膝下，不忍暫離。當事數以人才薦，卒辭不赴。往省沁水祖墓，倡修宗祠，凡所為閎衍先德，佑啟後人者，事靡不舉。公侍太史公，早聞大道，繼主朱陽講席者幾四十年。其學以誠敬為宗，以日用倫常為實際，澄心危坐，衣冠肅然，朝夕潛玩儒先諸書，體認獨真。接引後進，尤亹亹不倦。待親族故舊，恩意肫篤，為之經營婚嫁喪葬，惟力是視。見人家庭乖違，必緩譬曲喻，歸於道而後已。平生清操自勵，致政後囊橐蕭索，怡然自適。念朱陽書院為太史公已成成物之地，築約守精舍以承先志。遠近來學者日益眾。而公陡中痰疾，病中猶纂註《四書闡義》。未及成書，遂卒。此公居家之大凡也。所著有《孝經管窺》、《易卦箴》、《二思編》、《經學省身編》、《敬義堂文集》、《詩集》。

公生於康熙二十一年十二月二十九日，卒於乾隆十九年四月二十六日，享年七十有三。子一，紓，乾隆庚午舉人，候選知縣。公卒之明年冬，卜葬於邑東太史公塋兆之次。其配陳、余兩宜人祔。其孤紓捧所繕狀，造門泣請為誌。余惟先王父文林公與公仲兄一齋公癸巳同舉，講年好；紓復與絨同舉於鄉。由庶常公而下，講通門之好五世矣。況以公之名德，尤為絨所敬事，幸得受文字之役，其何敢辭。銘曰：

有仕宦至卿相，而無所成其名。以終身守郡邑，而名遂成。吁嗟乎先生，醇儒循吏，惟敬與誠。是續是似，庶不墜太史公之家聲。

乾隆二十年冬。

（文見乾隆《柘城縣志》卷十六《藝文志》。馬懷雲）

嘉定府知府竇公墓表

長洲人沈德潛

士君子學為經師，仕為循吏，斯無愧聖人之徒。潛座主少司農留公粹然儒者。甲午京闈，出葵林竇公門下，每喜述竇公學術治狀，潛心儀之。今上龍飛二十有五年秋，進士絪持少司農手著志銘，來乞文墓道之石。敢忘先河後海之義，不以償疇昔嚮慕之私。

公諱容恂，字介子，葵林其號。先世自山西沁水遷居柘城。曾祖諱如珠，倡明正學，稱筠峯先生。祖諱大任，封翰林院庶吉士。考諱克恭，贈奉直大夫、工部虞衡司主事。公少承筠峯家訓，尋濂洛之旨。迨長，識登封耿逸菴、莆田彭無山兩先生，教以經世大業，不在語言文字間，因致力於明體達用之學。壬午，登賢書。丙戌，成進士。初授內閣中書，陞工部虞衡司主事，遷都水司員外郎、督理街道、監督京倉兼管錢法，屏絕苞苴，不避權要。同考順天，所得皆知名耆宿。

出知山西汾州府，首劾介休令某貪墨狀，僚屬股栗。興復卜山書院，修汾陽學宮，葺狄武襄祠墓。平心聽獄，不加鞭扙而情自得。調任江南徽州府，紫陽書院歲久頹廢，公增築齋舍，集六邑諸生講學，仿白麗洞遺規為條約，曰："居朱子之地，不可不究朱子之學。"時詣講堂，闡明格致，誠正精義，士風丕變。徽俗多淫祀，奸民王禹成、業村民婦方氏倡邪說科斂。公實之法，淫祀衰息。邑紳湖廣監司某，倚大吏勢，奪江氏墳，大吏直某，公親勘還江，用是忤大吏，落職。公所至，先教化而後刑罰，平日煦煦如恐傷人，至辨曲直、定是非，患在前屹不為動。

今皇上御極，起補嘉定府。西蜀地處邊陲，閩、粵、湖、陝，流民雜居，喜爭好訟，輒釀事端，較汾州、徽州為難治。公惠威並用，爭訟頓絕，囹圄幾空。值大兵出征瞻對，輓運糧石，軍書旁午。公經畫調遣，不以累民，奏捷凱旋而民不知有役。築石壩河渠，以衛三臺、射洪、中江、蓬溪山水陡漲，詳豁不耕民田六十八頃。疏濬樂山、石門場湮廢溝渠，引水達夾江界，灌田數百頃，俾成沃壤。凡所舉廢，多於治汾治徽時。

潛嘗謂士君子貴體用兼備，乃工吏治者鉤距表智，操切矜能，尚儒術者拘固而鮮變通，因循而乏施設。公以廉潔律身，以正直事上，以慈愛綏眾，以嚴毅懾奸，引民養恬，衣食滋殖，非素具明體達用之學而能然乎！

居家孝友醻篤，虞衡公歿，事大父庶常公如父，事母梁太恭人先意承志，歷官中外，板輿迎養，問寢視膳。與弟怡齋無爾我分，閨門之行又如此。公元配完恭人，副室臧孺人。舉丈夫子五：綑，授職州同；緺，辛酉科舉人；絧，歲貢生；絟，癸酉科舉人。來乞文者紐，以丙子科舉人，今庚辰成進士，出為怡齋公後。

公先於丙寅夏引年乞休。嘉定士民扶攜老幼，奔走泣送者，數十里不絕。優游田里，課曾孫十有七人，咸克成立，族黨化之，為鄉祭酒。又十有二年，距八十誕辰僅九旬而卒，實乾隆丁丑三月三日也。鄰巷停舂，親知聚哭，咨嗟悼惜於典型之失者，遠邇無間。嗚呼！此可以強致者乎。所謂聖人之徒，公其庶幾。潛不敏，幸無愧德於有道之碑。

乾隆二十五年。

（文見光緒《柘城縣志》卷十《藝文志》。馬懷雲）

重修朱襄氏廟記

邑令李志魯

邑之北郭，為舊城中，蓋有朱襄氏之廟云。余涖事之三載春，其近廟之士民，謁余于廳事，請命興作。予曰："可哉。"嘗考祭典，祀之大者有五，而先之以法施於民及以勞定國，則祀之。朱襄氏之都于朱也，見《禪通紀》。其時恆風羣陰閟遏，陽氣不伸，百物散解而果木不實，乃令士達作五絃之瑟，以來陰氣，以定羣生。非所謂法施於民，以勞定國者乎！抑余聞之來陰之瑟，有助於治理，而嘆樂之通天地，感人心，至神速也。羅泌云："瑟統陰，琴統陽。"故朱襄鼓五絃之瑟而羣陰來，虞舜鼓五絃之琴而南薰至，陰陽之應，各從其類爾。然則推茲類也，朱襄氏之廟，宜寰宇祀之矣，何止所都之一邑為哉！邑故有廟，其創始不可考，明季圮于水。國朝順治間，前令張君繹重新之。邑之水旱疾疫，必禱焉。此又祀典之所云禦大災，捍大患者矣。夫朱襄氏之功德，不止於吾柘，而柘為氏立國之地，以故柘之人莫不思慕而將享焉，蓋實有所以不能忘者在也。工竣，復謁余徵記勒石，遂書以應之，以識歲月。其木石之費，則余捐俸為之。所有勷事諸姓名，仍筆之碑陰。

乾隆三十年春。

（文見乾隆《柘城縣志》卷十三《藝文志》。馬懷雲）

重修縣署記

邑令李志魯

　　柘，古邑也。邑古則署必久，署久則多就圮。及蕪穢不治者，有之。庚寅春，余承乏茲邑，夏秋時，雨浹旬，堂廡多漏濕，垣壁半傾頹者。越明年，始詳請修葺焉。余乃度其緩急，鳩工庀材，不勞吏，亦不病民，數月告厥成。規模一仍諸舊，朽者易之，缺者補之。外為政事堂，堂後為公餘宴客所，仍署曰"章志"，蓋前令湯公大奎所題，取《禮記》章志貞教尊仁，以子愛百姓之謂也。堂之後，有室有樓，予於此退食焉。堂左為軒，種花築臺以自娛，閒與諸士人飲食論藝于斯焉。迤而北為賓館所，又迤南為廄，官不可無乘也。由廄而東為僕人處，為庖湢。堂之外為庫舍，為公廨。于是，內可以親案牘，外可以棲胥隸，可以出政，可以涖民，而公室之美備矣。嘗聞脩署者必輪奐是崇，動必需千金。余則量材鳩工，估值中度，費半而功倍焉。或曰："此傳舍耳，何勞勞心計為？"余曰："嗟乎！世輒傳舍，官則官所居，益傳舍宜矣。然推原聖天子用人之意，傳舍云乎哉！夫官由國也，無敢忽也。則官所居，抑國之居也，可忽乎！予故歷舉所廢而為之記。庶幾，政體得人情協焉，後之君子，其亦鑒於之苦心而不傳舍相視，豈非古邑之幸哉！"是役也，計費八百餘金，用庫項銀五百八十兩，餘則余捐俸為之。經始于乾隆三十六年春二月，竣工於秋八月也。

乾隆三十六年八月。

（文見乾隆《柘城縣志》卷十三《藝文志》。馬懷雲）

濟瀆祠禱雨靈應記

邑令李志魯

　　禱而霖，異也，輒禱而輒霖，尤異也。柘自秦設邑以來，幾二千餘年矣。有社稷即有人民，有人民即有報享。凡載於祀典者，固已彰彰矣。而邑之西偏有濟瀆祠焉，其響應為更異。

余涖柘之明年，歲在辛卯，自冬不雨，至仲春四閱月矣，心竊憂之。設壇於城隍祠，日夕禱，勿能格。有耆老告予神之靈者。予乃齋戒三日，率士民步禱焉。甫出城，而陰雲四合，焚香畢，舉鍤浚池，僅丈餘，即及泉，泉汩汩出。再尺許，得木梁二，橫臥泉上，泉遂溢溢焉如泡突者然。綆夫亟上，而雨亦纖纖下矣。始反署，雨隨之滂者一晝夜。余乃驚嘆神之異果如是乎。耆老復告余曰：神之異匪僅此也。曩者某公以無雪禱，而滕六效靈輒徧四野。靈雨之感又無論矣。復述某靈應數事屬余為之記。余聞封建之世，諸侯各祭境內山川，尚示效祀之不可僭爾。魏晉及隋，嶽鎮海瀆皆即其地立祠，命有司致祭。惟天門日觀羣嶽所宗，又東方為萬物所始，於是肇紀，至宋，而行祠滿寰宇，濟瀆則未有聞焉。或曰恒口則必於是焉祈且更加浚池以取水，是何昉乎？予以為公羊傳云："觸石而出膚寸。"而合不崇朝而徧雨乎，天下此非泰山乎。夫山嶽川瀆一也，古帝王有事於禋祀必並及焉。其祀同則其應同皆理之可必者。且瀆，獨也。濟，濟也。獨守其德以濟蒼生，是必有神憑之者。所謂青淳黛蓄肅有靈，旱則加浚以迎陰氣。固其所也，祀而祠之，宜哉。或又曰濟瀆出於王屋，至武德入河，由滎陽而北，而陶邱，而荷澤，而穀城，而厯城，而臨濟，漸及於海。柘非經由之地，標某名曰濟，不亦謬歟。予曰："此又不然。濟故伏流者也，非若河之可歷歷指數者也。況水之在地中，無往而不在，又豈能以五百里限之乎。夫洋洋者神也。冥冥者機也。機之所在，神即寓也，即謂之濟瀆也，亦何不可。耆老咸驩然笑曰：異哉神也，諒哉言也。請鐫之石，以為來者告。

（文見光緒《柘城縣志》卷七《藝文志》。王興亞）

重修大官橋記

邑令李志魯

　　邑之西為陳宋通衢，距城五里許有橋焉，即邑乘所載廣濟橋也，舊名李家橋。創修於國朝康熙二十三年，更名大官橋。西北受惠濟河之水，東南達於鹿、亳。每當夏秋之際，一遇霪潦，則水勢衝突，橋亦因之易圮。且橋高二丈有奇，中列三洞，相距各尋丈，兩堍舊有磚砌，而中洞尤當水衝，僅用木柱支撐，水齧其下，車馬蹂躪其上，不數年而岌岌難支矣。余巡歷所經，目覩其傾仄，輒徘徊瞻顧，亟思治之，而鹿鹿未遑也。乾隆三十六年，恭奉皇太后八旬，萬壽恩詔，內開各省道路橋梁，間有損壞，地方官查明修理，以利行旅。斯誠聖朝錫類之仁，下逮澤梁。官斯土者，敢不亟圖修理歟！爰諗之紳士圖所以經久之計，僉云橋之修葺者屢矣，邑紳魏君時振創修於前，其嗣君珖復踵修之，相距二十餘年，為時尚近。嗣是疊遭水患，泛溢無常，乃屢修屢圮，蓋因橋之中洞用長木為柱，其入水者易朽，而支持其上者雨水淋漓，不踰時輒壞。計惟易木以石，而砌以甄，先用木撅固其底，上壘石板數層，再以甄甃，如堵牆厚倍之，然後，以大木橫互其上，鋪板填土，則根堅而體固，縱水勢衝決，而甄石之堅，足以障之，可以延數十年而無朽敝之患。雖工費較繁，乃一勞永逸之舉也。余允其議，即捐俸三十金爲之倡，而闔邑紳民咸踴躍捐資，樂襄義舉。經始於辛卯冬，暨壬辰三月而告成。計費六百金。不傷財，不擾民而橋工以竣。繼自今，行者無徒涉之苦，輿者無履險之虞。一望長虹，豈第一鄉一邑之美觀已哉。夫橋梁弗治，守土者責也。今余假諸紳士之力，得藉手以觀厥成，俾出其途者，皆仰沐聖世之覃恩，徧及行旅，以垂諸不朽，是以推廣皇仁之意也夫。董其役者，候補知縣竇絟，國學生趙國朋，庠生李勃、李健寶、袁文昇、魏聯閣，例得並書。其捐資姓氏另列一碑，以爲好義者勸。攷魏氏修此橋已歷數世矣。今其裔又克承祖志，尤足徵世德之無替云。

乾隆三十七年。

（文見光緒《柘城縣志》卷七《藝文志》。馬懷雲）

重修濟瀆池廟碑記

邑令楊煒

稽古祀典，禦災捍患則祀，有功於民則祀，山林川谷邱陵出雲為風雨，振槁潤枯在其地則祭之，禮有明文，典至鉅也。柘城蕞爾邑，延袤不滿百里，四郊平衍，無深谷大川可資灌溉，一遇旱暵，民心焦勞，靡有寧宇。予以丁未六月，承乏茲土。當洊饑之後，積困未蘇，興利除弊，拊循不易，深懼無以仰副聖天子使司牧之意。幸訟庭無事，與邑父老紳士詢其土俗民風。其言城西偏有濟瀆池，遇旱禱而浚之，甘霈立降，神應如響。予固未之信也。比閱邑志，載禱雨事甚詳，靈應如所言，猶竊疑文字鋪張不無過。當戊申春夏之交，連月不雨，設壇於城隍祠，晨夕禱，弗格。因念神之靈，率僚屬紳耆步禱焉。掘地及泉，黑雲滃起，油然沛然。翌日，而翻盆澈晝夜。麥秋大稔，士民額手稱慶。予既感荷神庥，肅然禋祀，更喜邑志信而有徵，並人言之不我欺也。去城十五里，舊有廟三楹，兩廡爲棲神之所，今傾圮殆盡，僅存厥址。而神靈佑若此，守斯土者不葺而新之，其何以崇昭報乎！爰捐俸為之倡，紳耆咸踴躍捐輸，樂勸厥事。擇邑中王生效孔董其事，鳩工庀材，樸斲之，垣墉之，塈茨而丹臒之，越三月而工竣。無忝前規，無廢後觀，謹按《爾雅》云：「江淮河濟為四瀆。」又云：「注溝爲澮，注澮為瀆。」《周禮》井間有溝，溝深廣各四尺，同間有澮，澮深廣各二尋，瀆之深廣無量焉。《禹貢》沇水東流為濟。凡三伏四見，邐迤東北而注於海。是則瀆爲達川之浸，濟爲四瀆之一，茲特一池耳。名以瀆，復冠以濟，出雲興雨，必有神焉。實式憑之，邑之人利賴而尊崇之，相與虔奉禋祀，則斯廟之建衷諸典祀，其來有自宜，吾民之趨赴樂從，不日以成也。至於司以廟祝勤灑埽，因時加葺之，為永久計，俾方社有憑，祈報有所，仰邀神貺之庥，長卜屢豐之慶，不能無望於後之沇斯土者。

嘉慶十三年戊辰。

（文見光緒《柘城縣志》卷七《藝文志》。馬懷雲）

創修文昌帝君祠記

邑令陳仁智

列宿之垂像於天而有關於文治，自通都大邑以逮下州委巷，莫不祀事者，惟魁與文昌爲最。然會萃羣精，闡揚天紀，輔弼並居，以光泰運。魁固不得與文昌比。今上御極之七年，詔令天下皆立文昌帝君祠廟，牲牷禮秩視關聖。豈不以帝君之靈，在天爲福曜，在地爲明神，民風士習俱賴維持，有裨於文教，爲甚鉅與。

柘邑文昌祠舊在東城之麗譙，歲久圮廢。春秋祭享，僅寄虛主於關聖廟。溧陽周君鏡湖來令茲土，凡黌宫、魁樓、城橋諸務，均起廢就理，將復率邑人建立文昌祠，會以卓異入覲，不果就。今余攝邑事，慨焉思所以成公之志，爰諮邑衆，得故文學王君家臣募買公宅一區，欲建議舉而未就者，而王君從孫廩膳生寶德即介衆以其宅來施。由是於九月二十二祀後土，越三日甲午，集役啟工。其大門、拜殿、享堂皆從新肇造，志敬也；崇聖殿齋房之屬，因成規而葺治之，昭樸也。崇基巍巍，層覆耽耽，人效其能，神安其宇，時不踰月而厥功粗葳。

余維邑尹之職，匪徒區區效繭絲保障已也。明誠庶類，幽奉羣靈，凡有關於成民致神之事，誼當力爲而不辭。而況文昌帝君，德行之樞鈐，文章之司命，其精與日月河嶽相流通，而功德昭垂不在社稷五祀下。苟非鼎新祠宇，肅奉明祀，其何以造福全邑而俾士習文風蒸蒸日上也哉！夫柘邑固人文萃起地也，自上古朱襄氏後，代有名賢。及我朝而醇儒宿學以甲第顯仕淩鑠而起者，後先相望。迄今未及百年，文獻寥落殆盡矣。余嘗循行所部，不能比户聞弦誦聲，而積學種文之士，大抵枚數可計。是則文運之替，職競由人，豈其明神之不降福乎！今文昌祠即落成矣，諸君子厚自期許，篤志潛修，以冀有成，勿惰慢遊嬉是好，而循循焉日從事於仁義詩書之途，處則爲良士，出則爲名臣，於以踵前賢之芳踪，而仰副聖天子敦崇文教之至意。帝君靈爽必有相扶護於冥漠中者，是誠余所厚望也。抑余爲此役僅屬草創，其他踵事致詳，有待於周君者甚衆，而余聊爲之發軔而已。至諸公協力勷勤，及輸貲助修之詣，均有不容沒者，例並附書。

時嘉慶十七年十月。

（文見光緒《柘城縣志》卷七《藝文志》。馬懷雲）

重修文廟碑記

邑令張元成

政有似緩而實急者，有雖急而不得不緩者。所當急者視乎事而不得不緩者，在乎審時而度勢。事宜急而緩之，守土者之過也。事宜緩而急之，則張皇補苴無能爲役也。至於事既集而不爲勢所格，而守土者無窮之責，乃藉此一事以稍寬，而責之無窮者，亦藉此一事而肇端，而望後來者踵行之，以貸責而補過。夫今之守土者，莫不知以教育人材爲急矣。崇建學校，創立書院，所在恒有；而任其頹廢，因陋就簡，亦所在恒有，其故緩其所急與殆，亦審時度勢，不敢疲民力，傷民財，因欲與民休息，無官官之事，無事事之心，而其歉然於懷抱者，乃愈難釋也。

癸卯夏，元成奉檄宰柘城，下車祗謁文廟。見棟宇垣墉，漸就頹廢，與博士弟子等宮牆躑躅，悐然不安。考諸邑乘，則自道光以來，未修葺者，十年於茲矣。柘爲朱襄氏舊都，賢才閒出。國初，少司空李公元振爲當代名臣，檢討竇公克勤以理學倡，興文教，建書院，講論其中。士之被其教者，咸彬彬崇禮讓，而民俗漸染有純厚之風。迄今百有餘年，其民之樸而願秀而文者，皆知樂於爲善。簿書稍暇，嘗進其才俊，課以學文。顧學校未修，書院未設，心輒歉然。繼自念教必富之，勞必先之，聖人之教也。因急將八蜡廟及普濟堂四十八楹，先自捐廉，次第修建，而學宮費尤不貲用民之力，尤不得不藉民之財。

然自辛丑、癸卯兩次河決以及修治汴城，丙午重建歸德試院，以連年困於徭役之民，未能休養，而更以興作困之，是叢過也。幸大府許辦緩征，以蘇民力。民俗木純，其械鬥及健訟者皆知改行，其秀良日循循於學問之途。元成竊慰焉。遂於丁未春，捐制錢若干緡，未幾，元成量移淅川同知，恩遽就道，未及舉行。而紳士毛印堂、孫芸等，裹糧來謁，言自丁未夏鳩工，戊申春功竣。屬元成爲文泐諸石。元成念在柘數年，教養迄無成效，負疚於柘人多矣。學宮之慶落成，皆紳民之力充此，樂於爲善之心，則書院之建，文昌宮、城隍廟之修，亦可望於一二年間踵行之。凡爲予稍贖數年之過者，皆重賴於紳民等也。惟願黌塾既新，與博士弟子行釋菜禮，而日夕絃誦其間，多讀書以廣聞見，毋仍因陋就簡，於以風示其鄉人父老，召諭其子弟事親從兄，毋鬨毋訟、毋智力相陵、毋侈靡相尚，以返純厚之風。後之守土者作事，度功審勢，知創立書院及文昌宮、城隍廟，亦有不得不急者。紳民等必更於助理而樂觀厥成也。是爲記。

道光二十八年戊申。

（文見光緒《柘城縣志》卷七《藝文志》。馬懷雲）

誥授奉政大夫原任柘城縣知縣元侯遺愛碑

訓導許振采

嘗聞善政莫備於三代，循良莫盛於兩漢。故大禹勤溝洫，周公創保甲，積藏粟，良法美意，敻乎卓哉！下逮兩漢，汲黯發倉廩而貧民無失所，卓茂行德政而旱蝗不爲災，以至置常平以便民，繕城隍以固疆圉，是皆實心實政，故能遺愛在民也。若我邑侯元公，其庶幾與！

侯諱淮，字岱北，江西南城人。同治癸酉拔貢生，朝考以知縣用，簽分河南，初攝榮陽縣事，有異政。去之日，餞送者數十里不絕。光緒十六年秋，侯捧檄來宰傽，圖治勵精，乃心民瘼，常以興利除弊為己任。治則取法三代，而政績則駸駸乎與兩漢比隆。其最著者，如聯保甲以彌盜賊，猶然周公之志也。濬溝渠以備旱潦，猶然大禹之心也。修城以資捍衛，委積以備凶荒，破格以賑貧民，捕蝗以彌天譴，則又於漢之汲、卓並駕，龔、黃齊美。所謂實心實政，遺愛在民者，微侯其孰與歸，要非有精神血脈貫注於其中，則又無以剗弊而興利，舉廢而修睦。侯日夜焦勞，積勞成疾，雖風雪嚴寒未嘗稍自暇逸，治成身沒，棠蔭空留，則又吾邑之泣洟而滋泗者也。既序其事，復作歌以銘之。其辭曰：

　　侯宜其化兮民承其流，民樂其樂兮憂其憂。蘋蘩與蘊藻兮不足為吾公羞，甘棠勿剪伐兮或足慰侯之幽。銘之旂常兮譜之歌謳，勒諸貞珉兮萬古悠悠。

　　光緒十六年。

（文見光緒《柘城縣志》卷七《藝文志》。馬懷雲）

睢縣（睢州）

封建昌府推官王公墓誌銘

湯斌

公諱某，字某，睢陽人。其先鹿邑徙也。高祖諱朗，重義樂施，常捐千金修明倫堂。里有大差役，輒躬任之。郡守曰："王君好義，必昌厥後。"朗生諱宗堯，國學生，是為公曾祖。宗堯生二子：之賓、之佐，皆庠生。之佐以子逢元貴，贈奉憲大夫、邵武府知府。之賓生公考，諱承泰，積德累行，有古君子風，為潁上訓導，士子奉為典型。元配湯氏，次孫氏、竇氏、王氏，子七人：曰煜，曰燦，曰煒，曰輝，曰燎，曰炳，公其四也。

公偉軀干，美須髯。幼穎異，於書無所不讀，補開封府庠員。開封巨郡，試者常千餘人，公每試輒冠軍。與人語，訥訥若不出口。及論文，則證據經史，踔厲風發，一時賢士皆傾慕之。然公淬志砥行，究心性命，不屑屑舉子業。會河南亂，所至無完堵。公先事而避不及，於險亂稍定，益勤勤課子弟以學。常謂諸子弟曰："世之華胱者不少矣，不務建豎，溝壑其心，雖躋通顯，何裨世道？吾實薄之。夫人亦在踐履何如耳，豈必登瑣闥，歷金門，始稱殊絕哉？"

己丑、壬辰，伯子、仲子相繼登進士，奉職內外。每遺書以宣揚君德，愛惜民命為訓，語不及家私。某年以覃恩受仲子封為文林郎、建昌府推官。冬，舉鄉飲酒禮，郡侯躬率師生執壎幣登堂以請，公固辭不獲。至日，子侄甥孫扶持肩輿，鄰里無少長曳節跋履，聚觀泮水者數千人，交口贊羨之，四方傳繪以為榮。公天性和樂，不為崖岸嶄絕之行。年既高，歲時與親友飲酒，醉呼詼調笑歌以為常。又精易數，常慨然曰："人生顯晦何常，吾辛苦數十年不得一第，晚承恩榮如此。然大數有定，明年秋夏之間吾當與古人游矣。"會天子以災異渙發大赦，伯奉詔甘肅，明年夏歸里，逾月公果卒，享年六十有七。嗚呼，予與公家世為姻好，時常從公游，伯子、仲子皆予同榜進士，故知公為深。甲午，伯子與予俱官京師，恒邑邑不樂，叩之，則曰："予父年六十余矣，予祿薄，不能迎養也，弟又遠任盱江，將奈之何哉？"及使甘肅也，奉尺一之詔，星馳萬里，度非所樂。乃抵家，幸遇含殮，以此見公之至德。故天若假之一時，使有子奉終事也。仲子聞訃，設位以哭。江右士民無遠近，爭賻恐後。嗚呼，可謂賢也已。

公配高孺人，子二：長震生，壬辰進士，授中書科中書舍人；次嘉生，己丑進士，授江西建昌府推官。女一，孫三。

公以萬曆十七年己丑八月十七日生，以順治十二年己未八月卒，葬於夏陵七里厚臺崗之新阡。銘曰：

猗與懿德，令聞孔彰。不朽為壽，耄耋非長。矧銘哲育，休命丕昌。綸綍奕奕，燕翼無疆。松柏翁鬱，回流抱岡。爰卜玄廬，萬世有慶。

（文見《湯子遺書》卷六。馬懷雲）

旌烈祠記

皇朝河南提學王翺

旌烈祠者，睢州湯恭人趙氏祠也。明崇禎十五年三月二十二日，賊李自成攻陷睢州，恭人仗義不屈，罵賊死之。順治五年，前提學僉事李公震成檄守史建祠，春秋祭祀。巡按御史聞其事於朝，詔樹坊，旌表其門。順治九年，其子斌成進士。又四年，由翰林出為陝西憲副，有政績，得贈其母，故今稱恭人云。余嘗讀吳司成所為節列[烈]傳，已知其事之詳矣。今因試事過睢，得瞻拜祠下，低徊嘆息不忍去。而州守戴斌言，祠建已八年，麗牲之石尚未有記。余忝風教之司，不可以辭。按傳：

恭人幼讀書，通《孝經》、《列女傳》。歸孝先君，言動合禮，儼為壼範，事舅姑盡孝，教子斌愛而能勞。河南大亂，旱蝗相繼。對孝先君曰："世事如此，脫有不幸，吾姑吾子足以累君，請以一身謝夫子矣。"為子女營婚嫁，時斌年十五，命讀書城外別墅。事急馳歸，守陴者弗納。恭人曰："來則俱死無益"，使人促之逃去。城陷，自經。家人解之，復入井。井水淺，又出之。恭人曰："若教我偷生乎？我累世名門，今日義無苟全。"賊已大至，環刃相脅，遂大罵遇害。賊去而殮，已七日矣。顏色如生，後其地常陰雲四合，有淒風苦雨狀，如是者數年。嗚呼，烈矣！當賊擁數十萬衆，縱橫河南，所至無堅城。封疆之吏，至有攜印竄伏，開門延寇者，乃閨閣笲褵之人，而顧若是烈耶！觀其所為，慷慨而從容，非計無復之，倉皇一決者。比人皆以為由讀書明大義故然。夫世有文章，議論高下。身膺朱紱，坐視棟橈，徘徊瞻顧，失之一瞬，而畢生莫浣者，何可勝道也！甲申都城之變，殉國者二十二人耳。較之天寶長安、靖康汴京，不可不謂不衆。然以視靖難諸臣，何寥寥也？當其時，從夫盡節者則有若劉宮允之萬安人，汪太史之耿孺人，既已衰封晉錫輝煌彤管，而恭人以□布婉淑與之比肩，貞魂烈氣，同翱翔於日星河嶽之表，千百世下，聞風愾慕，與共姬貞姜同其不朽，則冠珮裳衼如者亦可以自勵矣。余故為之記其事，使往來瞻謁者有所感焉。

順治十三年。

（文見光緒《睢州志》卷九《藝文志》。馬懷雲）

潼關衛儒學重建啟聖祠碑記

湯斌

潼關，用武之地也，然以文教為先。衛學之設舊矣，崇禎末毀諸兵，重葺於順治之十有一年，而規模猶多未備。越三年，予蒞關，朔望謁廟，見啟聖祠獨闕，大懼無以妥先聖之靈，而仰副朝廷明倫教孝之意。鳩工庀材，建祠三楹，前列門坊。工訖，偕官紳暨士子行祭告禮，咸請予記。

竊惟學宮之有啟聖祠也，蓋本宋熊禾、明宋濂諸公之議，而嘉靖間張孚敬請而行之者也。父子祖孫，德不紊倫，祀不紊序，其於典禮可謂至矣。然吾於從祀諸賢猶不能無議者。考之《家語》，七十弟子中，孔弗字子蔑，《史記》作孔忠，《通典》作孔患，太抵字畫之訛，自為一人。本孔子兄之子，於子思為從伯叔行。今于思配饗堂上，而子蔑列之廡下，於禮未協。程敏政曰："學宮雖傳道之地，未有外人倫而言道者。"則子蔑當從顏、路、曾、晳之後，移祀於啟聖祠，雁行伯魚可也。

又聖道傳授，獨稱曾子，而名不列於四科。蓋四科十子，皆陳蔡相從之徒，魯論追而記之。自唐、宋以來，顏子配饗，因進曾子以補其末；後以曾子配饗，復進子張以補其末。則是四科諸賢，後之人皆得下而上之，出而入之矣。然傳記所載，有若立言明道，動協規矩。孔子既歿，弟子欲事之如師，公西華嫺於禮儀；原思清靜守節，貧而樂道；宓子賤愛人親賢，名齊君子；子羔克執親喪，遇變不惑；南宮適捫舌慎躬，世清不廢，世濁不污，孔子俱亟稱之。夫六子之賢，不下於冉有、宰我輩，而終不得列於十子之後。陸沉七十子中，側居廡下，吾不知其相安否也。蓋四科十子，既為陳蔡相從之徒，原非杏壇一定之格，以之進曾子可也，以之進子張可也，以之進有若等六子亦無不可也。

余記建啟聖祠而並附其議於後，亦以備兵茲土，不敢不加意文教，厘正祀典。然而非其職也。潼關天下之衝，輪蹄往來，旁采芻蕘，獻諸當二□議而行之。竊自附於洪、熊二君之後，庶幾於典禮少有裨哉。若以其言之無當而曉曉斯記云也，予滋懼矣！

工始於二月甲戌，成於三月戊午。襄斯役者，撫民同知劉肅之、衛守備楊文彩，例得並書。

順治十六年三月。

（文見《湯子遺書》卷三。馬懷雲）

潼關樓刻詩記

湯斌

潼關，古桃林地也。太華峙其西，崤函踞其東。秦山迴合，萬峰刺天。河渭屈盤，千壑奔會。崖谷岡嶺，環抱叢倚。道路狹峻，車馬如束，真天造奇險，為秦閫閾。且南控武關之隘，北扼蒲津之阻，握函夏之樞紐，鎖川隴於堂奧。漢唐以來，莫不倚為巨鎮，以資屏藩。兵火之後，城垣傾圮，樓櫓半缺，廢址荒煙，過者為之躊躇而悽愴。

順治十三年，斌奉命飭兵茲土。自顧庸菲，不足當斯重寄，恒惴惴自恐。仰賴朝廷德威遐被，數千里外如在輦轂之下。故承乏三年，兵彊吏馴，士習民安。乃謀僚屬重建城樓。貲皆蠲俸，役罔妨農。工既成，集古人過關題詠之詞，自唐明皇以下凡一帝十有八人。為詩二十九首，刻於東門樓壁。

嗚呼！當明皇停鑾關上，與侍從唱和，其時，君臣樂豫，海寓清寧。登嵩蹋岱，勒石銘功，可謂極盛。未幾，而漁陽變起，雄師告潰，關塞失守，六龍西幸，豈山河之險不足恃歟，抑成敗之故皆自於人也。孟子曰："地利不如人和。"吳起曰："在德不在險。"有國家者，修德以懷遠，和人以守國，則雍容樽俎，偃戈休甲，彼放牛歸馬之盛，此非其故墟哉！後之君子登斯樓也，眺山川之雄勝，覽昔人之咏歌，古今興衰之感，制治保邦之要，亦可以慨然而思矣！

順治十六年。

（文見《湯子遺書》卷三。馬懷雲）

重建漢太尉楊公饗堂碑記

湯斌

華陰城東三十里有漢太尉楊公墓。按本傳公於延光中為太尉，以忠直被放歸，飲酖卒於夕陽亭。順宗即位，門人虞放、陳翼詣闕追訟公事，詔以禮改葬公於華陰潼亭，祀以中牢，此即其地也。

予以丙申備兵潼關，獲展謁墓下，見兵亂之後，堂基頹廢，周垣盡圮，蔓草荒煙，碑版縱橫，憯然而歎者久之。會歲歉，未遑興作。越明年，謀於縣令劉瑞遠，起而新之，為饗堂三間，峻其垣墉，旁廡屏門，渠渠巖巖。碑碣之仆者起，泐者續。役罔妨農，財匪帑出，兩閱月而告成。余嘗讀漢史至公事，未嘗不嗚咽流涕云。蓋漢至安帝而亂甚矣。王聖以保姆之勤，與女伯榮出入宮掖，金吾常侍轉通貨賂。至劉瓌一配阿母女得襲侯封。下詔為起津城門內第舍，連楹刻棟，窮山採石。車駕東巡，宴然不顧。當是時，公卿大夫奔走貴戚，惟恐不及。而公欲以區區一掌力挽頹波，抑亦難矣。夫地震星變，天之所以告誡人主者。乃反藉以收太尉印綬，何其謬也。或有咎公以不蚤去者。嗚呼，大臣之義，不可則止，豈公之賢而不明此乎！蓋公以自高祖來，楊氏世有功於國，而公位列上相，職匡社稷，誠不忍見主心惑於羣小，冀殺身而君或悟也。

當其時，去光武、明帝之世未遠，使帝側席悔過，慨然於建武、永平之丕績，屏絕寵倖，委任忠直，則東漢之隆尚或未艾。觀其語門人諸子雜木布被數言，千載而下誰不為之感泣者。乃能致大鳥之祥而卒不能回安帝之聽，此漢祚所以不永而公之無可如何者也。於戲傷乎哉！

雖然，公歿後子孫相繼為太尉，若秉、若賜、若彪，竝著清節，衛主於崎嶇危難之際，使卓操董睥睨神器而不敢舉。直至剝撓數極，潛移運祚，士君子猶有感其遺教，甘覆折而不悔者，謂非公之餘烈使然歟！儒者不察，猥以潛身遠害之道，議王臣匪躬之節，吾未見其可也。夫太華、函谷之間，由漢以來勳業著於當時，名字勒於彝鼎者眾矣，然皆湮滅，無復睹記。所遺墓宮，至有牧豎箕踞嘯傲於其上，鄉里後進不知有斯人之墓；四方游士驅車過之，亦無有肅然而起敬者。公自改葬以迄於今，雖屢經變革，祠宇常有傾圮，而子孫環廬錯處，歲時祭祀不輟。今予一倡而鄉士大夫回應恐後，四方君子登其堂，覽其跡者，想見公之風聲氣烈，猶低徊流連不能去。嗚呼，是可以知公矣！工起於丁酉仲冬，成於戊戌孟春。予因縣令鄉士大夫之請，乃為之記，並論公事以刻石。

順治十六年。

(文見《湯子遺書》卷三。馬懷雲)

睢州節烈祠碑

汪琬

睢州節烈祠在城西隅，距州治可一里，故建以祠誥贈恭人趙氏。恭人蓋誥封中憲大夫、陝西按察司副使湯公諱祖契之配，前江西分守嶺北道、布政使司右參政，今翰林院侍講斌之母也。

琬謹按：前明崇禎中，流賊李自成寇開封、歸德間，所向殘破，駸駸及睢。恭人聞之，謂其家人曰："州為兵衝，未易保也，脫變起，則吾夫上有老母不可死，吾子又宗祧所係不可死，吾直以一身行吾志耳。"徐語中憲公，命斌讀書北郭外，斌依依不忍去，輒叱遣之。已而，睢城果陷，又急語中憲公俾負其姑許夫人以逃。而身自坐堂皇，召家人謂之曰："吾家世名門，萬不可受辱。"闔戶經於梁，家人驚解之；復投於井，又出之。恭人怒，誓曰："賊至不死，非節也。死不以時，非義也。"賊尋入，環刃相向，恭人厲聲大罵不絕口，遂遇害。崇禎十五年三月某日也，年三十有七。斌方踰城，號哭以蹟恭人，而恭人則已拒賊死矣。知之者無不太息泣下。

越七年，為皇清順治五年，河南提學僉事李公震成，始檄知州房君星建祠故居之東，每歲率官屬往祀。又十二年，巡按御史李公粹然始具其事上於朝，奉旨旌恭人之門如故事。州人老穉聞有是命，咸讙嘩奔走拜迎祠下，且酌奠以告。於是，知州戴君斌顧瞻裴回，集其地之宗老及其子姓，議改築而遷焉，即今祠是也。鳩衆庀材，自門而坊，達於前堂，後阿其旁，瘞牲有所，庖湢有房，徹藏祭器有庫，俱次第訖工，顏其南榮曰"節烈"。棟宇靚深，丹堊增麗，畚堁清潔，奉享以時，用以揭虔妥靈，昭示遠邇，俾無遺國家烏頭綽楔襃揚大節之意，甚盛典也。顧麗牲之碑，既伐既具，久猶無辭以刻。會斌與琬偕奉薦舉之詔，來集京師，斌遂以屬琬。琬自分文學駑下，固讓不獲命，始靦顏執筆為之辭。

竊惟春秋歷十有二公，孔子書內女之賢而以烈著者，宋伯姬一人而已。今歸德故宋大火之墟，而睢其西境也。恭人生於伯姬守禮之鄉，相距二千餘載，卒能躬蹈白刃，忼慨不詘，顧視屠毒甘之如飴。以恭人之死於兵，例諸伯姬之死於火，庶盛其易地同符者，揆以《春秋》之指，其當得書也審矣。至於恭人其他懿行，莫不可紀，具詳吳祭酒偉業、孫徵君奇逢所譔傳中，槩不備書。特書祠之本末，俾刻焉以勸來者。系之詩曰：

上帝降衷，乃敘彝倫。婦也事夫，臣也事君。臣忠婦節，二者則均。弗撓弗污，恆性斯敦。世衰道降，如川之潰。或懼於威，或怵於利。俛首曲膝，孰勸於義。佩綬者然，巾幗奚議。恭人之賢，是實女師。克孝克勤，克淑爾儀。爾命不猶，遘時艱危。舍生赴死，克全厥歸。嗚呼恭人，永矢貞正。平居從容，素志先定。嗚呼恭人，睥睨兇鋒。戟手奮詬，有氣如虹。甯碎我首，甯揕我胷。胄玷髮膚，而犬豕從。嗚呼恭人，遺爽不殁。几厥忌辰，陰氣四塞。飆馳雨擊，陟降怳惚。霧車雲旗，莫之可測。煌煌高閎，天子表之。潭潭新宮，守侯考之。春禴秋嘗，恭人下之。于豆于登，于薦蘋蘩。恭人飲酒，福爾子孫。豈惟子謙，徧惠州人。

（文見錢儀吉《碑傳集》卷一百五十三。馬懷雲）

睢城西關帝廟記

工部尚書郡人湯斌

睢城西北三十里有廟，祀青帝，不知所自始，土人號曰"離蟻廟"。于其前為宮，奉漢前將軍壯繆關侯。稱帝者，從時制也。作之者，居民尚紀臣也。余舅之子趙祚昌來言曰："紀臣，勤稼穡，好行善事，醵資為此宮，數年而後就。更募地五十畝，為歲時伏臘祭祀之用，且以供守廟者之饘粥。敢請為文紀其事"。余告之曰："今天下為宮祀帝者，比閭皆然，若處處伐石為碑記之，則山為之墮，而穎為之竭矣！且帝亦何須於此？此地非若許昌、荊州為帝立功建大節處，亦無容紀。若欲侈陳棟宇之宏麗，工役之勤勞，此不足明教而正俗。敢辭！"而祚昌請不已，曰："無己，則言事神之道可乎？"夫神正直剛大，不可媚以私者也。事之之道，必孝以事親，敬以事長，信以事友，勇以徙義，直以距邪，剛以制欲，廉以居利。復深耕易耨以供賦稅，勿妄交游，勿信異教，勿以貧懦為可侮，勿以隱微為可欺。如此行之不倦，神必佑之。苟或不然，即日宰牲設醴，焚香號呼，非神意也。《易》曰："積善之家，必有餘慶；積不善之家，必有餘殃。"夫亦先明所為善而已矣。《詩》曰："神之格思，不可度思，矧可射思。"流動充滿，何時容吾厭斁。此誠意之學，而事神之道在是矣。朱晦翁不作祀廟文字，余何敢望晦翁，然懼鄉人不明乎為善之道，願以此言告之。

（文見光緒《睢州志》卷十《藝文志》。馬懷雲）

重修乾明寺碑記

湯斌

睢州城西北隅有寺曰乾明。按《通志》，元至正元年建。考元人碑記云："國初寺基，河患方橫。"則在元即重修，非初建矣。或曰："寺在唐、宋為楞伽禪院，蘇文忠公於紹聖元年將適嶺表，遇雨信宿於此，書《松醪賦》，後人為之建亭刻像，鐫賦於石。文士往往構別業於旁，其地有林木水竹之勝。"河屢遷，湮沒不常，其沿革未能盡考也。余幼時來遊，見壁間有高子業、吳明卿題字，皆擘窠大書，遒媚可觀，余不能盡識。意以坡公遺跡，故來遊者衆歟？

寺東南有斷塔，欹側如將傾者。明崇禎末以寇亂，毀塔得石記，言塔去則河當徙，城當廢。土人異之。未幾，壬午三月，闖賊破睢州。九月，河決汴梁，水由寺北堤口入，直灌州城，舊城遂廢。石記歷歷皆驗，豈區區一塔果關興廢歟？抑偶然歟？或物之成毀有時，精易數者，類能為之，非甚異事歟！城陷後，值鼎革，未暇言治河，遂為巨浸者七載。吳越荊楚之賈，高檣巨帆，出入城郭闤闠間。余嘗乘舟過此，見蒲葦蓮茨，一望無際，白鷺飛鳴，與漁歌相答，鐵佛像斜立波濤中，嗟嘆者久之。

順治十七[1]年，河治地出，僧真元募資建大殿三間，棟梲堅壯，像設具備，僧院禪堂，次第畢舉。介袁進士炌生請記，久未及為，其請益力。聞形家言，此寺於州風水有裨，余未習其說。然州地最窪下，寺當河衝，巋然峻峙，有獨障狂瀾之象，形家言或不謬。又州以屢湮，故古跡蕩然。此寺建立數百年，滄桑陵谷，變幻無常，而樓閣莊嚴，壞而復新。當紹聖改元，正坡公遭讒放逐之時，遊戲翰墨，不怨不戚，風流猶可想見。彼張商英、趙挺之輩果安在哉？其荒墳斷碣，亦有過而留連者乎？寺東錦水淪漣，西則古城長堤，煙柳映帶，南望雉堞樓臺，參差如畫，可以備詩人之吟眺。而鐘魚磬板，經聲梵唄，繚繞於曉風殘照之間，於以消塵慮而發深省，不可謂非真元之績也！若其年逾七十，精神強健，事必期其成，功必要其久，乞言專誠，十載弗懈，此亦足激發吾黨，何忍以廬居火書之論卻之，故為之記。

（文見乾隆《續河南通志》卷八十《藝文志》。馬懷雲）

大梁處士王公墓表

湯斌

歸德寧陵縣有合葬於某地者，為余年友王抑仲之考妣，曰處士君暨配張孺人之墓。張給事越青誌其幽矣，余乃為文以表於其阡曰：

公諱誠，世為祥符人，謹厚誠樸。雖貧甚至無以自贍，終未嘗不怡然也。天啟初，公攜家避歲於鹿邑。鹿邑水，又遷寧陵。屢經播遷，家業益蕭然矣。乃嘆曰："嗟呼，我雖貧困，君子終當使顯。"於是，諄諄誨子以學，孺人紡績以助之。未幾，公卒。孺人益自刻苦。聞有名師，慨然遣子從遊。其挾冊歸，必問其所業。孺人雖不識書，視口誦生熟以為勸懲，未嘗有誤。是時，孺人年既高，長子更歿於寇，而抑仲甫十餘歲。連年盜賊紛紛，

---

[1] 山平堂本《湯子遺書》卷三作"十四"。

饑饉相仍，絣澼之餘，不能自給。午夜起坐，蓋嗚咽沾襟也。壬午，邁年遂不起。蓋自公歿後十年，而孺人卒。又六年，而抑仲以外姓舉於鄉。又七年，復本姓，乃得與公合葬。

自公歿至今，凡二十二矣。嗚呼！予觀古之人，凡蹈履篤實者，必有以自見於世。如公得遇其時，惠澤所被，豈特一二鄰里哉？而竟落落韋布以老。即孺人煢煢寡居，撫垂髫弱息，卒至成立。此與古之畫荻、丸熊者何異？然古人初茹其苦者，終食其報，而孺人又以困窮終，悲夫！此如渡江河者，風波大作，舟中之人將登岸，而操舟者沒焉。嗚呼，可哀也已！

然今抑仲方振起家聲，異日，舉公蓄而不得施者，布之天下。後人追述先德，必本於公，而孺人亦當與歐母並傳，則公與孺人亦可以少慰於地下矣！吾又以知有隱德者之必有後而世之，富貴而無以自樹，自歿而響微，子孫零落者豈少哉？睹公行事，亦可以自省與！

康熙元年。

（文見《湯子遺書》卷六。馬懷雲）

誥贈恭人湯母趙氏節烈祠碑

湯母，睢州湯子斌之母也。母當崇禎末年，逆闖肆虐，所至攻陷城邑。母義不受辱，罵賊死。逾七年，提學使李公震成檄守吏建祠於睢州，春秋致祭。又十二年，巡按御史李公粹然疏其事於朝，表其閭曰："生員湯祖契妻趙氏節烈之門。"子斌，由翰林院撿討兵備潼關，贈母恭人。君子以有斌為之子，故稱曰湯母云。

母，睢名族。父聚所公尚敬，邃學篤行，與湯亶齋公交好。時命式公祖契方幼，與論經義，奇之，遂許字焉。母生而端淑，有志操，讀書通《孝經》及《列女傳》。年十三，喪母褚，哀毀備至。十七歲，歸命式公。言動舉止，皆準禮法。亶齋公夙疾，母治羹理藥惟謹，崇巫，目不交睫者四十餘日，及歿，含殮，皆身經理，必誠必信。親黨謂母嫺於禮。湯固世冑，後家漸落，堂上甘旨之需，嘗鬻簪珥市之。值歲祲，躬咽糠粃。子斌見之，戒勿聞大母，恐損老懷也。命式公性豁達，喜賓客，嘗儲美醞以待。每出遊梁、宋間，數月不返，母持家務，姻戚歲時問遺不廢。素善病，一室蕭寥，見者難堪，母獨怡然。

崇禎庚辰，中州大亂，李自成擁眾數十萬，縱橫開、歸間，兼頻年荒旱，饑民相率從賊。母嘗對命式公曰："身為婦人，事有不測，斷無苟全之理，姑老子幼，請以一身謝夫子矣。"明年，為女治嫁，斌年未弱冠，亦為受室。壬午三月，賊潰西華，先令斌從伯父賁皇公讀書城北村舍。倉卒聞變，城閉不得入，母向人曰："遣之，意固有在，來則俱死無益，為語吾兒，善自立身，勿忘母平日言也。"未幾，城陷，遂整襟，經於梁，家人解之。復入井，家人又出之。母怒曰："若教我偷生乎？賊至而不死，非節也；死不以時，非義也。"於是，賊已環至，露刃相向，母厲聲罵賊，遂見殺，顏色不變，賊嘆息羅拜。時崇禎十五年三月二十二日，年三十七。睢城殉義者，鄉紳則通政使李公夢辰，閨閫獨母為最烈。比後，遇忌辰，陰雲四合，悲風夜鳴，居人傳其期比寒食云。

　　歲寒老人曰：余來中州，詢甲申大難事，輒知母節烈狀。嗣兩河人往往稱孔伯君斌之賢，則又知母能教子而更著其節也。孔伯自狀其母，有曰："斌初就外傅，歸必課所讀書。一日偕同學出城外，抵暮而歸。母端坐不食，切責之曰：'汝年少，志趣未定，而樂嬉遊，吾將何望？'"嗟乎！湯母可謂教子明大義者也。雖古斷杼惜陰之訓，何以加諸！母生平大節於此徵之，孔伯之學術於此基之矣。

　　歷稽往史，獨怪史遷不為烈女立傳，而班固亦復略之。自漢建武以後，范曄綜其成事，搜次鮑宣妻以下凡若干人，而晉、唐、宋、元諸史皆效法焉。若湯母者事舅姑以孝，相夫子以義，且成其子為名儒，復能致命於喪亂之日，追媲前休，不為尤烈耶？嗚呼！此不惟可為內則，世之鬚眉男子，自稱問學，所遇稍殊，輒為改易者，視此亦可以自勵矣。

　　容城孫奇逢撰並書。

　　康熙六年歲次丁未八月二十二日立石。

（文見光緒《睢州志》卷九《藝文志》。馬懷雲）

田烈婦孫氏殉節碑記

湯斌

　　烈婦孫氏，歲貢生𦙃光之女。性貞靜，通《女誡》大義，年十七，歸處士田云龍。云龍躬耕自給，烈婦荊布操作，相對如嚴賓。康熙六年夏，酷暑，雲龍行吟潭上，解衣游泳。雨後水大漲，遂溺死。烈婦撫尸長號，盡鬻簪珥之屬治二棺。先以一斂雲龍，遂自縊。家人亟救得甦。其父勸慰曰："汝父在，獨不相念乎？"烈婦曰："在家從父，既嫁從夫，禮也。從一而終，古之訓也。夫亡與亡，計之熟矣。"其父無以難，第令諸娣姒防護之。烈婦哀泣，勺水不入口。見防衛且密，乃紿曰："我今不死矣，須葬後再為計也。"與諸娣姒營喪事，至夜分，諸娣姒大半睡去。烈婦呼之醒，曰："若不懼我死乎？"因與之長談，至四鼓盡，諸娣姒困不能支，皆熟睡，烈婦遂自經夫棺側。蓋六月十九日也。睢陽之人，無遠近皆知田氏之有烈婦也，孫氏之有賢女也。縉紳儒林歌詠之，郡大夫式其廬，里人相與醵金立石，而請余一言傳其事。

　　竊惟夫婦大倫，一醮不改，名之曰"信"，是謂庸德，宜若非人所難者。然《詩》三百篇以節著者，共姜一人而已。春秋去古未遠，二百四十年之間，全節不失婦道者，惟紀伯姬，何寥寥也。茲觀烈婦亦何忝焉。今朝廷方敦崇節義，佇看太史採風綸音，寵賚勒之青史，以為彤管光。或輶軒失採，而刻銘道周。芳魂靈氣，猶將翱翔茲地。土魑木魖，亦知呵護，此石永不顛踣。即星霜遷易，歲月滋古；蔦蘿蒙翳，苔蘚剝蝕。好古之士，摹而傳之，可以補史氏之闕，而烈婦姓氏終以不沒於世。則世之砥行礪節者，無慮湮滅不彰矣。

康熙六年。

(文見《湯子遺書》卷三。馬懷雲)

文學幼兆吳君暨魏孺人合葬墓誌銘

湯斌

　　余初就外傅，則聞郡中有了疑吳先生者，中州名儒也。即欲負笈往從，而先生棄世。稍長，與先生冢君冉渠同研習。壬辰，同舉南宮。賦詩論道，相得甚歡。平居道其家世，數數稱大父幼兆公之賢與大母魏孺人之節，輒嗚咽霑襟，不能自已。

　　幼兆公篤學好古，僅以博士弟子終，年止二十有六，葬大麓岡祖塋之次。魏孺人守節三十六年，壽六十歲卒。會遭變亂，權厝故宅，不克合祔。至康熙七年戊申春，冉渠自京口走使，持狀請曰："先大父去世已七十載，大母去世亦三十四載矣。中間滄桑變故，誠不自意有今日。今卜三月乙丑，奉大母柩合窆於大父之阡淇。又羈靮王事，不敢以私情請，使子弟代襄大事。惟是壙中之石不可以無銘。銘之莫如子宜。余生也晚，未及親炙公之懿行，然讀冉渠所自為狀，與平日所稱述者甚悉。又孺人節行，考之令甲，當膺旌閭之典。適際鼎革，未有以姓氏聞之於上者，則紀述以詔來世，固余之任也，其何敢辭？"

　　公諱與點，幼兆，其字。先世籍晉之洪洞，明永樂間始祖諱誠徙睢陽，遂家焉。五傳至諱孜，是為公之高祖。曾祖諱崑，祖諱將仕，考諱待價。娶袁孺人，是生公。公生而穎異，七歲讀《尚書》。及長，善屬文，不假繩尺，而汪洋演迤，有大家之氣。督學使者按開封，拔置祥符縣庠。祥符為中州首邑，試者常千人，公屢試輒居高等。一時名聲籍甚矣！

　　公宅在濯錦池上，而文昌閣前有別墅。東望駝峯，南眺襄臺，地頗幽勝。公鍵戶其中，圖史充几，危坐靜對，時時至丙夜，猶燈火熒熒弗息也。經書之外，《左傳》、《國語》、老莊、太史之書，皆手錄評次，探究源委，採擷菁華。論者以為與鹿門月峯相上下云。又精書法，鍾、王、虞、褚、歐、顏、蘇、米諸家墨蹟，無遠近必購求臨摹，毫髮畢肖乃已。是時，公方弱冠，蓋將進於古人之域而未已也。不幸而病，病數年，而讀書益自刻苦，人皆畏其志而憂其力之不繼。而病竟以是不起。

　　魏孺人，雍丘名族，十五歸於公。公之歿也，孺人年方二十四，贈公方五歲耳。公祖父母皆在，孺人上奉尊嫜，下撫弱子，蠶筐紡車，以供晨夕。舅姑相繼即世，經營喪葬，戚不廢易。伏臘祠蒸，手撫贈公，泫然淚下。贈公入庠，文聲日著，人且以公之鬱而未施者當發於其子，即孺人之志亦庶幾可以少慰矣。無何，贈公又奄然長逝。嗚呼，可悲也已！弱孫煢煢無依，家業漸落。又值寇氛，倉皇避難，憂悸感疾而卒。

　　嗟夫！世之學者剽竊補綴，浮華無根，六經諸史，茫然不知其原委，而身都通顯，富貴赫奕者，何可勝數也。如公篤志古業，使學成獲用於世，必有大異於今之人者。而鬱鬱不得志，年未壯而身歿。孺人苦節終身，死喪患難，無不備嘗，而哲嗣不得奉梧櫝以老。

有歐陽太夫人之節，不饗文忠之報，所謂天道不可問矣！乃今冉渠登科甲，佐名郡。文章清節，為海內推重。四方人士言學者，必曰中州吳氏。諸孫森森玉立，譽問霞起，然後，知蓄之厚者發必達，造物固有深意也。嗚呼，仁者必有後，於今益信哉！

公生萬曆三年某月日，卒萬曆二十八年某月日。孺人生萬曆五年某月日，卒崇禎八年某月日。男即了疑先生，諱斯信，庠生，贈推官。娶泰初許公女，封孺人。孫男四：淇，進士，鎮江府同知；際隆，增廣生，代、訓，庠生。曾孫七。銘曰：

積之豐，用之嗇，德厚流光。孫謀燕翼，英英象賢。丕著鴻業，虎變龍騰。顯榮奕葉，峩峩大麓，永奠冥宅。松楸蒼然，山青雲白。其馴者兔，其翔者鶴。美哉佳城，蜿蜒磅礴。緜緜千秋，哲彥繼作。我今銘之，神其永托。

康熙七年。

（文見《湯子遺書》卷六。馬懷雲）

睢州泰山廟碑記

湯斌

睢州東關泰山廟，先祖留守公所建也。其旁白衣庵，為大司馬袁公所施地。順治丙申，僧覺正於後建大雄殿，僧徒百餘，戒規清嚴。康熙庚戌，居民於舊城得銅佛五尊，鄉耆楊國禎等裝金捐貲迎奉殿內，求予文記之。

予謂佛教自漢永平時入中國，初不過白馬一寺。自今千百餘年來，通都大邑，名山幽壑，莫不有寺。其為像不知其幾千萬億也。世人以建一庵、造一像即獲無量福德，此理之不可信者也。佛經初至中國，止《四十二章》耳。凡人事天地鬼神，不若孝其二親，非《四十二章》之言乎！天地，萬物之本；父母，吾身之本。故孝者天經地義，百行之原也。人能孝則必敬長上，睦鄉里，教子孫守禮法。內不欺心，外不欺人，和平篤實，福不求而自至。否則，本實先剝，而徒建剎造像，口誦般若，以此求福，是適南而北轅也。

予嘉鄉耆之好善，因其請，告以是言，亦與人為善之意云爾。時主庵覺正弟子真清也，苦行為人所重，能繼師業，並記之。

康熙九年。

（文見《湯子遺書》卷三。馬懷雲）

拔貢彥公趙君墓誌銘

湯斌

趙君，諱震元，字伯彥，一字彥公，睢州人。嘉靖癸卯舉人，東阿縣知縣諱誥之曾孫，隆慶辛未進士、大理寺左寺副諱舉廉之孫，贈中憲大夫、廣東韶州府知府諱夢日之子。母湯孺人生彥公，甫七歲而孺人卒。

　　彥公少具才藻，踔厲風發。伯叔兄弟，負文名者甚衆，而彥公尤表表云，為諸生不能。俛首帖括，就舉子尺幅。好讀《左》、《國》、《考工》、《楚騷》、《史》、《漢》之書。陳明卿《四部奇賞》出，獨深嗜之，伏卷誦讀不輟。為文初學孫樵、劉蛻，改而為燕、許，後稍稍規摹韓、柳。得其大意，不求畢肖。晚年間倣元結，頗峭拔，有奇致。歐、曾文雅非所好。余每稱歐陽文忠公文，彥公因取閱之，嘗不盡卷而罷。同時獨心師石齋黃先生。無論制義、策論、碑銘、記述，多方購求，繕寫丹鉛，未嘗有遺。為詩自出杼軸，不拘一格。近代所謂北地、濟南、公安、竟陵，皆所不問也。

　　寇變後，遊棄強歸，其詩悲壯蕭涼。晚年朴老疎宕，近陸務觀。明崇禎乙亥間拔貢，依鄉試例而減其一場。彥公文為成實慈公所賞。廷試入都，與金忠潔公共研席，最為相知。兩公後皆以建言為海內所重，每亟稱彥公，故彥公聲譽滿藝林矣。壬午，棘闈移蘇門。彥公偕其姪陞對往，各為《百泉賦》，辭采雄麗。登孫登臺，醉桃竹園，歌罷長嘯，聲振林木，時人莫測也。後屢試輒報罷。每遇秋闈，策蹇赴汴，貰酒艮岳、繁臺，憑弔信陵君、侯嬴，澆酒杜甫、高適廢祠而還，不作遇合想。庭中怪石數片，老樹桃花，參差映帶，茗椀藥臼，意況蕭瑟，所謂松青堂也。更闌燈炧，伸紙滌硯，作蠅頭細楷。臨文浮一大白，落筆若風雨，腕不暇停，頃刻數千言。拍案高叫曰："擲地可作金石聲！但恐腕折何？"雜及易卜，多奇中。時時寄興六博，以抒牢騷，非真好也。見人無少長，煦煦親愛，不為崖岸。遇親識尊行，恭敬盡禮。其弟一為江寧別駕，一為農部郎。出守韶州，雖情懷繾綣，終不一過其署。高風雅度，殆古隱君子之流歟！

　　余自移病歸里，同人零落。惟彥公往來過從，談詩論文，相得甚歡。今出門漠然無所向，此余於彥公之歿，不禁流涕霑襟也。君生於萬曆二十六年十一月初一日，卒於康熙九年八月三十日，得年七十有三。配李氏，繼徐氏。先卒於康熙壬子十一月二十六日，卜葬於睢城北澗岡之新阡。子爾轍、爾軾，俱先卒。孫居易、居廣，曾大升、二升。銘曰：

　　譬如木焉，或為匠石所睨，而為棟梁；或輪囷離奇，而老泉石之旁。不可謂棟樑之巍如，而歎泉石蕭涼也。嗚呼，如君之才而止於斯！睢水之原，松檜蒼蒼。後有好古者過之，當駐馬而徬徨。

　　康熙十一年。

（文見《湯子遺書》卷六。馬懷雲）

江南鎮江府海防同知冉渠吳公墓誌銘

湯斌

　　公姓吳氏，諱淇，字伯其，別號冉渠。先世山西洪洞人，明初遷睢州，居大麓岡。高祖將仕，曾祖待價，祖與點，以文學名，余嘗誌其墓，所謂幼兆先生者也。父斯信，博學工詞賦，以公仕，贈文林郎、廣西潯州府推官。母許氏，封太孺人。

公賦資穎異，好為深湛雄偉之思。十五習詩賦，清詞麗句，往往驚其長老。為制舉義，不拘尺幅，落落有奇氣。贈公卒，家業中落。事太孺人備盡色養，撫三弱弟讀書有成，孝友為人所難。補寧陵庠諸生，屢試高等。嗜讀書，日記萬言。喜怒窘窮，患難流離，未嘗釋卷。至盜賊縱橫，匿荒蓬斷垣中，生死倏忽，猶暗誦不休。秦、漢金石遺編，海外重譯之書，讀之欣然自得。若平常淺易之辭，不屑意也。亂後家鮮藏書，聞旁郡舊家有異書，數百里徒步往求之，累日夜抄寫，盡誦乃已。持論俱有根據，未嘗特創一說。讀書既多，時出其新奇者資譚柄。時人見其空曠奇肆，詫為語怪，或操論闞之，公不與較也。

順治乙酉，登鄉薦。壬辰，中會試，不就廷對。里居六載，益肆力於學。天文、曆法、律呂、音韻、易占、勾股、算術，及西洋奇器之學，無不精詣。戊戌，入都問曆法於欽天監，考樂器於太常寺。窮思幾廢寢食，一切應酬俱廢。

成進士甲次，例得京職。會改新制，授推官，得廣西潯州。時粵地初定，多封疆大案。公聽之，為求生路不得，則坐臥不安。嘗舉歐陽崇公"求其生而不得，則死者與我俱無憾"之言自警。一日斷事畢，一囚出而泣曰："公仁人也，而不能活我，誰復活我者？"巡撫行部務嚴刻博風力，公力爭之，曰："宦粵者皆中土人，攜妻子，蹈萬里煙瘴地，謀升斗祿。一掛吏議，遂終流落。竊願明公愛惜士人，若有大奸惡，某亦安敢隱哉？"巡撫感公真誠，嘆為長者。察潯屬果無可糾者，以此益信公。

民樸事簡，無學士大夫遊處，惟讀書以自適。往來省會，山行水宿，蠻煙瘴雨，誦讀之聲達丙夜。家園萬里，宦況冷絕，幽憤無聊，一寓之於詩。

自粵西陞同知。鎮江軍府初立，事務殷繁，公職海防，應一切為之綜理。時方視為利藪，公悉推讓同官，故廳事寂然。雅重學校，賓禮寒素，市書萬卷，與文士校讐討論，夜則挑燈對讀。遇得意，高叫長歌，胥吏皆驚起。至於簿書，寓目而已。署丹陽，衝邑驛費浩繁，歲額不敷，公不欲累民，然亦坐是。供應多疎，鐫二級。歸，公念太孺人春秋高，諸子侄'皆善屬文，構書屋數楹，寢處其中，口講手批，至夜分以為常。與三三舊友結社賦詩，出則乘柴車，或徒步。仕進之念，泊如也。工填詞，晚年聲律益細。伶工奏伎，點拍失度，即笑語喧闐中輒指其誤。更深於道家言，自謂《龍虎經》、《參同契》諸書，塵埋千年，無人識其要領，一旦為之洗滌筋髓，丹學秘訣，悉傳人間。海內好道之士，當有知其所以然者。

古詩以《昭明文選》為宗，近體初專師少陵，後遍究四唐，含咀茹華，歸詣自然。論詩上下今古，升降正變，可出鍾嶸上。其辨議精詳，筆鋒清雄，識者以為彷彿鄭夾漈云。偶爾撰述，信筆抒寫，連篇累幅，至其精神凝注，稿必數易，常有一字未妥，一韻未安，收視反聽，審諦推敲，必得當而後止。人知公之博綜，而不知其謹慎如是。獨不喜為酬應之文，如序記、碑銘之類。為人所強，偶一為之，非其好也。一日遇余深談，余謂以君異敏，若專攻學《易》，必能發前聖之蘊。公遂盡發所藏諸家《易》說，約與余定期會講。無何，而公逝矣。

嗚呼，惜哉！公平生篤於友誼，急人之難。初登第時，有友被誣，幾罹重典。公為之遍謁當事，傾身營救，事卒得白。近世杯酒談笑，不啻骨肉。一旦失路，反眼若不相識，更為之下石者比比也。若公者，真古人哉！余求友於天下，往往號宿學負盛名者，叩其所得，輒不及公萬一。而公官不過郡佐，未嘗一登著作之庭，雖其言可以藏名山，信後世矣，而其志尚若有進而未已者，此余之所以咨嗟悼惜，長慟而不能自止也。今其子請誌壙石，不一語粉飾，亦所以報吾友而存其篤信之志云。

所著《雨蕉齋詩集》、《選詩定論》、《唐詩定論》、《律呂正論》、《參同契正論》、《陰符經正論》、《龍虎上經》、《指月入藥鏡圖說》、《睢乘資》、《睢陽人物誌》、《雨蕉齋雜錄》、《道言雜錄》，共若干卷。

公生於明萬曆四十三年五月三十日，卒於康熙十四年二月二十五日，得年六十一。配沈氏，封孺人。子二：學顥，廩生；宗頤，國子監監生，沈宜人出。孫元復，宗頤出。以康熙十四年月日葬大麓崗先塋之次。銘曰：

羽陵宛委摻秘笈，續遺補亡人莫識。結繩掌故羲皇畫，地負海涵驚奇特。鏗鏘震曜貫冥賾，揚風抈雅追三百。胡不賚颺丹陛側，百年禮樂會生色。功名遺愛在南極，灘江之水何浥浥。北固山頭一片石，至今父老淚霑臆。鄴架縹緗存手澤，有子文章壓元白。奕葉繩繩傳休德，舊史銘辭在幽宅。

康熙十四年。

（文見《湯子遺書》卷六。馬懷雲）

清中憲大夫廣東韶州府知府嚴篆趙公（霖吉）暨元配恭人張氏合葬墓誌銘

【蓋文】

皇清中憲大夫廣東韶州府知府雨三趙公元配誥贈恭人張氏合葬之墓

【誌文】

皇清中憲大夫廣東韶州府知府雨三趙公元配誥贈恭人張氏合葬之墓

賜進士第中憲大夫江西承宣布政使司分守嶺北道右參政前整飭潼關等處兵備兼分巡關內道陝西按察司副使翰林國史院檢討弘文院庶吉士年眷弟湯斌頓首拜撰。

賜同進士出身文林郎原任江西九江府彭澤縣知縣今奉欽諭保舉湖廣軍前候補年家眷弟李遙頓首拜篆蓋。

賜同進士出身奉政大夫江南鎮江府清軍監捕海防同知前廣西潯州府推官庚子科分房年家眷弟吳淇頓首拜書丹。

余與嚴篆趙公為中表兄弟，癸未後，避亂初歸，僑寓相鄰。嚴篆兄弟以文名雄中州，諸同人聯席結社，過從無虛日。後鄉、會試，皆同榜。締兒女之姻。仕宦奔走，不相晤者九載。庚子春，巖築赴韶陽任，余方參藩嶺北，便道相過。時余以病請告，間闊日久，握手話舊，鮭菜陶樽，夜分而罷。告余曰：世事飽經，君誅茅駝峯，予亦將解組相從矣。別後月餘，余得報歸里。至丁未，巖築始歸，病卒於道。又八年，其子登乃卜地葬焉，狀公行實乞余銘。登，余壻也，孝思最篤，以迎公於道，未及見，而公卒，又久不克葬，居恒涕零。余既哀登之情，又重以巖築平生親誼，乃泫然序而銘之。叙曰：

公諱霖吉，字雨三，一字寧侯，巖築其號也，世為睢州望族。高祖諱名儒，周府典膳。曾祖諱誥，嘉靖癸卯鄉薦，仕東阿知縣。是生三子：長諱舉孝，國學生；仲諱舉廉，隆慶辛未進士，大理寺左寺副；季諱舉賢，萬曆己卯鄉薦。大理公生公考，諱夢日，府庠廩員，以公貴，贈中憲大夫，如其官。嫡母阮氏，贈恭人。繼余姑氏，再繼劉氏。生母李氏，封恭人。兄弟九人，公其六也，門第通顯。贈公倜儻博學，艱於遇，開家塾訓子弟。諸昆季踔厲風發，一時聲名籍甚，刻課義號《趙氏一家言》。伯兄震元，肆力詩古文辭，不能俛首就舉子尺幅。公獨恥先輩應制之文，精研簡練，每搆一義，閣筆不輕下，曰：文須入木三寸，輕華無為也。年二十三，補博士弟子，遂食餼。睢城遭寇變，繼以河徙，居第付洪波，家計蕭疏，擔石弗盈。課僕傭種秋藝麻，曠懷落落。拾金於道，必候其人還之。嗜古法書，一當意輒解衣傾橐質歸，淪茗品駕，即弗能舉炊，晏如也。或挾策行遊，蒲渚柳陌，高吟長嘯，旁若無人。識者知其志懷不可量也。丙戌、丁亥間，文風靡麗妖艷，至以子夜、吳儂歌調，雜入制義。公獨以樸淡孤秀自尚。戊子，奉旨釐正文體，遂受知心一孔公。己丑，為大司馬朱公所賞，成進士，筮仕司李處州。時國初，文武儀注未定，同城協鎮倚兵力，視有司為属吏。公請於臺憲，以文武不相統轄，始用賓禮見，仍捕其兵丁之亂法者。協鎮怒，士盡甲，謬設筵款公，寮友咸震悚。公屏從獨往，暢飲雄談，呼左右如奴隷，協鎮口懾，終席不敢動，戒其下曰：勿犯趙使君令也。處俗：婢至老不得嫁。公嚴禁錮：婢三十不嫁者罪家長。俗為一變。松陽令不善催科，士民乘令自府歸，閉城門，瓦礫擊之。令以變告。公單騎往諭之，曰：令不善，自有國紀，小民拒官，如三尺何？士民皆斂手叩拜，曰：惟公活我。於是，令以浮躁罷。當斯時，非公，松幾亂。甲午鄉闈，同考取士八人，多知名士，姜君廷櫸、吳君源起、胡君鄂，尤最著者。總裁熊鍾陵語人曰：諸君多具藻鑑，若識力敏妙，未有如巖築者也。乙未，陞戶部廣西司主事，出督臨清糧儲，兼理鼓鑄，夙弊為之一清。往時，胥役倚鼓鑄為利藪，不可究詰。公至，時方奉詔停鼓鑄，司農當清覈積欠。前官惴惴，慮發其弊。公請留任，設法追捕，官吏不累，而子本俱足。丁酉，陞本部山東司員外，尋陞江西司郎中，署福建司事。隨堂官啓奏，蒙世祖章皇帝顧問，堂官保舉，遂陞廣東韶州府知府。地雜梅獠，舊苻亡命，倚巖峒為窟穴，擅造偽印，攻城掠地，勢漸燎原。公請詳院道，會商鎮將，發兵薄其巢，獲斬渠帥，招撫餘衆，地方以靖。暇則修黌宮課士，親為校閱，文風丕振。時澹歸禪師振錫丹霞，公時肩輿入山，晏坐終日，蕭然塵外。澹歸曰：太守非俗吏也。贈以文，稱其方圓並盡，水火同濟，蓋實錄云。韶隸處撫，而處撫子為其協鎮，驕蹇與公不相能，遂以他事中傷解任。廣撫累疏論救，以原官改補，回至蒙城雉河，病卒。公疏通軒豁，與人交，坦易不為崖岸。平生好賓朋聚會，厭岑寂。名士讌集，酒闌樂罷，輒意氣勃發，機鋒錯出，闔門投轄，頗似陳、孟。公聚書數千卷，手為詮次。旁及書畫、鼎彝，辨證款識，自為不爽。間為花竹繪事，神氣蕭閒，歷落有致。識者以為彷彿仲圭子久，余不能定其然否也。配張氏，贈恭人，太僕卿諱一蠹孫女，國學生諱德成女。夙嫻壼教，事上御下，具有禮法。公貧時，躬操井臼；比貴，服御儉樸，內外肅肅。姻族交稱其賢。

公生於萬曆四十二年甲寅六月二十八日，卒於康熙六年丁未二月初四日，享年五十有四。恭人生於萬曆四十六年戊午十一月二十四日，卒於順治八年辛卯八月初九日，享年三十有四。今以康熙十四年三月二十六日，合葬於睢城北十里新阡。子三人：豐，生員，娶生員袁公聯輝長女；登，生員，援例太學生，娶余長女，張恭人出。發，未聘，側室鄭氏出。女五人：長適工部員外劉公士龍子太學生聖翼，張恭人出。次適廣東副總兵曹公之捷子生員琰，側室陳氏出。三適歲貢生袁公開泰子謙，鄭氏出。四許字淮揚道馬公嗣光子如鱗；五未字；俱陳氏出。孫女四：長適安仁縣知縣王公贊孫生員迪簡子遷，次適舉人蔣公奇猷孫生員益臣子瑤，豐出。三、四尚幼，登出。銘曰：

擇山盤谷，蓮華環簇。芙蓉嶂南，巖石如沐。君子所履，宜爾百祿。歸然高原，若堂若斧。厥配惟良，同穴斯土。我銘在右，爰告終古。

不孝男登、發泣血納石。

康熙十四年三月。

（銘存睢縣文物保護管理所。李秀萍）

睢州移建廟學碑記

湯斌

　　睢州儒學，舊在北城濯錦池上，規模宏敞。明末，黃河決城，遂淪於水。有司權奉先師主於城南民舍，地甚湫隘，殿廡之制不備，堂齋皆缺，諸生無所肄業。屢議改建，以財用匱乏，莫有毅然任其事者。今國家文治休洽，康熙十年辛亥，郡守程公始至，虞無以興學育材。仰承朝廷德意，期年政通事簡，乃相廟東有得趙氏宅基，地勢高聳，水環如璧，羣情咸合，於是，捐俸購之，州之薦紳諸生量力捐助。經始於癸丑二月，先建大殿，次及兩廡、戟門、櫺星門，各如制。啓聖祠在聖殿左。明倫有堂，名宦、鄉賢有祠。樹以崇坊，繚以周垣，位序丹臒，應圖合禮。其相規制，稽其出納，久而不懈者，學正魏君也。乙卯七月，既訖工，公率卿大夫士行釋菜禮。有作而言者曰：公可謂學道君子，深識治本者矣。吾州自舊學淪沒，已歷三紀，況當軍旅倥傯，不廢公儲，不勞民力，成此禮樂絃誦之區，非深識治本者歟！孔子曰："君子學道則愛人。"公為政，巨細有體，而大指歸於寬厚，更於化民成俗，孜孜不遑。如此非學道有得者歟！乃羣起屬余爲記。余谓公加意學校至矣。諸生亦思所以爲學，而求進於古人之道乎？抑徒飾文辭，溺訓詁，苟得利祿，誇耀一時已乎。夫朝廷廟學並建，固期學者皆以聖人爲宗也。圣人之學，存心而已。存心者，存天所與我之理而已。微而不睹不聞，顯而人倫日用，何莫非天理所存也。堯、舜、禹之相授受，必致辨於人心、道心之危微。孔子十五志學，至七十始從心所欲，不逾矩然。則聖人之異於人者，惟在朝乾夕惕，自强不息，遂至與天爲一耳。成湯、文、武之爲君，皋陶、伊、傅、周、召之爲臣，以及顏、曾、思、孟諸大賢，時至事起，功業各不相同，而其深憂大懼不得已之心，則千古一揆也。是以行無轍迹，言無仿效，總以此心純一粹白相證於穆之表，而非從勳業文章，一一較論也。

近代濂、洛、關、閩及河東姚江諸大儒，紹千載不傳之緒，雖風會所值，指授各殊。而道本於心，先後若一，其補偏救弊，亦有大不得已焉者。學者不體驗於性情踐履，與古人相見於精神心術之間，則爲己功疏，隱微難懍，即著書滿家，於道無當也。惟知道之大原出於天，而體用具於吾心，存養省察，交致其功，信顯微之無間，悟知行之合一。喜怒哀樂必求中節，視聽言動必求合禮，子臣弟友必求盡分。蘊之為天德，發之為王道。此學問之極功，而尊信聖人之實事也。然有難言者，學路久迷，習染日深，利欲之根難斷，巧偽之術益工。苟非乘本體之偶露，急加體認，擴充之力如火然始泉始達，悠悠玩愒，歲月幾何！轉眼遲暮，躊跎同歸。大禹之所以惜寸陰，而《尚書》有取於若藥瞑眩，豈不以此歟？若曰吾志在於科名，惟事揣摩帖括，他不暇計焉，是視聖賢《六經》衹爲富貴利達之資，非惟負朝廷建學立廟之意，亦豈賢邦君所望於君子者哉！公之爲政也，立社學以端蒙養，講鄉約以厚風俗，勸農均役，修城弭盜，大兵往來，供應有方，使四境安堵，可稱循良矣。而卜地建學，尤其功之大者。魏君操理清端，足爲人師。兩賢集於一時，吾見學教之易成也。因述所聞，與諸君共勵焉。

公名正性，字存存，鄉貢士，四川萬縣人。魏君名湛，字聞野，順治戊子舉人，孟津縣人。州判劉君芳聲、吏目許君宗璉，皆共襄斯所役者，例得並書。[1]

睢州儒學，舊在北城濯錦池上。明末，黃河決城，遂淪於水。有司權奉先師主於南城民舍，地甚湫隘，殿廡之制不備，堂齋皆缺，堂及皆缺，諸生無所肄業。屢議改建，以財用匱乏，莫有毅然任其事者。康熙十年，知州事程公始至，虞無以興學育材。仰承朝廷德意，期年政通事簡，乃相廟東有地，據岡面陽，水環如璧，羣情咸合。州之薦紳諸生量力捐助，先建大殿，次及兩廡、戟門、欞星門，各如制。明倫有堂，啓聖、名宦、鄉賢有祠，樹以崇坊。繚以周垣，位序丹臒，應圖合禮。其相規制，稽出納久而不懈者，學正魏君也。既訖工，公率卿大夫士行釋菜禮，而屬余為記。余不獲辭，乃言曰："修學，有司職也。諸生之游於斯者，亦思所以為學，而求進於古人之道乎？抑徒飾文辭，溺訓詁，冀苟得利祿，

---

[1] 湯斌《湯子遺書》卷四載文與此異處較多。

以誇耀一時已乎？”夫朝廷廟學並建，固期學者皆以聖人爲宗也。聖人之學，其要存心而已。存心者，存天理而已。微而不睹不聞，顯而人倫日用，皆天理所存也。堯舜禹之相授受，必致辨於人心道心之危微。孔子十五志學，至七十始從心所欲，不踰矩然。然則聖人之異於人者，惟在朝乾夕惕，自彊不息，遂至與天爲一耳。成湯、文、武之爲君，皋陶、伊、傅、周、召之為臣，以及顏、曾、思、孟諸大賢，時至事起，功業各不相同，而其深憂大懼，不得已之心，則千古一揆也。是以行無轍迹，言無仿效，總以此心純一粹白，相證於穆之表，而非從勳業文章，一一較論也。

濂、洛、關、閩以來，相繼輩出。風會所值，指授各殊，而道本於心，先後若一。學者不體驗於性情踐履，與古人相見於精神心術之間，則為已功疎，屋漏難慊。即著書滿家，於道無當也。惟知道之大原出於天，而體用具於吾心。存養省察，交致其功，信顯微之無間，悟知行之合一。喜怒哀樂，必求中節；視聽言動，必求合禮；子臣弟友，必求盡分。蘊之為天德，發之為王道，此學問之極功，而尊信聖人之實事也。

然有難言者。正學不講，俗痼日深，利欲之根難斷，巧僞之術益工，苟非乘本體之偶露，急加體認擴充之力，悠悠玩愒，歲月幾何？轉眼遲暮，蹐跲同歸。大禹之所以惜寸陰，而《尚書》有取於若藥瞑眩，豈不以此欤！若曰吾志在於科名，惟是揣摩帖括，他不暇計焉，是視聖賢《六經》衹為富貴利達之資，異日備朝廷任使，安能秉道絕欺，憂國奉公，不幾負朝廷建學立廟之意乎？

余，鄉人也，誠願與鄉之後進互相砥礪，使賢才輩出，以報君恩。敢述所聞以告之。

（文見乾隆《歸德府志》卷十二《建置略》，又見光緒《睢州志》卷九《藝文志》。馬懷雲）

南羅武君墓誌銘

湯斌

順治戊子，余與南羅武君同受知於少參濟甯王公。時公方司李天中，余與君數往來汝上，未得相遇。公嘗告余曰：“南羅議論侃侃，持己端嚴，卓然君子也。”余心儀之，長葛去睢不三百里，人士聲問相通，咸嘖嘖稱君之賢。余以他日嵩少之遊，當造門相訪，以遂平生之願。乃戊午三月，忽其子贊吾友韓子新其書狀，為君乞墓銘，則君已於去年冬秒卒矣。嗚呼，同門三十年而未得一識其面，尚忍為之銘乎？子新為之請甚，切不可以辭。則即平日所聞於我師與鄉人士所傳述者，質諸嗣君之狀相符，乃序而銘之。

君諱際盛，字亦隆；南羅，其號也。先世居晉之洪洞，明初，徙長葛，遂家焉。曾祖諱世剛，有隱德。祖諱定國，好義樂施。值歲歉，蠲輸完漕，民不知役。出仕關中，俸余盡給貧民。冬月制綿衣施及獄囚，四方歸仁焉。考諱尚文，庠員，以孝聞。母韓氏，生二子，君其次也。

君生二歲而孤，母年未二十，以《柏舟》自誓。君髫齔即知勵志讀書，日誦數千言，巋然見頭角。寇亂，避居覃懷，益自刻苦。補博士弟子試，諸生間褒然舉首溫孟河內之間，耆儒碩彥多為之避席矣。戊子，闈中已擬首薦，總裁抑之，僅中副車，拔貢入成均，屢試冠多士。黃鷗湄太史雅器重之，以為可與熊鐘陵頡頏也。太史謀為設帳，館穀歲數百金，力辭不赴。太史曰："武君貧士，不愛數百金，此其志不可量也。"歸家杜門卻掃，與里中一二名士晨夕過從，樽酒論文，商確古今。四方賓客至其邑者，輒為之下榻投轄。月落燈殘，情懷繾綣，蓋其豪曠如此。

平生事親盡孝，於兄析產讓豐，喪葬一準古禮。亂後，宗族姻戚播遷他鄉者，招之使歸。貧羸者助之，撫育孤幼，俾至成立，延師聘娶，數十年無倦也。嗚呼，此即求之古人，豈易得哉？余未得杖履相從，而今已矣，不能不為之痛惜也。君生於前明萬曆甲寅，卒於康熙丁巳，享年六十有四。配朱氏。子一，賫，廩膳生員，娶內鄉縣教諭王慎女。女一，適廩膳生員王承乾子枚功。孫二：長，大勇，聘廩膳生劉日爌女；次人勇，聘庠生寇原勳女。孫女一，許聘增廣生劉日煙子堅。銘曰：

扶輿淳淑，鐘於中土。哲人之生，為時柱礎。胡不通顯，著勳天府？身老煙霞，名逾簪組。末俗頹靡，惟君楷柱。道派紛流，惟君慎取。岡阜盤回，若堂若斧。松柏丸丸，亦莫或侮。我銘在幽，垂示終古。

康熙十七年。

(文見《湯子遺書》卷六。馬懷雲)

陝西延安府靖邊同知陳公墓表

湯斌

保定陳公，諱寔，字郁文。少穎敏好學，善屬文。年十九補郡諸生，累試輒居甲等。崇禎乙亥，署倣鄉試例，特行拔貢，受知介休閻先生，益好學不輟。皇清定鼎，選知睢州。睢自流寇殘破，繼以河患，城郭丘墟，田土蒿萊。公至，寄寓民舍，布袍蔬食。招流移，勸墾荒，詢問疾苦，煦煦如家人狀。延請文士，立社課藝。暇時輒與飲酒譚詩，娓娓忘倦。嘗省耕，匹馬行鄉，一吏持印囊，老卒前導而已。撫按交章推薦，奉旨旌廉，膺白鏹之錫。陞陝西延安府靖邊同知。去之日，睢民攀轅遮留，至數日不能行。為立碑，父老見之至流涕。延綏邊地，民強悍難治，公持己儉約如睢時。而不畏彊禦，署道篆，省冤獄，申邊禁，兵民安堵。丁母孫太宜人艱，扶櫬歸里，行李蕭然。惟圖書一篋，老僕二人，跨驢隨行，逆旅咸為嗟歎。服闋，慨然曰："昔年捧檄而喜，為親在也。今胡為乎？"遂不起。僻巷數椽，以授徒為業，薄田僅足饘粥。戴笠坐柳陰，與村叟譚說桑麻，不知其為官人也。二三知友至，與論經義。酒後賦詩，天真爛漫。旁及小詞，落落有宋人風致。不自收拾，門人手錄得數百篇。配某氏。子三人：繩武、繼武、紹武，能世其學。以康熙十七年九月二十三日卒，年七十有三。當公之治睢也，余應童子試。公獎拔冠多士，語人曰："此生當聯第，然疎直非善宦者。"既而曰："急流勇退人也。"余別公後二年，捷南宮，授館職，年三十以病請休。林居二十載，與公言若相符。今起自田間，濫充《明史》之役。然近年懶漫益甚，行將乞身，不知能終不負公之言否？一日文字之知，公何以相識之深耶？公既葬，其子繩武衰絰至京，請表公墓。余既感公之知，又繫官於朝，不及祔棺一慟為恨，乃不敢辭。敘次公之行事，不敢用浮詞以負公。

蓋公治行無愧朱仲卿，而睢其桐鄉也。家居彷彿柴桑徵君焉。後之人過公之墓，當憑弔高風，低徊不能去也。

康熙十七年九月。

（文見《湯子遺書》卷六。馬懷雲）

重修中州會館記

湯斌

中州會館在宣武門之左，舊為梁司徒公別墅，所謂銀灣曲也。順治十四年，同鄉官都下者捐貲購得，改建會館。宗伯薛公為記其事。歲久漸頹，屢議修治，以艱於費，弗果。越康熙十八年秋，地震，傾圮殆盡。時都諫王君子厚方主館事，捐俸以倡。同籍各輸金有差。鳩工庀材，中翰王君三雪，身董其役。再閱月而訖工。於是，鄉之諸大夫士置酒其堂，謂不可以無記，而屬文於余。

余謂國家畫十五方域，而京師其都會也。凡鄉之仕於朝者，官階之崇卑，職掌之鉅細，繁簡不侔也。分曹治事，有朝會而外，終歲未嘗過從者矣。其官於外，或數百里，或數千里，聲問不相通。有一旦以奉表述職而至者矣；有貢舉於鄉，以應試謁選而至者矣；亦有京朝官出秉節鉞，備藩臬郡守之任，倏而數百里數千里，聲問不相及者矣。幸而聚於一時，則歲時伏臘，會集讌饗，於同朝事主之時，修親睦鄉曲之義，豈不謂行古之道乎！都諫斯舉洵為知所務也，余更三復宗伯之記，稱述吾鄉先哲。若李文遠、劉文靖之相業，顧、軒兩都憲之清直，馬端肅、許襄毅之事功，何文定、崔文敏之文章氣節，屬望後人希慕風烈，交相砥礪，不在飲食燕衎相徵逐，用意可謂深且厚矣。余謂諸公德業蓋有所本，亦在其學而已。

中州文章莫盛於昌黎。其學闢佛老，崇仁義，得聖道之大端，論者以為精微之蘊猶有未究其極者。至兩程子出，獨深探原本，窮理盡性，接千古不傳之統。故程子者，實儒學之大宗。而鄉之後進所當奉為準的者也。若許文正、姚文獻，講學蘇門，佐興元太平之運。而明之曹正夫倡道嵩洛，距邪閑正，居一代理學之冠。其後，尤季美、孟叔龍紹述於洛西，魯正卿、呂叔簡振興於宋郡。呂忠節闡繹《孝經》，賀景瞻發明《春秋》，劉文烈力任風教，大節皎然。數君子皆不惑於功利權謀，詞章技能之習，而確然有以自信者也。誠得其所以為學，以之事君必忠，以之事親必孝，以之交友必信。於前修之事功風節，不規規求合，吾見其無不合也！夫程子之學，以至誠為聖功之極，以主敬為入德之要。凡與斯會者，揖讓進退，必準於禮。可否然諾，必揆諸道。敬存於心，貌恭非敬也；敬而後能誠，非敬無以為誠也。以此交修弗怠，庶不墮先哲之遺教，於以勉盡職業，報朝廷之知遇，非徒講鄉曲之情，歲時伏臘聚會，燕好之數數也。古人無在而非學，故敢推廣前記，與諸君子共勉之。

康熙十八年秋。

（文見《湯子遺書》卷三。馬懷雲）

石塢山房圖記

湯斌

吳郡山水之佳為東南最。而堯峰名特著者，則以汪鈍翁先生結廬故也。鈍翁文章行誼高天下，嘗辭官讀書其中。四方賢士大夫過吳者，莫不願得其一言以自壯。而鈍翁嘗杜門謝客，有不得識其面者，則徘徊澗石鬆桂之間，望煙云杳靄，悵然不能去也。以此鈍翁名益重，然亦有病其過峻者矣。

王子咸中，舊家吳市，有亭台池館之盛。一旦攜家卜鄰，構數椽於堯峰之麓，曰"石塢山房"。日與鈍翁掃葉烹茗，嘯歌晏息。鈍翁亦樂其恬曠，數賦詩以贈之，稱相得也。鈍翁應詔入都，咸中復從之。舍舟登陸，千里黃塵，追隨不少倦，蓋其有得於鈍翁者深矣。

余嘗過吳門，晤鈍翁於城西草堂，讀其所為"堯峰"、"山莊"諸詩，慨然欲往遊，未果。至京師始與咸中相見。叩其所學，大約以鈍翁為宗。間出其山房圖請記，余既心儀其為人，而又自悔不獲身至堯峰，以觀其所謂文石、乳泉者，猶喜得於圖中，想見其藤門蘿徑，芒鞋竹杖，相過從吟詠時也，乃撫卷嘆息者久之。昔王摩詰輞川別業，山水踞終南之勝。時有裴迪以詩文相屬和，至今覽其圖畫，所謂斤竹嶺、華子岡，仿佛猶想見其處。摩詰在開元、天寶間，立身不無可議。徒以文辭之工，猶為後人所豔慕如此。鈍翁品行之高潔，學術之正大，有非摩詰所敢望者。咸中志趣卓然，其所進未可量，或亦非僅僅裴迪比。後人見之，而向慕當何如也？故為之記。

（文見《湯子遺書》卷三。馬懷雲）

三聖廟碑記

湯斌

睢州城東南三十里曰黑龍王廟，不知所自始。相傳昔時黑龍見，因廟祀，零禱輒應。萬曆中，河水暴溢，有關帝像沿流而至，土人祠於其左。後又立廟，祀真武。三廟鼎峙，而黑龍王廟最久，故名特著。廟旁村逕窈折，茅屋數十家，務農桑，無市販之習。茂樹千章，幽若林麓，從叔父九式公愛之，遂卜葬焉。嘗攜門人子弟讀書廟中，覩棟宇毀頓，醵貲新之，時順治十四年也。今二十餘載，叔父墓木拱矣，從弟鎬慮無以承先志，礱石請余為記。

余承乏史局，編摩無暇。秋月臥病經旬，懼負宿諾，乃馳書告之曰：叔父卜葬於此也。固愛其土風樸厚，勤耕鑿以供賦稅也。而其人知讀書重禮義，則叔父之功實多。其新此廟也，所以聚一方之心志，而使之為善去惡也。夫讀書以明禮義，力田以給公上，而又處乎遐陬僻壤，無紛華市儈之習，以誘其心，則必能孝弟媚睦，恭敬信讓，爭競不作，鄉里無怨。如此而受多福宜也。昔之盛時，有司常令里民擇寬敞祠宇講鄉約，讀律令。禮法以匡迪之，神明以感動之，故荒村野叟皆有士君子之風。今軍興旁午，不暇修舉隆典。賢士居其鄉者仿而為之，固令甲之所不禁也。鎬欲承先志，亟亟於斯，是不可以無記。

（文見光緒《續修睢州志》卷九《藝文志》。馬懷雲）

重修玉帝廟記

湯斌

睢州南城舊有玉帝廟，余童時數數過之。明崇禎乙卯、庚辰間，開州刺史唐節玉先生於此立社，課郡中子弟。余年十四，從諸生後執卷屬文，暇則共二三友人坐東廊，談論古今，薄暮而返。壬午三月，闖寇陷睢城。至秋，黃河南決，廟沒於水。節玉先生移刺定州，同人亦各散去。余自河朔歸里，偶過廟地，惟見荒煙寒流，斷碣衰草，輒不禁盛衰之感。

順治初，里人醵金，重建殿三楹。周垣未具，畜牧往來無禁。先大夫見之，嘆曰："廟制不備，何以妥神祇，肅瞻仰乎？況此地昔年文事之盛，結社是中者或至登巍科，入直承明，列郎署，出備牧守者，往往有之，奈何聽其蕪穢也！"乃約諸耆老為會，鳩工庀材，建門三間，左右廊廡，以及榱桷欞檻之具，靡不森鮮。既成，余復立社，聚里中俊秀而肄業焉。

惟昔睢陽盛時，衣冠文物甲於兩河，弦誦之聲相聞。北城則有若二程書院、孟子在宋書院，然皆在水中央，非扁舟不能至。又南城路遠，故士子多就所近寺廟為敬業樂羣之地。而搢紳先生亦樂獎借後進，嘉與有成。後進循循雅飭，守約束惟謹，無敢有喧嘩自外聲教者。若斯廟社事，尤其最盛者。今天下脫離兵革，士子修復故業。書院之在北城者盡付波濤，讀書會友者悵悵無所歸。今茲廟既興，借此課文講學，庶幾復見昔日之盛乎！余既立文會於此，能文之士來者日眾，喜先大夫之志有成也。於是乎記。

康熙。

（文見《湯子遺書》卷三。馬懷雲）

前兵部尚書湛虛張公墓誌銘

湯斌

皇清順治十有三年四月初三日，前明兵部尚書、磁州張公卒於家。是年八月，葬於槐樹村之阡，少保劉公誌其墓矣。至康熙十八年，其子貢士沖等改葬於南城村先塋之次，遵治命也。公之孫，翰林編修榕端，持其父故庶常君溍所作狀，及沖敘改葬事始末來請銘。余與庶常君同舉進士，嘗以年家子謁公里第，接其狀貌，偉然巨公長者也。庶常君刻公遺集四十卷成，遣使渡河授余校正，且屬為序。余末學耷陋，逡巡不敢操筆者十年矣。反復熟讀，自謂知公生平大畧，乃不敢辭。

公諱鏡心，字孝仲，號湛虛，晚號晦臣。先世襄垣人，後遷磁。考諱仁聲，封通議大夫、兵部右侍郎。妣許氏，封淑人。

公天啟二年進士，知蕭縣，調定遠，再調泰興，以治行高等擢禮科給事中，掌大計。進太常寺少卿，遷大理，調南光祿寺卿。擢兵部右侍郎兼都察院右副都御史，總督兩廣軍務。召入，為兵部左侍郎，以薊遼總督張福臻未至，命公代之，加兵部尚書。俄福臻至，公議別用。旋丁母憂。弘光立，詹事漳浦黃公薦公老臣，宜大用。時馬士英、阮大鋮用事，黃公不能安其位，公因避去。國朝定鼎，大臣推薦章數上，以丁父憂固謝，守制遂終不起。

公負經世大畧。其令泰興也，歲饑，代民完漕糧四千石，全活數千家。為給事，當莊烈愍皇帝時，內外交訌，軍國積弊，臣下錮習不可究詰。而天子求治過急，政尚操切。僉人窺伺意旨，附會以作威福。而正人旅進旅退，不能盡其謀國之忠。公首陳七要，繼陳十二事，大約請上靜正自治，推誠馭下。尤當愛惜人才，勿以一眚輒棄。更欲臣下破除偏黨，公忠廉直，佐成蕩平之治。慎刑罰，抑躁競，嚴保舉，以課成效，行蠲恤以收人心。練兵核餉，委任樞輔。侃侃萬言，皆切中時宜。當國者撫卷歎息，至擬之魏徵"十漸"也。畿甸失事，上震怒不測。公語政府曰："主上嚴則宜佐之以寬，臣下玩則宜防之以禮。邊境不戒，過在將領。文法交訌，大獄繁興，至使八座一空，衣冠囚首，猶得謂國有人乎？"政府雖不能用，時論韙之。

會大風雨雹，上書言："春秋僖公二十九年雨雹，傳言為公子遂，昭公四年雨雹，傳言為季氏。今日必有大臣擅權，以干天怒者。"嚴旨詰責，而公遂劾總制劉策、巡撫王從義、大帥侯世祿逗遛縱兵狀。更論吏部尚書王永光推薦高捷、史䇒為背公貪緣。指斥尤切，未嘗以利害禍福自紲也。

掌大計時，閣臣溫體仁有所屬意。公陽為不喻，曰："吾不能為執政報私怨。"以此忤閣臣意。賴公素持正，為上所信，不能間也。禮部議舉謚典，訪冊至七百人。公上言："謚法寧嚴勿濫，因列陶安、方孝孺、鐵鉉、李已等數人，上嘉納。又請出御史吳阿衡於獄，舉范景文知兵。未幾，范公以閣臣殉國，而吳公亦以薊遼死事，世益稱公為知人。

其總督兩廣也，濱海數郡為島裔窺伺，蜑戶豪姓與之交通。公既嚴奸宄之禁，設柘林、黑石、虎門之防，發材官受賕之罪，誅連州妖賊，及思明部民之戕土官者。規畫畧定，無何，楚寇圍韶，兩粵騷然，公遣將却之。寇據郴、桂之間，高獠、紫獠二源，其窟穴也。自嘉靖以來，梗化且百年；公以為非大創不可，奏請合沅、贛兩撫會剿。上以賊實在楚，客兵功當倍論。公聞命誓師，購猺獞〔瑤僮〕，遠偵探，嚴壁壘，蒐討軍實久之，沅、贛兵始集。公命粵兵批堅深入，斬馘千計。下令乘勝直擣二源，諸將難之。公曰："諸君不見漁獵者乎？池魚阱獸，一舉可盡也。楚寇即粵寇，何疆域之足云？"分兵一自連州入，一自藍山入，扼其咽喉。主簿洞最稱險峻，叱令捲甲疾趨，一戰而得之。憑高俯擊，高獠遂破。復依山縱火，分翼夾攻，紫源亦定。是役也，破峒源三十有六，俘斬三千，釋其脅從，流亡來歸。雖號為三省犄角，而先登奪隘，粵功實最。時武陵筦樞曲庇楚撫，公僅賜級賚金幣而已。科道交章言功高賞薄，使客兵倍論之，旨不信。公曰："我知平賊耳，他何敢問？"

安南黎莫搆兵，公上言："帝王詳內畧外，當慎守關隘，兩存而弱之。"廣西巡撫林贄請存莫圖黎，已有旨報可。公謂制外之道，宜彰大信。黎入貢而絕之，非所以懷遠人也。因輯《馭交紀》二十二卷以進，天子以為然，勑公便宜從事，卒如公言而定。至於平盤古十八峒之寇，與崖州、英乳建署、設防、立學、置師，使黎人子弟皆通《孝經》，從來所未有也。

公為政博大而精詳。在粵五年，恩威並用，智勇兼施。凡所以為地方經久計者，無不盡其力。後之人守其成畫，不敢變也。而張弛緩急之宜，卒莫及焉。公平生篤於友誼。漳浦黃公建言，予杖下詔獄，知交不敢通問，公獨以三百金遺其子供獄中晨夕。黃公寄詩謝，有云："患難勞相恤，妻孥感至誠。誰期今世界，更作古人情。"甲申以後殉國諸臣，多生平故交。感舊懷忠，作前後《九哀詩》弔之。辭旨激烈，論者謂與謝翱楚歌相上下也。

晚年閉戶註《易》，究極性命之旨，與孫鐘元先生往復商榷，逍遙泉石，自稱云隱居士。元老名臣，遭遇鼎革，完節令終，皭然不滓，可謂難也已。公生萬曆十八年正月十九日，距卒享年六十有七。元配秦氏，累贈淑人。機杼佐讀，恭儉有禮。公未第時卒，年三十有一。繼配李氏，累封淑人。隨任兩廣，不市一珠，公之清德相成為多。先公一年卒，年五十有五。子六：沅，官生；溯，歲貢生，秦淑人出；潛，壬辰進士，內翰林弘文院庶吉士，贈文林郎、翰林院編修；衍，廩生；沖，副榜貢生，李淑人出；瀞，貢監生，側室汪氏出。女一，適貢監生李轄，李淑人出。孫男十三：槐韓，廩生，沅子；楓益、榆漢，溯子；榕端，丙辰進士，翰林院編修；椰璟、橘恒，俱庠生，潛子；楠蓮，衍子，樟莒、樾康，沖子；柚云，瀞子。余尚幼。曾孫丙謙，庠生。四世孫一賜講。銘曰：

行山鬱峙，漳水迴瀾。篤生偉人，國之屏翰。侃侃遺直，梧掖垂紳。風標嶽立，威鳳祥麟。臨軒授鉞，百粵蠻方。甲兵胸貯，嶺霧開張。薄伐楚寇，鉦鼓鼞鼞。緩帶輕裘，克奏膚功。日南波靜，蜑戶春耕。何不中原，滅彼攙槍。蹇蹇勞臣，鬢髮如雪。入佐中樞，朱弓玉節。晚年高臥，夢寐羲皇。象賢接武，奎壁烺烺。歸哉高原，松楸蒼蒼。銘石不泐，奕葉其昌。

康熙十八年。

（文見《湯子遺書》卷六。馬懷雲）

砥園施先生墓誌銘

湯斌

　　余同年友施君閏章，字尚白，文章行誼高天下。然少孤，叔父砥園先生養且教之。尚白歷宦中外，所至著聲績，嘗語人曰："此叔父之訓也。"以此海內士大夫無不知砥園先生之賢。余昔家居時，尚白自京師南歸，枉道視余。余欲少留為一日歡不可得，曰："夜夢叔父，為之心動。"歸家十年不復出。戊午，應召入都，與余數相過從，語次輒忽忽不樂，曰："余叔父年七十餘矣，疾病侵尋，常慮一旦不得奉終事也。"輒泫然淚下。無何，訃至，尚白方奉脩史之命，不得歸，號泣不能自止。既乃署次行事，隨書隨泣，以至於病。扶掖至余寓，再拜請余銘其幽宮之石。尚白交遊中操文章之柄者指不勝屈，而獨以見屬余，何敢辭？乃為序而銘之。按狀：

　　公諱譽，字次仲，砥園，其號也。世籍宣城。曾祖諱志和，祖諱尹政，並有隱德。考諱弘猷，以理學著世，所稱中明先生者也。中明先生二子：長贈朝議大夫，諱某。次即先生。贈公學行純備，兄弟友愛最篤。贈公歿，先生喪祭盡禮，事母吳太孺人以孝聞。性亢爽，多智畧，為文敏贍，下筆滔滔數千言。用七藝受知督學御史，補郡諸生。每試輒甲等，而數困於秋闈。崇禎庚午已中榖矣。坐一語見擯，時論惜之。好為詩，不尚雕飾。而嶔崎歷落，風格在孟東野、張文昌之間。都御史念臺劉公為序之，且曰："次仲言有本而行有式，非以詩炫者也，而詩固已不朽矣。"其見稱於先達如此。

　　中明先生當明神宗時，與焦文端、鄒忠介諸公講學東南。其時，龍溪、盱江之學方盛，學者率以超悟為宗。乃獨憂其流弊，立說主躬行，不為過高虛無之論。至其真誠惻怛，視萬物為一體，則與盱江有相默契者。郡有同仁館、雲山書院，皆其講學處也。先生於兵亂後修復舊規，偕諸生習禮其中，時時稱引先訓，曰："先君子以躬為教，吾不能及萬一，然願與同人勉之。與人交，洞見底裏。聞人一善，喜若己出。至其所不可，正色譙讓，雖豪右貴人無所鯁避。歲饑，節粟以贍族人。率舉家啜粥，十旬無倦色。助婚喪，置槥櫝，殯葬亡友之無後者。與人通有無，不責償。固其天性近厚，或亦本中明先生之教而力行之者與！尚白初登第時，有於祖墳後開穴欲壞其龍脈者，鄉黨皆為不平。先生曰："渠自喪心耳。吾家世有陰德，寧盡賴風水耶？"竟置不問。海寇陷京口，入寧國，鄉里亡籍子欲因以為利，聲言施提學叔厚積，可令出餉，禍幾不測。蓋是時，尚白督山東學政云。會賊敗去，其人惴惴懼報復，先生曰："此輩足相校耶！"終無一言。此二事宣城人人能道之，以為尤人所難也。

　　尚白幼羸疾，先生嘗手抱之驢背以就醫，行十餘里，涕淚霑衣。在官時，慮其善病好苦吟，嘗望其來歸，為構待歸之閣，作倚門之詩。尚白每言及此，淚涔涔不能止也。

所著詩二卷，尚白刻之京師。公生明萬曆壬寅五月二十六日，卒於皇清康熙己未正月四日，享年七十有八。配馮氏，子三：閏嚴，郡庠生，馮氏出；閏阮，邑庠生，側室陳氏出；閏毓，側室韓氏出。以某年月日葬於雙溪之阡。銘曰：

宛水如虹山如帶，風土清淳瀦發大。世有哲人德未艾，紹先起後惟君在。惠及閭黨存遺愛，講堂復起儒行賴。猶子文章擅昭代，白虎譚經家學邁。有崇者丘雙流會，松柏丸丸過者拜，越惟奕葉長無害。

康熙十八年。

（文見《湯子遺書》卷六。馬懷雲）

奉訓大夫雲南楚雄府通判袁公賦誠墓誌銘

田蘭芳

公姓袁氏，諱賦誠，字與參，世睢陽衛百戶。祖可立，前萬曆己丑進士，歷官兵部尚書。父樞，以戶部正郎權滸關，僉謂才可禦亂，特授本省布政司參政，分守大梁道。母任淑人。公生有異徵。十三，烏程潘昭度校士歸德，愛公文，拔置膠庠。十四，賓興于鄉。十八，饌于三十人。壬午，州陷于寇，時公年二十六，隨父于蘇。踰明年為甲申，貢于廷。乙酉，考授融縣知縣，未任，豫王下金陵，改任教諭。

丁外艱，扶櫬還里。戊子，服闋。己丑，補碻山教諭。亂後邑無絃誦聲，公至出己貲葺學舍，日夕與諸生講貫其中，文學由是興起。

甲午，陞山西沁源縣知縣。縣在萬山中，田瘠不可耕，濱于沁者尤善潰，戶多流亡，於是，積逋莫辦。公為招輯流移，使復其所。更請丈踏久荒田地，除其虛額，歲減無慮二千金，窮民為之少蘇。縣境北際界平，兩山對峙，疊嶂複崖，莽為盜藪，土人李虎等潛踞其中，時出侵掠。公密請巡撫奏發太原滿兵，公為之導，入東山鷴窩溝追剿四十餘日。數十年地方隱憂一朝蕩定，公之力也。己亥，奉命變賣王產。初，兩山流移與土著爭田不勝，遂獻之晉王，而歲輸其租，名雖王產，實與各藩自置有殊。公歷陳開荒投獻之由，且言兩山用兵之後，村落成墟，雖西山有數家存，皆朝不保夕，無力承買，急之恐生他變。屢請，必報罷而後已，沁民尤以為德。公在沁七年，一切服食器用，供應大兵，代完逋賦，皆取給於家，先業幾為之盡。

庚子，陞廣西新甯州知州。當孫、李焚掠之餘，城中止存衙舍，終日行不見一人，虎豹蟲蛇雜居之。公嘗有詩曰："牆頭虎過風腥入，屋裏蛇行穴亂穿。"蓋可想其荒寂之槩矣。

未幾，以給由單過限，降一級去。辛亥，補雲南楚雄府通判。雲南距家萬里，然郡土平曠，士人多知讀書，公顧而樂之。久之，署定邊事。縣賦不滿千，訟者稀少。猓猓則冬夏披羊皮耕田，語言雖不相通，而畏官懼刑，有太古風，公尤為與己相宜。

甫代還，承檄入覲。至都，而吳逆之變作，吏部講雲、貴觀員改補，奉旨在京支俸，俟蕩平復任。四月，雲貴總督請滇、黔朝觀官俱赴荊州軍前，所開地方擇便隨宜委用。乙卯赴荊。是歲，以隨荊員多，題請別補，于是，又自荊赴部投牒，歸而待次于家。久之卒，康熙庚申六月十九日戌時也。

初娶李氏，貴州都勻府知府夢星公女；次安，次劉。側室康與盧。劉出子二、女三，康氏、盧氏子各一；黽山、遠定；女長適州庠生楊端，次適太學生袁賢，三適壬戌進士兵科掌印給事王紳，皆先公卒。公卒時，止一孫，未久亦殤。今乃以其弟賦諶孫景朱為山後。嗚呼！亦可悲也。公早失恃，事繼母劉淑人如己母，家居之日，每晨盥漱畢，必登堂揖問夜安否，立而待命，命之坐則坐，與之言，愉色承之，語竟揖而退，夕亦如之，終身如一日。視其弟尤友愛。公善奕，未嘗一當弟，或問之，曰："奕有爭道焉。"性惡凌雜，晚年多病，出入愈簡，數月座無一客，以己巳十一月葬祖塋右方。其弟賦諶來請銘，故敘而銘之。銘曰：

腴于家，瘠于官，人以為難，公則安。篤于親，閑于禮，公視若常，人則危。有善宜樂，無兒何悲。人亦有後，家聲用騰。疇昔公降，夢來告淑。儋耳海康，坡遊未足。

（文見錢儀吉《碑傳集》卷九十。馬懷雲）

皇清誥授奉政大夫提督江南通省學政按察司僉事眉叟劉公（士龍）暨元配誥贈宜人劉氏合葬墓誌銘

【蓋文】

皇清誥授奉政大夫提督江南通省學政按察司僉事眉叟劉公元配宜人劉氏合葬之墓

【誌文】

賜進士出身光祿大夫經筵講官禮部尚書加二級纂脩玉牒副總裁前工部尚書都察院左都御史兵部督捕左侍郎管右侍郎事刑工兩部囗右侍郎陝西按察司按察使江西分守南瑞道左參政右春坊右庶子兼內翰林弘文院侍講內翰林國史院編脩庶吉士誥敕撰文甲午科順天鄉試主考甲辰癸丑己未科文殿試讀卷癸丑武殿試讀卷丙辰科會試正主考年家侍生漢陽吳正治撰文。

賜進士及弟通奉大夫日講官起居注禮部侍郎詹事府詹事兼翰林院侍讀學士加一級己未科充武殿試讀卷官前左右少詹事兼翰林院侍講學士加一級國子監祭酒加一級翰林院侍讀纂脩太宗實錄孝經衍義兩賜貂裘綵緞御書藏帖龍飛鳳舞壬子浙江正主考翰林院侍講欽召弘德殿賦詩整飭通薊道分巡大梁道河南等處提刑按察使司副使內翰林國史院編脩加一級囗治年弟沈荃書丹。

賜同進士出身資政大夫刑部尚書前都察院左都御史戶部左侍郎加一級右侍郎屢侍經筵丙辰己未充武殿試讀卷官大理寺卿順天府府尹都察院左僉都御史內陞以正四品頂帶食俸仍留管貴州道監察御史事貴州道監察御史巡視北城癸丑文會試壬子武鄉試監試光祿寺寺丞吏科都給事中刑科左工科右刑科給事中己丑文會試同考官內翰林國史院庶吉士云中年家侍生

魏象樞篆額。

　　天子御極之十有九年，河南眉叟劉公膺簡命視學江南。詔下日，士子咸以手加額，蓋公權關時作興文學，三吳久奉為宗匠故也。不意束裝載道矣，而公忽病，數日竟卒。余聞之，不勝驚悼。走喪次，握孝子手哭極哀。追喪還里，白衣冠出都門送者塞道。越明年，辛酉，葬有期矣。其季子聖統，不遠二千里走京師，携幣與狀，謁余於邸中，曰：先大人歸窆，欲乞一言以光泉壤，惟先生與先大人周旋久，知先大人行事悉，舍先生無可為先大人志者，敢請先生命。言已而泣，余亦淚涔涔下。思余實與公周旋久，知公行事悉，非余實無可為公志者，又安得以不文辭。於是，受狀及幣，援筆而誌之。

　　公諱士龍，字戀鄰，號宓成，眉叟其別號也。其先世為晉之洪洞人，支分兗之單縣，明初遷睢，遂世為睢人。五世有任唐山令者，族始大。六傳及華，有隱德，家世駸盛。華生栢，文名品望，重於一時。柏生三光，即公父也，號文石，崇禎戊辰選貢，以公貴封文林郎、山東東昌府推官，累贈奉政大夫、工部都水清吏司員外郎。娶王氏，即公母也，初贈孺人，累贈太宜人。生子三，公居季。幼穎慧，讀書目數行下。弱冠，補博士弟子員，試輒高等，文名籍甚。居太宜人喪，哀毀骨立，動必循禮。服闋，益肆力於學。時文風競尚奇僻，公獨以清真典雅為宗，自出機柚，風骨遒上，可謂砥柱狂瀾矣。壬午，寇陷睢城，公奉文石公避難河朔。及歸，值高、許相攻，大肆焚掠，公又奉文石公潛居北岡，依依膝下，倍極周旋。追清兵底定中原，公乃得脩復舊業，勵志下帷。戊子，舉於鄉；壬辰，成進士。筮仕山東東昌府推官。兩院交章薦之，遷行人司，陞工部屯田司主事。是時，聞文石公變，擗踊南奔，幾至滅性。居喪三載，動止如制，真無愧先儒禮教也。服闋，補都水司，奉差榷滸墅關。任滿，陞本部員外郎；典試山右，陞禮部主客司郎中。宦跡所至，胥著能聲。其在司李也，雪冤鋤暴，毫無徇假。大案內有情可矜者，公辨其誣，出之。其人泣謝於門者再，公麾之曰：吾執法耳，非私汝也，絕不以為德。所分房取士，皆齊、魯翹楚，後至顯位者若干人。其在行人也，賣天語於粵西，往返經年，倍極艱險。其在工部也，分任開採，晝夜拮据，既不擾地方，而公事克辦。其權關也，裕國通商，綜覈不假，胥吏往來者稱便。暇日集諸生課之，刊其文，顏曰《吳風采略》。其簡拔士登賢書、捷南宮者，科不乏人。其典試山右也，榜發盡知名士，五名內聯翩者三，讀書中祕者一，為他省所無。其在禮部也，敬慎自持，舉無廢事，以餘力校古詩，訂音韻。客有言其過勞者，曰：吾樂此，不為疲也。其留心風雅如此。他如貴後所置產，併入公分。其事兄也恭，迎養嬬妹，撫育孤甥，適館授餐，課其誦讀。其處姻親也義。睢之賦額不均，公力言於當事，分里校勘，奸弊一清。其待桑梓也惠。以故政蹟鄉評，推重一時。夫何督學之命甫下，而公竟騎箕上升，天何奪之速耶？公元配劉氏，文學峻方公女也，初封孺人，累贈宜人，先公十年卒。宜人幼失父母，養於太宜人，與公嬬嫂同起居，《內則》、《閨訓》，循循然，一遵姒命。合巹後，事兩尊人，處兩妯娌，待親族，御僕婢，既敬且和，亦厚而寬。勤事女紅，伴公夜讀，終宵無倦色。姑病，湯藥親嘗，祈以身代。兩居親喪，佐公成禮。當變亂時，躬操井臼，親執炊飪。勸公結賢士，磨勵學業。公貴後，了無驕色，事上御下，敬和寬厚，加於疇昔。且儉約自持，食不兼味，衣必三澣，奉惜福二字若箴銘焉。更難者，與公之諸小星笑語追隨，相得甚歡，撫其子若女不啻己出。後宜人病不起，妾王氏竟以悲慟先隕。其逮下之恩，感人至此。卒時，值公候補都門，聞變南旋，哀悽盡情，常以不得面訣為恨，遂自為宜人作行實哉。宜人淑德最悉，迄今讀之，猶令人增伉儷之重也。按狀：

公生於故明萬曆乙卯年閏八月初二日子時，卒於康熙庚申年五月二十九日卯時，得年六十有六。宜人生於萬曆甲寅年十月初九日子時，卒於康熙庚戌年十一月十六日戌時，得年五十有七。

子八人：聖脉，蚤卒，庠生，娶茂才董公偉女；聖宗，出繼伯父嗣，為兵擄未回；聖統，庠生，娶癸丑科進士工科都給事中張公惟一女；聖翼，附監生，候選州同知，娶己丑科進士韶州府知府趙公霖吉女，繼娶歲進士考城縣學訓導郭公□女；聖基庠生，娶茂才封景寧縣知縣侯公邦宰女，繼娶順天府處士魏公之存女；俱劉宜人出。聖學，庠生，娶刑部福建司郎中宋公犖女，側室姚氏出。聖教，聘茂才呂公慎高女，側室王氏出。聖逢，養子也，武庠生，娶貢士范公駿女，俱卒。

女六：一適歲進士袁公鴻烈男附監生候選州同知鶴年，劉宜人出。一適孝廉蔣公奇猷男監生禹臣；一適鑾儀衛都督僉事戴公天祐男廩生候選都察院經歷純；一許字工部虞衡司郎中宋公炘男超；一幼，未字；俱側室姚氏出。一許字武庠生張公惟勤男錞，側室王氏出。
孫男五人：如璧，庠生，娶庚戌科進士湖廣公安縣知縣楊公春星女，聖脉出。如翰，庠生，娶孝廉徐公九畹女，繼娶儒士李公嗣印女；如璋，庠生，蚤卒，娶丙戌科進士山東萊州府推官袁公天秩孫女、茂才鼎泰女；俱聖統出。如江，聘歲進士江南宜興縣教諭袁公鴻俊孫女、附監生候選縣丞同泰女；如式，聘乙未科進士戶部廣西司員外郎袁公鴻謨孫女、茂才松年女；俱聖翼出。

孫女八：一適茂才封德清縣知縣侯公體巽男監生篤棐，蚤卒；一適孝廉蔣公奇蘊孫、茂才成叵男庠生玥；一適丙戌科進士山東萊州府推官袁公天秩孫、附監生臨泰男庠生珩，蚤卒；一適歲進士江南宜興縣教諭袁公鴻俊孫、附監生復泰男瓊，蚤卒，俱聖脉出。一適陝西伏道縣知縣褚公泰珍孫、茂才樹聲男洵；一幼，未字；俱聖逢出。一幼，未字，聖學出。一幼，未字，聖翼出。曾孫女一，許字歲進士候選知縣王公鐍孫、茂才止水男棟楠，如璧出。凡此皆公之餘蔭也，例得并誌。誌已，繫之以銘。銘曰：

維魂兮遊太空，維魄兮藏幽宮。繫自古其皆然兮，孰與二儀為始終。而襄山之野，睢水之濱，巍然馬鬣，歷百世而不磨者，孰氏之佳城耶？曰河南眉叟劉公。

康熙二十年歲次辛酉季冬朔六日之吉不孝男聖統、聖翼、聖基、聖學、聖教，承重孫如璧泣血納石。

（銘存睢縣文物保護管理所。李秀萍）

重建節烈祠碑記

遼陽人本州知州陳應富

睢州自明季罹河患，一切祠廟之在祀典者皆没。國朝定鼎四十年，次第興復，而節烈祠獨缺。春秋祭祀饗，寄食他所，於禮不稱。且身既以苦節殁，殁而棲神無地，後世何勸焉。余治睢之明年，卜地北門内，建堂三楹，繚以周垣，既成，按籍應祀者四十有七人，其義烈尤著，特祀者三，曰梁孝女、鄭烈婦、湯烈婦。湯祠建於順治辛丑，梁、鄭祠未即建，姑合食於此。嗚呼，此皆求於仁得仁，固不計有祠與否，而守土治民者，將以風勵人倫，使里巷小民感嘆興起，則此祠胡可闕然而已也。今余且去，後之君子有能考據典禮，修舉廢墜，復梁、鄭舊者，余不無厚望也。

康熙二十一年。

（文見乾隆《睢州志》卷九《藝文志》。馬懷雲）

翰林院侍讀愚山施公墓誌銘

湯斌

康熙二十二年閏六月十三日，翰林院侍讀施公卒於京師之寓舍。公知名海内者垂四十年，天下之士或推其文章，或高其行誼，或稱其治術。而余少同舉進士，晚年同事史館，相知尤深。公病，余往視之，握手熟視，曰："平生知我之深，無如子。立言能信於世亦無如子。"因歔欷不能語。既卒，葬且有日，其子彦恪遵遺命，來請銘其墓宫之石。余何敢辭？乃垂涕序而銘之。

公諱閏章，字尚白，號愚山，江南宣城人。大父鴻猷，明萬曆間遊鄒忠介、焦石城兩先生之門，為東南人士所宗。父誉，以公貴贈奉政大夫、山東按察司僉事。叔父譽，余嘗誌其墓，所謂砥園先生者也。兄弟孝友，内外雍穆，江南言家法者推施氏。

公少賦異資，習聞家學，從沈徵君壽民遊。弱冠工制舉業，兼治詩賦古文辭，先達多稱之。順治丙戌舉於鄉，己丑登進士第，授刑部主事。天子大婚禮成，詔赦天下，公奉使廣西，因得徧遊粵西諸山水，著《粵江賦》以見志。既歸，丁祖母艱。服除，補員外郎。引經斷獄，期於明允。有疑獄，反覆推求，常至夜分。曰："如是，則生者死者，可兩無憾也。"諸卿大夫素以公嫻文辭，或不習吏事。至是，藉藉言公可大用矣。

當是時，世祖方興起文學，選尚書郎資望深者，御試高等，乃得補授提學使者。公名居第一，擢提調山東學政、按察司僉事。公既負文名久，士子爭自磨礪，冀得一當公意。而公教士以通經學古為先，論文崇雅黜浮，風氣為之一變。其應御試也，大學士安丘劉公實薦之。後屬其同年孤子，竟以文不入格被黜落。劉公語山東巡撫曰："學臣不受請託，獨施君耳。"公之能舉其職，與劉公之能相與有成也，時人以為兩難。秩滿，遷江西布政司參議，分守湖西道。時軍餉嚴迫，屬邑多逋賦，追呼急，輒相聚為盜。公作《勸民急公歌》，召父老垂涕而諭之。父老見公長者，相率輸租恐後。吉水有巨室，依險自保。邑令乘間執之，以叛聞。公察其偽，諭令輸租而遣之。因遍歷崇山廣谷間，作《彈子嶺大阮》、《嘆竹源阮》諸篇以告。諸長吏讀者為流涕曰："施使君，今之元道州也。"暇日，脩景賢、白鷺洲兩書院，集多士講學其中。或屏車騎，往來金牛、石蓮諸洞，宴遊賦詩。耆舊逸民亦樂就之。昔羅吁江嘗為甯寧守，以和易得民。公大父嘗服膺其教，公之為政亦略相彷彿。而時事之難易有大不同者。無何，以裁併監司歸里。而叔父砥園先生年七十，老矣。公依依左右，有終焉之志。又十年，詔舉博學鴻詞之士。三相國薦其才，召試，授翰林院侍講，纂脩《明史》。公素以文學飭吏治，至是，始得當著作之任。益足發舒，考核同異，辨析疑譌，是非可否，無所回互。而朝士大夫習其姓名，求碑版詩歌者趾錯於戶。四方名士負笈問業無虛日，公一一應之不少倦。平日口期期若不能言，及談及忠孝奇節，輒抵掌奮發，慷慨流涕，不能自已。遇羈人才士，失志無聊，多方為之延譽。死喪困厄，振恤不遺餘力，天下士以是益歸其門。入則盡力編摩，出則應酬賓客。又砥園先生已卒，格於例不能請假。居恒忽忽不樂，而精力亦稍憊矣。

天子知其學行，將用為日講官，司記注矣，惜其老也而止。辛酉，典試中州，稱得人。又二年，進侍讀，充《太宗聖訓》纂修官，益恪恭不敢懈。吾見其貌加衰而不自休息，私憂之。無何，病遂卒。嗟乎，以公之才，使專精史事，久於其職，一代君臣事迹，庶有倫敘。乃事未竣而遽歿，不但平生交遊之情為可慟，而國家失此良史才，為可惜也。悲夫！

公所著書《學餘集》八十卷、《年譜》四卷、《詩話》、《雜著》二卷。歿後，友人檢討高君詠為編輯，藏於家。公生明萬曆四十六年十二月二十一日，距卒得年六十有六。於某年月日葬於宣城某地之原。配梅氏，繼李氏，贈封並宜人。副室蔣氏、徐氏。子二：彥淳，恩貢生；彥恪，郡庠生。孫男女俱三，婚娶皆名族。銘曰：

儉以處身，惠以行仁。志希先民，夐乎絕倫。養其和平，發為菁英。金石喤喤，大放厥聲。敬亭如蓋，宛溪如帶。丸丸松檜，勿翦勿拜。維茲幽堂，哲人之藏。青鳥告祥，奕葉其昌。

康熙二十二年。

（文見《湯子遺書》卷六。馬懷雲）

睢州復建成八蜡祠記

米脂人本州知州馬世英

農，國之大事。天產地出所自本，人為物生所自始。於民，仰藉事俯藉鞠焉。於國，貢賦秩祿，郊廟錫享藉出焉。先生知農之為國大事也。土祭社，穀祭稷矣，而必有祀於蜡也。《禮》曰："蜡之祭也，主先嗇而祭司嗇，祭百種以報嗇也。"饗農及郵表，畷禽獸，仁人至義盡也。古之君子，使之必報之。迎貓為其食田鼠，迎虎為其食田豕，迎而祭之也。祭坊，若水庸事也。曰："土反其宅，水歸其壑，昆蟲毋作，草木歸其澤。"又曰："有祈焉，有報焉，有由辟焉。"蜡，誠為報與由辟，不可廢者也。

　　睢之州，其土惟衍，其民惟農。其樹藝，惟菽麥黍豆之屬。農，國之大事。睢又大事農者也。予每憂其歲比不稔，而農或輟耕以嬉也。又特怪其蜡祠廢而莫為之復也。豈土穀之祭，歲必奉文，而蜡惟舊典，故易忽遺歟。將食神之德，庇神之功，而竟之歟。固神不若淫昏之鬼之足奔走歟！抑亦其長吏未知大農事歟。予久欲復之，而前博士樊君奕文又為說以示，因得其址，除治之。復為屋三楹，翼以垣袤十有一步，廣得袤三之二，人力材值雇給以予俸，已為蜡神主若樊君所稱。事既竣，遂言其如此，冀後之長此者，知茲祠之不容廢，必繼之，以植吾農，而父老子弟亦庶知神之重是農也。既生之，復培護愛養，為匡救其災焉，吏抑不敢忽也。而自力於其畝，無敢或惰，以惰國大事，則家給人足非異數。而予於其時，乃得如古田畯之喜乎！且必書樊君，不敢沒人善也。樊君之善，夫誠不容沒也。是為記。

　　康熙二十二年。

（文見光緒《續修睢州志》卷九《藝文志》。馬懷雲）

奎樓碑記

郡人當陽知縣李遙

　　考《星經》奎四星為璇璣，杓三星為玉衡。無主文之說。《史·天官書》北斗七星，所謂璇璣、玉衡，以齊七政也。奎，北斗第一星也。亦無主文之說。惟《孝經·援神契》曰："奎主文。"奎星屈曲相鉤，似文章之畫。《文星經》云："文昌七星如半月形，似在奎前，是謂天府。"然則奎主文，象形也。文昌又與奎相映，且璇璣美玉也。珠璣錯落，燦然天章已。今大比，貢士五經，首名五魁也。或以象奎為斗之第一星與！然則奎星者，象形也。天苞地符，有是形則有是精，有是精則有是神。光怪陸離，閃閃爍爍，遂若有物焉，以憑之矣。舊奎樓在州治之東數武，為司晨昏者唱籌之署。是奎樓竟鐘鼓矣，神氣不揚，人文衰歇。邇來科名寥寥，幾同晨星。皇帝二十三年，馬公來牧是邦，公髫齡為政，知所先後。下車初，便以敦教化，育人材為首務，且溫文博雅，不事威嚴，簿書之暇，不廢吟咏，讀其與客酬唱什如作賦，果能選勝否，會心不在。有詩無天，然妙句郊寒島瘦所不及已，公其騎奎宿而來者與。爰念州奎樓逼處官衙褻非其地，偕兩廣文與諸紳士議，卜建於學宮之東南隅，面水，楊柳拂岸，藻荇交加，洙泗杏壇，宛然在目。且東，震方；南，離方，雲湧雷奮，炎精景曜與奎宿會，遠睎旁矙，麗日高華，如飛閣凌空，煙霧溟濛，如蜃樓幻海，當夕暉既下，皓魄來臨，虛宇生白，階際成路，光彩上下，明河爛然。宛學水聲，仰見擎天一柱，如浮鰲，如飛鷲，如彩筆瀉天，如瀑布橫流，奎光所射，氣象萬千。登斯樓也，把酒臨風，為公祝曰："異日者，淡墨紅綾，國士昇華，奪席爭錦，文流散彩，咸公力也。公不朽矣。"公曰：唯唯，否否。文運，國運也。今侈言文運者，動曰科第蟬聯，失其本已。先師云："文莫吾猶人也。"躬行君子則吾未之有得建學，所以明倫，奎文星也，與學宮並設，義可知也。吾願睢人士臣與臣言忠，子與子言孝，兄弟有棠華之樂，朋友無谷風之刺，賢才出，國運昌，天下文章，莫大乎是矣。如曰"奎文星主文"，嘗考《輿地志》睢、渙二水，匯流襄邑，紋成五采，其人聰慧，能文章，其天分也。吾烏乎取爾。奎樓成，屬余爲記。余爲嘆美者久之曰："公命意如此乎，與古爲徒成而上比者也。夏蟲不可以語於冰，曲士不可以語於道，衆論卑卑，公深遠矣。敢再拜稽首，為公紀其事，書諸石。"樓建始於康熙之二十三年九月，告成於康熙之二十四年正月，高若干，東西若干，南北若干，費貲若干，府半刺商巖陸公捐金二百，餘皆公貲也。

康熙二十四年正月。

（文見光緒《睢州志》卷九《藝文志》。馬懷雲）

移獄碑記

馬世英

康熙癸亥，予簡知是州。既蒞任，問次第所當行者。吏曰："祀神祇，閱城隍，盤倉庫，省獄禁。"釋菜之際，見泮宮犴狴，混為一區，僅界堵牆。詢厥所由，蓋明末河流陷城，州治學齋胥成蛟窟，而獄亦隨之淪沒。

皇朝聿興，載遷諸局於城南，買民舍而分處之，故不能劃然各別其所也。聞之，隱然於心。夫以聖廟閟閾，而銀鐺提號之聲，日徹於側，大非虔神崇道所宜，雖《詩》言"在泮獻囚"。蓋古人學欲通方明罰敕法，為士者不可置而不講，故在泮獻之，以觀其淑，問之能非。謂牽叢棘徽縲，而雜處夫是中也。且地僅尋丈，聚而繫於一室，鬱穢蒸薰，易成癘疫。間有法不及死，而瘐槁圜土者，尤仁人之所惻然也。於是，謀所以移之，而力不能給。迨乙丑，累年俸入，乃克置買地一方於衙之前，凡若干畝，繚以周垣，別以二廠，隙其地，使訟繫者得以散處。樹以木，使散處者得以庇蔭。復濬井，使汲飲食皆可時得。擇日慮囚而納之其中。以故地盡屬於學，建尊經閣焉。聖域為之始肅，而獄近官署，尤便稽省，誠兩得也。予於是益不敢不兢兢焉。凡入是中者，苟為天討所不赦，則思峻其垣墉，嚴其鐍鑰，時其巡警，使罪人不得以自弛。復念人命至重，凡以輕罪罹獄者，則為之謹寒暑，賜洗沐，通食物，儲藥餌，使得全其生，以受其所應當得之譴，亦可免獄事，不以情之請矣。雖然，此有司職也，《書》不云乎"率乂于民棐彝"，又曰"刑，期于無刑"。後之君子不僅簿書期會之閒，撫事如予焉。則此地將有時而空虛，而其樹且見巢鳥矣。不尤為是邦厚幸哉！謹紀其廢置始末，遷移歲月以待。

康熙二十四年。

（文見光緒《睢州志》卷九《藝文志》。馬懷雲）

重修蘇州府儒學碑記

湯斌

康熙二十三年，歲在甲子。天子以治定功成，行古巡狩之禮。冬十月，車駕至蘇州，詢問民俗，告誡有司。還至曲阜，祭先聖廟，拜獻之儀視前代有加。親灑宸翰，題其廟額，詔天下修葺學宮，頒賜御書，海內蒸蒸，罔不從義。時斌奉命撫吳，祇謁廟學，見殿廡門垣日就頹圮，明倫堂岌岌欲傾，慮無以仰承聖天子興學重道之意。受事方新，未遑興作。明年二月，蠲俸倡始，藩臬庶僚，飭材鳩工，黽勉襄事。宋棟櫨桷，楹礎之殘缺者易之，丹腹髹漆之漫漶者新之，祠齋庖庫之久廢者興之。締構堅貞，典制具備，泮水疏通，遠接太湖。松檜椅桐之屬，種植千本。閱十月而訖工。於是，躬率僚屬，行釋菜禮，定期講學於堂。諸生執經問業，遠近咸集。

又明年三月，斌奉輔導東宮之命。瀕行，進諸生而告之曰：此地自范文正公建學，胡安定立教，於今六百餘年矣。名卿巨儒，項背相望。諸生肄業於斯，其所以紹述先哲，仰答天子作人雅意者果安在乎？國家興治化在正人心，而正人心在崇經術。漢儒專門名家，師說相承。當《詩》、《書》煨燼之余，儀文器數之目，刪定傳授之旨，猶存什一於千百。且其時舉選不以詞章，通經學古之士皆得上聞。朝廷定大議，斷大疑，博士據經以對，故其時士大夫勇於自立，無苟簡之心。孝弟廉讓之行，更衰亂而不變，此重經術之效也。其後虛無寂滅之說盛，聲律駢儷之習工，而經學荒矣。宋濂、洛、關、閩諸大儒出，闡天人性道之源流，故天下知性不外乎仁義禮智，而虛無寂滅，非性也；道不外乎人倫日用，而功利詞章，非道也。所謂得六經之精微，而繼孔孟之絕學，又豈漢以後諸儒所可及歟！

《宋史》道學、儒林釐為二傳。蓋以周、程、張、朱繼往開來，其師友淵源不可與諸儒等耳，而道學經學自此分矣。夫所謂道學者，《六經》、《四書》之旨體驗於心，躬行而有得之謂也，非經書之外，更有不傳之道學也。故離經書而言道，此異端之所謂道也；外身心而言經，此俗儒之所謂經也。宗洙泗而禰洛、閩，人心之所以正也；家柱史而戶天竺，世道之所以衰也。今聖朝尊禮先聖，表章正學，士子宜知所趨向矣。吾恐朝廷以實求而士子終以名應也，苟無騖乎其名而致力於其實，則亦曰躬行而已矣。故學者必先明義利之界，謹誠偽之關，則富貴貧賤之非道不處不去，必劃然也。造次顛沛，生死禍福之間，不可移易者必確然也。毋為枉尺直尋之事，毋作捷徑苟得之謀，寧拙毋巧，寧朴毋華，寧方毋圓，戒懼慎獨之功無時可間，子臣弟友之職不敢不勉。不愧於大廷，亦不愧於屋漏。如此則發為議論，自能息邪距詖，而鄉愿楊墨之教不得騁也；出為政事，自能尊王黜霸，而管、商、申、韓之政不得施也。其斯為真經學，其斯為真道學也已。否則，剽竊浮華，苟為嘩世取寵之具，講論踐履，析為二事，即誦說先儒，世道亦何賴乎？當文正公時，《中庸》猶雜《戴記》中，公獨舉以示橫渠，則公之深於經學可知矣。安定之教以經義為本，當時太學取以為法，宋世人才之盛實基於此。諸生為鄉邦後進，來遊來觀，其亦有所興起乎？蘇郡人文，實四方所則傚也。所以佐成聖朝之治化者，余實有厚望焉。諸生請書其言為記。斯役也，江蘇布政使章欽文、蘇松督糧道副使劉鼎、蘇州知府胡世威，或總理工費，或分司督察，而心計指授，巨細不遺者，鼎之力為多。司學事者，教授吳世恒、訓導張傑也。例得並書。

康熙二十四年。

（文見《湯子遺書》卷三。馬懷雲）

慶都縣堯母陵廟碑記

湯斌

堯母陵在慶都縣城東門內，封之盈丈，陵之前有廟焉。慶都於漢為望都。張宴曰："堯山在北，慶都山在南，登堯山見都山，故以為名。迨金、元乃更今名。"考秦始皇七年，攻龍孤慶都，還兵攻汲，則其名邑古矣。堯母陳鋒氏，或曰陳酆，或曰陳隆，為帝嚳第三妃。見於《史記》，見於《世本》，見於大戴氏《禮記》。堯以唐侯升為天子，始封於唐。皇甫謐謂中山，唐縣是也。故山曰堯山，水曰唐水，城曰唐城，池曰唐池。謐又言："望都山，堯母慶都之所居。"邑既有堯祠，思堯之德，畏其神，追祀其母，固其宜爾。歐陽修以《史記》、《地志》諸書無堯母葬處，得漢建寧五年成陽靈臺碑文曰："慶都仙沒，蓋葬於茲，欲人莫知，名曰靈臺。上立黃屋，堯所奉祀。"遂定堯母葬處在成陽。而郭緣生《述征記》有云："成陽縣東南有堯母慶都墓，上有祠廟。"酈道元注《水經》亦云："成陽城西二里，有堯母慶都陵。"審是則堯母之葬在濟陰可據矣。雖然，成陽之碑稱"蓋葬於茲"，"蓋"也者，未敢信之辭。堯既封於唐矣，母之終安知不於唐，葬之故土而妥其魂魄焉，此亦事理之可信者也！廟凡三楹，列以兩廡。康熙二十四年秋天，久雨廟圮，水穿陵露穴。知縣事錦州蔣侯國楨出俸錢治之，以磚築陵之四旁，外設重垣，塗飾廟貌，建坊於前，題曰："堯母陵"。余自江南奉召入都，過之，請余為文，勒之石。余按帝嚳妃十人，堯母之外，其著者有邰氏，有娀氏。《詩》言"赫赫姜嫄，有娀方將"是已。娵訾氏常儀生摯，鄒屠氏生八英，羲和生晏龍。當時卜其四子，皆有天下。而有邰生棄，則云履大神跡；有娀生卨，則云鳦遺卵吞之，其事甚怪。或以為釋經之誤。至於堯母，更謂其觀於三河，感赤龍而生堯，何其誕也。以堯之神聖，則其母之遺蹟固不可以不治也。因侯之請，述所聞於古者，兼為神弦詩，俾侯歲時授工歌焉。辭曰：

帝高辛兮十其妃，伊堯母兮降斗維。歲閼逢兮涒灘，丹陵側兮三河干。震夙兮生子，望舒盈兮十四。析土兮陶唐，望都山兮母之鄉。千秋兮萬歲，思帝懷兮罔替，列俎兮執籩，薦馨香兮母前。靈之來兮繽紛，覆輪囷兮黃雲。靈之逝兮婀娜，從彤車兮駕白馬。覡舞兮巫歌，會鼓兮傳芭。陵不崩兮廟不改，邦人祀事兮永久！

康熙二十四年。

（文見《湯子遺書》卷三。馬懷雲）

封文林郎翰林院庶吉士余君墓誌銘

湯斌

　　浙有隱君子余君爾章，以仲子翰林院庶吉士泰來遇覃恩，得封如其官。今仲子拜監察御史，而君以老疾卒於家。訃至，御史擗踴長號，勺水不入口者三日。京師士大夫聞之走相弔。越七日，御史徒跣至予邸舍，長跪號曰："不孝泰來孤矣！方不孝需次里門，依依膝下。更寒暑，先君子趣裝就道，誠以服官圖報稱。不孝奉命行，先君子方健飯亡恙也。抵京除目且下，聞先君子病，則擬請急歸省。無何，而凶問奄至矣。痛哉！今不孝奔喪，將卜葬，惟是幽宮之石，敢徼惠於大君子而賜之銘，不孝死且不朽。"予愴然歔欷久之。蓋人子之善，譬諸醴泉芝草，其來有自。觀御史平日行已，與今居喪盡禮如此，即君之生平可知矣。故不敢以不文辭。據狀：

　　余氏為宋丞相忠肅公端禮之後。其居東浦村，自提舉良齋公始。良齋生某，某生某，某生立政，代有隱德。立政，字華南，君之父也。君諱維，字爾章，事父以孝聞。少時讀書有大志，治《毛詩》有聲里中。所著詩、古文，暨注解《毛詩》，里人傳誦之。然數奇，會厥考下世，遂絕意仕進。而喪葬祭祀，悉稟朱文公家禮，盡誠備物，皆可為鄉里法。事母趙孺人，先意承志得其歡，更置產以贍舅氏。念祖若考單傳再世，遇再從兄弟殊厚也。東浦，余故著姓，而產業薄厚嘗不齊。其貧而租賦殿者，櫬久淹者，婚嫁乏具者，咸仰給君所，往往霑足焉，而自處常節縮，甘菲薄，飯糲茹蔬，布衣芒屩，有委巷中人所難者。會歲荒，則傾囷粟設糜粥於路，以哺饑人。又嘗憐窶人子久負不能償，輒為焚其券。諸凡橋道修築，率捐貲為里人倡，里人以是稱余君長者。即暴客兇人過門，搖手戒勿入。而豪少年忿爭詬誶，望見閭閈，輒愧悔去。當是時，論者比之陳太丘、王彥方矣。

　　君蚤歲舉子泰徵，督課良苦，曰："服田力穡，乃亦有秋。家世咿唔，鉛槧兒其為畬畲乎？"泰徵貢入成均久未第。而晚年見仲子鵲起，弱冠舉於鄉，以禮闈第三人成進士，讀書中秘。當是時，北望京華，意陶陶自適也。然慮仲子年方少，數遺書訓誡維謹。聞仲子欲省覲，輒舉柳宗元"思報國恩，唯有文章"語，馳止之。比仲子聽除臺諫里居也，不以晨昏色養為喜，而時時稱漢汲黯、唐陸贄立朝大節，以勉其樹立於當世。

　　噫！續學砥行，厚積而薄發，要以忠孝仁讓之澤保艾，爾後其亦可謂賢也已。東浦余氏既單傳兩世，至君乃有賢子二人。孫曾男女，蟄蟄繩繩，且數十人未有艾。《易》曰："積善余慶"，有以也夫。君生於明萬曆己酉十二月十四日，卒於皇清康熙二十五年丙寅九月初六日，享年七十有八。配丁氏，封孺人。子男某。以某年月日葬於山陰縣麥塢山之原。銘曰：

　　山蒼蒼兮厚以矗也，水泱泱兮清以曲也。沒藏於斯兮生所卜也，宜爾子孫兮荷天祿也。

億萬斯年眂厥辭兮，尚知生平之行篤也。

康熙二十五年。

（文見《湯子遺書》卷七。馬懷雲）

巡撫江寧等處都察院右副都御史陞任禮部尚書掌管詹事府事
睢州湯公祠碑

古者純臣肇運而興，入則備啟沃之資，出則膺保釐之任，蓋由德粹學醇，設誠於內而致行之。是以風聲所屆，涵濡鼓動。初不自知，而孚於人者至速，垂於世者至久。《詩》、《書》所稱君陳畢公之命，一則曰"至治馨香，感於神明"；一則曰"道洽政治，澤潤生民"。烝民江漢，並頌山甫。穆公所以式古訓，矢文德之盛，有非漢唐以還，循循效能，宣力之臣，得以窺見本原者。若宋之濂溪、明道兩夫子，負王佐才而無由展其宏猷懋理，豈非天人交待之會，間世一覯者歟！

維大中丞睢州湯公，始以文學侍從之選揚歷屏藩，既而退身講學者有年，遲久乃徵史局，參講幄。上知其清望特著也，一旦畀以巡撫江南之命。當是時，吏道混淆，官常頹敝，江南為甚。公受事，躬行廉潔，倡率其屬，蕭然憲署，茹粗服素。日進藩臬郡邑諸吏，告以絕饋遺，飭行檢。初或革面，終亦革心。境內喁喁，賦平訟簡。公以吳中風俗奢侈，教化蕩誇，於是，繩奸民，除蠹胥，戢暴卒，禁婦女之游冶，息優伶之倡狂。山塘簫鼓不聞，市井樗蒲頓歇。申飭所司，敦行鄉約，廣置義塾。又召耆儒課髦士，月旦躬詣學宮，親講《孝經》、《小學》，一時環堵而觀者黃童白叟，皆欣欣動色，而告曰："此三代禮樂氣象，不圖復見於今日也。"卒毀上方淫祠，投畀水火。聞者氣懾，而公聲色不動。令出必行，眾益大服。信非慎獨工夫極至，何以臻此？淮揚瀨河，橫流潰溢，蘇松歲祲，賦役由困。公則焦心勞思，請緩徵，請蠲貸，請發賑，連章入奏，情詞激楚，聲淚迸吞。絕不顧惜一身利害焉。故民間見公一令，則交口傳播；讀公一疏，則聚首咨嗟也。

公來自康熙甲子秋九月，恭遇上始南巡，奉有"敦本尚實，使民還淳返樸"之諭。撫治未幾，政教大洽。吳中舊習，丞丞丕變。丙寅春三月，遂以輔導東宮晉秩內擢。士民哀號，填闠塞路。公為慰勸諄篤，乃得出境以行。始公禁民間稱頌功德，無得例興生祠。及公既去，士民追思不能自已，議者以蘇州府學公蒞止宣化地也，就是庀材鳩工，以尸以祝，踴躍趨事，不日落成。而公驟薨於位，遠近會哭凡數千人。曾有傳言，當軸媒孽致公（能）尬者，指斥詬厲，同聲洩憤。仰賴上恩優恤，特曰"廉以自守"，禮遇由是始終。而是祠為萃渙合離之所，視夫貢諛獻諂，漫興土木者不可同日而語。僉曰："非公無以為學宮禮典之光，非學宮無以為明德之寄。"誠信然也。自公之薨以迄今，凡我鄉人歲時走謁祠下者，焚香雪涕，必曰："吾輩薄祜，弗得久被公之政教而沐浴膏澤於無窮。"嗚呼，公以潛修實踐之素，及諸出治臨民，居高作倡，坦然無欲，而非飾節以炫名；毅然有為，而非市恩以邀譽。此真儒體用，迴絕夫權謀功利之為。則其至誠動物，有不可強而致者矣。

今年郡侯賈君素庵下車伊始，治行循良，捐俸以葺公祠。而向者尚未徵詞勒石，定求曾侍公几席，竊附於泛埽趨蹌之列，故不得以蕪陋辭。謹揭公撫吳政績之大者書之，用以昭示久遠，謂與古之純臣德盛化神之所感合軌同符，固非阿私所好也。後之繼公而起者，有能考其遺書，述其舊績，安見遺愛不可復作也與！係以書曰：

翼翼孔廟，我公侑之。自春徂秋，實俎豆之。丕顯儒術，濟我烝民。期月而可，我道一伸。自公云徂，云迷霧霜。甘棠致思，芃黍餘頌。疇其嗣者，儀型在茲。清風亮節，庶幾企而。噫嘻！我公神其歸來，生則既榮，歿則孔哀。民有遺直，職是可驗。曷其膴仕，淪胥俗染。敬作此詩，用告廟工。昭哉奕世，瞻仰維崇。

賜進士及第翰林院侍講日講官起居注郡人受業彭定求頓首拜撰。

（文見《湯子遺書》卷六。馬懷雲）

湯公墓誌銘

康熙二十六年冬十月十一日，工部尚書睢州湯公斌薨於位，年六十有一。

公之病也，上遣御醫診視。及薨，又遣滿漢學士渾酪奠公柩，命其孤馳驛護公喪歸，詔予祭葬如故事。訃聞於吳，先是公嘗駐節吳中，去逾年，而吳人追思不忘，為公建生祠於學宮。至是，會哭祠下者數千百人，悉號慟失聲。有識謂數百年來自周文襄、王端毅兩公而外，巡撫未有如公者也。而前公巡撫江南者方柄用，勢燄張甚，忌公聲望出己上，又嘗以事徵賄巨萬於吳有司。有司議率民財以應，公禁不許，遂銜公刺骨。公既去吳還朝，上眷注益厚。忌者日夜用蜚語，讒公於上前，必欲擠諸死地。賴上神聖，稔知公無他。公故得保功名以終。迨公捐館舍未逾月，而忌者事敗，踉蹌出都門，凡都人士訖吳中父老子弟，咸指斥夫已氏姓名，戟手相詬詈，以其媒蠍公故也。由是朝野公論始大白，而公之志不獲伸於地上，庶幾其伸於地下矣。越明年，諸孤將卜葬州東南黃岡之阡，先期遣使以書及行狀來請銘。琬嘗與公同為史官，又辱知交最深，乃核其世次官閥事行之實，序而銘之。

謹按：公字孔伯，別自號荊峴，晚又號潛菴。先世由滁州之來安，以軍功為金川門世襲百戶，其後調睢陽衛，遂家於睢。後又以功世襲指揮僉事，五傳至明威將軍、岷州衛守備諱易者，公高祖也。曾祖趙城縣縣丞諱希范。祖，州學生諱敏。考，州學生諱祖契，以公貤封中憲大夫、陝西按察司副使。妣，趙恭人，李自成之亂，恭人被執，罵賊不屈死，琬嘗文其祠堂之碑。繼母軒太恭人。

公少不好弄，稍長，益以學自奮，於書無所不讀，而尤好習宋諸大儒書。年甫踰冠，舉順治戊子科鄉試。明年，會試中式。越三年，成進士，改弘文院庶吉士，授國史院檢討。時方議脩《明史》，公疏言："《宋史》脩於元至正，而不諱文天祥、謝枋得之忠；《元史》

脩於明洪武，而亦並列丁好禮、布延布哈之義。陛下應天順人，而元、二年間前明諸臣猶有未達天心，抗節以死者，似不可槩以叛書。乞頒寬宥之詔，俾史官得免瞻顧，則諸臣幸甚。"政府見公疏不悅，世祖召至南苑，慰勞再四，於是，聲譽大著。居無何，詔選翰林官任監司，俾習知民事以需大用。公與在選中，出為潼關道副使。於是，中原初定，王師方下滇、蜀，關中當用兵孔道，征調往還者旁午，頗驕橫不戢，民間苦之。加以差徭煩重，相率竄走山谷。公戒屬吏："毋科取民財，毋妄用驛夫，兵來吾自應之。"已而，駕馭有法，來者悉奉約束惟謹。不三年，流民歸復業者踰數千戶。關中多盜，公嚴行保甲法，量地遠近，俾民間各設鉦鼓炮石。盜至，即以次傳警，頃刻數百里。近者赴救，遠者各扼要地，盜故不敢發，發亦輒得。所屬遂大治。

陞嶺北道參政。公治所在贛，贛四省上游，地穿山深箐大，盜窟穴其間，時時出肆焚劫。值海寇犯江寧，贛人騷然，各洶洶思亂。公密陳方畧於上官，擒盜魁一人，誅海上諜者一人，及城中姦民與盜通謀者又一人，而貰其餘黨，贛人以靖。上官方倚公如左右手。而公念其父中憲公，竟乞假歸矣。自是里居將二十年，性故廉介，補衣素食，怡然自適。官吏不知公者，或相陵侮，亦置不校也。中憲公服闋，聞孫鐘元先生講學蘇門，貲驢往受業門下。每質所疑，先生亟稱之。歸而所得益邃，所行亦益力，屹然推中原巨儒。

舉朝賢士大夫交口稱說，以薦舉復起。御試甲等，補翰林院侍講。與琬輩同入史館，充日講起居注官，尋轉侍讀。出典浙江鄉試，還充《明史》總裁官。既又直經筵，纂脩兩朝聖訓。公在上前，進退翔雅，敷陳詳盡，深契上意，超擢內閣學士，兼禮部侍郎。遂以右副都御史巡撫江南。陛辭之日，賜鞍馬、彩緞、白金五百兩，繼賜御書三軸，諭曰："展此如見朕也。"其眷注多類此。

江南故習豪侈，而吳中尤甚。服食玩好多不節，又喜蒲博諸戲，歲時婦女爭炫粧冶服，嬉遊山水間以為常。而市井無藉子率尚拳勇，用鬬毆恐傷民財。事急，即恃勢豪為囊橐，不可究詰其尤。無良者則囂身旗下，借以脩故釁。公悉禁止不少貸。素多淫祠事，楞伽山五通神尤嚴，甚寒劇暑，載鼓吹牲帛，往賽禱者駱驛相繼。奸巫淫尼闌入人閨閣，競相煽惑，吳人以是益困。公廉得其狀，躬至五通祠，取土偶投諸湖中。衆始大駭，久而又大悅服。

為政簡靜，然下令期於必行。貪吏蠹胥悉搖手屏足，相戒不敢犯。

重脩泰伯祠，朔望必往躬謁。又謁范文正公及周忠介公祠以為衆勸。數親詣學宮，命諸生講《孝經》，俾幼穉悉得列坐以聽。拊循細民，若惟恐傷之者。吳俗自是大變，雖窮村僻壤，莫不感頌其政。里巷因公之姓，至以諺語呼公"清湯"云。公屢上疏訴吳人疾苦，請改竝徵積逋為分年帶徵，請捐十八、十九兩年災欠，請除邳州版荒田賦，又請捐明神宗朝所加九釐餉，又請免淮、揚、徐水災諸州縣賦。部議或從或否，而公初未嘗憚煩也。二十五年春，有詔擢禮部尚書、掌詹事府事。吳人空一城痛哭叩轅門，留公不得，則塞城闉阻公行。又不得，則遮道焚香以送者，亡慮億萬人，踰千里不絕。及公渡淮乃已。忌者覘知之，愈益憾公。上遇公厚，每會推會議，必問湯某云何。公亦感上殊遇，凡是非可否，必侃侃正言，不嬰不撓。忌者方力謀中傷，顧未有以發。而會五官臺郎董漢臣上書言十事，語侵內閣。或言漢臣本不知書，有代草者。御史受風指深文劾漢臣，內閣擬旨下部究主使。上乃命集九卿更議，衆咸欲抵漢臣罪，忌者逆沮公幸勿倡異議，公曰："彼應詔言事耳，大臣不言，將愧謝之不暇，而忍周內耶？"因舉手自指心曰："如此中何？"忌者大慚且憤，所以誣巇公萬端，且摘公去吳時教令中語，指為市恩干譽。於是，公已患病，竟為讒言所中。有輔導皇太子之命，公以病辭，忌者欲藉是加罪。上不聽，僅令回奏。遂嗾廷臣交章劾公，又不聽，後先報聞而已。先是公病思歸，自以新被讒，不敢請告，乃薦前道臣耿公介侍皇太子講，冀以自代。耿公老儒迂謹，與舉朝不相得，復嗾廷臣劾公所薦非是。部議革職，上特寬其罰，鐫五級留任。猶不愜忌者意，羣謀中傷益急。公適聞太恭人病，乃上疏乞暫歸省。上遣使齎手詔慰諭，且欲賜第京師，命公迎養。公叩頭言老母萬不能來。奏上，有旨不允公去。當公之乞歸也，忌者宣言上怒，將隸公旗下，得旨猶秘之。急召詣閣中，公以病扶挾上輿，道路譁傳湯尚書入旗矣，皆泣下。而蘇、松諸郡客都下者數百人，竝集鼓廳門，將擊登聞鼓訟冤，聞公還始散。是時，微上保全，公禍幾不測矣。

已而，皇太子見公羸瘠，大驚，曰："公果病至此耶？"越數日，命改工部尚書。忌者勢不得騁，更謀興大獄羅織公罪。不數日而公病遂革。方禍急時，或勸公委曲請諸公居間俾稍解者，公哂曰："吾義命自安，六十老翁，尚何求哉？"或又勸公發忌者陰事，以紓其禍。公又曰："吾有老母在，未敢以此試也。"故士大夫咸以為難。配馬恭人，子男子四，曰溥，曰濬，曰沆，皆州學生；曰準。子女子三，適國子監生趙登、諸生李中、張淑文。孫男五，孫女七。

公平居潛心聖賢之學，其於性命之淵微，造化之精奧，無所不探。而一以誠正為本，於古今之治忽，事會之得失，無所不綜。而一以忠孝為先。所撰著《洛學編》一卷，《補睢州志》五卷，詩文若干卷。

琬前在史館，出入必偕，藉公淬礪。講貫者甚至不知公於程、朱何如，以視真、魏、許、姚諸儒，則當出其上矣。琬方請急，亦嘗諷公以歸。未幾，而公欲薦琬為《明史》副總裁。自江南被召，又欲以宮僚薦，琬固謝不可，且曰："願與公同其退，不願與公同其進也。"琬長於公三歲，訖今猶靦顏人間，而公不可作矣。每一憶公，輒淚涔涔被面，何忍執筆銘諸？然琬雅以直諒為公所許，倘不能白公之志而暴其受讒始末，以示天下後世，不幾負我死友哉！銘曰：

猗湯屢遷，肇興睢陽。逮公之身，彌久益昌。為國純臣，為世儒碩。道稱洛、閩，志宗稷益。維我世祖，拔公妙年。起家內院，付以大藩。翩然引身，潛蟄閭里。世祖儲之，遺我聖子。入登侍從，出拊江淮。帝念疲氓，往哉汝諧。再期政成，遴蒙前席。遘彼含沙，伏機以射。何交之泰，而命之邅。屢習於坎，出險斯艱。風雨露雷，岡非帝德。帝心簡在，寧虞回測。生榮歿哀，公奚憾焉。天可必乎，人定勝天。黃岡之丘，不騫不圮。瘞是銘詩，以竢良史。

汪琬撰。

康熙二十六年十一月。

（文見《湯子遺書續編》卷一。馬懷雲）

尊經閣記

禮部掌印郡人王紳

自壬午河決，州學圮於黃流，歷癸未、甲申而皇朝定鼎，遷於南城之民舍，累政建興，漸有端緒。及大夫馬公來，重道崇儒，視公如家。然後，敝者易，缺者舉，疆學田而士有餼廩，起衙署而師有安宅。奎樓左峙，繚垣外周，煌煌乎稱美備哉！大夫曰："未也。士不通經學古，欲其進德善俗，致用經方也難矣！"

於是，相地一區，建尊經之閣。經始丙寅五月，落成戊辰正月。敞峷宏麗，危峙旁矚。會馬生淑光購書輦置其中，絃誦於焉有資。大夫猶慮入昧尊之之本，而徒崇耳目之飾也。俾兩博士來，請余言以為多士告。嗚呼！經顧可以易視乎哉。粵自皇古以迄今茲，世道之所以治而無亂，斯人之所以安而無危，惟其事事物物各得其理而已。是理也，含於心則為性，見之言則成經。經也者，聖人形性而示人以不迷之方者也。人循固有而天下無餘事矣。固有謂何？仁、義、禮、智是也。人而不仁，則戕賊殘虐之禍烈，人而不義，則闒暖貪冒之習成，人而無禮，則凌亢攘奪之風熾，人而無智，則謬迷瞀亂之弊生。四者生心害政，天下將魚爛川潰，不可收拾，而斯人之危亂亟矣。聖人有憂焉，故立言垂訓，維援斯世，使還其所有。以其可常行而無弊，因名之為經。其中提唱[倡]最切者，莫如以乍見孺子入井無不怵惕惻隱。明仁以甯死而不屑受呼蹴之食。明義以辯上下，定民志，讓畔，讓路。明禮以精一危微，分別義利，行著習察。明智使讀者知斯理之於吾身不可一日離，不可一事外也。信而行之如饑趨食，如寒赴火，必得也而後快。是之謂能尊。如其不然，雖輪奐其宮，珠玉其櫝，閟而藏之，其一為褻也滋甚矣。州之人士，因經之言而自反其固有之仁，則里有敦睦之風，因經之言而自反其固有之義，則人絕污辱之行；犯上凌尊，斗爭訛諈之心，以禮而消；背義趨利，以私滅公之患，以智而辨。吾鄉之俗即鄒魯又何加焉！此尊之效程，而後之稱公者，將不僅班之文翁之間也，儻佔畢是務，欲獵其華以梯榮，不幾負賢大夫雅意，而與余切磋人士之夙懷，大相刺謬乎！敢揭是為多士進，以副公咨訪之勤焉。若夫規模崇卑，工費繁省，篇籍名目，卷帙多少，則有博士之別紀。

公諱世英，字友于，陝西延安府綏德州米脂縣人，誥授奉直大夫。

康熙二十七年正月。

（文見光緒《睢州志》卷十《藝文志》。馬懷雲）

築堤禦災記

王紳

　康熙二十四年乙丑夏六月，霪雨弗止，州城之北，百川灌盈，匯而南，將潰隄而趨城，萬家皇皇號呼，莫必其命。太守馬公邊冒雨至隄上，出金錢募人塞之，言一夫受役，則與錢若干。人持一囊土，又與錢若干。水勢洶迅，勢與役夫爭隄，隄且崩。吏民叩頭，請公少卻，以避其怒。公屹立，弗為動。督工益急。其時，公之夫人病，病且篤，待公而訣，卒不反踵，晝夜雨淖中。越六日，隄固。水不能傷城，始無事，百姓賴以安堵。而公之夫人竟不起。公嘗周視城上，嘆曰："予受任牧斯民，幸得完其室家矣。而義不自周於伉儷，奈之何哉？"為之灑然出涕。昔者績溪胡梅林都憲受命治倭，與徐海、王直相持於皂市乍浦間。夫人悸而病。病甚，不敢呼公。公聞之，亦義不還顧。慮稍移足，賊得乘之，以成其勢，遂至不及見公而沒。其事正與今日相類，豈非公而忘私，前後如出一轍與。今歲三月，公復修城之為水之所圮者，睢民觸事而興其感德之思，於是，欲勒其事於石，不遠二千里，丐言於余。余聞之祭法曰："能禦大災則祀之。"公烈在民，異日者，將俎豆於茲土，又何待於區區片石為然。食上之德而弗忘報，吾鄉人情之厚，不忍違也。聊具顛末，俾書於石，而樹之隄所。後之過其碑下，必將欷覷太息曰："吾儕之免於其魚者，實公之望其家以為之也。"

　公諱世英，字友于，陝西延安人。以方富之年蒞政。政多可傳，不係是役，故不備載。

（文見光緒《睢州志》卷九《藝文志》。馬懷雲）

皇清經筵講官工部尚書潛庵先生神道碑銘

　荀卿言："大儒之效。"然自周、孔以來，千百年間，其為效者鮮矣。大儒在下，不為人主所知，固無論矣。大儒在上，人主知之，而羣枉之門未閉，則燥濕不能就夫水火，草木終於變衰。故賈誼受知文帝而不勝於絳灌，董仲舒受知武帝而不勝於主父偃。唐德宗之於陸敬輿，相倚如左右手，不可謂不知也，卒棄之如斷梗。宋神宗之於明道，哲宗之於伊川，不可謂不知也，新法行而外遷，偽議起而編管。朱元晦其在孝宗，秉燭讀其封事，不可謂不知也，旋奉外祠。其在甯宗，恨不得為講官，亦不可謂不知也，斥為偽學。宋潛溪為明太祖所知，開國詔令，咸出其手，顧謫夔州以死。嗟呼，數君子非所稱為大儒者乎，所遇又皆明主，而夔龍屈賈，轉移俄頃，其效不復見於後世。此尚論者所以歸之道命耳，吾於潛庵先生而愈信也。

　先生諱斌，字孔伯，別號潛庵。始祖寬從明開國，襲廣東神電衛百户。其孫庠以功陞睢陽衛千户，遂自滁州徙睢陽。高祖易，岷州衛守備。曾祖希范，以貢生任趙城縣丞。祖敏，父契皆諸生，而父封按察司副使。妣趙氏，贈恭人。李自成破睢州，妣罵賊而死。先生自少卓立，舉動尺寸，讀書不割昏曉。避亂衢州，念母死節，益刻苦。

登順治壬辰進士第，改弘文院庶吉士。甲午，授國史院檢討。明年，詔選翰林科道出任監司，先生為潼關道副使。亂後里徒市沉，城中不過十室，徇地伐畔之師兜鍪相望。先生待之以整，暇過帖帖然惟恐留其馬跡。在潼三年，弛墜之構，更獲締造，流民歸戶者數千。己亥，轉嶺北道參政。李玉廷燼黨萬人，先生開以丹青之信。會江寧戒嚴，料其中變，南安必以無兵先及。夙戒城守，寇至不能攻而去，玉廷就擒。平南軍過南安，殺人以逞。有司以鬥殺論，先生曰："力敵者謂之鬥。軍無寸傷，而民以兵死，與律不應。"軍卒抵法，戎亭肅然。旋以終養歸。

甲辰，丁外艱。戊午，詔舉博學鴻儒。以翰林侍講纂修《明史》。辛酉，充日講起居注官，轉侍讀，主試浙江。壬戌，充《明史》總裁。癸亥，日直講筵，纂修兩朝聖訓，歷左右庶子。每當進講，必沉思積誠，以感動上意。而其為說，常於書義之外推明時政。時逆藩初定，先生憂盛持盈，凡朝中所不敢言者，都無忌諱。上數數色變目之，侍衛竊聽，同列為先生震恐，先生自若也。上嘗欲謁陵，先生言："皇上孝思無疆。然天子之孝與世人異，明堂后土，固重於蒼梧禹穴也，豈宜遠出？"嘗侍立，上顧問："汝平日有詩文乎？其繕寫以進。"先生手書進呈，召至乾清宮，面加矜獎。其中有《劉蕺山學案序》，先生分別學術。時方有議陽明者，上獨然先生之論，於是，時議衰息。

甲子，擢內閣學士兼禮部侍郎。上以河南災，欲免歲賦之半，轉通倉二十萬石賑之。閣臣議遣官勘受災輕重。先生曰："使者銜命而出，往往指青苗相脅，搜括民錢。故郡縣聞勘災，輒不敢播種，其苦乃甚於災，不若令地方官自勘為便。"已而，河南果畏勘災，隱其十之五以上。給事任辰旦疏論巡狩封禪之謬，政府擬旨切責，先生謂："垣中之言是也。李沆曰：'邊患既息，恐人主漸生侈心。'今上威德無外相，公當以李沆之心為心。巡狩封禪，皆侈心所生也。"時議欲更化，先生曰："官之失德，寵賂章也。不此之務，則愈密而愈疏，區區之法何預焉。"先生在閣凡四月，公事外未嘗與執政相虔款，故每發大議多不從，然心知其以古義相許，莫不敬憚。

江甯巡撫缺，上特簡先生。陛辭，金幣之外，賜御書三軸，曰："今當遠離，展此如對朕也。"上南巡，制府將毀民居以除道，先生曰："聖天子問民疾苦，故為是行也。若之，何厲民使元甯居乎？"止之。蘇、松逋賦日積，官其地者不能三年。淹來者息意榮階，潛營刀末，上官又從而恐喝之，不得不私發官錢，以救目睫，由是系獄者累累。先生進郡邑吏而告之曰："若等以金事上官，自謂巧宦而不得免焉。是以金市死也，焉所不死而市之乎？吾為君等雪此聲於天下。"皆頓首涕泣。先生身絕苞苴，監司以下如負霜雪，郡邑始解倒懸。

其興利除害，若嗜欲於出境專之者，既無不為。而改積欠並徵為分年帶徵，免十八、十九兩年災欠，免蘆課買銅，除邳州版荒，捐萬曆所加九釐餉，及減賦額，寬考成，豁逃丁，蘇驛困，諸事部議或從或否，先生不嫌其再三瀆也。報部稅蓮芡，先生駁曰："朝廷歷任土作貢，未聞問諸水濱。"老吏以例對，先生曰："例非天作，我能寬一分，則民受一分之賜。蓮芡荒熟不常，一報部即為永額，後欲去之，豈可得乎？"

故事署官以賄得，先生曰："是以本求息，商賈之道也，豈可見之吏治乎？"命掣簽，一如選法。江南多事五通，而上方山尤著。妖祥能憑婦女作祟，香燈旁午，先生斬其首，投之太湖。未幾，越界村落有言神避其處者，曰："湯公正人，吾寧與之為敵？"

上之南巡，蠲糧四分之一。先生初受命，豫章索江蘇銀二十萬，為柄臣功。先生曰："恩自上出，可貪之為己力乎？"既抵任，藩司持豫章手書白前事，先生不應。及詔下，書縣應蠲數，掛之牆壁，曰："蠲不及格，蠲而有別。"科者以告，繼請分年帶徵。豫章時在司徒，欲相持為市。先是副院議亦及之，為部院所駁，先生持論特痛駁部疏，於是，更下九卿。豫章又以為柄臣功，復索銀如前數，又不應。屬吏懼禍，以為出於民願，先生曰："吾以斯民痛慘無賴，故為是請。苟有饘粥餘資，何不上充國賦，而令竭之豪門乎？吾年已老，且暮望歸田里，不能陰縱屬吏剝民，媚權貴也。誰令汝為此根栝，吾當上聞。"皆叩頭曰："不敢。"豫章因此相仇。豫章為巡撫時，泰州水暫涸，遂報起科。已而復沉，不報。代豫章者，甫兩月遷去，又不報。先生欲盡報前二年災，則例當罷兩巡撫，兩公必敗。其事敗且永為民病，乃稱前二年水乍消乍長，撫臣未敢遽報。今水又盛於前時，乞並免前租。章下如所請。而事謠民口，豫章恨其好丑自彰。乙丑秋，遂令奏銷，欲劾罷先生。吏部奏奪俸，上特免之。是時，天下爭輦金錢如都門結勁援，而先生屬下無一人往者。大計羣吏，藩臬徒手入都，無先生一刺，時人為之語曰："江蘇莊乃大荒矣。"

丙寅春，皇太子將出閣，上簡和平謹恪之臣諭教太子，特授禮部尚書，掌管詹事府事。蘇城為之罷市，送者十餘萬人。至京，而上以下河之事為問。下河者，黃河之水，從高堰漕堤諸壩減出，入高郵、寶應、興化、泰州、泰興、山陽、鹽城等州縣，氾濫無歸，田廬皆沒。上命開渠入海，以居黃河下，故謂之下河。安徽按察使于成龍督開下河，估金八十萬兩。于受總河節制，以圖議上，而總河營州駁其議曰："吾以勾股法測潮高內水五尺，河開必內灌。法當築丈五尺堤，起高壩屬之海，盡收各壩水，束高堤中丈餘，則潮不入，而堤外可盡為平田。須運土三百里外築圍水中，涸取圍中土築堤，非三百萬不可。墾涸地為田，鬻之民以償庫。"詔兩河主者廷議，內閣九卿是營州，於是，遣工部尚書薩穆哈、侍郎穆成格，會漕運總督、江蘇巡撫詢問民情。民畏總河，多言欲罷工者。先生曰："是不可罷也，上水日增，而下水無所洩，不十年，無淮揚矣。總河徒以海內灌故異議。海若內灌，寧俟今日？且吳淞、錢塘皆有潮，何獨淮揚而慮內灌乎？顧兩河不協，從下河則上河必撓其事。今兩府蠲災外賦不滿三十萬，不若請盡乞民，令有司督民自開。"薩曰："公言良是。弟奉詔問民，公語不便入疏，某見上，當面奏耳。"薩見上，竟不奏。至是，先生具對如前語。上詰問，薩等辭服，皆革職。自是，朝端皆忌先生矣。

工部侍郎孫在豐代于言開河三便，廷臣皆慚。旬日，下河水驟長數丈，上疑營州所為，召至面諭塞河南岸及高堰壩，營州堅不宥從，曰："壩塞堤必潰。"內閣九卿從旁助營州，先生獨力爭殿上。已，又及九卿爭午門外。凡兩日絀其議，竟閉減水壩。豫章出而嘻曰："海豈可開哉？行且罷矣。"於是，下河所需輒不得如請，效力於下河者亦不得比上河。議敘初計開海口四道，開至二道，而高郵諸州縣之水，已日減一尺，營州阻之益力。

先生之在蘇也，稅海者及於崇明，先生曰："崇明，吾屬邑也。衣食貢賦，取辦內地。今稅之若何？"權關者曰："貨之出海，安知其子之日本、琉球，而必之崇明乎？"乃議大船入洋，小船入縣，約非大船不權。然每每不能如約，民以為苦。先生以權海利少而害多，意欲並奏罷之。會遷去，不果。有知先生之意者，倡言於朝，曰："湯公言海稅宜罷。"語聞於上，先生詣閣，欲因之轉奏，而權關者系閣臣親昵，恐先生言而罷之也，遽曰："公所言已知，閣中有急事，公且退。"先生不得已出，閣臣竟以便民白上，先生欲乘間自言，閣臣恐一旦髮露，共謀去先生，指先生去蘇時下教"愛民有心，救民無術"為誹謗。上素重先生，遇大事，猶時時使人問："湯某云何如？"

丁卯五月，會議興革事宜，先生請復夏秋兩稅，及罷蘆課買銅。政府方與先生為仇，不肯入奏，司徒曰："公休矣，即欲變此法，待某去戶部方可。今不能也。"遂罷會。

靈臺郎董漢臣言事忤政府意，遂言漢臣不知書，有人授之者。豫章以鹽差募御史劾之，上問九卿，獨先生曰："漢臣無罪！"豫章目先生曰："幸勿違眾議。"先生屬聲曰："漢臣應詔言事，大臣不能言，反罪言者。"因以手指心曰："如此中何？"豫章大慚，回奏增減其言，以激上怒。

居一二日，上幸海淀，命羣臣擇輔導皇太子者，皆莫敢舉。上曰："湯某、耿介、哈塔三人可。"先生知被讒，且疏辭，政府因欲加罪。上不聽，但令回奏。講官遂連章劾先生學術固陋。比回奏，而上亦不問，詹事某又劾先生薦耿介不稱任，使部議革職，上止鐫級留任。司憲某復劾漢臣，政府使人教漢臣即對簿引湯公，漢臣曰："我小人，安識湯公？且吾草疏已數年，三至通政司，皆駁還，前後通政某某可問也。奈何誣大臣？"已命禮部詰問，對如前，上意稍解。

後數日，上問去蘇時書教，先生方欲對，閣臣恐闌及他語，從旁呵曰："上責問，宜叩頭謝，奈何辨乎？"上遂起，先生趨出。明日，司憲劾辨上前非禮，且言其為巡撫無他長。上閱疏，怒曰："其為巡撫亦無一可耶？"因顧柄臣曰："果爾，擢用時何不言？"皆免冠謝。上於是始疑。先生會乞骸骨，政府從中構陷，學士德格勒至寓宣手詔慰諭，問："何忍舍朕去？今賜汝旗下田宅，迎母就養，為八旗矜式，汝意若何？"先生叩頭言："母老，萬不能來。上不舍臣，請革職，暫假歸里省。復來，以白衣領史事。"上意解，付還原疏。政府持之甚力，上終不聽。

先生已病甚，稍愈，入東宮講。皇太子見而驚曰："先生一病至此乎！"顧形容頓改，憫然注視者久之。即日，上遣御醫劉存恕診視。改工部尚書，命下，政府大驚失色。九卿會議，先生入講不至。臺省又劾，部議降級調用，上又留任。當是時，舉朝以先生為怪魁，入朝望見皆引去。遇之途，輒昂首他顧，或佯怒詬其僕。隸東宮，同列離立數丈外，不交一語。或勸先生稍屈曲一詣諸公謝不敏，先生曰："吾年餘六十，復何求？世豈有百年不死人哉？"終不往。未幾，以勤勞卒官。上聞嗟嘆，遣學士多奇、翁叔元詣柩前賜奠，下部議恤。夫舉朝與一人為難，熒惑百端，殺夫子者無罪，籍夫子者無禁。上終不為動，而禮茂廟堂，恩加松杞，不可謂不知之矣。顧舉世推移，先生兀突以行古之道，揭杯水以救車薪，大儒之效曾不睹千仞之一咫，與漢唐諸子同其缺陷，能不悲夫！

先生之學，本之孫鐘元先生，以篤實而生光輝。謂良知救窮理之弊，性善救良知之弊。學者身體力行，久之徐有見焉，未嘗不殊途同歸。若學力不實，此心無主，徒從言語文字之末，妄分畛域。根柢未立，枝葉皆偽，言愈多而道愈晦也。昔戢山寧人主見為迂闊，而不敢貶道以從時，寧與執政相齟齬，而不敢容默以阿世。先生之所自見者亦不越此數語。當危疑震撼之日，自謂數月來心無一線放逸，得力深於平時，豈非今世之大儒哉？

所著有《洛學編》二卷、《補睢州志》五卷、詩文二百餘篇，藏於家。其於《明史》，太祖本紀四卷，英、景、憲、孝四朝列傳十餘卷，《天文志》一卷。

生天啟丁卯十月二十日，卒康熙丁卯十月十一日；配馬氏，封恭人。子曰長溥，次潗，次沆，俱廩膳生。次準。女三，趙登、李中、張淑文，其婿也。孫六：世卯、扶光、光裕、傳臚、進賢、長真。孫女五。余丁未講學於越之證人書院，先生來訪，余極謝皆不值。癸丑，鐘元先生寄《理學宗傳》書云："湯孔伯知太衝為戢山薪傳。"辛酉，先生主試浙中，始通書論學。乙丑，撫吳，余詣姑蘇信宿，而先生於余之《明儒學案》皆得其宗旨所在，言從史館史中讀之，且以汨沒簿書，不得讀書為恨。今年六月，先生之門人魯德升自先生之喪次返，傳先生之遺命，托以千秋。余泫然，把臂之言豈無田僮將一束楚，彼磨鏡者何人哉？因不辭而銘之曰：

三代之治，惟有儒術。降自漢唐，事功雜出。儒行鬼瑣，不關廊廟。輻輳闕下，多非政要。真儒間世，何天之衢。如彼鳳鳥，如彼河圖。讒人目中，不容玉屑。私共嗚呼，獸心鳥舌。大儒之效，荀子言之。曠世不聞，亦孔之悲。篤生潛庵，於睢之陽。儒學宗傳，師門有光。道通而出，遭逢聖主。作礪作楫，為黼為黻。如何不然，執律毀呂。將定黃鐘，棄夫巨黍。湖南鼓瑟，長沙賦鵬。哀哉斯民，伯淳無福。

康熙戊辰七月，姚江教弟黃宗羲頓首拜撰。

（文見《湯子遺書》卷六。馬懷雲）

工部尚書湯公神道碑

徐乾學

工部尚書、睢陽湯公卒於位，其孤以其喪歸葬之於某原。明年，以官世治行來請碑銘，余不敢辭。爰按公行狀，而以余所立朝親見聞者備書銘之石，俾揭於墓道。

序曰：公諱斌，字孔伯，號荊峴，一號潛庵。順治五年舉於鄉，次年會試中式，又三年成進士，改弘文院庶吉士。邸舍不避風雨，常宴坐讀書，不妄有通謁。給事中蔚州魏公象樞、吏部湯陰王公伯勉，皆以清節名於時。每過門，輒攬轡徘徊，嘆息乃去。甲午，授國史院檢討。時議修《明史》，上言：「宜依宋、遼、金、元史例，錄南渡後死事諸臣。」執政詑其言。疏上，夜半傳旨，召至南苑。人皆為公懼，然世祖皇帝顧與溫語移時，不以為罪也。

乙未，詔選翰林出為監司，公得潼關道副使。是時，黔師屯成都、漢中，經略兵屯湖南。關中徵發四至，民逃匿十二三。公下車約束，每大軍至，使人逆之境外，無得入城。總兵陳德之調湖南也，至關欲留，公謂：「二萬人坐食於此，勢必不支。然須車載送，不可強遣也。」於是，陳檄車五千兩，騎報曰：「陳將軍實用車二千，其餘待折鍰以行。」公潛遣入。僦車二千，而令民匿車河下，還報車少。將軍乃謂公曰：「我自僦車，盍畀我錢乎？」公曰：「固善，顧必以人量車，每車坐幾人，使民知其不足而補之。」陳邊傳令軍中，公乃出坐關門上，揮士以次升車，滿十輛即遣出關。而河下車皆集，夜漏盡四鼓悉出關，無一人留者。因設祖道關門外，請將軍出。將軍聞鼓聲，大驚，欲追還軍士，公曰：「吾民駕牛裹糧十餘日，一散不可復聚，且軍已出關，不得入也。」遂倉皇去。至洛陽，留匝月，軍變，焚殺。上聞，而關城以公故得宴然無事。未幾，流民歸者數千戶。

歲旱無麥，而春夏兵餉例支麥，麥價浮於穀。公請發倉穀以代，軍帥以為若是兵且變，督撫徵麥益急。公曰：「吾民乏食，將棄為餓殍。公憂兵變，獨不憂民變乎？」即發倉穀，與兵約，今歲無麥，食此，明年將補支，若麥而以穀償官。」皆喜曰：「願如令。」於是，關西數千里麥征悉停，兵民賴之。

公涖事精敏，訟無留獄，環境五十里聽質者皆不齎宿糧。從卿士大夫咨民疾苦，罷行之。或有以私干者，見公輒縮朒不得發。常行勘荒，遇雨，止大樹下，民朱欄其樹，時人以比之甘棠云。轉嶺北道參政，轄贛南二府。甫三日，清積案八百餘。李玉廷者，明舊將，以所部萬人入山為盜。公以書約降之。未及期七日，而海寇犯江寧。公策玉廷必變計，夜馳南安。設守畢，而寇果至，見有備，逃去。隨請於知府，用將士分屯聚要害五六處，誡令固守，毋妄動，玉廷所向與兵遇，遂就擒，其黨亦解散。

公持身清潔，所至欲為地方興利除弊，其志甚銳，其才足以濟之。而一本之於至誠，故上官雖時有牴牾，而終釋不疑，以有成功。自潼關移任，僅攜僕二人，往返八千里。既定大亂，念封中憲公病甚，即謀歸省。督撫惜之，例外官予告，非特薦不得起。公故有異母弟甫六歲，督撫欲令權宜以終養請，公曰：「奈何以此欺吾君也。且謂無兄弟而歸，吾父必不樂。」竟以病告罷，年纔三十三云。

初，明末寇陷睢陽，公母趙恭人以節死。順治間，始得旌。公之歸也，日侍中憲公及軒恭人，色養備至。而為趙恭人建祠於所居西偏，每朔望謁家廟畢，必至祠展拜噓欷。里人私識其來時刻，先後二十年未嘗少差。丁中憲公憂，服闋，造蘇門孫征君門，請受業。

與同志為志學會，講求玩索，所養日充粹。官長稀見其面。有同年任方伯者，見郡守問公近狀，對言："實未聞有此人。"方伯益嗟嘆不已。

今上戊午，詔舉博學鴻儒，司寇魏公以公名上，試補翰林院侍講，同纂修《明史》。辛酉，充日講起居注官，轉侍讀，典試浙江。壬戌，充《明史》總裁。次年，命直講筵，纂修兩朝聖訓。公每日昃，輒正襟端坐，潛思經義。比入講，敷陳詳切，務以誠意動上聽。歷左右庶子，擢內閣學士，兼禮部侍郎。居四年，會江甯巡撫缺，上命公往。陛辭，諭以"朕非忍出卿於外，顧江南風俗奢靡，訟獄繁夥，以卿耐清苦，特令往撫之，冀有所變革。"因賜鞍馬一、彩緞十、白金五百兩。比行，又入見，上撤御饌賜之。復賜御書三軸，曰："今當遠離，展此如對朕也。"時，上將南巡，急抵任。至則文案山積。數日迎駕，北渡江，就舟中判決，晝夜不假寐者六日，而積滯盡清。公扈蹕至江寧，上再賜書一軸、蟒裘、羊酒，傳旨令徑歸署。

蘇、松舊積逋相仍，有司不滿歲即罣誤去，以故皆不自愛，而私規近利。上官陰持其短，索賂益急，繫公帑系者累累。公至則進州縣吏，盡斥其所為，且曰："今與若更始，苟稱職，我不吝薦引。即不能，以考成罷歸，猶得完身名，守墳墓。奈何日坐堂皇，引前官妻子對簿勘產，反蹈若所為？"皆頓首涕泣，曰："公活我。"又誡司道郡守不得責屬吏饋金，皆指天自誓，曰："不敢。"於是，除耗羨，嚴私派，清漕弊，汰蠹役，行保甲，革鹽商羨費。一切皆以身先，屏絕請托。居數月，乃劾其貪暴尤甚者去之。自制府、將軍下皆轉相戒，不受所屬一錢，奉使京朝官，往來過客，迅棹疾去。亭傳無斗粟之費，吏治廓然大清。

公之陛辭也，上諭以積逋當以次漸理，故公為政先謀寬民力，興教化，培植根本為務。嘗請改並徵積逋為分年帶徵，免十八、十九兩年災欠。減賦額，寬考成，豁逃丁，調驛困，免蘆課買銅，除邳州版荒捐，明萬曆朝所加九釐餉。聞有災傷弊政，不問廷議可否，疏立拜發，亦恃上之知其誠悃，故見事無不為，所告無不盡也。初至，報睢甯、沭陽、邳州災，上為之蠲賦數千兩。又報泰州災，並永蠲前二年賦。次年，淮、揚、徐大水，奏免賦十餘萬兩，又盡免高郵、寶應、泰州、興化、鹽城等州縣賦復數十餘萬。嗚呼，上之嘉惠於民至矣，公所以將順而宣布之者，豈非所謂主聖臣賢，千載一時者歟！

公猶以救荒之法為未盡，乃發常平倉粟，及丐將軍提鎮榷關輸粟往賑，又檄布政司以庫金五萬兩告糴江西、湖廣。或謂公宜先奏聞，公曰："吾君愛民，必候旨往糴，民不溝中瘠乎？"遂遣兩同知行，誡之曰："若至，極言淮揚饑狀，米斗一金，令遠近聞之。"糴才及半，運還，而大賈爭泛舟下江，市中斗米直百錢而已。後歲熟，償庫，國帑無損，而民所全活以億萬計。有司請報湖蕩蓮芡，公駁還，固以例請，公曰："例自人作，寬一分則民受一分之賜，且蓮芡或不時熟，一報部即為永額，後欲去之，可得乎？"

禁遊冶，驅優伶娼妓，嚴市肆淫辭邪說之流行刊布者。禁有喪者無得火化及久停柩者。令下，一歲報葬者三萬餘棺。五通神者，祠廟遍江南，巫覡利誕妄，士女怵於禍福，奔走如鶩。公取其像，投湖中。民始大駭，已而，妖遂絕。

吳縣監生王某有奴竊貲逃出數年，突引弓刀二十騎，自稱鸄身親王府，詬罵索金錢。公立擒付獄，論如律。常熟縣奴某，持其主父國初得隆武劄，迫主遠遁，欲據有主婦。公廉知，大怒，曰："國家屢更大赦，此草昧時事，何足問？而逆奴以脅若主乎！"追劄燔之，斃之杖下。

廣立義倉、社學，聚民講《孝經》、《小學》，月吉讀上諭、律令，舊俗丕變。而或勸公以講學者，公謝曰："吾知盡吾職而已，不知講學也。"又請為公立書院，公曰："吾不講學，安用書院？"蓋公之學主於隨處體認天理，其要歸於自得。而外貌夷然，不自矜飾，故人非久相識者，不知其嘗學道也。其學於蘇門也，本崇姚江，而不以先人之言為主，故於濂、洛、關、閩之書，尊信之尤篤。余師孝昌先生著《學統》一編，公曰："吾當拳拳服膺京邸。"與陸靈壽隴其談三日夜，心契其說。與夫世之標宗旨、樹藩籬以自炫鸄者，迥然異趣，惟其一本於誠而已。

其樂閒靜，甘澹泊，天性也。居官不以絲毫擾於民。夏從質肆中易苧帳自蔽；春野薺生，日採取啖之。脫粟羹豆，與幕客對飯，下至臧獲，皆怡然無怨色。常州知府祖進朝有惠政，嘗落職，公疏留之。進朝制衣靴欲奉公，久之不敢言，竟自服之。

舊蠲漕及地丁分年帶徵，權要以部費為名，前後索銀四十餘萬。布政司屢以為請，且謂民樂輸。公不可，請之亟，公怒，將發其事，吏叩頭謝，久乃已。大計，藩臬託治裝，遷延無行意。公曰："明日不行，行劾汝矣。"不得已，遂空手入都。而他部每郡縣坐勒費至二三千金不止。公見屬吏必霽顏色，告以君恩不可負，民命不可殘，懇懇如家人語，故其下皆畏而愛之。以州縣為親民官，愛民必恤吏，立意培護，是以爭自濯磨，勉於為善。公之文告坐而言，可起而行，使民易從，不為峭刻過舉。

公勤於政事，案牘紛煩，必躬親裁決。凡行過公移，數月後屬吏參謁，面詢始末，辨論明晰。小有遺忘，命左右取原案翻閱，虛公探索，以求至當。屬吏人人感服，不為苟且塗飾以邀取名譽。方整刷未竟，會皇太子出閣，上諭吏部除授公禮部尚書、管詹事府事。至則立召見，問路所由及地方利病。公以鳳陽災對，上遣學士往賑。尋充經筵講官，總裁《明史》。每晨東宮直講賜坐，稱以先生。講畢，出預廷議。居久之，命與吏部尚書達哈塔日侍皇太子，上所以倚任公者甚至。然公在吳時，已有不便公所為者，以為形己之短而忌之。而公將入朝時，吳人欲攀轅留公，公譬曉之曰："天子仁聖，爾民疾苦如某事某事，吾當入告，為爾蠲除。"忌者以公市恩百姓，談議時政，又淮揚開濬下河，天子遣大臣二人會督撫議。眾欲停工，公獨不可，或勸公姑從眾論，俟大臣入報天子，以公言口奏，唯聖明裁擇。公不得已乃諾。大臣歸，匿其辭不奏。及公陛見，上問下河事，具對本末。大臣皆得罪，從此舉朝側目。公亦以久勞簿領，精耗神疲，殿幄起居，動見抉摘。部復革職者再，降調者一。賴上寬仁曲全，僅鐫級而已。

公請養母求去，不得。又自惟奉職無狀，久留不可，闔門屏營，席稿待罪。每宣旨，則涕泣叩頭請死。上聞之，憫然為之動容。未幾，遷工部尚書。方受事而病，不可為矣。上遣御醫診視，疾稍間，奉命詣潞河勘楠木，感風寒，歸遂大困。臨歿，戒其子曰："孟子言乍見孺子入井，汝輩須養此真心，令時時發見。久之，全體渾然，可達天德。若襲取於外，終為鄉願，無益也。"復以聖恩未報，母養未終為言。挽子溥手，指畫草擬遺疏謝上，公遂瞑。上聞，遣學士多奇、翁叔元賜奠茶酒，命馳驛歸，以尚書禮祭葬。

公忠孝廉潔，出於天性，臨事制義，充之學問。平時見為迂闊，而當機磊磊立斷。馭下凜不可以私干，而所在務寬小過。撫吳時，蘇有高士徐枋居西山，四十年不入城。公屏騶從步行造門，枋終不肯見，公嘆息而去，時議兩高之。

其聞召將去吳也，百姓啼號罷市十餘日。投匭斂錢，謀叩閽。不得，則老幼提攜奔送，自吳門至江北，千里不絕於道。其歿也，無知不知，皆哭曰："正人死矣！"人謂公撫吳廉直似海忠介，而去其煩苛；精敏似周文襄，而加之方正。至其所學純粹有體有用，蘊之而為道德，發之而為事業，而人尤惜其用之猶未盡者，則有非二公之所得而與者矣。

其家居室無廣廈，侍無姬媵，日以讀書養親為事。所著有《洛學編》二卷，《補睢州志》二卷，詩文二百餘篇，公移條約十余卷，藏於家。享年五十有九。元配馬氏，封恭人。子四人：溥、濬、沆、準。女三，皆適士族。銘曰：

惟湯於世寬始祖，遇明之興奮厥武，積功神電衛百戶。孫襲千戶其諱序，自滁來遷家睢陽，易守岷衛祖烈光。六傳希範趙城丞，子敏孫契州諸生，三世棄武名一經。尚書生也為國器，性耽典籍弱不戲，學播仁種耨以義。朝出蓬山暮華陰，遺愛衍溢留虔南，華山高高貢水深。歸棲子舍矢不出，再返玉堂詎意必，掌帝絲綸預機密。帝憂南顧予汝賢，公出整頓未兩年，民蒸俗熙吏恪虔。帝曰汝歸司冑教，彼夫已氏豈同調，蜮含狙伺術已巧。事有變遷理則那，主恩前後無偏頗，千載視此石嵯峨。

康熙二十七年。

（文見《湯子遺書續編》卷一。馬懷雲）

新修儒學西署碑記

光山人儒學訓導胡坦

睢之學宮，昔在濯錦池，最為鉅麗，不獨廟貌巍然，輝映雲漢，而齋舍無不悉備。官斯時者，實有厚幸。迨水決城廢，建廟新城，僅大成殿、東西廡、啟聖、名宦、鄉賢祠而已，他無有焉。康熙辛酉冬十一月，余分韄睢陽。甫至，四顧旁皇，莫獲息處。虎兕之歌，不在當日矣。典屋僦居，從人多無所容。是時，余即有創興之意，值郡侯馬公銳志重新學宮，余方贊襄之不遑，而遑自為居處計也。及奎樓既成，經閣告竣，余乃議創建。或有勸余者，曰："君今官睢已八載矣，後幾何時，曷不苟目前以自安，而役役於此乎！"余曰："人有為其勞者，有為其逸者，逸者大約為身家計便利，勞者則為斯世計久遠。余不為身家便利計，而何憚於役乎！"因請於馬公。公可其請，捐俸置地基一段。先是，余與寅友樊君用膳夫銀於明倫堂後，買草屋數間，計前後基址可建兩署，遂中界為二區。其東屬學正，西則屬余。經營築作，以待後之任余任者。然地之高下，如天如淵，荊棘瓦礫，觸目皆是。一旦鳩工庀材，良非易易。賴馬公分給學租，余復多方稱貸，率僮僕工匠數十人，朝夕版築。工未半而力已告竭，謀將輟工。給諫王公首倡義舉，廣約同志，以襄不逮。始戊辰八月，訖己巳三月，八閱月而後落成。雖因地取裁，規模不無偏隘，而寒暑有庇，虎兕無歌，固已喜生望外矣。既成，有欲余為文以記者。余笑曰："余修之，而余記之，是侈功也。"雖然，余何功之有，馬公肇創始之基，王公續成垂成之業，余不過盡心力，不敢即於安逸，庶幾可告無罪已耳。乃不辭而記之，以告後之來者。定制不可更，成規不可壞，各處其地，相傳而修葺之。若夫苟且目前，自處安逸，必欲仍前人之缺略，而謂其廢之莫敢舉焉。殊非有心殫職者，所當出也歟。

康熙二十八年八月。

（文見康熙《睢州志》卷九《藝文志》。王興亞）

知州陳公去思碑記

郡人當陽知縣李遙

今天子重吏治矣。然讀古循良傳，何指不多屈也。蓋名者，實之賓也。實之不有名，斯諛矣。文者，行之符也。行之不有文則襲矣。無實而諛，揚丑也，無行而襲，載僞也。古君子名以實，實文以符，行可傳也，斯可久也。杜元凱置一石於山巔，置一石於水底，所以存名也，質當世無愧，質後世無慚也。則山高水深，陵谷變遷，恐千百年韓陵一片石，不肯代人受過也。今官去則立碑，碑則有文，文必書其善政，而去後頑石龍鍾，或戟風雨，或仆道傍，累累然未有過而問者，豈人今道不古歟。蓋彼無實而有其文者，荒煙蔓草矣，是陽鱎我者也。郡守陳公節山右翼城，治報最，序遷牧吾睢，匝歲，以外艱去。先是睢人士嘖嘖詠德政不休，勒其修城一事。夫修城勸樂輸矣，有因可藉，竣工易速，所不泯沒者，實心任事，力行不怠者，著一番精神耳！未足盡公之大也。今公去矣，為吾睢修無形之城，以固根本，以培元氣，前無所因，後不爲創，理之本然，事所當然，有四大端可誌也。

一曰徵賦稅。睢賦刊諸成書，丁地漕折河務，加之屯衞等項，為數五萬有奇。睢俗士樸，敦詩書，好禮讓，民淳，務稼穡，不輕去其鄉。守是邦者，司農上會計之書，歷署上考，從無夙逋累官。邇來胥役中飽，每以錢糧爲名愚其官，官亦自愚。徵比無期，催科勾攝，下及輿隸走卒，盡持官票，俗之所謂扛夫也。辱人賤行，假以官力，朝出領而夕轟雷矣。至袒裼踞薦紳之座，裸體登琴書之堂，未創先肉，通國鼎沸，無奈此輩一恣醉飽，一貪金錢，厭其慾則鳥獸散矣。厚實彼受之惡名，官受之無益錢糧分毫耳。士可殺不可辱，樂只君子，民之父母何心哉！公下車，悉除去之。貴者貴，賤者賤，輸將恐後矣。

一曰緝盜。睢迤北盡境九十里濱河，西接大梁，跨河界曹、滕，地闊，人民稀少，土未盡墾，往往產大猾。河北盜往來相藉為奸，功令諱盜，輒罷官。官愈畏盜，盜不畏官矣。白晝橫掠，鄉里人莫敢詰姓名。少犯其鋒，即明言曰："我將焚殺汝矣。"公來，廉得一二桀黠，數其罪，笞笞之。胥顧服辜無循情，且不時單騎卒至其鄉，分別良莠，立示勸懲，盜益慴服解散。睢民安枕，稱神君焉！

一曰禁賭博。四民之外，左道有誅。左道不士、不農、不商、不賈，倡異說詭行，以煽亂也。賭博亦不士、不農、不商、不賈，非買，非紈綺子弟，則國之遊民也。廢士、廢農、廢商、廢賈，或流為饑寒，寡廉少恥，流為盜賊，國法殊無赦。與左道同科，誠明於制治清濁之源也。《書》曰："羣飲盡執拘歸於周。"予其殺飲與博類及之辭也。所謂有厥罪小乃不可不殺者也。公至，月吉讀法，彰示條約，禁幾絕。

一曰訓兵。睢無專閫，所謂防守，遊徼巡邏諸健兒，悉隸歸德營參將主之。今制文，不轄武，兵不畏長吏矣。然民益畏兵，而土豪市棍藉兵勢益趨兵，所至有兵矣。兵月糧無幾。有正兵，必有副兵，一兵領糧，眾兵食之。且兵之上有隊長，隊長之上有千把，千把之上有偏裨，兵亦不無往來餽遺。櫛風沐雨，窮愁鬱鬱。責以循禮守分，勢不能也。而兵力益聚，兵氣益張。不見兵之益，適見兵之累矣。御兵有道，仁以結之，義以制之。仁以結之，如朔風大雪，念西征將士是也；義以制之，如我猶貸汝，郭進殺汝是也。公正色諭以大義曰："朝廷用汝，衛民也。跋扈，我申爾主寘之法。"兵盡歛，如無兵焉。山有猛虎，百獸震警。然遇麟則伏，有以服其暴也。公則有以服之矣！

徵賦稅、禁賭博、緝盜、訓兵，大害大利所由關也。四者，政之大也，可傳也。我嘗登峴山，荊襄之民猶墜淚。焉無叔子也，召伯聽政，民愛其樹。郡有良牧，而美譽無傳，士君子之恥也。刻之石，心有誌不在石也。然見石如見召之棠，祜之碑也。後之視今，猶視昔也。不同夫無實而諛，無行而襲者也。噫，可以風矣！

公諱應富，字方穀，籍三韓，癸卯科舉人。

（文見光緒《睢州志》卷九《藝文志》。馬懷雲）

重修玄帝廟碑記

王式穀福建參議郡人

粵稽王制為祭典，法施於民則祀之。是以凡神有祀而玄帝之神為赫。蓋其所以繼天立極，施之化而有本者，一曰心法，一曰治法。維帝黃帝之孫也，靜淵有謀，疏通知事，十歲佐少昊，二十即帝位，以水德紹金天氏。夫正名百物，明民共財，黃帝之治法也。帝能修之而百王之憲度立敬勝怠，吉義勝欲，從黃帝之心法也。帝實傳之而萬世之道學明，大哉，帝乎其法施於民者如此。是以治侔於羲、炎而道配於蒼昊。麟麟服教，畏神之無窮者。

其在斯乎，其在斯乎。睢西四十里有崗曰厚臺，有帝廟焉。經始者里之張氏，今協眾重修名璞者，其嗣也。工竣，來謁言。余嘉其意承考也，附記之，以勒於石。

（文見光緒《續修睢州志》卷九《藝文志》。王偉）

清故江西撫州府推官唐誠齋先生墓表

田蘭芳

　　誠齋先生卒既葬矣，惟中弟子袁君虎文以葬時歲月渴未及誌，其族姓子孫官階學守納壙中，懼無聞於來世，欲余文而碣諸隧上。余可之，未為也。虎文每見必請，歲之七月，過樗軒，虎文復請之且力。歸而因念某甲為官，僅歲月罷歸，出其橐中裝，猶能美宮室，斥田園，子孫安居飽食而無後憂。某乙阿富人，指為鷙獄，周納無辜，使不得生出牢戶，顧得里巷洋洋稱長者。乃始瞿然曰：嗟哉！是皆無以先生之所行告之，故無所興起，頑懦終身，而莫之省改。然則先生之清操懦剛節，可一日不著於人世乎！於是，識其大者，俾刊之墓道。見先生處眾濁之中，得能超然泥而不滓，雖不周於今之人兮，庶幾乎昔賢之遺，則所以激頹風而挽逝波，未必非人心世道之一助也。

　　先生姓唐氏，諱巍然，字二有。宋御史子方之後也。今為睢州人，世累貴盛。先生不逐羣從好尚，蕭然誦讀一室，為寒士之所為。析義制文，多行己意，即偶所偏，主人終不能屈其議而使之回奪。順治戊子，以諸生第一人貢於廷。當國初用人之際，最重是選。廷試文，俾諸翰林分第其高下。先生遂得推官秩，任之撫州。始見太守某盡民之產而仍畢其命者，三月中凡七十一人。先生髮為之豎，立白之上官，抵其罪。即上官有所行下，一蔽以法，毫不曲阿，以殺人媚人。於是，百姓欣欣歸心，而上官且以倨侮見疑，羣僚亦側目，人思齮齕之矣。時巡按御史米公獨重先生，故眾皆忍而未發，會臨川有徐熊之獄，先生直徐冤，當熊罪。先是，鞫獄者皆從坐，於是，忌者益眾。迨米公還朝，而先生遂不可復留也。

　　蓋徐佳、熊經者，俱臨川進士，有深隙爭，相伺欲甘心焉。頃之，佳死，經家偶被盜，輒指為佳子奎祥所為，案經府別駕及縣令。時經方受新命，總督兩廣，治獄者遂承風捕奎祥，掠服之。獄上，御史疑其贓劇不明，移先生覆之。先生察奎貌似重有冤者，且親進士子，非道於饑寒，疑不至是。辭贓復參差，乃反復窮推。會暮而罷，曰詰朝更鞫之。是夜，奎祥遂死獄中。明旦以聞。先生愈疑，遂攝經面質之。經至，欲從中門入，先生卻之，既已氣沮；及見，先生厲聲曰：“誣人盜而不得，私斃之以滅口，何也？”經色動，不知所對。先生回顧兩獄卒曰：“汝聽人殺人云何？具以情對，不然立死。”兩卒視經且股栗，復懾先生威，遂不敢隱，備言經子戀文以金屬斃奎祥狀。先生立具獄上之。經父子皆抵罪。於是，邑人謹呼德公，不止吾邑之害除，嶺表並脫搏噬之禍矣。蓋謂經罷督廣之任也。斷是獄時，空中無雲而雷，江西至今相傳為"雷鳴案"云。

　　先生罷官後，貧不能治行。撫人樹表於道，曰"願為唐公辦裝會此"。乃置一虛器其下，未月中，投錢於中且十萬，進之先生，先生辭不受，乘夜解纜歸。家敝廬不蔽風雨，仍開門授徒，學者較昔更盛。資束脯以為衣食。每徒步獨出，遇之者視若常人，不知其曾為法官也。先生雖屢空，而樂不改，誦讀著述，孳孳靡倦。薑桂愈老彌辣。州中事有不得其平者，必侃侃然言之，不懲羹而吹齏也。先生之同年生，嘗以郡倅來攝州事，頗嚴酷，屢以催科笞諸生。先生心惡之。及置酒修舊好，既見，方叩其家所有無，欲有所進。辭未畢，先生忽正色曰："君終日而撻七士，忍令故人戴面相視乎。"遂拂衣而起，郡倅追謝之。卒不顧。其剛鯁，蓋天性也。又聞虎文云：方余在帷中時，每日之閒，先生數如內咨太夫人以家事，或問食之甘否，體之寒煥，呼母之聲嚶嚶然如赤子之需乳脯也。嗚呼！其所以備衆行之本也與。先生生於某年月日，卒於某年月日，以其年月日葬此。配某氏，子某，系之以銘：

石可仆，松可摧。蹠爪交，刹粗迴。羡重閉，固不開。際天地，神往來。[1]

（文見光緒《睢州志》卷十《藝文志》。馬懷雲）

---

[1] 錢儀吉《碑傳集》卷八十八標題作"江西撫州府推官唐先生巍然墓表"，錄文行此有誄，錄之於下：

先生姓唐氏，諱巍然，字二有，宋御史子方之後也，今爲睢州人，世累貴盛。先生不逐羣，從好尚，蕭然誦讀一室，爲寒士之所爲。析義制文，多行己意，即偶所偏，主人終不能屈其意而使之回奪。順治戊子，以諸生第一人貢於廷。當國初用人之際，最重是選，廷試文，俾諸翰林分第其高下，先生遂得推官秩，任之撫州。始至，見太守某盡民之產而仍畢其命者，三月中凡七十一人，先生髮爲之豎，立白之上官抵其罪。即上官有所行下，一蔽以法，毫不曲阿，以殺人媚人。於是，百姓欣欣歸心，而上官且以倨侮見疑，羣僚亦側目，人思齮齕之矣。時巡按御史米公獨重先生，故衆皆忍而未發。會臨川有徐熊之獄，先生直徐冤，當熊罪。先是鞫獄者皆從坐，於是，忌者益衆。追米公還朝，而先生遂不可復留也。

蓋徐佳、熊經者，俱臨川進士，有時隙爭，相伺欲甘心焉。頃之，佳死，經家偶被盜，輒指爲佳子奎祥所爲，案經府別駕及縣令。時經方受新命總督兩廣，治獄者遂承風捕奎祥掠服之。獄上，御史疑其臟據不明，移先生覆之。先生察奎貌心重有冤者，且親進士，非迫於飢寒，疑不至是，辭臟復參差，乃反覆窮推。會暮而罷，曰詰朝更鞫之。是夜，奎祥遂死獄中，明旦以聞。先生愈疑，遂攝經面質之。經至，欲從中門入，先生卻之，既已气沮；及見，先生厲聲曰："誣人盜而不得，私斃之以滅口，何也？"經色動，不知所對。先生回顧兩獄卒曰："汝聽人殺人云何？具以情對，不然立死。"兩卒視經且股栗，復懾先生威，遂不敢隱，備言經子戀文以金屬斃奎祥狀。先生立具獄上之，經父子皆抵罪。於是，邑人讙呼德公，不止吾邑之害除，嶺表并脫搏噬之禍矣，蓋謂經罷督廣之任也。當斷是獄時，空中無雲而雷，江西至今相傳爲"雷鳴案"云。

先生罷官後，貧不能治行，撫人樹表於道，曰："顧爲唐公辦裝會此"，乃置一虛器其下，未月中，投錢於中且十萬，進之先生，先生辭不受，乘夜解纜歸。家敝廬不蔽風雨，仍開門授徒，學者较昔更盛，資束脯以爲衣食。每徒步獨出，遇之者視若常人，不知其曾爲法官也。先生雖屢空，而樂不改，誦讀著述，孳孳靡倦。薑桂愈老彌辣。州中事有不得其平者，必侃侃然言之，不懲羹而吹齋也。先生之同年生嘗以郡倅來攝州事，頗嚴酷，屢以催科笞諸生，先生心惡之。及置酒修舊好，既見，方叩其家所有無，欲有所進。辭未畢，先生忽正色曰："君終日而撻七士，忍令故人戴面相視乎？"遂拂衣而起，郡倅追謝之，卒不顧。其剛鯁蓋天性也。系之以銘曰：

石可仆，松可摧。蹄爪交，刹粗迴。浚重閉，固不開。際天地，神往來。

皇清待贈太夫人湯（斑）母軒太君墓誌銘

　　同里眷晚生田蘭芳頓首撰文。
　　賜進士出身翰林院庶吉士年家眷晚生袁鍾麟頓首書丹。
　　賜進士出身考授內閣中書舍人家眷晚學生吳學顥頓首篆蓋。
　　繪川之陽有大儒焉，曰湯潛菴先生。學醇而節高，海內無老穉賢愚，咸仰如河嶽鳳麟，冀一見之。至於以孝成德，加人不啻□□□未必能盡知之也。
　　先生十六時，流寇陷州城，母太恭人趙氏以身殉節，先生號泣其旁，隕絕數回，幾欲相從於地下，太恭人□，公敦譬反復，然後，灑血斂瘞，侍之避地於所親三衢之署中。哀至，輒投荒山，叢樹幽險，哭聲徹林表，猿鹿亦皆踯躅悲嘯，以助□□後聞於朝，建祠樹表，春秋奉蒸嘗，莫不嗚咽動路人。其參藩嶺北，時憲副公偶感微疾，聞問即棄紱來侍，眷戀庭闈，而敝屣一官，求之□□中，寧易多覯。於繼母軒太夫人，尤能養之以色，中誠所達，無間所自出。東山再起，宦迹南北，時時惟太夫人是念，白首□□□即造次顛沛，其念曾弗少斁，人皆為先生難之，不知在太夫人為尤難。太夫人性慈靖，自歸嬪以及撤帨，撫先生一如己出。□間問奴課婢，節體縮口，以資先生之清橐；倚門倚閭，以望先生之宦轍。先生憂讒畏譏，則太夫人之魂驚膽裂；先生騎箕上昇，則太夫人復眼枯腸斷。卒至於攖疾，卒至於無祿。太夫人與先生固足為衰世母子儀表，而不知太夫人與先生所以劬勞□恤，誠有遺恨於九京，而終古難釋者焉。蓋太夫人三歲失怙，依母以居，艱苦備嘗。甫歸憲副公，即丁亂離，艱苦更倍於在室。幸而子通籍矣，人情以為庶幾少迨憂勞。而太夫人不止不敢冀先生之祿養，乃時時虞先生之塵甑更多於家食；不止不敢安享人世之尊榮，乃時時謂人世風波不如其優游於衡泌。終朝欽欽，心無寧晷，神已瘁矣。乃先生又先太夫人而逝，冢孫溥復繼夭，含殮之際，所以當大事者，僅任□□之幼曾。雖少子教諭君備物送往，而歸禭致賵，素車白馬，較先生生存之日，不無或異。此教諭君所以腐心疾首，既悲其母未及歸藏之榮，又逆其兄之志，必以不得身送慈親，永含戚於泉壤，冀得一人表而出之，以與天下後世共傷其遇而不遇，共諒其以不盡為盡。知蘭交先生久，習於其家庭慈孝者深，故不以蘭身賤名微，言之不文，而猥屬以壙中之石。謂可不失其隱微曲折，使母子惻怛篤愛之忱常留人間，或稍得以慰其無已之痛也。蘭忍引分固辭，用辜孝子之心哉！謹撮狀中之要，序而銘之。按狀：
　　太夫人姓軒氏，為明名臣介肅公輗之族，世有顯人。三歲，父智所公見背，旁無兄弟，母女相依以生。稍長，即能作苦，以分其母李太君之勞，內外已異其井井。比歸憲副孝先公，正當中原兵戈交橫，田荒而囊橐如洗。太夫人奉嚴姑，獨得其歡心，饗飧所出，蓋有不忍聞見者。姑沒，伯嫂亦於是日亡，太夫人佐憲副公於棘窆哀毀之餘，誠慎盡禮，且不敢略送其嫂，人皆稱其孝友。伯叔歿，遺有子女，撫育遣送，恩至而儀充，義聲動閭里藉藉也。潛菴先生未第時，丸熊以資清苦。既宦遊，淡泊以安廉節，尤為閨中所難。而自有之一子二女，卒無所私。潛菴先生以壯年解組，長賦歸來，太夫人欣欣然，以骨肉團圞為天倫之樂，更無幾微以先生遺榮遯世不概於心者。憲副公卒，哀痛方迫，即引其子之手付先生，命以兄任父，責嚴義方，俾有成立，所見皆偉絕。其他奉亡母追慕終身，念孀姑問饋備至，無非天性所根者然也。當先生以宮端北上，紆道來省，是時，教諭君暨諸兄子亦皆有聲庠序間，蹌蹌繞膝下，人為太夫人榮。太夫人稔先生剛鯁疾惡，每慮不容於時，常慘慘抱無窮憂，遂已動乎疾矣。及先生薨於位，問諱驚怛，疾愈深。繼而孫溥亡，是子才而文，太夫人痛之尤劇，遂至不起。太夫人為憲副公之配，尚書公之母，身極寵榮，而實終始憂虞如此，殆難為流俗道，其亦誠可悲矣。

太夫人生於萬曆四十三年乙卯五月二十一日巳時，卒於康熙三十二年癸酉六月二十九日酉時。子二：長斌，順治壬辰進士，歷官工部尚書，即所謂潛菴先生也，憲副公前配趙恭人出。娶馬氏，封恭人。次斑，廩貢生，候選教諭，即來乞銘者，娶袁氏，太夫人出。女三：適守備司諫者，為趙恭人出。適監生袁復泰，適舉人候補中書趙易聖者，太夫人出。孫男八：溥，廩生；潜，副榜拔貢；沆，歲貢；準，監生；斌出。廣淵、日躋、秉哲、迪畏，斑出。孫女三，俱斌出。曾孫八。潜出者五：之旭、之遇、之昱、之防、景福。之遇出繼伯父溥，是為承重曾孫。沆出者二：之昶、之防。準出者一，廉石。曾孫女九：三為溥出，三為潜出，二為沆出，一為準出。嫁娶氏族詳狀中。康熙三十四年十一月初二日未時，祔葬城北十五里潤岡憲副公之兆，禮也。爰繫之銘。銘曰：

榮於外，惕於中。遇若艱，德實豐。摭實蹟，銘幽宮。安體魄，釋怨恫。聲洋洋，極無窮。攀墳柏，省淚紅。

康熙三十四年歲次乙亥十一月朔二日。

承重曾孫之遇、孤哀子斑泣血納石。

（拓片藏河南省文物考古研究所。李秀萍）

皇清敕授文林郎湖廣衡州府安仁縣知縣王公諱贊字襄哉暨元配孺人蔣氏繼配孺人徐氏合葬墓誌銘

【誌文】

門生田蘭芳頓首拜撰。

賜進士出身考授內閣中書舍人年眷姪吳學顥頓首拜篆。

賜進士出身翰林院庶吉士年眷姪袁鍾麟頓首拜書。

先生姓王□，諱贊，字襄哉，晚號嬾仙。其先山西洪洞人。有諱祀者，始遷河南之儀封。已而，□籍睢州野雞岡，遂為睢州人。生子二，其次曰潤，是為先生高祖。曾祖崇儒。為農而耕於野，每聞近村讀書聲，則輟耕而嘆，蓋傷己之不得為儒也。因自治山，盡俾三子入口塾，卒皆有成。而季子洛菴公弘濟，以明經諭中口口魯陽王口口口薨，有子二人，莫口立，且有口口口口祖者。公曰："有嫡立嫡，無嫡立長嗣。"遂定。一時推公為可屬大事。則先生祖也。

父諱金鐸，增廣生，所謂振所公也。母劉氏，口生先生。三歲時，振所公教以字，一見即識。七歲，就外傅，日熟經書數千言。少長，受學陶先生。陶先生口經有師法，故先生卒成器。未幾，振所公口口，先生鬻田以葬。家雖困甚，而能挺然自持。益激昂為問學。免喪，得隸博士，稱弟子。後稍稍為人教弟子，負束脯口。

戊寅、己卯間，睢州之高才生為文社，交相切劘，聲奕奕起。於是，人皆口欲致之家塾，不得者往往口口口。庚辰，蘭侍先生帷中。時方口口先生得以口入講授。但舉大綱，徐以俟其自得。且掖附老口口口之末，使之有所觀法。先生兀坐吟誦，而無世儒櫛比陋態。有時濡首口細字，腕動若飛，頃刻已完數紙。與人角藝，人方屬思，先生口口口脫。是時，蘭家兩世皆在堂，每遇口期，大母與蘭母必夙興芳醖美口，盛以瓤豆，獻之先王父。先王父攜至會所，口口口公具口曰：就坐後先，視文成夙暮。及諸公口席，先生已果腹十七焉。王父失口口口家，先生固應爾，率以為常。無何，大母見背，口口大父與吾母相繼亡，先生之母亦卒於是時。是歲，蓋崇禎十四年辛巳之秋。且口先生家如磬懸，病莫能興，然喪之略皆如禮，人方嘆以為難。先生顧每追憶涙下，引為終天之恨焉。壬午，聞口口川城公口口河水口口口口。乙酉，高、許首尾屠掠，人類幾盡。口口竄伏中，先生無一日忘學。禍亂既定，蘭得與先生相見，問口口口，扶蘭手而泣之。丙戌，先生業於鄉，蘭亦更理舊業。丁亥，試童子，以友質先生。先生喜溢於面，為丹口而品記之，大抵激獎之口口口告，甚慰於懷，又惴惴焉慮其不能竟業也。嗚呼！今世師弟子交手為口，泛泛然視同路人，且有互相嫌怨者，以較吾師愛蘭之誠盛口口口口口渝，直不勝口榛隰苓之思焉。先生循循善誘，每與居，輒為稱說古今，以及家人瑣細。嘗語蘭曰：余二十餘，頗知學問涯略，則受學陶秀淵先生。先生嚴，余自顧非甚鈍者，而夏楚每及其身，余學卒賴以有成。然知其道不可用也。又曰：余學既有門庭，且恃胸有數十卷書，口口口可嗟咄到。遇人士多睥睨，不以屑意，復受同志推獎：孔、禰當日不啻也。一文出，意謂莫有加者。嘗以謁之黃門公。黃門公即先生之姑之夫，而蘭外王父通政李公也，是時，為兵科左給事。公讀未半，掩卷曰：試牘闈墨，士子之菁華，而朝廷之科律也。高自置而易不加省左矣。欲燕而南轅，曷至焉？余聞言自失，歸求書而諷咏之。是歲，果列膠庠。其後，頻經禍亂，凛凛焉佩其口以口口弗敢口。

順治丙戌，應試鄢陵。衡文者期而未至，念旅食維艱，不可空飽。乃日初出，即挾策走敗屋中，席地面牆讀。讀已復思，必至口春然後返。食之有無，冷暖不計也。如是者連旬，覺握管則汩汩然來，如書成言矣。衡文者亦至。就試，遂入高等。是秋，竟舉河南鄉試第一人，乃知虛憍野戰，貽笑識者。指授之方，實踐之功，不容誣也。先生寓教無方多類此。

戊戌，中禮部選。己亥，始成進士，例當得知縣。先生樂易任真，遇人多作諧語。人具疑為曼倩玩世，蘊武嫉時。然實小心敬思，言行必擇，中所介然確乎其不可亂也。先生□□讀書與飲酒。自少至老，手不離杯杓，飲多益辨。酒後則抱膝長吟，聲如瀉湍。無日不然，及貴常然。有時觭問字之客，親□□□不取僮僕□客來不問，不知為官人也。於書無所不流覽，而尤精壁經，好為學者說之。需次時，仍開幃授講。所至之處，戶外之屨□滿。先生意自得也，嘗云：從今以往，得日手殘編，枕□丘，吾願畢矣。維不欲更稱楚人。或有勸之仕者，曰：余幸中天子甲乙之科。非不欲竭力自效，冀得邀一命於二人。自顧非簿書才，且古道自命，恐不周乎今之人。出而□禍，無為也。故屢檄不應。□之易新令以安仁知縣，就其家命之，不得已而往。果以□擊強宗，竟遭反噬。聞命，投幘於地曰：吾固知有今日耳。因盡搜橐中□□釀家曰：吾既不得已行吾志，又安可使廢吾酒。對簿之餘，率引滿浩歌，不知身在患難中也。上官方廉而原之。乃於康熙十二年十一月十一日亥時，無疾終矣。止距所生萬曆三十五年九月初三日丑時，得年六十有六。娶蔣氏，先先生四十五年卒，年僅二十二。

繼徐氏，有婦德。吾師之孝親友弟，撫亡兄之女，擇壻而嫁之。卹親族鄰里之窮無告者，每皆有助。生於萬曆三十九年十月初八日子時，卒於康熙三十五年十二月初九日未時，為年八十有六。子二：迪簡，庠生，即冒鋒鏑以反先生之柩者。娶魯氏，理學名儒惺庵公之嫡長曾孫庠員楷女也。慎簡，大學生。娶褚氏，廩員懋聲女；繼王氏。女二：一適增廣生劉德延。一適□侗。夫早亡，矢志守節。其所育姪女，擇配而嫁之者：一曰□□孫珙，一曰太學生□□□。孫三：暹、暄、景。暹、暄皆諸生。孫女四。曾孫二：基□、基洪。曾孫女五。先生超曠夷猶，不□外物。而□，貴而□□知□而□欲□進□之推志弗遂，客死蠻鄉。雖□變若常，無損天和，終與優游林泉，易簀□寢者異矣。先生半生困厄，四十始□於丙丑年而□□十年而從政。從政未幾，脫其章綬。脫章綬幾年，卒旅舍。卒八年，返殯故廬。又十七年，其孫乃克襄事。其亦可□也已。三十年中，內外□□□盡，獨留此煢煢七十之老門生為挽父之母。其孫安得不□□□□□，痛安得不深，言安得不□也。暹□今康熙三十六年十一月初八日，合葬於柴家砦之新阡，故據所狀及聞見，敘而誌之曠中。銘曰：

大和□□氣昭融，師□其寒匹河嵩。窮經擢史□卅童，孔馬執珪□朝宗。□擊已發□□□，□視臣子細□□。□□□□千鍾，□□□語□□□。外和□□禮法崇，於茲猶見先民風。貧不□□貴滋恭，枘方圓鑿詎能容。名雖魏闕□□□，□□□□□□□。心身□望康巴庸，命□推志將無從。赤手直前搏□龍，掉尾□□遺□凶。重華蒼梧□莫逢，皋陶雙耳閉不聰。□□□□□□，□□□兒似有胸。如何有□□途窮，萬□浮雲□大空。□雷□電師玄□，□顧□□等沙蟲。呼吸元氣無始終，□□□□□。

康熙三十六年歲次丁丑十一月初八日□泣血納石。

（銘存睢縣文物保護管理所。李秀萍）

皇清崇祀鄉賢前明分守河南大梁兵巡道布政司參政兼按察司僉事
石憲袁公合葬墓誌銘

田蘭芳

康熙三十八年夏六月，楚雄別駕袁公嗣孫景朱踵門拜請曰："先曾大母劉淑人卜於是年十月二十六日，歸窆矣。先生與余家世有連且交朱本生大父，分誼尤篤。蓋嘗誌兩大父墓矣。先淑人行蹟猶在，見知之世，敢以壙中石累先生。"先生無辭言已。復再拜曰："當曾大父葬時，正際鼎革，四方之亂未敉，播蕩之餘，遺老跧伏，吾家物力方形匱絀，匶返江南。兩大公及時襄事，銘故有闕。今當啟祔，禮宜補作，祈並惠鴻文，以圖不朽。"余聞之，憮然。念公命世人豪，且大有造於桑梓，歿向六十年，袁氏故老幾盡，顧以表揚之事遺之童弱，使余小子得以操筆，撰次其生平，天下事甯可以逆計而意料也耶？先是丁丑暮春，河南巡撫都御史李公以事久論定，允州人請，檄祀公於瞽宗。是日，列暮雲屬封羊盛齋，競獻主前。其他奔謁俯伏去來參差者至庭不能容，廟門以外，闤街咽巷，駢羅環視，嘆未曾有。其扶杖之叟指以語夫少稚曰："微公甯有若輩於今日，追念公德，當世世無忘也。"蓋當崇禎乙亥，流賊迫州城，時承平久，人不識兵，屯軍視若兒戲，列陣以待，未日中，殲焉，遂圍城而攻，州人大恐。公環甲登陴，分給守者兵械，使得自衛以殺敵，人情稍安。乃輦金置城上，號於衆曰："能殺一渠者，予百金。殺騎卒者，半之。投石發矢、搬礨運木者準此為差。"越一二日，傷賊頗衆。賊恚甚。大治攻具，肉薄以登。公視服絳督攻者，注箭弩射之，一發而殪，則渠率也。賊乃號泣舁之去。氣少沮。然旋退復進，報怨之師誓逞其志而後已。公知勢亟，周陣呼曰："城危矣。我不惜破家在圍中，各有死理。盍共戮力，於死中求活矣也。"於是，人人競奮，乃縋壯者於城下拒賊，使不得近城，而老弱則叢炬，以焚其梯，或熱油以灌登者，即婦人孺子亦爭投石以擊賊。呼噪之聲動天地，城下死者如積。凡七晝夜，目不交睫，至眶生瘡，疹氣彌厲。賊度終不可克，始解去。是叟為童子時所親見，故感嘆其德，娓娓為衆言之，而捍患禦災，又誠合於祭法無惑乎。歌饗神前，人心同然，至如爾日之盛也。公之大節，為人尊親如此。故順人心所欲，按狀敘而銘之。

公姓袁氏，諱樞，字伯應，一字環中，石寓號也。太子太保、兵部尚書諱可立之子，母曰宋夫人。公實出於潘母。美儀觀，多大略，年十二，入州庠，見賞於督學何公，應瑞文章有聲場屋間。十五，以尚書登萊勞蔭入胄監，時方多事，公抱壯志，嘗撫髀嘆曰："大臣子不當與寒士以科目競進。李文饒、韓持國，伊何人哉！"乃以任子就選。初授詹事府錄事，歷南京左軍都督府都事、太僕寺丞、户部山西司主事。丁內外艱，凡五年，仍補原官。陞郎中。崇禎十五年，命權滸墅關商稅，隨職各著勞效。十七年五月，差滿，例還部。移廣東司。時危疆需材，山東、湖廣重臣交疏請公，廷議授而復改者再，卒任公河南，俾分守大梁，治睢州。公，州人也。即第為署，時人榮焉。無何，豫餉告匱。巡撫越公其傑趣公入，請即命親往直浙閩廣督之。行至杭，而天兵已渡江矣。公返，臥白下閱兩月，竟以疾卒。公孝事二親，所以奉之者誠盡而禮，縟喪所生母，尤能以哀動，嫡得伸罔極之報，父老往往以為口實。撫妹過於己女，其適孟氏者，在汴圍，偵候之使舍置。汴潰，訪迎如蘇，俾劉淑人躬調護之。臨命猶以終身為慮焉。性慷慨，俠烈慕義，急人之急。待以舉火者，常數十族。文雅通博，為海內物望所歸。喜賓客，座上無日不滿。壺矢奕射，品竹彈絲，以至商校古今，摩賞器物，公分部酬對，精神蔭映，人厭其意以去。蓋公多至行，復能該貫羣藝，氣韻尤足傾人折衝，特其一技，州人所以飲食必祭者，實在此。故著之獨詳。亦以見公得俎豆於孔庭者非誣也。

公生於萬曆二十八年十月十五日子時，卒於順治二年九月初四日子時。元配任氏，由孺人例贈淑人；繼劉氏，杞縣宦族，生有異質，父母卜其必貴，十七來歸，即傳家政，接親族御臧獲，美肴酒，綜出納，無事不井井。其大者，則在事舅姑，養生喪死，皆先公意，而助所未逮。其孟氏姑身脫圍城，饑羸殆不可濟。淑人撫摩痛疴，調劑食飲，慶求如育嬰兒，卒得無恙。公既歿，仍遵遺命同居終身，且聯婚媾焉。公前室之子賦誠令沁源，代民償逋賦，破家猶不足，淑人自脫簪珥。其命己子賦諶粥產，以成其事。二事殊有古女烈風。淑人生於萬曆三十六年十一月二十五日寅時，卒於康熙二十一年七月初六日亥時。子三：賦誠，云南楚雄府通判，任出；賦諶監生，劉出，皆能詩、工書，博雅有父風。賦諶尤蘊藉；賦誠，庠生，側室張氏出。女二。孫六：黽山、誠山，黽亦諸生，皆早卒；侗、儞、偉、任，侗早卒，餘諸監生。任為誠後。儞三子：景周、景朱、景薛。景朱出繼伯祖。誠之子山即來乞銘者。附淑人而並求誌。公行可謂得禮之意矣。景薛後侗，孫女二。元孫一，鳳舉周出。為之銘曰：

吁嗟袁公，實命世雄。懋厥大德，藝靡不工。浩浩元化，闔闢焉窮。惟向其利，乃云有功。乙亥寇來，圍城而攻。壓陣雲黑，濺血堞紅。僉曰必危，元龜告凶。婦號兒嘘，闔城忡忡。百萬之人，命盡是中。公麾以肱，止曰無庸。鞏金激眾，指揮從容。羣力競奮，積屍齊墉。賊如敗葉，紛披隨風。命續室完，其樂融融。淑人之德，罔不公同。公而廟祀，人心之公。百年菀結，一朝獲通。此曰南原，馬鬣是封。傾城往還，手植墳松。勿翦勿拜，千春鬱葱。

康熙三十八年六月。

（文見光緒《睢州志》卷十《藝文志》。馬懷雲）

清故進士張公戀勳合葬墓誌銘

田蘭芳

公姓張氏，諱銘旂，字戀勳，別號柳莊。始祖諱三，從明太祖起兵，天下既定，各置衛所於州府，使衆隸之。授田百畝，以酬其庸。三分屯於睢州之潮莊，遂世為睢人。自三至權，皆有隱德。權生正學，是為公祖。萬曆癸丑進士，由郎署出為廬州府知府。公廉守法。有巡按御史挾瑄威欲奪公獄，以網禍，弗許。巡按銜之。公治行無可謫，猶遷兩浙鹽運使以視意。公遂拂衣歸。歸，益好其德於閭里。至今人有善張之目。父辰垣，郡庠生，尤長者。母楊氏，生公兄弟二人，而公居仲。姿貌明秀，玉瑩而春溫，與兄元勳師事朱介景先生，授以書誦，終日不知有人間嬉遊事。弱冠，入州庠。知州熊公飛頗禮遇之。時時召與講議。崇禎壬午，寇訊震迫。州人日數警。公兄弟方在署，父聞警不及待，倉皇攜家同衆出走。公歸，失父所在，追跡之。遍行蓬累間，脛踝皆赤腫，號呼求覓，雖賊騎充斥，弗恤也。後知寓孥金陵，乃與兄買舟南下，數相左而後得聚，孺慕之泣，鄰巷為之生感，自此百方娛親意，不使有故國荊棘之痛焉。亂定而歸，宅第沒於黃流。奉親棲託田間，茅屋數椽，戶以外鞠為茂草，饔飧往往不給。公柔色以將，親貌充腴，如果蓏滑焉。未幾，兄弟相繼隸學宮，饘粥稍稍有餘，名亦益起，倫輩不敢仰視。公則鉏態色，抑驕氣，油油然終日與人處，而不知物望之在己也。順治庚子舉於鄉，又十一年成進士，謹信溫恭有加，無少渝。母卒，如禮而喪，過乎哀。以為奉母既不可追，猶得竭力者惟父耳。凡所以悅之者無弗至，而顧身不及奉厥終。讀垂沒之語，令人慘傷懷抱也。公生平純任自然，坦易而誠慤，門以內和氣盎溢，晨昏膝下，不忍暫離。止知盡一心之誠，未嘗計必如是焉，乃所謂孝也。肩隨其兄，如影附形，趨舍好惡，恐恐焉常懼有毫髮違，未嘗謂不如是匪所以為人弟也。嗃嘻胥泯，學不假教，易愛無用勞成慈恩所淪浹，一切衰世詐諼之習，脫落無餘，而卒莫測其所以進退之機也。逆億不設於中，鄙悖不形諸口，親疏遠近，貴賤賢愚，凡游其天者，廓落沖穆惝恍焉而不覺自失焉，抑亦可謂純一君子矣。

公生於天啟二年二月十二日亥時，卒於康熙十七年九月初一日申時，年僅五十有七。世多為公抱未竟之恨。嗚呼！今之所貴者，辨給雄敏爾。所望者，擔圭垂魚爾。每易其當然，忽其所未至。孟子不云乎大人者不失其赤子之心。考亭釋以赤子之心，純一無偽之所包括而旁行者也。大人之事，寧云未備哉！世人之見，蓋不究乎本之論也。使人盡如公，雖黃農至今存可矣。公娶黃氏，廬江縣知縣文輝公女，靜淑恭和，適配公德。生於天啟二年八月二十二日辰時，卒於康熙三十四年五月初五日戌時。子五：淑韓、淑范、淑歐、淑司、淑文，俱庠生，司出。後伯祖文後其伯。女一，適太學生吳宗頤。孫五：守謙、韓出；守敬，范出；守慤，司出。守約、介石，文出。女十人。卜於康熙三十八年十月二十六日，合葬城西南潮莊之新阡，禮也。公之孤請文其壙中石，爰序而系之以詞：

蛻所藏，兀中野。豹隱山，珠媚海。文貴姿，世鮮覯。東屯農，為之表。拜過軒，袪樵斧。公云亡，摧揩挂。霾翳日，鬼嘯雨。孤鼠號，鰍鱔舞。考斯文，風回古。

康熙三十八年十月。

（文見光緒《睢州志》卷十《藝文志》。馬懷雲）

郡守胡父母施粥賑饑全活二萬人感德碑記

郡人户部左侍郎王紳

聞之議賑荒者，有二難三便，六急三權，六禁三戒諸說。誠以命懸呼吸，非委曲周詳不能盡機宜而中窾要也。雖然，亦視其人如何耳。救荒無奇策，第誠心求之，即常行之法，裨益非淺鮮也。歲壬午，吾鄉大罹水患，逢六月至八月，霪雨幾八九十日，睢州以東暨乎徐、沛，禾盡淬。先是二麥薄收，繼以秋禾之沒，民遂嗷嗷無所得食。然通一歲計之，僅被災四分，例不得題請蠲賑。幸我州守胡父母，目擊民間饑餓流離，惄然憂之。先以狀請於巡撫大中丞徐公為計，以存廩粟若干，捐己俸若干，又率僚吏及黌學兩齋各捐俸若干，又議勸州之登仕籍者與凡士夫及富而好義者，捐粟若干，共可得粟若干石。會大中丞念切民瘼，即率藩臬諸臺各捐金賑饑。又繕疏入請開倉貸粟。公乃得便宜行事。於是，飭肆市嚴斗斛，減直出糶，使粟價無湧。又榜於野，其有願借貸官粟者，聽來歲償。凡州屬之貧民，亦既紓其急矣。至於極貧者之民，奉檄煮粥而日哺之。自去年臘月二十九日，開廠於東關之泰山廟，立二百餘釜，釜煮粟數升，日升為期，鳴鐘而食。每將食，公單騎臨視，諸男婦蜂擁而前，叩首至地，呼父母，聲聞數里。公慰勞備至。已乃設甄地上，若綦布星羅，既食男婦，類分以入蹲一甄，吏胥按次主縻糠瓠中，果腹而止。初就食約三四千人，未五日，鄰封之民，耋稚扶攜而至，率二萬人。令少婦坐蓐者居中，吏亦按時給粥。其散去也，又量地遠近給以口糧，使不即憂絕食。閱三月，公總勵精不懈，一時執事於廠者，咸感公之誠，勤敏小心，若庀私事，是則公委曲周詳，盡機宜而中窾要，有以大造州民且施及鄰邦，使轉其溝壑而躋之生全也。夫煮粥一事，載在《周禮》。謂可起餓夫於垂盡之頃，而議者恒慮其遠近不均，有攙和中飽與相聚而薰蒸疫癘之害。今觀公所為，盡善若此。此蓋以實心行實事，雖昔人常行之法，裨益正無窮耳。事既竣，吾州士民感公之德，又佩大中丞暨各上臺撫恤至意，謀立石於郊，以誌弗諼，而求言於余。余夙聞州里之災，心甚憂之。既兒子來京，備述公救荒施粥諸善政，余竊為吾州之民幸，而又欲傳其事，為後之循良者勸。故不固辭而備書之，非一時之傳頌之私而已也。

康熙四十一年。

（文見光緒《睢州志》卷九《藝文志》。馬懷雲）

道存書院碑記

王紳

學，所以學也。書院，所以佐學而學也。古之學經以德，緯以藝，維持之以法，而羣於其中者，如肆之工，皆有所仰足而習傚焉。儲士既無他塗，故士專其業，純其修，無復有見異之遷。蓋上之所爲教者甚詳，而下之所爲學者甚密矣。迨後世膠庠陵替，而徒羈縻焉以名。以名收人，人亦以名承之，而終不至其地。故先生之堂，常無弟子之跡，愛士者所以不得不有書院之設焉。别立師帷，别創生舍，别議廩給，别豎規格，而聽有志者講貫循習於其間。耳目於焉以新，志趣於焉以一，所以復古學校之實而不襲其名也。茲又際我皇上重道崇儒，時時與一二大臣論辨聖學，而御書"學達性天"之額，賜白鹿、嵩陽諸書院。蓋欲天下之士，翕然同趨於聖人之路，而不使有一人之失學也。

　　吾睢舊有錦襄書院，一時學者彬彬稱盛。迨城圮於水，而書院之址，泛鷗藻焉。司空湯先生築繪川書院，未幾，奉徵書去。刺史馬公慨然有作人之志，欲圖厥成而難其地，故當陽令李襄水先生嘗以誨迪之進爲懷，於别墅今是園左方，闢爲家塾，命其子初及中與州之一二俊彦講習其中。厥地宏敞，堂俯方塘，菱茨芙蕖，美蔭繁香，遠聞數里，允稱吾州勝蹟。公遂就初中而謀之曰："子欲聚多士於一區，專其業，純其修，使烝烝有所興起。君家既有成模，願尸以此爲絃誦勸，儻亦適協令先君之本懷也耶。"子遂請公涖其事，因就其舊齋，榜曰"道存"，蓋成先生志也。乃出禄延師，開發提示，公亦時偕學博士楊、胡兩先生緩帶造之，講究問難，察士所傳習之業而鼓其銳，勵其怠。文藝之佳者輒鋟以傳，以是競相磨礪，日夕奮迅，不督而人自嚴，不強而人自不能已焉。多士樂公雅化，而溯先生作人之意，醵金伐石，屬予紀之。予謬厠言路，閔天下士習之衰，學政之不立，嘗欲乘上清宴之暇，從容參末議，以振興之，而不謂吾桑吾梓先正既能創立書院，而賢守相與要其成，自晏元獻公聘范文正公以來於今幾六百年矣，而始有今日多士之難，其遇不亦宜乎！夫豪傑既能自興，而又有倡之於其前，成之於其後，經緯左右之於其間，懇懇殷殷如此，夫孰肯自負以負先生創院之意與馬公育材之心也哉。安定湖州之教，頒其規條爲天下法，他日國家考定所以興學造士者，未必不來取是闈之法爲令典焉。

　　　　　　　　　　　　　　（文見光緒《睢州志》卷九《藝文志》。馬懷雲）

新復學田碑記

　　王紳

　　善爲政者，在於興革適宜，尤在於紀述有徵。適宜則人咸食其利，有徵則法可傳之久。吾州之有學田也，始於故明萬曆間。郡佐郭公來署州事，適奉令履畝。公恐爲民擾，俾各自首而免其罪謫。於是，人皆欣然爭出所匿，而田額遂充。數之溢者，用其税維新二程舊祠，榜曰"正學書院"。而以是田隸之。租減正供三分之二，每歲所入，儒官掌之，課士於焉取給。積其贏餘，以贍士之尤貧不能立者。養其廉而勵其節，政綦善哉！州之人士恐久而或廢，使美績弗終，因伐石紀事，樹之書院，以示後來。復詳頃畝畛域田户於下方，俾有所考，庶幾可以久而弗壞焉。

　　國初，黄流始復故道，田卒污萊，隱占遂多。所有田名存而已，學宮遂不得而尸之，庠序鞠爲茂草，絃誦因之無聲，蓋十餘年於茲矣。彰武馬公筮守是邦，凡利民之政，莫不釐然具舉，而於作人雅化，尤所盡心。崇師儒，肅禮讓，於學宮之左，創奎星。是樓復建尊經閣，而實之以書，猶患贍士無資，則難望有成。一旦，因祀二程，徘徊宇下，得是碑於覆仆之餘，讀之，蹷然而興曰："嗣美舉廢，非余之責而誰責乎？"勾稽究考，因知淪浸所由。自是公凡足所一履，耳所一入，無非欲得其隱田主名，以漸圖興復。會有度荒之檄，公聞命之日，勉以義而開其網，民乃畢上其頃畝，纖悉括之，正入與淪失之數符。其間，有格而難行者，余則為公通其意於上，而達其誠於民。畛域租入，乃得如故。於是，士知自好，而絃歌且洋洋焉。兩博士合辭來請曰："士不奪於外累，皆得一意於學。吾輩假手，寬然於其職，而無難化之憂者，公之賜也，既不可不有以彰之。且非此片石之存，公亦無從稽考，得以興起廢墜，以遂樂育人材之至願。然則金石之文所關，誠為甚大。願君紀其事，勒之廡下，使易世後守公良法，永永勿替。即不幸而其田淪沒浸蝕，猶可按籍而考之，以復還舊物，斯數世之利也。"余既終始是事，知之頗詳，且嘉公任事之誠，愛士之篤，故不辭殫述沿革，併使鐫頃畝畛域、租入田戶於碑陰，俾嗣公者有所觀法稽核，今而後吾州子衿無城闕之刺，師儒安仰成之美，均當頌公勿忘也。

（文見光緒《睢州志》卷九《藝文志》。馬懷雲）

湯潛菴先生墓表

　　工部尚書湯公潛菴先生既薨之二十年，其孫之旭始得以進士入翰林，嘗來吳中。吳民思慕公，爭欲識公子孫。蓋公撫吳之德，愈久而愈不忘也。

　　公之撫吳也，歲在甲子。皇上閱視河工，幸蘇州，駐蹕三日，察公清廉愛民，從公言，即日回鑾。蓋天子知公深，信公篤，而忌者不察，乃指摘公條教中語，媒孽萬端，必欲置公於死。賴天子仁聖明察，曲為保全。今忌者之骨已朽，而公浩然之氣常存於宇宙之間，至今炳若日星也。

　　吳俗故侈靡，歲時嬉遊，笙歌管弦之聲不絕於耳，婦女豔服冶容不絕於道，樗蒲之習，行於閨闥，公悉痛絕之，而民亦自畏懼不敢犯。其尤著者，毀上方五路神淫祠，投土偶於湖，驅其淫僧，立碑禁止；撤餘材以修泰伯廟。自唐狄梁公為江南巡撫，使毀淫祠千七百餘所，於吳獨留大禹、泰伯、季札、伍員廟。公生於數千百年下，後先相望，其揆一也。當公之毀五路神也，吳民皆驚愕不敢出聲。公曰："邪不勝正，必不貽禍於民也。"久之，民始大信。其後五路神徙於他所，駸駸乎有復興之勢，碑隨仆。公之長子在吳中，於大吏官舍感激發憤，大吏愧沮淚，重立仆碑，其風復息。

　　公之教民也，本於誠信，以培養生息為務，故不賞而勸，不怒而畏。惜公未久遷秩以去，去之日，吳民空城慟哭，叩轅門請留者填塞街巷。度不可得，乃相率焚香走送，數十萬人逾江涉淮，驛路千餘里。公既去，而思公者益深，為立生祠於府學。學中名專祠惟韋蘇州一人。民感公德，因立祠以配之。又為建坊於胥門外，曰"民不能忘"。真不可忘也。

公之學，躬行實踐，以程、朱為宗主，而不樂詆毀諸儒，謂海內學術皆相尚以偽學者，未究朱、程之理，而徒指斥前賢，以自居於衛道閑邪之功，我不為也。故於陽明不加詆斥者，欲以明程、朱之道也。或謂陽明不當詆斥朱子，公曰："此陽明之罪過也，於朱子何損？今人功業文章不能望陽明之萬一，而學陽明之罪過，亦已惑矣。"

公年二十餘入翰林，改監司，為潼關道副使；陞嶺北道，治贛州，以父老乞假歸。里居二十年，讀書奉親，布衣蔬食，蕭然自樂。丁父憂，服除，聞孫徵君講學蘇門，公從之學，學益醇。尋以薦舉還為翰林，修《明史》。公前為檢討時，曾上言修史之法，謂前明諸臣仗節死義者，不宜概以叛書。疏入，先帝深加獎勵，至是則專筆削之事矣。公於《明史》諸志則以曆書為任，知公之明於天文也。讀孫侍郎書，知公之明於治河也。其於諸經史，條分縷貫，凡性命精微之奧，無所不達，而皆不自以為能。所修《明史》數十卷，藏於家。

當謗餤之初起也，謂公禍且不測，未有以發。會靈臺郎董漢臣以上書言事，辭多指斥。眾欲加罪，公曰："大臣不言，而小臣言之，吾黨之恥也。"忌者藉以為口實，指為公罪，不可。後公以辭輔導皇太子命，又欲罪之，復嗾廷臣交章劾公，上皆不聽。後以母病乞暫歸省，上為慰留，命賜第京師迎養，而公病已不可支矣。公之安於義命，不以死生禍福動搖其心，其得於學問者深也。

公，睢州人，諱斌，字潛菴。其世次官閥與其他政事，具家鈍翁先生所作公墓誌中，茲不贅。鋐年二十四，來遊京師，即受業於公之門，竊聞緒論。今年六十餘矣，而學不修，為可愧也。因讀鈍翁所為公墓誌，補其遺缺，將告於其孫之旭，以表於公之墓，以明聖天子始終全公之意。

左春坊左中允門人汪士鋐述。

康熙四十六年。

（文見錢儀吉《碑傳集》卷十六。馬懷雲）

皇清誥授奉政大夫湖廣寶慶府知府公冕王公（組）墓誌銘

賜進士出身內閣中書舍人棘人吳學顥稽首拜撰文。

賜進士出身翰林院庶吉士年家眷弟李中頓首拜書丹。

賜同進士出身翰林院檢討年家眷弟冉覲祖頓首拜篆蓋。

公姓王氏，諱組，字公冕。其先歸德府鹿邑縣人，十一世祖諱興遷於睢州。數傳至諱朗者，以好義聞於鄉黨，曾捐千金修郡黌宮，睢人至今稱之。

公之曾祖考諱承泰，仕至穎上縣訓導。祖考諱烜，開封府庠生。考諱震生，順治壬辰進士，仕至江西按察使司僉事，提督學政。三世皆以恩贈光祿大夫、戶部左侍郎，妣皆贈一品夫人。公母劉夫人，生三子：長諱紳，仕至戶部左侍郎；仲諱繡，任江南提刑按察使司按察使,請告家居;公其季也。

生而骨體凝重,舉止若成人。稍長,涉獵書史,渾厚平易,不設城府。處事詳慎,遇人輒虛心詢之曰:吾所行,得無有未當否?以故遠近號為長者,皆樂就之,然未知其吏治精明有不可及也。初,公逾壯時,兩兄已宦達。太夫人春秋高,多疾家居,公侍養無懈。太夫人逝後,始有仕進意。

歲壬申,以明經授彰德府武安縣教諭。武安,山邑也,士貧而野。公必敬其官,勤於課訓,諸生饋遺,雖梨棗亦為屏絕。其偶為人所侵犯,必代為昭白,不隨有司意為低昂。以故諸生無不感頌,為立石紀德焉。

甲戌,遷直隸真定府元氏縣知縣。壬午,再遷湖廣寶慶府同知。乙酉,以熟悉風土,請以同知管寶慶府事。兩地雖號腹裏,然皆逼處大山,伏戎宿莽,無異巇疆。元氏有地名軹固套者,實太行奧區。不逞之徒,嘯聚其中,吏若民悉耳目囊橐之,出沒為患久矣。前令悉業業靡寧,以苟免為幸。公為設保甲,嚴譏察,操縱有法,於是,羣兇斂跡,而邑以無事。寶慶,楚之南服,崇山密箐,所在悉猺窟,良民託處者,如犬牙錯繡。然公自佐郡以及為守七年中,摘伏禁奸,閭部寧謐。與寶慶鄰者,是為辰、沅,山愈深,水道愈激;偏橋鎮,沅苗之最深阻處也。

癸未,朝命閣學傅公相度情形,繼命尚書席公統禁旅,會三省建節大臣,相機勦撫。公時受委辰州府篆,糧餉軍需,咄嗟立辦。又偕衡永道張公,披葛捫蘿,深入苗峒,開陳勸諭,凡撫三百餘砦。天星砦尤為險絕,衝霄直上四十餘里。諸苗自詫,以為從來官吏無濡足者,至是亦願入籍為編氓,無慮十餘萬。迹公前後所處,可謂盤根錯節矣,而能春然奏效如此。為吏不尚機械,小心勤敏,與上官言,輸寫情事,毫釐不飾,上官用是剖衷腸任之。其在元氏也,一署南宮縣印;其在湖南也,一署辰州府印,又署瀏陽、醴陵二縣印,又署寶慶及永州二府印。所至必剷其夙弊,以辦治稱。湖南巡撫中丞趙公,今世所謂笑比河清者也,奉三尺繩郡縣吏,吏仰之若泰山北斗,顧獨深契公。臬使閻人度諸監司[1],而以其印屬公,大案疑獄經年不決者,公一訊輒得其情,爰為定讞。以故倚之若左右手,即諸憲亦無不賢公者。

戊子,題筦辰沅靖道事,道署與總鎮同居鎮筸,以撫苗為職者也。一時輿論翕然,為地方得人慶。乃疏甫上,而公遘危疾卒。嗚呼!其果有數以制之與?嘗試考之:三苗餘裔,顧不即叙,其來遠矣。涖茲土者,羈縻而外,實鮮長策,不得已則欲草薙而禽獼之。前世如張淨峯、田叔禾之言,莫不如是,卒未有援本探源,為還淳返樸之論者。公為政,既以忠信為上下所服,而諸苗又已識其教化,倘使之卧護南荒,則豚魚之信,已日之孚,可以坐俟。天下事固不當以有事迎之,而宜無事安之,惟明者心知其然耳,而奈何厄於一試哉。公在元氏,嘗捐倉穀數千石賑飢民,而出己貲以償倉儲。在湖南,又數為前後同僚代完逋

---

[1] "閻人"之"人",疑為"公"字之誤。

負，有公費悉取之囊中，嚴革陋規，不以累民。不足，則稱貸於親友，或括家田租充之。用是久宦而貧。捐館日，適受事長沙幕府，一切含殮，皆同官襄事。見其旅次空乏，蕭然數老僕，無不咨嗟痛悼。中丞公數使問疾，至偕羣吏親臨省視。蓋公之見信於人，匪惟其胸懷坦易，亦以其公廉無欲，不藉官以自潤，故表裏洞然，而人不疑其有他也。由此而觀，作吏者之不以才見也，乃其所以為才也耶。

公生於順治丁酉年十月初六日，卒於康熙戊子年五月二十六日，壽五十有二。娶宋氏，誥封宜人，吏部尚書諱犖公女。子男二人：長式淳，康熙乙酉舉人，候補內閣中書；次式浼，業儒。孫一人，楨，式淳出也。女三人，婚閥具於狀，不悉書。今於康熙己丑年十一月初四日，葬於城北柳園之新阡。中書君式淳以狀來乞銘。惟公之積行於桑梓間者，人知之素矣，為書其宦蹟之略，取其切於情事者，銘以告於後之人。曰：

為吏者皆飾名，公闇然無所矜；為吏者皆尚能，公退然若弗勝。惟忠與信物所憑，錄公遺事為公銘。弘斯義也，雖以大受，將無不可□一官一事之足稱也耶。

時康熙四十八年歲在己丑冬十一月初四日。

孤子式淳、式浼泣血納石。

（拓片藏河南省文物考古研究所。李秀萍）

御書"當堂常賞"四大字

清聖祖

康熙四十九年冑欽賜上"當堂常賞"。御製。

九月十九日敬心建立。

（碑存睢縣文物保護管理所。馬懷雲）

故江南按察使司按察使王公繻墓誌銘

李紱

誥授通議大夫、江南按察使司按察使睢州王公考終於家，將以某月營葬，公子狀公行治來京師，將乞銘於左都御史朱公適。朱公居憂，乃以命臨川李紱。紱為公季子澄慧典試所取士，通門之誼，知公為深，不敢以譾劣辭。謹鉤纂其條件如左：

公少警敏，年十六，補弟子員。康熙丙寅，由歲貢生任明知縣，不及一年，以內艱歸。庚午，補任鹿。乙亥，入為戶部陝西清吏司員外郎。丁丑，陞福建清吏司郎中。己卯，特擢江南糧儲道。辛巳十月，特旨遷江蘇按察使司按察使。歷中外垂二十年，年甫五十，即以疾告歸，優游家食又有十八年。遇事有能名，所至有恩，上結主知，下孚於民，外自公卿大夫，內自比閭宗族，同舌稱賢。

其為按察使也，宿州某生攜妻子授徒某氏家，其妻臨產，妻兄之女來視。數日，妻、子均中毒死。館人曰："若與妻兄有隙乎？"曰："有之。"曰："是矣，必令其女置毒也。"生控於州，女交臂歷指，不勝楚，遂誣服。獄具未上。公至，疑之，問館中來往何人。女曰："祇十二歲學徒耳。"召而曲誘之，曰："師嚴我急，因置礮粢中。"生之妻兄乃得釋。無錫民某，與攻皮之匠毆，已而匠死，有僧故與某仇，證為傷重致然，令如僧所誣論擬。公察鬭毆日月在保辜限外，因詰曰："傷久何得不醫？"具言醫矣。檢所用方、則匠死傷寒耳，僧乃伏。平反多類此。

其為糧儲道也，所屬舊有倉規銀鉅萬，並虐取之民。監司利其入，百姓疾苦弗問，歲遣一役飛一檄塞巡漕故事而已。公至，皆杜絕。轉漕時，扁舟巡察，懲其濫收者。宜興僻處萬山中，一夕忽至，百姓訝曰："吾民不見糧道四十年矣，今乃飛至耶！"因號曰"飛糧道"。道庫歲收銀八十五萬兩，為修船及弁丁運費。前運丁預支行糧，例扣月利，丁益困，公悉除之，照額全給，丁立碑頌德。仲雍墓在虞山，久廢不修，城隍廟瀆祀者衆，演劇享神，歲靡金數萬。公曰："教化，監司責也。"葺仲雍墓，封閉城隍廟門。

在戶部時，吏弊不得行，尚書澤州陳公倚任之，薦公才能。其治二邑績尤著。獲鹿為山、陝衝衢，公治驛有法，民不知供役苦。時有陝西寡婦兵還京，頗繹騷，井陘令異憪，巡撫檄公併料理，兵戢不譁。歲歉，出穀以活餓人，親給銀米。編審戶口，鱗次面訊，里長不得為姦利上下。東明縣錢糧多欺隱，居民流亡。公至，易甲長法，大戶用其族長催之，於是，兼併不行。流亡者來歸，酌給以牛種。縣分四十里，里養馬一匹，以備官用，倚茭芻、補倒斃，民苦之，勒石禁止。賈五雲、梁進者，盜魁也，檄至令曰："吾知若名久矣。五雲，汝為總練；進，汝為保長。邑有盜，汝緝，不用命即斃汝也。"盜遂絕跡。有馮化者，勾逃人，誣其鄰某。某信於鄉，保者數百人。公密令匿他所，別令一人跪堂下，召逃者謂曰："汝識某，可執以出。"逃實不識也，見一人跪堂下，執之，衆皆譁，逃技窮，乃曰："馮化紿我。"衆中有欲遁者，公曰："必化也。"追之果然，重責逐之。安某客於外，繼妻高氏與前妻之女在室，高通於劉某，忌女言其情，圖併亂之，女不從，共戕女以死。公曰："高母道已絕，仍照故殺子女律擬，其何以戒為繼母而淫且毒者。"遂比照故殺妻前夫之律論斬。巡撫韙其議，具題報可，著為成例。

東明距睢州百八十里，公之遭太夫人憂也，東明人赴睢州弔奠，白衣冠數千人，門卒怪之，報知州，乃聽入，城巷填塞，觀者嘆異。遷按察使時，十五衛四十九幫官丁咸請留，不遂。去之日，泣且拜以送，與其鄉先生尚書湯公斌撫蘇內召時略同。胥門外有坊曰"民不能忘"，為湯公建也，民鐫公姓氏於其次。蓋公少學于湯公，湯公深契之，其政事有本末，非偶然也。

歸田後，待鄉黨尤篤。睢州學宮舊無祭器，公製銅器三百餘，事諸生觀禮焉。初，公需次家居，聚州士為文課，延處士田先生蘭芳主之，士風日盛。至是，乃益振。又設祭田百五十畝，以羨餘助婚葬及衣食不給者。大要公平生知大體，識定力決，勇於義而枋於正，出之以誠，行之以恕，惜乎用之不竟也。

癸未，上南巡，公力疾迎覲，上顧巡撫陳公云："朕聞王某督糧儲時甚好。"隨遣太醫臨視，賜"德里雅噶"神藥一器，次日賜《初寒詩》一幅。隨趨行在謝恩。溫旨再下，教以調攝，語甚備。公諦聆感泣，謂"臣世受國恩，今疾無以報塞"，上因賜"世恩堂"額。同僚咸謂公且大用不可量，而公去益決，曰："按察使任大責重，臥治即辜恩矣。"竟歸不出。

公曾祖諱成泰，潁上縣學訓導。祖考諱烜，開封府學增廣生，兩為鄉飲正賓。考諱震生，順治壬辰進士，累官江西提學僉事。並以公伯兄紳貴，贈光祿大夫，妣一品夫人。元配郭太君，雲南督學諱昌女，累贈淑人，生子二：長沛聞，嘉興府同知；澄思，辛卯舉人。側室湯恭人生一子，即紱鄉試座主、癸未進士、刑部浙江清吏司郎中。孫男四人：耒、禾、穎、稑。女九人。公諱繻，字慎夫，生順治十年六月十八日，卒康熙五十九年五月初九日，再遇覃恩，誥授通議大夫。銘曰：

六德有邦，三德有家。日宣日嚴，小大維宜。維公翕受，以敷以施。人無寡小，地無廣邇。庇人調俗，綏良警頗。天子曰於，艱食無嗟。爾瘠民肥，醫藥爾加。天子曰都，茂績可磨。牓堂世恩，雲爛星葩。睢流沄沄，恆阜衙衙。水無陮源，山無塹波。山水匪貞，公德靡涯。

（文見錢儀吉《碑傳集》卷八十一。馬懷雲）

白雲寺碑

白雲寺□□□□□□□，蓋曰聖賢心具有為理於有為中，示諸無為用，故居此大千世界，以夢幻泡影之身，作夢幻泡影之境，有無盡緣，而實無無盡緣。余觀佛定大和尚之今日歸西，益信佛教之妙，有空無矣。

公為直隸保定人，俗姓王氏，於童稚年，即親敬三寶，泛愛緇流。少長，投清涼庵，雉髮為僧。壯則詣清涼普渡德堂，受信具於太虛禪師，一瓢一衲，飄然行腳，問道參心，幾歷歲日，而後就印證於青霞傑師，得洞宗上乘。由是而皈依者雲集，首創於河北長垣，數遷名刹，九○□座，於康熙二十六年，眾信延請至河南白雲寺。

寺去睢州城四十里，荒廢已久，公來至止，大闡宗風，南臨江漢，北至幽都，求厥道者，殆若蟻附。遠近信善，或奉□□帛，以充衣食；或負木石，以供修造。公不拒不營，隨緣承受，身有異德，冬夏一衲，當酷暑中，營千佛閣，偕大眾運磚瓦、擔薪水，烈日之下而汗不沾體，即朔雪□□中，亦溫然自適。人有急難叩之，公應聲說偈，其人奉持，即能解脫。以是愚夫愚婦奔走駭汗，厥角稽首者，日不暇給。時歸德太守疑其惑眾，微服往覘。公□□中合掌而言曰：此君面有殺氣，將謀不利於老僧。延之上座，太守悚然稽手皈依焉。辛巳秋，余從京師來汴，晤公於方丈，見公一榻，蒲團半氈，佛火相對，□□扣公之學臺，甕數千言，皆平易近人，而無所爲矜奇炫異者。嗚呼！公真人傑也哉。趙之佛圖澄，唐之一行，將無同乎！五十八年，公抵嵩陽善會寺，考寺□□乃漢明帝時，佛法入中國，始創建焉。及今二千年，興廢疊更，公矢志修，爲謀之中丞。中丞楊公毅然爲建萬壽寶殿，琳宮紺宇，煥然一新。

按：寺之舊名，即曰萬壽。公之此舉，塞有契合。餘工未竟，公即攜大眾遊江淮間。於六十年八月，歸至白雲寺，具香湯沐浴，趺坐而去。白雲、善會兩地，皆有修爲，而工施俱未竟。公其以有盡緣而示人以無盡緣耶！僧俗臘七十有五，次年五月初一，送歸入塔，□徒請記於余。因之爲銘曰：

智珠何轉盤，不定定爲母。盤空珠若遺，靜定曾何有？佛性本圓通，而亦無樞紐。不峙不流行，不馳亦不守。或宛在中央，或在前在後。忽然現在身，莊嚴亦偶偶。未□是因緣，了卻因緣否。解脫此皮囊，公去何方走。西來大意明，靈光自永久。

康熙六十一年歲次壬寅蒲月吉旦。

河南等處承宣布政使司布政使加三級牟欽元拜譔。

（碑存睢縣文物保護管理所。馬懷雲）

皇清太學生賦修袁公暨元配待贈孺人田太君合葬墓誌銘

【蓋文】
皇清國子監□監生袁公諱個字武修暨元配待贈孺人田太君合葬墓誌銘

【誌文】
賜進士出身朝議大夫掌山東道事稽察刑部事務福建道監察御史丁未科殿試驗丙午科外監試官癸卯科內監試官霸昌參議道巡視東城陝西道監察御史順天癸卯科鄉試內監試翰林院編修甲午科典試江西庚子科典試浙江翰林院庶吉士愚甥湯之旭頓首拜撰文。

賜進士出身朝議大夫刑部廣西清吏司郎中加一級欽差興平倉監督前刑部浙江清吏司郎中戶部廣東清吏司員外戶部廣西清吏司主事戊子科江西副主考年家眷晚生王澄慧頓首拜書丹。

同進士出身文林郎候補內閣中書舍人改授湖廣湖南嶽州府晉江縣知縣加一級紀錄四次癸卯科鄉試同考官甲辰科文武鄉試同考官年家眷□晚生楊世芳頓首拜篆額。

范氏《儒林獨行傳》典列卿循吏並垂，蓋具隱德者積之久而猶其光也。天倍爲之於身後里輿數固宜然也。舅氏袁公武修之歿今已□二十八年矣，外弟景周祗塋於祖墓側，以銘壙之辭見囑。悠悠□思□陽情重，徵顯闡幽之責，以不文謹曷敢辭。按狀：

公諱個，字武修。先世江南潁州人。睢湯百戶諱榮者，其遷祖也。曾祖諱可立，明萬曆己丑進士，累官兵部尚書、太子少保。祖諱福承，蔭爲戶部郎中，外陞兵巡道。考諱賦譔，國子監增監生，予外祖也。生四子，公居其次。幼而歧穎，弱冠工□，補州學弟子員，試輒冠其曹。偶宿闈屢躓，始入北雍□□孝事□外祖□庵公暨公祖母魯太君先意承志，日夕具甘脆之膳。己巳，丁外艱。哀毀骨立，祥□□後疾□□窀穸，族黨稱孝焉。友於昆弟，雍穆無間言。與人交□□退讓□無疾言厲色，官清既淡，顧念北堂將養並無志於四方遊學，居常掃地焚□栽花蒔果，奉被輿而娛色□□則課子讀書，欲以纘未竟之緒。丙子，舉於鄉，公言動媚宇爾聽□第已□文□為直筆點竄，逾年抱腹疾，綿延不起。予新視□殮為□以襄疵宜分所當□□□。公之厚德深悟涵育人者不能已，予悲愴也。嗟乎！以公之有孝有德而方識又□焉，長使得□於時於民物，當必有濟，即不然，田以遐齡通徑庭，君將比美於□生韓□□□登名場機時享年部不滿豐百，是可哀也夫。配田氏，歲貢生田公訊□謙女。賦性儉恭，仰事俯育，鉅細得大體，後公二十二年而卒。

公生於順治九年六月十一日未時，年四十有六。孺人生於順治八年十月初六日，卒於康熙五十八年二月十八日亥時，年六十有九。子三，景周，歲貢生；景朱、景薛皆國子監監生。景朱出繼伯祖後。景薛出繼伯父後。女一，適歲貢生蔣運。孫男六，孫女十一。曾孫男二，聘字俱詳行狀。又復贅。今卜於雍正三年十月二十七日，合葬於城西祖塋之次。謹系以銘。銘曰：

是惟袁公幽宅，虬者松，驪者栢。報不于身于後昆，□德用顯石無□。

雍正三年十月二十七日穀旦，不孝男景周泣血納石。

（石存睢縣文物保護管理所。王興亞）

皇清太學生吏部注選州同知尹思袁公墓誌銘

【蓋文】

皇清太學生吏部注選州同知尹思袁公墓誌銘

【誌文】

賜進士出身朝議大夫太僕寺少卿加一級前吏科給事中掌江南山東道事巡視東城北城福建道監察御史丁未科殿試即封官丙午科外監試官癸卯科內監試官整勅〔飭〕霸昌參議道仍帶監察御史翰林院編修庚子科浙江主考甲午科江南主考充三朝國史纂修官翰林院庶吉士愚甥湯之旭頓首拜撰文。

賜同進士出身翰林院庶吉士洛水年家眷弟李學裕頓首拜書丹。

賜同進士出身吏部候選知縣年家愚表弟弟褚俟藻頓首拜篆額。

舅氏之殁，垂三十年。嗣子景孟謀營葬事而請旭為銘藏壙中。旭諗念今昔，執筆潛然，雖無文，其可能辭。

舅姓袁氏，曾祖可立，登明萬曆己丑進士，累官兵部尚書、太子少保，事業勳名，彪炳前史。祖樞，官蔭刑部郎中，外升兵巡道。有子三：長賦誠，任滇中別駕；次賦諶，文學明經，即舅之生父；三賦諴，庠員，舅之嗣父也。舅氏同懷兄弟四人，一門孝友，咸克厥家。而舅氏最少，美豐儀，饒幹濟才，讀書成均，以選例侍佐州牧。年甫及壯，邊罹二豎之凶，聞者藍天不嗟歎。嗚呼，是何等天奪之速耶！當司馬公在前明時，宦歷中外，既負士大夫重望，逮乞休歸田，籌別墅池林山樹，逶迤十餘里，不絕名花美石，極一時之盛，安榮壽考，世罕與比。而參政公複以儴儐嗣興儒雅風流，才兼文武，自郎署出巡方面，備兵睢陳，聞明季寇躪中土，所在糜爛。公率先城守，多出家財懸賞。時□□分奇兵抄襲賊壁，數解重圍，故睢獨完保。頃之推人思公不忘為請於朝，許得以祀廟□，用褒其績。夫以兩公積累，門祚益昌。外祖兄弟繼起，文學仕宦胥擅盛名。億旭年往來外家，見外王父文學公陳設先代彝器，凡圖書鼎盎皆前人賞鑒，遺風流韻，手澤猶存。每賓客商會，州人士咸得識司馬舊物，而旭每為諸舅氏提攜歡甚，轉盼數十年間，外家才能輩皆相繼下世，旭霸宦中朝，頭毛種種，今乃為舅氏銘墓，其又能已於潸然也哉。舅氏天性豪邁，喜施與，無世俗選□□□文結知名，座客常滿，又數數為人解糾紛，拯急難，士類多引重之。惜天不永其年。悲夫！舅氏名任，字尹思。生於康熙四年十一月二十二日丑時，卒於康熙三十九年二月十九日巳時，享年三十有六。配徐氏，杞邑甲午科舉人注選知縣徐公蘭女。嗣子一，景孟，娶趙氏，處士趙公諱鵬翔女。女一，適旭從弟，歲貢生之盼。孫一，德，未聘。今於雍正六年十月初七日，妥靈於大司馬公賜□。爰為之揮淚而銘焉。銘曰：

世業繩繩，載篤其慶。鬼□人□，□□□盲。□之□睢之陽，其安宅兮，終焉允臧。

時雍正六年十月初七日穀旦。

不孝男景孟泣血納石。

（誌存睢縣文物保護管理所。王興亞）

歲進士開封府滎澤縣教諭繡甫湯公及配袁孺人合葬墓誌銘

康熙五十八年歲在己亥，原任滎澤縣儒學教諭湯公繡甫卒於睢陽里第。越十有八年，公之德配袁太君亦卒。至是，其長男太學生廣淵謀舉兩大喪，而先期以狀來徵誌銘於余。按狀：公諱斑，字繡甫，大司空文正公之同懷弟也。余自束髮受書，即私淑文正公，而未得一出其門。康熙庚午，余嘗過睢，謁田簣山先生於今是園中，先生語余曰："吾睢讀書知名者亦多，而要必推轂湯氏。他日繼潛庵而興者其繡甫乎！繡甫有道而文者也。"余時雖未識公，而聞簣山言，竊嚮往之。

狀稱公生而端凝。初就外傅，封公喜其穎悟不凡，曰："是兒大器也。"病中猶手抄古文數十卷，課之即成誦。比長，事兄文正公尤能曲盡弟道，率教惟謹，故其督課之勤，往往徹丙夜不倦，一門之內，父子兄弟自相師授，由是兩冠童試，旋食餼膠宮。每試輒傾其曹。此其家學淵源，由來久矣。

公至性過人，方十歲而喪父，而嬰兒之啼，擗踴之節，從兄居廬，克襄大事。厥後文正公再舉鴻博，遊歷西清。既又開府吳中，頻年動勞王事，遠離子舍。是時，太夫人在堂，一切晨昏定省，養志承歡，凡文正公所不得自盡者，惟公身自為之。而又念其兄之遠宦於外也，一省視於京邸，再省視於吳門。聚首無幾，而眷戀庭闈，揮手遄歸。其因心之誠，愛日之篤，兩事交並於懷而不能自已者，其孝友苦心何如也！或曰：以公之好學而艱於一第，若以阿兄之名位，較之其升沉顯晦為不侔矣。余曰不然。世之居高位，食厚祿者，豈盡出於科第哉？以公之明達世務，重以介弟之聲價，使其稍存干進之志，何難立致通顯！而公獨弗為，蓋其所好者儒素而不在奢華，所重者天倫而不在利祿，所尚者道義而不在聲譽，所志者施濟而不在豪富。《語》云："富不期驕，貴不期侈。"公未嘗以門第驕人，而人亦忘其為貴介弟也者。簣山以有道而文者稱之，而引為忘年友也，良有以哉。

乾隆二年。

（文見高玢《睢州湯氏家譜》卷四。馬懷雲）

皇清敕授文林郎江南松江府金山縣知縣改授濟源縣儒學教諭誠齋湯公（之㽵）暨元配孺人李太君繼配孺人楊太君側室唐太君合葬墓誌銘

【蓋文】

皇清敕授文林郎江南松江府金山縣知縣改授濟源縣儒學教諭誠齋湯公暨元配孺人李太君繼配孺人楊太君側室唐太君合葬墓誌銘

【誌文】

皇清敕授文林郎江南松江府金山縣知縣改授濟源縣儒學教諭誠齋湯公暨元配孺人李太君繼配孺人楊太君側室唐太君合葬墓誌銘

雍正乙卯科舉人揀選知縣功服姪嘉祥抆淚頓首撰文。

乾隆癸酉科拔貢候選直隸州州判年家眷晚生梁曰源頓首拜書丹并篆蓋。

叔父誠齋公，先君子胞弟也。先君子為先祖文學公嗣，年未四旬，與先孺人相繼棄世。嘉祥兄弟零丁孤苦，賴叔父撫育十餘年，俾各成室家。今叔父歿十五年矣，從弟云舉又於丁卯二月亡。從姪逮等，卜於乾隆二十年十月廿四日，合葬叔父母於州城東南前楊家莊之新阡。諸兄俱繼叔父卒，其侍叔父久，知且悉者，惟嘉祥一人，謹和淚濡墨，以誌於幽。

叔父諱之㽵，字晦叔，號誠齋。先曾祖經筵講官、工部尚書、管詹事府事諡文正公孫，先奉生祖康熙癸酉科副榜、誥封朝議大夫、直隸霸昌參議道、陝西道監察御史渭厓公第三子也。年二十二，入州庠，遂以優等補增廣生，中康熙丁酉科副榜，庚子科以《詩經》中式。雍正乙巳，會有保舉州縣例，以冢宰申蔡公薦，授江南金山縣知縣。引見日，世宗憲皇帝諭曰："汝祖，我朝第一好官，尚其法爾祖。"叔父凜凜於心，弗敢忘。丙午春，蒞任，未逾月，即察知土豪為邑患，置於法，士民安堵。貴宦某村莊為盜藪，因緝獲，遂有暮夜請。叔父正色曰：拒請托，非但自愛，且愛君也。乃感愧而去。合邑懽呼叩拜縣署者幾千人，耆老相與感嘆曰：昔湯中丞撫我吳也，民不能忘；今見中丞孫，猶見我中丞也。金山本衛地，舊属婁邑，稱難治，催科尤艱。叔父至，納租者塞通衢，吏不暇收。盖先文正德澤及人者深，叔父又以誠動之，故踴躍如此。未幾，上官令賠前任積欠。事涉私，叔父不應，遂謝事，請改教職。距蒞任僅數月，輿論惋惜，蔡公尤為不平。先世父銀臺公謝曰：公意良厚，然吾弟不敢蹈險，以貽老親憂，且懼負公耳。丁未，秉鐸濟源，課士以品行為先，不率者嚴懲，貧乏者特加周卹，士心悅服。時制府法嚴，諸生側足，濟源獨得安全者，叔父之力也。辛亥，奔先本生祖朝議公喪歸里，擗踴號泣，幾不成聲，自茲形容漸減矣。叔父禀性孝友，當康熙壬辰歲夏，奉先本生祖命，移居東宅，撫育嘉祥兄弟，晨昏定省，往來無間寒暑。時先本生祖母袁太恭人已棄世，伯叔父聚談，恒依依不忍離。姑母適李氏者，寡居無子，本生祖憂之，叔父力為謀嗣。數十年門內無間言。丙申歲，先世父病於京邸，叔父商之先六叔父、先七叔父，兼程入都，延醫調治。迨病痊旋里，始禀知先本生祖。其曲體親心，以篤手足之誼者，大都類是。

嗚呼！叔父素強健，負綜理才，經紀嘉祥兄弟家務時，誦讀不輟，而細大畢舉。十餘年喪葬婚嫁，費雖繁，而產彌擴。迨奔喪歸，念先世父篤病，十二叔父、十四叔父、十五叔父俱幼，先六叔父容齋公勞瘁憂極輊念，一切重務遂力任不辭。

越壬子三月，先世父捐館舍，叔父拊心曰：我兄弟八人，今已亡三矣。悽惋哀傷，精神逾減。歲丙寅，補孟縣教諭，辭不赴。辛酉，竟以天年終。里黨罔不嘆息泣下。親含殮者，骨肉姻戚，追述遺事，撫棺痛哭，不能去。

嗚呼！論定矣！是為乾隆六年七月廿二日，距生於康熙十八年八月廿九日，享年六十有三。元配叔母李氏，太學生敕贈文林郎山西潞城縣知縣諱初公女，早卒。聞叔父言：秉性溫和，甚得舅姑懽。繼配叔母楊氏，武庠生諱五美公女，悉大義，嚴內政，相叔父，撫育嘉祥兄弟者，十餘年如一日，享年五十有三。側室唐氏，性和順，事叔父母維謹，享年四十有二。俱先叔父卒。男子一，云舉，唐氏出，太學生。娶王氏，吾舅氏康熙乙酉科舉人湖廣漢陽府同知封中憲大夫諱式淳公女也。女子三：長適歲貢生候選儒學教諭蔣公諱應運子附貢生鍾德，次適歲貢生應贈文林郎翰林院庶吉士蔣公諱禧運子大學生潼祥，叔母楊氏出。三適王櫃，吾舅氏康熙甲午科舉人諱式浹公次子也，唐氏出。孫男三：逮，娶蔣氏，太學生諱儀瀚次女；述，聘蔣氏，太學生諱鍾哲四女；遄，聘蔣氏，太學生諱生三女。孫女二：長許字太學生劉諱行可子金殿，次許字附貢生蔣諱鍾德子毓權。曾孫男若朝。今歸葬有期，敬述大略，而係之銘。銘曰：

薄宦情，篤孝友。鞠育猶子，厥恩孔厚。嗚呼！叔父母，懿行啟後。宅兆新營，終古云久。

　　承重孫逮泣血納石。
　　乾隆二十年歲次乙亥十月二十四日。

（拓片藏河南省文物考古研究所。李秀萍）

皇清歲進士應授修職郎候選教諭期五蔣公（應運）暨德配應贈孺人袁太君合葬墓誌銘

【誌文】

皇清歲進士應授修職郎候選教諭期五蔣公暨德配應贈孺人袁太君合葬墓誌銘

賜進士出身誥授奉直大夫湖廣道監察御史加一級紀錄五次前充續文獻通考館纂脩官國史館纂脩官欽點甲戌科會試同考官癸酉科順天鄉試同考官翰林院編脩翰林院庶吉士年眷再姪王紋頓首拜譔文。

賜同進士出身翰林院檢討加一級前翰林院庶吉士年眷再姪芮永肩頓首拜書丹。

賜進士出身翰林院檢討加一級前翰林院庶吉士姪孫曰綸頓首拜篆蓋。

睢州蔣公暨德配袁孺人葬有日矣，其子若孫以誌墓之銘為余請。余與公之姪孫為同官友，朝夕聚處，故凡公之嘉言懿行知之最悉，何敢以不文辭。

謹按：公諱應運，字期五，其先江西南昌府新建人。始祖宗公，元至正間督餉阻睢，遂家焉。自鳳翔公起家。傳至祀鄉公諱奇獸，字壯其，順治丙戌科舉人，己丑科會試副榜，例得府推官，不就。家居好施，前後捐穀煮粥，凡活數萬人。里人德之，勒石以傳不朽。歿，祀鄉賢，懿行載《兩河通志》，公之祖考也。祀鄉公生諱文臣，歲貢生，考授翰林院孔目，乃公之考。賦性剛方，文行兼優，為一時所愛敬。生子二：長即公也，為適配魯太孺人所出；次禧運，為副室薛太孺人所出。薛太孺人早歿，魯太孺人撫之如一焉。公穎悟天成，甫就學，師即以遠大目之。孔目公見其年少卓犖，十四歲援例候選教諭，十七授室袁孺人。不意年僅十九，孔目公謝世。當此之際，上慰萱堂，下御奴僕，與袁孺人內外經營，雖賴有叔父中翰公維持，而公之能樹立也，亦見一斑矣。自後不暇親經書，朝夕依依母前，遂無意於功名焉。甫出服，即為弟營室，兄弟和睦，凡一切家務，皆一己主之。或有為可染指者，而公毅然曰：貧富自有定命，詎可毫髮私哉。乃決意析居焉。地之肥瘠，粮之重輕，以及器皿之屬，靡不均，固所以友於弟，實所以孝於親也。公處事周詳，待人寬厚，墳塋有殘缺者，出重貲以修之；親戚有婚喪者，持多金以助之。他如修橋補路，施藥濟貧等，克紹前徽，膾炙人口，更難悉數。祀鄉公上賓有數年之積，中翰公貯之，未及清結而歿。公乃言之嬸母與堂弟無妄，委曲開諭，始有妥議。公宜得者五百金，既分訖，仍持還之，曰：我之極力周旋者，遷延日久，恐致嫌疑。我若收此，不幾以我為私計乎？以故闔州之人，皆信公之輕財好義，而嘖嘖稱道不置。德配袁孺人，自宮保大司馬四世太學公諱侗，孺人其長女也。遵母田太孺人教，幼嫻閨訓。十五於歸，克修婦道。十七遭翁喪，姑當哀痛之際，孺人左右奉事。諸凡瑣務料理，無不周到，姑已許其善持家矣。析居後，公所得地基，歲有興作，兼之門戶日增，賓客往來不絕，公撐持於外，毫無內顧憂者，孺人力也。孺人事翁姑以孝，處妯娌以和，御奴僕以寬。至於課子女，慈之中寔濟以嚴焉。所以諸子接踵登上舍，而書香較盛者，嚴父之義方，亦慈母之義方成之也。近幾年來，家道漸豐，公與孺人年皆八十有零。每逢筵辰，孝子順孫，競繞膝下者數十人。二老人錦衣堂上，耳不重聽，目不眩視，精神強健，禮節周密，見者無不欣羨。五福之一曰壽，誠以素豐履厚者，未必有壽，有壽者遭遇不齊，又不足言福。若公與孺人積德獲報，可謂福壽兩全矣。

公生於康熙十有一年九月初四日辰時，卒於乾隆二十一年正月初三日未時，享年八十有二。孺人生於康熙十有三年四月二十五日申時，卒於乾隆二十五年十二月初五日丑時，享年八十有四。

男子子五：鍾祥，太學生，娶附監生候選州同知楊公諱燦孫女、增監生諱世墧公長女；繼娶郡庠員褚公諱漣孫女、諱果公長女；繼娶郡庠員張公諱鑑孫女、諱復美公次女；繼娶劉公諱聖功孫女、太學生諱如玶公長女。次鍾睿，增貢生，娶太康縣四川洪雅縣知縣王公諱耆孫女、候選教諭諱澤均公長女；繼娶州庠員袁公諱鼎泰孫女、太學生諱瑛公次女；繼娶蘭陽縣辛卯科舉人汝寧府教授盧公諱鑄孫女、太學生諱元志公長女；繼娶杞縣贈中憲大夫襄陽府知府高公諱讓孫女、候選通判諱朝選公四女。次鍾德，附貢生，娶癸酉科副榜敕封朝議大夫霸昌參議道湯公諱溎孫女、庚子科舉人江南金山縣知縣諱之聶公長女；繼娶儀封縣太學生趙公諱照鮒孫女、諱中瑾公長女；繼娶杞縣羅公諱孫女[1]、諱城高公季女。次鍾略，附貢生，娶癸酉科副榜敕封朝議大夫霸昌參議道湯公諱溎孫女、丙戌科進士通政使司左通政諱之旭公長女；繼娶陳留縣歲進士登封縣訓導馬公諱捷孫女、乙酉科舉人候選知縣諱嘉德公長女。俱孺人出。次鍾哲，太學生，娶增監生袁公諱琯孫女、太學生諱錫袞公四女；繼娶太學生褚公諱和聲孫女、太學生諱涵公次女；繼娶商邱縣江南宿遷縣縣丞宋公諱墙孫女、府庠員諱震金公次女。副室胡孺人出。女子子三：長孺人出，適杞縣丙午科舉人浙江西安縣知縣李公諱維嵩孫、歲貢生候選訓導諱懋治公四子候選州同諱方亮。次王氏出，適商邱縣歲貢生陳留縣訓導陳公諱澍采孫、戊子科舉人候選知縣諱棐公三子府庠員諱曰林。次廖氏出，適鄭公諱孫[2]、乙酉科武舉應選千總諱開春公次子諱瓆。

孫男十五。鍾祥出者二：毓模，太學生，娶寧陵縣候選縣丞胡公諱國球孫女、候選州同知諱如山公長女。毓檀，太學生，娶太學生劉公諱如瑞孫女、貢生諱元彰公長女；繼娶庚午科武舉考授守府誥封通議大夫累贈武功大夫田公諱寧馨孫女、癸丑科進士御前侍衛江西袁臨協鎮誥授武功大夫誥授通議大夫諱遜公長女。鍾睿出者二：毓桐，鍾德出，繼嗣鍾睿者，娶候選州同知楊公諱學仁孫女、歲貢生諱升鶴公次女。毓材，聘歲貢生湯公諱之昱孫女、現任江蘇松江府通判諱季山公長女。鍾德出者四：毓杞，太學生，娶辛卯科舉人候選內閣中書湯公諱之遷孫女、乙卯科舉人候選知縣諱嘉祥公次女。毓權，娶庚子科舉人江

---

[1] "諱"下原空二字未刻。

[2] "諱"下原空二字未刻。

南金山縣知縣湯公諱之嶯孫女、太學生諱廷舉公次女。毓棫，聘康熙辛卯科舉人王公諱澄思孫女、太學生諱穎公次女。毓梅，聘賜進士出身、誥授朝議大夫、應授中憲大夫、江南分巡兵備道兼理海關水利鹽務按察使司副使王公諱澄慧孫女、太學生諱橚公四女。鍾略出者四：毓椿，州庠生，娶歲貢生袁公諱佶孫女、候選州同諱肇旗公長女。毓松，娶杞縣候選州同李公諱懋烈孫女、太學生諱方進公長女。毓栴，娶州庠生湯公諱之昶孫女、戊子科舉人候選知縣諱恒泰公三女。毓栥，娶太學生吳公諱元成孫女、太學生諱廷衡公長女。鍾哲出者三：毓桐，娶寧陵縣候選州同呂公諱獲珮孫女、太學生諱福榮公三女。毓樞，娶丁未科進士南豐縣知縣改授開封府教授褚公諱侯藻孫女、州庠員諱鹿門公長女。毓栩，娶丙戌科進士通政使司左通政湯公諱之旭孫女、甲子科舉人候選知縣諱云讓公三女。

孫女十八。鍾祥出者二：長適辛卯科舉人候補內閣中書湯公諱之遐孫、候選州同諱發祥公長子辛酉科舉人乙丑會試明通桐柏縣教諭諱然。次適乙酉科舉人候補內閣中書劉公諱以濬孫、增貢生諱道可公長子諱德應。鍾睿出者五：長適太學生袁公諱錫袞孫、太學生諱澂公長子諱春榮。次適辛卯科舉人候補中書湯公諱之遐孫、候選州同諱農祥次子州庠員諱熏。次適辛卯科舉人王公諱澄思孫、太學生諱穎公長子諱廷煐。次適增監生楊公諱世墒孫、太學生諱銳公次子太學生諱昕。次許字乙酉科舉人湖北漢陽府同知王公諱式淳孫、太學生諱栩公二子諱廷煌。鍾德出者三：長未字。次許字誥贈奉直大夫、北城兵馬司正指揮加一級前內廷教習敕授文林郎候選知縣王公諱式似孫、誥授奉直大夫原任湖北宜昌府歸州知州諱棩公四子諱葆光。次許字歲貢生湯公諱之昱孫、候選州判諱炎泰公五子諱懋樂。鍾略出者二：長適杞縣庠生侯公諱作霖孫、歲貢生諱紘公長子太學生諱長松。次適丙戌科進士通政使司左通政湯公諱之旭孫、甲子科舉人候選知縣諱云讓公長子諱适。鍾哲出者六：長適丁酉科舉人候選知縣湯公諱之昂孫、太學生諱云鯤公長子諱遜。次適歲貢生楊公諱學仁孫、候選州同諱鳴鶴公三子武庠員諱德懋。次適庚子科舉人江南金山縣知縣湯公諱之嶯孫、太學生諱廷舉公次子諱述。次適歲貢生湯公諱之昶孫、戊子科舉人候選知縣諱恒泰公長子太學生諱懋家。次適歲貢生湯公諱之昱孫、增貢生諱坤泰公次子諱懋橙。次許字乙酉舉人漢陽府同知王公諱式淳孫、太學生諱麓公三子諱廷燄。

曾孫男十三。毓模出者三：廣泗，娶候選州同湯公諱發祥孫女、諱燕公長女。次廣淮，娶杞縣歲貢生候選訓導李公諱方旦孫女、歲貢生諱公義公四女。次廣淇，聘杞縣贈文林郎兵馬司副指揮陳公諱廷銓孫女、候選兵馬司副指揮諱錫庚公長女。毓桐出者一，廣潤，未聘。毓杞出者四：廣澤，聘歲貢生湯公諱方泰孫女、太學生諱懋宗公長女。次廣治，聘太學生湯公諱蘭泰孫女、州庠員諱懋學公長女。次廣浹，未聘。次廣洽，未聘。毓權出者一，廣濚，聘太學生湯公諱蘭泰孫女、州庠員諱懋學公[1]女。毓椿出者三：廣瀾，聘商邱歲貢生宋公諱齊保孫女、歲貢生候選訓導諱聖肱公長女。次廣涵，未聘。次廣河，未聘。毓柟出

---

[1] "公"下原空一字未刻。

一，廣淦，聘太學生湯公諱云泰孫女、諱懋志公長女。

曾孫女十。毓模出者四：長適杞縣贈文林郎兵馬司副指揮陳公諱廷銓孫、候選兵馬司副指揮諱錫庚次子太學生諱源。次許字太康縣候選州同丁公諱金孫、府庠員學洙公長子諱天樞。次許字杞縣歲貢生孟公諱周鼎孫、太學生諱漢禹公長子諱鎮。次許字杞縣太學生李公諱方進孫、太學生諱公苟公長子諱開鋐。毓杞出者二：許字杞縣歲貢生侯公諱絃孫、太學生諱長松公次子諱文煦。次，未字。毓權出者一，未字。毓松出者一，未字。毓枂出者一，許字太學生湯公諱成泰孫、州庠員諱懋恩公長子諱若羯。毓枌出者一，未字。元孫一，廣泗出，元熙，未聘。

茲卜於乾隆三十年十一月二十一日，合葬於城北木魚井之新阡，爰是而為之銘。銘曰：
嗇於位而豐於壽，五福之一，庶幾無負。睢水之陽，襄山之右。水清以漪，土堅而厚。鬱鬱蔥蔥，佳城斯就。

承重孫毓模、孤哀子鍾略泣血納石

（拓片藏河南省文物考古研究所。李秀萍）

皇清敕授修職郎閿鄉縣儒學教諭甲寅科副榜碩亭陳公（同高）暨元配張孺人合葬墓誌銘

【蓋文】

皇清敕授修職郎例授致仕郎閿鄉縣儒學教諭甲寅科副榜碩亭陳公暨德配張孺人合葬墓誌銘

【誌文】

皇清敕授修職郎閿鄉縣儒學教諭甲寅科副榜碩亭陳公暨元配張孺人合葬墓誌銘
誥授奉政大夫兵科掌印給事中年愚姪曹宗瀚頓首拜撰文。
例授徵仕郎候選直隸州州判愚妹壻孟立頓首拜書丹。
賜進士出身誥授朝議大夫湖南長沙府知府姻愚姪倉景恬頓首拜篆蓋。

公為先大人同年友。道光乙酉，余給假在籍，謁公於里第。公時年逾杖鄉，而精神矍鑠。延接後輩，竟日無惰容；摒擋內外，井然有條理。心竊嘆服，以為公經明行修，宜出蘊蓄為當時用。而公自謂少乏宦情，風塵鞅掌，今老且不堪也。余回都後，猶眷念不能置，乃就部，為改銓教職。是年秋，補閿鄉縣教諭。余方喜公之得展其學，詎意未數年間，遽捐館舍。每一追憶，輒為悵觸者久之。今年春，公子起嵐捧公嗣長孫惺問所為行狀，來乞余銘幽宮之石。余受而讀焉，愈有以得公之詳，見公之大，轉恨向者知公不盡，不獲颺公於朝，以竟公之用也。敬揚盛美，以詔來者，其何敢以不文辭。按狀：

公姓陳氏，諱同高，字一源，碩亭號也。先世由湖北之廣濟遷睢州，數傳至公。曾祖諱珣，太學生，多義行。生例貢生諱憲章，居鄉有德惠，當事者旌其門，是為公祖。生候補遊府諱楷，公考也。崇儒重道，樂善好施，鄉黨推祭酒。有子三人。公為長，生而岐嶷凝重如成人。就外傅，讀書期實踐，不規規章句業。既補博士弟子，尤切為己之學。遊府公督課嚴，與兩弟同下帷攻苦，公文輒第一。而季弟崇高，先登乾隆戊申賢書；仲榮高，繼於己酉獲雋；至甲寅，公始中副車，人咸為公惜，而公恬如也。念兩親春秋高，兩弟既得第，遂謝秋闈，專以奉親為事。先意承志，能得堂上歡。歷太夫人嬰沉疴，公侍疾，日夜不離左右，饘粥藥餌，必躬必親，數年如一日。丁內外艱，哀毀骨立，杖而後起，宗族鄉黨稱孝無間言。公和平坦易，與物無所忤，顧義有不可，則持正不少阿。在閿鄉日，有陸生兄弟，因登高飲酒，毆令、尉親從，令盛氣至署，索年貌册，將行申黜。公徐以義折之，令慚服引過，事遂寢。

其立教尤以正風化為首務。閿俗陋，民間孀婦有招夫養子者，相沿不為怪。公痛斥其非，且請於邑宰呂公，出示嚴禁。不逾年，風以變廉，得節婦數人，為申請題獎。陋俗遂革，公之力也。居閿鄉六年，訓諸生循循有矩矱，一時從游之士，砥名行、能文章者，至今誦公之教不衰。公德化之及人如此。嗚呼！以公之道成教洽，倘得竟其施為，建樹當不止此。然而事親極其誠，當官盡其職，立身行己，可法可傳已，自有其不朽者，則固可以含笑於九原矣。惟憶余嘗登公之堂，親聆謦欬，曾幾何時，而老成凋謝，俾後輩矜式無從，執筆撰述之下，安得不為之痛惜哉！

公卒於道光庚寅九月十三日申時，距生於乾隆丁丑十一月十六日巳時，享年七十四歲。配張孺人，儀封武進士張公承烈女，先公二十二年卒，享年五十三歲。繼褚孺人，睢州處士褚公在田女。子二：長藻，早卒；次峙，州庠生，即來乞銘者。嗣孫一，悝問，議叙八品職銜。女四，孫女二，曾孫女一，聘娶具於狀，不備書。今將以是年四月初五日，卜葬於睢州之龍塘里，以張孺人祔焉。孺人有壼德，不為特銘，以附於公，古義也。銘曰：

猗歟碩人，守正特方。子職克盡，師道彌彰。作士民則，為邦家光。既存而順，亦歿而康。龍塘之原，土厚以藏。佳城永固，柏翠松蒼。

道光十一年四月五日。

（拓片藏河南省文物考古研究所。李秀萍）

重建洛學書院記

湘潭人黃舒昺號曙軒

昔孟子與滕世子講學於宋，特揭明性善之旨，教世子直學舜文，可謂發明前聖所未發者矣。然而非孟氏一人之言也，此蓋吾夫子言性之旨，而傳述六經之要義也。惜千載以下，無人特建書院講明此義。在宋，有睢陽書院與嵩陽、岳麓、白鹿有四大書院之稱。歲久亦既淹沒，無復遺址。惟睢州有洛學書院，為故禮部尚書湯文正公講學之所。其地屬於宋，而近猶可補睢陽之缺。

咸豐某年，粵賊焚州署，乃借書院為署，諸生肄業失所。前大中丞儀徵陳公為開歸道時，經其地而憫之，曰："此書院關係甚大，不可任其晦沒也。"於是，重建洛學書院，為之籌膏火，置書籍，而聘不佞主講於茲六年矣。州人請為記。乃進諸生而告之曰：昔吾夫子刪述《六經》，於《書》，特冠以虞，於《易》首文之象，於《詩》首文之二南。此教後世經生首宗舜、文之意也。而學舜、文，必自知性善始。故孟子屢提舜、文示學者。如舜生諸馮、文生岐周，先聖後聖一揆之說是也。惟《過宋》一節道善稱堯舜，教學者從舜、文、入門，而奉以為師。不惟得夫子祖述憲章之意，而於聖人傳經之要義，昭然如揭日月於乎至矣盡矣。後之為經生者，不明此旨，乃分別師承曰漢學、宋學云云。雖為專門名家之業，然學者欲得聖人傳經之要，則必確守孟子性善之說，直奉舜、文為師。俾知吾之性善，一舜、文之性善也。人人性善，人人可學舜、文。彼丈夫，我丈夫，奮往直前可也。本此意以讀《六經》，不惟聖人在吾目，且在我心，在吾身。斯得聖人傳經之旨矣。若不明性善之說，方且甘心自屏於門牆之外，於舜、文何有哉？於《六經》何有哉？宜聖人不再出也。雖然，遽與人言舜、文，談性善，人或駭為遠且難矣。若湯文正公則目前人也，又善學舜、文以復其性者也。諸生由學湯子以學孔、孟，學舜、文，則近且易。從此，經術明，學術正，而《過宋》一節要義，復發明於千載以下，豈不美哉！此大中丞重建書院之至意也。某不敏，不足為洛賢供灑掃之役。但誼居一日之長，故不敢辭而為之說。至於建置歲月，襄事某君某君，及堂室若干，洛賢祠宇若干，費錢若干，州大夫王君自有記。茲不復贅。

（文見光緒《睢州志》卷九《藝文志》。馬懷雲）

洛賢祠記

洛學書院山長黃舒昺

皇帝御極之十年，大中丞儀徵陳公時觀察大梁，於所屬之睢州重建洛學書院，以興起伊洛之學。復於院之西特建洛賢祠，祀故禮部尚書湯子文正公，並及同時講學諸先生，而上溯源於夏峰孫子，下推及於文清李先生，文端倭先生，若博陵尹先生，則重修湯子《洛學編》者，亦附祀焉。其所以表章先哲，嘉惠來學之心至矣盡矣。

歲壬辰，州大夫吳興王公於洛賢祠後新建二程夫子祠，特以文正公洛學正編諸賢儒配祀，其隆重斯文，允為盛典。而州之士人更請以簣山田先生，禮山李先生，春山郭先生入祀洛賢祠，乞昺為記。余謂：學之大原在存此心此理而已。昔孟子歷敘群聖存之之統緒，由舜而禹，而湯，而文、武周公，孔子，終於己之私淑而止。孟子而後，幸得程夫子出，受學周子，復發明聖道之傳，使此心此理昭如日月。俾天下後世不至淪胥於禽獸之域。何其偉也！蓋君子在上，其道行，使天下一時之庶民得存此理，功猶小；君子在下，其道傳，使天下萬世之庶民得存此理，功乃大。中州群賢繼起，皆輔翼斯道克存此心此理者。

　　國朝人文尤盛。湯子文正躬行實踐，事業偉然，實得伊洛之正傳。諸生幸生此邦，去世未遠，所居尤近，其能無向慕乎？忍慕如何？亦惟學公之存此心此理而已。公以先知先覺存之於前，我亦後知後覺存之於後，窮理以啟存之之明，力行以踐存之之實。閑邪存誠，慎獨謹幾，以握存之之要。上智安而存之，中才亦勉而存之，只在吾人立志焉耳。陸清獻公云："孟子所以私淑孔子，必欲存之如此者，不是要做聖人，只是怕做禽獸。天下只有此兩途：不是君子路上人，便是庶民路上人。出此入彼，中間更無住足之處。今學者見人要他學聖賢便以為迂遠。不知舍此一途，便不得為人。在此一途走，雖淺深生熟不同，皆人類也。不在此一途走，雖聰明蓋世，才力過人，將有不堪言者。"諸生聞此言能無懼乎哉？知懼則知恥，知恥則知自強，知自強則能存。以一人之存，存庶民之所不能存。並以吾黨之存，存天下後世庶民之所不克存，此則聖賢之用心也。先哲典型在前，見賢思齊，欲仁仁至，道其遠乎哉？術豈多乎哉？諸生朔望謁洛賢祠，又日手《洛學》一編，其必將有志於此矣。非然者，學術不明，風俗日壞，匪惟學校子矜所羞顏，抑亦人心生死蒼生禍福所攸關。

（文見光緒《睢州志》卷九《藝文志》。馬懷雲）

重修黌宮碑記

閩縣人本州知州黃見三

　　古釋奠先聖先師必於學，學不必有廟，漢立孔子廟於太學，猶統於學也。唐、宋以來，郡州縣莫不有學，羣士子誦習六藝於其中，朝夕瞻仰如親道範，雖五尺之童觀於旁，未有不肅然起敬者。此以見聖德之及人者遠，而學宮之觀感者深也。

　　睢州學宮，舊在北城濯錦池上，前明間頻淪於水。國朝康熙十年，知州程君正性始定議於南城卜地焉，樹以崇坊，繚以周垣。殿廡祠堂，燦然大備，蓋二百年於茲矣。咸豐九年，疊遭火焚，大殿及明倫堂先後焚毀，兩廡亦日即傾敧。有司權奉先師及諸賢主於尊經閣祀焉。因陋就簡，將及十年。雖屢議重修，而軍書旁午，莫有毅然任其事者。余於壬戌秋，承乏是邦。展謁之下，周閱四圍，甚者幾成莽墟，存者僅蔽風雨，茂草之嘆，心焉傷之。夫風俗之盛衰視乎教化，教化之盛衰視乎學校。故泮宮作而化行，《魯頌》所由美也；子矜賦而俗敝，鄭詩所由刺也。矧以先聖先賢崇祀之地，而聽其荒蕪於荊蓁瓦礫中，將何以振風俗，端教化耶！爰請諸郡憲謀之同僚，余先捐廉為之倡，設局於學之名宦祠，多方以諭之，量力以勸，聞風靡至，共捐資五千餘金，鳩工庀材，一如前制。首大殿，次兩廡，次櫺星、戟門，次崇聖、鄉賢、名宦各祠，毀者建之，傾者修之。始甲子六月，迄乙丑十月，閱兩載而工竣。倡其議者，前署州判臨瀚也。董其役者，學正郭君楷、訓導周君春圃也。總其成者，代理州判余君宗岱、署州牧劉君廷柏及吏目盛君榮也。勾稽悉當，出納維嚴、田紳日佃、楊紳遜烈、陳紳峙、蔣紳履正、廖紳錫三、湯紳樹珠也。激勸有方，規畫盡善，任勞任怨，不懈終始者，則袁紳憲文、何紳浚源、湯紳樹茗之力為尤最。此外，奉公潔己，奔走效力之人，尚不勝其枚舉。余甚幸初衷之不負，而此邦人士之能相與有成也。時余以奉調去任，爰進諸生而勉之曰："理無往而不復，數以窮而必享，廟之毀於昔者，於聖人無所損，固吾睢人之不幸也。其修於今也，於聖人無所加，乃吾睢人之幸也。"余聞上梁之日，風雨交作，僉以為憂，屆時則雨霽風平，陽光拱照，占者曰："此文明之瑞也夫。"所謂瑞者，非沾沾科第之謂，必其人修天德，備王道，體用兼備，出處咸宜，如鄉先賢湯文正者，固人文之瑞，而即庠序之瑞也。諸生生文正之後，聞文正之風，以聖賢之心為心，以聖賢之學為學，毋域於小成，勿惑於邪說，毋以性分所固有而泊於後起，毋以職分所當為而諉之異人，慎其獨於不睹不聞，致其功於庸言庸行，自身心性情以達於國家天下，自倫常日用極於天地鬼神，皆有以見其當然與其所以然。上之希聖希天，亦不失為賢人君子，其為瑞，莫大於是。區區科第，未足以當之也。諸生勉乎哉！

同治四年十月。

（文見光緒《睢州志》卷九《藝文志》。馬懷雲）

棗塚廟碑記

【額題】萬善同歸

距郡城六十里有奇，坤方有鎮，曰勒馬集。集東南十里許，有古刹，曰棗塚廟。廟祀□□□大帝，由來甚久，規模宏敞。每年三月二十八日，香火之盛甲於一郡，遠近百餘里，士女奔走如雲如雨。其貿易輻輳，亦較他會為盛。咸豐年間，髮捻縱橫，蹂躪所及，殿宇廊廡盡歸傾塌，兼以年深日久，剝落殆不可言狀。鎮之人謀所□□□□□崇整齊，金碧輝煌，□復舊□，於親家陳壽彭茂才者，首事之一也。擬勒其事於碑，而囑記於予曰："人皆可與為善，善豈即日是已哉。善豈必不□是也哉。□□□事之緫，工程浩大，□遄遄焉以不克蕆事為懼。遂議凡家居二十里以內，按地捐施，應者如響，至無生計人，亦捐錢數伯文無吝嗇。總議請遠途各集佈施，為眾樂，易舉之。□鄉均踴躍爭輸□四五十二六七十千，竟至一佰數十千之多也。其人智愚不一，貧富不齊，當其樂解腰纏，皆至誠切摯，不關勒索，豈非可與為善之一證哉。□日者廟貌重新，丹臒黝堊，照人耳目。蓋自光緒初元以來，已十餘寒暑矣。予忝□□□□事諸人，不無微勞，惟吾予記之，以垂不朽，且昭來許。使後之人，知善之可為，若曰能繼之□□有遠且大於是者，而不□在區區一□興廢間也。予聞之，乃□然以興□然以□也，曰□之言至矣詳矣，復何言？因悉以其語，以上記諸□並以告後之力□者。至有之緣起與神之靈應，有前世碑文在，茲不贅。是為記。

賜進士出身誥授奉政大夫儘先補用直隸州知州同知銜□癸酉丙子□試同□□平樂□城

縣□□知縣加九級記錄十五次在藉劉□安薰沐敬撰。

藍翎五品銜即選巡檢增生陳蔭椿沐手敬書。

會首[1]

石工史，徒周筠。

住持道梁復興，徒□成王□，徒孫□□立碑，每人捐錢三伯文。

光緒拾叁年歲次丁亥四月穀旦。

(碑存睢縣棗塚廟。馬懷雲)

重脩棗塚廟碑記

【額題】萬善同歸

從來莫為之前，雖美弗彰；莫為之後，雖盛弗傳。此善人君子重有賴於繼起也。宋郡西南隅五十里許，有名剎一座，正祀東嶽，以祀羣神。慨自皖□焚掠以後，殿宇半就灰燼，棟桷半經剝蝕，昔日巍莪壯麗之宮，漸成荒涼落寞之場，幾使妥侑無地，祈報無所有。皇甫三錫公不憚功程浩大，倡議重修，史君秀書、陳君超凡公，各捐資財，各勸募化，盡心竭力，庀材鳩工，數月間，中殿後樓巍巍既成，漸而東西配殿，太山行宮無不實一枚二，煥然一新，復如舊觀焉。功竣之日，屬文於余，勒石以垂不朽。余不揣譾陋，聊敘俚言，以誌之。

柘城縣候選訓導張桑哲撰文。

增廣生員韓繼和書丹。

董事：生員孔□玉捐錢二千，武生皇甫坤捐錢二千，李之□捐錢二千，閆殿□捐錢二十四千，劉□捐錢六千，史□捐錢二千，張文理捐錢三千，武生皇甫三錫捐錢二千，□生陳同明捐錢七十千，張陳直捐錢五千，丁紹□捐錢二千，馬□恒捐錢二千，孫隆捐錢二千，陳陸捐錢二千，才大力捐錢六千。從九品陳翔和捐錢三千，才守德捐錢三千，才長科捐錢三千，張占元捐錢二千，宮彬捐錢□□，從九品劉元惇捐錢三千，趙灰五捐錢六千，黃允恒捐錢四千，衛屯黃□捐錢四千，監生史秀捐錢三千，生孔□捐錢六千，陳□衢捐錢四十千，胥信捐錢三千，監生崔景初捐錢三錢，監生崔景德捐錢三千，王俊秀捐錢三千，從九品孔昭德捐錢三千，陳世正捐錢三千，武生李□□捐錢四千二，監生袁□捐錢三千，崔家典捐錢三千，修□郎孫□魁捐錢三千，修□郎閆殿試捐錢三千二，監生張永功捐錢三千，從九品趙世孝捐錢□□，袁恒範捐錢□□，曹銘捐錢□□，楊效先捐錢□□，□克慎捐錢□□，閆廷賓捐錢□□，閆珍捐錢□□，劉煥寶捐錢□□，皇甫在勤捐錢□□，□明德捐錢□□，監生楊□昂捐錢□□，生員李芳郊捐錢□□，王勤儉捐錢□□，武生王殿

---

[1] 以下字多模糊不清。

元捐錢□□。

　　張五、武生張龍武、張龍益、劉鳳鳴、步車元、陳永固、宋玉玫、張明德、王九安、劉善均、王□□各捐錢三千。

　　李仁安、宋廷彥、王田、劉玉琪、武生王占□□、丁宗禮、武生皇甫三茂、徐光成、王□賢、監生徐□□、梁心安、黃元印、陳□槐、王明義、王文彬、李殿試、崔景霄、賈元□、才長智、李效孟、孫文令、程升堂、朱汝昌、崔占元、袁□各捐錢二千。

　　武生李學勉、李□□、汪文彬、陳煥中、李永科、陳明堂、楊學章、武生馬廷棟、陳廣進、監生王思德、從九品侯孝經、牛進林、王魁元、李見上、劉金□、劉金林、武生宋景曾、監生劉金多、張廣起、李剡、胥朝滄、生員皇甫重任、戚國芳、武生李金甲各捐錢二千。

　　呂大興、邢化海、劉鳳岐、楊心元、史守奎、李本來、王宣正、武生宋振清、宋崇本、孫德芳、陳樹鵠、曹□、劉金奎、王文祥、谷德□、屈廷□、靳龍甲、蘇煥來、皇甫在俊、才士修、李存貞各捐錢一千二。

　　宋華羣捐錢一千三。

　　住持寶君□、董合方。

　　龍飛光緒十四年三月穀旦立。

（碑存睢縣棗塚廟。馬懷雲）

重修關帝廟碑記

本州知州王枚

　　先師孔子，東魯一儒生耳，而馨香百代，廟食萬方，翼翼然家尸而户祝者，道德之被，大而遠也。忠義關侯，蜀漢一將率耳，而馨香百代，廟食萬方，翼翼然家尸而户祝者，忠義之所感久而深也。夫孔子尚已，即壯繆侯在今日，朝廷崇以爵號，列以祀典，海內士大夫以至愚夫愚婦，皆翕然稱之為聖，尊之為帝，而莫不以為宜。豈第望其捍災禦患，靈異之昭著歟。蓋亦忠義之氣，有所感於人性之同然，故不容自己也。然而禋祀所在，誠敬所格，神斯憑焉，遂疊荷靈異之昭著，以捍災禦患於無窮。睢邑屢被河患，繼以兵燹，一切廟壇，俱多傾圯，甚或基址蕩然。承平以來，少少修建。枚奉命來牧斯邑，第遇春秋祀事，竊謂黌門具有規模，而關廟惟餘一殿一廡一門，非所以棲靈爽，肅觀瞻。攷《舊志》載，邑中關廟凡三，今則新北門一廟，所存唯此，外者並此而無，豈非為民牧者所宜亟焉從事者哉。顧集貲既艱，農時少暇，嗣又屢值饑饉，加以鄭工之役，坐是因遲之又久，然介介方寸間，固未嘗一日忘也。迺延善士，勸募於衆，迺召梓人，購材於外，迺度迺相，迺經迺營，迺廓其基，迺增其闕。殿之前，覆以檐，蔽風雨也。建西廡，以偶其東，昭拱衛也。就其門而廓之，復築圍牆於外，為東西轅門，遠褻也。殿左右，為文武財神廟各三楹，仍舊也。又其西，新建崇聖祠，祀關氏曾祖父母、祖父母、父母，追本也。崇聖祠之前，建六忠祠，祀唐張、許、南、雷、賈、姚六公，類附也。六忠祠，邑中舊有，今亦廢滅，故以餘力修之。於光緒十四年三月始事，凡兩閱歲而告成。於是，具牲醴，陳楮幣，以致祭關帝之前，而為邑人求福曰："惟帝以忠義之正氣，亙古今，塞天地，實與尼山道學之傳相為發明，其氣無所不充，故其靈無所不被。睢地在漢季屬魏，則知有帝，不知有魏也。若張、許諸公建樹在睢、宋間。睢人當百世祀，而廟食萬方，較之帝不逮遠甚，要亦正氣之一脈，得帝之一體也。今聖人在上，天下無事，士不必以忠烈彰，帝之呵護生民無論，捍災禦患靈異不昭，第令正氣常伸，戾氣自化，水旱兵戈之釁消滅於冥冥中，而民享其福矣。"既祝，退為之記。

光緒十四年五月。

（文見民國《續修睢州志》卷九《藝文志》。馬懷雲）

二程夫子祠記

本州知州王枚

道之在天下者，惟君臣父子，昆弟夫婦，朋友之倫為最大。教者教此而已矣，學者學此而已矣。自達道之義不明，世教陵夷，民彝有弗振者，識者憂之。中州為理學淵藪。予嘗讀湯文正公《洛學編》，未嘗不慨然嘆慕，以挽回風俗，扶植倫紀，其責任在世之士大夫也。考《洛學正編》，首載二程夫子與邵夫子，次及二程門人，次及元儒，次及明儒，最足令人興起。

睢州舊有二程祠，歲久祠圮，無以稱興學化民之意。今歲壬辰冬，特於書院後建新祠，奉祀二程夫子，而以諸賢儒配祀。祠前為洛賢祠，大中丞陳公所建，以祀湯文正公及同時講學諸儒者也。於是，洛學賢儒咸萃，祀典畢舉，諸生得奉以為典型。歲春秋仲月，率諸生行釋菜禮，而告之曰："三代之學，皆以明倫。諸生生於斯，學於斯。為子者學為孝，為臣者學為忠，為兄弟者學為友恭，為朋友者學為信義，古今之所謂達道，聖賢之所謂實行，皆在是矣。如有一念欺親，非孝也；有一念欺君，非忠也；有一念欺兄弟，欺朋友，非友恭也，非信義也。故立誠為心術之要，主敬為學術之宗，此程門論學之要義也。今諸生輩第知以科名為志，以位祿為榮，以詞章詩賦為急務，試思甯陵呂夫子非科名中人乎！本州湯夫子、儀封張清恪公非科名中人乎。此三夫子者，有科名，又有道德，故俎豆黌宮，允為萬世儀型。諸生生於其里，去世最近，倘猶不知奉為典型，亦可謂無志之甚者矣。嘗見他省會得一人崇祀，即尊奉為鄉先正之學，兢兢焉守其師承，不敢失墜，況三夫子皆同時崇祀者乎！況二程夫子之淵源又歷歷可溯者乎！"予知州事久，理應出一言化導。今既修復祀典，因舉明倫達道之說為諭，非強人以所難也。良知良能，人人自有，特在一念提醒，自然向上耳。他日學成，德懋舉而用之於朝廷，俾斯世得見真儒，作用於黼黻以皇猷，霖雨天下。是則區區之所屬望者也。諸生其勉之哉。

　　光緒十六年。

（文見民國《續修睢州志》卷九《藝文志》。馬懷雲）

重建常平倉碑記

　　本州知州王枚

　　積穀以備荒，而儲之不慎，則有糜爛霉敗之虞。此倉廒之不可不急講也。枚涖睢七年，凡事涉民生，概不敢因循坐視。聞嘗巡視積穀倉，見東西廒共二十三間，倉神廟斗役級房及大門各一間，地處湫隘，屋宇卑溼，尤多滲漏傾倒之處。稽之舊牘，蓋前撫錢公舉辦積穀時，州牧沈君因舊址修焉者也。時在同治十一年，去今又將廿載，水齝土鬆，已致大壞。喟然思復修之，而舊存民穀七千餘石，無可移置。光緒戊子、己丑歲薦饑，乃平價糶穀以活民。司賑大吏復頒銀三千兩，購雜粟於東南以濟之。顧價雖賤極，貧民仍有不得食者。枚乃出俸錢，幕中諸善友資助，多寡有差，廣市麥菽，且糶且賑，於是，睢無饑民。事竣，以三千金還賑局，以新穀易舊穀還倉儲，且長餘千石，而當時來糶及受賑之民，日不啻三四千人，使此舉行之少緩，將有不可收拾者。事機之順，殆斯民之福歟。而善之尤善者，積穀一轉移間，倉廒已煥然一新。蓋糶粟方磬時，枚請於當道，發帑銀一千兩，鳩工庀材，先毀其舊者，輦土培之使高。凡建新廒二十七間，增建倉神殿及大門各三間，外有圍以二牆，既崇既廓，既嚴既固，於去歲十月十八日始事，兩閱月而竣。計用錢一千六百四十六緡有奇，除所請千金易錢千五百緡外，此亦以俸錢足之，而以新糴穀八千餘石儲廒中。於是，邑諸紳請於余，謂是舉也，儲穀經久之方，邑民養命之源，為政體要於要乎在。若不勒石書續，後之人何所取法乎。余不獲辭，又思邑之有倉，所以示告民敦本務農，有備無患之道，紀厥興廢，嗣此可有稽核，且原千斯萬斯，從此民皆忘帝力而登仁壽也，則幸甚矣。是為記。

　　光緒十七年。

（文見民國《續修睢州志》卷九《藝文志》。馬懷雲）

民權縣

明故郟縣訓導翼宸王公暨配楊孺人墓誌銘

甯陵縣舉人原授鳳翔府麟遊縣知縣未仕趙遵諭撰。

順治四年丁亥三月初一日，乃原任郟縣訓導翼宸王公、配楊孺人合葬新塋之辰。前月餘，其子曇持二人之行狀，哀懇誌銘，以闡先人之懿行。諭素疏學，又當兵寇百挫之餘，惡能沉思以應。第公若配系諭之姻親，曇固予子婿也。素所耳而目者，事事心服，又惡忍辭以不悉其往行乎！

公明歲貢生，諱佐才，翼宸之別號也。生於隆慶辛未年十月二十三日，卒於崇禎壬午年九月十五日。配楊孺人，生於隆慶庚午年十月十九日，卒於崇禎辛巳年正月初三日。時因寇亂，權於壬午年三月二十一日葬氏於祖墳之左，本年十月十日公亦附焉。欲待時平，稍遵家禮以行大事。閱四五載，而囊洗業荒，力不能舉，禮又不可久待，遂卜以是日，遷葬於城東南四十里之新塋正穴。公之先世籍考城，不知幾百祀，姑就所識者，始祖諱祐，三傳生學，歲貢生。學生鴻，鴻生文運，生武安、生尚，即公先大人也。慷慨樂施，有隱德，娶焦孺人而生公。生而穎異絕羣，咸以爲克昌世第。未幾，慈嚴相繼辭祿，煢煢失依，奸婣憑陵，公毅然曰："丈夫有志事竟成，何必落落人後！"下帷攻苦，甫三年入庠，又三年食廩，奪錦藝苑，文章名世矣。不意運拙不第，四應秋闈而僅以明經終焉。生平嗜義，具有性學。其課二子也，常曰："吾教汝讀書，不徒希登科第，學聖賢事業，傚好人耳。"諸如義之所在，即大難不避，大貲不恤。若外父楊翁爲仇官所誣，公調護計脫，縣公以其怒怒之，遣人擲印於家，人代之危，公不危也。奉印庭辨，竟以學行保全，儼有孟夫子浩然之氣。至於迎養孀姑適宋室者，彼時家業尚薄，全不之恤，生事死葬，盡制盡禮。敦訓從甥賈默，爲其貧不能讀，解衣推食，歷十餘年，入庠始歸。族弟茂才貧不能娶，出貲爲兩次婚，可謂篤於親矣。以二十年去後之蒙師若東明裴文川者，貧而攜妻來依，遂館穀數年，終備後事擇葬焉，是其尊師也。素不識面之平民若程希曾者，被寇執城下，欲加之刃，逼索頭畜，憐其危，以騾一頭救之，是仁者愛人也。任郟時，絕口不言贄儀。每月立公會兩次，造就多士，是不曠官也。貧生鄭養廉、賈如玉等，以冷局而捐俸助之，是其周急也。同官郭姓陝人也，年老卒，子稚囊空，無一過而問者，獨捐俸銀十兩，買棺收殮，仍諭諸生以大義，得銀數兩，差人護櫬回籍，曷其崇友道也。邑有庠生石姓者激怒縣公，公獨立爲分豁，卒寢中傷，曷其代人解危也。郟有官吏部者，年誼相通，終不寅緣以干進，進以禮也。剛直簡易，每與縣公相左，縣令隱銜之，因而拂袖致歸焉。端藹鱣堂，不爲祿位折腰，退以義也。及其歸里，經年不見長吏，廉行而賢之，敦請鄉飲大賓十三次，真非公不至品行可風者乎？至於會族祭掃，申明親親之義，仁人孝子固如是也。他若助婚喪，養孤寡，無問親疎，有求輒給，又有不可枚舉者。繇是刑於化洽，幾所樂爲。楊孺人又克承之，誠哉，君子好逑也。適公時，公姑繼背，直力疾以作，俾公專志於學，無內顧憂。事孀姑如事姑母，衣服飲食，躬自給辦。賈生，從妹子也，瞻養數年，無以厭語。待子媳從不加一誶語疾色，有不逮者，委曲開諭之。訓二女以勤勵，迄今歲值兵荒，艱苦不憚者，其孺人之遺教乎！待公妾無一間言，始終歡愛，曾不拂夫子志，殆女中堯舜也。是以同享年七旬有二，偕老以終，生榮死哀，蓋棺無間者，此亦人心三代之直也。其子孫一脈綿衍，繩繩不替，衣冠繼美，箕裘永祀，孰若公若配之盛德所留，源深流長也。銘曰：

葵丘大儒，性稟剛方。作賓王家，節概可仰。元配淑德，天賦賢良。母儀家邦，令譽著揚。輕財樂施，一德相成，其旋元吉，生順沒寧。葬於邑之東郊，其人傑，其地靈。勒之石而不朽，雖百世如見其人。貽燕不殄，丕謨丕烈。孝子慈孫，勿忘先德。

順治四年丁亥三月初一日。

(文見民國《民權縣志》卷十二《金石志》。馬懷雲)

明歲進士焦瓚字含英傳略

歲貢生扶溝縣教諭曹芬撰。

焦公諱瓚，字含英，歲貢生。其先安豐人。以二世祖官授武略將軍、錦衣衛指揮、鎮撫豫州於考城，遂家焉。爲斯邑望族，代有文人。十二傳而至公。公幼而穎異，爲兒嬉戲，不與凡庸伍。甫六歲，即識字無數。後從長兄映乾公課業於庭。每聞命必潛心肄志，日誦數百言。十歲能文章，有大志。爾卓公曰："有子如此，吾願足矣。"未弱冠，應童子試，試輒冠軍。暨督學案臨，人語公曰："懷才可必售乎？"公曰："捷如影響。"發榜後，果列前茅。明年，旋食廩餼。斯時邑人警相告曰：焦氏子弟多佳，今觀於公尤信。自是公益砥礪不倦，數入鄉闈，薦不售。人或爲公憾，公曰："韓昌黎三試禮部而不中，非遇合之難，時未至耳。吾勉之而已，何憾爲！"戊辰歲貢，爲塾師於鄉，遠近從遊百餘人，一時入膠庠者頻頻焉。且樂善好施，每遇人有難，不能抵擋官役者，慨然以身任之。有貧不能自爲衣食者，欣然以物周之。壽五十餘而卒，即行道之人莫不流涕，嘆爲老成凋謝云。

(文見民國《民權縣志》卷十二《金石志》。馬懷雲)

清敕贈徵仕郎內閣中書舍人增生溟南王公墓誌銘

賜進士出身禮部主客清吏司郎中王貫三撰。

公諱允傑，字溟南，考城人也。於貫三爲族父。吾族自太原琅琊，以王氏著姓散滿天下。而居考城世次可考者，公之祖近自元博士弟子員祐始，三傳至明經學，以善事家人，產富甲曹宋間。子鵬又以明經拔萃，歷任大興縣丞、平涼府通判，家門稍振。又四傳至公。

公爲人以文章意氣自豪，善騎射，矢無虛發，而至性激切，每奮不顧生，以致其孝友。與夫拯人之危，趨人之急，至終身惟恐不及。明末寇訌，鄉人避賊者爭門，橋圮，賊持槊刺人，水爲之赤。公發矢殪賊渠魁。賊退，連長竿大木爲徒杠濟衆，獲免者數千人。邑令依毗爲守禦，宄黨內變，公率衆巷戰，不支，逾城出。念父母兄嫂猶在，暮復入求之，而伯兄之傑、姪夢賚已遇害矣。因謁賊首，說以大義，賊壯之，爲殮兄與姪屍，及故人所爲王作新者，又釋族屬戚黨家口，凡五十餘人。既而避難河朔，躬輦人車，載父母，率家衆北渡。方是時，糧糗乏絕，舖被不周，公則晝獵雉兔，夜擁牛衣抱姪孫，艱辛備嘗，髮爲之白。又忽重以父喪，號天泣血，附身附棺，造次顛沛，不遺力焉。而公猶引爲終天遺恨，每至生辰忌日，必捧奠號泣，至年八十，登壟思慕，尚兒啼葡匐，慟不欲生。道旁觀者，莫不爲之嘆息泣下。嗚乎，至矣！

我朝受命，城邑無驚，於是，公理舊業，歲與知名士角逐文場，應舉子試，下筆千言立就，而矯矯自異，不以剽竊爲工，然卒方千不第。年五十餘，遂絕意進取，誅茅西郭門外，栽竹養魚，飲酒歌詩以爲樂。時或鬥雞走馬，射獵郊原、豪氣猶勃勃眉彩間，不自知其老之將至也。然性故輕私財，急公義，其閣邑者，如施義塚，修文筆峰，捐金控上，免士人以夫役，班班可考也。其在本支者，族弟則有日永、日昌若而人，族姪則有環若而人，姪孫則有書、如鎮若而人，或孤幼無依，或流離失所，皆爲之經理其家，助成其業。其爲羈旅者，別駕王某、縣尉羅某卒於官，助金歸櫬。青州趙某，仳離凍餒，解衣衣之，解囊贈之。山陽徐某，以其拏傭爲乳媼，因無乳不追其直，更置資遣之。其樂善好施事多類此。而尤篤交遊，敦氣誼，河朔魏文寰者，曩避地時所主者也。魏亡，子之晉不能自立，翼之饗序；不能自給，輸之粟帛。母死助之喪。之晉又死，爲之殯。嗚呼！一死一生，乃見交情。公之始終不渝，固如此哉！公年彌高，德彌劭，邑人矜式，當道爲旌其門。歲行鄉飲酒，有司屢以賓禮延公，固辭不就。甲子大比，兩子匋、勾同舉於鄉。捷音至，公方對客圍棋，終局乃受。其雅量又有如此者。以康熙四十一年十一月二十二日卒，距生於明萬曆三十九年享年九十有二。配武氏，贈孺人。其子匋等將以康熙四十二年十二月初七日，葬公於邑西南賀丘沙河北岸之新阡，爰系之銘：

惟公克仁，孝友盡倫。仁者有勇，急難忘身。仁者必壽，年登伏生。嗚呼，壽於其身者九十二載，而壽於身後者天長地久，烏可以歲月紀其虛盈。其歸其藏，山岳永寧。

康熙四十二年十二月。

（文見《王氏家譜》，民國《民權縣志》卷十二《金石志》。馬懷雲）

清拔貢同白王公暨配趙孺人墓誌銘

賜進士出身內閣中書舍人邑人王貫三撰。

公諱曇，字同白，其先世不可考。自元季，祖爲茂才，以隱德稱。歷四世，德新公以歲貢入太學，族益盛。又五傳至公之大人，字翼宸，諱佐才，有文章名，爲時明經進士，司鄭鐸，懿行卓卓，縣志多詳之。翼宸長嗣，字元白，諱瞿，及貢而沒，公則其仲也。公爲人，性極孝友，慷慨尚義氣，不苟然諾，尤酷好讀書。當明季文風靡濫，公獨能爲性靈語，補弟子員，兩試皆第一，文名遂噪一時。丁卯中副車，明年，拔之禮部。嘻！公負大才，遇事敢言，每邑利害，不顧忌，必倡議之，何乃僅以明經老也。惟公父母值時亂，相繼以沒，公丁兩憂，哀毀如柴，方流離之際，不及葬厝之祖墳之次。亂既平，始如禮卜新塋遷之。方是時，元白已卒，諸凡喪具，毫不與其姪聞。初元白之卒也，遺幼子四，公嘗嘆曰："吾視姪不猶我子，異日何顏對父兄於地下。"嘻！公可謂至仁孝也。今者其姪如典與其子如奐皆成名貢生，如通、如旦，崢嶸鄉校間。如斗雖以處士終，公傷其父子皆白丁，慨出百金爲其子壖援例入庠，則公之視姪如子，其非托之空言也明甚。崇禎年間，豪貴橫恣，民家小貲畜及美田宅，多公然白奪之。孫公瑾者，固考弱族也，頗富田產。睢陽世家竊窺之，一日命強僕數十人，當市中直槓之去，至則立之階下。勢豪巍然坐，置鞭其前，旁列大漢數十人，皆凶凶然逼立投狀，索貲數十貫未即已。前此奪不遂，坐主以死者往往皆是。事聞，公瑾父及母憂甚，邑中且駭其不測也。公憤然曰："焰何足畏，當往解之。"登其門與其辨極析，勢家目久空無人，聞公亦爲之動，事卒得寢。孫公乃公妹丈也，故獨犯強，解其奇禍。又其族姪如鎮，以繈褓失怙恃，與其祖母煢煢依命，公力庇之。經徭賦，謀婚娶，教之讀書，及入庠，始以產事付之。他族寠貧而吉凶無告者，公每不惜數金爲之助。嗚呼！公與姻婭族党一何篤摯爾爾也。古所謂媚睦其道，豈或異與！如公真不於近世中求之。公晚年課子孫益力，每取先輩大家及時名貴文，細校閱，分諸孫讀之。且時戒曰："爾曹勉之，期博一第，勿效爾祖若父徒老一經也。"及諸友課，公尤樂聽後生談，雖不善飲，嘗夜分不倦，俟去而後入。公是時蓋八十餘也。公配趙孺人，乃沙隨孝廉公遵諭女，有淑德，佐公事舅姑，澣濯必潔，姑病嘗祈以身代，勤儉善能惜福，蓋先公而卒。公既獲元孫，呼其子曰："五世一堂，人生所難，惜此福不與汝母共之。"然公之卒也年八十五，孺人以八十。公姊一妹一，皆友愛，亦享年八十餘，其奇壽如此。子若孫詳譜中，茲不載。銘曰：

　　河蕩蕩兮葵之陽，厥有太百兮豪氣文章。古道鄸鄙，其猶歌兮風山高而水長。

（文見民國《民權縣志》卷十二《金石志》。馬懷雲）

塋文

　　趙方晉撰。

　　遡維趙氏，自明初定鼎，占籍於杞之東北，蓋斯培植，詵詵繁衍，遂字曰趙家壇，祖塋在焉。歷五世而文顯公始別築高陽里。因塋葬於蔡堌之原，蓋四世於茲矣。及府君之身，昆弟行列者頗多，計塋之昭穆，合不過數堆，恐不克容厥壙，於是，思再卜墓地，然不忍離四親而他往，屬意茲土者蓋有年矣。追卒，余考之堪輿之說，有曰限林葬者。余遵府君舊業，讀聖賢書，從不信陰陽家術。然而喜其名與意合，遂用其議而開兆焉。蓋取其廣足以封，腴足以樹，魂魄依棲在祖之側，不失生前惓戀意。且周匝環絡，約略皆家世吾農桑地，府君有靈，當幸創垂之不墜而欣然遊息也。至於貧富壽夭，子孫賢愚衰旺，如風水諸說，故有所不計。即有之，如茲東臨古寺，西跨名邑，前俯通途，後帶沃壤，未始非本厚枝茂之一助也。余不孝及弟，生皆不蕃，倘借祖宗之靈，邀天之幸，獲苗裔，蓋爾莊世傳蔡中郎故地，此塋當與之並傳。即不然，而吾同姓諸弟侄，守耕讀之家法，無作塚上之狐狸，無植墓道之荊棘，亦當有振振繩繩，延先澤而永血食，使後之仁人君子歷此地者，念忠厚之遺，不忍摧毀云。因爲之誡曰："永世維仁，坊身維禮。凡我後人，厥德無依。"乃爲之祝曰："維天罔極，維地無疆。綿綿茲土，地久天長。"

（文見民國《民權縣志》卷十二《金石志》。馬懷雲）

清歲貢生綸如王公暨配馮孺人墓誌銘

賜同進士襲奉政大夫分巡濟寧道儀封張伯行撰。

康熙辛酉秋榜發，考城王子黯公與余同舉於鄉。黯公年方少，其闈中文甚工鍊，有尺度，時爭傳誦之，曰："此蓮軒先生之令子，得於庭訓者多也。"蓋考城績學續文之士，無逾於先生者矣。庚辰歲，先生之配馮孺人以沒，逾二年，而先生亦沒，蓋癸未二月也。黯公卜於乙酉三月二十四日合葬於城西先墓之次，具狀來乞銘。余守官於東不及往，會其葬，謹敘而銘之。

先生姓王氏，諱書，字綸如，蓮軒其號也。王氏之先世爲考城人，元之季，有諱祐者爲縣諸生，以文行顯其後，族益大，代有聞人。曾祖澤溥，縣學生，祖之傑，歲貢生，性直鯁，遇公正輒發憤盡言，工文藝。明天啓甲子，闈中亟賞其文，已而，以謄錄者字誤，遂落第。考夢賚，縣學生，以節義紀邑乘中。先生生九歲而孤，資敏絕出常人，能日記千餘言，落筆輒纚纚成文。年十五值府試，府守王君得其文奇之，置第一。逾年入縣學，益殫力於古今文籍，泛溢浸漬，淵涵澄渟，發而注之，於排比屬偶之中闖如也。每督學使者至，輒以先生文置前列，於是，食餼，爲縣中高第生數十年。先生爲文坦易真朴，不修飾邊幅，意度汪汪無文。士矜佻浮淺囂，張自喜之習，考城人既慕其文，又樂其行誼也。黯公既鄉薦，先生遂退伏於城西三里許，闢地爲別墅，雜植花木，壘屋而名曰我堂，時時其躡履科頭，逍遙其間，有世外幽人之致。然邑中才俊士爲制藝者，必以先生爲科律。先生以不惜多方指授，遊其門者先後幾數十人。甲子之秋，考城捷者三人，皆從遊之奇士也。年六十，始以次得貢於太學，而先生固已久絕意於進取矣。初考城經兵燹之後，故家殘毀。先生又少孤，依於兩叔祖翁，煢煢孑立，馮孺人以勤儉拮据助之於內，蓋數年而家漸以裕。先生喜爲義，老而愈篤，孺人能左右以成其意。於內外族親，貧而失業者，爲屋聚居之；老而無依者，時其所需而給之；童而慧者貧不能從師，爲修脯以遺之；艱於嗣者，資之金使買妾以育之。故先生之歿，撫棺而哭失聲者數十百人。馮氏於考城故名族，孺人性尤儉素寬惠，知體而不妒，年衰即置妾魏氏、李氏。既生子，視之如己出，十餘年無間言。孺人沒，黯公將述遺行，先生輒戒之曰："紀實斯可矣，勿妄諛以掩親真面目也。"嗟乎！孝友睦婣、任恤，古之所謂教萬民而賓興者，世之不講也久矣。以故資厚之家，率皆善自封殖，盈縮子母之術，日以巧；升龠緇銖之羡，日以明；窮戚疏族之蹤，日以遠。且出其囷窌所積，資例而受冠帶，則揚眉豎瞬，修貴人態，使人望而走避之不暇。及其既死，又欲點竄塗澤以蓋於後，並所謂善行者而剽竊之，若此者何人也。先生之產裁逾中家，而好行其德，洽於宗親。黯公鄉居二十餘年，悛悛退謹如諸生時，內外數十余口，穆穆然有敘。及其垂沒，又不肯以諛詞自誣，是皆難能而可銘者也。先生生於明崇禎丙子正月二十二日，卒於康熙癸未二月二十六日，春秋六十有八，子若孫詳譜中。銘曰：

粹於文，篤於行。胡不顯，屈於命。施諸家，亦爲政。貽厥子，永衍慶。益滋德，後彌盛。何以知，天可定。刻此詞，諒匪佞。

康熙四十四年三月二十四日。

（文見民國《民權縣志》卷十二《金石志》。馬懷雲）

辛卯科副榜孫程西公傳

甲辰科進士周道昌撰。

公諱登先，字程西，號法周。其先洪洞邑人。鼻祖諱祿，明初遷考。四世而生英，以子官贈征仕郎，英嗣子邦佑知邠州事。佑生郡庠生哲，生庠生應一，舉鄉飲。應一生松邑字獻奇，早食廩餼，公考也。生而岐嶷，不類尋常，七歲就塾，十五歲能文，下筆多透徹語。奈獻奇公早逝，且當逆闖爲害，尤屬難支，公閤家避兵河北，而廬舍田產乃爲張督堂所據。公幼不能與爭，及大難削平，幸公才敏達，緒修前業，得補弟子員，食廩餼，膺歲薦。順治八年辛卯科中亞魁。維時公之年已三十三歲矣。公具呈與張督堂訟，廬田舍產復爲公有。自是不圖仕宦，設家塾，免修儀，有就正者講論弗輟，一時入膠庠者，指不勝屈。或人勸仕，公曰："吾幼學，即不設富貴想；況國家方定，類多新政，吾斯之未能信。"公之器識，視世之急急於名，役役與利者，其相去何遠也。至若持己以敬，接物以寬，以及拯急濟貧，捐棺斂骨等，實有難以更僕數。公疾，每嘆曰："吾生平無信心處，惟是不義事、虧心語無有也。"言訖而逝，壽八十七。

康熙四十四年。

（文見民國《民權縣志》卷十二《金石志》。馬懷雲）

明進士德清縣知縣馮公玉九傳

馮瑋字玉九，考城人。占籍於杞，遂爲杞人。生而穎異，年十二補邑庠員，督學陳騰鳳奇其文，每試輒冠。天啓丁卯領薦，崇禎癸未舉進士。次年三月，京師陷，會福藩推立，瑋走江南。是時，江南尚隸明籍，乙酉授德清縣知縣。德邑小而賦重，復丁禍亂，民多逃竄。瑋雖還安定集，而大事已去，遂解組歸。歸之日，至留俸金以充餉，其急國難可知也。革命後去杞，僦居潛、儀境，屏迹公庭者五十年，絕口不言仕進，終日閉門卻掃。或摯友過訪，則笑語移日無倦容，而獨不喜接顯貴。開府羅繡錦常遺逸薦之，辭不應命。司農梁清標瑋同年友，招諭平藩至杞，瑋布衣方袍與周旋，飯酒詩賦洽如也。欲引之仕，不答。躬耕餘資，惟多購經籍以爲娛，架上幾萬卷。每讀書，必盥濯肅衣冠，去幾尺許，不以手與物觸之，曰"狼籍書冊者，非真讀書人也"。年八十餘，披覽常至夜分。明舉業尚浮華，瑋爲文一遵先型，成《宏來法脈》，詞旨純粹。其《四子書》、《毛詩》、《春秋》皆有注解，未授梓。生平寡交遊，未登第時，日與里中劉中允爲莫逆交，持諭若荷符節。中允殉國難，遂無同調者。卒年八十八。門人按諡曰貞文先生云。

（文見民國《民權縣志》卷十二《金石志》。馬懷雲）

清誥授奉政大夫禮部主客清吏司郎中念庵王公墓表

賜進士第光祿大夫少保兼太子太保保和殿大學士世襲三等伯兼管吏部尚書事加十級年家眷世弟張廷玉撰。

康熙癸丑之役，先君子文端公以翰林學士分校禮闈，得士王公貫三，撤棘來謁。則規言矩步，氣宇端凝，老成醇德君子也。文端公甚契之，自是而官中書，歷陞至禮部主客，清吏司郎中，人皆推爲名德長者，巋然物望。甲申歸里，庚子公竟以疾終。明年卜葬有日矣，先期乃來丐表公之墓。嗚呼！古之所謂鄉先生歿而可祀於社者公非其人耶！余曷忍以不文辭。

按狀：王氏，世考城人、居舊縣東雙河口，代有隱德。曾祖諱思問，祖諱長福，父諱鼎，歲貢，彰德府安陽縣儒學訓導，以公貴贈如其官。公諱貫三，字配公，號蓮庵，又號念庵。母王氏，公兄弟凡六人，皆早歿，公其五也。公少凝重，不與羣兒儕伍，訓導公器之曰："昌吾門者其是子乎！"稍長，勤學不怠，爲文輒英奇磊落。邑侯程公夢簡得其文稱賞之，且薦於府，值督學史公逸裘，遂拔置第一入庠。入署中與子侄講讀討論，是科爲乙酉，遂以儒士中河南鄉試。再上春官，遂成進士，考授中書舍人，需次待補。辛酉校順天鄉試，拔取皆一時名俊。無何，補中翰，迎養訓導公於京邸。俄遭內外艱，哀毀逾禮，經營葬事，竭盡心力。服闋復官，癸酉典試四川，所收皆巴蜀之傑。旋補戶部主事，壬午又同考順天鄉試，逾加精汰，得云中官、馬維新十餘人，皆名宿也。是科復同考順天武試，得二十九人，而解元王道智，則其房首也。官京師三十餘年，冷然淡泊，始終一節。甘貧如飴，不以尺寸自營，雖釜甑塵積，人不能堪，公處之宴如也。會監督寶泉局，公則剔奸除蠹，一錢不以入私，人始知公廉潔之操得於性成，非嬌飾也。立碑頌德遍京師焉。生平謹默自守，雖賢公卿，亦不敢妄瀆之。嘗退朝與工部尚書睢州湯公前後僅數步，湯屢顧公，欲將有言，公斂容退止。湯後語人曰："王君海外神仙，可望而不可即耶！"及湯卒於官，公撫送其柩至蘆溝橋，曰："一顧之知不可忘也。"又宛平相王文靖公，每與公刺，書名不書姓，稱與人則曰，吾家中翰公，答必署王某，二十年如一日。文靖公益重公焉。然於桑梓之事，如厘正保障，增廣學校等，必立爲之。既成，又不自以爲德，稍詡於人也。性好獎勵後學，俾有成就，睦親善鄰，未嘗以貧乏為辭。雖村居，每逢萬壽節，必具公服展臣子之禮。公早歲艱於子，晚乃生子，喜曰："我願足矣。"即制裝還里，韓公慕盧送之，有登仙之羨焉。

康熙六十年。

（文見民國《民權縣志》卷十二《金石志》。馬懷雲）

《清誥授奉政大夫禮部主客清吏司郎中念菴王公墓表》脫漏碑文[1]

是歲上賜御書，以臨董其昌五言詩贈公，公之宦橐唯此物耳。公所居茅茨蕭然，土垣頹址，無改於舊，門巷絕無鮮衣怒馬赫赫之態，其高風如明之軒鹿邑、石臨漳，近今殆難其偶也。公生於順治五年戊子正月十六日，卒於康熙五十九年庚子十月二十五日，享年七十有三。元配程氏，誥封宜人，側室文氏、張氏。男子二人：長修得附監生，文氏出；次修來張氏出。女子二人：長婿李錫齡，程宜人出；次婿秦鵲生，文氏出。嗚呼！自世風澆漓，士鮮實行，求如公始終守道白首不渝者，烏可得哉！烏可得哉！是宜深鐫豐碑，以示於後，庶幾知所矜式云。系之銘曰：

葵丘之墟，爰有偉人。以學則茂，以行則醇。匪矯以異，性與道鄰。宦三十年，終焉一貧。冰兢自矢，淑慎其身。清風高節，可匹先民。古道茫茫，久淪以湮。公砥柱之力返淳，刑俗善後，既安且芬。歌以識之，百代有聞。

乾隆四年歲次己未正月穀旦。

不肖男修得、修來，孫興繩、興武、興紹、興廣納石。

（文見民國《民權縣志》卷十二《金石志》。馬懷雲）

清吏部候選從品官楚淑尼公傳

六世孫楚方曾志

公諱仲孟，字淑尼，號碧鉉，吏部候選從品官。配張氏，繼朱氏。生而端方，以忠厚存心，每賙賑鄰里，厚待族人，遇有婚喪，助麥酒柴薪，救苦憐貧之事，煩不勝書。始承

---

[1] 王念庵墓表於一九八六年出土，經核對後，將脫文補上。

父業，地僅一頃，多典未得全種，後增益至五頃餘，自以爲足。有友托以遺孤，撫養不倦。胞弟宗魯少亡，遺女二人，侄一人。女之嫁爲備之，侄之妻爲娶之，視如己子，所值産分與其半，教養五十餘年，爲納國子監太學生。公晚年得子，諱伸，字躬藏，延請名師，備極供養。伸自幼讀書，能承父志，十九歲入府庠，三十餘食廩餼，俱公目所親見，嘗曰："吾可謂有子矣。"享年八十餘，閤邑公舉德壽，黃公題其門曰"德壽兼隆"。生於順治元年十二月初六日丑時，卒於雍正六年十二月初一日酉時，葬村西南阡。

　　雍正六年十二月。

（文見民國《民權縣志》卷十二《金石志》。馬懷雲）

太學生金悔齋先生盛德碑

　　署考城縣兩學事務寧陵縣教諭邢元福撰。

　　先生姓金氏，諱璠，字增輝，號悔齋。先世祥符人，譜牒散佚，世系不可考。明季遭李自成亂，其祖應時逃難至考城，遂家焉。應時生子四，璠父尚鐸，行三，太學生，考授州同知，里中推長者。尚鐸娶妻王氏，生子六，皆有賢名。第五子歲貢生珆，出繼胞叔尚教。璠兄弟五人，聚居邑之南白氏村，所謂老家者也。璠，尚鐸第四子，賦性孝友，善事父母，得二人歡心。兄弟雍睦，長兄珣，次兄琰，俱列邑庠，先逝。璠視侄如子，晚年與兄候補州同知琪，弟太學生琬，友愛彌篤。念先世艱難，今頗豐裕，積而不散，非所以慰先人教子孫也。於是，施藥、施茶、施衣棺木，施義塚，惠老慈幼，澤遍一鄉，恩推三黨。助婚嫁喪葬，更有人不及知者。雍正八年歲偶歉，流亡載道，璠居孔道旁，庄前有室十數間，往來貧窶任其棲止。至，即煮粥以食之，雖昏夜未嘗輟也。自冬初至麥熟，事乃已，全活無算。乾隆四年，連雨數月，陸地舟行，淮徐一帶，被災尤甚，求食梁宋者趾相接。璠心憫之，復與兄弟約，爲制面煮鹽豆，乞之門者，各與一器。是時，環老家五村落皆金氏居，悉奉法惟謹，流亡待炊者數百人。又與兄琪議修學宮新戟門，志未及遂，忽一日無疾逝，時乾隆九年十一月十一日戌刻也，春秋六十有六。里黨詣廬哭者數百人。薦其行於邑令，令旌其門曰："盛世完人。"璠娶杜氏，有壼德，卒。繼李亦賢淑。男三人：長法高，太學生，娶王氏，杜出；企高、崇高，懼幼業儒，李出。女長，適邑武庠生馬諱，次幼未字。孫一焉，娶杜氏，法高出。論曰：予聞王氏先人躬行仁義，以道民厚矣，猶以爲未也。又建官置師，以孝、友、睦、姻、任、恤六行教民，以徒教之或不率也；使官以時，書其德行而勸之，以徒勸之，或不率也。於是乎有不孝，不友，不睦，不姻，不任，不恤之刑。由是以觀，悔齋不待勸迫，視親疏遠邇困苦流離者殷然在抱。語曰：吉人爲善，惟日不足。悔齋以中富之産，不爲子孫計長久，常廑立達之心，所以吉人爲善者，是耶非耶？使人盡由此，雖比户封之可矣。而《周禮》大司徒所云不幾多乎？再稽而漢鮑子都之賢，匹以桓少；梁伯鸞之高，配以德耀。乾健坤順，美傳千古。予聞德配杜氏，當悔齋食餓之時，督女奴親操作，惴惴恐不當夫子意，而公姑妯娌無間然，何其賢哉！以視鹿車提汲，舉案齊眉，古今人果誰不相及乎！嗚乎！此更可以觀刑於之化矣。

乾隆九年十一月。

（文見民國《民權縣志》卷十二《金石志》。馬懷雲）

清誥授奉政大夫禮部主客清吏司郎中念庵王公暨嫡配誥封宜人程氏副室文氏張氏合葬墓誌銘

康熙庚子禮部主客司郎中王公卒于家，明年辛丑葬於雙河口村東之舊阡矣。越十數年，其嫡配程宜人、副室文氏後先以疾辭世。其子修得、修來將合祔焉，乃先期遣使攜公夫婦狀，至都請余文誌其墓石。余與公兩世交好，未可以拿鄙辭，爰即狀而誌之。

公姓王氏，諱貫三，字配公，念庵，其號也。世為河南考城人，先代多隱德，至曾祖南溪公諱思問，事母至孝，好善樂施，奉旨崇祀忠義祠。祖紹溪公諱長福，性複明斷，望重鄉閭。紹溪公生鑄九公，諱鼎，是為公父，以明經司訓安陽。後以公貴，誥贈奉直大夫，户部江西司員外郎，鄉飲正賓，崇祀鄉賢、忠義二祠。母李氏、王氏俱誥贈宜人。安陽公學術湛深，性行純篤，當明季時家益貧，備嘗辛苦，教弟侄，皆漸次廁身黌序。三世同居，未曾析爨，姊妹孀孤，力撫諸甥，為置田產。全鄰女於亂軍，贍親族之窮乏，善行種種，未易更僕數。識者已卜其後之必昌矣。有子四人，公其叔也。生而岸偉，兒時儼如成人。稍長，就外傅讀書，即能刻苦。年甫成童，通四子、五經、左氏春秋。為文已蔚然可觀，一時同邑知名士多爭與之遊。已酉，應童子試，遂冠一軍，是科登賢書，癸丑捷南宮。維時先大人文端公以編修充房考，公出于先大人之門。榜發循例來謁，先大人見公姿貌，許其為遠到器。公成進士，考取中書。辛酉赴都候補，即分校順天鄉試，得楊綠綬等九人。從此襄職鳳池，不存一躁進之思。癸亥春，公既除授內閣中書。安陽公致仕歸，公念同胞兄弟相繼淪謝，且俱乏嗣，父母膝下，承歡無人，因迎養于京邸，溫清定省，恪盡子職。繼又以二親春秋高，俸入不足供甘旨，屢欲循例求去。安陽公曰：家貧祿仕，汝安乎？稍待終養未晚也。戊辰夏，連丁內外艱，哀毀骨立，扶柩旋里，葬祭一本家禮，不為世俗浮屠所惑。服闋，補原職。癸酉欽差典試四川。入闈焚香矢誓，務拔真才，取中任爾瑗以下四十二人，複命授內閣掌典籍事。陞户部四川司主事，本部江西司員外郎。是時，某者以他事覺，欲引公以自輕，賴中堂焉公察其妄，曰：王司官清廉素著，天地鬼神豈可欺乎？公因不為所注。會寶泉局缺開，欽差監督錢法。公之蒞寶泉局也，矢公矢慎，一革從前積弊，雖家人僕從，莫不為之嚴飭焉。差滿，爐頭立碑焚香，頌聲聞衢巷，壬午複同考順天文武兩闈。公既數秉文衡，愈益謹慎，因悉心甄別，得雲中官等十六人，武得解元王道智等二十九人，皆當世知名士。公以弱冠獲雋，仕於京者二十餘年，而循序盡職，惴惴然恐玷官方也。癸未五月二十七日，聖祖仁皇帝如大學士以下，編修檢討以上詣保和殿以宸翰頒賜，公得禦書臨董其昌五言詩一幅。是年陞禮部主客司郎中。明年甲申，奉旨遷葬。去之日，同官郊餞，觀者以為有二疏之風焉。後因足疾，遂申文告病。公之田居也，杜門謝客，足不履城市。郡邑之公祖父母省會之方面大吏，雖同年故舊，未嘗幹以私。凡宗族之困苦顛連，鄉黨之痍癃殘疾，莫不竭力相周，即夏葛冬裘，登之質庫，欣然也。故蒙其惠者，指不勝屈。而邑人民在歌其盛德焉。公常念考為父母之邦，凡有裨益，罔不究心，如釐正堤防，增廣學校，費財勞心，而人不知，公亦不言也。公篤于內行，悼同胞而立嗣承祧，和堂從而白首無間言，且量能容物。或有意外橫逆，人所不堪受者，亦坦然處之。卒令忤我者，回心知感，人共服其雅量云。

公雖在田間，每逢朔望及萬壽令節，必公服瞻拜，自高曾以下，忌辰及歲時祀事，必身親奠獻。公之忠孝殆出於天性乎！公文章博大精深，詩亦清新俊逸，書法遒勁，直堪上追顏柳。昔官中翰所寫劄子，極蒙仁皇帝讚賞，故得其手書什襲，藏之不啻駙馬拱璧焉。著有《善補堂文集》、《百事操》藏於家。嫡配程氏、甯陵生員程鵬女，誥封宜人。貞靜有壼德。副室文氏、張氏，悉有賢名。男子二，長修得，附監生，娶儀封生員張儒行女，文氏出。次修來，業儒，娶睢州廩貢生光州學正蘇廣業女，張氏出。女子二，長程宜人出，次文氏出，俱適名門，詳狀中，不復贅。孫男四：長繩武，業儒，修得出；次廣武，修來出；次興武，修得出，次光武，修來出；俱幼。

公生於順治五年戊子正月十六日午時，卒於康熙五十九年庚子十二月二十五日午時，享年七十有三。程宜人生於順治五年戊子九月十三日寅時，卒于雍正十三年乙卯十二月二十四日丑時，享年八十有八。又文氏生於康熙二年癸卯八月初四日時，卒於雍正九年辛亥八月初九日酉時。享年六十有九。今卜于乾隆元年十月開公之竁，而合祔焉。前葬公時誌未刻石，今始納之壙中。銘曰：

稽公里居，葵丘之南。考公塵寄，古稀越三。恬澹以退，中實若虛。少掇巍科，筮仕中書。屢與文衡，翱翔天衢。洊歷戶禮，官居正郎。清廉勤慎，望重圭璋。于朝於野，咸推善良。公之佳偶，淑德彰聞。仁孝恭儉，有光貞珉。公臥東山，忽騎箕尾。家無宿糧，門如止水。幸有哲嗣，令聞光偉。葬諏吉日，宜子宜孫。伐厥堅石，中鏤吾文，歷年千百，芳跡常存。

文氏於乾隆十六年以子修得貴，貤贈九品孺人。

張氏生於康熙二十三年甲子十月二十七日時，卒於乾隆二十年乙亥二月十三日酉時，享年七十有二。

賜同進士出身光祿大夫文淵閣大學士兼吏部尚書年家眷世弟張廷玉撰文。

賜同進士出身榮祿大夫禮部尚書年家眷姻弟張伯行篆蓋。

賜同進士出身中議大夫光祿寺卿門人羅其昌書丹。

（文見民國《民權縣志》卷十二《金石志》。馬懷雲）

兵部尚書兼都察院右副都御史總督河南山東河道總督兼軍務張師載感恩碑記[1]

嘗謂劃疆分里，王者之舊制，而趨事奉公，小民之當職。然皆要務公且平，役 /
有山河之別，曹有不虞，以曹民共之，兗 /
自陳公詳准換堤以來，百五十餘年矣。雖其間遴有河患，於其工 /
縣台，而夫車樁料，竟先彼曹而並出矣。噫嘻！曾建疆分里之謂 /
河南傾以各供 /
秉明本縣正堂徐老爺，復告知山東、河南河院張大人，陳兩縣之舊 /
以疆里既分之民，受供役紛至之累者，雖二子倡議之功，究何非兵部尚書兼都察院右副都御史，總督河南山東河道、總督軍務張師載大人 /
南國甘棠之愛，啣結者思作長安下馬之遺，爰是勒貞珉於他山，建志碑 /
載。事將告竣，囑 /
之，後之視今亦猶今之視昔，有所憑藉，以志不朽云爾！是爲序。
考 /
考 /
大清乾隆二十三年歲次戊寅十二月穀旦。

（碑存民權縣順河鄉西北老流通集西頭偏南。王興亞）

清同進士出身徵仕郎候補內閣中書舍人昀田王公墓誌銘

賜進士出身翰林院庶吉士胡煦撰。

恂謹斂敕自淑有餘，而善世則未；施張恢豁，悅衆有餘，而律身則否。余同年友昀田公不兢、不絿、不剛、不柔，事必師古，動與道偕。未嘗急功名，實未嘗忘誦讀；未嘗先聞譽，實未嘗忘修省。心坦氣清，志高行恪，蓋忠信誠篤人也。公諱旬，字昀田，號畹齋，世爲考城人，爲溟翁年伯之長子。少負奇志，偕季弟句登甲子賢書，丙戌進士。勿喜不得勿慍也。惟日求爲養志者，躬率先之，與子弟講明之。又構別墅，藝花竹，置雜戲劇與其中，以博堂上一笑；而公則廣集書卷，手批不輟，曾未窺園，不以自娛也。家課則先《四子》。讀《四子》則曰："此非功名事也。"一應家務酬應，躬自領之，溟翁年伯不與聞，而並不以干兩弟，曰勿俾業荒耳。聞嘉言懿行思行，思所以則效之，表章之。與寶友相對，極端重，光霽四達，令人有滿坐春風之想。至遇閣邑公事，雖稱艱鉅，衆畏其難，公捐己

---

[1] 此碑殘，/下字缺。碑陰字多漫漶。

爲衆先，期其必濟。尤愛培植人材，能者鼓之，不能者教之，貧不能給者資助之，値婚嫁大事無措，則輸己以遺之。如孫某等皆其所成就，范某等皆其所委曲周旋者也。所著文有《畹齋舊集》、詩有《畹齋近集》，知與不知，咸樂奉爲楷模，稱畹齋先生云。夫入必告，反必面，視無形，聽無聲，禮也。溫而有理，廉而有劇，非學乎。好善樂施，匪古勿率，口無擇言，身無擇行，進乎道矣。

乾隆三十三年二月。

（文見民國《民權縣志》卷十二《金石志》。馬懷雲）

清邑庠生焦公中度傳

壬午科進士特授江西知縣曹一貫撰。

公姓焦氏，諱安行，字中度，號睿庵。歲進士含英公曾孫，太學生繼昌公冢子也。天資頗魯，容貌若愚，然力能百倍，歷嚴冬酷暑，未嘗釋卷，屢事嚴師，無有責其惰者，故弱冠入庠，兩試棘闈，皆薦前列，而其所以不售者，蓋以文章壽世，不求身前之榮也。方奮心孤往，力行不怠，不幸繼昌公身染沉疾，竟捐館舍。孀母年高，兩弟俱幼，遂絕進取，以奉親訓弟爲務。公孝友根心，事萱堂勤慎倍至，侍起居，供旨甘，晨昏定省，古儀惟謹，母氏亦信而安之；撫弱弟恩愛彌篤，教《詩》、《書》，誨《禮》、《樂》，既翕且耽，因心而出，兩弟亦皆懍然敬之。居家勤儉自守，不隨俗而俯仰，亦不與世共征逐，循分自安，不爲格外想。凡遇誼行可親者，恣嗟愛慕不忍置。有巧佞之人，則避之惟恐不遠。與人共事，未嘗絲毫有所虧負。有負己太甚者，以大度容之，不校也。歲饑，見有貧寒急迫，則推解以周之；婚喪難成，則竭力以助之，其輕財助義類多如此。生平無他嗜好，惟繙閱書籍，靜坐則呼之子弟，話鄉黨善事，並讀書爲勸戒。年七十餘卒。子二：長同寅，業儒；次同心，國學生，出嗣三房。論曰：余昔館於底家村，公長子同寅嘗受業焉。與公往來，親瞻道範。竊念公之爲人平實，貌如其心而文亦象之。夫文而平實，則不足以鋒穎，其不克報捷於秋闈者，或以此歟！然平則無偏陂，實則不虛浮，於造德爲近，公嘗有言曰："人心不可不正，不正則天理滅；不可不厚，不厚則生機息。"循是以推，則公之修於身而教於家者可知矣。嗚呼！歲月如流，世局日新，悼前輩典型不可復見，故據今所見聞爲之傳，俾後有考焉。

（文見民國《民權縣志》卷十二《金石志》。馬懷雲）

周明五家傳

內閣中書邑人舉人李傳儒撰。

公諱天德，字明五，世居睢州北境王柿園村。少負大志而膂力過人，好讀書不求甚解。

暇輒習醫宗及擊技拳術，後得武當真傳，萬人敵也。在里党中常抑強鋤橫，遇善類必盡力扶持，有古俠士風。惟淡於功名，喜與騷人、墨客、山僧、羽士遊。年七十餘，手抓樹皮，猶能使脫，藝術之精妙可概見矣。咸豐二年，洪楊煽亂，橫竄於蘇、皖、魯、豫，所過燒殺甚重。楚步衢先生欲築寨自衛，請公勷辦其事，不數月而寨工告竣，公即遷居寨內。時魏彎寨被匪首董執信盤據，草聚萬餘，聲勢浩大，乃嚮應洪楊，民情惶恐，莫知所措。公乃與諸鄉紳籌禦賊策，衆皆曰："賊衆且悍，降為上策。"公獨憤然作色曰："賊雖衆，然屬烏合，不足畏；奇男子當報國救民，義不與賊同戴三光，殺身成仁，即在此時。爾等何遇事而靡？"衆始恍然，乃分別守禦。無何，賊率大股席卷而來，欺寨孤無援，圍攻甚急。公率健勇親犯矢石，屢殲強寇，閱七晝夜，賊稍退。後賊以車載巨炮轟炸西門，聲震天地。公睹勢將危，隨帶鄉勇登陴嚴守，施展妙技，箭斃賊首數名，賊見無主，遂潰退。公乘勝帶鄉勇奮力追擊，賊駭亂，盡棄戈甲而逃。追十餘里，殺賊約數百名，並獲堂主李德修、李德勝二名。至是賊膽已寒，不敢再攻焉。竊是時賊勢蔓延，所至之處，堅城多不能守，而楚莊寨獨以彈丸微區能得保全者，實公捍衛之力也。及忠親王僧格林沁剿捻至境，有司以守寨殺賊有功據實申報，賜公以五品職銜。忠親王嘉其忠勇，受［愛］其技能，欲大用公，而旋因一病逝，可慨矣夫！贊曰：

妙技無故，涉世有方，鋤強抑暴，扶持善良。蘇皖魯豫，捻匪方滋，遍樹戈矛，高張旗幟。寇之所至，降議津津，惟公忠勇，見義忘身。睹賊聚處，目裂髮指，殲彼悍酋，保我赤子。殺身成仁，公之是旨，怕死降賊，寧不愧死。既佩公志，更壯公言，告彼來世，庶其勉旃。

咸豐二年。

（文見民國《民權縣志》卷十二《金石志》。馬懷雲）

六品軍功安邦孫公傳

清附貢生候選訓導李尚友撰。

庶民而擅築鑿之任，匹夫而掌生殺之權，千古未有之奇聞也。自粵逆猖獗以來，郡縣相繼失守，斯時之民，歸無可歸，告無可告。雖將兵諸大臣皆在金陵杜禦，而因皖匪北竄，豫東任其蹂躪，莫可如何！我孫公者，身雖寒微，素秉大義，見此情形，仗義而起曰："無兵不可以戰，結鄉團以作兵；無城不可以守，築寨垣以禦賊。"遂約紳耆按地出資，按戶出丁，不逾月工告竣焉。鑄槍炮，制鋒刃，曰此可以守矣。來歸者寨中無隙地，池外多居民。孫公曰："此不可以岐也。"池之涯又築一牆，高丈餘，牆外鑿一池，深五尺。晝夜梭巡，數十年無倦色。斯時，干戈滿地，兵民束手，孫公乃於守望不力者責之，通匪者誅之，毫無姑息。故曹匪肆橫，王橋、孔集盡行失守，孫六寨相安無事，公之力也。數百家賴以安全者，公之惠也。登之縣乘，勒之金石宜矣。爰為之贊曰：

籲嗟乎孫公兮，德澤彌長。民生攸賴兮，保障一方。天道難知兮，爲善不昌。功德難沒兮，令人不忘。

（文見民國《民權縣志》卷十二《金石志》。馬懷雲）

清五品藍翎張公諱臨臺字函三感頌碑

商邱歲貢生候選訓導宋恪豫撰。

張臨臺字函三，性忠正，尚義氣，好善樂施。諭委爲王橋鎮首事，服務多年，功德並著。及歿，鄉里不忍湮沒盛德，僉議樹碑彰厥美，以垂久遠。商邱歲貢生候選訓導宋恪豫作記云：嘗觀立表建坊，實激揚之盛典，歌功頌德，征直道於人心。我睢境北七里王橋寨首事張公諱臨臺，字函三，吾鄉之保障也。咸豐己未，流寇羣起。上命鄉紳築寨團兵，公與兄弟謀曰："予奉慈幃，兄與弟奮勇殺賊，勿爲高堂慮。"是公之兄弟得奮身奉公而無內顧之憂者，皆公之力也。歲次辛酉，寨工甫竣，賊勢猖獗。公之兄弟，先解楚莊之圍，復鏖戰於睢州壩上，我軍失利，兄弟同時殉難。公聞難，急率眾丁尋屍載歸，並殮陣亡團丁，爲文祭告，哭聲震天，誓滅此賊，以雪生平之恨。奈元氣未復，賊又乘勝來攻，公晝夜防守，歷數月，而合寨之精力已瘁。忽於十月初二日，賊乘大霧，潛破寨垣，眾丁擁公至龍塘崗寨，星夜繞道乞師於親王大營。及兵抵寨，賊已遠去，所餘被脅良民，公爲保留全活甚衆。上嘉其忠勇，特保守[1]，四方感頌，乃推公爲首領。由是整理寨規，公正廉明，息詞了訟，扶危濟貧，凡一切保全性命，成就名節，無不慷慨爲之。即婦孺稍有事競，無不求公一言以爲斷。公之端方正直，感服人心者如此。同治己巳年，李撫帥派挖惠濟河，公親冒嚴寒，督率民工。上憫其勞，復保五品藍翎。迨至壬申，錢中丞命辦積穀。公斟酌經營，辦理完善。光緒丙子，連年凶歉，公力爲開倉，分別賑濟。公又傾困倒囊，以助賑餉。歡頌之聲，直達官府。州尊楊公特送"樂善不倦"匾額一方，楹聯一副，其詞云："不惜蓋藏，賙鄉里，定留餘慶到兒孫。"楊公又請公勸捐賑銀千兩。蒙賑撫局保奏，奉旨以都司選用。光緒丁亥，鄭州河決，公承辦稭料，命其侄候補守備正斌採買裝運，襄助欽公。蒙河帥保奏，奉旨准其拔署一次。光緒辛卯，本州修志，公衷心採訪，特著勤勞。公之急公好義，有俾於國計民生者又如此。

公歷年辛苦，積勞成疾，壬辰壽終。鄉里痛悼，追維盛德，不忍湮歿，聚金泐石，以障厥美。公之懿行，庶足與日月爭光云。

光緒十八年。

（文見民國《民權縣志》卷十二《金石志》。馬懷雲）

---

[1] 此處有脫文。

清敕授儒林郎候選州同王公諱文田字煥章懿行碑

花翎五品銜□選直隸州判癸酉科拔貢世晚生王公獎撰。

公考邑望族，幼專儒業，性冲和，無崖岸，昆仲四人，公居次。奉親盡禮，必誠必信，塤篪唱和，家法整肅。子孫輩出入庭階，循循然莫不有規矩。冢嗣安仁，弱冠遊邑庠，列優等。甫及食餼，旋赴修文，戚族咸惋惜焉。公素精歧黃，病者踵門，有求必應。居恒不克營田產，而一切公務義舉，凡有濟於人者，悉樂為之。晚歲惟與二三耆舊，日益棋酒相娛樂。長嗣早亡，乏繼，取侄孫為嗣，箆室生子二，教以義方，不存姑息，命繼室撫育之。甲午秋，以微疾捐館舍，時年六十有六。歸窆之日，鄉人具挽言，以盡執紼之誼。因思公之懿行，不可使之湮沒弗傳，爰舉其生平大略，壽諸貞珉，以垂永久。至公之懿行，有非言辭所可罄者，固不盡於斯文。

光緒二十年。

（文見民國《民權縣志》卷十二《金石志》。馬懷雲）

清歲進士候選訓導因之于老夫子德教碑

清安徽補用知縣愚弟張咸之撰。

清歲進士、候選訓導于公諱建庵，字因之，葵丘名宿也。系出有明忠肅公後裔。忠肅先世考城人，曾祖為杭州路總管，因家於杭。當忠肅被籍時，裴中官竊其三子廣來避難，復家於考城。清乾隆中，因黃水為患，分考城南半為睢籍焉。數世以來，彬彬多文雅士。公天性孝友，事太公惟謹。兄弟三人，伯兄出繼長門，公以仲承宗嗣，兄弟之間終身怡怡。家素貧，公奮志精進，友人多願資以膏火者。公廉潔自守，未嘗輕有所受。咸豐間，捻匪倡亂，傾覆流離十數年而學不輟，年二十餘始應童子試，輒冠軍，補博士弟子員。旋以優等食餼，屢膺鄉薦未捷，同人咸為惋惜，公意氣泊如也。嘗謂門弟子曰："為學要求實得，何論功名。"其為文純以理勝，無浮煙漲墨。教授生徒，所至樂從者，學舍常不能容。弟子受公教，無敏鈍皆孜孜日進，時睢、考黌序中知名人士多出於公門。乙未貢成均以訓導候選。時家業稍裕，有勸公圖仕進者，公弗之許。惟以讀書談道為樂事，此其學不厭，誨不倦為何如耶！公賦性耿介，落落寡合，有非其友不友之風，與宗族鄉鄰處，雍雍和睦，遇事多就正者，公曲為開導，彼此各自悅服，潛移默化於無形中，更僕難數。《傳》曰："遠之則有望，近之則不厭"，殆其近之。公生於道光十九年，卒於光緒二十六年，享壽六十有二。及門諸子不忍沒其德教，醵資勒石以垂不朽，求文於余。余館其鄉有年，相友善，時以經義求剖析。自愧譾陋，不足表揚盛德，亦不敢不述所聞見，以誌公之梗概云。光緒二十年。

光緒二十六年。

（文見民國《民權縣志》卷十二《金石志》。馬懷雲）

廷勳張公墓誌

先祖考諱廷勳，字襄臣，曾祖考耀德公之次子也，耕耨理家，克勤克儉，而且仁以接物，義以持躬，時有少年老成之目。蓋其孝友肫至，授之自天，尤非常人所能及。不幸早亡。先祖妣劉太孺人哀誅銜傷，孟釵瓚迹，督工力田，鳴機夜績，門户獨垂，數十年資用賴以不匱。兼復躅襘祠奉姑嫜，以至孝聞於鄉。鞠子女，教婦媳，以有方稱於世。用能紹統承家，昌大門庭，母儀奕葉，矜式毗鄰。修先考妣闈範所漸，架獲斯存，永振芳徽，終身不忝。修胡薄祐，少遭閔凶，展對先靈，但增慚惡。蓄樂茹悲，蓼莪滋痛。未能學書，齒年已長。有子二人，長書銘就外傅，讀數年，刻已稍足自立。次書鈺，亦入小學肄業。嗟！修之祖考妣非有赫赫之功、昭昭之行，足以殺青竹，煒彤管，然其生世之年，敬事而信，節用而愛人，無愧無怍，以終永譽。且也陽春布澤，施及子孫，相彼烏鳥，尚知返哺，矧伊人乎？於戲！惡可無述而止。先祖考生於道光九年，卒於同治十年，享年四十二歲。先祖妣與先祖考同庚，卒於宣統二年。享年八十有二。

建修述事納石。

宣統二年。

（文見民國《民權縣志》卷十二《金石志》。馬懷雲）

許昌市

許昌市(許州、許昌縣)

許州創建州治大堂記

知州韓得文

許昌州治，宏廠勝他郡。明季戊寅臘月廿四日，寇侵城破，大堂被燬。至辛巳，寇再破城，而堂則寸椽無在。幸值聖天子龍飛興朝定鼎，予於順治二年八月，奉簡命捧新篆視事，即欲重新斯堂。然滿城荊榛，殘垣敗瓦，落落數十家，哀鴻之百堵未作，安能謀此乎！暫僦民舍，拮据二載。天幸有秋，城中居民頗聚，進諸生父老而議修之，僉曰："可。"於是，鳩工集材。始工於順治四年四月初六日，至七月初十日，大堂併卷棚告成。而後堂、大門嗣後可次第舉矣。是役也，予捐俸五十金，有一二願輸者聽之，僱役給值，不費里民一草一粒，予因自念曰："凡有殘可補則曰修。"今大堂無片木可仍，是為創不為修也，故作《創建州治大堂記》。顧予旦夕有江右之行，後來君子端蒞斯堂，加惠孑遺，以永立開國規模，尚舉其缺畧未備者云。

順治四年七月。

（文見康熙《許州志》卷十四《藝文志》。馬懷雲）

許州汪侯新建儀門碑記

戶部郎中賈壯

粵考許於春秋為男國，南衡、湘而西嵩、洛，東江漢而北夷梁郡國軍府，以及建都置路，歷代稱盛，故門屛階墀，堂廊廡署，嚴毅宏廠。每於修營之際，馳道左右，必礱豐碑巨碣，所以刊布功德，昭示來祀者。許經兵變以後，官衙民舍，共成瓦礫。續守許者，闢茅開基，臨民而退食者，草草略具，大門、二門未圮者，尋尺址耳。堂皇臨馭啟閉，奚屬誠闕典也。

歲丙申，江南汪大夫來守是郡，幾一載，冗必汰，墜必興，諸政必舉，乘輿出入，輒喟然曰："官非治無以居高令下，治非政無以體君乂民。古人有居一日必葺其牆屋者，而況牗戶耶？"爰集貳守張諱奎節、判王諱克生、蓮幕潘諱肇緒，同寅協恭，用形家言，市堊易甓，鳩工庀材，重門各為三楹，闊若干，深若干，高若干，共捐俸金若干，壯麗聳朗，南面郊坰，洞然豁然。四門之闢也，合許紳衿氓庶澤沃於頂踵，感折於心膂，頌喧於齒頰，舉忻忻然樂觀其成也。走幣索予一言，請勒龜龍之石，用垂不朽。予不覺喟然曰："有是哉。"事以時舉，功以敏立，民以善服也。大夫治許，動必法古，荒蕪不登，游惰貽之也。

大夫躬督開懇[墾]，磧砂變為膏腴，雖有急輪笯餉米豆之徵，甌寠汙邪，足以供之，而又出入蠲耗不擾，追呼輿人所以歌誰嗣也。兩造鴟張，健於譎訟，大夫訊讞，唯公贖鍰，無染肺石，變而平允，道曷繇焉，夫刑以除惡耳。至化惡為善，終於忘刑，非先矜後喜者不能此。子羔之所以服刖者，而反獲刖者之報也。萑苻未靖，劫剝者出入焉。人用怨，大夫用刻；人用誘，大夫用斷，渠魁頓獲，風鶴無儆，躍冶變為犛良。宓子之德，使人闇行。若有嚴刑於其旁，大夫亦若行此德於單父也。圜冠句屨，勸有課，嘉有賞，且累年廩餼，一朝盡給，仍為作興，優免殷殷無已，寧不化乎！蕭艾變而蘭苣，非直以服人之口而已也。使人乃以心服而不敢罷，立卜子之所化行西河也。迨至拜蝗蝻以翔他郊，泣齋壇以霈甘澍，典袍帶以供儒兵，嚴貯運以甦夷役，建常平以備饑荒，解逃人以釋株累，立練總以壯捍禦，驅優侑以戒宣淫，不與儀門之建，俱足千秋也乎！今天下道德之儒，爭言功名，然亦知功之所在，名乃隨之驟，假門立而政行，確四嵒於號令，定八方於仰瞻，以答帝眷，以安巖隱，上獲而下信，功莫大焉，名莫大焉。道德莫大焉。開國紀錄，當不次矣，可以紀矣。

是役，經始於丙申臘杪，丁酉新正落成焉。大夫汪諱潛，號蟠雯，江西祁門人。記竟而仍為之頌。頌曰：

嵩巖盤柱，羣岫拱扶。纏星次宿，惠我大夫。虎踞龍盤，上關運侯。五百昌期，篤生儵胄。中原大創，唯許疲凋。甦齘肉餈，以起溝莩。地晦污穢，誰督粨秭。大夫教之，秉穗滿載。菁莪敷化，明旦影爹。宣鬱賁陋，置腹推心。聽訟詰戎，神明獨斷。四野股栗，緝訌鎮亂。曩福東岱，愛遺甘棠。寧獨大穰，畏壘庚桑。今造潁昌，如天斯覆。心膽沁洽，齒頰芬馥。翹瞻稽首，篆鐫唫謳。風雲呵護，千載傳留。

順治十四年丁酉。

（文見民國《許昌縣志》卷十六《金石》。馬懷雲）

重修關聖帝廟大節亭碑記

三韓人胡良弼

聖人，人倫之至倫者，人之大節也。大節所在，惟聖人能之，亦惟聖人能全之。後之人愛慕尸祝，百世猶將見之也。千古來明之者，山東夫子；全之者，山西夫子。故從來祀事之正與祠廟之盛，無過兩聖人者。帝當桓、愍之時，將噓既燼之祚而復燃之。初，訂交昭烈，聯為伯仲，以共扶王室。逮君臣既定，而生死以之，其君臣兄弟朋友之誼，以一身克全之。而其大節之顯者，尤在客於許昌之時。當其時，艱虞已甚，幾難乎其為節矣，而節如故；且曹瞞以崇爵豐祿羈縻之而節亦如故；顧乃敝蹝富貴，間關千里，艱辛備嘗，以從岌岌難存之昭烈，而節仍如故。誠所謂人倫之至歟！以故遠近古今，凡含齒載髮之人，皆尊信而敬愛之。廟祠特徧天下。唯茲許昌實帝所嘗遊之地，尤帝節所最著之地，則許人知帝特詳，愛敬尤有獨至者。州治東南隅，相傳為帝舊居，址有廟巋然。前後宮門檻，視他祠獨盛。其正殿、拜廈前有大節亭，頗壯麗，固已多歷年所矣。頃因風雨連旬，竟至傾圮。弼見之，深憂於心，捐貲鳩工，更新之。不數日，落成焉。帝之靈，無地不至，未嘗惓惓於一方，而未嘗或遺於一方，故於其落成也，深感為人倫之至，勒諸貞珉，以誌愛敬之意云。是為記。

康熙二年任。

（文見民國《許昌縣志》卷十六《金石》。馬懷雲）

創建八里橋關帝廟碑記

古檜陽人何宗孔

漢關帝挑袍處，自三國來，人皆知其地在許昌灞陵橋也。當年遺蹟，固藉碑與橋以垂不朽矣。獨是我關帝廟，歷漢、唐、宋以迄於今，從未有建之者。而建之，自我皇清義士王宏道始，置行糧地三十餘畝，遂過割道名下訖，乃創大殿，建中門，功告成焉。予過其處，父老謂予曰："挑袍處，在吾許昌灞陵橋也。"予詔父老曰："作廟者誰？"父老應予曰："是吾許昌義士王宏道也。"

康熙十一年立。

（文見民國《許昌縣志》卷十六《金石》。馬懷雲）

清故待贈孺人姚（紳）母徐氏墓誌銘

【蓋文】

皇清待贈孺人姚母徐氏墓誌銘

【誌文】

皇清待贈孺人姚母徐氏墓誌銘

賜同進士出身太僕寺提督東路少卿前內陞正四品服俸管禮科給事中事壬子科奉命湖廣典試巡視茶馬巡按山東廣東道監察御史通家侍生朱裴頓首拜撰文。

賜同進士出身巡按山西督理河東鹽課監察御史前中書科中書舍人庚子科奉命廣西典試通家侍生何元英頓首拜篆蓋。

賜同進士出身翰林院侍講前國子監司業翰林院檢討庶吉士纂脩實錄年家眷弟王封濚頓首拜書丹。

潁恩拔進士哲甫姚公元配，姓徐氏，許昌巨室。四世祖金，以前明經筮仕新安令。曾祖斗牛，以前進士拜儀部□政。祖鳴盛，以前明經高尚。父世卿，郡學生。孺人其次女也，年十六，歸哲甫公。公諱重華。公之祖諱德溥，明己酉舉人，癸丑副榜，任山西寧鄉縣令。父諱胤秀，郡庠生，聚之其字也。歲貢生諱胤祥者，公之伯，貢監候選鹽運司運判諱孟華者，公之同堂弟。邑庠生諱□者，公侄也。世居西華姚家橋，徙潁南董紀，益繁昌。

當孺人于歸時，聚之公尚健，而朱太孺人已棄杯棬矣。公庶母周氏相繼云亡，主家政者唯公庶母徐氏。徐孺人尊之如阿姑，每告哲甫公曰：庶母賢，宜善事之，勿傷吾父心。會明季亂，哲甫公奉聚之公暨庶母北渡河，晨昏甘旨，孺人躬自操作，雖寄旅他鄉，從未聞以釜憂甖恥告也。逮皇清定鼎，乙酉旋里。未幾，而聚之公病，時庶母徐氏已故，哲甫公方從其伯客江南，徐孺人食必親調，藥必先嘗，暗室籲天自代，無人知者，亦不欲人知。及哲甫公歸里，未幾而聚之公即世，雖草昧之初，未遑成葬，而含殮之，具祭奠之儀，毫無厥略，則孺人內助之力居多。哲甫公庶母周氏有女，年未及笄而失所恃，閨範、女紅悉孺人訓導，及于歸山西武鄉縣令鄢陵梁公之鯤男生員璐，一切奩具靡不從厚。哲甫公舉三丈夫一女，雖異母，而徐孺人一視之皆如己出。冢君元配王氏蚤卒，遺三子，俱幼，徐孺人因呼兩如夫人曰：三孫未成立，汝輩當各撫其一，其最幼者吾自撫之，勿令失所。後年餘，王氏父亦不祿，其母弟雖存，貧困難支。徐孺人垂念慇慇，時餽之粟，遺之絮，無吝色。鄉里間或值饑歲，待徐孺人舉火者不可勝一數。孺人一一周之，亦無吝色。哲甫公好結納，門多長者車，每旦晚張具，徐孺人必務豐腆，輒身經理，不專委侍婢。教諸如夫人與兒婦輩，唯以親紡織、習女紅為務，非□訓即身先之。教子孫以力學為先，曰：無失祖父來書香之澤。因知孺人之大有造於姚室也。

初，孺人未於歸時，其前母之女為許州李室婦，夫婦相繼蚤逝，止遺一子在襁褓中，李氏一脉如綫。徐孺人提攜保護之，遂得長成，諱黃，今已為博士弟子員，而原所自始，唯孺人撫育之功是賴。則是孺人之事翁姑、相夫子、馭家人、訓子孫，以及恤親黨之貧而孤者，蓋無間然也。即求之古女史中，豈多覯哉？

觀於其生也，而遠邇稱之；其死也，而親故之來哭者皆盡哀，可概見矣。始余承乏禹州，獲交哲甫公，心竊異之，曰：此天下士哉！何汪洋若干頃波也！遂以道契。及壬子奉命典試三楚，過潁再晤哲甫公暨冢君於驛舍。冢君翠竹碧梧，鷺鵠停峙，學淵而才博，試輒冠軍，克昌其業，余為哲甫公喜者久之，且期冢君必售。迨事竣，復過潁，聞孺人之變，深為冢君扼捥云。時喬梓即以徐孺人狀求余誌。余讀未竟，輒慨焉嘆孺人之淑德懿行大堪風世，不可以不傳也。遂不能以不文辭。而於道路之暇，按狀而叙列之，既成而郵寄之，勒諸貞石，以垂不朽焉。

孺人生於明甲子年十二月廿日申時，卒於清壬子年閏七月廿三日酉時，享年四十有九。男三：長紳，邑庠廩膳生，徐孺人出，配王氏，庠生王尚瓚女，繼杜氏，庠生杜愫女。次縉，如夫人魏氏出，配王氏，處士王一冰女。次紀，如夫人李氏出，聘廣西江左右翼鎮標中軍參將蕭九有女。女一，如夫人李氏出，許字武進士湖廣洞庭水師營都司干洙男蘊璞。孫三：長希舜，聘拔貢生杜貽哲女；次希禹，聘廩膳生朱士元女；次希湯，聘庠生金國香女。俱紳原配王氏出。此皆徐孺人積善之所致也。兹卜以癸丑年十月廿五日，葬於潁南董紀村之新阡。宜銘。銘曰：

婦貞必求其孝，埋詞必鐫其石。孝可以垂姆訓，石可以光奄歹。日月無生死，川嶽無終始。吁嗟！孺人德其奕。

不孝男繗、紳、紀泣血立石。

石工李得旺。

康熙十二年。

（拓片藏河南省文物考古研究所。李秀萍）

三韓徐公重修許州儒學碑

　　太守徐公治許之二年，政潔而人和。時序八月，國賦完，學工竣，本庠閻先生請文勒石以識之。貢監宋之琮、候選知縣孫石、生員焦振儒、宋獻繢、張恒、王惟寅等，鼓舞身先襄其事。念四月，河南鄉試榜出，捷報至許，賢書列名者二人。猗歟盛哉！人文蔚起，不減壬子當年。凡我許人僉曰："非太守建義館，課諸生，捐俸重修儒學不及此。太守有功於許昌為何如哉！"嘗攷古時，詔立學宮，育人才，廣教化，使天下之人，知存心養性，不失日用五常之道，以幾唐、虞三代之隆，人材日以出，教化日以興也。

　　許昌自庠序徒存，科第式微，我朝乙酉開科，至甲午，魏闕寵始闢天荒，越十二年丙午，董毓奇再售。庚戌中秋，宛陵阮公仕許一月，兩試諸生，平衡後坑坎，傳舉業正派。壬子科，吳梁、黃琬二人，英年翔步鹿鳴，一時文風丕振。許昌之士始知勉焉。甲寅，西南變亂，兵餉孔亟。士子大半廢學，張寧時厥修乃堅，奪錦乙卯榜中。戊午，脫然無人。科第一事，人憂許昌之不繼也。審如是而欲日蕩之人心能以日存，日漓之人性能以日養。君臣、父子、夫婦、兄弟、朋友之道，守茲勿斁。堯、舜、禹、湯、文、武、周公與夫孔子之化，復見於今日，豈可得乎！

　　己未仲冬，太守來牧許昌，三日，拜至聖先師，聚諸生於明倫堂，問民間疾苦，州治宜興宜革之事。目覩學宮茂草不除，宇舍頹圮，師生備員，絃誦聲息，瞻廟貌而太息焉。明年仲春，度材木，營磚石，委屬下劉良廳督數鄉耆以董其功，每日夫幾名，匠人幾名，照數分給工食，而許昌窮民待以舉火者百有餘家。嗟乎！興土木之役於饑荒之歲，民不以為病，而反以為德。太守大有功於許昌為何如哉！學中大成殿、明倫堂、櫺星門與夫東西兩廡，按次修葺，兩旬儒學新。其費出自太守，許人一無所與。太守能輕財利，重師儒，才略果決，有足稱者不特此也。太守興是役，樸素渾堅，一勞永逸，誠最上之懿事，不朽之鴻功也。然而，又念大成殿彩色弗新，輪奐弗美，於是，塗丹青，飾金錫，輝煌壯麗，人皆聚觀。雖曰重修，視創修之始，為力若繭而取效甚大。異日人才世出，教化大行，治幾刑措。化興禮樂姑勿論，即是科馮、張兩孝廉發已大有明驗矣。來春，對策大廷，與以上三人仝攜一榜及第，如指諸掌，不待蓍蔡而後知也。太守大有功於許昌為何如哉！抑有說者敬一箴不曰成功，名宦、鄉賢二祠，責有歸承有人。至於明倫堂、東西兩齋房，左為諸生問經考業之地，右為齋夫蓄廩備膳之所，關係甚鉅，補修難緩，亦將有望於太守。

太守諱崇禮，字秩庵，其先人皆以本朝臺憲顯。

郡人寇哲謹記。

郡人拔貢寇哲撰文。

宛陵山人劉弘斌集王右軍書。

康熙二十年歲次辛酉十二月吉旦。

（文見民國《許昌縣志》卷十六《金石》。馬懷雲）

創建關帝挑袍碑記

【額題】創建關帝行宮

奉直大夫知許州事今陞二部員外古營甘文炳，賜進士第河南道御史鄢邑常翼聖撰文。

貢生候選學正田生玉撰額。

吏部候選縣丞王維新書丹。

古今來與天壤共不朽者，大抵皆往喆昔聖，非扶植天常則肇修人紀，非忠義筆史冊，則功德垂社稷，此所以神而明之，侍而祀之者也。然其所以不朽者，以為立一時之奇即易，留千古之忠貞難。獨關帝之在漢時，傾心桃園，致身照烈，意氣表表三國，英風凜凜百代。自漢而唐而宋，越若明季，累朝加封，崇祀而廟享者，近圻遐域盈宇宙間，所在皆然。許昌，關帝舊遊地也。當年秉燭達旦、封金辭曹、一宅分兩院之芳蹤，迄今尚存。去許西郭不遠，又有灞陵古跡，所稱辭曹歸漢者在此地耳。窺其隱微，止知有漢，不知有□□□。曹瞞之子女金玉不足以縈其心，威武赫奕不足以屈其志。浩然長往，莫能繫維，至今昭然，耳目共屬。適有梁鬼然磴道迴欄嶺且岑，有水澄然，瀠洄蕩漾，靜此幽□□□□莫□□此與弔古之思，而慕之，而慷慨之，而且流連不置之。雖然，千百載來崇祀者有焉，弔古者有焉，述往事而志曩微者有焉，獨於此而行宮未建，是一缺典也。□□□□王弘道□居橋右，往來於斯，興發善念，慨然施財置地，經之營之，鳩工創建，但工大力微，一時未獲告竣。有許太守甘公于琴鶴之暇，適有問俗課農之事，□□□□□□□目睹其規未就，捐俸金資而欲立登勝果。復命鄉耆王弘道以董其事。道於是早夜勤勞，鳩工庀材，兢兢唯恐不勝其任之是慮。而今也，神像煥然，廟貌□□□□□□□□□□暉映斯，雖公之功德，倘非鄉耆王創基督成，曷克臻此功垂不朽。弟子雖鄢人，適寄跡于許，因此而為序，使功德借此以不朽，且可以為世之弔□。

康熙二十八年歲次己巳冬十二月吉旦。

南陽府南陽縣知縣東魯利津紀之樵、河南襄城營署守備營千總事褚名臣、許州糧鹽廳楊捷、許州巡補廳滕之瑚、許州儒學正朱發光、貢監張岩、信官朱元銀八兩。

（碑存許昌市關帝挑袍處。王景荃）

重建八蜡廟碑記

【額題】重建八蜡廟碑記

粵稽許葉北堅之外，舊有八蜡廟，而今廢矣。其神其義，固未易考，或曰伊耆氏始為蜡，《小戴禮》以為帝號，《周禮》□□□□□可徵，而莫之敢質。又曰："蜡，蜡祭也。夏曰嘉平，殷曰清祀，周曰大蜡。"迨秦、漢以暨唐、宋，無不相沿成習。大抵即經所謂□□□□及其螽賊，田祖有神，以捍吾農事者，非耶。余守許之次年，歲在辛未六月，蝗從北來，蔽天障日，勢若風雨。所過田禾，盡無噍類。余心甚憂之。紳士進而請曰："治北之八蜡廟乃司蝗之神也，曷不祈之？"余遂齋沐以往，求其遺址，僅棲息於荒煙蔓草中，乃披荊棘畚瓦礫，跪而禱曰："吾許自蹂躪以來，凋弊已甚。今災情屢見，旱澇不時，又奚堪蝗蟲之滋毒也。意者州牧之不德歟？夫州牧不德，原在一人，與百姓何尤？且民以黍為命，蝗而食禾，是食民之脂與血矣。食民脂不如食州牧之脂，食民血不如食州牧之血。神其有靈，尚祈點鑒，余忱衛此黎庶急撲殺此蟊乎？"厥後翱翔三日而去，境內竟不為害，許之民咸歸功於余。嗟嗟，虎可渡河，鱷能驅海，此前人僅見之事。余則何人，敢云至此，乃神之力耳。爰思崇德報功，若不輪奐其棟宇，神無所憑依也。遂捐俸若干兩，鳩工庀材，不數月而落成，從此明禋不忒，俎豆常新，歌大有而履豐亨，一境之籍以獲福者，誠非淺鮮，將見秉畀之文，可以不設，撲除之令，永可不下矣。遂記其顛末于石，以見神庇之不爽云。

  峕康熙三十二年歲次癸酉孟春吉旦。

  奉直大夫知許州事內陞刑部員外郎三韓楊岐生拜撰。

  登仕佐郎許州吏目掖水滕之瑚薰沐書丹。

（碑存許昌市八蜡廟。王景荃）

漢荀氏八龍塚碑記

嘗聞莫為之前，雖美弗彰；莫為之後，雖勝弗傳。□□□□□□□□□□□封令八景仰久矣。獨臨路一塚，上有柏樹八株□□□□□□□□□□□鬱茂，冬夏一色，其靈異之昭著，真歷久不爽見之者，□□□□□□□□□立於窀穸之旁，凡有德善功業可名於世，皆鐫于石，以□□□□□□□□年或為之碑記，或為之志銘有之。今以世遠年湮，碑碣傾圮，□□□□□□□荀氏幾于無徵，胡為美而弗彰，令人鬱鬱不樂也。予向承乏上蒼，通經墓前□□□□□□□□□公餘之暇，備考前賢遺跡，如韓氏八鳳、范氏五虎，皆已鑿然可考者。八□□□□□□□□□□缺。爰稽荀氏名淑，少博學有高行，當世名賢如李固、李膺等皆師宗之。為□□□□□□□□君有子八人：曰儉、曰緄、曰靖、曰燾、曰汪、曰爽、曰肅、曰甫，時人稱為八龍。世□□□□□□□□□陽里，且與同郡陳實善。實常詣淑使元方御車，仲方持杖，攜將長文□□□□□□□侍左右行酒，且抱幼孫文若置膝上。是夜，太史奏德星見，五百里內必有□□□□□□□□□□不詎矣。謁守士主當日，聲名赫奕。迫風徽漸遠，往往沒而不彰者何可□□□□□□□□□考其德行道世，勒諸貞珉。恍然見荀氏之流風餘韻，歷千古而常盼，俾□□□□□□□□□□□既久，碑傾文毀，陳君憫之，因倩人照前文贈補之，以繼余公之志。

康熙。

（碑存許昌市八龍塚。王景荃）

許州創建金龍四大王神廟記

李來章

粵考國家壇壝之制，有風雲雷雨而時時亦兼祀龍神，豈以龍為四靈之一，鼓盪兩大之間，變化不測，陰晴旱澇，固有助之者，以神其用歟。以禮考之，五嶽視三公，四瀆視諸侯，至宋徽宗大觀四年，乃錫龍神為王者之爵，冕旒袞裳，儼然南面，秩至崇矣。夫有江淮河海，而河獨發源星宿。九折入中國，汹湧汗漫，氣魄橫放，尤駕出諸水之上，其勢為最雄。故其神為最靈。此金龍四大王之稱所由昉也。歷代以來，屢有褒贈，至本朝聖天子籌畫河漕，翠華臨幸，指授方畧，河神呵護，靈異昭著，尤契聖心，因加封顯佑通濟昭靈效順之號。每逢春秋，令地方官躬視牲體，其禮唯謹。予謂河挾淮流，偃波息浪，直趨清口，因得歲運東南數百萬之糧儲，直抵天津，以供神京。民無輓輅之勞，軍有飽騰之慶，此其功在國家者。至於南北往來，求濟兩岸者，即天聞風恬且蕩漾噴流，猶使人神悚。今則循守隄岸，安流如故，商民如織，檣帆無恙，尤屬異事。許，豫省之名州也，屏藩省會之南，距黃河二百里許。晉、豫商賈攜貨輻輳而至，共相倡率，創建金龍四大王神廟於州治之西南隅。巍峨輪奐，規模宏壯。蓋以中州之地，嶽則嵩山，瀆則河淮，而河獨橫貫腹中，綿亙千里，人沾膏澤，時望利涉，整飭廟貌。崇奉報賽之典，弗敢或怠，固其宜也。鳩工於康熙四十二年秋季，至是訖功。凡糜白金若干兩，輸財好義之士姓名，俱列於後，將以告來者。俾因時繕茸，勿廢斯舉。茲役也，州牧朗侯鐵菴崇奉甚虔。少府滕君式夏許書丹石，而囑予記其本末。予嘉其舉，因諾其請，而為書之如此，並作迎享送神之曲繫於後。其詞曰：

神之降兮自大羅，乘金龍兮治黃河。驅蚪鯨兮伏黿鼉，沙泥無壅兮風恬無波。遵約束兮不遷不徙，發星宿兮一折千里。飄萬點兮桃花水，長尺半兮鯉魚美。王俯顧之，怡然色喜。下三門兮出清口，玉粒萬艘兮盡北首。商民交渡兮容與中流，手挐箠篌兮心感神休。

相吉土兮建清廟，陳牲醴兮設庭燎。千秋萬歲兮奉神歡，舞巫覡兮菊與蘭。

　　康熙四十三年。

（文見民國《許昌縣志》卷十六《金石》。馬懷雲）

題滕之瑚竹刻歌

　　人生不可居無竹，古今畫者幾百軸。風雨晴雪態不同，一一蕭森娛人目。與可去後仲貽歿，踰麋磨盡管城禿。草棘荊榛滿人間，眼中不見篔簹谷。筵上但參玉板禪，不知其味猶食肉。勝尉家住古東萊，掖水橋頭有華屋。晴窗焚香動清興，曾揮澄心定畫麓。一行作吏意偏慵，好事還擾應門僕。往來踏斷鐵門限，寒梢幾令竭淇澳。何如鑴刻向琬琰，搨出清風自穆穆。不使鷺溪充犧材，尉見此歌應捧腹。

　　禮山李來章題。

（碑存許昌市春秋樓，文見民國《許昌縣志》卷十六《金石》。馬懷雲）

滕之瑚畫竹志

　　竹之為物，清風勁節，玉骨貞心，為高人韻士之所賞識者久矣。余性愛竹，更喜畫竹，備官許下，歷三十年。衙齋栽竹數竿，公餘無事，日耽臨慕，愧未得其神，似聊借以遊戲，滌潑俗罣而已。壬辰暮冬，謝事將歸，缺山有友人荀子致遠、王子宗秩偕諸同事，創建金龍四大王神廟成，丐襄城禮山李先生作碑文記其事，煩余書丹。工既竣，廟中餘一小碣，囑余繪竹，欲鑴搨以遺後人。承命不敢辭。因走筆寫此請教，敬宗秩雅好書畫，且交情篤摯，殷殷不忍別，或將寓意為硯山石耶。然增慚益多，竊恐為識者所哂，故志之。

　　康熙五十二年癸巳初春，掖水滕之瑚式夏氏書畫並識。

（碑存許昌市春秋樓，文見民國《許昌縣志》卷十六《金石》。馬懷雲）

許州汪侯新建常平倉碑記

　　户部郎中李溥

　　《周官》遺人掌縣都之委積，以待凶荒旱乾水溢，野無菜色。自漢以來，常平義倉猶有《周官》遺意，晦庵朱先生謂為近古。然古存而今廢，其亦待其人而復興者乎！許昌預備倉，創自先朝無錫邵公，繼修於定興范公，屠戮以後，半為伏戎燃燎之膏乎，為裸祖煨體之炬，民儲國貯，狸窟鼷穴矣。歲丙申夏，蟠翁汪老父母來牧茲土，政覃民懷，諸墜畢舉，雉堞稱金城矣。向外雖甓砌，而向內皆潰土，攲斜之逕，蜿蜒可登，伏墉者睥睨焉。公環督畚鍤插天壁，立四樓，憑上各有階級，級盡扛門，司啟閉者抱擊焉。而以俯視濟隍建瓴之利也。州治無儀門，經十四年餘，奔走墀下者，突出入焉。雖有雙扉無宇，以兩垂而下，風雨妬門，門者病焉。公捐俸金市莝楹。冬春之交，農隙創起，開國第一功也。學宮禮殿，肇建有人，而長廡戟門，震風凌雨，腐仆莫支，非所以妥先聖也。公割俸捐資，以為紳士倡。乘時樂輸，後先大舉。菁莪起化之地，更煥然改覲焉。迨至鄉里積粟，皐犯入粟而儲無困庾，廠無墉垣，斜籔多燥濕之憂，斂散無出入之禁，祗益之耗耳，首創門，門有堂，司會計者至止之堂旁，有廩司支納者啟閉之。自是而官亭，而廊舍，覈查之吏，可以持籌賑貸之籍，可以謹量將次第創焉。於是乎今之所積與自今而積者，皆有所貯矣。士庶色喜，相率礱石，庚左問計於不佞。不佞深惟國家取佃漁於山澤，取粟布於耒杵，取刀圭於周府，政以聚而散之，以聚民也。而況豐歉天時，肥磽地置，總不可憑，而紓困周乏，為饑寒請命，更出於天時地置之外，以輔相其所不足也耶。然則是倉之創，美哉政也。於農晷刻，無違於民，絲粒無擾，夙蓄而亟布之。雖旱乾水溢，野無菜色，豈虛語哉！

是役也，大法小廉，庚盈庾羨，正與公督耘觀藝，薄賦輕徭，相為表裡，可以報上臺，答聖夫子軫念孑遺之意，兩不負矣。工始於丁酉春，立夏告竣。

汪侯諱潛，號蟠雯，江南祁門人。乃相其事者，貳張君奎節、判王君克生、蓮幕潘君肇緒。而董工刻石以總其成者，則驛丞陳國璽也。例得並書。

康熙五十六年夏。

（文見民國《許昌縣志》卷十六《金石》。馬懷雲）

重修八里橋關帝廟記碑

【額題】聖蹟萬古

重修八里橋關帝廟記

今天下之大，幅員之廣，黎庶之眾，無論賢智儁達之士，以至山童野叟，婦人女子，聞公之名，論公之事，瞻公之像，莫不肅然敬，凜然畏，藹然而尊親之。何者？其秉綱立紀，乃心漢室，至於生死不渝，有以貫金石，昭日月，繫今古之人心於無窮也。當下邳之役，非歸曹也，歸漢也。是時，漢室雖衰，獻帝猶在。公至許昌，知時勢之難為也而去之。其歸先主也，亦歸漢人也。以曹操之奸雄，虎視帝室者，猶且敬而畏之。率張遼、許褚之徒，追帝於八里橋左，而公立馬橫刀，辭其金而挑其袍，毅然去而不顧。自曹而下，不敢稍措一詞。嗚呼！關公至此，可謂情之至，義之盡，而颯爽英風，歷千萬祀而不磨者矣。

余晉人也。髮未燥時，聞公之名，知公之事稔矣。歲在癸巳，蒞任許昌，過公挑袍之所，遺蹟猶存。入廟而瞻公之像，能不彈其□然，凜然之誠而尊親之。顧祠宇卑隘，視立馬橫刀之概，若有未盡焉者。乃承家嚴之命，力捐薄俸，存其舊而建其新，闢其重門而堊其牆垣，以副家嚴之志。又慮善之不可以一人獨為也，復率僚佐紳士以逮商旅居民而共勷之。於是，廟貌巍然煥然而一新。思公乃心漢室，綱常倫紀，生死不渝之操不益信，昭之日月，貫之金石，繫今古人心于無窮也哉！或曰曹之餞公，舊傳霸陵橋而茲稱八里橋，何？按《輿地記》云：霸水，本名滋水。經鎬京，秦穆公復命名焉，彰霸功也。茲獻帝都許昌，非秦地也。霸陵無可考，故係之曰八里橋，仍《許志》云。

大清康熙六十一年歲在壬寅夏五月。

奉直大夫知許州事候補部郎梗陽王逾曾撰文。

承信校尉河南襄城營駐防許長州縣千總李毓英。

署許州學正事訓導劉以瀚，徵仕郎判許州事莫士毅，署許州吏目事臨潁典史王翰，登仕佐郎吏目王國興書，司事貢監生李淡本、盧晉、魏悌、趙晉、張龍光、金王仝立。

本廟住持戴承恩、徒張聖德、孫李恩宙、曾孫趙道安、元孫張尊慧、李道微、李尊臣。

（碑存許昌市霸陵橋。王景荃）

許州太守王公德政碑

王公諱逾曾，字次聖，係山西太原府清源縣籍，出仕許郡，兩署府。一時德政，恩洽閭閻，難以屈指，僅舉大端，粗具俚言，刻石頌祝：嚴氣正性兮令人公式，清心寡欲兮視民如赤。關節屏絕兮私情難入，剛明果斷兮訟獄莫欺。猛以濟寬兮竊止盜息，火烈民畏兮賭妓移易。

其二：公務不苛兮代民出貲，私派不存兮羣黎雍熙。敷政有為兮憲台擢取，廉明遠播兮鄰封請署。百姓啣恩兮遍樹旗幟，願公紫綬兮世世如斯。

康熙六十一年，土城保士民客商敬立。

（文見民國《許昌縣志》卷十六《金石》。馬懷雲）

關帝廟拜殿石銘

東漢末，曹公挾獻帝居許昌，今為許州治。城西官道八里有橋，俗譌稱灞陵橋。舊傳壯繆關侯辭曹公、歸先主時，追餞於此。圯西作廟以祀，象設甚嚴。右楹壔甘、糜二婦人坐帷車中，有騶從者。左為曹公策騎引士伍，擎袍與酒，以獻唯謹。關侯著金鎧胄，橫刀立馬，回身左顧，凜凜有生氣。余嘗謂關侯只此一番舉動，天高日午，可謂精義入神。淺夫豎儒所不及知。無怪廟中題句累累，皆不出稗官鄙俚之見。余道徑，肅謁後，車中恍惚得偶句云，亦知吾故主尚存乎？從今日徧逐天涯，且休道萬鍾千駟，曾許汝立功乃去耳。倘他年相逢歧路，又肯忘尊酒綈袍。如此措語，庶當日心迹本末，灼然如見，不為阿瞞輩所揶揄耳。

右筆紀一則，去年入秦時道中所錄。今南歸路出新野，屬門人周君念脩勒諸廟中，以質知者。

雍正癸卯九月既望。

松南老農張德純手識。

東周張紀鐫。

(碑存許昌市霸陵橋。王偉)

許州八里橋重修關聖帝君廟碑

【額題】重修碑記

郡縣祭祀之典，載在令甲者，自社稷壇壝、先聖學宮而外，得通祀漢將軍關壯繆公。有司者，春秋以禮嚴事焉。近復于其家立博士，追封前代，榮名異數，有加無以蓋，幾幾乎與尼山俎豆埒矣。不甯惟是，窮巷下邑，山陬海澨，含齒戴髮之倫，婦人孺子之輩，無不赫赫然有神之靈爽在其心目間。此固信義之誠，浩然之氣，足以塞天地而彌六合，貫金石而孚豚魚。而亦以見人心之正，直道之公，未嘗一息不存。故曰："至誠而不動者，未之有也。"又曰："聖人先得我心之所同。"然詎不信與？許州西八里橋，舊有祠廟，相傳公昔去許，曹嘗追餞於此者。按公一生崎嶇患難，莫甚於許昌，而大節磊落，皭然不滓，可與日月爭光者，尤在去留之際，則州人之立廟於此也，亦固其所。蓋自下邳之敗，來依于許，曹重其為人，百計留之。而公則謂義不可留，勢又不得脫然以去，曰：我當立效以報曹公，乃去耳。是則公之于許，去之惟恐不速，而戀乎其不可一日留者，故其救劉延之困，解白馬之圍，非徒以報知遇之隆，乃所以善其去也。前輩邵文莊公詩云："本來立效非心服，死後英魂肯再遊。"蓋謂公之神之不倦倦于許也，亦明矣。雖然，公特不倦倦于曹耳，未始不倦倦于許也，何則？方是時，天子在許，獻雖屢弱，未有失德，特以權歸曹氏，命寄虎口。公志在春秋，素明大義，以昭烈帝室之胄，雄才冠世，必能除君側之惡，定匡合之列，是以間關相從，萬死不渝。迨至炎精不曜，篡逆已成，乃始佐昭烈建號西蜀，以延劉宗不絕之綫，蓋亦有不得已焉。夫非聚義之初，即知有分鼎割據之事，欲攀龍鱗而附鳳翼也。則許者，漢之許也，夫獨何憾于許乎？厥後節鎮中州，規復中夏，陳師鞠旅，襄樊震動，梁陝陸渾之間，諸起義者皆遙受印號，為之聲援。遂乃覆彼七軍，擒其梟帥，庶乎克復舊都，祀漢配天，在此行也。夫何懸軍深入，後無繼援，徒使萇弘之血化碧，苟偃之目猶視。漢祚之不幸也，而謂英魂之不倦倦于許也哉。或又謂公之去也，曹左右欲追之。曹曰：彼各為其主，勿追。而已不宜有飲餞事。又此時昭烈在河北，公不應首路于南者。顧此尤不足深辨，獨是曹不窮追，俾得徑去，蓋公信義之至，足以感孚奸邪而默動其天良。迄今過遺廟者，無不歔欷憑弔，以快然於一去。此所謂人心之正，直道之公，未嘗一息不存，而凡賢人君子有扶世翼教之責者，所當共攬惜而激勵之者也。己酉歲，廟毀于水，今憲副張公過其地，以為人心所係，前賢遺跡不可湮也。慨然捐俸以倡，俾鼎新之。

張公諱建德，字文侯，以從龍世冑觀察兩河，歷攝藩臬兩憲，治民事神，既敬且和，刑寬政肅，為德於中州者甚大，此特其一斑耳。夫考遺蹟，修廢墜，有司之責也。余承乏茲土，而公廟之成，乃經始於上憲，守土者滋愧矣。工訖而為之記，且繫之詩曰：

　　坎坎兮擊鼓，工歌兮巫舞。神昔去兮此首路，指河水兮色猶怒。今之來兮洋洋，騎箕尾兮下大荒。驂騑騑兮六龍翔，牲肥腯兮盈房。羅桂醑兮奠椒漿，神且醉止兮悅且康。福吾民兮樂未央。

　　右迎神曲。

　　視公如龍兮曹如螕，彼之餕兮神其吐。矗遺廟兮千秋不鄙，吾人兮神乎可以久留。還舊觀兮水之湄，美輪煥兮永不隳。走士女兮嬉嬉，春秋伏臘兮孔惠。孔時雲靄靄兮神將歸，颯靈風兮滿旗。排閶闔兮歸帝居。

　　右送神曲。

　　賜進士第知直隸許州事翰林院庶吉士紀錄二次董思恭薰沐敬撰。

　　雍正拾年歲次壬子仲夏上浣穀旦。

（碑存許昌市霸陵橋。王景荃）

劉兩坡碑

武舉趙文獻

　　公諱澤久，字兩坡，許郡世家也。初出服勞，提督麾下，荊陵口七人八馬，曾經巡撫給匾，表揚閭里。無何，雲、貴告警，吳逆倡亂矣。朝廷大發禁旅，命平藩王，與佟將軍統屬至許。聞公果敢驍勇，取以隨營，委劄千總，領旗南征，至楚鄖陽府竹溪縣屯聚。主將見其有才，復授守備之劄，始而大戰數次，全軍全旅。後佟將軍身陷賊營，欲出無術，公策馬往救，揮戈直入。佟將軍幸生。公反被橫擊，以致遍體血濺陣前，亡矣。當彼已經佟將軍序功咨部，至雍正十三年七月內，奉旨查核實功。蒙皇恩特贈安黔將軍，入昭忠祠，春秋享祭，復蔭世職守備，誠盛事也。特恐世遠誤傳，人心將信將疑，故書其姓氏，誌其功績，勒石刻銘，以垂不朽云爾。

　　癸卯科拔貢候選教諭忽長祥拜書。

　　乾隆元年四月二十九日立。

（文見民國《許昌縣志》卷十六《金石》。馬懷雲）

晁錯墓碑

漢御史大夫晁公之墓

　　公諱錯，潁川人。才大而氣雄，早受知遇。監事敢言，史稱□□直深刻，以此受顯戮。然當時冤之，稱之，後世傳之，春秋祭享之。高塚巋巍，千秋仰止。獨碑誌缺如，因與邑紳士表其隧道，以告來者。

乾隆三年戊午冬至日，許州府教授蘇門孫用正謹識。

（碑存許昌市晁錯墓。王景荃）

創修玄帝廟碑[1]

進士屈宜伸

玄帝者，水官也。位列天元，祠遍寰區。發微不可見，充周不可窮，所謂體物不遺，誠之不可掩者也。豈獨雞鳴有祀，武當有祀已哉。許城南劉王村，新建玄帝廟於火神廟之左，蓋有深意存焉。世之好怪者，謂帝為某太子，出家謁某師，遁某山修真，乃脫體飛昇，其說本之《搜神記》，而不知謬矣。愚考《天經》曰："辰星司冬位。"此方隸七星之負官，為廟分燕趙之雁門，為邑一主殺，代戰鬪。一為刑罰得失，備邊境而謹關梁，戒門閭而嚴鍵閉，是其神妙萬物者一，實理之發皇也。故唐虞祀顓頊，夏后祀玄冥，所以報水德也。《禮運》曰："播五行於四時。"惟時撫於五辰，冬令盛德在水，迎冬於北郊，賞死恤孤，慎蓋藏，坯城郭，固封疆，塞蹊徑，造徒杠，達溝渠，命農計耦耕，修耒耜，具田器，專而農事，毋有所便，節國典，論時令，待來歲之宜，以撫水之辰，即以體玄帝之德乎。彼《搜神記》所云荒而不經，惑世誣民殊甚，故曰謬矣。明乎其理，跣足被髮者，潤下之義也。龜蛇者，已亥既濟之象也。鄰於火星者，所以制其燥也。其必設之象者，則所警愚頑，周禮以祀教敬之義也。創修者，其知道乎。余嘉其意之善也，因敘其事，復為之銘，曰：

德體玄精，神王朔方。晶瑩四達，澤浹編氓。許城之南，荀陳之鄉。創建新祀，祝融其旁。輪奐軫轇，祀典孔彰。永奠斯土，保乂無疆。

乾隆三年立。

（文見民國《許昌縣志》卷十六《金石》。馬懷雲）

創建聚星書院記

清知府董恩恭

昔孟子道性善而曰："天下之言性也，則故而已矣。"然則天下事，其皆故乎？天覆地載，清寧永奠，萬古不易也。日升月恒，星辰昭耀，萬古不易也。水流山峙，百物化生，萬古不易也。而又何疑於人事，朝廷有教化，儒生有學術是矣。予守許數載，無事不欲與士民更新，實無事不欲與士民守舊。幸值時和年豐，民安物阜，奉新天子德意，興行教化，擬建書院，為士子肄業之所，謀之學博孫君，對曰："有書院舊址在焉。"乃

---

[1] 民國《許昌縣志》注："碑在阜民保劉王村。"

勝國邵文莊公興賢育才之地，趙忠賢碑記巋然尚存，可考而知也。為披閱舊誌，文莊刺許，大興文教，創建書院於聖廟艮方，其講堂曰嚴師，曰誠敬，曰品士，曰尊經。閣之上，祀周、程、張、朱、邵、司、馬七先生，額曰七賢祠，旁列齋廡，分為格致誠正，修齊治平。公講學其中，人文之盛，甲於中土。鼎革以來，鞠為茂草矣。余喜其先得我心，遂囑學博，因舊地相視規度，糾眾興工，首建尊經閣，仍祀七賢其上，閣之前為誠敬堂，為嚴師堂，一切悉仍其舊。前建大門，繚以週垣，是皆諸同志捐資助成，而孫學博獨建品士亭，中豎文莊遺碑，以誌羹牆至意於是石。邑紳士韓茂林、范醇人、魏萬仞、吳燾、張良策鼓舞爭先，各捐建三楹，煥然巍然，不日成事，而余遽以憂去。紳士戀戀，兼以工程未畢，祈余紀其事，以誌不忘。余五內崩摧，復何能文，因進諸生而語之曰："子試思今日建此書院，與君等孜孜勉勉者何為乎？"將以復性而已。堯舜此性中人，亦此性所謂故也。文莊當日建此，欲士子各復其性，我輩今日復建，志猶文莊之志，事猶文莊之事，即後賢蒞許，必踵事增華，終此盛事，為爾多士身心性命之謀，甯復有殊旨乎哉？教事日出日新，即爾多士鼓舞奮興，亦當日新又新，究之父慈子孝，兄友弟恭，為臣而忠，交友而信，亦祗此千古不易之綱常，以各全吾性分所固有。余且行矣，此舉又成故物，其亦可以憬然思，恍然悟，請一言以蔽之曰："天下事惟其故而已矣。"惶遽之中，辭不達意，願與諸生共勉焉。

乾隆己未季秋，棘人董思恭沐手誌。

（文見民國《許昌縣志》卷十六《金石》。馬懷雲）

重修問安亭碑記

江都人許州府通判程志智

豪傑之能不朽者，要自有卓然大節，昭耀千古，不可磨滅。初，不關一二細行之曲謹也。蜀漢關公沒世千餘年，廟食遍天下，無論貴賤賢愚，老少男女，莫不虔敬愛慕，奉之為神，尊之為帝。本朝崇報之典，更為優渥。先代襃封子孫世禄，春秋享祀，埒於孔子，可不謂千古豪傑之最歟！聞嘗而論其為人，惟委心昭烈不事曹操，是則卓然大節不可磨滅者矣。雖勇敵萬人，威振華夏，猶餘事耳。蓋當建安之初，海內濁亂，羣雄蜂起，爭為盟主，甚且包藏禍心，窺竊神器，獨操挾天子以征伐，名號較正，昭烈雖炎漢苗裔，小沛之敗，奔竄流離，莫知所適。公復自下邳被虜，使肯降心屈節為操久留，其功名當不在張遼、夏侯惇下，而操之所以待之者，亦不僅表封一亭侯已也。而公誓不背劉，既為操殺顏良，立效以報，遂封賜告辭，亡奔昭烈。迨巴蜀撫定，公獨鎮荊州，銳意北伐，期滅漢賊降于禁，斬龐德，操且議徙許以避其鋒，雖為吳人所乘，大功不就，而精忠浩氣充塞兩間，宜其久而不朽也。顧世俗相傳謂公被虜時，操並獲昭烈甘、糜二夫人，與公共閉一室，將以亂之。公分一宅為兩院，朝夕問安，夜讀春秋，秉燭達旦，於此服公之忠義。嗚呼！末矣。

即使其事果真，凡稍知禮者皆能之。彼趙雲一驍將耳，猶以趙範同姓，故不妻其寡嫂。況公之與昭烈，分屬主臣，恩猶兄弟，敢無禮於其室乎？且操負奸雄之略，素壯公為人，方百計牢籠，冀為己用，安肯出此計觸公之怒而違其行乎？考諸魏蜀二志，均不載此。殆野史之妄誕，非實事也。後人又因即公廟皇嫂殿、問安亭，以彰其遺跡，不猶近於附會歟。雖然，蚩蚩之民，有感斯動。則夫入公廟，而登其亭，陟其殿，信為公之實事。則以愛敬之心生，其效法於以厚男女之別，絕邪妄之心，凜二臣之分，篤朋友之情，其有裨益於風俗人心者，正非淺鮮耳。許昌故公拘留地，城東南隅有公廟，廟中殿亭咸備。甲寅冬，余來通判許州，入廟展謁，傷其頹垣敗瓦，日就傾圮，不足以肅觀瞻，遂捐清俸而新之，以風示許人焉。則如世俗呼傳，雖不足以當公之大節，謂為公之細行必矜亦無不可也。吾願愛公敬公者，因細行而考其大節，勉而企焉，亦豪傑之流矣。何必公之獨絕千古哉？工既竣，爰礱石而為之記。是役也，學博孫君用正實董其事，例得並書。

乾隆五年嘉平月記。

（文見民國《許昌縣志》卷十六《金石》。馬懷雲）

施賀堂田地碑記

俞恒

聞之以財助人，士行之義也，原非市德。以物奉神，人心之公也，豈以獻媚。然而義不容泯，受者感焉。公不可誣，識者題之。許西十里外賀家村，舊建觀音堂一座，頗有田地為住持香煙之資。村中節婦趙周氏者，依子趙斌南行，願將己庄業八畝有餘，輸入廟中，毅然脫畧，毫無凝滯，以此嫠婦素以名節為重，今復慷慨自如，是以公心而兼有義行也。爰以記之，是為序。

又有本村張姓名成者，張才子也。生性拙笨，賦質愚蠢，飯不知生熟，衣不知寒暖，非有依託，無以生活，而又零丁孤苦，門衰祚薄，既無伯叔，終鮮兄弟，外無強近之親，內無應門之童，煢煢孑立，形影相弔。自張才歿後，雖有田地，不克延命。合村人等見其如此，憐其愚魯，不忍坐視其就死，同公議，令其出家，拜本堂道長王禮建為師。帶地十五畝，本堂永遠為業，則養口有資矣。帶錢十五串，創立道三間，則居身有藉矣。而且恐其久而湮沒，索予為文以記之。

予觀斯舉也，合村之於張成，不啻起死人而肉白骨也，不啻出水火而袵席之也，不啻解倒懸而仁壽之也。夫張成之施地不可沒，而合村之善心尤不可沒。張成之有依有託可記，而合村之善始善終尤可記也。

予聞之，故樂記以為後世勸。

（文見民國《許昌縣志》卷十六《金石》。馬懷雲）

許昌霸陵橋挑袍聖跡圖碑

【碑陽】

關羽霸陵橋挑袍圖

【碑陰】

關帝辭曹書

某聞：主憂臣辱，主辱臣死。曩所以不死，欲得故主音問耳。今主又在河北，此心飛越，神已先馳，惟明公察之。千里追隨，當不計利害謀生死也。子女玉帛之貺，勒之存丹。他日旗鼓相當，意者如重耳之事楚乎。某謝。

乾隆甲午敬錄。

（碑存許昌市霸陵橋。王偉）

重修壩橋關聖帝廟增建文昌帝君閣記

【額題】流芳萬世

許昌於三國時為曹氏地，關帝特偶寄焉耳，而俎豆百世，不於曹而於帝，春秋祭奠，廟在儒學。東壩橋復肖像以祀，則挑袍之故蹟存也。夫挑袍之事，不載正史，未知果有與否。即有之，身既不留於許昌，神豈長系手壩橋哉？邵文莊詩曰"本來報效非心事，死後英魂肯再遊？"蓋有慨乎言之也。雖然，確靈爽塞於蒼冥，即馬蹄所未經，無不彌淪磅礴，寧獨遺於斯乎？且地賴人而傳，臺以灌稱，洞以吳顯，大抵皆然。壩橋非帝之一過，湮沒不彰久矣，則肖像祀也，固宜。客歲煒奉簡命，牧是邦，履任即辦香瞻禮。詳覽碑碣，知廟之始，立制僅編茅，後之人增其式廓，蔚為大觀。惟是門庭、墻壁，歲久無色。秋七月，大中丞畢簦帷暫駐，面諭重修，並添建文昌帝君閣一座。恭承憲命，爰鳩工庀材，卜吉興事，自外之照壁，四圍垣墉，與夫頭門、二門、鐘樓、鼓樓，悉改而張之，卑者以高，隘者以廣，圮者以固。煥之以金碧，澤之以藻繪，耳目於是一新。大殿後為春秋閣，有東西兩廂。而東廂款式不符於西，亦更造焉，以昭其稱。西院道房三間，久已傾塌，毀之以建文昌帝君閣，高與春秋閣並，壯亦如之。前仍蓋客廳一所，為往來拜謁者憩息地。未三閱月告成。或曰壩橋之祀關帝也，有由來也。斯閣之建，胡為乎？不知文與武，異流而同源也；聖與聖，異位而同功也。我朝承平百有餘年，武功文德，超漢軼唐，百神皆為效靈以護。

皇圖之鞏固，則兩帝並祀，正見兩途同歸耳。且夫武者，非徒擐甲執兵之謂，謂能以忠義自矢而威武不屈也；文者，非徒摘句尋章之謂，謂能以道德為歸而陰騭是行也。凡我士民，睹此而勃然興焉，則不負上憲建閣於茲之深意，而神亦降之福矣。不然，曹氏父子諡曰武而不足為武，諡曰文而不足為文。許雖其故土哉，誰則世祀之耶？是役也，經始於仲秋，落成於孟冬。為志其始末，勒諸石。

乾隆五十一年歲次丙午孟冬月之上浣。

許州知州李煒薰沐拜撰並書。

（碑存許昌市霸陵橋。王偉）

重修許州八里橋關帝廟碑

欽賜一品頂戴兵部侍郎兼都察院右副都御史巡撫河南等處地方提督軍務兼理河道督理營田畢沅撰文。

六品舉人孫星衍書丹。

太常寺博士洪亮吉題額。

署興安府水利捕盜通判奏留西安城工測量銷算等官直隸州州判錢坫篆書。

召試舉人蔣知讓摹勒。

今神之最靈而廟祀偏天下者，曰忠義大帝，視周、秦時祀杜伯，漢、魏、晉祀城陽又過之。解州帝之故甲，西蜀帝之故國，荊襄帝之故治，故廟食尤盛。外此，則州治西八里橋之廟矣。方帝之為曹公所留也，攷之史曰：曹公以帝歸，拜偏將軍，禮之甚厚。既為曹公斬顏良解白馬之圍，曹公即表封為漢壽亭侯，繼察帝無留意，遣張遼試問之。帝曰：“吾極知曹公待我厚，然吾受劉將軍厚恩，誓以共死，不可背之。吾終不留，必當立效以報曹公，乃去。”及帝殺顏良，曹公知其必去，重加賞賜，帝盡封還之操，書告辭，奔先主於袁軍。左右欲追之，曹公曰：“彼各為其主，勿追也。”史之實錄如此，世之言帝事者，雖不無過其實，然田夫野叟，藉以抵掌鼓口岁，談於街鈕門孰，因以激忠義之氣而發人心之良，無不可也。

知州李君烽蒞事一季，即新帝之廟，又為文昌宮於廟右，諸廢具舉，可謂能平其政。工竣，乞文刻石。因敘其本末，俾當世知傳帝事，而過者亦如秦中之言杜伯，青徐口述城陽，神道設教然耳。

乾隆五十二年十二月。

許州直隸州知州李烽立石。

（碑存許昌市文物保護管理所。馬懷雲）

重修錢廟關帝殿碑文

慕甲榮

余村南四里餘，有錢氏廟者祀關帝也，何為乎？錢氏祀始也。廟後有錢氏村，問其村，無一錢氏者，而廟猶以錢氏名。聞錢氏家巨富，時人謂之錢萬貫，當日創立此廟，未知何意，大抵為邀福起見耳。今其子孫盡矣。所謂福者何在乎？然而至今人猶知有錢氏者，則以此廟之存也。夫錢氏之田園可為人有，錢氏室廬可為人有，而錢氏之廟之名，獨不能為人有，錢氏託帝以傳矣。是即帝之所以報錢氏也。雖然，帝之神，豈錢氏之所能私哉？帝之神在錢氏之心，則錢氏有創立之舉。帝之神在後人之心，則後世有踵修之事。創立者功在一旦，踵修者功在萬年。今又告成矣，始無論帝之所以報後者何如，其所以創而必修，修之且不一。修者，是人心之不死也。此不死之心，帝式憑之矣。然則後人之所不能爭者，錢氏之廟之名，而後人之所不能讓者，錢氏之廟之神。故帝之所以當祀，與此地之宜祀帝否，余不暇深言之也。姑淺言之，以為將來者勸。

乾隆五十六年辛亥孟秋月。

廩膳生慕重鎧書丹。

（文見民國《許昌縣志》卷十六《金石》。馬懷雲）

重修烈女祠記

清知州李三晉

禮義廉恥，國之四維。廣教化，正人心，厚風俗，端自此始。許州烈女祠建自雍正五年，載在州志。經七十寒暑，僅餘瓦礫，惟兩節孝石牌位巋然獨存，殆有神物呵護之！亦兩間正氣自有以不朽耳。嘉慶五年仲春之祀，學正李君三顧奉委行禮，牲牢雖具，屋宇無存，愀然神傷，以冷官絀於己力，謀諸劉生煥章，屬倡舉其事。煥章諾焉。李君同考州志，烈女自東漢迄明凡四十人，國朝六十八人，因編州數諸石坊有一柱存者，必追溯並訪問後昆，昌言於鄉鄙，毋憚委婉患舉以聞。是秋，煥章捷武科，李君復與議，計先出資建祠，而衆亦競輸金錢，於此驗人性之善，許州風俗之淳，教化不難行矣。嘉慶六年三月十二日興工，至四月朔粗竣，惟繚垣待築，諸石牌位未製耳。七月下澣，晉來權州事，捐俸趣寮宷暨紳衿輩亟成之。蓋先事之難，而樂觀厥成者之猶易也。夫禮義廉恥誠重務，相與維持不壞，則居父母師保之任者，責又奚辭。今幸而復舊觀，果能歲時修缺，當不至復委藁萊矣。許州地當衝而事劇，署牧短於才，未克再加搜討，恐不能無所遺，願節孝貞烈之靈，憑虛入祀，不咎其疎。若晉之文，固不足以壽石，然幽光鬱積，自有以照耀扶輿，遑問文之工拙哉。

嘉慶六年長至後二日敬立。

（文見民國《許昌縣志》卷十六《金石》。馬懷雲）

新建育德堂記

昆山人石梁令顧濤

今天下州郡各建書院，以訓迪士子。然月有課，而歲有程，率不越乎論文講藝，鮮聞以實行相砥礪者。蓋士習之日趨於文久矣。大梁舊有書院，乙未冬，少司馬雅公來撫中州，興革利弊，釐然各止，期年而政成。慮士習之日趨於文也，思所以崇華黜實，仰答聖天子作人之至意，慨然曰："學不講則理不明，人何以興行。今奉之急務，惟講學為最先。"於是，即書院中別設一堂，名之曰"果行"，屬藩憲趙公董其事，而延許州教授孫先生用正為之師，命郡邑長吏遴舉有志之士，相與講習於其中。趙公理學鉅儒，海內宗仰。孫先生係夏峰徵君之裔，家學具有源本，從人望也。先生秉鐸數年，平居訓士不專以文，恒以身心性命之旨相規勉。諸生久沐其教，顧講堂未設，譬諸工不居肆，諸生或立志不堅，有負先生之教。予忝守與有責焉。遂允從學楊漢、魏謙、李邁、盧致中、盧致和、王際庚、尚維張、王振聲、徐元福、王治協、張良圖之請，庀材鳩工，建於明倫堂之側，藩憲趙公廉其事，以育德顏之。蓋奉大憲之德意施於一邑，俾先生休沐之餘，講肄有所。既成，先生囑予識一言以落之。予自維先世侍御桴齋公以來，文章政事代有其人，而家庭告誡，鮮不以勵行為重，故予以服官行己間，兢兢惟恐失墜，以貽先人羞，雖踐履自愧未純，而不至為名教所斥，有由然也。今諸生登降乎斯堂，顧名思義，應必奮然有興起，若徒深言幽隱，而無忌於可指可視，高言著察而未及乎行之習之，關、閩、濂、洛之書，何異風雲月露，余竊為諸生懼矣。諸生亦何以自處。予近奉裁缺之令，旦晚離斯土，因與諸生周旋有年，有未能釋然於懷者，故瀕行而有是作。諸生倘不河漢，予言是予厚望之也夫。

（文見民國《許昌縣志》卷十六《金石》。馬懷雲）

重修文明寺釋迦文佛殿鰲頭觀音殿碑記

【額題】萬古流芳

重修文明寺釋迦文佛殿鰲頭觀音殿碑記

吾許巽方文明，寺之創建前明，賢太守鄭□培植文風之雅意，有文焉以記之。嗣後屢次重修，迨嘉慶己未年，文峰塔頂被雷震破，署州篆□李老公祖捐俸首倡，衆紳□協力修補，亦各有文焉以記之。而住持僧念塔以南釋迦文佛殿、塔以北鰲頭觀音殿，猶未易舊而新也，乃請命與附近長者，謀竟其事。諸檀越歡然量力捐輸，且不憚勤勞，偕僧募化本□士民佈施。僧又自製募疏，叩於四方君子，而解囊助貲者多爭先焉。於是，鳩工庀材，自丁卯春月經始，越冬月告示成，而勝跡燦著於□年者，復光華於今日矣。功竣，索余記。余數十年來，頻涖其地，聞碑碣所載之文，皆名公鉅筆，足以記其盛，彰其美也。余未學，何敢搦管以貽笑大方哉！唯是文風之興起士屬意焉了，為士者未敢强也。今斯舉也，合遠近之人一勸之，而靡不歡欣踴躍贊襄，以觀厥成。亦可知崇重斯文，人心同然。肇端者其德弗能忘，踵事者其善均不容沒也哉。余不揣譾陋，直言以勒諸石。

本郡明經進士魏嘉木撰文。

本郡庠生鄭臨吉篆額。

本郡庠生李連城書丹。

大清嘉慶十四年歲次己巳季春。

郡男岳經魁鐫。

（碑存許昌市文明寺。王景荃）

重修檜樹廟碑記

廩生郝天祿

嘉慶庚辰秋成後，稱大有焉。廢廟荒祀，重修頗多。適與客挑燈夜話。余曰："神道設教，邀免之說不與焉。即謂福善禍淫，近於勸懲，亦視其人惠迪從逆而已，而朝誦夕唄，其去邀免幾何哉！"客曰："然。則崇祠肅像可廢歟。"余曰："何可廢也？"其說有二：曰報德，曰報功。古之人，清風亮節，彪炳一時，而芳徽高躅，猶足勵頑起懦也。則祀之如先師，曩哲釋菜膠庠是也。古之時制物前民而往制遺規，實能有利無弊也，則祀之。如五祀八蜡，稱湮壇陘是也。舍是二者，吾無取焉。客曰："君言是矣。抑不盡然。近日吾鄉貟公克讓等重修檜樹廟，既捐且募，內有關帝啟聖宮、離明宮、峻青宮，厥工甚鉅。夫壯繆之為人尚矣。義薄雲霄，氣塞天地，重其人，尤當敬其先，此君報德之說也。即有燧之火化善矣。取彼炮燔易吾毛血，展其德，自宜隆其祀，此君報功之說也。獨尾君子不列祀典，君亦以報德概之，豈有見於五色綫之授羣書乎。抑有取於清心亭之報時刻乎。"余曰："非也。其在支也申之象取焉，乃全氣也。天生五材，人並用之，何獨至於從革而不然乎？如謂今日之崇祀，即昔日之野寶無惑乎。杜拾姨、伍紫鬚之貽笑柄也。"客聞而是之。後數日，貟公走俘索記，余即曩言備錄之，使勒諸石。

嘉慶十五年庚辰冬月立。

（文見民國《許昌縣志》卷十六《金石》。馬懷雲）

漢關聖辭曹丞相書碑

羽聞：主憂臣辱，主辱臣死。曩所以不死，欲得故主音問耳。今主又在河北，此心飛越，神已先馳，惟明公幸少矜之。千里追隨，當不計利害謀生死也。子女玉帛之貺，勒之存丹。他日旗鼓相當，意者如重耳之事秦繆者乎。羽再拜。

劉豫州有書尉歸秦之小吏耳，猶獨立不懼。我啞啞習鳴，翔而後□，甯甘志終小人下也。使明公□德帝於天下，斡旋漢鼎，窮海內外將拜下風，沐高□吳，獨某兄弟瞻悚哉。羽再復。

嘉慶二十四年二月望日署許州直隸州江西崇仁甘揚聲書。

（碑存許昌市春秋樓。王偉）

重修菩提菴碑記

郝天祿

　　許右舊臨官道，有菩薩精舍，歷年既久，殿宇也而荒邱，金碧也而黃土，遺牆敗堵之間，蒼鼠青燐而已。近有善士慨然重修於嘉慶乙卯歲仲春，經始兩閱月，而工告竣。因過余求記。予考釋典有三乘，法門阿羅漢為小乘，圓覺為中乘，菩薩乘之大者也，運載無邊，能普渡一切衆生。菴之建，意在斯乎？而割情城航苦海者其誰，豈太白牛車之說妄耶，何法雨之不降，慈雲之不行也。然所謂普渡之義，吾知之。菴之前，行旅交錯，嘗見衝寒離子跋涉隆冬，蒙袂挽衣而敲冰雨，聳肩呵手，齒顫雪風，得近香積爐，少挹餘溫，非蘇其困於眉珠火乎。更有冒暑征人，奔波長夏，炎光炙背，浴成溫袍，潺氣噴胸，篦亦火徹。幸來嗣葉。漏快分殘，瀝非抒其陁於楊枝水乎。即或左右檀越，家生慧業，子弟延師課讀，而下帷無地，爰即蘭若，權作膠庠，霄研矻矻，蘭膏與佛火交輝，晝誦朗朗，書聲偕梵韻俱遠，久之而心燈內炳，意葉外繁，非渡迷津於寶筏，識覺路於金繩乎。其普渡如是，是則乘之大者也。蓋菴之創始，吾不得起前人而問之。若謂公之重修，其意固在此不在彼，謹摭佛經而參以臆說。後有継者，當亦不易斯旨也。

　　嘉慶乙卯年誌。[1]

　　　　　　　　　　　　　　　　（文見民國《許昌縣志》卷十六《金石》。馬懷雲）

皇清太學生孫公（允中）暨朱孺人合葬墓誌銘

【誌文】

　　皇清太學生孫公暨朱孺人合塋墓誌銘

　　時容孫公，余母舅也。余幼時學於舅氏家，與諸表弟共研席者數年。乙酉歲，舅捐館。今初夏卜吉，與妗母朱孺人合塋。表弟書誥請誌於余，謂母舅一生行誼，惟余能識其詳也。余何敢辭！因歷叙其事，以誌之。

　　公諱允中，字聖傳，時容其號也。原籍開封府許州。八世祖諱織錦，號太素。明庚戌進士，官至巡撫，回籍。七世祖諱儲元，官至督司，萬曆四十五年入直隷宛平籍。太高祖諱爾康，字百周。貢監，考選通判，苾任裕州。任亡，卜塋南門外半里許，今有柏塋焉。百周公裔：少君，諱楫，行三，乏嗣。諱楓，行五者，公高祖也。占業券橋鎮，遂入裕籍。

---

[1] 按：嘉慶無乙卯年。此碑文中有"重修於嘉慶乙卯歲仲春，經始兩閱月，而工告竣"之語，後月署作"嘉慶乙卯年誌"。疑"乙卯"爲"丁卯"之誤。

曾祖諱煊，字炳如。子三：長伯祖佑基，增廣生員。三叔祖佑譜，監生。龍錫，字三章，行二，武庠生，即公祖也。考諱作哲，字淑明，庠生。妣馮氏。公同胞二人：長諱允恭，字克敬。次即時容公也。

公為人端凝，敦古道，重然諾，言笑不苟，父母鍾愛之。幼年攻詩書，嘗期克自成立，遠紹家聲。奈家事繁冗，竊有志焉而未逮。淑明公老年得酒疾。侍奉湯藥，調理數年，竟未愈。淑明公殁後，雖艱窶備嘗，而殯葬無不如禮。不幸長兄中年溘逝，衣衾棺槨，公親理之，毫無遺憾。時公之長男甫四齡耳，即諄諄訓之曰：爾伯父乏嗣，命爾承繼，當孝順無違。公敬事孀嫂，為三妹、三姪女備妝奩，整齊如一。乾隆甲辰歲，拈地另爨，猶同宅居住。公念伯祖一門口甚繁，將公中市廛讓伯父照管，所獲租息銀兩，毫不介意者三十餘年。至嘉慶乙亥歲，清分田宅，衆口難調，釀成訟端。俟兩月餘，始赴州候審。堂兄懿菴公，進城同住一處，泣涕如雨，終夜不寐，力勸同族戚，攤紋銀五百兩。公之重義而輕財也如此。憶戊辰癸酉，值歲祲，散穀米養佃戶，兩次得以全生者，皆公周濟之力也。且鄰親素負公債者，至豐歲償還，不較盈虧。族姪百璧，每念及此，未嘗不流涕曰："非蒙族叔祖撫育，焉有今日？"時村中趙姓者常曰：丙午年大饑，莊農數十戶，悉淑明公給糧，絕不悋惜，亦不望報。今時容公之慷慨樂施，有先大人風。其持家也，量入為出，咸有成規。焦心勞力，家產漸增。方入成均，農忙時，日赴畎畝，經營過度，是以年未五旬，得胃腕疾。公之子頗孝，請名醫調治，甫愈。忽二目昏花，是皆平日勞心積慮，血氣就衰之所致。每課耕讀之暇，輒以鷹鶉自娛，此外無他嗜。內兄內弟朱公曰：創業固難，而守業亦不易也。公曰：余外營產，至理家政，大抵內助之力居多。公德配朱孺人，係庚辰舉人善菴公女，增貢生含章公妹，廩貢生訓導轄五公姊。德容言功，賢聞閭里。晚年得嗽疾，調理未愈。己卯春，疾終。公不願舊塋安厝，請興師營建宅兆，得馬頭村，力為圖之。辛巳年，卜塋朱孺人於兹。數年不續，恐無如朱孺人之和惠者。為後嗣慮，誠深且遠也。訓子義方，家庭雍睦。公遇端人至，樂與談論，竟夕不倦。如公之內姪數朱兄及慕乾乙、賈體芳，族孫敬亭，俱為素所敬重之人。所以長男書誥入庠，克紹書香。書鼎、書府，試輒前茅。而未遊泮者，亦以數年家務之累耳。無論富貴貧賤，俱禮貌之。其尊賢敬士，處己待人，剛正無私之隱，概可知矣。

公生於乾隆二十六年正月初二日辰時，卒於道光五年十一月十一日酉時。朱孺人生於乾隆二十四年三月二十五日子時，卒於嘉慶二十四年正月二十七日巳時。子三：長書誥，繼伯父嗣；書鼎、書府，俱業儒。孫男三：守平、守道、守義，尚幼。銘曰：

施德廣，遺澤長。卓卓懿行，落落端方。持躬涉世，積厚流光。玉瘞幽宅，永奠壺觴。土山龍脉，潘水朝堂。中有衣冠，紹厥書香。家風丕振，肅懷是鄉。貽爾子孫，松柏蒼蒼。勒銘誌石，神其禎祥。

生員愚甥褚藎頓首拜撰。

廩膳生員姻再姪賈蕢頓首書丹。

道光七年歲次丁亥四月十六日。

降服子書誥，孫守平、道，奉祀男書府、鼎，孫守義拭淚納□。

（拓片藏河南省文物考古研究所。李秀萍）

重修三岡寺碑記

清副榜張德醇

昔者聖王之制祀典也。法施於民則祀之，以勞定國則祀之，能禦大災則祀之，能捍大旱則祀之。載在典冊，班班可考。佛法自漢明帝始入中國，前此未嘗有也。五代及唐，崇奉尤盛。其間屢廢屢興，歷宋、元、明，以迄於今，廟存而奉祀者，猶累累相望於鄉村都邑之間。其道非吾所敢知，其事亦非吾所能悉，特以前人制之，後人繼之，不忍坐視其頹壞。每可借以為造就人文之區，蓋亦事有不容已者。許治西四十五里，舊有三岡寺，其由來，姑弗深考，跡其地勢高聳，面對潁流，背負具茨，山川繚繞，四望空闊，氣象萬千，亦吾許一勝境也。數年來，棟宇摧殘，神像剝落，非復昔日之壯觀矣。歲庚寅春，住持通曉欲重修理，因會諸善士等各捐己資，募化四方，鳩工庀材，不數十日而工告竣，廟貌巍莪，丹碧輝煌，氣象一新，煥然改觀焉。夫世之馳逐紛紜，遊戲不軌，舉祖宗累世之蓄儲曰：產蕩廢殆盡者，所在不乏。求其出所有以濟世，恆渺不可得。若茲之興敝補缺，無忝前人，無廢後觀。使四方學者覽其規模，覯其爽塏，咸樂於此萃處而肄業在。僧人固克盡住持之職，而諸善士亦可謂好施勸工，共襄其事，以有成也。爰勒諸石以誌之。

道光十年庚寅夏月立。

（文見民國《許昌縣志》卷十六《金石》。馬懷雲）

重修鬪脊廟碑記 [1]

樊際堂

廟以棲神固也。然棲神之中，猶寓有養民教民之意焉。其養民，奈何僧道之門，盡屬孤苦無依之子，惟得廟以蔽風雨、資衣食，是廟即鄉之普濟堂也。其教民，奈何淡薄之家，恆生卓犖大成之器，惟得廟以延明師，習舉業，是廟即鄉之校，書院也。如許治西界，舊有鬪脊廟，剝落太甚。善士等敬約近地居民，并募化遠方親友，得貲財若干許，鳩工補葺，不數日而工告竣，可以妥神靈，可以存住持，更可以立學校，一舉而三善皆備。今日之重修，與前日之創修，此心同，此理同也。維時郝君行九者，屬余為文以記之。余筆硯久荒，何能文，不過即愚見之所及者，特為表暴焉。至若廟貌聿新，勝地足遊，鋪張揚厲之辭，

---

[1] 此碑未署刻立時間，民國《許昌縣志》置於道光十年《重修三岡寺碑記》之後。

皆畧而不書，忌泛也。

(文見民國《許昌縣志》卷十六《金石》。馬懷雲)

欒安墓碑

皇清顯考欒府君妣傅太君合葬之墓

公諱安字靜若，山東曹邑人也，幼業儒，長效軍機政務于大梁，娶傅氏，生義重，而傅氏沒時，即便葬于河陽。康熙初，父子游，卜居於寶邑東之陸家村。靜若公病篤，遺命窆於村之東偏。既沒，依命焉。義重娶朱氏，生男一，諱成彬。成彬配萬氏，生一，諱天喜，資質聰敏，不慧農業，又重師儒，聘袁氏，而三索呈奇，長曰楷，字聖木，學品優而書法精絕，一時沐教澤者多知名士。娶王氏，生可祥，乃早年辭世。季曰標，業詩書，文章豁達，而品行端嚴，納采王氏，為邑庠生惺惺周公女，太學生秉端姊也。生可倫，而父子中壽。仲曰松，聘鄷氏，生男三，而可法居長，可聘、可久次之。可法字世範，號魁英，少就讀於聖木公，長授家政，恪守父命，善處鄉里，為人排紛解難者不可勝計。嘉慶庚申夏，楚匪竄入寶境，肆行焚掠，居民苦之。乃義男爭先募鄉衆禦賊于霞光山。賊退，周圍藉以保全。後邑賢□寶蒞茲土，追議平寇事，嘉夫義男，於是，具結文軍功保舉總督轅門彪下旗牌，遂效用河東。甲午春，有事祖塋，公指侄閏與登子溫與淳曰："父母先祖不可不識也，樹木固足表元所在，但不如碑碣之鞏固耳。"僉曰："謹如命。"遂具砥砆命工人為序梗概，以垂永遠云。

邑儒童再眷姻晚高傑漢三氏撰文並書丹。

奉祀可法、可聘，暨子侄浴淳、祖錕、溫淳、淇湘；孫：金水、金池、金川、金貴、金華、金玉、金山、金富仝立。

大清道光拾肆年歲次甲午仲秋之月下浣穀旦。

(碑存許昌市文物保護管理所。王景荃)

許州節孝總坊記

清知州蕭元吉

宣聖錄《柏舟》於國風，風萬世也。厥後傳於中，壘紀於史策，國家旌表著於令甲，學士大夫美於詩歌，歷代之節烈始著，萬世之倫常不墜，風教以醇。然此特詩禮家聲、富貴豪族、強有力者之所為，而窮簷僻壤下里編氓，寡鵠孤鸞，即有冰雪心肝，松筠節操，辛苦持門，養親撫息，行所無事，百年而一日。又其甚者，割耳截鼻，斷臂剪髮，捐軀明志，守貞不字，立奇行，完至性，而事不聞於朝廷，聲不著於閭里，什百庸衆淹沒不彰，何可勝道？司牧留心風化，偶為搜羅，間表其宅里，耀其門楣，又有及有不及。道光十五年，大中丞楊公准江蘇例，檄建節孝總坊。於是，大河南北，有司採訪，彙請旌焉。吾許共節烈貞婦三百二十一人，得旨，建坊於城西南隅節孝祠前，並擴舊祠位其主，以肅祀事。州廩生趙國吉、盧碩煦請記其事，書之以風來者。

　　道光十六年歲次丙申立。

（文見民國《許昌縣志》卷十六《金石》。馬懷雲）

重修蔡孝子祠記

　　蕭元吉

　　國家以孝治天下，薄海內外，士民有克敦孝行者，疆吏請於朝，下禮部議，題請旌表，錫坊崇祀，以廣教化、美風俗也。州治西三十里，曰想澗保，有蔡孝子祠，祀漢蔡公諱順。公汝南人，當東漢初，避亂於許，拾椹養母。遇赤眉，以刀脅之。公以故告，赤眉感化，洗眉於澗。至今呼澗為洗眉河，以見天理之在人心，終不可得而泯。迄今千有餘年，猶傳頌不衰。前明馬公始為建祠立碑，厥後任公、趙公相繼琢祠碑石，均載州志，每年四月望日，修舉祀典。歷年滋多，廟貌頹敝，幾不足以妥神靈而肅祀事。予以為此最有關於風化，因命附廟紳民孫炳爍、薛從先等，倡捐鳩工，煥然一新。經始於道光丁酉冬，落成於戊戌春。覩是舉者，當恍然於強暴之人尚可變化，況為善良者乎！千餘載之久，猶令人感慕而崇祀，況奮興於今日者乎！前型在望，懿範長留。聞風而起，孝子悌弟接跡而生。膺聖朝之旌典，為許昌之楷模。俎豆馨香，世世不絕，吾於此有厚望焉。爰勒貞珉，以為世勸。

　　道光十八年春。

（文見民國《許昌縣志》卷十六《金石》。馬懷雲）

漢故司空掾陳君碑

　　維中平五年春三月癸未，豫州刺史典，以褒功述德，政之大經。是以作謚封墓，興於周禮，衛鼎晉律，銘其有實。故太丘長潁川許昌陳實，字仲躬者，含聖哲之清和，盡人材之上美，光明配於日月，廣大咨乎天地。辟四府，宰三城，神化著於民物，形表圖於丹青，巍巍焉其不可尚也，洋洋乎其不可測也。儉約違時，懸車致仕，徵辟交至，遂不屑就。春秋八十有三，寢疾而終。大將軍賜謚，葬後建碑，國人立廟。先有二子，季方、元方，皆命世希有，繼期特立。季方盛年早亡，亦圖容加謚。元方在喪毀瘁，消形嘔血，純孝過哀，帥履不越。於時嘉異，畫像郡國，欽盛德之休明，懿鐘鼎之碩義，乃樹碑鐫石，垂世寵光。詞曰：

　　兮皇先生，冠耀八荒。闡德之宇，探道之綱。繼期立表，以訓四方。惟亮天工，羣生之望。高明允實，有馥其芳。載德奕世，休有烈光。欽慕在人，舊有憲章。過牧斯州，庶奉清塵。棄予而邁，靡瞻靡聞。嗟我懷矣，曷所諮詢。告哀金石，式昭其勤。

中平五年前議郎陳留蔡邕撰。

咸豐元年歲在辛亥六品銜舞陽司訓浚儀錢侍宸重書。

鹽使司運副銜許昌史秀堂暨弟候選知縣桐柏司鐸史錦堂選立石。

（碑存許昌市霸陵橋。王偉）

漢文範先生陳君碑

君諱寔，字仲弓，潁川許人也。其先出自有虞氏，中葉當周之盛德有媯滿者，武王妃以大姬，而封諸太昊之墟，是為陳胡公。春秋之末，失其爵土，遂以國氏焉。世篤懿德，令問不顯。君膺皇靈之清和，受明哲之上姿。凭光民之遐迹，乘玄妙之淑行，投足而襲其軌，施舍而合其量。夫其仁愛溫柔，足以孕育羣生；廣大覺裕，足以包覆無方，剛毅强固，足以威暴矯邪；正身體化，足以陶冶世心。先生有四德者，故言斯可象，靜斯可效。是以邦之子弟，邇方後生，莫不同情瞻仰，由其模範，從其趣尚，戾狠斯和，爭訟化讓。雖嚴威猛政，迫以刑戮，本若先生潛導之速也，其立朝事上也，恭順貞厲，含章直方，無顯諫以彰直，不割高而引长。常幹州郡腹心之任，義則進之以達道，否則退之以光操，然後，德立名宣，蓋於當世。辟司徒府，納規建謀，匡弼三事，人用昭明，台階允寧。遷聞喜長，清風暢虞所漸。儉節溢於監司。郡政有錯，爭之不從，即解綬去。復辟太尉府，遷太丘長。民之治情斂欲反，於端懿者猶草木偃於翔風，百卉之挺於陽春也。以所執不協所屬，色斯舉矣。不俟終日，辟大將軍府。道之行廢，有分於命，乃離密罔，以就禁錮。潛伏不試，十有八年。大忌蠲除，舉賢良方正，大將軍司徒並辟。君曰："七十有懸車之禮，況我過諸。"遂不應其命。容止法度，老而彌壯。凡所履行，事類博審，不可勝數。略舉首目，具實錄之記，在乎其傳。春秋八十有三，中平三年八月丙子卒。大將軍、三公使御屬往弔祠。會葬作誄，諡曰文範先生。刺史太守，樹碑頌德。許令以下，至於國人，立廟舊邑，四時烝嘗，歡哀承祀，其如祖彌。先生存獲重稱，亡歆血食，修行於己，得斯於人，固上世之所罕有，前哲之所不過也。

孤嗣紀，銜恤在疚。敢錄言行，終始所守。乃有二三友生，咨度禮則，咸曰：君化道神速，行於有國，法施於民，祀典所宗，鄉人之祠，非此遺孤所得專也。昔者先生甚樂茲土，築室講誨，精靈所寧。紀順奉雅意，遂定兆域，宜有銘勒表墳墓，俾後生之歌咏德音者，知丘封之存斯也。乃作銘曰：

于熙文考，天授閎造。淵玄其深，巍峨其高。剛而無虐，柔而不撓。誕鋪模憲，示世作教。君之誨矣，民胥效矣。道行斯進，廢乃斯止。鮮我顯泰，既多幽否。舍榮取辱，涅而不緇。德之休明，賤不為恥。超邈其猷，莫與方軌。

中平五年前議郎陳留蔡邕撰。

咸豐元年青龍在重光，六品職銜舞陽司訓浚儀錢侍宸重書。

鹽運使司運副銜許昌史秀堂暨弟候選知縣桐柏司鐸史錦堂選石重建。

（碑存許昌市霸陵橋。王偉）

許由砦石匾

鄢陵縣甘南保常村集

許由砦

咸豐拾年花月穀旦。

（碑存許昌市許由砦。王偉）

許昌南城礮樓記

學正王驤衢

許為豫南第一州，夙號名區，顧承平日久，武備廢弛，近年軍書旁午，都人士屢謀繕修而未果也。歲庚申春仲，歙縣葉硯農刺史涖茲土，下車不數日，皖匪突至，城內雖有鎗礮而專司無人。公晝夜登陴，指示方畧，開礮擊賊，城賴以全。爰捐廉募勇，演習火器，為經久計，又濬濠注水，而許固若金湯矣。公復召許人而告之曰：「爾勿恃此遂謂城無患也。設一旦賊至城外，浮罌秉筏，一擁而前，鎗礮在上施放，難以遠近悉中，人心一餒，事不可為矣。此則附成礮樓之設，斷不可少者也。」僉曰：「善。」於是，合衆釀金，鳩工庀材，周圍審視，共築八座，南城得二，左曰離照，右曰制勝，外址六丈，餘牆闊三尺，高三丈有五。欄板重架，可高可低，竅眼內寬，置左置右，旁建高瓴，以利水中，開直門以通煙，上覆密瓦以防雨，橫列疎櫺，以觀風。制盡善，計甚固也。始仲秋，迄孟冬，三閱月而蕆事。董役諸君丐余為文，誌其厓畧。余惟豫省為天下腹心，許又為豫省腹心、而近臨汝、潁，遠控江、漢，南城居要。南城固，則東西北三向皆固，而全許固矣。許固則豫固，豫固則京師賴以拱衛，譬之人腹心無虞，縱有他患，疥癬耳。余欽葉公之才高慮遠，尤喜諸首事督工惟謹也，樂為之記。雖然，此特地利也，若夫聯保甲，廣儲蓄，勤訓練，協力同心，勞瘁不辭，余於諸君有厚望焉。

咸豐十年。

（文見民國《許昌縣志》卷十六《金石》。馬懷雲）

重修許州文明塔記

聚星書院主講桐城人張承華

風水之說，自古有之。公劉遷邠陟巘而降原衛文營，國計虛而望楚，後世郭景能輩更有趣全避缺，增高蓋下之論，蓋造化無全功，必賴人以為補救，此古之循吏於地方興利除弊之餘，尤必培植風水，以寓其裁成輔相之思焉。顧其間有驗有不驗，或遲之久而後驗者，則亦視人事為轉移，而不能期效於旦夕也。許州文明寺塔，建於明萬曆時。太守昆陵鄭公，因許郡地勢平衍，無高山大川、幽巖奇壑，而人文之顯達者亦稀，乃於郭外巽方創建斯塔，取巽為文明之象。文峰聳翠，工徹雲霄，巍然巨觀，為許昌十景之一。京山李修撰，維楨曾為之記。歷年既久，塔頂為迅雷擊壞，國朝康熙己亥、嘉慶壬戌一再重修，而提南宮者肩背相望，前人碑記甚詳。形家之說，其亦信而有徵歟。道光己酉秋，天大雷雨，塔頂後壞。而壬子科及並行卯午兩科，無登賢書者。郡人士皆憂之。戊午春，郡伯武進陳公來牧是邦，雅意作人，尊崇學校，於書院課士加給獎勵，鼓舞振興，人材已蒸蒸日上矣。而惟究科第未勝之故，時以為疑。適有以修塔之說進者，公欣然即捐廉倡修。眾紳士亦踴躍樂輸，以襄盛舉。屬學正泉君及紳士盧君、安君、劉君、周君、馬君董其事。凡半月而工竣，自頂及基，一律修整，筆峰卓立，頓復舊觀。見之者皆有雁塔題名之想焉。公嘉惠士林之心，何其與鄭公如出一轍也。夫許之賢牧，於明推邵文莊公，次則鄭公，治績詳載誌乘。建塔以培文風，特其一也。公之來許，減糧價，裁浮規，省征徭，勤保障，實心實政，法則邵公，而培植人文又與鄭公後先輝映。三公皆常郡人，造福於許，非許人之厚幸哉！雖然，風水末也，學問本也，必人傑而後地靈，諸生誠能爭自濯磨，文行并飭，學求實用，志在匡時，成楨幹之才，具圭璋之品，於以掇巍科，取高第，為大儒，為名臣，也不難矣。若但恃風水而不勤學問，是得其末而忘其本，且使人致慨於風水之無憑，不大負郡伯期望之心也哉。郡人士屬余為記，以表郡伯培植斯文之意。吾尤望有志之士，時以余前所言者為法，後所言者為戒，則風水雖或不驗於一時，斷未有不驗於異日也。其捐貲姓氏，例得備書於後，以示勸云。

清同治元年。

（文見民國《許昌縣志》卷十六《金石》。馬懷雲）

王貞媛碑記

清舉人王映嵩

世之論者，節與烈並重。夫烈婦慷慨捐軀，從夫以死，此其正大之氣，固足以扶植綱常，光昭彤管之史，然特迫於一時義憤，凡有血性者皆優為之。獨至其夫已死，而能堅貞守一，仰事舅姑，撫育藐孤，雖使死者復生，而生者不愧，此非有百折不回之志，也難歷久不變也。王貞媛者，許之孫氏女也。父世業農。媛幼孤，且失恃，依兄嫂居。稍長，歸盟於同郡王文堂之子本國。本國家甚貧，至為人傭，結褵有日，先一月，而本國遽以病死。媛時年方十六。聞訃欲赴喪，兄嫂固止。媛乃乘間竊去，詣本國墓，服衰絰痛哭。哭已，謁舅姑而拜之曰，願執婦道。舅姑以其年少，恐有變，招其兄謀，令回，勸之他適。媛以死自誓，咸知志不可奪，乃留之。是時，舅姑已老。媛慮家貧無以承菽水歡，於是，躬操井臼，紡織之聲，恒晝夜不輟，所獲悉以供甘旨之奉。舅姑曰："吾子雖死，有婦如此，可以慰矣。"十餘年，舅姑乃相繼沒，祭葬備禮，鄉黨嘖嘖稱孝婦云。又十年，夫兄生子，媛親撫之，以為己子。曰："向之所以不即自裁者，以舅姑在堂，而又恐夫之無後，以至不血食也。今而後可以見吾夫矣。"又十年，媛以疾卒。蓋去夫之死已三十餘年矣。嗟乎！媛生於田夫野老之家，非素嫻詩書內則之訓也；如失姑恃，非有賢父母以為之導也。況夫家饔飧不給，而仰事俯畜，又不勝其艱也。顧以一介幼女，知志靡慝，茹苦含辛，更數十年如一日，於以知乾坤清淑之氣，固不擇人而畀也。或曰夫家行親迎禮，三月廟見始為婦。今媛以處女而所行如此，無乃賢智之過乎。予曰非然也。禮有常有變，取女有吉日而婿死，女新衰以弔，既葬，除之者常也。專貞不孚，變也。故共伯早死，共姜殉之。而《柏舟》之詩，孔子猶取之以冠鄘風。矧貞媛之從容葆真觀共姜之死，其難倍之。謂非孔子所樂，予耶惜乎世無孔子。許之君子尚未有表揚其事而形為詠歌者，而如貞媛之節，又不可聽其湮沒也。故詳述之。

清同治十年立。

（文見民國《許昌縣志》卷十六《金石》。馬懷雲）

關帝廟碑記

河南巡撫李鶴年

許州八里橋，相傳為魏武祖關侯處，舊有廟，載在《州志》，蓋相沿久也。考《三國志》建安五年，曹公東征，以侯歸，拜偏將軍，表封漢壽亭侯，禮之甚厚。察其無留意，使張遼以問於侯。侯歎曰："吾極知曹公待我厚，然吾受劉將軍厚恩，誓以共死，不可背之。吾終不留，要當立效以報曹公，乃去。"既殺顏良，解白馬圍，曹公知其必去，重加賞賜。侯盡封所賜，拜書告辭，而即先主於袁軍。初不言祖道事，裴松之注亦不及，豈史闕文耶，抑所傳異辭耶。吾意當日侯以羈旅之臣，鬱鬱久居於此。其忠義勃發，必將流露於言意之表，邂逅杯酒間，丈夫意氣，慷慨淩轢，所至輒傾靡其座，人為無足怪者。父老傳聞，或牽率附會，然不得謂即無其事也夫。侯生而為英，歿而有靈。我朝尊禮之盛，至於荒陬僻澨，鄉曲鄙野，販夫小民，耕農緯蕭，莫不家尸戶祝焉。豈服人心之所同，秉彝之所好，有不容已者與。其事有可傳，固不係史之書不書也。許為天下衝，四方舟車之所輻輳，萬國衣冠之所瞻觀，皇華四牡，行滕履屬之所，登望而展拜，文人志士羈愁旅客之所，嘔吟而感歎，廟之所由來，豈惟是肅觀瞻，抑亦考古者之所徵信也。兵燹之後，棟宇傾覆，余始以軍事數經其地，怒焉志之。既藉侯之靈，克平大逆，乃進守吏謀所以修是廟者，前知州葉世槐倡捐加工，未及集事。今知州楊宗頤踵而成之。凡數閱月，而輪奐聿新，丹艧暨訖，乃郵書告成於余，請為文以紀其事。余為推原立廟之意，與所以為修及修之之歲月與人，並書以付之，俾勒石焉。惟是國家稱號隆崇，禮有常制，茲舉侯之軼事，語涉本傳，故具如史所書以俟，亦侯之志也夫。

同治十年立。

（文見民國《許昌縣志》卷十六《金石》。馬懷雲）

移集呈稿

為公懇移集以便交易而裕國課事。緣孫家保閭保只有一集，舊址在半坡鋪，向屬西路差役催管。因買賣不成，同治初年，議請遷於七里店上。乃始則生意頗好，集首原可支持，數年以來，生意日漸淡薄。近則買賣全無，以至膺行者少，集首賠累，苦不能支。誠恐久而廢弛，有虧國課。適逢仁憲重修關帝廟宇，鳥革翬飛，金碧煥然，而河中客商之船亦接續而至，於是，閭保居民咸欲將集移於八里橋上。夫滄桑變更，自昔為然。況集鎮之設，原所以便居民、裕國課者也。為此，公懇祈將所遷半坡鋪集移於八里橋上，而半坡鋪集每季繳稅錢叁串玖佰壹拾柒文，稅豆壹石肆斗柒升陸合，依然照舊完納，乞仍飭西路差役催管，他保差役不得侵擾，致紊舊章。伏冀准移，則不惟四方居民咸樂其便，而孫家保之集可以由此一振，即國課亦永賴矣。

上叩本州正堂楊大老爺案下施行，蒙批，據呈半坡鋪因市集蕭條，議請移遷八里橋上事尚可行。所有每年稅銀照舊呈繳。

首事王映嵩等，鄉約曹雲漢，集首曹光玉。

同治十年歲次辛未冬月吉日立。

（碑存許昌市霸陵橋。王偉）

東隅集首章程

竊維天下事，久則必變，變則紊亂，大抵然也。城鄉設立市廛，商賈共聚，以利民生，交納國稞，攸關最重。無首則難領袖，有規不致紊章，可見一集之首，乃各行之統領也。我許東隅集首，經收絲油布襪貨等行稅務，非誠篤之人，難以服眾情。因道光年間，集首係鄉地開報，屢虧稅務，輒行潛逃，累各行重出賠墊，當呈請在案。蒙前憲批示：該隅集首由各行公議要人充膺，不准開報，俾令均有責任，恪遵至今，每年會議竝無異言，不意今正會議之時，突有行內之人違議不遵，暗賄鄉地劉金生等，私行捏報，各行俱為不平，以致王集泰等，以混行濫報呈控在案。二月廿一日，蒙許州尊楊老公祖堂訊，斷令東隅集首率由舊章，仍係公同酌議，不准鄉地開報，如敢狡執，責懲不貸。懍遵。勿違。兩造取結在案。今商等公議，雖官司斷如山，誠恐日久廢弛，後有生事之人變亂舊章，致壞集規，因刊石誌之，以垂永遠。

絲行：殖興號、世昌號、福泰號、治成號。

布行：朱益泰、萬順德、徐清海、史國重、屈德元、閏含德、隆興錦、天成恒、沈同慶、王同雲、王勤興、乾順永、王殖興、福泰恒、師聚魁、趙隆順、盧碩均、王元敬、丁學本、高永盛、王隆順、高廣聚、張景彥、張永昌、馬錫章、協和東、徐長元、屈國賢、許公興、高炳、包金蘭、孫萬東、屈國贏、黃履清、瑞生號、陳玉閣、陳逢午、張清安。

褲貨號：湧盛恒、同慶普、世發和、德豐義、中和文、萬順瑞、永聚義、通興德。

油行：王集泰、陳積泰、中和合、中和東。

同治十二年歲次癸酉仲夏之月上浣吉旦公立。

（碑存許昌市霸淩橋。王景荃）

王小圃夫子德教碑

賀明離

夫子諱驤衢，字頡雲，號小圃，淮寧人。道光己亥，以第一人舉於鄉。辛酉夏，司鐸來許，任滿，陞授陝西鄠縣令，在職十年，卒於官。在許日，從遊者滿學舍。夫子循循善誘無倦色。壬戌春，集諸生結粲花社，課者數十人。是年恩科，捷於鄉者一人。甲子，継捷四人。乙丑，聯捷者一人。許自咸豐辛亥後，鄉榜無名者凡三科。自夫子來許，而科名継起不絕者，夫子之教之。今距夫子歿且七年，諸生懷其教澤不能忘，共立貞珉，以垂不朽云。

清光緒十二年丙戌立。

（文見民國《許昌縣志》卷十六《金石》。馬懷雲）

油行抽稅規矩碑

蓋聞市有行以平物價，行有稅以供國□。此法□之先立，傳之後代，固天下後世所為率履而無□越。許州大道四通，商賈雲集，各貨運各行，行各有定規，不得不忠，率由舊章。我油行亦兢兢焉。因光緒十二年十一月間，油鋪秦義合違法□□□□□□□□以將行私買原情稟州尊，蒙方公堂斷諭，以無論城鄉買賣油斤，由行過秤，每斤抽用錢二文。在外境買油回歸，亦由該行過秤，每斤抽用錢一文。零□□賣，概不抽用。咸□買賣按斤抽用。自示之後，會公同悅服，俱各懷遵，□□甚善。特恐時遠年湮，人□□□，如有逞刁作乖，□流伊於胡底，雖有成憲，不見不聞，將行規自此紊行，用無從出，國稅於以無着。□□□公議演戲致警。誌諸銘石，以垂永遠。

集首閆振午。

油行：信興德、中和文、義成德、中和合、清泰和、中和正、天興聚、德茂永、賈和東、□□□仝立。

光緒十三年歲次丁亥仲春中浣穀旦。

（碑存許昌市關帝廟碑廊。王興亞）

皇清誥授中憲大夫晉封通奉大夫道銜江蘇補用知府候補直隸州吳縣知縣葛公（兆堂）墓誌銘

【蓋文】

皇清誥授中憲大夫晉封通奉大夫道銜江蘇補用知府候補直隸州吳縣知縣葛公墓誌銘

【誌文】

皇清誥授中憲大夫晉封通奉大夫道銜江蘇補用知府候補直隸州前任吳縣知縣葛公墓誌銘

君諱兆堂，字雪卿，號天民，姓葛氏。由廩貢生官鹿邑訓導，陞江蘇吳縣知縣。先世明初，自山西洪洞遷許州城北蘇家橋。高祖廷敬，太學生。本生高祖丙辰，雍正壬子舉人。曾祖元福，候選州同。祖萬全，歷孟津、柘城教諭，陞南陽府教授。父龍光，署鹿邑訓導，光州學正。君少而端謹，懍然學問，間從武士擊劍，鞍馬習勤。其莅鹿學也，君父攝篆舊地，君祖秉鐸柘城之鄰境。三世接武爲儒官，士人嘆美。時捻逆交訌煽亂。君嘗佐縣令捕鹿東匪劉同源，降楊廣衆，殲徐老虎、傅金鈴，並督團出解亳州圍。捻首張落刑來攻，受創他奔。復奉檄親諭鹿西土豪紀法有安帖聽命歸屬。六城多不守，惟鹿獨完，賴君協同防剿之力，迄今猶去思焉。陞授江蘇高淳縣知縣。團練大臣武陟毛公昶熙奏留辦團開缺。事竣，赴蘇候補。歷權奉賢、丹陽兩縣。方伯劉公郇膏、丁公日昌、中丞今相國張公之萬，皆以治行冠諸邑，手書慰勞倚重之。初奉邑地，濱海產鹽屬浙引，榷卡林立，兵弁魚肉負販者。窮民積忿，夜焚卡舟。君詳陳釁由，乞裁卡以杜亂源，忤浙當事意。君去而裁卡之議卒行。其遇事得要領能斷，大率類此。及補吳縣，簿書期會繁劇，爲蘇郡三邑最。下車後一矢以誠，噓枯鋤梗，民氣大和。上官賓僚，靡不浹洽。無何，奉母李太夫人諱解任歸。先以海運出力奏獎，補直隸州，後補用知府加道銜。覃恩加四級，晉二品封。既服闋，或勸再起。遂絕意仕進不出。

嗚呼，世嘗言廣文冷官，疑迂闊娛老者之所樂居。其能者或乘時依附，騰趨以去，亦容容無所表見，第擇膏腴爲厥後圖温飽焉耳。若君之濟大艱，著成效，名師循吏，所至有聲，豈偶然哉。性峻整縝栗，至老不衰。自言一生好用心，凡物務使得所，於心始安。嗚呼！是可風已。子三；世薰，翰林院待詔銜。世苞，廩貢生，候選訓導。世葆，江蘇候補縣丞。女一，適鄢陵孝廉方正高其□。孫男四：潮臣、雨臣、鼎臣、漢臣。曾孫二：心桓、心棟。以光緒十五年三月初八日卒，春秋七十有三。配王夫人，前卒。葬長葛城南天心崗之原。君自爲志。世苞昆仲今於十七年五月二十一日，卜葬君於禹州北鳳凰砦之陽，而啟王夫人窆祔焉。以狀來請曰：公與先大夫爲道誼，交至相契，幸賜銘也。乃按狀敍其大畧，而爲之銘。銘曰：

累世持鐸，澤霈芹宮。君也奮跡，佐薙羣凶。薦剡迭膺，吴中車下。利病殫思，姦訛悉化。萱闈棄養，銜恤來歸。宦情遂淡，築圃掩扉。雖則掩扉，惟本身教。竹木師勤，□壺防誚。我退寓許，造訪於君。歡若舊識，飲如醇醲。老成返真，淑配祔此。銘以聲幽，用昌孫子。

前任信陽州知州濠梁戴文海頓首拜撰。

□酉科拔貢刑部主事愚姪王鈞頓首拜書并篆蓋。

（拓片藏河南省文物考古研究所。李秀萍）

長葛市（長葛縣）

佟道臺剔驛弊

楚人黃文旦

古之宏濟偉人，創天下之至難而不以為非常，因天下之至恒而不以為苟安，皆相其時以利其用，宜其俗以立其經，慎守其成法，以永革其弊。夫故道足以貞之，澤足以蒸之。見端於一邑一事，而其全者，則已壽金石銘斯萬矣。兵憲佟公，關東右族，道葉雅頌，望龍公輔。膺興朝簡任，節鉞八閩，威德丕揚，福耀中州。文、武為憲，海內詠顯。卬者察公分陝之域，潔美於方叔古甫焉！汴屬首沾公膏雨，長葛實逼一隅，觀其縉紳衿庶戴公允革協馬一事，以是知相時利用，宜俗立經，慎守成法，而不貽一境以弊端，此公宏濟天下之謀猷，即□可以鏡巨，即一可以權萬者也。

新鄭驛役，舊有南馬貼助，復取協濟于陳、沈、項、鄢四州邑，歲不下萬金，載在掌故，遵守數百年不告罷。長葛徑稍偏，每歲協濟衛輝、崇寧驛三千六百餘金。葛土非驛地，葛民膏髓久竭於朝歌矣。無何，新鄭猾胥罔代篆廣文，驟詳長葛借濟二馬。適長葛代篆亦廣文，俱慢率不稽掌故，致蔓斯弊。葛縉紳衿庶控弊不可寶。邑侯徐君覈實杜漸，為地方請命。公洞鑒胥奸，憫長葛困朝歌役良久，何堪新鄭嫁禍為？毅然革其請，仍舊貫焉。要公如鈞之應重輕，度之應長短，無私覆載也。適予其平而已矣。顧九有綏寧，萬物得所，惟平則受福無疆。興一利不如除一害，古人能先言之。然杜一害優於興百利，非稽古沉幾之格人，鮮能袪之極嚴，拒之獨先，維百世之典章於無斁也。公宏濟艱難之略，嘗鼎一臠矣！宜葛人鑱石垂久遠，志勿諼云，且不佞繹葛輿人之誦，更得詳於徐君。葛人其世世父公矣！《詩》曰：不愆不忘，率由舊章。君子為公，歌假樂焉！

順治十一年。

（文見乾隆《長葛縣志》卷九《藝文志》。馬懷雲）

新建玄天上帝山門之誌

董村店玄帝行祠，其來遠矣。但山門久廢，無人復舉。有信士李子魁觸目警心，有欣然欲脩之意。奈獨力難成，約會同志，諸人積資數載，共襄厥事。于是，誌誌之，以垂不朽云。

會首李子魁、韓昇、韓榜、生員劉□斗、韓俊英、馬化蛟、程孟教、外施木一棍，李一惠、賈自興、高進恭、賈存仁、劉養浩。

施磚石善人王福貴。

山西沁水縣善人韓印俊施錢。善人王思孔、善人劉奉奇施錢。

木匠胡自强、楊化鳳。

泥水匠秦慶秋、霍□□。

石匠劉仲秀。

旹康熙捌年三月伍日立石。

（碑存長葛市董村玄帝廟。王偉）

遷建學宮記

邑令米漢雯

今縣學，即古庠序之制。春秋釋典重師儒，率博士弟子員考德業，三年省試，所以崇聖教、育人才也。行鄉飲酒禮，所以示養老、尊有德也。邦之化教，於是乎興。人之觀瞻，於是乎肅，不鉅且重歟？長葛向稱名邦，兵燹之後，城社邱墟，澤宮鞠為茂草。我朝定鼎，招徠安集，流鴻爰歸。今三十年，雖元氣尚未全復，然雞鶩桑麻，浸浸有起色。獨學宮日就傾圮，棟宇僅存。予下車展謁之次，愴然靡寧，即進紳士輿為籌度。僉曰："此正邑人之急欲陳請者。學宮建於明萬曆之季，前此科第接踵，迨建立於此，遂寥寥無幾。地既湫溢，且近城垣，豈但狎褻，亦疑其地之不靈，即舊碑風急水屬之言，原示後人，隨時占驗，以圖更遷。且也修葺之費不下改創，盍改卜善地為鼎新乎？"予然其言，申請諸憲臺，咸以為可。適縣治東匯官地數畝，地形秀發，山環水滙。詢之卜筮，卜筮曰吉；問之堪輿，堪輿曰臧。然狹隘不能仍舊制，士民鄰近者，皆願易地他所，兼有所輸，即此見此舉為邑人所踴躍而從事矣。擇期開工，紳士里民願輸者頗眾。水源木本之思，固宜如是。而能克篤者，則可尚也。諸好義者，即書名及原助之數，功竣，勒之貞珉。倡繼起而貽令名，振科第而興文教，食報正無窮也。然此爾士民意也，奚待蕪詞弁冕耶。僉又曰：分在則然耳。然余又不欲爾邑人過費，但嚴冒破，遴工匠，課勤惰，錙銖積之，即可告成。勿曰土壤山陵所基，勿曰涓流滄海所擇。好善慕義，久有同心，知不待余言也，余亦不致強焉。

康熙十二年。

（文見乾隆《長葛縣志》卷十《藝文志》。王偉）

重修火神廟碑記

【額題】火神帝祠

長社治西十有餘里，洪庇寨中火星神祠□□□□風雨飄搖，廟貌傾圮。一方士民□愧目擊。社首侯君進來等，既發□□□□□□□□□□買物件，葺理重修，廟貌巍然，□□□□□然可觀。自今以往，神有所妥，人有所依，彈壓有所佑，我蒸民曷遠矣享福壽而康永健□□□□□□□開合社姓名。

社首侯進來。

雷時義、王邦山、□長賢、王興睛、□□良、□若昇、生員岳□、生員□麟禎[1]

大清國康熙□肆年歲次孟夏吉旦。

（碑存長葛市楊寨火帝真君祠。王偉）

先賢陳文範先生碑記

禹州人大中丞連恪

長葛西行五十里，曰張史保，漢陳先生故里，有祠在焉，不知創自何代。先生嘗為太邱長，稱先生曰陳太邱，稱祠亦曰太邱祠，不敢稱名，以示尊也。然祠於其鄉而稱以官未善也。先生卒時，赴葬者三萬人，私諡文範。宜從其諡，稱文範祠。稱祠以人，稱人以諡，祠以人久，人以諡重，於義協矣。正德間，祠廢不治，里人樊昇倡議修之。萬曆己卯又廢，樊萬復修之。予高先生之義而論其世，蓋粹然有道之人也。漢自孝安而下，漸衰以弱，至於桓、靈繼體，主荒政亂，宦寺專權，國命將絕。天下名士各負高氣，樹立風聲，志在匡時，而疎於學術。其強者抗憤朝紳，橫議時政，驕恣倖直，釀成黨錮之禍。其弱者恥嬰冠紱，甘足丘園，絕俗離塵，養成清曠之節。非不足以激揚名聲，鼓動風俗，使天下之士，奮迅感慨，波蕩而從之。相與置號者二十四人，立廚、顒、俊、及之名氏者三十五人，死徙廢禁者六七百人，辭所連及二百餘人，而先生不與焉。遭時混亂，大人休否，雖不能挽回世變，救時立功，敦信明義，亦足以攜持人心。維風振俗，諸子卓然不羣之行，良可尚矣；然以聖賢處此，必有順正之方，中庸之道，縱不能回天安上，撫時正民，庶凡可以自免。而諸子有輕死重氣，立異為高，矜名憤俗，不無賢智大過之弊。況當其時紀綱乖紊，天下滔滔，而諸子者各樹朋徒，互相譏揣，區區隻手欲障江河，多見其不知量也！予獨愛先生藏用於清濁之間。如郭林宗隱不違親，貞不純俗，和光同塵，雅俗無失，道甚宏矣。而先生遜言危行，遠怨於人與林宗同，是所謂大直若屈，上德不德者也。大獄一興，人多求免。范滂再罹黨禍，罪不逃刑，節甚偉矣。而先生恐眾無所恃，特出請囚，與范滂同。是所謂以身殉道，成仁取義者也。至於張讓父死，名士不弔，而先生獨往焉。高倫用吏，而先生乞從外署，不以累倫。其他化誨鄉閭，感悟盜賊，頗存忠厚之風。治化清淳，進退裕雅，有寬綽之度。以若所為，不狂不狷，有為有守，其在聖門特負中行之道者，非先生其誰與？

維時海內名士盛於一時，而先生父子、李膺、社密、韓韶、荀氏父子、賈彪、鐘皓，皆潁川人，盛於一方。元方、季方二君皆先生子，盛於一門。父子兄弟，世濟其美，同時

---

[1] 以下姓名，字多殘。

旌命，羔雁成羣。范氏稱其據於德，安於仁，行成乎身，而道訓天下，以今觀之，千載儀型，萬邦為憲，況於其鄉可無祠乎！樊萬繼父修祠，而更為伐石徵文，不愧先生鄉里之後裔。予慕前修，僭為序述，將復於守令著為祀典，庶幾尚德崇古之意。先生名實，字仲弓。家出單微，而性稟至德，益以見天縱之厚云。

　　康熙。

（文見乾隆《長葛縣志》卷十《藝文志》。王偉）

重修碑記

　　大清國河南開封府許州長葛縣舊有二郎、關王之神，凡所祈禱，捷如影響。嘗載罰惡嚴如帝□之有赫，福德□瑤恍若天鑒之照臨。闖逆變□之後，墻宇□壞竟十去其七□□□□□□□□□□□募化完工，惟廟前並無墻垣。有善人辛國奇、姚成玖等約齊一社，修整一新，人人欣助，眾善樂從。勒石貞珉，以垂不朽云。

　　社首姚成玖、辛國奇。社長顏瑞。

　　□繼美、侯世爵、王治化、劉□、□為學、李成基、喬玉、趙珍、董起龍、宗玉秀、張春、孫平光、桑巍、閆尚賢、李國棟、甘相世、張峨成、王□贊、李廣正、陳明瑞、李應魁、宋保元、劉棟、周志華。

　　泥水匠李洪鳳、王八慧。石匠李從和、王朝□。

　　住持僧如海、如丘仝立。西關廣姆保□□□□□□。

　　康熙拾柒年歲次戊午仲秋之吉。

（碑存長葛市文物保護管理所。王偉）

南羅武君墓誌銘

　　湯斌

　　順治戊子，余與南羅武君同受知於少參濟甯王公。時公方司李天中，余與君數往來汝上，未得相遇。公嘗告余曰："南羅議論侃侃，持己端嚴，卓然君子也。"余心儀之。長葛去睢不三百里，人士聲問相通，嘖嘖稱君之賢。余以他日嵩少之遊，當造門相訪，以遂平生之願。乃戊午三月，忽其子賫介吾友韓子新具書狀爲君乞墓銘，則君已於去年冬杪卒矣。嗚呼！同門三十年而未得一識其面，尚忍爲之銘乎！子新爲之請甚切，不可以辭，則即平日所聞於我師，與鄉人士所傳述者，質諸嗣君之狀相符，乃序而銘之。

　　君諱際盛，字亦隆，南羅其號也。先世居晉之洪洞，明初徙長葛，遂家焉。曾祖諱世剛，有隱德。祖諱定國，好義樂施，值歲歉，蠲輸完漕，民不知役。出仕關中，俸餘盡給平民，冬月製綿衣，施及獄囚，四方歸仁焉。考諱尚文，庠員，以孝聞。母韓氏，生二子，君其次也。君生二歲而孤，母年未二十，以柏舟自誓。君髫齔即知勵志讀書，日誦數千言，嶷然見頭角。寇亂，避居覃懷，益自刻苦。補博士弟子，試諸生間，褎然舉首。溫、孟、河內之間，耆儒碩彥爲之避席矣。戊子，闈中已擬首薦，總裁抑之，僅中副車。拔貢入成均，屢試冠多士。黃鷗湄太史雅器重之，以爲可與熊鍾陵頡頏也。太史謀爲設帳，館穀歲數百金，力辭不赴。太史曰："武君貧士，不愛數百金，此其志不可量也。"歸家，杜門卻掃，與里中一二名士晨夕過從，樽酒論文，商榷古今。四方賓客至其邑者，輒為之下榻投轄，月落燈殘，情懷繾綣，蓋其豪曠如此。平生事親盡孝，於兄析產讓豐，喪葬一遵古禮。亂後宗族姻戚播遷他鄉者，招之使歸。貧羸者助之，撫育孤幼，俾至成立，延師聘娶，數十年無倦也。嗚呼！此即求之古人，豈易得哉？余未得杖履相從，而今已矣，不能不為之痛惜也！

君生於前明萬曆甲寅，卒於康熙丁巳，享年六十有四。配朱氏。子一，贇，廩膳生員，娶內鄉教諭王慎女。女一，適廩膳生員王承幹子枚功。孫二：長大勇，聘廩膳生員劉曰爌女；次人勇，聘庠生寇原勳女。孫女一，許聘增廣生員劉曰煙子坙。銘曰：

扶輿淳淑，鍾於中土。哲人之生，為時柱礎。胡不通顯，着勳天府。身老烟霞，名逾簪組。末俗頹靡，惟君楷柱。道派分流，惟君慎取。岡阜盤回，若堂若斧。松柏丸丸，亦莫或侮。我銘在幽，垂示終古。

康熙十七年。

（文見民國《長葛縣志》卷六《藝文志》。馬懷雲）

重修鄭大夫子產廟碑

邑令鄭維飆

春秋時，鄭為小國，然桓武佐王而緇衣作，國僑執政而誰嗣歌。長葛，蓋鄭之湯沐邑也，有子產廟二焉。其一在陘山，介新、長之間，為子產墓所；其一則城西五里，崛起高崗，躧百級而上，廟處其中，嵯峩孤峙，舊奉明禋不替。予戊午承乏茲土，將以次修治而更新之，不幸罹先人之痛，不遂厥志。邑文學郭子夢揚，家在崗之下，世紹文行，慨然鳩工，迤塗迤茨，載堊載臒，茸之翼如，增之燦如。神靈闋侐，以妥以侑。遂造予而請曰："維姬之公孫，安知非滎陽水木，且古遺愛也。恭敬惠義，君子道存，博物洽聞，又才與德之萃，公其勒祠，以永附諸石。"予蹷然興曰："有是哉！吾子之不忘先賢如是，其勤且大也！"

夫公孫僑以有道名卿，輝炳千古，今其鄉之俎豆圮而弗祀，無乃有司土之責而里中士大夫之恥乎！況葛邑四郊，少名山大川，一阜巋然，襟帶洎流，拱揖陘隧，中原膴膴，攬同指掌，風日晶熒，雲烟萬狀，亦一形勝之區也。今試與子望古遙集，南眺楚雲，紛若組練。西緬秦關，乘韋索賦，其喊有瘳焉。北觀三晉，太行旁隱，儼如韓子、羊舌大夫輩辨難往來，語琅琅未休也。東魯蒼茫，遡泗瞻嶧，紵衣縞帶，聖哲之流風其猶在乎！且鬱然者，曩之田疇也。熙然者，昔之子弟也，何弗舉宜吾子之嘆而慕也。《詩》曰："以似以續，續古之人。"又曰："高山仰止，景行行之。"郭君洵可謂不忘先賢而所期於後人者至深也。於是，請拜手爲之記，而系之以辭曰：

　　高阜峍嶙兮，公孫之惠仁兮。高崗剴劣兮，公孫之錫爾極兮。神棲遲兮，揩笏巍兮，維千百禩兮，懷茲碑兮。

　　康熙十八年。

（文見乾隆《長葛縣志》卷九《藝文志》。馬懷雲）

重修石固塞［寨］記

　　禮部侍郎薛所蘊

　　有利焉為民畫之，有患焉為民防之，已難其人。況畫利必於其利之長，防患必於其患之萌。如我憲副沈公澤浹窮簷，心存保障，經畫遠猷，俾世世子孫嘉賴無窮者，不更難歟！考許葛西偏，舊有石固寨，當日經營創始系生員楊慎成，而解橐出資以勸厥成者則生員王玉璣也。嗣後元戈為祟，石鼓妄鳴，逆寇橫潰，蛇豕長驅，中原重地盡為灰燼，何有於區區石固？且萑苻嘯聚，在在蜂起。維時幸有別駕尹君諱奇遇者，倡率守禦，日夜戎服登陴捍衛，遐邇居民頗依以為樂土，全活者幾千家。迨皇清定鼎，撫流拓移，輯寧村鎮，寨內鱗集碁布者，婦子室廬，一如舊日，則信乎其為善地也。第承平日久，屏翳叢雜，池隍堙塞，無復有過而問之者。沈公以編修外擢，備兵禹州，經臨其地，見士民絡繹，販負雜投，爭於此謀即次之安，公顧而樂之，以為此芸芸者，庶幾有殷繁之象，然猶懼其不虞，民終散也。遂進父老而諭曰："廢垣不葺，如保甲何？余非樂為興役以罷我民。"亦曰："有基勿壞，有墜必舉，繄維爾百姓是賴。"一時父老子弟咸荷畚鍤從事，亦若有不督而趨、不戒而奮者。經始於辛丑初秋，訖工於嘉平之望。財罔民損，役罔農妨而已。翼如煥如，屹屹有金湯之固。噫，神矣！豈公之為國為民，有以素孚於民使然耶？抑百姓知公之寧我婦子，罔敢憚勞，雖慳且玩者有所不忍負耶！不然，何卜云其吉，即遄觀成，而保障永賴也。閤寨士民慨焉念公之明德遠也。不憚遠涉，徵文於予，以記諸石。余用是有感於管子之言矣。民惡危墜，我存安之；民惡滅絕，我生育之，沈公有焉。雖然，公之經文緯武，種種規畫，其所創豎以暨修舉，流澤於大梁千里間，不一而足，何藉此區區片石為也？然此區區者，固石固之士若民所為歌咏勤苦，沐浴至德而不已於懷者。余即鄙僿不文，又烏能已於一言耶！

　　公諱荃，字繹堂，探花及第，前任翰林國史編修。

　　康熙十八年十二月。

（文見民國《長葛縣志》卷六《藝文志》。馬懷雲）

義士楊君祠記

巡憲沈荃

　　長葛縣之西南，有石固店者，介乎禹、許二州，而入汴之孔道也，居人稠密。明季流寇擾亂，所在墮壞，而石固不得獨存。里之諸生楊君惻然憂之，以為移民就邑，則道遠潰衆，若聽之以為孤注，則蹂躪不可復收。於是，急捐家財，為崇厥墉，浚厥池，晝而板鍾，夜而肩鍤，其費不下數百緡，而拮据況瘁殆過之。於是，石固之民，竟免於兵燹，蒙其澤者已數千家矣。當是時，郡邑大夫上其事於臺憲，且具題旌門。會遭鼎革，不果行。今我朝定鼎中原幾四十年，而石固之民，垣墉如故，屋廬晏然。於是，石固之民，登高望遠，罣然長思曰：吾儕非楊君其能安全至今乎？盍謀私祠而尸祝之，且請記於予。夫陳衆以單車白馬說降淳于而祠名白馬，從事許偉君修鴻溝陂而太守為立廟圖形，苟利在一鄉，義切桑梓，公也，非私也。況乎蘋蘩蘊藻，以報嘉德，人實有心，其能已乎。楊君諱慎成，為承天太守桃溪公子。幼而穎達，佐其父如老吏。既長，有聲膠序，輒冠一軍。蓋尚節俠而好行其惠者。余昔備兵此土，土人為余道其行誼不衰云。

　　康熙二十年。

（文見民國《長葛縣志》卷六《藝文志》。馬懷雲）

邑侯李公疏通河渠記

邑庠生程曰鵬

　　公諱元讓，字嶺泉，江南淮安人。癸亥歲，膺天子簡命，來蒞葛邑。本道德文章以布經濟，秉慈祥廉潔以立官方。遍訪疾苦，周恤輿情，利必興，害必除，殷殷以民生之憂樂爲心。洵自有葛以來，一豈弟父母也。葛被流氛，凋殘之極，歷四十餘年，而瘡痍未盡起，户口版籍，室廬田園，猶在在闕如。至康恤保尤甚，地在縣治東北，半屬沙崗，半屬洿陂，水旱俱爲患，而水乃尤甚。閒閒十畝，俄而汪洋千頃；鬱鬱青畦，倐焉滔翻白浪。竭三時胼手胝足之拮据，不能向河伯以乞命。聚百室號寒啼饑之婦子，何克問波臣而謀生。雖五日風，十日雨，未免懸磬仰屋；則二月絲，三月穀，得不割肉醫瘡。舊有溝渠，年遠塞沒，居民幾欲疏通，但成跡無存，茫然不知措處，惟束手浩嘆而已。幸蒙我公下車，一聞其苦，遂命駕往觀，覽其故道，相其形勢，聚居民而諭之，一一指示以疏鑿之方。某宜深，某宜淺，某宜寬，某宜狹，某宜曲與直，歷歷數諸掌上。因擇日興作，奈歲荒歉，民苦饔飧莫給，胡以盡力？以待來年，又恐仍被一年之害，乃捐粟以賑之。每於蒞政之暇，一至焉，再至焉。民有昧於從事者，親持其鍤教之，且戒令勿亟。更恐以枵腹而操土功，大傷吾民力也。於時里中之父老子弟相聚感泣而言曰：「此吾儕家事也，乃至勞我公之勤恤如是，吾儕能不竭蹶以赴乎！」其鼓舞踴躍之狀，若有神助，奚啻子來，不旬月而功告竣焉。畇畇者，畎畝也，非若疇昔之荒蕪。井井者，河渠也，快覩今日之條理。黍與稷翼，永被我公之仁風；溝深澮廣，長流我公之福澤。費有限之勤勞，享無涯之利賴。縱後有淤塞，我公之成法自在，繼起而謀之者，當不患疏通之無方矣。序屆仲春，風日清朗，我公策數騎飄然而來，樂觀其成。憩息綠樹之下，鋪茵以坐，列杯酒盤餐，烝髦士而攸止之。頃間蒼叟黃童供雞黍，舉村醪，長跽以進。公忻然受之，相與講農桑，談種植，勸勤儉，惓惓弗輟，熙熙相慶，蓋依然家人父子之歡樂也。非我公已溺已饑之懷，以實心行實政，烏能變滄溟爲桑田，闢汙萊爲膏腴，而至曁分言情，上下相得，成百餘年僅見之盛事，垂千餘載不朽之鴻功也。豈弟君子，民之父母，其我公之謂乎。爰述其事，以爲記。

康熙二十二年。

（文見乾隆《長葛縣志》卷十《藝文志》。馬懷雲）

王公書院碑

邑令李元讓

天地覆載吾民也，而雨暘寒燠不無怨咨，則舉裁成輔相之道，授之愛於吾民之天子。天子臨御吾民也，而苦樂利弊，莫能周悉，則舉宣德達情之任，命之分撫吾民之元臣。自非名公大儒，正人君子，本萬物一體之懷，法天子四海一家之心，以國計民生為己任，其仁足以弘濟蒼生，智足以燭照幾微，勇足以排決疑難。或有欲言之事，輒為私意所牽，遲留而不即言；或有可言之機，失之汶暗罔覺，緘默而不言；或有當言之責，阻於顧慮過深，畏避而不敢言。天子既不獲閱萬方而問俗，小民亦何得叩九閽以言情？所以上下情睽，君民勢遠，為後世之憾事。若夫秉鉞於千餘里之外，一朝繪圖而進之九重之上，蹈轍於百餘年之後，一旦改絃更張於八郡之中，而都俞吁咈，依然明良喜起之盛；衢歌巷祝，如見從欲風動之休。上傳皇仁，下福兆姓，革兩朝之積弊，成千載之僅見者，殆不數覯，何幸于今見之我大中丞大人改折漕糧之疏也。

漕糧一項，為中州常貢，國朝除荒徵熟，雖各色多寡之數不同，而經制銀兩，每石限有定例。第以道路修阻，輸挽維艱，必採買於小灘。以各方買役叢集一處，則奸賈視為奇貨，自騰高其米價，至額銀不給，勢復取足於民間。如蠹胥之侵漁，交兌之揩勒，種種弊端，難更僕數，且週來採買正數之餘，復有節省之名。是節省之名一立，而民間又開一弊竇。節之實所以費之也。嗟乎，小民割肉醫瘡，茹荼吞炭，亦直聽之，莫可如何矣！自我大人王公來撫豫土，軫念民艱，爰鑒厥弊，大破積習，疏請改折，安上全下。一經入告，遂蒙睿照嘉納，俞允敕行。由是大河南北頌聲四作，不啻出之水火之中，而登之袵席之上焉！況長葛彈丸之區，地瘠民貧，南北交衢，其苦尤最。今幸漕糧暨免採買，河夫又減額數，其沐恩戴德，較他邑為獨厚也。

屬吏元讓，本年初夏承乏赴任。甫入豫境，口碑載道，歡騰無分乎遐邇。一至葛邑，仁聲盈耳，感佩乃遍於童叟。於是，葛之紳士耆老羣聚縣庭，公請曰："撫軍實再造吾邑。願乞言刻石，以誌不朽。"元讓因念我公熙朝重望，江左偉人。天性慈祥，多施勸善之書；文章宗王[主]，廣課士子之藝。旌獎節婦孝子，察訪貪官污吏。化行俗美，大法小廉。是我公加惠元元者，何可勝紀。矧嗣此之，凡有裨于國計民生者，將次第舉行而未有艾也，何第記漕糧一事哉！而邑人以為全計，俟諸異日。即今漕糧一事，已令中州數千萬之蒼生，均被無涯之福澤，洵無愧宣德達情之任，而可以銘彝鼎、垂竹帛而壽諸奕禩也。吾儕小人，胡以伸懷，惟刊厥碑，用存永感。元讓不敏，無能為揄揚，又何堪表章深仁厚澤于萬一。謹直述其事，以記之云。

公諱曰藻，字印周，江南松江華亭縣人，乙未科會魁。

旹康熙二十二年癸亥仲秋穀旦立。

（文見康熙《長葛縣志》卷七《藝文志》。馬懷雲）

改建白樂天祠像記

邑舉人李重素

嘗聞敬神設教，先王因天理之自然；尚德崇賢，君子識民彝之不泯。自非識力宏深，無由勝任而愉快也。邑治西南三十里，有宮名曰白樂，以白樂天先生墓於斯也。夫葛蕞爾邑耳，而竟為高賢棲身之所，其有光於僻壤多矣。而或以墓不在葛為疑者，非也。稽之載籍，白氏先為太原人，其後遷居新鄭，生樂天於東郭里。舉進士，孤忠高節，炳耀汗青。自宦遊以至告致，廬洛香山，咸標芳躅，而其家初未離乎鄭、葛間。汴河感舊之詩，固有可考而知者已。晚年築室茲地，相傳遺址尚存，土人猶呼為白村。卒而墓於其側，鑿鑿有據，郡乘所紀，安可誣也？且其地岡巒廻抱，流水瀠環，即以堪輿家言，亦鬱鬱一佳城焉。其為樂天之墓，復何疑哉？昔曾建祠其上，歷經修葺，第世代遷流，碑跡淹沒荒烟蔓草之中，不可復考。鄉之好事者，遂修真武行宮，乃其實猶未盡泯也，故仍稱為白樂宮云。

余弱冠遊其處，覽先外祖馬公希周碑文，愴然有改正之意，而力不能逮，未克如願。甲子冬，余將公車北上，適耆民宋世英、張聚德來言曰："唐樂天公，一代名臣，千秋高士，即其履遊所至，猶足曠世相感，況宅兆攸存，神所憑依，而可無一椽以奉香火乎！表章前哲，端有所賴。余聞而義之，爰為請之。邑侯李明府首捐俸以為眾倡，於是，縉紳先生、義氓善士，各輸資粟有差，諏吉興工，欣欣焉神效靈而人敏事矣！間有一二庸愚之子，迷謬相阻，賴張君好學深思，心知其義，堅為舉行，閱歲而告厥成焉。建祠三棟，供俎豆也；繪像一龕，肅瞻拜也；鐫石於門，題詩於壁，期以示後人而傳永久也。復從茂才黃子光祚議修真武廟於前面，規制視舊宏麗，敬神尊賢之道，兩全無失，而千年勝蹟亦一旦改觀焉，豈非天理民彝之在人心，歷久而不容泯滅者歟！然宋張二君之識明力定，厥功亦云懋哉！後之君子，幸勿為流俗所惑，時加修葺，俾與青岡碧水常為流峙，則景仰前徽，維持名教，其功又後來居上矣。是為記。

康熙二十三年。

（文見乾隆《長葛縣志》卷十《藝文志》。馬懷雲）

修築洧川縣城記

王曰溫太常寺卿鄢陵人

國家前用兵西南，大農急度支，採廷臣議，凡助邊力王事者，仿漢故事風以示百姓，獨於郡國建置，雖大工作，例不得請公帑。洧川之城，自明季中兵，蓋五十年餘傾圮矣。歷守茲土者，循成例不敢為一邑計。即計之，大吏恐重役勞民，兼胥徒屬借公加派，輒沸物議。故先後觀望而視若傳舍。歲辛酉，周侯來尹洧，甫下車，尊閱城陣，至不能承趾立。謁父老，得其故，慨然曰：令與所托室家者城也。城不治，與野處同。況以公家歲儲鉅萬之餉，困廪之積，置諸野處，而若曹亦各有身家聚蓄之，是寄脫少驚，安所恃賴？今與若曹計，勿傾囊也。有田廬者，計畝助役幾何。有家室者，計產助役者幾何。貧至負販而富稱素封者，惟力之聽，或灰石木椽焉，一切量力出之。令先為爾倡，眾唯唯樂從。於是，按視城之廣狹高下，估其工料夫役，詳請各臺報可，仍鳩工於癸亥春，卒役於次年夏。踵舊趾為城六里六十步，為雉千六百七十，為高二丈七尺，基廣二丈五尺，闊一丈三尺，辟四門，較昔加廣。土堅而工密。不煩程課，猶治其家事然。城成，濬濠加梁，加岸植柳，株雜藝菱蒲芙蕖道民興利。是役也，積數十年之久，歷任令長日夜咨嗟，徒束手莫敢問。及侯之身，一旦排眾議，直任之。天下事隳於因循委靡者十嘗八九，而能冒不韙，建非常以禦災捍患者，斷非庸眾人所可同日語矣。詢乎生聚創作之貴得其人也。洧何幸有侯，而侯以治洧傳矣。

康熙二十三年夏。

（文見乾隆《洧川縣志》卷七《藝文志》。王興亞）

邑侯李公祠堂記

密令衷鯤化

嘗思丈夫志在四方，出生平才力，建功海內，布德蒼生，皆分內事，豈期有所感報而爲之耶。然考績報最，朝廷隆不次之擢遷；衢歌巷祝，閭閻深無已之瞻慕。至如東山袞繡、南國甘棠、竹林寇公祠、峴山羊子碑，於身去之後，猶縈思不置，迄千百年名垂不朽。良以崇功報德，公好亦自不泯於人心。惟公淮南大家，世繼簪纓，道氣才名，夙冠江左。甲午，中副車，以南闈不利，北遊太學。於癸亥奉簡命分符菡葛。大率以慨惻之心，發之剛方之性，是以落落寡合。嘗爲余言：既爲國爲民，須任勞任怨，何屑屑浮沉於人爲！其夙夜匪懈，不至利盡興、害盡除，其心弗安。若清田畝而包攬絕，開溝渠而水患息，嚴保甲而盜賊去，起集市而商民便，設義館造成小子，課士藝扶進單寒，賑饑荒而煢獨有賴，恤鰥寡而怨曠無聞，吏治卓卓可紀。不意甫及三年，邊隙一疾，終於丙寅夏五月。余謬承憲委兼攝葛事，見其宦邸蕭條，懸魚載石，不過如是。傷哉！祗餘兩袖清風凌霄漢，空遺一腔熱血染化封。兩公子雖少年英雋，而事變倉卒，何堪多難？百凡竭蹶，迨秋八月之朔十日始得扶櫬而歸。余送之，翼日舟泊於是。聞鐘磬之響與賽鼓雜沓，方欲詢之，而邑之紳士里民皆含淚喞悲，環向余言曰："此李公遺愛處也。"新搆祠堂，謹修齋設祭爲送，請一登覽。首事乃李姓名保秀，鄉之耆老也，備道其詳。河西砦名康樂，築成自西而起新市者，我公也。寨西有崗，崗下田數百頃，歲爲潦水所滙，民受其害，歷百餘年。公不辭勞瘁，數親指畫，開濬溝渠，變汪洋爲膏腴，自今日以及世世，永不致患於波臣者，皆我公之賜也。業刻石記之，初欲立祠砦中，未果。公既歿，衆議立於雙洎河之東岸，庶幾，過河梁而思明德。澤流溱洧，撰口碑以勒貞珉，頌播輿人。歲時伏臘，供黍稷，陳牲醴，聊伸感報之懷。堂甫告成，碑尚未立，因屬余爲文。噫！余於是有感於死生之際，人情大可見也。此堂不修於公在之日，而修於公歿之後，且悲泣祭送，依依不忍別，其情真，其意切，固葛人之厚，亦以公之德入人之深，人自不能忘也。公而有是，雖死猶生矣。人或有以身沒官署爲公惜，初不知文公潮海，武侯秋原，此心此理同也。正完卻分內事，於丈夫之志爲無憾，又何歉於公焉。余與公情關桑梓，誼篤葭莩，自把臂都門，及分光鄰燭，交稱莫逆。雖知公之深，而詞嫌溢美。余辭之堅，而請之益固，不得已，爰質言以記其事云。

康熙二十五年。

（文見乾隆《長葛縣志》卷十《藝文志》。馬懷雲）

重修長葛縣學碑

邑令何鼎

　　學校，政本也。養士以儲才，明倫以章教，敦《詩》說《禮》以厚風俗，親師憲老以牖人心。上欽乃司，下觀而化，可謂本務矣。先王懼無本之不能訓治其民也，將妨於政，故自京師首善之區，以逮山陬海澨，莫不建學，何獨長葛？然長葛之學，廢興不一，法物不備，儀理不存，固未全乎？其爲學也，是司牧之羞也。學舊在縣治之東北隅，元大定間毁於兵，元末復毁。自明洪武革命，仍故址建之，爲新政大典。嘉靖十四年，卜遷於東門，前大學士賈公之記可考也。第逼近城堧，水土無演，士氣荵鬱，雖慎厥麗以勸民，績用弗成。我朝康熙癸丑，前令宮允米君漢雯，毅然有爲，以求和其政，爰擇中土而改建焉。今之大成殿、明倫堂，其所剏也。適滇黔告警，戎馬驛騷，厥工未竣，何況其他！丙寅之秋，余承乏茲邑，惟懼隕越，甫下車，祗謁文廟。但見瓦礫成邱，荊蔓如戟，荒穢不飭，瀆聖無紀。而況窮簷蔀屋，草路鶉衣，創殘未甦，怒焉如擣。用是罔敢適逸，乃由裕民，凡省刑、薄斂、積粟、勸農諸事，次第修舉，謂是救時之政也。而職思其本，惟日孜孜以學校爲先務。是年冬，遂偕司鐸呂君貢恒、竇君應選、尉石君燦捐俸爲倡，鳩工庀材。其有不足者，復勸邑之士大夫共樂成之。陞舊殿柱礎令高敞，彤鏤爲飾。葺左右兩廡凡三楹。闕頖池，架以平橋，前樹櫺星門，周垣惟丹堊，正南交衢，設屛以蔽，內外皆錯彩焉。不煩民，不匱財，不廢時務。巍巍翼翼，赫然可觀。而學幾全矣，然禮樂猶未興也。當是時，天祚明德，厶髒伏質。天子堰武修文，奉答休命，勤施於四方。歲丁卯，敕禮部下郡縣，擇俊秀嫺禮義者爲樂舞生。絃歌駿奔，且稽式古制，設法備物，以光祀典。余敢不祇乃初服。故其于樂也，爲柷、爲敔、爲搏、爲拊、爲應皷、爲塤、爲箎、爲編鐘、爲編磬、爲笙、爲排簫、爲琴瑟之屬。其於舞也，爲㦸、爲籥、爲翟、爲麾幡。其於享器也，爲籩、爲豆、爲鉶、爲雲罍、爲爵、爲犧尊、象尊、爲簋、爲簠、爲帛篚、爲筐、爲盥、爲鼎臺。五事亦復捐俸勸資如制。戊辰，用集厥成，紀年注冊，使司典之，以垂永世。將見春秋之事，入斯門也，登斯堂也，有省牲展器之禮，有贊灌詔酌之禮，有鼓徵舍菜之禮，有合樂皋舞之禮，有登謌歌釋典之禮，有賓晏酬酢之禮。彬彬乎質有其文焉，然後，知天子興道致治，固有其本。而余與學士大夫之所以嚴整宮牆者，可于是乎觀政矣。由是而雨不破塊，風不鳴條，和之至也；由是而吏無遺奸，民無伏惑，忠之屬也；由是而文教聿宣，簪組疊留，彝良克宅，比戶可封，化之成也。雖不能至，余竊有後望焉，以識余孜孜於學之意。

時康熙二十七年歲次戊辰桐月上浣之吉。

（文見康熙《長葛縣志》卷七《藝文志》。馬懷雲）

重修何公祠堂碑記

胡文元

嘗攷古之士君子，名播當時，聲垂後世，或以詩禮文章續成道統，或以豐功偉績克定家邦，且有除一時之害，舉興萬姓之利，盡一己之勞，遂成百世之功者，所當勒勳德於旂常，崇廟祀於奕祀者也。我邑侯何公諱鼎，號晴山，籍寓楚南，派由越族。鍾山川之靈秀，紹世冑之簪纓。早赴鹿鳴，特膺墨綬。赤舄初飛，兩袖清風敷百里；玉符乍綰，滿城福曜映千門。自康熙丙寅歲下車之後，新政聿隆，百度俱舉。首重文教，士風日振於黌宮，次勸墾荒，籽粒漸滿乎倉箱。植柳垂蔭，何遜彭澤之五株；喜雨名亭，不讓東坡之一亭。至於省刑罰以昭撫綏，修志乘以表忠貞。佛岡生色，桃李盈門；濟橋改觀，雲霞煥彩。其仁風善政，難以枚舉。邑之紳士耆民，甫瞻德化之成，共樂神君之頌。何其三年報最，晉秩內庭。含淚青天，徒存借寇之想；扳轅赤子，不禁誰嗣之歌。原籍同人，乃築祠宇。迨夫歷歲久遠，殿閣傾圮，撫今追昔，良足慨已。茲閤邑士民，共議重修，有輸資財者，有施株木者，亦有捐助瓦磚、餽送寂粟者。鳩工力作，不日告竣。咸相慶慰曰：不勒貞珉，無以彰何公之德。仰瞻廟貌，且以昭羣姓之誠。因綜其始末，載諸貞石。且為之頌曰：

公已逝兮容貌藏，肯堂構兮世不忘。崇廟祀兮誌甘棠，溯勳績兮永流芳。照耀宇宙兮日月光，並列岳兮地天長。

康熙二十八年。

（文見民國《長葛縣志》卷六《藝文志》。馬懷雲）

重修端璧寺記

邑拔貢張于七

維康熙庚午歲，乃皇上御極之二十九年，其時百廢俱興，萬邦咸寧。四方熙皞，稱盛治焉。適值我邑侯晴山何父母，以絃歌來撫葛土。敷政平坦，教民有道。日舉上諭十六條，而令申之、勸諭之。百姓無不知忠敬孝慈，樂於爲善，而勇於趨事也。凡在邑之名迹、觀宇廢者修、頹者舉，率皆一時更新。葛東偏，舊有古刹端璧寺，坐鎮龍砂，興起文教，爲一邑培養風氣。建自宋祥符五年，燼于明崇禎辛巳歲。余率鄉耆程文明、趙三慶、劉文恭，于順治辛丑歲捐金重修。因其時四方艱難，草率粗舉，恐不能堅久，未曾勒石。迄今三十年，風雨頹敝，上下濕漏，觀者心惻。余約諸耆老傅洪經，囑弟于九、侄洪錦等，勸化闔邑善士，復重修之。棟宇上下而整潔如新，堅確壯麗較前更盛。一勞百逸，稱永久焉。其山門前後傾坍，已糾社就理，將次第告成矣。因之勒石刻銘，以誌不朽。爰爲銘曰：

猗歟休哉！世無千年不壞物，未聞百歲長生人。相時補葺勤修理，巍巍梵宮亘古新。

康熙二十九年。

（文見民國《長葛縣志》卷六《藝文志》。馬懷雲）

大中丞書院碑

邑令何鼎

國朝定鼎燕京，輓飛漕以實天庾，其勢然也。但東南之地，襟帶江湖，雖帆影連雲，轉運數千里而遙，然以登場之種秬，就艤岸之軸艫，勞固甚而力頗易。兩河地不通舟，艱於陸運。向來經理諸公，酌豐稔之米價，定其值，以購于直隸水次之小灘，價有定額，已非一日矣。前撫軍王公，憫其情而以改折請。疏入。報可。民受厥澤，歷今七載，紳士耆老建書院以鳴其德。風雨飄搖，不無棟敧垣頹之意。群請修葺，以迫于鞅掌未遑也。歲庚午，天子允司農議，復以本色運。凡在臣民，靡不竭蹶襄事。適旱魃肆虐，延及畿輔，子婦流離，綿亘郊原。小灘之值，米石三緡，較諸定則，蓋五倍之。若一時聚糴，則奸賈之高騰，與夫蠹胥侵漁、橫丁掯勒，弊且叢生。一歲而傾數歲之費，所不待計而然者。乃我撫憲公惻然念之，繪鄭圖以入告，請緩一歲之運，蘇民力而培國本。宸謀遠矚，渙汗宏頒，災畛殘黎，倏蘇重困。蓋停一年之運，所以恤民瘼而省民財者，與王公之七年改折，共垂不朽矣。厥德戀哉！紳士耆民環馬首而籲曰："嗟我葛土，褊小殘瘠，不及大邑之十二。而漕米之額，為數獨多。況自慘罹寇氛，城經三陷，瓦礫盈途，荊榛滿目。休養雖周甲子，瘡痍未復起初。今沐我如天之德，停運一載，受福更甚他邑。而不勒諸貞珉，以與王公並彰天壤，是無心曲以答彼蒼也。且王公書院理應再葺，奉我公以並揚汪濊，誰曰不宜？"鼎曰："唯唯。"以我撫憲，以綏靖中原，夫豈緩漕一事已哉。凡所以飭吏安民，摸文振武，以仁義為利，弊絕風生，而惠此兩河黎民，勳懋旂常者，太史采風以登漢簡，固已美不勝書。而即此緩運一事，億兆士庶，咸慶再生，澤深惠普，敢不盥手颺言，百拜勒石，而為之頌，以昭示來茲，頌曰：

維此中天，聿來我公。寵文宣化，秉鉞臨戎。載其清靜，物阜俗正。崔符不生，兩河永定。吏畏民懷，黔首康哉。嗟遭旱魃，蔓厥蒿萊。粟踴而漕，閭左其號。緩輸一載，恩沛九霄。昔也改折，惠我遺子，澤垺王公，勳同稷契。高高嵩嶽，浩浩黃流。我公之德，萬姓蒙庥。

公諱興邦，字梅公，直隸宣府前衛人，由癸卯科經魁。

皇清龍飛康熙三十一年歲次壬申仲夏之月上浣端陽後五日，知長葛事何鼎浣薇敬題於官署。

（文見康熙《長葛縣志》卷七《藝文志》。馬懷雲）

岳氏先塋碑 [1]

【額題】萬縣□籍□

大清康熙□十六年十月□一日立。

岳氏先塋，□□城西十五里□睦得洪庇砦東。此□大明洪武貳年間，舊有碑記。其脈源支派粗傳二百七十□歲。詎意於崇禎七年，被流寇李自成、土賊李際遇交相作亂，□至十□年春季，竟/

而賊勢猖獗，聞縣圍寨環攻，日久碑壞，塋碑、家譜無傳，墓坵失序，迄今已二百餘載。總計存歿共十□世□□。塋內松柏業茂，族間戶□人稠，雖無蘭蕙可錄，却鮮荊棘□礙，蓋謂天道之流□□，謂地脈之□□□□□。有人顧社墓而興思，緬□流而罔記，且慮人眾交雜，其賢愚不一，□□□或因無知而芻牧，或有不肖而盜砍，殊不知伐木□□，除蔭□衣，亡者不固，生者難□。

闔族共捐貲財，豎碑二統，並建祖墓影牆壹座，勒石永誌，以垂不朽。

岳九思敬書。岳鍾蘭。

（碑存長葛市文物保護管理所。王偉）

---

[1] /後缺文，岳氏族人姓名，亦模糊不清。

創修関王廟碑記

大清國河南開封府洧川縣西創修関王廟一座，善人開列於後：

王彬魯二桂施廟地一分二分。

王成□、魯學□、魯□□、魯心□、魯□□、王□□、王訓、王崇奉、王□紹、王□玉、李□霖、王□愷、王崇爵、武□□、王□鐸、高文秀、王崇彥、吝光宗、魯玉卿、王崇聖、王興、□彬、□國祥、□振、□□高、□奇逢、王崇□、魯民、魯士敏、魯興邦、吝生香、魯文忠、魯心粹、魯國洁、魯大亮、魯大弘、魏中孚、王崇賢、趙魁元、王得元、李朝網、魯心純、于九德、孫昌□、□文光、王國禎、王成潮、魯孝國、朱文光、王崇江、劉縛、李如蘭、趙槓、谷大弘、朱雲霞、趙□、劉道興、王崇泰、朱順安、性善、魯大亮、王迪、孫昌印、王振網、魯玉邦、魯心聰、魯振邦、魯□逢、王崇賢、魯二桂、陳國棟、劉瑞中、孫重振、任名世、劉文露、寧尓明、王得元、梁憲璋、車景彩、王□和、魯念祖、魯文斗、程文耀、王德惠、王德行、呼雷、周茂隆、劉全美、牛英、劉含樸、王成湘。

木匠魯心哲。

泥水匠趙朝弘。

石匠張文美。

康熙五十年歲次辛卯正月□日。

（碑存長葛市大魯土地廟。馬懷雲）

重修関聖帝君廟碑

【額題】萬善同歸

粵稽是廟之創建，其來舊矣。威靈顯赫，感而遂通，誠一方之保障，合村之默庇也。每遇天道□旱，潔誠叩禱，甘霖旋布。楊子□若曾糾眾重修，以壯胜觀。一時走香火者擁門塞戶，不絕如縷。但歷年來，風雨傾頹，非能以資瞻拜，妥神明。善人□□□率約同善信魏國棟、楊□和等各捐資財，眾狐成裘，不逾一歲，而廟□□裝又復煥然一新。□□□功告成，不揣踈陋，謹表善行，以誌□石於不朽云。

滎邑增廣生員□宗清謹撰。

生員楊作舟沐手書。

會首□□□、楊□□、生員楊□秀、焦體□、田昌、蔡梅、李林山、李明甫、李□龍、李現龍、田□秀、江西人楊潤芳、李人龍、柴德敬、宋賓、蔡惟誠、張貴友、彭加庆、朱國才。

石匠盛于□。

木匠趙文玉。

泥工包完。

修煖閣布施記：施樑一架蘇文煥、施樹一棵董□，山西商人劉芳勳、本村善人王昌龍、本村善人楊景龍。

江南商人田□秀、楊潤芳。

皇清康熙歲次壬午乙巳月吉旦仝立。

（碑存長葛市四三府。王偉）

重修長葛縣城碑

邑令阮景咸

城池之設，所以衛倉庫、奠民居也。邑城濱河，每淪于水。歷數十年，圮者有牛羊跡，而人且攀躋以出之，幾若康莊焉。官斯土者，循例補葺，隨築隨頹。閭閻間有警盜，吏民疲於堤防，咸以為苦。乾隆九年甲子，予視茲邑，閱城畢，竊以為城頹若是，上而朝廷倉庫，下而百姓室家，將奚賴焉？時適奉部復准修，俾領帑七千三百餘兩修之，誠予責也。但前令原估之工，祇修倒塌者二百四十餘丈，並小南門洞一處，又於城東北艮方被洎河侵齧者，請移入五丈，別築新城五十丈，將城舊址棄作河岸，至四面多破壞之處，皆未估報，遂以病去官。上憲亦據所估題定。至是，余復芟除荊榛，沿城諦視，知破壞未經估修者正多也。且原估帑浮於工，將作何歸結乎？再，東北隅移城向內，讓地於外，使作河岸，俾城折去一角，亦與規制未協。反復思，維省築新城五十丈，並一切工料，加意節省，將破壞城垣七百餘丈，及東西南北門洞四處，俱一體重修，酌盈濟虛，通融辦理。仍於東北隅沿河築石堤七十丈，乃足盡原領之帑。但前經題定，既不容改易增添，若仍以原估之工，請銷原領之帑，又與成例不符，勢將十減三四，更費周張矣。荷蒙大憲重修題請，得奉部議准銷，從容觀成，將上而朝廷倉庫，下而百姓室家，皆借以無虞，是則余之厚幸也。

夫肇工於是年七月初二日，落成於十年乙丑十月十二日。堤工起於十一年丙寅二月初三日，竣於四月初十日，堤堅而城益固。維時佐予之不逮，督率有方，久而弗懈者，則我司諭胡君某、司訓傅君某、縣尉陳君某也。是為記。

乾隆十一年四月。

（文見民國《長葛縣志》卷六《藝文志》。馬懷雲）

重修聖廟碑

邑令阮景咸

今國家教化百年，文治翔洽。上自京師，下迄直省、郡縣，靡不於奉聖之地，矢厥虔肅，務使規模閎敞，用昭尊崇之意。今上御極之三年，戊午春，傳制車駕，詣太學，親釋奠，命儒臣坐講，時則廟易黄瓦，並懸御製匾聯。儀至肅，典至隆也。予不敏，於乾隆癸亥年奉命來豫，九年甲子夏，視事兹邑。練日謁先師廟，見夫趾居湫隘，心竊懼焉。諦視之，四面地勢高聳，廟中多漏漬痕，又梁棟榱桷之材漸朽。詢諸同官，並云屢議重修，以財用匱乏，莫有毅然任其事者，遂遷延歲月，而今且將就圮矣。時即酌議倡捐，共圖斯舉，以方請帑修築縣城，未遑從事，而中心實不敢一刻忘也。周一歲，城工將竣，又急議修葺。適奉藩憲趙公檄以學校為興賢育才之地，宜先經理。則斯舉也，詎可緩歟？稽邑乘，學宫舊在縣治東北，遷於縣治東門內者，前明嘉靖十四年也。移建縣治東，即今所在者，國朝康熙十二年，前令米君漢雯也。至因殿宇低暗，加礎使高尺許，則自康熙二十五年前令何君鼎如，於今又六十年矣。遂與同官竭力倡捐，邑之薦紳諸生暨耆民，莫不雲集響應，歡騰樂輸，計銀千有六百餘兩。於是，稽出納有人，又採辦物料，董率匠役各有人。其朝夕省視，久而弗懈者，司諭胡君本立、司訓傅君煌、縣尉陳君煜也。肇工於乾隆十年乙丑季夏，訖工於十一年丙寅仲秋。由舊址北移七丈許，進於坡岡之上。其宇高大深邃，增舊制七八尺，户牖階阼，靡不備具。次第丹臒，以示更新。並用黄瓦，效京師廟制焉。予與同官偕邑諸生拜謁階下，仰瞻廟貌，高敞壯麗，煥然改觀。爰進邑諸生告之曰：予嘗誦歸太僕所作《重修闕里廟記》，以事聖人者，不徒事於其外，而取子游所聞，君子學道則愛人，小人學道則易使，與告顏淵克己復禮之説，反覆著於篇。再，考睢州湯大司空《移建廟學記》，亦以諸生所以為學者，當求進于古人之道。大旨謂學聖在於存心，以全天所與我之理。其言可與太僕互相發明。今長葛學者知虔奉聖人矣，抑參諸大儒之緒論，先器識而後文藝，飭品力行，馴至於人文蔚起，仰答聖天子崇儒重道之意，以慰大憲宣化之心，則予所厚望也已。是為記。

乾隆十一年仲秋。

（文見乾隆《長葛縣志》卷九《藝文志》。馬懷雲）

重修洧城碑記

邑令孫和相諸城人

城隍之修廢，與民生之安危為維繫。長民者曰鳩吾民而安全之，農桑畜牧以厚其生，庠序學校以正其俗，司牧之責非不殷且重也。使城池任其傾圮，不急思振作，以為保障之謀，微論變起倉猝，無以禦非常，即太平無事，豈所以鎮方域，警作息，司啟閉哉！歲癸亥，予奉命來洧，行城周視，見夫垣蠡池，凸覆之陁，跛羊可牧。問之紳士，咸稱土質不堅，屢修屢傾。迨乾隆四年，霪雨為災，浸霖剝落，幾為澤國。蒞斯土者，欲無受勞民傷財名，且恐大役難成，旋作旋輟，是以估計增修，而終未竟其事以去。余慨然曰：無城無縣，無縣無民。是予之責也。夫《大易》之訓曰：王公設險，以守其國。一國之險在山川，一邑之險在城池。洧雖蕞爾邑，當許鄭鄢尉之衝突，地要人稠，非築城鑿池，奚以固民志。

伏讀上諭今日經過豐潤縣，見城垣甚是殘缺。想各處似此者必多。若與農隙之時，酌撥本地就近民夫，徐為粘補，自可漸次修復。是在良有司留心地方，勸用民力，善為辦理，顧政莫大於動眾，功莫過於域民城也者。域民之急務，必眾而後成者也。苟經畫弗周，上憚於首事之難，而下苦於多事之擾，寬之狃怡堂之安，嚴之來於思之讓，功之成也，其何日之有？於是，幾經籌畫，勞神苦思，文數上而屢更，稟迭呈而莫決。不得已，廣詢周咨，規往制，順輿情，不奪民時，不促民力，按畝稽籍，分穀而程之，一切草木畚挿之具，令其隨使隨帶，不假手胥吏。惟邀八保紳士董率之。用是歡欣鼓舞，子來趨事，樓櫓雉堞，動用公項，不費民間一錢，而周圍土垣，則籍資民力，越三載，而次第告竣矣，夫非常之原，黎民所懼，當未成之始，不用民財，斷不能不用民力。工巨日廣，或者以為難。然計小者害大道。謀者寡成。積薪厝火，恒情之所安，綢繆未陰，哲士之所圖。今洧陽當重熙累洽，四境絕奇袤之風，比戶抱樂輸之誼，而官盡其職，民用其力，增陴濬隍，足以捍外而衛內。昔人所謂有備無患者，此其庶幾乎。況既修以後，高者言言，深者湯湯，農夫相與安於野，商賈相與安於市，芹宮髺髦相與安於誦讀，則役之一日，正所以使洧之人食德服疇，永賴金湯之鞏固。百姓雖勞，烏可已哉？是役也，經始於乾隆甲子，告成於丙寅，予既樂洧之民踴躍赴功，而又幸邑之紳士輩協力董率，相與以有成也。爰敘其事而勒之於石。

乾隆十一年。

（文見乾隆《洧川縣志》卷七《藝文志》。王興亞）

創修陘山書院碑

睢州翰林蔣辰祥

陘山書院，長葛阮明府所創建也。明府前任秦中，雅意作人，卓有政績。乾隆八年癸亥，奉天子簡命來豫。九年甲子，分符長社。輒有事於城工，次以聖殿就圮，倡捐重修。事不煩，民不擾，僉以為廉能。至振興學校之意，亦如在秦中時。而長社鮮有故址可尋，為諸生藏修地，遂於學舍東買得前明邢忠節故廬，又苦其殘壞，即議修之，以諸務叢集未遑。十年春，權以紳士宅為講院，聘予同年友周君芝仙世紫主講。周君材美學贍，堪陶成多士者。丙寅，復不以予為譾陋延之，予性迂疏，恐無以當人意。及來長社，明府率諸生迎郊外，禮甚恭，頻與余商考課之法，月四試之，校其甲乙。半載之中，人文蔚起，鄰封竟有緣而效之者。予雖寡聞見，每與當代耆儒獲承指授，因據所得者，為人舉似，人亦率知淬勵。予以諸生請業之勤，又明府賢而有禮，庶可相與有成矣乎。是年秋八月，始經理書院，至冬十月落成，迎予其中。僅十日，予以他事旋里，諸生揖余而前曰："敝邑城工、聖廟，我賢侯力成之，各有記矣，不以煩先生。今書院，小子輩從先生肄業地也，敢乞一言，以垂久遠。"予因嘉其請，許之。竊維古今聖賢所重者，總以人才為本。人才盛，凡禮樂兵農乃措之，各得其理。然非養育有地，又不免言行龐雜之譏。考古黨庠術序，胥是意也。明府所至，以振興人才為己責，可謂知法本矣。

稽之書院，盛於宋，俾升於國者，無學殖荒落之患，正以濟學校所不及，詎細故耶！在宋，鹿洞、鵝湖為著。其在豫者，有歸郡范希文書院．而登封之嵩陽書院，歷代大儒掌之，更與長社為近。蓋長邑西有陘山，逶迤而西，其山脈與中嵩正相聯屬，設書院應之，良急務也。又況邑為鄭子產采地，陘山之巔，其墓在焉。有志者緬懷芳躅，興起不尤易歟！書院以陘山名，其義可想矣。第一事也，創之惟人，守之亦惟人。嘗遊歷他邦，見夫名郡大邑，多有書院，後或鞠為蔬圃，或沿為上官行臺。過其地者，徒慨然於盛事不再。而近長社之嵩陽書院，獨與鹿洞、鵝湖等書院，歷久常新，固大儒創於前，亦其地多賢人君子維持之，使勿壞也。猶憶乾隆元年，聖天子崇佛重道，詔大宗伯江陰楊文定公名時總理胄監，倡明正學。予時游成均，聽公持論，大旨以主敬為要。長邑學者，誠由碩儒之緒論，切為細繹，將上之希風周、程、張、朱，次亦以文章高第，樹勳名於天下，以鄉之前輩，誨鄉之後進。於書院必多方護持，使與陘山並永，此則明府之大有造於長社也，維予與周君亦有榮施矣！明府於城工，聖殿皆力成之，至是而三善備焉。然書院之久而弗湮，又能無於此邦人士有厚望乎哉！故凡基址之廣狹，門堂之崇卑，樓閣齋居之方向，別當鑴諸石，不具書。特書其重且大者，遙寄明府，明府其以予言正告長邑之學者，可也。

明府名景咸，字載南，順天大興人。司諭胡君，名本立，字簣基，西華人。司訓傅君，名煌，字中郎，登封人。縣尉陳君煜，字錦晝，大興人。皆贊襄維勤，克成明府之美者，因並書之。

時乾隆十二年丁卯仲春二十有二日也。

（文見乾隆《長葛縣志》卷九《藝文志》。馬懷雲）

何公生祠碑記

羅士昂

政之為遺愛者，善人也。善人必有後，余於長社前任晴山何公見之。公諱鼎，號晴山，世居浙江山陰。由湖廣靖州籍，登康熙丙午賢書，乙丑，宰長葛。甫下車，問民之疾苦，以葛邑貧瘠，勤勤積粟勸農。丁卯，有灕鶆止溳河，數日不去，邑人憂之。夏五月，果飛蝗蔽野，公籲天虔禱，步巡阡陌，遺孽斂跡，得不害苗禾，因有蝗不入境之謠。蝗之患，自古記之，即當事極捕撲獲滅，害已多矣，何由而竟不為害也？越明年，民力有舒，公喜偕司鐸呂君賁恆、竇君應選，式廓宮牆，增建學舍，釐定祭器、樂器，設佾舞生。朔望謁學講書，無間寒暑。葛之絃誦、徵文、考獻者，雲蒸霞起焉，其養教如此。乃予又聞雙洎河在葛東北，眾流所達，巨浸也。庚午秋，河水陡發異漲，湝民田廬，困極無所措手，方恐恐乎無有極矣。而公親自畚插，率民用力，晝夜不輟，增築堤防，成極堅極固。瀕河居民，迄今數十年無復水患，此保障之力矣。夫人父兄之於子弟，誼親情切，吉凶同患，恤勞苦，親扶持，導之敦禮向義，誦詩讀書，遺家以永久，無受後累，其營心真且至也。而為子弟者於此，亦即未有不念父兄之恩，思父兄之德，敬之愛之，咨嗟嘆息，不能忘者矣！而公之蒞葛，何以異此？六稔政成，內召陞户部主事，遷兵部郎中，出守江南安慶府，調浙江嘉興府。而葛之民愛公不能忘，遂立祠尸祝焉。嗚呼，宜矣！後三十六年，雍正丙午，公仲子諱經文，號無墨，貴州安順太守，入覲，迂道來葛謁公祠。葛民見之，如見公焉。今乾隆辛巳冬，公仲孫諱烱，奉命督修楊橋漫工，授河防兵備道，分巡開、歸、陳、許四郡。回憶無墨公謁祠之日，又三十六年矣。公遺愛不猶存乎！而善人有後信矣！余時承乏許州，按葛，慕公為人，謁公廟，與葛宰孫君景燧謀新之。問記於余，余何記？即謂公之遺愛云爾。

乾隆二十六年冬。

（文見乾隆《長葛縣志》卷十《藝文志》。馬懷雲）

重修何公祠記

孫景燧

乾隆二十六年冬，景燧奉天子命，來治茲土。下車之二日，巡行至城東外，見有殘碑斷碣，卧沒於蓁芾瓦礫間。摩挲久之，字漶漫不可識。召諸父老而詢之，僉曰："此故邑侯何公祠之舊址也。"公於康熙丙寅歲，以明經孝廉作宰是邦。惠政仁施，不可殫述。跡其築河堤、建義學、嚴保甲、課農桑，凡諸設施，有古循吏風。迄今百里之內，水潦無虞，士風丕振，奸匪絕跡，民力富饒，皆公之力也。當去任之日，童叟攀轅，不獲上請。乃相與建祠樹碑，以誌無諼。於今七十年矣，歌頌猶新，廟貌非故，日就傾圮，遂至於斯。余乃謂然興嘆曰："士人誦讀有年，輒慷慨而談經濟，一行作吏，頓易初心者比比皆是。公也，本學術為治術，視民事如己事，大異乎俗吏之所為，宜其享美報於無窮也。"葛邑，鄭國僑之采地也。衆母之稱，至今未艾。嗣是官斯土者，若漢之寇子翼、隋之房孝沖，皆以循吏著。乃考諸邑乘，陘山之巔，子產之祠，巋然存焉。獨二公之祀湮沒無聞，何歟？豈以德政猶未足以媲子產歟？當日輿人之誦曰：子產而死，誰其嗣之？若公者，可謂克嗣也已。夫民不能忘，而祀典闕如，有司之責也。爰率僚屬以為倡，邑紳士咸出私錢以助其成。而鳩工庀材，經營圖度，則貢生路孝聞等之力居多。經始於壬午歲之仲春，越一月告竣。由是歲時伏臘，俎豆萃萃，凡在士庶，咸得拜几筵以伸愛慕，不至如向者徒憑弔於蓁芾瓦礫間。而公之惠政仁施，亦藉以永垂不朽云。用伐石以誌重建之歲月，並刊捐助姓氏於碑陰。

乾隆二十七年。

（文見乾隆《長葛縣志》卷十《藝文志》。馬懷雲）

關帝廟碑記

竊思莫為之前，雖美弗彰；莫為之後，雖盛弗傳。吾村舊有關帝廟一座，迄今廟貌傾頹，神像剝落，定居茲土，不禁有觸目焦心之感矣。□敬齊聖會，積貲重修，未幾而頹然者復煥然一新也。功成告竣，勒名于石，敢自衿其功乎，聊以俾後之同志者□□□于勿替云。

會首劉德洪、劉希舜、劉仕文、耆老楊佩、岳鍾廉、劉希天、劉希同、劉希成、劉希乾、劉希國、劉保士、劉偉士、劉希昌、劉希禮、劉嵩、劉岩、高屾、劉峰。

石匠張鏡。

泥水匠侯辛玉。

大清乾隆肆拾年歲次乙未季秋吉日立。

（碑存長葛市樓張石廟劉。王偉）

增修關帝庙並金粧碑記

聞之誠能動物，以誠感，以誠應，人且有致，人之誠敬，而高山仰止，景行行止也，而況於神乎。帝之精誠，盟于赤衷，通于音冥，結于漢主，孚於蜀民，不惟一區□之，千百世共信之也。後之人□尤而□□□□，慎非天下之至誠，其孰能感通若此。坡馬村舊有関帝庙，亦前人肅誠以建焉。今復增修兩廊，大其基址，金粧而□□其□□，結社捐貲，命工庀材，督理者不辭□□弗□□是，雖人之誠為之乎，亦神之誠有以感之耳。誠能感物，豈靈□哉。記之，以為後人勸。[1]

嘉慶六年歲次辛酉十二月吉日立。

（碑存長葛市坡馬村關帝廟。馬懷雲）

太學生李公墓誌銘

世居葛，力田為業，至太學生君玉公好善樂施，以雍正乙卯歲生公。公幼而樸訥，有至性。年七歲，胞兄上殤，君玉公哭之痛，公請為兄立嗣。君玉公言："立嗣非禮，勿平其墓可也。"公敬受命，歲時蒸嘗，躬親祭掃，終身弗衰。受學於黃學山、張孝元、楊映斗諸先生之門，諸先生皆器許之。後君玉公病廢寢疾三年，公侍湯藥，衣不解帶者數月。因廢學讀《內經》，通針灸。醫萬人未嘗受謝。嘗過鄢陵馬林鎮，遇鬥毆傷人，死踰時矣。公醫

---

[1] 捐資人姓名，字模糊不清。

一針，豁然頓生，時倉卒無知者。公去後共驚以為神。後復至其地，聞兩家各具酒脯賽神焉。密邑公門人某習醫，在風後頂醫一少婦染邪，勢張狂莫能近。積數日，邪忽憑人曰："去去勿緩，汝師至矣。"門人問："吾師為誰？"邪具道公姓字。門人言："吾師去此百餘里，何由至？"邪曰："已在爾家。"門人歸，則公遊中岳，果至其家。病主因延公醫治。公辭以不解符籙。病主固請，門人慫恿，公至，則其病脫然若失。公去，病如初。門人詒之曰："吾師之法盡授於吾。"邪曰："雖授不懂也。"門人問何故？曰："汝師以善濟世，德也；汝以術漁利，藝也。故不同耳。"公歸，病主要遮於道，敦請愈殷。公至，病復已，病主備言其詳。公曰："吾誠無德，然如邪言，吾輩皆宜勉力修德。"病主問修德之目，公曰："存好心，行好事，凡有利於己，不使其不利於人。"因出沈確庵先生《聖學入門》書示之。病主誓立功過格，邪終不能侵而愈。公著有《針灸易學》、《針灸述古》二書行世。初，君玉公好善樂施，設茶道旁。公繼之復修茶亭三間，茶田十畝為永遠計。遠近俱稱為善人，載在州乘。伊川先生有言曰："一介之士，苟有志於利物，於人必有所濟。"其公之謂乎！公生於雍正十三年二月十五日吉時，歿于嘉慶二十四年十月二十七日辰時。享壽八十五歲。銘曰：

周於德者，邪不能亂。以之感人，妖魔解散。施茶有亭，仁人之理。父子相承，世濟其美。心存利濟，針灸書成。功同良相，普渡羣生。蔥籠舊阡，醫此善人。良配相從，娛爾雙神。

嘉慶二十四年。

（文見民國《長葛縣志》卷六《藝文志》。馬懷雲）

重修聖壽寺碑記[1]

蓋聞佛生於周昭王二十四年，成道於穆王三年。其入中國也，肇自炎漢永平，下逮晉、宋、齊、□、魏，事之維謹，至隋、唐尤盛。歷宋、元、明以來，迄今去永平幾二千年。教化之隆，人□□昌容，非以其能覺□羣生，少俾世道□使人於其世□□□其傳歟。

聖壽寺之設，由來久矣。其非特而修理之□□□□之被風雨飄搖，殿宇傾圮，善士李位中等慮無以□□□□而肅觀瞻也，爰集眾議，各捐資財，復募四方，遂鳩工庀材，□瓦傲工匠，經之營之，頹敗之□煥然為之改觀。□□□慕善之誠。亦足以見佛教感人之深，而人之□□□□□有不能自己者也。工既告竣，□發囑予作文，以□□□□□文，亦記其眾人樂施，經營落成之大略云爾。

許昌儒學生員王有田撰文。
葛邑儒學生員李朝雷書丹。

---

[1] 捐錢人姓名，字模糊不清。

大清道光貳秊歲次壬午孟夏上浣吉旦。

（碑存長葛市明朗寺村。王偉）

重修関帝廟暨牛王土地神像碑記

【額題】善歸

　　蓋聞関聖帝君，累代廟享之。至國朝而祀典尤隆，春秋兩祭，歲有常期。郡縣皆□□其血食，下及鄉曲立廟者，幾無□不有致祭者，非□□□□斯□云爾哉。然余幼時，嘗從師受業功于斯邑，親見邑人間雨課晴，有求必得，□□□□，無禱不應，因于誦讀之暇，□□□之顯聖□□□□之□代，於今日二三故老，猶能傳道之。故立廟致祭者雖夥，而深信斯邑之致□于神非黷也，宜也。迄于今，已二十餘年矣，回憶邑人半已非舊，遙想廟貌，諒難全新，苟莫為之後，幾雖盛弗傳矣。幸有公等倡勸，共捐貲財，鳩工庇[庀]材，不憚煩勞，一切土木塑粧之工，復煥然一新，以及東西兩廂，有牛王、土地尊神，亦金碧而輝煌之，猶是廟也，而一旦改觀矣。功既成，屬余作文以記其事。余正慨想夫往事之滄桑而不能忘憶也，則又焉容不記。

　　邑廩膳生員段世雲撰文。

　　國子監太學宗鳴鳳書丹。

　　首事：鄉耆朱倫標仝六百文，李棟仝七百文，楊重仝四百文，楊森仝三百文，趙天培仝一千一百文，吏員宗森仝五千正，朱起淳仝四百文，趙天爵仝三百文，朱九成仝三百文，楊自有仝三百文，楊太興仝三百文，尚君貴仝四百文，朱起華仝三百文，宗□仝一千五百二十，蘇梅仝一千二百，宗禹仝五百文，王永福仝五百文，王士秀仝五百四十文，楊朝舉仝五百五十，楊朝□仝五百文，楊太平仝五百文，趙天福仝四百二十，楊□仝四百廿，王萬山仝四百卅，王庚辛仝四百五，王坤仝三百卅。蘇世忠仝三伯八，張秀生仝三伯廿，李自清仝三伯廿，李殿昇仝三伯廿，王海仝三伯廿，王朝喜仝三伯六，朱□財仝四伯文，王進寶仝四伯文，蘇正平仝三百文，朱倫重仝三伯文，楊敷仁仝三伯文，御老朱紹先仝三伯文，楊倫有仝三伯文，楊萬有仝二百七，蘇萬全仝二百三，楊鳳鳴仝二百五，楊倫江仝二百五，朱倫丙仝二百五，楊百行仝二百廿，楊培成仝二百七，州同李□育仝一仟正，宗礼仝二百四，楊俊三仝五百文，李松仝四百文，司相身仝四百文，楊殿臣仝三百文，李成勳、宗漢土、李向榮、李殿臣、趙廣恩、楊朝柱、朱芳、□孫氏、李重華、司文廣、王大方、史廷揚、李全德，以上仝各二伯文，許重仝三百文，李梅仝三百文，司興俊仝三百文，董殿□仝三百文，張培德仝三百文，高平仝三百文，楊殿元仝二百文，楊□□仝二百文，董永□仝二百文，蔣世成仝二百文，白守財仝二百文，孫興海仝一百文，楊常太仝一百文，楊□風、張□□、關□□、周□□、楊□□、王永貴、王有才、楊恭、□君選、周樸、□嵩張[1]趙永貴、王文録、李吉順、李官德、田松、趙元和、許東恭、吳太祥、楊□德、楊□魁、李□倫、楊永智，以上各亽一百文。

泥水匠王國本。

金塑匠董超凡。

大清道光四年歲次甲申孟夏之月中浣穀旦立。

（碑存長葛市四三府。馬懷雲）

暖泉觀暨橋梁碑記

嵩岳有蓮花峰，具茨山亦有蓮花峰，皆其形似蓮花者。距具茨東二十餘里，小峰特出，名曰荷峰，以峰下多荷而得名者也。峰之陽有觀焉，上觀系郡禹、葛邑分界，祀夏帝禹、周文王、後［后］妃、馬王、牛王。下觀系葛邑西界，祀玉皇、老君、三清、祖師、火神、八蠟、瘟神、藥王，皆有功德於民者。暖水環繞面前，乾隆年間，改建興梁，以通往來。觀距河源百步許，乾方名網包潭，兌方名大潭、三角潭、葫蘆潭、涼水潭。外此，小溪流從無定，泉水從地涌出，與星宿海相類，千孔百竅，齊騰不息，清深徹底，魚藻互映，洞若幻景。光天之下，時出五色珠浮水面，汩汩有聲，土人號為翻花泉，即《詩》所謂"觱沸檻泉"者。天愈寒而水愈熱，荇藻交流，四時皆清，觀名暖泉所由來也。溪外多蘆葦，白鷺往來，羣飛河岸，水田斑斕，種植蓮稻，黃雲無際，芙蓉盛開，西與蓮花峰相輝映，故峰以荷名。昔余曾祖心儒公，立書院于觀左，亦以荷峰名。風光幽勝，堪媲西湖，禹、葛八景不是過也。余家峰之東偏，間賞息遊，泉噴清可見性，達可證道，沸沸可以御寒，洋洋可以忘饑，每留連不忍去，然心樂之而未嘗以告於人。奈觀中殿宇頹敗，神像無色，而石橋又適空陷。

道光戊子歲，住持會衆善士，化捐資財，補其缺而缺者補，新其舊而舊者新，鳥革翬飛，彩虹倒影，真是受諸神之靈而晉周行之渡也。工既告竣，欲立碑以垂後，首事者求余為記。夫神功之大，非名言所能盡。人心之善，即觀工而可知，似無庸余之多贅。獨思武陵桃源，湮沒無傳焉。因略述之，亦聊為遊此地者，導以先路云。

長葛縣賜進士李珏撰文。

長葛縣增廣生員李澹淇書丹。

大清道光八年立。

（碑存長葛市煖泉觀。馬懷雲）

---

[1] 以下五人姓名，字殘。

段氏歷代宗親神主碑

【額題】壽

段氏歷代宗親神主

大清道光二十七年歲次辛丑吉旦立。

（碑存長葛市文物保護管理所。馬懷雲）

貞惠李公墓誌銘

公氏李，諱萬軸，字鄴三，號春巖。世居葛之茶亭村。君玉公之曾孫也。自君玉公首舉義行，嵐峰公創修茶亭，松泉公施設義塾，至公已四世矣，真可謂樂善不倦也。公生而穎悟，幼慧能文，十九歲入郡庠，道光丁酉中副榜，援例授商水縣教諭。蒞任後，振扶文風，克稱厥職。嘗慕理學諸君子，重刻沈確庵先生《聖學入門》書，遍示諸生，導以功過格。曾著《奇經靈龜飛騰八法》，附《針灸述古》後卷，以行於世。生平慷慨好施，排解人難，不可枚舉。蒞任五載，署內紡織弗輟，清苦如素。壬子冬，賊陷武昌，勸商民行團練法，修增城池以禦賊。商民弗從，於是，焦灼成疾，飲食日減。及賊掠豫圍汴京，聞之泣下，囑其子曰："冰淵惕厲完吾事，清白傳家望汝曹。"遂捐館。歿之日，同學諸生私議其諡曰"貞惠"。淮商紳耆獻匾額曰"表率清廉"。銘曰：

綿綿世澤，篤顯其光。公之司鐸，文教孔彰。妖孽弗靖，飲恨難忘。牛眠卜吉，瓜瓞永昌。

咸豐二年。

（文見民國《長葛縣志》卷六《藝文志》。馬懷雲）

重修觀音堂門樓垣牆金妝神像碑記

嘗思山則有神，明則有人，神既佑乎人，人豈不妥夫神乎！葛邑東十八里□□村，舊有觀音堂一座，創建於前明萬曆九年。迨及我朝康熙五十六年冬又重修，於乾隆十一年，東□□□□十年，但世遠年湮，雖時有補葺，而鳥□鼠穿，瓦石為之零落，風摧雨漂者，不幾於傾頹。首事者目覩心傷，咸□□□因募化善士，各捐貲財，以成厥事。未幾，零落者補之，傾頹者修之，於是，廟貌□□□觀神像□□□□□，則猶是古氣像儼明，□□今工竣之後，爲之記，將捐貲善士詳勒於石。

大清咸豐九年歲次乙未冬月建立。

（碑存長葛市文物保護管理所。馬懷雲）

葛邑西北雍睦保四三府關帝廟重脩碑記

【額題】永垂不朽

蓋聞自古神聖有功德於民者，皆堪享祀。況關聖帝君之功德非常，靈應不爽，尤昭昭在人耳目間乎！其立廟以祀之也固宜。斯邑之有關帝廟也，由來已久。迄今雖未傾頹，而□塵□甚。邑中宗璽之母，目覩心傷，獨捐資財，補脩□□□□神，煥然一新，不僅可以肅觀瞻，而且□□□□誠，誠善舉也。爰□於以昭茲來許云爾。

廩膳生員司議撰。

增廣生員王道平書。

監工後學宗璉、璽、瑚、琇。

泥工張振。

鐵筆張明奎。

畫工楊法周、張俊。

皇清同治陸年陽月上浣穀旦。

（碑存長葛市四三府關帝廟。馬懷雲）

岳氏族譜[1]

【額題】日月

吾族原籍湯陰人也。其先歷世久遠，不知居湯陰者始自何時。嘗聞先世故老有云：吾族居於湯陰／

乘隙侵亂中華，徽欽北狩，高宗南遷。有武穆王岳飛氣憤風雲，志圖恢復，內平劇盜，外抗強胡，大小／

於臨潁分騎擊之，金卒無不披靡，死者不可勝數，遂進朱仙鎮。宋于斯時，掃盪胡虜，克復三京，指日／

且言於太上皇梓宮併太后還，非罷兵不可。宋帝為其所惑，遂詔令班師。武穆王忠肝義膽，不／

武穆王父子死，有訛言兀朮以數大挫于武穆王，忿怒，欲剿滅岳姓合族。岳姓遂分散于四方，幾遍於天下矣。中原自金至元末，將幾二百年。至明太祖，為天所佑，浡然而興。秉聰明聖智之／

永樂有詔，居民稠密者，聽其徙居于河南多年荒蕪隙地。今之各府州縣岳姓者，皆吾

---

[1] ／前爲該碑上半截文字，該碑下部缺，下同。

同宗也。或 /

　　唐至今茲，歷年將幾五千，其典冊亦無所徵，故詳為之說，以示夫為之不忘其所自也。武穆精忠 /

　　王之靈氣千載之下，不忘乎宋也。王之墳後面，乃有勅賜褒忠衍福寺，有田百餘畝。每歲給之 /

　　河北諸路招討使、兼營田大使，神武後軍都統制、太師開府儀同三司、武昌郡開國公、諡忠武□ /

　　鄂王岳飛，字鵬舉，妻李氏，封一品夫人。岳老爺四大將昌文侯徐慶、煥文侯董先、博文侯牛皋、崇文侯李貴。紹興五年十二月二十九日，奸黨秦檜將王勒死於 /

　　按：銀瓶小姐一十三歲，身死于井。今杭州臨安府城內有小姐廟，立在按察司東。其廟前有井存 /

　　國大人，王考太師隨國公岳和，王妣姚氏周國夫人。王長子雲，封左大夫中州防禦使武 /

　　制。四子岳震，封朝奉大夫提舉江南東路常平事。五子岳霆，封修武郎閣門祇侯。岳雲長子甫，次子岳琛，均封承信郎。三子岳珂封大夫，權尚書戶部侍郎、通城縣開國男。其祖、父十七人，通封 /

　　朝社稷類東周，南渡扶持賴岳侯。豈料竟遭奸佞計，忠魂千載恨悠悠。金人鐵騎混風塵，南渡安 /

　　孤墳在，百戰金兵寸鐵空。徑草有靈枝不北，江湖無恙水流東。堪嗟詞客經年過，惆悵遙吟夕照 /

　　未入淩烟閣。奸計先承乎偃月之墻，念冤泉壤地久天長。中原塗炭故國荒涼，嘆狐奔而兔遂，恨 /

　　商方徙觀乎曲突，奈禍起于蕭墻。立身迥異于禽獸，念污忍入于犬羊。舍生取義，扶植綱常。往古 /

　　王之名與天地同大，王之德與日月爭光。嗚呼哀哉！敬奠□觴，從此永訣于王。是將尚饗。岳 /

　　之命自殺之也。呂東萊先生評曰：飛之死久不饜眾心，飛之忠孝出于天性。自結髮從戎□ /

　　萬眾于南薰門外。其破曹成也，以八千人破十萬眾。于□嶺其破兀朮也，于潁昌則以北[背]嵬八百□ /

　　殺而後可和之，言出檜之心與虜合，而張俊之心又與會檜合。媒孽橫生，不置之死地不止矣。 /

　　仁皇帝欽賜十六字：重開琪溪，永佐朝邦，崇脩喜彩，增妥遠賢。

　　王二十五世孫 /

大清同治柒年歲次戊辰花月上穀旦。

（碑存長葛市文物保護管理所。王偉）

岳氏受姓圖

神農氏生姜水，即以姜姓。用火德王，故號炎帝。都陳，遷曲阜，傳七世至節莖，不在帝位。又七世而生垂。垂於堯時共工水官，生伯夷。伯夷在虞舜時為秩宗，佐四嶽，又以佐禹治水有功，舜封為呂侯。侯河南汲郡伯子，遂以國為呂氏。仲子官太岳，即為岳氏。生子名先龍，生亥氏、玄氏。歷傳至東昌岳休，生彥真。父子仕周節度使。彥真生海。海生孟林。孟林生澱，仕宋令，使遷湯陰，生成。成生立，立生和，和生飛，以飛貴，贈三代為大鄴侯。公自著世譜曰《武林遺譜》，則曰《金陀》，小字□□。嘗觀焉圖書兼舉義列清真，且自序曰：家之有譜，猶國之有史，信哉。夫春秋，魯史耳。一煩聖筆，則大典行則天下治。其史視者固陋矣。我岳氏自忠武王，歷近三百，宗支之繁，族脈之明，德業之盛，大父思銘公嘗得考據，粹續亦既成書矣。維天順初，小子正被命內閣參預機務，八月，天子以岳正有罪，戍甘州鎮，夷親多註誤，童僕逃散，舉家倉惶不知所為。甚而第宅為仇家所奪，先世書冊及白著作蕩然遭□不復，顧鮮有不入歐陽永淑之誚者矣。□□坐席不得暖，又出守興華，以去道遇三衢得吾宗長老士龍，生子皆稱克家而文昌者，尤稱白眉。夫文昌□粗知所自出而方來者，不能不有遺忘焉。而又不知昭穆既遠，已為路人，即子□□□人志於親，親如古之人。合譜會族重宗盟，置田建學以聯屬骨肉者，何所據而行也耶。文昌是懼，合小子正譜於長老士龍。士龍曰：吾老人志也。授以武林舊譜，斷爛磨滅，不復可讀。計□去取，僅得其系，此我忠武王在天之靈也。於是，仍以居湯陰者曰成為始祖。迄文昌九十三代，越戊子入覲致書成視，小子正直言序，所以修之之意為岳後者其譜視耶。嗟呼！宗法廢而族譜興，世之稱士大夫者家必有作。不如是，則不足稱詡於人。驕心一萌，援名貴冑門地，妄哭他人之墓者，無所不有矣。

我岳氏之譜，一皆本諸世藏於家，所失者既無蹈，觀其製作之精，又皆孝弟仁愛之意，使忠武一脈源源不絕，必有如小子正所謂合譜合族重宗盟，置田建學，以聯屬骨肉者外，足以按圖而行其志矣。既共本源，敢不贅頁尾。時成化五年歲在戊子冬十二月既望。賜進士及第前史官知興化府事古燕十三孫季方甫謹撰拜書。鄂國岳氏武林世譜，王十八世孫有永圖南氏重輯姓氏，男全志孝甫氏訂正。按《姓源類譜》，岳氏系四嶽始，蓋因官以命姓云。載玫湯陰武林譜，其遠者不具述。在虞舜時，伯夷為秩宗，佐四嶽，又佐禹治水有功，封呂侯。侯河南汲郡伯子，遂以國為呂氏。仲子官太岳，即為岳氏。此得姓之系。岳氏生先龍，先龍生玄氏。歷傳至唐末五季而生休，休居東昌，生彥真，父子任周為節度使。彥真生海，海生孟林，孟林生鉉，鉉生澱，以宋令使起家，生成，遷湯陰。生立，立生和。長王、次翱。王從宋高宗南渡，駐蹕武林，武林之有岳氏，自王始也。於戲！王生於崇寧二年癸未二月二十五日，紹興十一年辛酉十二月二十九日薨於賊臣之手，年三十九。有五子：長雲，同難。次雷，三霖，四震，五霆，及雲二子長甫，次申，流之嶺表。紹興三十二年壬午，追復元官，召諸孤錄用，購求王屍，改葬錢塘棲霞嶺下。雲與附焉。甫、申與雷四子經、緯、綱、紀，居潭州。而霖四子珂、琛、璞、珪，震六子玭、瓚、琯、琚、璹、□，霆子璠、琪，居江州，而大河者亦有焉。隆興初元癸未，比甫承務淮西，請復九江田宅，指占顯明充院錫以土田，旌以廟貌，所以褒贈之日，無不備然。淳熙伍年戊戌，霖又率四子來朝，迄還淮西等禮，陛對改諡武穆。霖與震、霆、甫合表稱謝。是時，震司廣南，霆建監潭州，霖守駕部，甫承宗正，則武林之有岳氏，自霖與甫始也。霖之宜興，卒葬唐門。後甫刺史寧波，相與置田，崇奉王祠。歷朝請諸大夫、尚書吏部。嘉泰三年癸亥，珂以承議郎撰《籲天辯誣錄》、《天定錄》，並《五言百韻詩》，上之，昭雪祖冤。四年甲子，詔封鄂王，別指智果充院，賜以"褒忠衍福"四字為額，又撰《金陀粹編》二十八卷、《桯史》四卷。嘉定十二年乙卯，特隆指揮穿鑿。寶慶元年己酉，改諡忠義。端平元年甲午，珂為朝請大夫、權尚書戶部左侍郎，復撰《金陀續編》三十卷，系之以譜。景定二年辛酉，紀自王薨之年，已一百二十矣。追封王之五代及部下之將，則武林岳氏之盛，又自甫與珂也。甫生七子：覲、覬、峴、規、靚、沉、觀，其覲次子□嗣翱，一子淳，為汝甯府總管，居廣州之息縣。珂二子：覯、覴。次覴，四傳至琳，度宗朝事金部王世潘之孫通官運幹。咸淳四年戊辰，亦為香火增田土。七年辛未，改國號元。諸宗隱約散處江鄂、燕、豫、隴西吳兗間，而廟墓無人，一朝委地矣。至大德辛丑，江川之士迪宜興之，仲遠合力來新，而後淳屠廢壞矣。但姓氏固有以鄂而為岳，有易岳而為樂。族繁勢渙，幾半天下，不復有士迪、仲遠其人再見矣。至元庚辰，郡經歷李全初力主新之。至正已刻，以兵燹毀。平章張公士德即故址作新廟，清墓田，著成規，刻之碑陰，毋使侵耗以絕禋祠，將謂子孫何？淳三傳至士龍，大明為鉛山州同知、建德路判官，休職於衢之開化。弘治朝，方伯琴川周公休訪求王嫡。檄文及勘宋道御書勅寶祖象，家乘，行取貴玉振華等之杭□，以墓田奏聞孝廟。旨曰：飛在宋室，忠烈可嘉。墓田准今究治理之，載入《大明彙典》，則武林之復有岳氏。岳氏之得以歲時奉蒸嘗，視廟墓又自貴玉振華始也。雖然，我王精忠萬古如日月之行，天南枝丕茂／子孫於無斁，猶江河之行地也已。推本姓源，姓系之不可不冠於首也如此。

　　王二十五世孫琪華敬書。

（碑存長葛市文物保護管理所。王偉）

盛氏宗祠楹聯

　　讀木僕之遺書勉紹箕裘綿甲第
　　光緒拾壹年葭月仲澣穀旦

廣陵德澤堪與陘山竝峙
光緒拾壹年葭月仲澣穀旦

（聯存長葛市盛氏宗祠卷棚後。馬懷雲）

皇清處士周公諱中仁趙氏合塋墓碑

大清光緒十二年歲次丙戌三月清明
皇清處士周公諱中仁、趙氏合塋之墓
奉祀男成章

（碑存長葛市胡莊。馬懷雲）

王夫人墓誌

【蓋文】

皇清誥封夫人王夫人墓誌銘

【誌文】

皇清誥封夫人王夫人墓誌銘
覃恩二品封典道銜江蘇補用府候補直隸州前任吳縣知縣葛兆堂撰。
命子世苞篆蓋。
孫雨臣書丹。

余族居許州城北蘇橋村。元配姓王氏。光緒建元，覃恩以二品封夫人。長葛籍，禹州馬樓人。祖諱簡，乾隆戊戌進士，山西臨汾縣知縣。父諱國成，太學生。母氏張。夫人以嘉慶二十年乙亥十一月十九日子時生。二十五年庚辰六歲字余。道光十六年丙申二十二歲來歸，成婚禮。事父母以賢孝聞。先後同隨侍祖於豐公柘城教諭、南陽教授任所，□愛重，視若掌珠，能得歡心。余幼習武事，好馳馬縱轡邀游。夫人婉言規勸，獲益良多。三十年庚戌，余任鹿邑訓導。夫人侍母李太夫人就養學署。

咸豐三年癸丑，粵匪竄擾河南，捻匪接踵起，各處戒嚴。夫人天性明敏，膽識從容，有丈夫風。奉李太夫人旋里。以鄉居不可恃，避亂陘山。時或乘間赴鹿探視，中途遇賊近。夫人相機趨避，化險為平，成算在胸。匪蹤紛擾無虛歲，人幾無可謀生。且值余在鹿團防，不克歸省。而夫人一身經理，井臼親操。凡高堂養贍，甘旨無缺。實能婦兼子職。癡兒女嗷嗷待哺，全家衣食，莫非一心十指，處置裕如。得以教養及時，男婚女嫁，免予內顧之憂。

同治四年，余需次江蘇，夫人未從行。五年丙寅秋，余署篆奉賢。夫人侍李太夫人抵署。六年丁卯，余卸事寓蘇。十二月，陡患傷寒，昏迷危急。夫人目不交睫，晝夜扶持。

余之起死回生，實得夫人料理醫藥調護之力。蘇寓賦閒數載，署丹陽，蒞吳縣，本任皆繁難，幸免虧累者，深賴夫人賢明內助，非僅余一人節儉所能爲功。迨光緒二年丙子二月，李太夫人壽終吳署，歸葬先塋。一如前先雲莊公、祖於豐公、祖母喬太夫人喪葬，助余周至。嗣居許城，即值三年丁丑大饑。夫人日食粗糲，甘之如飴。謂須爲家人倡，使共知艱難。夫人素本強健，至是精力日衰，時覺不豫。然遇余吐紅證發，猶勉力經營臥守。八年秋九月十二日，因積勞虛弱，猝患中風，不能隨意動作。冬月十九日夫人生辰，兒女輩隨余同席稱觴。二十二日，余同夫人擁鑪暢談，竟夕言笑甚歡，而不知即話別永訣也。嗚呼，傷哉！是日亥時，夫人卒，年六十八歲。生子三人：世薰，翰林院待詔；世苞，候選訓導；世葆，分發江蘇縣丞。女一，已卒。鄢陵孝廉方正高其□，其婿也。孫雨臣、潮臣、鼎臣、漢臣。孫女三。當八年九月王夫人病後，囑以側室張氏代其勞。思深慮遠，益見夫人知人之明。余感其意，於十一年十二月立張氏爲繼室，例封恭人。今十三年丁亥十月初八日，命諸子扶夫人柩，卜葬於長葛城南天心崗之陽。余時年七十一歲，以情義之不可忘，謹親筆爲誌銘焉。銘曰：

　　夫人之德，孝順謙沖。既勤且儉，敬慎持躬。金石其質，冰雪其聰。從容膽識，成算在胸。茫茫宦海，助以帆風。勸我知足，勉我圖功。有孫有子，全始全終。三朝命婦，二品恩封。爰誌銘詞，永勒幽宮。

　　光緒十三年十月八日。

（拓片藏河南省文物考古研究所。李秀萍）

計開地畝碑記 [1]

　　且古今來田產之有畝數，丈尺文契足憑。而亦有又另有復立碑以記之者。斯教之寺，其畝產每多然耳。邑西□保白寨舊有清真寺，前自寨西南隅遷移東南隅，買地柒分餘，創修大殿三楹，有碑記可考。以後與寺臨邊又買數段，不但碑記未有，即文契亦被某年□匪焚燒。現裕州馬阿衡印雲祥，勸教斯寨，恒恐久而失忘，界限難明。因傳鄉老並寨內人等大相計□言，立碑作證，以防後患。眾甘惟命是從。於是，遂邀施行丈量地基長短四至，□□栽立。又寺中所有寨外之田產，各丈量清楚，並刊諸石，以為後日千百年□□證耳。是為序。

　　儒單高嵩峰撰文，孫占花書丹。
　　鐵筆李□岐、□行門水旺。
　　大清光緒拾肆年歲次戊子仲春月上浣吉日立。

（碑存長葛市白寨村清真寺。王偉）

---

[1] 地畝四至，字多漫漶。

店後劉村金粧祖師神像及重修煖閣碑記 [1]

　　祖師之尊號，經無明文，儒者雖言之，然通都大邑，以及鄉黨州里建廟而祀者，所在不乏。有謂玄帝者，有云水神者。謂之帝曰顓頊久之，神曰玄冥，是或祖師之名號所由來歟。又觀鄉間城內所建廟宇，多在巽方，脫非所司在水，當不深究。總之，禦災捍患，有利生民者近是。董村東北隅有祖師殿，廟宇所座係路南□□此地。此後隔多年，無庸為矣。善士、劉啟英、劉啟旺不惜貲財，獨修煖閣及以內神像，又施地二畝三分，載在舊碣，有契□也。迄今年深日久，煖閣傾圮，神像□□。善士等觸目傷心，不忍視其傾敗，爰勸一村捐貲，重為修理。不數月間，煖閣神像煥然一新。是役也，事非□□當／

　　始，首事者非欲專美，不祇有其舉之，莫敢廢焉云爾。而使神像常新，歷久不朽，□□俾於後之為善者／

　　生員王書端撰文。

　　生員時濟書丹。

　　皇清光緒十九年歲次癸巳孟夏上澣穀旦。

（碑存長葛市董村玄帝廟。馬懷雲）

漢孝子董永碑

　　漢孝子董永

　　□留公□敘文邑庠生。

　　大清光緒十九年荷月仲澣。

（碑存長葛市董村。王偉）

創修水房沐浴碑記

　　聞之齋戒者必沐浴，□人之□敬其心，不□人之外潔其身也。故吾孔子嘗為沐浴而朝焉，顧至聖借沐浴以朝君王，而吾等亦借沐浴以拜真主。是非安為此舉也，亦以吾非設教受教之時，率同侪拜真主，恪遵經文，重五時，課五功，故□師訓，有不得不□沐髮浴身，以為洗心滌慮之□。此水房之修所由不可廢也。適有裕州馬阿衡印雲祥，字雨施，來主斯教。眾鄉老共商議，捐貲董工建水房，以為沐浴之便。茲功已竣，囑予為序。予愧學識譾陋，辭不獲已，聊為俚語，勒貞珉，以示不朽云。

---

[1]　此碑／以下字殘。總理成功六人，首事和捐資人姓名，字模糊不清。

廩膳生員艾應染撰文，住禹州東北劉莊。

歲貢候選儒學訓導李萬椿丹書，住許州西北桂村。

皇清光緒二十年孟春上浣吉辰。

（碑存長葛市白寨清真寺。王偉）

重修老君殿西山牆記

聞之廟者，貌也。廟之不固，亦猶貌之不肅也。今老君殿之西山牆，傾危已甚，欲補葺之而功尚未興。適有廟中楸樹壹株，被風旋倒。合同議賣得錢拾肆仟許，因借此以為補葺之資焉。雖非勢有所待，抑亦天假之緣耶。遂將殿之山牆依其基址仍舊復新。更趁其餘貲，並殿之西偏院牆，亦補其闕。則傾危者，復使之完固。庶足以妥神靈而無憾也夫。[1]

西庄、海子李、水磨河、小李庄、河北張仝立。

大清光緒貳拾叁年歲次丁酉孟夏之月仲浣。

（碑存長葛市文物保護管理所。王偉）

誥贈宜人王母張宜人墓誌銘

葛順昌

宜人姓張氏，候選通判王公鴻恩之配，許州人。千戶張公榮慶女也。幼婉惠，年數歲，父口授唐人小詩數十首，諷誦皆上口，稍長，讀《女誡》、《閨范》諸書，輒能通其義。無何，年益長，忽念讀書識字非閨閫中職，輒棄去。習女紅，刀尺皆親操，尤工刺繡，見者有針神之譽。然宜人雅慎密，非至親姑姊行不恒見也。年十八，來歸通判。公時方業儒，就外傅，宜人以婦兼子職，奉榮沃盥饋酏芼羹之屬唯謹，以是得翁姑歡。翁戊村公，初筮仕得南陽司訓，以課士有方，兼襄辦團練功，遷安徽石埭令，旋擢廣德州牧，調補泗州牧。宜人與通判公皆隨侍戊村公任所。戊村公庭訓嚴，通判公善承歡，雖援例當之官，竟不忍離左右。未幾感微疾，竟卒於父署。宜人撤環瑱，號痛幾絕，誓身殉者數矣。戚鄰或勸之，謂翁姑春秋高，膝下兩孤雛方沖齡，此豈若可死時耶？始輟啼，勉慰翁姑心。暇輒課二子讀，畫荻折菱，不以弱息故，少寬假。又數年，翁姑相繼逝，長子既授室亦旋沒。宜人數丁家難，雖痛徹於心，而治家事益勤，不敢以憂傷故，隳先世業也。繼念煢煢一嫠孤，倘不有所成立，他日何以康先靈？以故館師必名宿，脩脯費且不貲弗恡也。子銘閣，幼岐嶷，數歲言動若成人。長益勵名行，所交必端人，門前多長者車轍跡。雖家故素封，而恭儉若寒畯，其得於天者厚，亦稟母氏之教也。宜人性儉約，而御臧獲必以恩。親串中有貧者，

---

[1] 以下捐資人姓名及錢數，字多漫漶。

時時周恤。其歿也，聞者咸墮淚。或疑宜人中年歷艱苦，宜享期頤臻大年，乃足顯降祥。而顧僅逾中壽，天之所以報之者，毋乃嗇乎？不知若子若孫亭亭玉立，咸有充閭望，他日入金門，上玉堂，聯翩雀起，方興未艾。豈第乘下澤，車御款段馬，使鄉里稱善人已乎！宜人於是為不沒矣，又何有所不慊於心哉！

宜人生於道光十三年五月初十日，以今光緒二十三年十二月十一日，疾終內寢，壽六十五歲。子二：長震豫，山東試用縣丞，卒前娶和氏，許州候補郎中鳳來公女，無出；次即銘閣，字凌九，例貢生。娶黃氏，邑人翰林院庶吉士望江縣知縣孟甫公曾孫女，庠生菩曇公胞妹。女一，適許州太學生劉鴻昌。孫二：長潤翰，出嗣震豫；次潤芳，皆幼讀。女孫二：長字襄城試用縣丞雷公次男；次幼。今卜於四月初三日，葬於祖塋之南新阡。銘曰：

地道無成，而代有終。惟宜人之中歲，乃集蓼於其躬。左紛右箴，以承歡於姑妐。

其義方之垂訓，蓋凜凜乎敬姜之則，而循循然歐母之風。宜弱息與童孫，儼丹山之一鳳，而御平輿之二龍，羌功成而身退，杳鶴馭於長空。茲牛眠之佳兆，實惟碩人之幽宮。願千歲萬載兮，海枯石爛而魂魄長依於其中。

光緒二十三年。

（文見民國《長葛縣志》卷六《藝文志》。馬懷雲）

重修清真寺碑記[1]

聖道在西域由來舊矣。溯其始基，在紀元後五百餘年間，有聖人摩□麥崛起於阿輔福地，立清真教，誦天方經，苦心孤詣，百折不回，□□穌無大異。後世紹其遺志，大闢疆土，明哲接踵，創為帝國，一時文物之盛，冠絕東方。唐之初年，中西交通往來者不乏其人。至□宗□□史肇亂，西京失守。我聖教奉詔討賊，朝廷以優禮待之。此即留中國之始。然不過有傳教之人，而尚無傳教之地，□□□□□功之甚□□處置之得當，建立寺院，使教中人悉入其內，以為誦經禮拜之所。意至厚，恩至溥也。吾鄉之清真寺亦因之建焉。□其世遠年湮，垣牆坊宇雖足以壯觀瞻，而老井破壞，既不能欲身澡德；門樓狹小，更無以娛目騁懷，惟盼此重加修理，則繼承一物，方可以照重萬世，□□大廈巨非一木所能支，狐裘集難非千腋無以成。幸爾時有阿衡沙玉堂者，先出己資以為倡導，然後，沙合林助之，於是，揆地□□□，命工師穿新井一眼，擴張大門三間，接蓋浴室、補修院牆，凡寺中當修之業，無不同時辦理焉。工成勒石，囑余為文。余學疏不□能無所道，僅敘其□聖傳教之由，與後人奉法之心，以示不朽云爾。

洧邑增廣生員師範學堂畢業生馬佩瑤撰文。

---

[1] 此碑中間斷裂，題目補加。

洧邑生員席珍書丹。

□守阿衡沙玉堂捐錢伍仟文，趙莊丁文楨捐錢拾仟文，監生李鴻文捐錢四仟文，臬書馬化龍捐錢三仟文，丁庚寅、蘇文才，各二仟五百文，李生華、馬得波，各二仟文，武舉馬煥龍壹仟文。蘇文方、李克讓、蘇文祥、李建恒、李應章，以上各壹仟五百文。馬得河、李長清、李克己、馬得清，蘇文忠、李二更、蘇文章、馬得朝、馬天保、從九馬佩玉、火得才、馬成龍、李福元，以上各錢壹仟文。李鐵梁、李金梁、李合慶、李合群、王泰興、馬世興、火長聚、郭振□、李容□，以上各錢五百文。李超梁、李興仁、李興國、馬玉順、火照良、火生花、李河晴、馬得福、李大生，以上各三百文。李興理、李福全、李國江、李桂林、李如意、李石頭、李朝党、李同舜、李治國、李景中、白三□、郭貴玉、劉祥、李良□[1]

大清光緒[2]

（碑存長葛市教門莊清真寺。王偉）

茂才韓君神道碑銘

清户部主事張蔚藍

士君子果乘風雲，排閶闔，托青紆紫，獻猷納忠，澤被當時，施及後世，俾得身畫凌烟，名藏太室，固大快事。至不幸而終身不遇，不遇而又貧，貧而仍嗜學，嗜學而苦無書，且兼八口之累，必待筆耕舌織，始免於凍餒，則受天之厄亦極矣！夫何言？然雖時體道，因分利物，陰行其德於鄉里間，雖無鴻勳駿烈，足以銘竹帛、勒鼎鐘，而流風餘韻，佚事畸行，未嘗不可紀錄如茂材者。茂材韓太乙，字蓮舫，故世家子。幼勤學，立志不苟。室屢空，泊如也。初游名宿武曝書門下，師諗其貧不取脩。師歿，竭力贈棺木以報，其道心俠骨，亦見一斑。每讀過夜半，父輒勸其寢。寢復起，起復勸。茂材感生憤，憤生悲，高吟慷慨，聲淚俱下。嘗自謂學業不成，難以作人。因銘左右曰："要知此中苦，還須自己吃。"觸目驚心，刻厲益篤。誦恒徹宵，口渴灶無煙，則飲水或咀冷物。因寒激火，故少年殁齒。性喜置書，囊罄不可得。塾去家遠，往返再三。作詩云："塾遠愁過市，家貧夢買書。"游泮後，即負笈四方，以硯田為仰俯之資，每不給。有兄二，多失檢，茂材怡怡周旋彌縫，又不格奸。繼王大令仲蕃宰斯邑，欽其學品，延主義學，家乃有常餼，少奔波矣。先是葛人士歷科不舉，邑宰憂之。茂材通堪輿，倡建文峰閣，改甃聖廟照壁，科甲遂蕃衍增盛。光緒己亥，大饑，宰命茂材督賑並平糶，勤以均，活無算。居近城市，商賈駢羅，有糾紛輒詣評章。茂材和氣柔聲，排以理，各歡去。偶酬餽，介不取。老年退處，著

---

[1] 以下字多模糊不清。
[2] 後殘。

有《藥石針貶》、《修齊要覽》諸書，壽七十六而卒。銘曰：

　　德盛容光，智圓行方。處約心樂，居卑名彰。春風惠播，時雨澤滂。詩禮優遊壽而康，遺愛在人永弗忘。

　　光緒二十五年後。

（文見民國《長葛縣志》卷六《藝文志》。馬懷雲）

張公含萬先生懿行碑序

田春榮

　　昔余游陘山洎水間，聞諸父老談含萬張先生事，誦義如一日，何令人景慕一至於此！及庚子季冬，先生辭世，其宗黨戚友手先生行狀，屬余為序鐫諸石。余覽其巔末，誠可謂篤行君子古道照人者也。

　　先生諱廣生，字含萬，所居曰敏齋，因以為號焉。其家世相承，久以清德聞。祖長安公，礪廉隅，克勤儉。父慶豐公，名列成均，亦善繼善述，為堂構光。先生少即穎異，攻儒業，初試未售。為家務繁艱，不克掇巍科，取青紫。後因樂輸賑款，例賜貢生，非其志也。性至孝，平日視無形，聽無聲，溫清已不遺餘力。及慶豐公病痿痹，動止不良。先生侍奉湯藥，三年中未嘗須臾離側。葬母氏韓太孺人，棺槨衣衾因歲饑未獲盡美，遂飲恨終身。每逢歲時生忌，悽愴霜露，掃祭必親，雖衰老如初。昆仲四人，先生居長，友愛諸弟，終其身無纖芥嫌。三芸齋公，早卒，遺孤幼弱，先生撫育教誨，二侄皆能成立，雖姜伯淮、盧子家奚以過此。家本寒儉，以先生材世練達，籌畫如燭照數計，遂至業隆隆起，號稱素封。當同治初，皖匪騷亂。石固實為許、葛二邑重鎮，眾以先生嚴正，有干事才，約同理寨事，先生指揮捍禦無遺策。復起保集社以防劫掠，盜賊悉屏跡不敢近。每在鄉邑間黨，為人排難解紛，咸樂得先生一言以去，其素見敬服如此。先生雖饒於資，然重義輕財，鄰里間寒者衣之，饑者食之，有喪者賻之，有急者恤之。凡指困焚券諸舉，不可殫述。又甚不好名，村中修廟宇、建橋梁，皆賴先生力。要必公其善於人，而己不敢私。其居心行事，正大光明，誠有不可及者。事冗，不獲專肆詩書，少有餘閑，即督稞［課］子侄輩曰："讀書佳處是求作好人，非但求作貴人，汝等勉旃。"教益嚴，子侄輩率益謹，每舉《朱子格言》切要語以相警誡。知先生忠厚開家，所以燕翼貽謀者深矣。德配胡孺人、劉孺人，壼範聿修，皆早逝，無出。今郭孺人亦善理家政，勤內助。子四人：長名鳳岐，曾從吾遊，弱歲登黌序，尋入貲，候選教諭；次鳳儀；三鳳池；四鳳山，治家服賈，皆克承先志。孫八人，均幼。蘭茁桂香，森森玉立。先生之篤行古道而食報於來茲者，詎可諒乎！余誼系通家，不獲以固陋辭，故據來狀而錄其實行如此，以俟他日采風者之表章焉。是為序。

　　光緒二十六年。

（文見民國《長葛縣志》卷六《藝文志》。馬懷雲）

張公墓誌銘

張敘九

張公諱中方，字鎮五，崧嵐其別號也。先世晉洪洞縣籍。明初徙豫，復由項城南頓遷葛。始祖渠川公，再傳及八世祖諱守良，崇祀鄉賢祠。七世祖諱宗孔，飲賓文學。六世祖諱於七，拔貢生，山東魚台縣知縣。五世祖諱軾，歲貢生，羅山縣教諭。曾祖諱曰泰，祖諱瑞楨，俱有隱德。父諱天池，字鵬搏，忠厚長者。配潘孺人，生子二，長諱甲第，早歿。公其次也，弱冠入庠，繼食廩餼，每試輒甲等，聲名藉甚。侍御史新鄭圯南劉公其師也，每稱其文，思力過人，不落恒蹊。乃屢困秋闈，累薦不第。中年以恩貢生教授于鄉，經能抉奧，文必入理，門下執經成名者甚多，然不欲以文章顯，敦重實學。事二人色養備至。其兄有廢疾，迷入黃河北。公惻然訪尋，行數百里，得與俱歸，一時傳為美談。晚年，粵匪入葛，執公迫從，至露刃相向。公不為動。遂挾公去。行數日，公於干戈叢中，托疾墜馬，誓死逃歸，一邑共高其義。當時城垣傾圮，公首先倡義，請邑侯修鑿城池。經理數年，屹然完固。奉上議團練事，共舉公為長，籌備幾二十年。賊至城下者數次，賴公謀畫周備，衆恃而不恐。凡在任邑侯莫不稱公老成練達。公抑抑善下，不自為功。迨肅清後，以保舉選授宜陽縣教諭。在任候選知縣，涖任未二載，遽以疾故。次子舉柩歸葬，家仍寒素。嗚呼，如公者，雖未用於世，學問經濟著於鄉邦，洵可謂有道者矣！因納石為志，銘曰：

其學維博，其品為正。志希先民，功歸復性。局量宏深，襟期和平。喤喤金石，發為菁英。哲人挺生，為時柱礎。惜未顯達，策名天府。家能孝弟，名教推崇。邑里衿式，準則維公。楷柱當時，力挽頹俗。無玷無瑕，渾金璞玉。團練守城，功在桑梓。老成持重，一邑所恃。有守有為，不負所學。克光史乘，行誼卓卓。維茲幽宮，有道所藏。斯銘永垂，世葉其昌。

（文見民國《長葛縣志》卷六《藝文志》。馬懷雲）

誥封中憲大夫張公暨劉恭人墓表

甲辰狀元朱汝珍

公諱慶芝，號麗生，祖居長葛城東崗張村。家本儒素，累世秉詩禮，敦孝友。康熙、乾隆朝，有司疊旌其門。公幼孤，舌耕養母，聰強嗜學，凡醫星卜筮書咸博覽。然數奇屢試不售，擁皋比以老。近遠佳子弟，半列門牆焉。性剛直仇嫉惡。里長幼婦孺皆憚之，所在胥敬斂無嘩。鄉間有忿爭，不之官而之公。公據理槃判，兩造輒歙唱折服去。故環公居千餘家，數十年不涉獄訟，公之力也。教子尤嚴，椎柏雕礦、先道義而後詞章。督迮排纂，雖雪夜冰天，芳晨令節罔假借。蓋因身懷琬琰，屈就煨塵，遂萃其精神材力，蔭芘所生，繼成素志。後子貴，贈封三代，授公中憲大夫。元配恭人劉氏，寬仁淑勤。於歸後家僅糊給，恭人勞苦艱劬。自奉約，稍贏即濟貧乏，有乞匄必量施，見姻族急困必籌贍之，且暖語慰解勿使怩。每曰：積德勝積金，吾不忍見人顛沛不救也。後雖貴，衣飾不較前奢，善行益篤。嘗赴香社，遇丐媼，年老饑餓力疲，委頓道側，力不能舉其筐。恭人即出精餌之，兼代摯筐行。同社嫌筐汙，皆匿笑，而恭人怡然，不知身為命婦也。其慈祥煦物率類此。嗟夫！乾剛坤柔，天地之正氣也。公之直近乾，恭人之仁近坤。合兩間正氣，蘊和釀粹，宜乎發育滋榮昌衍後嗣也。子女各二。長子位中，能持家；仲蔚藍，弱冠登科，現官度支部，有政績。孫男五女四，曾孫男一女一。公壽六十有七，卒於光緒己亥。恭人壽八十有三，卒於宣統庚戌。合葬舊阡，爰揭檠紀實，避俗例，無溢美。

宣統二年。

（文見民國《長葛縣志》卷六《藝文志》。馬懷雲）

重修家譜碑

聞之禮曰親，親故尊祖，尊祖故敬宗，敬宗故收族。而程子又云：管□天下人心，收宗族，厚風俗，須是明譜系。誠以譜系明而後一姓之本末始終不難條分而縷□。余盛氏乃召公奭之裔，祖曰姬姓，至周穆時有米地名盛，以為封國之始，其後遂因以為氏。盛氏之傳，蓋昉於此。自是簪笏累累，代有偉人。惜世遠年湮，考核未真，不敢妄入譜牒。迨余始祖國輔公自明季卜居葛西燔龍寨，即今之盛寨也。溯厥由來，渺不可知。傳言在昔遷民時，自山西洪洞來此。然考其實，亦無所據。迄於今，約三百有餘歲矣。舊譜既失，新譜未敘，每憶及之，殊深遺憾。幸我胞叔伴竹公於光緒十二年倡率族眾，創建祖廟，工峻後為余修譜。余與族叔朝讓、堂兄振鐸等按先塋遺碑，暨合族木主，並實於父老傳聞，考察的確，彙集勒石，而創譜之功成，今已二十有五年矣。生齒日繁，未嘗增譜再敘。合族公議，仍將舊碑洗去字跡，磨礱重刊，使前之已在譜者既照位排列，而後之未在譜者亦按次添入。由是本支不紊，昭穆有序，庶足以慰先人之靈而垂來禩之緒云爾。謹將世系開列於後。

邑庠生員八世孫耿鳳薰沐拜序。邑庠生員愚甥劉鐘駿參閱。

八世孫鳴鳳薰沐敬書。

一世、二世、三世、四世、五世、六世、七世、八世、九世、十世、十一世。[1]

九世孫鴻衢薰沐圖次。

九世孫鴻 謙／詔 考察宗支。

---

[1] 世系人名眾多，字漫漶。

九世孫鴻磐分劃世系。

八世孫振儉督工齊社。

景星際堯廷，鳳鳴占化毓，道明瑞蘭馨，世清慶雲作。

大清宣統三年歲官辛亥陽月上旬穀旦。

（碑存長葛市盛氏祠堂。王偉）

禹州市（禹縣）

清留侯洞記

知州史廷桂

　　吾人有稱箕山潁水而不深巢許之思者乎？嵩高清淑，箕潁是融。巢許者，箕潁之融融之也；而箕潁者，則又巢許之風風之者也。禹城環潁水間，郭之東皋，清流瀠溯，濱有土洞，俗曰"留侯洞"。

　　侯蓋韓人，而茲則韓地重所生歟。旁復一洞，為金道士訾亘棲息之所，聞訾曾署名僊錄矣，而曷以慕留侯而就之也。豈真從赤松子遊，而為千載下羽流之所不能去歟，抑山川間氣融之風之，前為巢許，後為留侯，而訾蓋縤焉，流風者也則無惑乎？余之俯洞盤桓臨流，三嘆而思，欲築室其間也。節使沈公先已亭於洞之上，而余因之。接構三楹，垣之茨之，像之額之，花欄而竹徑之。壬寅，上巳觴詠其間，節使公詠蘭亭右軍之辭，而顏亦"暢於軒"。余亦揭惠風和暢句，而與客分韻焉。是日也，晴莎蔟染，烟柳繁絲，素鮪騰波，黃鸝博吹，暉餘北郭，爽自西山，映帶有無之際，神情舒卷之中，亦巢亦許，亦留亦訾，無乃悠然。其悉契於心，而若交於睫歟。是則山川之所以融人物歟，人物之所以風山川，千餘年來有二三輩，倘以吾與節使公續於其間，潁水箕山當不寂寞也。

　　康熙元年。

（文見民國《禹縣志》卷十四《金石志》。孫新梅）

文廟復像記

明經王冕郡人

　　康熙九年閏二月二十一日，州帖到學，帖稱朝廷從提督順天學政蔣公超之議，先聖賢遺像，已經嘉靖年間，易主奉祀已久，見今立牌祭祀，若金壇等處，見存有遺像者，應行該學道查出安設。帖到，學正吉先生爰集諸生賈元勳、艾際午等，復郡守高公曰：康熙七年冬，修名宦祠。祠後伐土丈許，先師四配十哲像，或立臥於其中。聞風觀者絡繹不絕，亦不敢設立，亦不忍掩埋，見今暴露。公卽率僚屬詣其處而拜之。卽日委先生與別駕龍公安設，但埋沒日久，顏色浸落，衣冠殘缺，又遣工人劉紀之鄢陵，規其舊像而補飾之，絢彩之，設像之臺基，砌以砥磚，緣以條石，又新其殿宇，堊其墻壁。自本年三月二十二日經始，迄八月朔二日，功成而祀之。諸生稱觴再拜，向公謝曰：嘉靖間易主者，恐不肖其真容，且別於浮屠淫祠，尊先師也。蔣公疏請復遺像者，不忍奉行者之不善，而褻其像，亦尊先師也。公與吉先生泊、別駕龍公、州尉張公敬敏其事，其尊先師一也。億萬斯年，俾禹人士說溫良恭儉讓之德容，儼若登曲阜之堂，與四配十哲諸賢，相親炙而侍側焉，愈以思公之德，與吉先生于不朽云。

公諱良弼，垣曲人。先生諱祥，商邱人。

龍公諱雲翀，當塗人。

張公諱予初，高密人。

康熙九年閏二月。

（文見乾隆《禹州志》卷九《藝文志》。王偉）

清古城寺碑銘并序

郡人別駕劉湛

郡東北有司馬里之古城，考之《晉書》，齊王冏之討倫也，屯兵陽翟，戰於潁上，此或其遺蹟也。基址固在，中有梵宇一區，創建不審何時。邇來里民褚鼐等因明季兵燹所餘，重為新之，求文於予。予嘆永康之亂，至今千數百年，當日八王相殘，互為吞噬，富貴移人，即骨肉不相容，轉眼之間，俱就灰滅。不惟求其樓櫓雉堞之迹，化為烏有，即故基亦若存若沒，僅可辨識，而徒留此數椽紺宇，動人慨嘆，亦大不可掩滅者也。況前臨大道，渴者取飲，喝者取蔭，皆於此焉是賴。雖未必於王政有補，而解煩熱就清涼，亦教法之一助也。因記而為之銘。銘曰：

永康肇亂，八王禍纏。由彼至今，千數百年。兵屯有址，考史或然。城郭人民，蔓草飛煙。獨有梵宇，名以城傳。幾廢幾興，莫稽於前。修而葺之，舊跡可綿。過者懷古，瞻此數椽。西方之教，利在福田。倘庇吾民，與有賴焉。

康熙。

（文見乾隆《禹縣志》卷九《藝文志》。孫新梅）

重修文昌閣銘

劉湛

文昌六星，天之左相。厥形維匡，魁前是望。有神司之，梓潼是尚。專較祿籍，兆民所仰。孝德忠仁，寶訓可諒。歷代褒封，爵以德償。劍州之靈，於赫莫伉。精爽有憑，靡所弗饗。禹北有祠，李氏則創。對郭臨郊，高閣斯抗。榱甍傑立，丹艧彩壯。潁為襟帶，隗作屏障。綠波橫拖，翠藹疊漲。秋潦方澄，春林或盎。鶯燕翩翻，鳧鷺蕩漾。柳岸沙堤，樵歌漁唱。雲蒸霞起，風指煙盪。朝暮變態，陰晴異狀。憑者神怡，眺者目暢。形勝所踞，實鍾其旺。以妥神明，福佑無量。百年以來，日月寖曠。雀鼠之摧，風雨之掠。翟茮斯湮，鴛瓦斯颺。朋輩式瞻，心懷惆悵。子弟也漪，任勞不讓。糾衆釀金，庇〔庀〕材召匠。遺構維新，完整無恙。以饜人心，以答神貺。靈祇若欣，羣情莫怏。涓吉落成，登臨下上。山如增色，水若興浪。草木禽魚，亦或其罔。爰勒貞珉，垂久不忘。用續厥勤，後來是仗。時維康熙，記年方癸。歲在箸雍，敦牂之王。白帝司秋，一葉初放。郡人劉湛，泚筆敢妄。同社姓氏，鐫如左傍。

康熙年。

（文見民國《禹縣志》卷十四《金石志》。孫新梅）

河南府鞏縣儒學訓導受之劉公墓誌銘

清大名道耿介登封人

往余同學鐘先生爾知設教鈞臺，每過嵩陽輒為余道及劉東里先生之賢，余心焉儀之，已而，得交其嗣君蒼佩。己巳八月，蒼佩顧我山房，持乃翁所述其祖廣文先生行狀來求余銘。余以生平仰止之切，弗敢固辭。謹按狀：

公原籍山西洪洞，自明初始祖遷禹郡北具茨山麓之東張里，再傳生敦以明經為鄉甯令。鄉甯之孫諱堅，以弘治辛酉鄉薦，為山東單縣令。郡守劉晴川先生理學名儒，重其行，為之誌墓。是為公之高祖。堅生服休，以明經為永清教諭，是為公之曾祖。服休生峨，萬曆癸酉貢元，仕至山西潞安教授，贈御史，崇祀鄉賢，是為公之祖。生三子，其次為侍御公諱調羮，以天啟壬戌進士，按福建有聲，祀名宦鄉賢。生訓導公。公生而歧嶷，幼即端厚凝重，成童補博士弟子員，下帷攻苦，足跡不出里門。雖貴介，於人世一切聲色玩好，泊然無所嗜。蓋侍御公居官廉潔，產不逾中人，而公復澹薄寧靜，不愧先世清白家聲。弱冠，廩於庠。三入省闈，不得志於有司。年既壯，侍御公暨母張太孺人先後捐館、公毀幾滅性，一病累月，幾不能任喪。蓋純孝如此。免喪而值明季之亂。歲辛巳，寇氛愈熾，公即棄家遠避河朔，既而匿影密邑山砦，以訓蒙糊口。念同胞一妹始終提攜，不忍捨。而妹婿楊孝廉卒亦得售焉。

國朝定鼎，加恩郡邑，凡廩於庠者，以一二人入成均，公與焉。廷試畢，得分訓汝甯之新蔡，當瘡痍甫定之時，學舍鞠為茂草，弟子員咸避居他邑。二仲之祭，至無人供籩豆。公招集諸生，相與論文課藝，月有講，旬有會，朝晡之饋，雖粗糲必備。既浹歲，謀於縣尹譚公，設法捐輸脩理，學舍輪奐聿新。已而，有邑庠裁缺之命，即束裝還里。蔡邑向來科第寥寥，公去而沈亭劉君址者，乃聯掇魁科，即公文會中所首扳士也。居三年，再補鞏邑。鞏雖密邇河洛，殘毀之餘，絃誦之聲久衰。公亟為鼓舞振興，士風蒸蒸不變。至於修廊廡，置祭器，凡鳩工庀材，皆捐俸獨為之，不釀諸生一錢，不煩有司一紙也。撫軍旌節臨鞏，以溫語獎詡之。府太守亦每降禮於公。蓋公之盛德，為人所愛重如此。會因病告歸，鞏庠士鐫碑記公之學政，僉憲云根范公為之序。既歸而迥翔里居者二十餘載，日與二三姻戚故舊，流連春花秋月，其持躬涉世一遵侍御公遺訓，一行不敢先人一言，不敢逾眾。即下逮僮僕孺稚，亦未嘗疾言遽色。公壯歲，元配連孺人早逝，不再娶。旁無妾媵，蕭然獨處一室，五十年如一日。人以為有元紫芝之風焉。生平不為駢麗之辭，所著《集聞編》、《居家須知》一種，皆修身齊家要務，常稱述以訓後人。凡郡大夫蒞禹者，皆以棹楔表閭，三與飲賓。公曰：大典不可數邀。其後累召累辭之。享壽八十有七。殆所謂克備五福者歟。

公諱延祐，字受之，生萬曆三十一年十一月二十三日，卒康熙二十八年閏三月十八日，娶連氏，都御史標女孫，官生得名女，孝敬慈祥，婦德母儀靡不克備，稱女師焉。前公五十年卒。男二人：長，湛，湖廣辰州府通判，致仕；次，澄，廩生。孫三人：玉威，廩生；雲威、德威業孺。曾孫五人。今卜以本年十一月初三日葬公於具茨山麓之祖塋。元配連孺人祔焉。爰系以銘曰：

洪範五福，惟攸好德。公之先世，挺生賢哲。忠孝貽謀，詩書餘澤。公繩祖武，加以培植。持躬仁厚，秉心淵塞。氣常在奠，此高墳千秋百代。

康熙二十八年十一月。

（文見乾隆《禹州志》卷九《藝文志・誌銘》。王偉）

清鍾氏節烈碑

中牟冉覲祖

歲庚午，耿逸庵先生延予長嵩陽書院，禹州李子夢龍學焉。繼而偕其弟猶龍來謁，容止進退，彬彬如也。越數年，予居京師，夢龍馳書，以猶龍妻鍾氏殉節事，丐予言以彰之。乃知予去嵩陽後，猶龍就南陽書院從李禮山先生學。壬申，入郡庠。癸酉，病且死，而其妻以身殉之，事最烈。予既嘆猶龍之不壽，鍾氏伉儷之不永，而又深嘉鍾氏之能不負其夫，猶龍之能有其婦也。為之道其事於薦紳間，而究未有以塞夢龍請□□。予重講嵩陽，夢龍申前請，復輯歌詠成帙，謀弁言以授梓。予曰："此文逋也，是可以償之矣。"

按：鍾氏父自友，登封□里人，十七歸猶龍，婦職咸修，內外無間。言猶龍嗜學，阨於貧。鍾勤女功以資之，且以代養。猶龍挾笈遠出，學成列名於庠者，氏有力焉。無何，猶龍嬰沈痾，久臥床第，氏共飲食樂餌，晝夜罔懈，自矢曰："倘夫不虞，當相從於地下。"而猶龍竟不起，氏治衾歛畢，將以身殉。家人知不可挽，諭以舅姑，意謂當代夫養親以成其孝，氏曰："伯叔多人，旨甘之奉，豈待未亡人哉。"慟絕復甦，猝乘夜投繯而死。夫世俗日澆，人失其性，求丈夫之砥節礪名者寥寥，不可多得，而閨閣中有人焉。由其天性未漓，世故無染，但知從一而終，而不違計生之樂，死之悲也。嗚呼！烈矣。或曰："此奇節也。"予曰："否。鍾氏無藐孤可撫，甫生十日之女不足顧，舅姑有他子奉養，未亡人又何所俟哉！當死而死，適成其是，謂之庸行可也。惟其為庸行，乃名教之所貴。若鍾氏者，可謂知生死之大義矣。臣之忠，子之孝，妻之節，一也。皆以行其道之所當然，而非矜奇炫異者殺身成名，舍生取義，聖賢視之，皆庸行也，雖然亦難矣哉。"予不及別為之傳，因弁數言於石，而述其梗概如此。嗚呼！鍾氏洵可謂不負其夫，而猶龍能有其婦矣，夫婦一倫尚在人間。予於此不禁三復為之太息云。

康熙三十二年。

（文見民國《禹縣志》卷十四《金石志》。孫新梅）

聖祖賜沈荃"落紙雲煙"額跋 [1]

　　康熙三十八年四月二十二日，御筆賜日講官起居注、詹事府詹事兼翰林院侍讀學士、加禮部侍郎、諡文恪臣沈荃，落紙雲煙。皇上南幸，駐蹕吳閶，臣於三月十九日，恭進先臣楷書二種，上傳諭嘉賞，命更進藏蹟。復於四月初二日，進各體十種。因蒙召見諭：爾父以文學侍從清班，供職勤慎，屢賜御筆，獎賚在昔。今因所進遺蹟，念爾父八法精妙，向為朕所楷模，將再賜題額，特襃爾父書法。隨至揚州行宮，祇受訖，伏念先臣夙承皇上恩遇，洊陟卿貳，榮寵既渥，於生前襃恤，復優於身後，至今尚荷眷念，特賜品題，且澤及微臣，亦得疊邀宸翰。兩世叨恩，感激流涕，已懸之家祠，以為世寶。因先臣備兵大梁，禹州士民建祠崇祀，特刊額恭上，以廣皇上於無外云。

　　翰林院庶吉士臣宗敬拜手稽手謹識。

（拓片藏河南省文史研究館，文見民國《禹縣志》卷十《祀典志》。馬懷雲）

湖廣辰州府通判黍山劉公墓誌銘

翰林院檢討冉覲祖

　　歲在庚午，予居嵩陽書院，劉子玉威造焉，持其父別駕公狀乞誌銘於予，予以別駕公素所嚮往，不能自緘也。昔蔡中郎為郭有道碑，自謂無愧。予不及中郎，而別駕公足匹休有道，因為之誌且銘焉。公諱湛，字東里，別號黍山。明初，自洪洞遷禹，三世始大。明經，令鄉寧者曰敦。敦之孫曰堅，孝廉，為單令。堅生服休，明經，永清教諭。服休生裁，貢元，潞安教授。裁生調羹，進士，令豐縣，擢御史。調羹生延祜，公父也，明經，新蔡、鞏二邑訓導，數舉鄉飲大賓。蓋公之先已六世傳宦譜矣。公生有異質，從祖宮所珍愛之，期為大器。十五入庠，文譽日起。值寇亂，避地河朔，往來溫孟間，而居密為多。時平歸，舊業次第規恢，置別墅，理殘書，研精經史，肆力詩古文詞，文宗左邱子長，詩宗少陵。間出入他家，非所好也。集族子教之，轉徙他方者，招之使歸，為營其居食婚葬，無不周。

---

[1] 民國《禹縣志》載：沈公祠在東關廻龍寺內，清康熙中建祀。分巡大梁道沈荃雍正元年署州事，甯佑重修。祠已圮，惟存一石，額為"落紙雲煙"四大字，乃清聖祖襃美沈荃所書，此為沈荃子翰林院庶吉士沈宗敬寫的跋語。

辛卯，貢成均考授別駕，不及選，歸而侍訓導公，恪盡子職。餘日則登山臨水，以詩酒暢其懷。時沈文恪公分司駐節於禹，修《河南通志》，名流雲集。公秉筆其中，衆推服焉。既而奉部檄裹回至，再體訓導公意。乃北上，選湖南辰州別駕。瀕行，與家人約曰："吾期年必歸也。"抵任，太守他出，司馬缺人，獨理府事。諸務倥傯，為之平獄訟，卻鍰贖，延士流，戢兵衆，辰境遂以帖然。部院以公才移攝沅州篆，重岡復嶺，行烈日中，至沅而疾作，具狀請歸辰，旋復致仕還里曰："吾以踐吾期年約也。"蓋公本無宦情，此行特以慰親心，且藉以續累世宦牒爾。歸而備極天倫之樂，啟家塾，課子姪，不問戶外事。及訓導公捐館舍，哀毀骨立，終喪葷酒不入口，人稱其孝。晚猶嗜學，考索精嚴，四方奉為文獻。凡郡中大典禮，諮而後行。遇公事發言盈庭，必得公一語為折衷。舉鄉飲大賓，與訓導公後先相望，人皆榮之。搆小齋坐臥其中，栽花蒔竹，日課僮僕澆灌。重九盆梅盛開，公以為異，賦五言詩紀之。無何，公逝矣。公生於天啟元年五月二十九日，卒於康熙三十七年十月初二日，享壽七十有八，鄉諡曰介和先生。配安人李氏，湖廣參政文郁女孫，文學元馨女，有壺德。明季遭亂時，投井覓死。寇退，家人救免。公敬之。公之任，獨安人奉訓導公甘旨，先公五年卒，壽七十有四。子一人，即玉威，郡庠廩生。孫男二人，長星臨，次岳臨，俱業儒。曾孫男四人，世篆、世符、星臨出；世笏、世籛、岳臨出。今玉威以次年九月廿四日，葬公窟陀村先塋南白鹿泉之左，移元配李安人柩合葬焉。銘曰：

晉土肇基，鈞臺是遷。六世宦澤，輝映後先。公也傑出，鳳羽翩翩。筆鋒徹札，文思湧泉。承恩通籍，捧檄赴銓。爰倅辰陽，沅州攝焉。惠政雖施，興實蕭然。不竟厥用，拂衣歸田。孝友純備，視履其旋。齒高德邵，輿論曰賢。太守造廬，進之賓筵。雍容揖遜，終禮無忤。高齋雅潔，以食以眠。蒔花盈圃，陶菊周蓮。發口為詠，篆言成編。後進矜式，執經比肩。存順沒寧，受全歸全。依於舊壟，闢茲新阡。載德貞石，大書深鐫。中郎無愧，我銘斯傳。

康熙三十八年九月。

（文見乾隆《禹縣志》卷九《藝文志》。孫新梅）

清明倫堂石刻鈞陽八士攷並詩

學正孫用正

鍾靈毓秀，山川之英也。噪譽揚休，豪傑之施也。表幽闡微，後死者之責也。鈞陽舊有八士，才雄學富，並駕一時，至今猶艷稱之，而莫能確指其姓氏，文與獻皆無攷焉。或曰八士舊有石坊，後經改用，即今文廟西道冠古今坊是也。適坊折，余與常君紫崖倡衆新之。門人余丙捷、周侭輩乃摩挲諦視，"八士坊"三字隱隱猶存，其八士姓名雖經剗削，尚有可辨者。首書嘉靖壬辰科，巡方御史，某為某科，某人立，後列三科，共中式者八人。前科二，上止存一"科"字，而莫辨其人矣。次科一，其名下止存一"書"字，查鄉科中，以書名者止郭學書，係戊子科，當以郭為定。再次則辛卯，下列五人：魏尚綸、王用賢、李乘雲，用賢之下止存一"純"字，查魏尚綸之弟尚純與尚綸同榜，當是魏尚純。尚綸之下復有一人姓氏，刊落其名目存似"辰"字下半體。辛卯科中式者五，尚綸之下為彭震。計其五人數目，揆其"辰"字半體，其為彭震無疑也。其前之失名者，或傳為黨以平、馬紀，查兩公鄉試，俱正德庚午，去戊子二十年。八士既同時齊名，不宜相隔太遠。觀戊子、辛卯之連科，則前者非壬午即己卯。壬午科二人，謝泳、楊得仁；己卯科二人，王卿、朱重英，惜無可考也。又有傳為張鯤者，鯤乃正德朝八俊之數，不得溷為八士。又傳八人中有貢士一，或云姓金，或云姓陳，證以舊坊，俱由科第，而貢生不與焉。其傳為馬斯臧、郝守業者，則又在辛卯科一二十年之後，不待辨而知其非矣。按《志》：郭學書，字道伯，博極經史，從郡刺史劉晴川魁受陽明之學，戊子鄉薦，兩任縣令，歷官行太僕寺少卿，常置義田以贍宗族，鄉黨服其化。魏尚綸，字仲一，嘉靖辛卯亞元，戊戌成進士。為縣令，興學造士，節用惠民。兩任給事中，直言敢諫，不避權貴，歷官朔州兵備副使。魏尚純，字叔成，與兄尚綸同舉於鄉，登甲辰進士，歷官南京工部尚書，操履端方，細行必謹。王用賢，嘉靖辛卯舉人，少穎悟發奇，尤長聲律，以縣令致仕，不置生人產，日惟陶情詩酒，人服其高。李乘雲，字子雨，事親孝，處諸弟友愛，領辛卯鄉薦，壬辰成進士，官御史，直聲動中外。九廟災，以直言謫州判，尋陞平陽府知府，抑強藩，革積弊，終山西參政。彭震，辛卯舉人，無傳。嗚呼！才之生也，既難其成也，亦復不易。若夫既已生之成之矣，而二百年間，流風猶在，文獻無徵，竟有傳，有不傳。即傳者，亦不盡傳，使有心者僅託之依稀想像，豈非諸賢之不幸哉！士風日下，學術漸非。余深愧教育之無術，因致嘆於生才成才之不偶。即今之可考者以追懷夫不可考者，復即不可考者愈鄭重夫可考者。乃序次顛末，以信今傳後，而復係之以詩：

汝潁之地是何地，山川盤鬱鍾靈氣。鈞臺一響幾千年，不與滄桑同變易。由來地傑借人靈，漢唐接踵產奇英。道德文章與經濟，後勁應須重有明。人才冠冕推端肅，羣賢繼起何簇簇。天教人瑞表中原，最後還有八士出。八士之首推道伯，師事晴川學有脈。敦本睦族見古人，遺風至今猶烈烈。魏家兄弟稱二難，黃首聵直尤敢言。端方持重司空是，名高昭代誰能先。大哉子雨真教友，勁骨棱棱氣糾糾。逆鱗敢批折強藩，更有邊功昭泰斗。別調最愛王用賢，入世出世真翛然。生人有產還嫌贅，冥心律呂得真傳。其他二子尤足異，人間並不留姓氏。箕山潁水空悠悠，雲外高踪何處覓。我來司鐸潁川濱，菁莪樸棫愧作人。此人已隔數百載，摩挲斷碣空傷神。斷碣摩挲心似醉，願言後輩休前輩。高躅步趨應有人，此碣千年常不墜。

康熙五十五年。

（文見民國《禹縣志》卷十四《金石志》。孫新梅）

七君子配享忠烈祠記

明經劉玉威郡人

兵臺李公殉難事，閱今五十餘年，郡庠諸君醵眾立祠，請于郡大夫以二仲致祭，比於孔廟之名宦，固已妥英靈於百代，綿俎豆於無窮矣。繼又舉張千總、周吏目同死事者，皆得從祀其傍，每臘月七日，爲公遇難辰，禹人則必具牲醴合眾徃奠之。乃眾尤謂當寇變時，吾郡中執義而死者，尚有七人。生則奉公令登城守陴，死則從公於地下。今祠中乃不獲侍於公側，亦屬憾事，盍設木主合祀之。不惟七君子之忠義不泯，抑亦見公之感激人心，有足徵也。既定議，於是，具呈本學，復請於郡大夫，遂涓吉迎主，且勒石以記其實。

七君子者，其守西城訊地，見賊登城，撥劍自刎而歿，則候選州同余公全生字性之也。其肅衣冠北面再拜，厲聲罵賊而遇害，則文學周公鳴岐，字聖瑞也。其守南城被創甚，止家人泣而自幸死於王事，則恩授訓導趙公日躋，字伯式也。其聞李公被執，急趨賊營，禁不能入，臥地大罵而害者，則國學生侯公九韶字鹿野也。其寇至，及其友人田種玉字一藍，陳公懋字率忠也，此七人者事跡不盡同，而要之皆能臨難捐軀，與李公如出一轍。今日之祀於一堂，清夜月明，魂魄相依，不啻當年五更鼓角森立，聚謀城頭時，其衣冠劍佩，儼狀如在也。則諸君子配享于公也，固宜。至吾鄉忠壯余公監軍討賊，歿於朱仙鎮東水坡，前朝已有恤典，建祠汴省。雖系郡人，未敢溷瀆於此云。

康熙五十五年。

（文見乾隆《禹州志》卷九《藝文志》。王偉）

刺史李公重建白沙書院堂記

明經劉玉威郡人

白沙書院在禹郡西北六十里逍遙山下，群峰環拱，一水瀠洄，而殿宇參差聳，出於雲烟飄緲中，洵一方之巨觀。前朝嘉、隆盛時，郡太守晴川劉公留心正學，撤襌寺而改建，有正殿，有講堂，有齋房學舍，集諸生誦習其間，歷二室風雨，披萬壑烟霞，以窺道妙而窮文源，一時英賢蔚起，何風之盛也。今其告神文暨方伯張南溟先生碑記猶存。而明季寇亂之後，書院一片地俱委諸荒烟蔓草。我朝定鼎初，驚鴻未集，此處所遺，惟輪囷古栢一二。又數年，章甫縫掖之士日益多，附近諸君子將謀修復之，而功難猝辦，乃先建祠三楹，祀程、朱三夫子，起門樓於通衢，求登封耿太史逸菴為題額。後李生某楊生某約同鄉紳士於大門舊趾，覆增樓於上中奉文昌帝君，與程朱祠前後相映，而中之講堂，猶有待也。

一日，郡太守臨汾李公巡行至止，謂此名勝區而規制未備，殊為憾事，遂捐俸若干為首倡，工未興而旋以薦舉入都門。諸生仰體公意，聯眾鳩工，塗墍丹艧，輝煌改觀，而且圍以周垣，砌以甬道，庖湢齋舍，漸次整理，二百餘年之規模頓，復其舊矣。公若以榮戟臨中州，過此必有觍肰色喜者。葢公於城則建丹山書院，於順鎮則建東峯書院，皆置田贍養，為諸生膏火資，而此舉復完，以遂其振興文教之思，豈不成始成終哉。余暇日，與二三同志為此登高遠望，見龍山、鳳山在其南，則龍翔鳳翥，極文章炳蔚之觀，而龍德中正、鳳德文明也。五旂山在其西，則旌旗壁壘，紀律森嚴，若文之堂堂正正，而煖日動龍蛇也。逍遙山在其北，迤邐而來，若大人君子道貌尊嚴，而逍遙容與樂泉石之幽霞也。其東則頻水奔流，驚濤駭浪，浩浩落落，若韓之潮，而蘇之海也。道以弘文，文以載道，得斯意者在山水之間，而不在山水之間也。地之靈，人之傑，意必有偉，君子應運而生，以與昔賢濟美焉。葢斯地，固鄉先達劉文紀之故里也，其墳墓在書院之西偏，父子祖孫三世魏科，為循良，為宰傅，為翰苑，流風餘韻，至今猶豔稱之。諸生誦習於此，學成名立，著績於邦家，安在後之視今，不猶今之視昔哉。凡我同志其勿忘賢太守興學至意，則臨汾公與盧陵公，千載比烈矣。

康熙五十五年。

（文見乾隆《禹州志》卷九《藝文志》。王偉）

明禹州兵備道李公城守死事狀刻石

桐城方苞

崇禎十四年冬十有二月，流賊寇禹州，兵備道李公乘雲到官始二十四日，按籍閱軍，伍半虛守，禦具一無。藉知州事某請迎降，公怒斥之曰："此吾死所也。"召士民激以大義，共登陴禦賊，死傷甚衆。城破，公率衆巷戰，猶手刃數人，力屈被執。方是時，河南守令多望風降，獨禹州士民殊死戰。賊入，下令屠城。公奮呼謂賊曰："城守，吾事也。吾令衆守城，不敢不守，猶汝命衆攻城，不敢不攻，民何罪？獨吾一身當任汝殘殺耳！"賊意解，收屠城令。因欲屈公，公憤罵不屈。乃立公為質而聚射之，徵死猶寸磔焉。公初至禹時，徽王支屬在禹者凡十七家。公議徵土人訓練，而資餉於宗藩。知州事某持之，宗藩莫應。及城破，十七家無一脫者。知州事某叩首乞哀於賊，公忽奮起以足趾其面曰："汝負國勸民，尚思向狗彘求活耶！"賊既去，士民收骸骨，棺歛建祠，私諡"忠烈"，春秋時祠。與公難者，駐防千總張某、吏目周某、州人候選州同知余全生、遙授訓導趙日躋、太學生侯九韶、庠生周銘岐、李儀化、田種玉、陳懋皆配享。

公磔於州城外西南隅大路旁槐樹下，其樹至今存。故老過之，猶或欷歔流涕云。公既歾八十年，夏峯孫徵君曾孫用禎為州學正，徵於禹人而屬余為之狀。

康熙六十年五月朔日，望溪方苞述。

按：禹人陳鳴皋有《明分巡大梁道李公忠烈祠記》，劉玉威有《七君子配享忠烈祠記》，方公此述得之孫學正，孫學正仍得之禹人，故與陳、劉所記，大概皆同。惟道光《朱志·識餘》中，有得之李公家傳者，可與此狀互參，曰：忠烈李公殉難事。乾隆年，學正孫鑄、州守章琦上其事於大府，以達之朝，始得敕賜，入禹名宦祠。諸生余五辰至，自高陽得乘雲家所傳小紙本，乃知以萬曆戊午舉人，知浮山縣，嘗以三矢殪賊渠三人。分巡冀寧時，嘗引兵拔巡撫部將於重圍中。及巡大梁道駐禹，身當南城，發礮石斃賊鋒數十騎，城破猶自格戰。被執時，中軍周堯年及羅某跪勸乘雲降。乘雲怒，自奮足踢其脅，大罵闖賊，被賊割舌折齒，剖腹而死。署印都事金世英亦同死。賊去，禹人以木牀舁尸署中。抉地掩之，得一空棺，衆異之曰："天賜也。"遂以殮焉。時賊又圍開封，偵探不明，巡按任濬、督師丁其睿以賊破禹州，巡道慘死，題報不具職名，故未有恤典。李如芳作詩弔之，有"天子猶然疑許遠，明皇竟未識真卿"之句。後周堯年被緝，提督駱養性具題奏乘雲慘死事情，子宜之亦上疏請卹。予祭葬，蔭一子為官，忠烈贈光祿寺正卿，與禹州余忠莊公爵同傳。此外更有龔璜作《明分巡大梁道李公死事忠烈傳》，署□祠記，惟曰："從公死義者捕吏百戶張而已。"傳以贊曰："野無殉義之民，視睢陽之全城死難者何？天壤也，豈百里之廣，無一田橫之客乎？抑公之涖禹未久，而教化有未敷乎？"龔述作傳之由曰："兩過祠下，讀其記而有未詳。今復來禹之邸舍，乃護專坊往事，其得之老成之說者有如此事。"龔又有《謁李公忠烈祠二律詩》曰："烽煙萬里一荒城，猶振殘黎拒寇兵。大勢共知非力挽，孤忠獨敢與天爭。被禽不屈真男子，至死無他好性情。禍亂可憐誰作俑，卻教慟殺此儒生。四海分崩戰血腥，孤臣誓死報朝廷。英風百世興頑懦，正氣千秋炳日星。勁膝不為威武屈，仁言能使寇讐聽。我來悚讀祠前記，特振衣冠拜往靈。"末署康熙三十二年歲次癸酉清明後五日，古洛西後學悔菴龔璜撰題。

考忠烈李公祠創建於康熙二十七年戊午，繼之以張千總、周吏目從祀，又繼之以禹之七君子從祀。龔璜作傳於癸酉歲上，距建祠戊午未久，故未知從祀諸賢，而曰"從公死義者捕吏百戶張而已"，不曰"張千總者"，亦訪聞未確也。孫學正之請方公作死事狀，蓋因知州李朝柱重建忠烈祠也。孫自有刺史李公重建忠烈祠記，上距創建祠時，又三十二年矣。創建祠距忠烈城守死事時，已四十八年矣，故狀有公既歿八十年云云。

康熙六十年。

（文見民國《禹縣志》卷十四《金石志》。孫新梅）

張烈女墓表

學正孫用正

烈女張氏，世居禹州西之董邨，農民張集義之長女也。生而端方貞靜。八歲時，許字同里賈麟之四子武。年及筓，武忽以疫死。女聞訃，終日不食。其母數以言相勸慰，輒俯首不答。家人謹防之。一日，忽隨母操作于外，恰母曰寒甚，將取火歸，而遂自縊於內室。時辛丑十一月初九日也，去其夫死僅五日。州人士聞而嘉嘆之，請予約同僚表厥宅里，且為文以鑱諸墓門，復繫以銘。銘曰：

卓哉烈女，許人以身。如彼志士，取義成仁。三峯之麓，浩氣常在。奠此高墳，千秋百代。

康熙六十年十一月。

（文見民國《禹縣志》卷十三《陵墓志》。孫新梅）

建八蜡廟記

王述古

邦伯馬公治不膴敝郡，蒞政四載，歲在甲辰，值大有年，蓋民和而神降之福，記所謂順成之方，其蜡乃通，公之業在思文之來牟矣。是歲比登，水、旱、札、瘥、癘、疫之沴幾至，八蜡不通。公以大旱雩郡，神祠於大蜡則偏焉，置於城之西南一隅也。公愀然念社稷之事，蜡為政執，是廟貌而湫隘囂塵，是委神明於草莽也。其若湮祀，何其又奚以薦馨香而屢豐年乎？則請更諸爽塏者。而蜡，稷之屬也，毋寧屬兆居於郊墠，稽禮制，定方類，吾以事神鳩民焉。於是乎署基趾，物土方，慮材用，具餱糧，逾月而集，不慾於索。按蜡之祭也，自伊耆氏始也。禮稱"天子大蜡八"，見謂鉅典，曷敢以下臣與執事在令，令丙顧逮諸郡邑立蜡廟矣。夫蜡者何也？蜡也者，索也。何言乎索？求神之有功於民者，索饗之也。何逮夫郡邑守令職主社稷，夫固以鎮撫此民而為民報嗇，何則不然，其祝史薦信，饗祀豐潔，神其吐之乎？故主先嗇，祭司嗇也。自周以來，實崇后稷，謂其百種滋蕃，而穎栗堅好也。饗農及郵表畷，神農氏世享此祀，謂俶載南畝于耜，舉趾不失時也。謂其田之有畔，而疆場翼翼，民力普存也。迎貓虎與坊與水庸也，謂碩鼠封豕之不食我苗也。謂潦之洩之，溝洫宜而水潦不為災也。祭昆蟲，謂螟螽蟊賊無害稼事也。謂田租有神，祈年祈穀之必應也。是皆以為民也，是索之義也。且夫義有其類，類有其方，以方則叶，以類則歆。孔氏曰："朝市之於西方，祈之於東方，失之矣。"是故勾芒、祝融、蓐收、玄冥各有方類，故為該也。神也者必於金正，方也者夫為社也。神也者也必於郊祀，方也者夫卜地於南屬廟墠。閴閬榱桷，昭其文也。粢盛牲牷，昭其物也。方所以綏之文物，以舉之禮之，秩而類之，從何明信如之？以此明信薦於鬼神，致乎麻祥，水旱不作，五風十雨，有年時書，吾禹民世世有賴焉。公之蕃祉又在大田之卒章矣。是役也，始於辛丑九月，成於壬寅二月。既乙巳二月，而述古始為之記。公諱協，陝西同州人，由新鄭尹歷禹州，所至有美政，不具論。其建蜡廟者如此云。

康熙六十一年。

（文見民國《禹縣志》卷十《祀典志》。孫新梅）

重修文廟碑記

郡守屠用謙

歲癸卯，余以庶常備員，特奉簡命出牧禹州，異數也。聖天子崇儒重道，方博選文學之臣，試以吏治，蓋期以文治治天下矣。謙得與斯選，則勤宣上意，臣之職也。比至郡，先謁文廟，瞻拜之下、四顧宮牆，傾頹剝落，不勝悵焉心傷，謂僚友曰："修葺學宮先務是急矣。"或曰：禹濱大河，方今河水潰決，分築隄防，力盡千夫。又比年郡無專官代庖視事，案牘塵積。子大夫將供億綜理之不暇，奚學宮之急務。余曰"事有言之若近，迂而行之則甚急，所以振興教化鼓勵，夫人心轉移地方之風氣以馴至乎，聲明文物之盛者，率由於學也。原與我人共勉之。且禹名勝地也，亦人材藪也，具茨、崆峒神仙所窟宅也。陽翟大陵，古先後湯沐邑也。其崗巒秀麗，林塹紆廻，原濕泉流萃，中州清淑之氣，宇內之奧區神泉也。以是地靈人傑，實產賢豪勳業，人文顯名當世。張子房以決策顯，賈山以至言顯，辛毘、田況、孫甫、任洛、張鯤、魏尚綸之徒以直言極諫顯，陳真節、馬端肅以經術顯，邯鄲淳程坦、李淑允、邊甯以博學宏詞顯。若夫郭仲孫之一門，師濟褚太傅之累世忠口，尤未易更僕數。凡載在史冊，有一不從學問中來者乎。夫求棟梁之木者，必在深山。求明月之珠者，必在巨澤。學校，固人材之深山巨澤也。將以圭璋特達為清廟明堂之選，自非毓秀于頖水橋間也。其孰從而求之，修葺難勞，又悉可以已哉。今日者河漸安瀾，悉仗上憲各大人指授方略，可底績于有成，卽郡之錢穀刑名，亦幸寬假饗策，次第清釐，而余得乘簿書期會之隙，鳩工庀材，經營壁畫，廢者舉之，圮者固之，隘者啟之，闕之朽蠹者改之剔之。凡一土一木，一瓦一石，靡不竭吾耳目心思，圖其堅緻牢實，基於勿壞，仍為之丹艧藻繪，壯厥觀瞻。其樂舞制度，必遠宗闕里之式，詳為修治，不敢苟也。而廟貌煥然一新矣。觀者僉曰：凡人難於慮始，樂於觀成，向非子大夫銳意鼎建，不畏難，不懷安，文廟之重新也，知何日矣。至於不動眾，不累民，而大功已舉，尤善者也。余曰：籌畫劻勷，同人之助也。醵金集腋，吾紳士力也。踴躍趨事，我民胥用命也。而余得藉手告成，上副聖天子右文之治，實嘉賴焉，敢自功乎。惟是自今以始，都人士入廟，思敬讀聖人之教，近文章而礪廉隅藏修，游息涵泳，薰陶養成，大受之器，自古在昔，先民有作矣。今何遽不如古邪？是則司牧者汲汲修葺之意云爾。

是役也，匠石之工若干，磚埴之工若干，材木之用若干，力役餼廩之用若干，司牧之勉力捐貲及各助捐之名數，備列碑陰，以誌不忘。始于雍正二年二月，落成于本年十月，均得並記之。

雍正二年十月。

（文見乾隆《禹州志》卷九《藝文志》。王偉）

重修禹州判官衙署記

郡判程瀚天長人

瀚蒞任之次年，乃我皇上御極之四年也。時大中丞尹見瀚樸誠，給瀚《明職》並《呂語集粹》等書，因調瀚代捕戢轅。適值霪雨大作，豫省州縣被水災者四十有七，房舍坍塌在民間，不可數計。而官署亦多圮摧，此署之頹壞，蓋幾無餘矣。邇時舉家露處，風雨不蔽，適有代瀚謀者謂宜賃舍居住，歲不過數金，無土水之勞，無拮据之苦，豈不甚便。瀚因在汴不及兼顧，幸家嚴至署，前後相度，見康熙二十五年郡判李公鎮基《修署碑記》，乃慨然歎曰："前人辛苦如此，今乃遇積雨之後而棄之如遺，不幾為昔日之有為者之所不齒也乎。"于是，先整圍垣，次購屋材，繼鳩工匠，規模則仍其舊，朽敗則易以新，扶杖督率，自六月初六日興事，至八月二十日落成，共費養廉銀若干兩錢。夫而後，晨啟夕閉，而出入有閑，聽事臨民而登陟有位，朝食夕飧而退食有所，夙興夜寐而棲息有地，政暇務畢而諷詠有席，執簡捧儀而役有舍已。瀚以八月二十二日奉委署理寶豐縣印務，於二十五日道經於禹。家嚴諭瀚曰："我將命駕南歸矣。"然災異者，天也。補救者，人也。此署非我在茲，聽從見小者計，寧不將前明公修署之碑，委諸蔓草，而室且為墟乎。汝際盛世，一切當如此署，時時整其頹敝，勿令敗弛，以負大中丞屬望之意。瀚頓首受命，於今數年，瀚之外對士民，內安室家而無飄搖之慮，以擾勤治之懷者，皆瀚家嚴之賜也。因述其顛末而為之記。

乾隆四年。

（文見乾隆《禹州志》卷九《藝文志》。王偉）

移建禹州奎樓碑銘並小序

孫用正

明初，禹州奎樓在州治南，居聖廟巽方。天啟辛酉，郡侯莫公天麒遷黌宮左丙方，是科掄元中式，雖有三人，嗣後日以衰微。及國朝乾隆辛酉花甲二周，登賢書不過二十餘人，而捷南宮者不多覯焉。說者謂逼近泮壁，其氣不舒，一發輒止，亦或然與。郡尉邵公世芳因啟郡侯章公仍移建舊處，蓋郡治地氣來自西北，天氣來自西南，移建之後，文運之啟否，未敢預知。但願禹人士共勉學問，以無忘前民之意，因敬銘之。銘曰：

地氣乾來，天氣坤至。二氣和融，清寧精粹。欎為人文，炳蔚弗閟。率神司之，天人交備。文筆卓然，霄漢高出。望峙嵩少，郁郁佳氣。鈞臺之陽，潁水之汭。有儀賢侯，興廢舉墜。彼都人士，靡不向義。早作夜思，材力並濟。高樓矗矗，飛翼壯麗。用妥尊神，文光鋒銳。凡我同心，奮發振勵。破釜沉舟，飛鳴可冀。美輪美奐，勿使空藟，千秋萬禩，敬矢罔替。

乾隆六年。

（文見乾隆《禹州志》卷九《藝文志》。王偉）

文風里神垕鎮義學移奉聖像碑記

邵大業

　　自二氏倡為孔子我師弟子之說，於是，欲屈儒於二氏之下，而創為三教之堂，中州為獨多。乾隆九年，學使林公會同碩大中丞具疏入告，請移奉夫子像於書院、義學，而改三教堂為梵宮道觀。制曰：可。檄下有司。時余守禹郡，偕廣文履鄉按驗，凡毀三教堂八，而書院、義學乃俱有夫子像。文風里之神垕鎮，舊有義學，如黌宮奉聖像於中堂，至是則移奉本里郭家村郗家嶺三教堂之聖像於內，與前像而三焉。余至鎮，瞻奉之下，瞿肰而思，謂此舉厥功偉哉！雖然，竊有慮夫人心易惑而難覺，向之崇奉三教堂也，久以為髡者、髻者、冠者並立而叁也，今不知其何故而去之。乃一聖也而三像焉，安知數十百年之後，不疑三像之為三教乎？且安知不疑向者三教之像有髡者、髻者、冠者？而茲乃知其無不冠，知其竟無異於吾儒，而舉我夫子而佛老之乎？是則大可懼矣。里人郗生者聞余言曰："大夫之慮良是，盍本其始末以明示後人，而袪之惑乎？"余曰："肰。"是不能已於言也。是為記。

　　乾隆九年。

（文見乾隆《禹州志》卷九《藝文志》。王偉）

重修城隍廟碑記

知州邵大業

　　《傳》曰：有功德於民則祀之，能禦大菑則祀之，能捍大旱則祀之。郡邑之有城隍也，調二氣，順四時，成歲功以通八蜡，神實司之，故建廟崇奉，代有封號，載在祀典。官斯土者，歲時致祭，朔望展拜，罔敢褻越。余承乏禹郡，下車謁見，重門兩廡日久傾頹，岌乎有飄搖之恐。至後殿，居中有像如列侯，而旁侍三夫人，以為寢宮也。顧榱櫨朽蠹，塑像剝落。又東西有兩神像，心竊疑之。詢之，廟祝曰："此非城隍之神，裴山神也。"裴山何神？曰："司痘之神也，民間嬰兒患痘疹，皆祈禱於此。"余訝其不倫，將遷神於他室，而改為寢宮。亟召塑工視之，工曰："此故城隍，爰有三宮。"因備言裴山神冠服之異，余因詳考其故。初，民間訛以城隍為裴山，增塑二女像以附會之，遂沿而不之察也。於是，割俸首倡，鳩工庀[庀]材，移兩神女像，另立祠於大殿之西以祀之。自門廡殿宇，以及寢室皆葺而新之。郡之好義者踴躍捐金，共襄厥事。不半歲，而丹臒勘堊，廟貌煥然。時適夏旱，禱於神，輒應，郡人益以為神。咸喜工之落成，而有以妥神靈而介景福也。繼自今，神其永佑禹民於勿替也。

夫是役也，葺新之功，余不敢居，而一旦舉數十百年之訛說而考正之，夫亦有嚘啟之者歟。工始於乾隆九年之七月，迄於十年之二月。需銀以兩計者若干，捐助姓名，附在碑陰。而董其役者，則太學生原某也，例得附書。工既竣，郡士民匄余紀其事。為書數語，勒諸碩砥。

乾隆十年。

（文見同治《禹州志》卷十三《祠祀志》。孫新梅）

刺史李公重建忠烈祠記

郡學正孫用正輝縣人

往者逆闖肆虐，蹂躪中原，守土者望風披靡，納欵迎降，而兵巡李公獨以禹州孤城效死守，既陷，賊怒其拒己也，將屠城。公挺然以身贖民，命賊義之免屠，而公竟以不屈被磔，時崇禎辛巳十二月也。後四十八年，禹紳士始請于上憲，建祠致祀，私諡忠烈。又三十二年，今刺史東崖李君表彰先徽，撤其祠而恢擴之，刱建大殿三楹，高大其門，繚以周垣，宏廠壯麗，頓改前觀。工竣，而屬余紀其事。余惟節烈者，天地之正氣于五行為金，於令為秋，人得之為義為勇，故激發於中，噴薄于外，威武加之不能屈，大敵當前，不足懼刀鋸，斧鉞不足畏。然死一耳。慷慨捐生與從容就義者不同，以一死圖自靖與以一死生萬民者又不同。孔子曰：殺身成仁。於此干之忠諫剖心，亦必以仁稱之。子朱子釋之曰：無咈乎愛之理以全乎心之德，然則時有常變，事有順逆，遇有死生禍福，自君子視之，第日用尋常，行夫理之所是，求夫心之所安而已。

方公之涖禹也才二十餘日耳，以不練之兵，不書之眾，當百萬飽騰，一木寧足支大廈，而公氣定神怡，指授方略，止知城之當守，賊之當殲，不知其更有他也。轉戰城頭，有進無退，止知疆土之當殉，君恩之當報，不知其更有他也。其諭賊之言曰："本道令人守城，誰不守？譬之汝令賊攻城，誰敢不攻。我自一身當之，何與民事。"辭嚴義正，足以折鴟張之氣，而奪□賊之膽。當是時也，刀鋸在前，鼎鑊在後，神色不變，猶諄諄為民命計，豈復有常變順逆死生禍福之見在其胸中如公者，其所謂仁之至義之書，造次顛沛，終食不違者矣。世第以節烈目之，豈知公者哉。論者謂公之大節在社稷，遺愛在生民，死之日，即宜天語，褒旌大書特書，以慰忠魂。乃幾淹沒弗彰，其建祠致祀，在四十八年之後，即今此表彰，去公死且八十年事。往人遙魂銷骨冷若，天既困公於生前，復厄公於身後者，曰："此正公之所以為公也。"天下事惟快，肸於心無所為而為之難耳。明死事諸臣有始已賜諡、賜祠，既且高官厚祿者，卑卑何足道？其徘徊瞻顧，計出無聊，以一死塞責，當時亦頗稱之，過則已焉。若夫大義所激，不欲苟生，轟轟烈烈，而死後之持議者，猶不無遺憾。謂或未能行所無事，尚有名之見存也。吾觀公從容就義，甘之如飴，止求快狀於心，並不知有身，又何知有身後名傳曰至誠無息，不息則久，久則徵，徵則悠，達四十八年之後，何所見何所聞，而祠宇巍煥蒸嘗苾芬八十年之後，又何所見何所聞而踵口增華，踴躍恐後，由此言之，豔稱於當時，現事久論定而闡揚於後日者。其誠偽淺深，當必有辨矣。故曰東西海有聖人出焉，此心同，此理同也。南北海有聖人出焉，此心同，此理同也。惟此心此理之同，故閱時彌久而事彌光，而傳彌永。至於今，莫不感慕興起愾乎，有聞僾乎。有見如親灸，其為人非仁至義盡；有以深孚乎人心而能如是與。故當明之季，兵戈搶攘，所見異詞，所傳聞又異詞，稗官野史尚有謂禹為開誠請降者。嗚呼，此又烏足以誣公哉！方今聖天子留心明史，開館纂修，博采返稽，行且摻其異事，上之廊廟，易名與卹死事之恩，當重疊優渥，照耀史冊，則公之名方與日月爭光，山河並壽，若曰今日之舉，第為後死者期待仰止之誠，為禹人士抒報稱之雅，是猶以公為一方一隅之公，失其旨矣。

乾隆十年。

（文見乾隆《禹州志》卷九《藝文志》。王偉）

重修禹州尉署記

郡尉李成蛟山陰人

禹本夏后氏封邑也。在周為陽翟，秦、漢為潁川，金、元為鈞，明季為禹。自黃霸許史而來，明公良佐，奏偉績於斯土者，蓋亦指不乏屈矣。而余也以一命下士陪參末議，類只木之毗，大廈單㮣之勷，巨舟方惴惴焉以弗勝其任為懼。豈暇為室居計哉。肰前人創其基址，而後人不能整其頹敝，今日狃於逸，他年倍其勞，是亦適當斯際者之遺憾也。況此署閱年伊久，廳事上木舛壁，張瓦脫泥，解署人之行止，其下獨不為署人顧畏計虖。爰扣囊底之物，減碗口之米，儲材備用，冀以維新此署，越數歲，始克添立正屋一所，東來室一所，自修堂事三間，煖閣一區。其他書齋廚庫，週回牆垣並各几案器具，亦皆略備。又念陛下甬道舊砌，以石子大如盃卵，鋒稜尖銳。余伏褥拜恩時，尚覺難支，矧州民曁過遞之以事而至斯者，或老或病，衣穿袴漏，其何以堪？因惻然久之，命家人泊隸胥輩，覆之以土氎為平塋，雖於人無大裨益，庶跽此者，不至於太苦耳。然余之心實不止是也。念士君子委身事主，秩無大小，皆宜勤宣德意，周悉民隱，使獄無滯囚，野無莠民，上下相安，永遠不替，方不負朝廷設官分職之議爾。他日有繼，余而吏斯境者緝而新之，勿俾大壞，且因自身旣安念民之不獲安己身，旣佚念民之不得佚，上副使君，下和同僚，深其體恤戀其政績，令禹民千百載而下，指而數之曰："某世某年，某官之尉於斯者，誠良吏也，誠良吏也。是則余之所夙望也夫。"是為記。

乾隆十二年。

（文見乾隆《禹州志》卷九《藝文志》。王偉）

重修聖廟碑

知州李大霶

辛丑初夏，余膺簡命來守茲土。甫下車，恭謁聖廟，見像主暗淡，榱棟漸陁，惻然欲更新之。會奉憲檄督理河工，因逡巡未果。迨壬寅，秋雨連綿，傾頹愈甚。乃與學博梅君、徐君及諸僚友謀議重修，工程浩大，恐非易舉，爰割俸以倡。一時聞風踴躍，各出橐金。余即諉任學博遴紳士素諳練者，共為籌畫，鳩工庀材，始於今歲仲春，至秋杪告成。共費錢若干緡，前後宮殿、東西兩廡、欞星門、戟門、周圍牆垣，罔不易腐為堅，轉舊為新，而規模如初，而屹然煥然，洵足以妥神明而肅觀瞻也。及伐石記事，郡多士敦請余文。余按禹為古之鈞臺，名勝區也。廟建是地，起於元初，前明屢修。至國朝，蕭山史公、三韓劉公，制頗詳備，繼此孝感屠公極力整飭，大為改觀，迄今六十餘年，花甲一周。而余亦得踵其舊而新之聖廟。聖廟之興，修造亦有數存耶。間嘗披閱州誌，箕穎明秀，鐘毓賢豪，自漢、唐、宋、明以來，清風亮節，至性鴻猷如張子房、郭定潁、辛肅侯、田承君、馬端肅顯仕巍□，指不勝屈。即今學宮方新，而鄉試登文、武榜亦四五人。以地靈人傑，形家者言非必盡誤，而余心拳拳，竊猶有進焉。蓋學校為人才之本，教化之源，而先聖賢儒之所以授受，俱有定的。況我朝列聖相承，崇儒重道，闡發諸經，力絕羣言之猥雜。士子幸生此時，瞻宮牆之美富，聖域賢關時為往來，自宜共相砥礪，根柢於經，以發為文章事業，洙泗薪傳，由此階梯。庶有當於聖天子立廟建學，崇祀作人之意，斯又余為多士所厚望者乎。遂泚筆以為之記。

乾隆四十七年。

(文見同治《禹州志》卷十三《祠祀志》。王偉)

贈修職佐郎余丙捷墓表

王聿修

古人墓而不墳，不封不樹，無所謂表也。春秋時，孔子表殷比干墓，題曰"殷比干墓"。□吳季札墓題曰"延陵季子之墓"，無所謂文也。自唐、宋來，士大夫始重墓誌，洎墓表而並潤以文，蓋由人子不忍歿其親，欲親得，因此以沒而不沒耳。

吾鄉文學余公諱丙捷，字南宮，別號艮庵，系吳越王錢氏避讐更名，世居江右高安。明季始遷許郡者曰賢，公之開基祖也。賢生楨及詔，詔遷禹，楨仍居許，生守分、生躍淵、生煥。煥生六子，其三曰沖海，字太極，即公父也。移居於禹，公因入禹庠，食廩餼，四舉優行，兩薦棘闈，以時絀不售，遂留心著述，研窮理道。歲乙丑，州守邵公大業纂《禹志》，遇與公七人同列志局，分纂人物。公先輯《禹志續編》，多蒙收錄。所著《學宮輯署》、《館課餘談》，已鋟梓行世。歲壬午，督學徐公光文稱為有功後學，頒存通省學署。其他族譜、女訓諸作，亦裨益風化。雖壽僅五十有五，而名垂竹策，舉耀詩聯，可謂歿而不歿矣。孺人，許郡杜公作舟之女，有賢孝德，慈祥明哲，相夫成名，勗子勤學，壽登八十有七。文人碩士贈詩歌累百餘篇，亦可謂歿而不歿矣。子三人，珩庠生，珆以明經貢澤宮昌，楣亦庠生。孫男四，元英業儒，星源、星聯皆庠生，星景方業儒。女四人，適人有聲季，更能以節著。嗚呼！余氏自明季遷禹，毅烈忠孝，代有其人，而至公清苦力學，以著述顯。三子各有書，而次子尤殫心名教，闡揚古蹟，後鐸林邑。恭逢嘉慶元年廣沛恩綸，贈公暨孺人皆如例，龍章寵錫，勒碑嵯峨，非更為歿而不歿哉！愚故據其行述誌傳為文以表之。

嘉慶元年。

（文見民國《禹縣志》卷十三《陵墓志》。孫新梅）

節烈湯氏墓碑表

孝廉王聿修郡人

嗚呼！情欲移人，廉節易喪，守義而終，死義在鬚眉猶難，況巾幗中乎。節烈湯氏，故永安里人也。年十六，適劉氏子秉良。閱三歲，而所天即殞，襁子方一周，遺腹女數月，後乃誕。伶仃孤弱，載離寒暑。歲癸亥，子已成童，擬於新歲為授婦事備矣。一旦，火起中宵，風狂勢猛，四居無人，氏恐遭強逼，同一子一女俱死烈煙中。越明日，出其屍若焦炭。鞋帶衣紐俱成灰，尚完整不缺。手相握，固不解也。蓋氏自夫歿以後十四年來，寢不解衣，夜必鐍户，其防範可謂嚴矣。而畢命于煨爐之內，棲魂于亡夫之室，心成百練［煉］之金，骨作無瑕之玉，誠守義而終死義者也。勒之于石，庶其不與荒煙斷草而俱泯，而天下後世有鬚眉男子，無操守巾幗過其地耳，其風亦將悲而豔之曰：此節烈湯氏墓也。廉節之風，其以是而弗頓乎。

（文見乾隆《禹州志》卷九《藝文志·誌銘》。王偉）

彰德府林縣訓導余公珆誌銘

禹州知州崇士錦

乾隆丁未，余膺簡命守禹，聞郡明經潤亭余公，品端學粹，淵源有自，以于役旁午，未遑造廬。洎以公會，得親言貌，心益重之。後公鐸林數載，卒于官。嗣子星源奉柩旋里，卜葬城東先塋之次，而因學師楊、郭以狀請銘。予維余氏為郡望族，忠孝節義，代有其人，而公以實踐之學，發為實用，誠有為學術世道所攸關者。謹按狀次之：

公諱珆，字韞石，號潤亭，林邑門人私諡曰清恪先生。系出吳越錢氏，始祖諱賢，自江左高安遷許，有義行，載《許志》。四傳至公祖，諱沖海，遷禹。躬農桑，好詩書。生公父艮庵公，諱丙捷，廩膳生，贈修職佐郎，清苦力學，前州守蘇稱為"吾道干城"，詳《登府志·儒行》。著《學宮輯略》、《館課餘談》，督學蔡葛山先生深嘉賞之，徐杏池先生稱為"有功後學"，頒存通省學署。母杜孺人，勤忍和讓，相夫教子，學人贈賢孝壽言百數十篇。兄珩，庠生，著《聞得錄》。弟昌楣，庠生，著《綱目統論》。公幼沈靜，不樂嬉戲，入塾，益端謹，雖盛暑亦未嘗露體。年十七，冠童子試，為前州守邵所器重。二十，諸行冠禮，艮庵公喜，與行之。入庠後，學師屢舉優。己卯、辛卯鄉試薦不售。

公素承庭訓，留心儒術，作《防心要言》。自箴"居恆昆弟交相師友，体論先聖賢儒道理"。朔望必謁先師，講小學，率弟子習禮。秉林鐸，為諸生宣講聖諭及歷代鄉約，即教即學，務示以聖賢階梯。至若考祀典，表名節，徵求古跡，皇皇如弗及。六旬後，每元旦，舉一歲言行，焚香告天。有《耆年日記》、《稀年約意》二則。蓋公之積學砥行、肫誠不欺如此。自程、朱表彰絕學，前千餘年聖賢相傳之道，燦然大明，雖有異說，不能亂也。有明講學者，出佛老之似，乱周孔之真，眩淆鼓簧，今猶有惑其說者。公每觀其書，輒心憂之。於是，作《學鑑》二十六卷，《柁心集》十卷，羽翼正學，為後世法。其書分門辨類，徵引宏博，所以示學者向往之途至詳且悉。其他著述，有《林署考典》、《繹訓》、《鄉約慕言》、《讀志隨筆》、《笙詩備覽》、《柁心齋古文詩鈔》，皆有關世教，學者彙而讀之，足以知公之用力於此者勤，而志之所期者遠矣。郡學博香亭程君稱為"程、朱正脈"，孝廉一齋趙君贈以"道脈嫡嗣"，論者以為不誣也。

公生於雍正甲辰七月二十五日亥時，於嘉慶己未十一月初七日酉時終命，壽七十六歲，葬以庚申仲秋望日戊辰。學者與艮庵公並為立祀。配劉孺人，監生諱瑋女，克職婦道。男一，星源，庠生，娶賈氏，監生可立女。女二：一適任超，一適監生王殿遜。孫男一，家芳，業儒，娶陳氏。孫女二。曾孫男三，本直、本正、本中。女三。銘曰：

道術日弊，交相上下。昔在異端，令在儒者。惟公講學，恪遵程、朱。擴清異言，羣慝消沮。公之勤學，出于至性。著作等身，一軌於正。無志者萎，有志者岐。公言不朽，百世之師。

嘉慶四年十一月。

（文見民國《禹縣志》卷十三《陵墓志》。孫新梅）

重修關帝廟碑記

從來創修難，繼也不易，而繼倍于創者尤不易。郡西南六十里神垕鎮，有關聖帝廟，固莫知所創始也，而繼修者屢矣。然大都仍其舊而一新之，未有用力多而成功難如今日者。自戌辰歲，有首領十余人，慨然以重修為己任，因而捐己財，募鳩工焉。廟貌巍峨如故，妙像金光依然，其餘悉革。夫舊概飭以新，由是而隔扇、而牆垣、而門樓、而戲臺，莫不塗堊之，又丹艧之，又金妝之踵事增華，視前更為改觀焉。復盡以磚鋪之，其工程，直歷庚午夏始告成焉，不可謂非用力多而成功難者矣。是維繼倍於創之故，功既竣，請予為序。予曰：無以為文也，不過紀年月敘勤苦已耳。是為志。

恩貢生候選直隸州州刺郡人晉應秋撰。

郡乾山居士張寅丙書。

首事王梅[1]

大清嘉慶十五年歲次庚午仲夏上浣。

（碑存禹州市神垕關帝廟。馬懷雲）

科斂永裁白契過割依限報稅章程碑

【額題】永遠恪遵

禹郡邨書一役，因稅弊科斂，索詐牌民。武生馬宗武等赴省呈控，蒙藩憲盡行裁革，造冊行糧歸戶房清書辦理，秋麥科斂永裁，禹民安業樂居。本年四月內清書，復生稅弊，索詐牌民。監生詹金銘、生員宋西侖約會宋廷芳等，合牌公議於六月初三日，以稅弊病民等情呈控：凡買賣田產，聯名開單報稅，年底紅契過割，稅弊盡除，秋麥科斂永裁。如有違議，罰白銀五兩，稟案究治。懇恩允准，合牌均感。蒙批：買賣田產，原應隨時先行過割，而一年限內稅契，應未謂違例也。所議將各人文契，聯名開單報稅，至年底盡以紅契過割；是反以稅契為先，過割在後，且多人牽制，更恐窒礙難行。即傳諭鄉民，總須隨時過割，依限報稅，不致漏匿，可也。監生詹金銘等又於二十八日，以遵批再稟等情控案。生等遵批傳諭鄉民，秋麥科斂永裁，先過割，限內報稅，牌民無不悅服。公議清書，不許以白契勒索，揹不過割，懸礙糧銀。牌民不許逾限報稅，如有不遵，照原議稟罰。懇恩批示立案，永遠遵行。禹民世世均感。蒙特授禹州正堂加十級紀錄二十次盧金批准存案。

監生、生員和耆民、鄉約、地方、保正署名。

錫張里六甲合牌紳民仝立。

嘉慶十六年。

（碑存禹州市朱閣鄉大廟村東嶽廟。馬懷雲）

重修逍遙觀老君殿碑記

崆峒山有逍遙觀，禹州第一大觀也。古昔盛時，自山門至牽鈴山後，路轉峰廻，迤延數里，樓臺殿閣，接棟連甍，磐磐囷囷，窨不知幾千萬，落落犄歟，盛哉！而今頹敗零落

---

[1] 以下字跡模糊。

矣。上觀規模宏大，又傾圮特甚，下民無能為力。下觀一區，殿宇無多，敗構殘瓦，尚有舊貫可仍。數年來，好善君子已次第修理。獨老君一殿，坐鎮清風焉，下觀之首。秋雨暴發，牆頹瓦解，棟折榱崩，遊觀者無不嘆傷而咨嗟之。己巳之秋，有道人裴成坤者，謁鄭、張、劉、党、田、李諸君子，謀為重修之舉。諸君慨為首倡。公舉家君作督，家君見義不容辭，雖年逾古稀，不避艱苦，而朝往夕來，霄旦經營，不數旬而工已告竣。又並上觀之祖師殿，廣生殿亦重修之。更舉下觀中前功所未完者，俱補修而金妝之。下觀一區，由是巍煥可觀矣。嗚乎！天地之遠，無往不復。斯工之成，其亦轉否為泰之一機也。嗣後有大力者，斯地之勝，慨悲斯境之陵夷，庀大材成大功，合上下兩觀，踵事增華，以復還古昔之盛，豈不善哉！

　　本郡廩膳生員任其聲撰文並書丹。

　　大清嘉慶十七年歲次壬申菊月上浣穀旦。

（碑存禹州市逍遥鎮。馬懷雲）

皇清敕封太安人盛母田太安人墓誌銘

　　清龍飛十三年，余捷禮闈，以廷試第三人讀中秘書。入館後，請假旋里。道經襄邑，過訪同年友盛某垞明府，流連住宿，與其兄弟輩握手談心，酣嬉淋漓。雖平原之樂，無以復加。其從兄理問少府諸君，三珠鼎峙，醇謹老成，尤□折焉。余嘗登其堂，拜其母。□聞，田太安人之賢，宗郲交稱之。二十三年春，其孤以生母田太安人狀因明府以求銘。太安人之賢，已耳熟焉，其何忍弗銘。狀曰：

　　太安人姓田氏，禹州人，以子化洽職，敕封太安人。年十四，歸贈儒林公和菴先生為簉室，事姑如母。姑李太安人，生姑孟太安人□之齒于羣子婦。事女君如同生。女君閻太安人倚之如左右手。樛木螽斯所由咏也。閻太安人生子男一、女一。太安人生子男二、女二。贈公與閻太安人相繼亡。藐諸孤甫踰毀悲苦。太安人露紒為鬈，誓不見門以外人。紀衣食，持門户，其難有過於寄百里之命者。其撫閻太安人子，為之畢婚嫁，延師友，規遠大以圖顯揚，與己所生無以異。蓋有見於古之重乎託孤者。□□之而不能教，非所謂可託也。子輿氏以託孤寄命，節不可奪，引為君子之所難。太安人□□□之婦人能兼之。嗚呼！其志節可以風矣。其他濟貧恤乏，侮甬臧獲，咸樂其惠。捐地十五畝□□□士祠，又以見博愛之仁，樂善好施，其識量固已度越恒流遠甚也。以余親見其三子之賢，□□□之狀太安人也信。因摭其語，乃質言而係以辭。

　　太安人生於乾隆八年癸亥三月初十日丑時，卒于嘉慶二十年乙亥六月二十八日卯時，享壽七十三歲。以二十三年戊寅十月十□□□於伯達岡贈儒林公、閻太安人之封，禮也。撫養女君閻太安人子男化熙，浙江紹興□□磨。元配張孺人，貢生酉女。繼配雷孺人，太學生崇德女。女適太學生王瑋。太安人子男：化洽，布政司理問，先太安人一年卒。元配李安人，按察司照磨心如女。繼配仲安人，太學生耀□□。□化均，營千總。元配孫安人，許州雍正己酉武舉元輔女。繼配馬安人，葉邑太學生福田女。女：一適貢生閻雄濂，一適許州孫廷芳。孫男三：長鴻慶，化洽、李安人出，娶孫氏，許州廩生廷幹女。次鴻元，化洽、仲安人出，聘紀氏，兵馬司正指揮天祥女。次鴻愛，化均、馬安人出，幼，未聘。孫女六：長□□、□安人出，適雷凌雲。次化均、孫安人出，適許州趙臨河。次字郟邑州同閻酉峰次子。次字葉□□□杜鴻韜子。俱化洽、仲安人出。次字布政司經歷紀天瑞三子。次字葉邑太學生杜鴻吉次子。次字太學生雷培心子。俱化熙、雷孺人出。曾孫女一，鴻慶出，字庠生閻可觀子錫田。

　　銘曰：嗚呼！陶嬰之義，絡秀之賢。煢煢孀孤，遭時之艱。節堅柏舟，志苦熊丸。子成名立，各効一官。龍錫兩代，鳳詔銜丹。身榮象服，是之謂安。俯仰無憾，以相從夫子于九原。

　　賜進士及第誥授奉議大夫刑科掌印給事中庚午癸酉湖北山西鄉試正主考加三級紀錄十五次年愚姪石承藻頓首撰書並篆蓋。

　　杖期子化熙、孤哀子化均，哀孫鴻元、愛，承重孫盛鴻慶泣血納石。

　　皇清嘉慶二十有三年歲次戊寅□陽月穀旦。

（拓片藏河南省文物考古研究所。李秀萍）

重修三峯山湯王廟碑記

文學周棟郡人

　　郡南三峯山第一峰上有湯王廟，創建之始未詳也。歷代雖有修者，亦無碑記可考。但歲時賽會，豆登雜陳奔走，村翁有來，士女已耳。雖儀衛之有疎，禮法之或缺，亦一方祝釐之所也。歲久就圮，里中好義之士，醵金聚材，一舉而新之。友人屬記於余。於戲，余小子何足記殷先哲王哉！夫其聖敬日躋，盤銘日新，受天明命，表正萬邦，豈第一時之功耶。讀其降衷，恒性綏猷，厥後之言，誠千萬世道學之心傳也。道在天地，隨處而在，何地不當尸而祝之、社而稷之耶。況禹為夏臺，又為王出震向離之地，則祀之也固宜。然不祀之於都邑而特祀之於荒山之巔，抑何居乎？豈解三面法駕，偶駐蹕于此邪？禹又密邇亳都，斯亦事之或然者也。至仁及於禽獸則人之被恩也，何如？是亦宜祀。史言湯有七年之旱，禱雨桑林，以六事自責。大雨霑足而民得蘇。夫桑林，卽韓之桑林耶。史言張儀說韓王曰大王不事秦，秦下甲據宜陽，斷成皋、滎陽，則鴻臺之宮，桑林之苑，非復為大王有也。審是則桑林為勝地，韓王置離宮其間，為遊幸之地。儀辨士，故以其所愛者恐之也。今茲山之陽，峯巒矗矗而干霄，澗水溶溶而叠帶，或卽桑林地也。禹故韓國，成湯德澤在人，土人享祀百世弗絕，又何怪乎？不但此也，余謂三代之風氣最厚者莫如商，自武王正夏，太甲復辟，而後賢聖之君，代不乏人。遺俗善政，烜赫今古，夏、周逈不及也。至紂惡已稔，尚存三仁。白馬來賓以後，積厚流光，及至春秋，吾夫子出焉。道積厥躬，學集大成，如日月麗天，江河行地，教思無窮，直接先司徒勞來匡，直之傳與天地長久，可謂盛矣。于湯有光，亶其然乎信乎。教澤之弘遠而福為獨厚與。工肇於某年月日，某月日訖。其土、木、金、石灰、甓、顏料等項，共費錢若干緡。其總率而協助者皆某君之力也。而捐貲者則有後之題名在。嗚呼，廟貌翼然，輪奐新矣！金碧璀燦，袞冕肅矣。由此而五風十雨，家給人足，老者得其養，少者樂其天，王之福佑，茲土享有窮哉。

（文見乾隆《禹州志》卷九《藝文志》。王偉）

巡撫程重修丹山書院記

禹郡為中州奧區，嵩少在望，潁水環焉。川岳鍾靈，人文蔚起。涖茲土者，允宜勤求樂育，以光聖天子右文之治。州東南隅舊有丹山書院，為多士肄業地。顧久經頹廢，計修復之費鉅。各前牧徃徃畏難因循，今朱刺史煒涖任之初，即毅然捐俸為倡，鳩工庀材，紳士咸踴躍趨事，閱半載，而翬飛鳥革，煥然一新。自講堂學舍及庖湢之屬，莫不堅翬完整，位置得宜，復建考棚於其前，文昌宮、奎閣于其左，規模既視昔有加。且以餘資生息，為師生膏火，及歲修之費，並於四鄉分設義學，以便蒙求。凡所以為造就人才計者縈備，釐為章程，請記於余。余惟修廢舉墜，與夫興利除獎之事，其始咸若甚難，如果出于誠意，經以實心，未有不底于成者。前事其圭臬也，刺史能即此意以為治，將見厚生利用百度允釐，豈獨菁莪被澤而已哉。昔黃次公曾守是郡，史稱其勸民為善防姦，務農桑，種樹畜養，初若煩碎，久而百姓向化，治行為天下第一。鳳凰神爵數集潁上，丹山之名，殆昉乎此。推而行之，安見古今人不相及耶。余故樂於書院之成，進為刺史勸且以風，凡為牧令者至。是役之經始落成歲月，捐貲勸事姓名，及生息度支各數，章程業已悉備，應即泐之碑陰，以垂永久用，不復贅。是為記。

道光三年。

（文見乾隆《禹州志》卷十二《學校志》。王偉）

重建文昌宮碑記

誥授奉直大夫知河南開封府禹州知州事前直隸開州知州關中朱煒撰並書。

夫敬承思偉績享玉帛者，先王；愛慕溯童年溫衾席者，孝子。是以過留侯之洞，即欲微仙；登蕭政之臺，猶思任俠。董江都策對天人，世傳遺業；馬端肅疏籌邊塞，家美專祠。凡厥高風，悉彰前載。豈有發奎光於六府而廟朽康城，覃文命於三臺而神棲原野者哉！

禹州城東南隅舊有文昌宮，歲久不治，瓦礫無存。訪遺址於蒿萊，都迷半碣；竚靈旗於風雨，誰架數椽。樵蘇過百，薹荒鏟舌，侵而坻盡。每至春秋，展祭瞻拜，申虔心不齋，居地惟露處，委隆儀於草莽等。大祀於弁髦，縱使俎豆常陳，馨香罔替，其何以邀明神之福，實足以增守土之羞也。

　　煒以道光三年承乏是邦，訟牘不煩，淳風斯暢，為陶才而居肆，因孝行而開蠻。齒餘子者黨庠，坐鄉師者村塾。他如鱣庭養老，鴻澤濟貧，旒檀給孤之圍，貔貅養武之地，莫不鑒此前失，咸與維新。以故禮肅明禋，心傷廢棘，謀崇輪奐，式廓罘罳。掖左右以洞闢，壁寫風雲；計贏縮而程材，罩飛棟宇。庶幾，胸吞丹篆，人知司命之尊；頭點朱衣，士隸上清之選。其時考棚則創建，書院則重修，議者以為三役迭興，兩工并舉，黍苗未詠，葭楚旋歌，得勿因土木而召災，撫泉源而告竭乎？不知多文為富，何愁杼柚之空。以道得民，具見琳瑯之美，而況玉繩華蓋，下映蘭臺、天祿、石渠、上侔冊府。闢講堂於左，次但陋重垣，列試院於前檻，只鄰新壁，勢有類乎。因巖製屋，事竟等於合社栖壇，然後，識締造神宮，即所以振興士氣也；經營皇圉，原無異欽式師幈也。念斯文之有託畀大役而無辭，亦天良之不容泯者，尚何疑哉？爰乃召彼同官，詢諸耆舊，解笏金而貯案；首倡捐廉，執書綬以咨賢。從容善諭，果爾家知趨事，戶解從公。懷瑾握玉，俱捐委積；寸絲尺木，并樂輸將。於是，原隰相基，陰陽卜吉；藩籬衛道，蒔樹開門。室半畝而稱宮，廈萬間而庇士。有堂有廡，輝煌斗極之司；為殿為樓，赫濯魁杓之望。宋廟必崇其製，丹漆可耀其華。銀凡二千有奇，功甫數月而畢。落成之日，董事者請屬文以記之。煒也，桂樹一枝，曾叨祿籍。雷封百里，與掌文衡。仰廟貌之巍峩，表神旗之舃奕。數璇璣於七曜，愧乏鴻詞；書綱紀於三戶，憨無健筆。用惟稽其工，作誌厥規模，勒以豐碑，風茲來禩，將使靈衣羽葆，共鎮撫於嵩雲，廣廈細旒，謝浮沈於潁水云爾。

　　道光四年。

（文見同治《禹州志》卷十三《祠祀志》。孫新梅）

重修關帝廟並會館碑記

　　余等山右人也，逾嵩涉洛，貿遷有無，列肆禹州。禹州者，夏之鈞台，昔日會諸侯即又此地也。礪山帶河，土厚民醇，勻勻禹甸，有故風土。康熙中，西北隅建有關帝廟，左廂會館，其重修乃在乾隆年間。風雨剝蝕，漸就傾圮。于時對越，難肅風瞻。同事諸公，醵金而重成之。鳩工庀材，十越月而煥然一新。功成後，請余言以貞諸石。余觀夫福地形勝在潁川一水，左平岡，右峻嶺，城市山林，掩映如畫。當朔望禮神之後，與諸君聚談其中，近城水聲與耳謀，滿郭山色與目謀，不必絲竹管弦而杯酒流連，幾不知何處是他鄉焉。異地風景，何殊桑梓恭敬乎！諸君相視而笑，似不以余言爲之而無當也。於是乎書，並列其左於後。

　　平陽府襄陵縣郡庠生張炳南虎文氏撰文。

　　平陽府太平縣太學生忱昌□□德氏書丹。

　　募化理首事：柴統裕、翟允芳、義□□、□謙亨、柴隆興、富大有、玉□□、□□□、

□□公。

使費開列於後：

前來錢二千零捌拾陸千一百零六文。

梁柱椽檁木料使錢三百捌拾二千七百三十二文，石條碑塊石灰使錢三百三十一千一百捌拾五文，磚瓦獸頭寶瓶使錢五百一十二千六百文，梓泥工匠使錢三百四十二千四百八十文，金漆油畫工錢使錢二百一十二千四百八十文，買鐵器並工錢使錢一百三十七千四百三十二文，犒勞工匠酒飯並買土坯麥楷使錢一百零三十二千七百零五文，開光演戲酒席使錢一百零三千零六十二文，共使錢二千一百五十三千七百一十一文。除前來錢二千零八十六千一百零六文，長使出錢六十七千六百零一文。

除捐銀外，長使錢數八家均認：

隆興典認錢八千五百文，統裕典認錢八千五百文，靳玉興認錢八千五百文，廣泰元認錢八千五百文，義和昌認錢八千五百文，翟允芳認錢八千五百文，萬裕恒認錢八千五百文，富大有認錢八千五百文，共認出錢六十八千文。除長使出錢六拾七千六百零五文，淨存錢三百九十五文，交與本年社首使費。

大清道光六年歲次丙戌十月穀旦。

首事公立。

（碑存禹州市懷慶會館院內。馬懷雲）

重修關帝廟拜殿砌客室戲樓記

關聖帝君，自後漢以來，正大之氣，昭人耳目。迄今畿甸鄉曲，禋祀特隆。治西神垕鎮廟貌巍然，歷年久，不無敗壞。士民商賈擬補其缺，□石繪畫之匠各奏其技。蕆厥事，以誌督工捐資者於石。

郟邑儒學生員王萬程撰文。

水居士任志禮書丹。

大清道光十一年歲次辛卯孟下月上浣。

（碑存禹州市神垕關帝廟。馬懷雲）

皇清例授武德佐騎尉候選守御所千總怡亭楊君（雲祥）墓誌銘

【蓋文】

皇清例授武德佐騎尉候選守御所千總怡亭楊君墓誌銘

【誌文】

皇清例授武德佐騎尉候選守御所千總怡亭楊君墓誌銘

賜進士出身誥授奉直大夫掌貴州道監察御史稽察鴻臚寺事務前翰林院編修國史館協修徐光亨撰。

賜進士出身誥授中憲大夫日講起居注官翰林院侍讀學士文淵閣直閣事咸安宮總裁教習庶吉士乙未科會試同考官鄉試同考官丙申科會試同考官丁酉科福建正考官倭仁書。

賜同進士出身誥授奉政大夫欽命巡視北城戶科給事中前翰林院檢討武英殿纂修袁玉麟篆蓋。

禹州楊君儀九，與余交近十年。一日詣余，愀然曰："某幸得成人，不至流於不類，及為指揮，有以養其廉隅，皆伯氏怡亭之力也。伯氏下世已五年，卜今冬與原配李宜人合塋於東阡之祖塋。某將歸視封窀，以少伸其意，請為誌之。"

謹按：君諱雲祥，字呈五，號怡亭。為學博懷野公長子。生二歲，即出嗣伯父澤普公。澤普公早卒，配李太宜人，青年矢節，性剛毅，比君稍長，教之極嚴。少不帥，則以鞭笞。從事君輒和顏跪受，得釋乃已。又恐傷本生母羅太恭人心，遇事必善為隱飾。以故兩母氏為娣姒數十年無閒言。戚鄰間觀君之事李太宜人，不知其為嗣子；觀君之事羅太恭人，又不知其為出嗣子也。懷野公病革，呼君語之曰：汝有肝膽，為他人任重多矣。吾亦有一事，今以託汝。汝季弟年幼不羈。吾沒後，恐其失教而比匪人也。汝雖出嗣析居，當為吾約束之。君泣受命。懷野公捐館踰月，君即為儀九擇名師，閒置家塾中。夜輒往察其勤惰，五日一驗其課程。如是者三年。命應童子試，獲入泮。數年，適部中奏開事例。君謂仲氏曰：季弟三赴鄉試不售，不如借徑以圖上進，庶少慰先人於地下。而仲氏以宦途險巇，恐累生計，執不可。君乃慨然獨任。為儀九捐授兵馬司正指揮，揀發中城，歷調四城。京師食用昂，君為資助，前後計萬金。又恐家人有違言，每暗為設措，俾無乏。嗚呼！其可風也已。少習儒，因治家，不克卒業，援例捐守禦所千總。生於乾隆四十五年十二月二十日子時，卒於道光十四年十二月十一日午時，享年五十有五。原配李宜人，生女二：長適郡李公振西，次適登邑弋公定。繼配王宜人，生子二：長夢陶，太學生。次夢謝。孫一，寶善，夢謝出。李宜人能執婦道，生於乾隆四十五年吉月吉日吉時，卒於嘉慶十一年五月初四日戌時，享年二十七歲。以今道光十九年十月二十二日申時，與君合葬於東阡之祖塋。爰為之銘曰：

不得見者君之容，不可泯者君之風。瞻彼東阡兮為君幽宮，祔以原配兮肅肅雍雍，宜爾子孫兮鬱鬱蔥蔥。

道光十九年。

（拓片藏河南省文物考古研究所。李秀萍）

誥授朝議大夫調署禹州正堂馬寬夫馬大老爺永禁開設車行碑

禹藥會場舊在密治洪山廟地方，山路崎嶇，藥物難運。至乾隆十一年間，眾首事以禹州道路平坦，搬運較易，且人樸古風，請眾商遷禹作買作賣，往來腳運，俱聽客便。不數十年間，商賈輻輳，遂稱勝區。第年遠恃久，人情不無變遷。迨至乾隆四十年間，忽有議開車行希圖巨利者，衆商不便。鳴于前任黃州尊，蒙恩禁止，立碑爲記。今春復有不鑒前車，私開車行，而蹈故轍者。衆等人呈理訴。蒙馬郡侯斷令率由舊章，即行裁撤，以後永遠禁止。商民感德，無不稽首稱頌。《語》云："莫爲於前，雖美不彰；莫繼於後，雖美弗傳。"兩賢候其先後濟美者歟！將呈詞余批，並載貞珉，以垂不朽。是爲序。

誥授朝議大夫調署禹州正堂寬夫馬大老爺永禁開設車行德政，具稟商人武生屈楝材，貢生許廷獻，職員于存李、郗桂雲，監生雍參亭等，爲懇恩示禁以利商民事。緣禹州藥材大會百有餘年，各處買賣客商運送貨物需用大小車輛，均系自行雇覓，照時議價，無不平允，向無車行之設。且乾隆四十年間，經黃州尊嚴禁車行，有卷可查，並斷令在西關廟會場立有碑記，以示永遠。商等至今蒙福。乃至正月間，忽有人在辛安隅開設公順隆號車行，四門招攬在小車輛，均歸伊行，高擡價值，多取行用，大有居奇之勢，以致外路車不敢來，本處車不能走。商等貨物難以運送，受累不淺，心實難甘。爲此粘呈碑文，瀝懇大老爺體恤商民，示禁車行，則世感德無既矣！上叩批：案已斷定，車行業經裁撤，並有前立碑紀可查。嗣後如有開設，盡可呈請傳究，毋庸再行諭禁。

同事乾泰恒號、大盛元號、俊興成號、福聚盛號、孫萬盛號、宮有紀號、杜興盛號、申三成號、永春源號、全盛郗號、屈同仁號、永德謙號暨藥商會同立石。

借用山西會館立。

大清同治二年清和月穀旦。

（碑存禹州市懷慶會館院內。馬懷云）

忠節祠碑記

知州宮國勳

禹居全豫之中，濱九達之衢，民生其間者，繁衍滋息二百年而不知兵，蓋國家承平久矣。自咸豐六年，城北聯莊會起黨結匪，禍延汝，輾轉四五年間，民之屠戮於其中者已指不勝屈。至九年，而亳逆又復竄擾，或期年而一至，或數月而一至，或一月而再至。同治六年始止。前後十四年中，歷時既久，創痛愈深。其間忠勇節婦，雖經各前任隨進稟報，而時際倥傯，未暇周詳。同治三年秋，余蒞茲土，與民習守禦之法，附城添築短垣，四鄉增修堡寨。民雖保聚有所，而橫遭慘傷者亦間不乏人，乃合前任之所稟報者，選派各鄉紳耆詳加察核，遺漏者增，而人之舛錯者更而正之。貢案請獎，旋蒙朝廷卹典，准建專祠。余謹擇城內善地，捐廉創修，合男婦二千餘名，分屋設位，廟貌堂堂，生氣凜凜。嗚呼！榮矣。死而有知，應亦無憾矣。而一時往來觀者，莫不興感焉。夫生者何與於死，死者亦何裨於生，以不知誰何之人而忽興其感慨，豈非節操之奇異與。祠宇之輝煌，有以聳動其視聽而激發其志氣與。倘傳聞失實，奇異者漸就湮沒矣；傾圮不修，輝煌者日趨荒蕪矣。

不數十年，將有考其遺事，尋其故趾，而不可得者，又何以為死者慰，而為生者勸乎？余愀然者久之，思所以善其後者，故將合祠姓氏刊入州志內，擇其事蹟之尤著者立之傳，以俟後之修史者可以得所考據焉。此固為其不朽者，地也。又查潁川里九甲豫合德曾入官地四十畝零三分，糧銀一兩五錢三分三釐，向在地丁項下完解。稞夫張有福佃種，有稞約，附州卷，每年租錢十八串。自同治九年，余始撥入忠節祠，除該祠住持香火錢八千，其餘十千存錢店，由該社紳士經理，以作歲修。庶廟貌可歷久而常新，而人心亦因時而知感。余之為此又豈僅為一時之計哉！

夫風化每起於人心，而忠孝節義之感，尤其情之所不能自已者。往嘗見世之談忠節者，雖代遠年湮之餘，而傾耳聽者猶莫不豔而爭之曰：某某者，是吾鄉之奇男也；某某者，是吾鄉之烈女也。從旁有嗚咽流涕而不能自止者，問之則非其祖父即其高曾也。觀於此，則吾人之所以激厲而獎勸之者，又何能有已時也。凡爾同社，尚其隨時修葺，以期永相承於無替云爾。是為記。

同治十年。

（文見民國《禹縣志》卷十《祀典志》。孫新梅）

十三幫創始碑記

木長自根，水廣自源，事基自落成之功巨，創始之功亦大哉！禹郡藥材會之興也，蓋始於乾隆二十七年。州副堂何公精堪輿，善風水，嘗覽郡城之形勢，嵩嶺佳氣，婉延而來，遠環近抱，清潁繞流。其人則敦朴，尚信義，多智行，慨然曰："鈞台陽翟，但古擅名勝，知此後，合富庶足資，必當商賈輻輳，而儼然一大都會。"於是，謀諸紳商會，僉以密邑洪山廟藥棧請至禹，定議每年夏孟秋仲冬十一月期會以倡之。此其濫觴也。迨同治十年，會首郭君廣德、連君文中、潘君升炎、阮君躍祥、王君凌雲、常君天福、高君有邦、蔡君漢文、胡君乾元、王君二元、范君廷棟等□□若干串，創修關帝廟暨廟院牆，以為會館之基礎。嗣至光緒二十年，又修藥王殿、演戲樓。董其事而□□捐錢者，則徐君長聚、武君清、耿君金鏞也。夫一簣雖微，為山者同之；尺木雖短，飛升者借之。於以見凡事之始終，必相須而後成者也。迄今會館規模已大備矣，今之董事諸公，同流溯源，殷然念創始者之功，而欲壽諸貞珉焉。囑予一言以誌之。是為序。

癸□科舉人庚辰科大挑禹州學正丁以靜撰文。

候選訓導廩貢生田倬書丹。

郡儒學生員趙立敬，郡儒學生員高臨瀚。

光緒二十年。

（碑存禹州市懷慶會館院內。馬懷雲）

禹州十三幫會館戲樓楹聯

盡態極妍漫忖忖到底某也忠某也詐某也直某也曲
揚風挖雅細想想逼真可以羣可以怨可以興可以觀
光緒年間。

（楹聯原存禹州十三幫會館。馬懷雲）

栗大王廟碑記

知州曹廣權

自古冥勤其官，禮有明祀。豫省河神尤著靈異，大王將軍受封號者數十，然非濱河州縣及會委黃流之巨川，則神迹罕至焉。潁水下游入淮，自許屬小商橋以上，向不行船。光緒二十八年，開三峯山艸務，白大吏改修陳許橋梁十餘處，以通轉運，就崔莊闢船場。明年，栗大王見於臨潁。攷恭勤公嘗為西華縣令，昔年鄭州河決，黃水由賈魯灌入周口，河神頻見西華。今神迹至潁，本無足怪。聞者或以為異，請建祠埠上，崔莊老人翟光順樂捐地東西十九弓一尺、南北十一弓，以作祠基。祠成，亦有神至，三日無老，於河上之人，未能識其封號也，書此以謎來者。

清光緒三十年。

（文見民國《禹縣志》卷十《祀典志》。孫新梅）

曹公去思亭記

林縣人王棽

光緒辛丑歲暮，長沙曹公來牧此邦。乙巳孟秋，以東遊日本請告去。於是，禹民祖道東門外。公別，淚落酒中。送者嗚咽吞聲，不能成語，猶謂公尚懸缺，當可重至。及公東歸，用薦者為京卿，仕禮部，禹民知公官高不復，割雞百里，猶妄意如天之福公。開府中州，禹在骈覆，吾民亦或邂逅一望見顏色。會遭鼎革，公孤抱忠憤卜，隱寶應城畔，築南園，郤掃不問人世，禹民始望絕而思滋深矣。

公為禹四年，士勤於校，農逸於田，商有遠牟，工有新製，獄訟衰息，盜賊屏絕，吏役散歸，刑罰不用，官民相親，有如家人。初，公下車先謀育才，釐正百甲義塾，甄士為師。又大闢潁濱經舍，廣置書籍，聘高賢主講，盡邀成人小子，合冶一爐。今之能立名字者，皆此中出也。其時去，聯軍禍近，談洋色變。禹有土痞搆比利時人來發礦產，脅大府飛檄，地方官保護。公挺抗之，遂設禹州礦務公司。起三峯山為基礎，益浚潁河，決暖泉，興鈞瓷,廣樹藝,開實業學堂,創罪犯習藝所,落落數大端,皆一身作則,與民不驚不擾。有成,則利益授之人;不成,則勞費任之己,自提官囊倒傾。禹地有面頌公德者,公曰:"我作官未負鍋來,即所飲猶潁川一杯水也。'楚弓楚得,我何有焉?'"公壽眉長須,面背皆道氣,談吐隨□成經典,批判詞旨,芬芳悱惻,終日莊坐,聽事狀必親受,案無留牘。治之既成,萬戶從風,六房如水,乃至寂寂衙前,酒店移壚,飯莊減竈。公則暇,倚堂皇課開,家塾樊蓬仙先生曰:"老師竟將閬州縣做成廣文冷官矣。"公亦大笑,無以辨也。都在禹文書後,裒為《學政叢綠》。湘潭王先生曰:"今之人士皆目營四海,持此問世,彼且嗤以碎雜瑣小,有一擲不屑耳,而孰知其為民之命也。"自公去,而禹為一變。公在京師聞之,每愀然不樂曰:"苦吾民也。"滄桑之餘,民益撫今追昔,念公不去口,所謂人窮則返本,故勞苦倦極,未嘗不呼天也;疾痛慘怛,未嘗不呼父母也。繼聞公避地安居,羣相與引領,遙望作天際,真人想計無復之。爰取公昔所愛地即潁濱建去思亭,將以考引公德,並吾民感舊之心得有所託見焉。亭成,門人王琴為之記,且附詩章以興讀者。詩曰:

　　遺老痛隱,故侯恩留。望而不見,我思悠悠。自公來禹,大慰饑渴。劍客買牛,琴堂羅雀。凡公之治,相感以仁。亦無桀傲,養驕不馴。凡公之治,相孚以誠。亦無巧詐,能蔽其明。遂取禹民,付之學校。戶誦家絃,惟公之教。遂取禹民,樂其生長。春釀秋和,惟公之養。謂公好文,而公實武。早伐強謀,安保守土。謂公可親,而公實尊。竊鼠匿影,陽鱎杜門。人亦有言,道不虛行。民之從公,實惟德盛。歲月不居,四年其速。奪我使君,民遂無福。公之去禹,辭曰東遊。安排竹馬,重迎細侯。公歸自東,公卿交薦。高坐春官,倏遘國變。尋得南園,卧比西山。別有天地,非復人間。國家養士,載祀三百。得公一人,已足生色。無能救世,乃自樂天。昔仕作佛,今隱作仙。惟餘故民,俯仰先後。翹首東南,愴然思舊。秀民思公,謂公雅事。載酒勸農,鈔書課吏。樸民思公,謂公安良。丁賦輸國,素封比王。姦民思公,謂公不枉。刑有蒲鞭,罪無陷綱。惟禹思公,不稱榮名。士曰先生,賈曰先生。惟禹思公,皆執學禮。士亦弟子,工亦弟子。去終莫來,思亦誰見。新亭翼翼,以表心願。帶水襟山,公舊遊地。潛淺鑿深,思公興利。滿院書聲,公所創作。論史談經,思公笑樂。淋漓手澤,公墨猶香。刻石掛壁,思公文章。亭大如斗,貯思孔多。謂予不信,亭上有歌。

　　光緒三十一年。

(文見民國《禹縣志》卷十四《金石志》。孫新梅)

山西藥材社捐銀碑

　　山西藥材社捐文銀四百兩。

(碑存禹州市懷慶會館院內。馬懷雲)

廣藥材人和社捐銀碑

廣藥材人和社捐文銀一百伍拾兩。

（碑存禹州市懷慶會館院內。馬懷雲）

柴統裕等捐銀碑

柴統裕捐文銀捌拾兩。柴隆興捐文銀捌拾兩。段謙亨捐文銀捌拾兩。富大有捐文銀陸拾兩。翟允芳捐文銀伍拾伍兩。義和昌捐文銀伍拾兩。玉成貞捐文銀伍拾兩。復泰公捐文銀貳拾陸兩。

（碑存禹州市懷慶會館院內。馬懷雲）

金陵亳州商號捐資碑

福興號捐銀二兩七錢五分，錢四千四佰三十七文。

天德堂捐銀三兩五錢四分，錢一千七佰九十文。

大生全、謙泰公、笪三元、庚興利、東同興、吉勝祥、義順長、王德興、東泰興、德泰永、隆泰義、松山堂、恒吉昌、李復泰、森泰永、太生源、胡裕成、劉新記、樂壽堂、永昌號、黃義興、隆興裕、廣慶堂、文德堂、復泰馨、均和成、大順玉、裕和祥、泰昌祥、謙吉福、文德恒、胡裕隆、義和盛、萬盛昌、聚泰公、三和公、杏春堂、劉振會、萬年吉、張裕隆、元成恒、義盛堂、和合堂、義隆公、順興號、程永元、張萬元、同春東、梅大德、應廣和、賈永昌、復興長、徐萬霖、祥泰號、未全盛、王同裕、同春源、邵德堂、大齡堂、泰山堂、源泰士、王順祥、薛德生源、王天德、萬興祥、□王功、□復興、□□□、□□□、□□□、邵德生、德泰福、謙吉公、同春西、益元堂、松壽堂、徐萬興、興盛廣、厚生馭、胡裕昌、同心合、元豐合、王椿記、景興號、黃怡泰、義昌祥、李懷德、沈應科、袁錦隆、楊山元、志恒詳、公義合、同元亨、興泰福、安懷公、萬源堂、義合堂、同春福、雍壽世、李天和、王德顯、劉在位、義利生、王元號、龔萬盛、鼎興和、東順興、□□□、□□□、□□□、□泰公、杜全泰、義豐同順公、韓元興、天泰號、保泰公、同順號、公記、熊德泰、益興行、詹記、劉新普、泰盛昌、申發和、吳興成、□□□、□□□、□□□、□□□、宗裕、劉大、三泰堂、錦龍、三義盛、三義和、雍萬和、天聚福、萬和亨、聚興魁、王光祿、俊興泰、德順福、徐吉明、馬和、立生號、□□□、□□□、□□□、□□□、□□□、□□□、□□□、喬聚、胡合興、義記、公興號、耕記、顧全興、保全行、瑞和永、許順興、德昌錫、張新樂、寶山堂、發源堂、張徽□、□□□、

□□□、□□□、長興明、全利和、三合公、生號、李鳳林、李甲增，共捐銀二十二兩三錢九分，共捐錢三十七千二百三十八文。

（碑存禹州市懷慶會館院內。馬懷雲）

商城商號捐資碑

　　義和東、恒泰永、協和泰、廣順和、人和正、程義和、余恒泰、晏義興、吳和順、公興恒、永順正、泰生厚、恒泰中、復興隆、恒泰餘、人和順、三元正，捐錢五千三百五十三文。

　　祥瑞和捐錢五千三百一十八文。

　　泰生永捐錢四千七百一十九文。

　　義和厚捐錢四千一百一十二文。

　　公益恒捐錢四千一百七十七文。

　　恒泰貞捐錢四千一百四十五文。

　　□和祥、三元恒、義興厚、馮復興、馬復興、昊瑞源、王隆昌、義興瑞、隆昌公、恒泰源、義興永、瑞源和、義興德、同協仁、復興和、元豐協、李寶泰、義興恒信，捐錢三千六百五十七文。

　　人和信捐錢三千七百十六文。

　　恒升和捐錢三千五十二文。

　　義興恒永捐錢三千七百二十七文。

　　義和永捐錢三千五百十九文。

　　曹中和捐錢一千二百六文。

　　人和中捐錢一千一百七十三文。

　　協和中、復興永、義和恒、恒泰富、公益成、三元順、恒泰和、義興成、張三義、義和仁、瑞源正、恒昌升、義興順、恒泰謙、人和恒、復興泰，捐錢一千七百八十文。

　　義興恒捐錢一千三十一文。

　　泰和鎰捐錢一千九十文。

　　恒泰生捐錢一千八百九十一文。

　　順興正、恒泰德、晏允興、人和瑞、□復興、義興利、義和正、李人和、□三義、桂芬厚、三義正、義興恒、□□餘、□□泰、義興信、協和元、允興正、陳義、恒公合、復興恒、恒興永、恒永吉、三義正、瑞源泰、瑞源義、人和興、和永、公興號、興正、泰昌、清和、恒泰興、復興盛、正廣興、三義恒、恒泰昌記、昇記、李復興永、義恒復、義和祥、祥泰和、□和元、瑞元信、同泰德、允興恒、人和貞、義興隆、仁和元、恒泰瑞、義興恒、復興貞、復興祥、寶善福、允興公、義興晏、吉慶堂、熊永順、恒泰永、恒泰松、德順興、劉復興永、恒泰成、恒泰豫、程義合、義興東、中和正、恒泰友記、段裕泰、復森堂、恒泰復、進泰公、馮德興永、李人和恒、義信成、李恒泰、秦生餘、六合堂、謝全興、人興仁、永興正、餘泰昌、三元祥、恒泰豐、恒昌隆、晏裕興德、恒昌□、吳順源、復興鎰、伯盛昌、三盛和、張厚鳳、賈元吉、人和貞、和順瑞、楊長順、程義永、程義和永、益泰昌、仁祥順、協和正、恒泰東、程善堂、□義堂、三義公、隆盛公、□三元、陳復仁、義興仁、張義昌、周祥泰、吳瑞和、崇禮堂、馮全泰、柳自□、劉公興、義興合、恒泰乾、李天泰、復興慶、俊發祥、同義理、恒泰公、新盛正、義興祥、復興仁、復興成、復興公、義興昌、恒泰長、泰生德、蔡泰成、中和東吳和瑞、泰元堂、三義永、萬順森、周人和、□心長、順興恒、仁義德、劉萬福、太和中、同聚盛、楊萬順、程義興厚、復泰貞、祥泰號、祥瑞永、萬順正、三義堂、天佑堂、吳中明、德泰厚、恒春和、義源正、仁記、周恒昌、和記、新盛和、恒盛瑞、瑞芝堂、芮信昌、趙銀山、分興順、恒泰祥、三義元、義興號、義興和、和順正、恒泰正、曹中和正、李長田、余克甲、張泰和，共捐錢四十六千九百五十七文。

（碑存禹州市懷慶會館院內。馬懷雲）

廩生杜希春墓誌銘

王棽

宣統三年，歲在辛亥正月八日，杜子少臺先生逝世，秀哭於校，樸弔於野，親者為其私痛，疏者為其公悲。其友同里王棽林志其墓曰：

少臺，字也，名曰希春，禹州廩生，豫南名下。其先世本農家，而自以士奮其夙，慧根天定，而復以學成。其於麤膚之論，炫夸之執，終迂且拙。雖學不工，人皆馳逐，彼獨畏遁。其於不可爬梳之緒，不可推見之隱，既精亦銳，所刻斯深，千古沉夢，一朝豁醒。其名理絡繹，雄辯縱橫。析人之疑，如的以破；排人之難，無枯不摧。其嘗治祆術，一索得深，帀月之勞，疇人斯佩。其嘗治聲韻，善因天籟，華嚴蠟丁，心通耳順。其嘗治絲竹，今古備能，必創新律，以復古意，雜撰劇書，寓意拯俗。其嘗治陰陽，壬遁等流，有故有物。人笑其誕，彼取其奧；人薄其小，彼推其大。其年未弱冠補弟子員，而應試筆憖，甘老一衿。其善製官牘，大驚俗吏，而足音自珍，公堂空谷。其文體不後齊梁，其書法一宗羲、獻，其風流如見魏晉，其直道猶存三代。其曠達，多不羈於俗而自規於古，其瑰琦，鮮能耦其奇，故遂異其獨。其有樂也，不擇地而歌。其有憂也，不移時而哭。其才之豐，而命之嗇。其學者傳，而名者少。其死者亦常五十二歲，原可不恨。其人乃非常一世不再，斯大可恨也。初，少臺懷采自匿，而吾以窮束孤邨不相聞問。光緒丙申之歲，猝遇於鄭州，場屋風窟之下，立談定交，嗣以舌筆生涯，館居相鄰，過從益親，論見益廣。時復與樊子蓬仙、方子子俊、陳子肇卿、艾子綏青輩，胥相追逐謳呼，風雨名山，不可一世。年少氣盛，興高采烈，不知離合，何問生死？未幾，四方多故，即吾黨二三子亦或馬迹車塵，天涯地角，夢存形影，望斷音書。幸少臺所執公務，適與吾合，因益連榻促膝，慰獨證同，窮年月日夜以為人世之至愛也。方其得意，萬物莫易，亦默念人事不測，此樂難常。每有一時千載之惜，今果然矣。當吾二人初交時，舉國清議，正主自封，中華禮化，夙恥尊外，明效大果，實得其敗，而憤時嫉俗之子遂得陷隙，乘乏鼓吹功利，士氣不逞，國風斯變，曾不十年，故物盪盡。惟吾與少臺亦曾妄為救時之說、測微之論。始則立於風氣之先，後則遁於風氣之外。看人浮沉，視天醉夢，相戒無復，敢知時事，偶有根觸，則作新亭封泣狀。吾最平生蕭瑟，每秋風起，搖落不堪，而少臺更衰衰向老，心血嘔盡，憂能傷人，不復永年。未死前數日，顧余太息曰："吾衆處則為塵俗蹂死，獨入則為羣書溺死，死無逃矣。"何期苦語，竟作訣讖已矣。少臺子所謂以傅燮之悲，兼袁安之念者，其死宜也。然吾隱察世變，堅信其得，及今而死非不幸也。曾祖某，母某氏。祖某，母某氏。父某，母某氏。妻李氏以賢聞。子蔭周世其家。抱孫一，小字某，方稚也。越沒後月有四日，葬於某原先塋之次，為襮其概，以沈諸幽，必有英靈，以發光怪。餘憤未吐，將詩為銘。銘曰：

自始傾蓋，歲維丙申。豈曰他慕，相賞以真。越幾廿載，無百日離。風流跌宕，酣暢淋漓。一語之合，我夸君狂。不顧人笑，眉舞趾揚。一字之爭，君嘲我罵。如鷸持蚌，相上不下。以我信我，未若君深。早化形骸，併一復心。曾不生離，而忍死別。曷其有憤，一暝長絕。以君才德，而世莫求。雍容華貴，以冠沐猴。青天非向，白日忽沈。豺狼在邑，魑魅喜人。凡今之人，以薄其古。凡今之世，以樂其苦。為此死隱，聰蔽明掩。痛於魯連，蹈海猶淺。彌天一棺，以埋深恨。蚩蚩不悟，寧丁未連。以君之韻，朗月清風。死生之數，素了深通。謂君方死，而君方生。我自不達，百感交縈。別未面訣，病未問樂。死未視殮，六州鑄錯。命也廢道，天之喪文。精靈鬱鬱，聞乎不聞。君已得所，我固不如。將詩和淚，敬奠黃壚。

（墓在禹州市東南十五里穎川里三甲王莊西，文見民國《禹縣志》卷十三《陵墓志》。孫新梅）

鄢陵縣

重修儒學記

鄭二陽

　　古聖人功在萬祀，系惟本天覺，人創開學之一道。天地所以不毀人類，所以恒存恃惟有此學耳。隆古之代，自家塾至於天子之都，皆立有學。人自毀齒至於視成，未嘗去於學之中，春誦夏絃，秋冬羽籥，大樂正造焉，大胥小胥贊焉。且王親視學，命公卿大夫皆入學以興之。《魯論》曰："君子學道則愛人，小人學道則易使也。"夫合君子小人而僉化於學，則誠如堯、舜、三代之盛，匹夫匹婦皆有仁人君子之風，天下何憂不治，而以語於簿書俗吏則憒不知務焉。

　　鄢陵儒學自兵燹後，殿頹廡燼，茂草可鞠。余自江南避難歸，亟請於當事，根本之地念之哉。盍修無數，顧以搶攘初定，弗遑從事。順治戊子春，關東烈齋孫侯來涖茲土，甫下車，環睨惻然。越明年，政成歲和，迺捐金庀材，揆時度工，進諸生計畫之，於是，殿廡門垣，煥從更新，捄者椓者引繩而削，墨者雕青嵌綠，而操丹鉛以進者殫力勤作。侯聽政之暇，輒不時過省，諸生又復挾冊而互稽之，經始於己丑二月初十日，落成於九月既望。數年瓦礫之場，一旦化爲富美之區。中外殖殖，跂翼翬飛，大壯斯幹，曷比踰茲。而學博印潭王君又走伻彰德府學，備錄從祀先賢先儒姓字，按次置主，恭奉東西廡，肅肅如也。嗚呼！吾鄢今日乃復有學矣。入斯學者，無論筐篋六經，笙簧五典，即顧瞻宮牆，周旋俎豆，一俯一仰，莫非是教。當不啻捧袂留紫氣之書，摳衣敘青雲之袂，語有之所貴乎。儒者道術無所不包，非徒呻吟呫嗶俛焉，白首之爲賢，其舉先聖之事而力無不可爲之爲貴。曾子不云乎未得君而臣可知者孝子也。未有職而能仕可知者修士也。則夫有刀礪諸有玉錯諸方，其伏環堵，踞竈觚時，胸懷神墨。慎飾金履，粥粥純純，砥厲強學，斧藻其德，亦若斧藻其棨則已矣。

　　昔胡安定公弟子布在朝野，醇厚和易，亦惟曰經義治事，分齋督課，相與敎學之有素耳。況道學鼻祖，推本伊雒淵源，吾鄉人士固且沐浴其間矣。即吾鄢先達遠不具舉，薛文清公一代眞儒，理學節義輝映千古，謂非自此藏修以往耶。誰媿峨子有爲，則是祁祁髦俊，時邁涫德，於以明天察民，扶持元極，匡翊提挺，庶幾號於人曰：儒林之彥，四海原泉，豈不炳炳麟麟，懿哉盛歟。不然微獨倚孔子之牆，絃鄭衛之聲，法則龐之，即如所謂頻頻之黨甚於鶿斯徒令人指曰：此求仕者之舍。不免詬病，以儒爲戲。抑豈今日所以修學之故哉！公孫丞相云勸學修禮，崇化厲賢，以風四方，太平之原也。侯之茲舉，可以風矣。

　　孫侯諱丕承，號烈齋，三韓人，貢士。學博則教諭王黼字印潭，安陽人；訓導王鼎臣字元甫，遂平人，俱貢士。典史陳階升，字爾奕，吳縣人。諸生則梁之鯤、劉漢藜、韓則愈、梁廷拭、梁夢前。拔貢生，鄭蕃也。其董役助貲之人，工值金錢之目，詳載碑陰，庸垂永祀。

順治六年。

（文見同治《鄢陵文獻志》卷十三《學校志》。王偉）

臨雲堂記

張天植

鄢陵故無學使者署，自河齧開封，區廨沒入地中，乃徙之鄢陵，卽梁氏故宅而為署也。余始視事，其堂則三楹，歷級而登，問有奇量期，則昉於乙未之四月，訖於乙未之九月，堂成而庭除爽塏，步櫚不設，額之曰"臨雲"。臨雲者，陸士衡文賦所謂"志凜凜而懷霜，目渺渺而臨雲"。因取以名其堂者也。夫雲也，觸石而起，膚寸而合，舒之彌綸乎四海，卷之消液於無形，其去來也，豈有其端哉？浮天地之閒，而抱一掬之內，凡天下之文章，得乎心而成乎手，含舒吐發機，倪杳杳乎難尋，其或視諸此也。且雲之為類也不一，或卿者，或矞者，或油者同者，或鮮者洩者，或如車蓋者，上如羊者，或滃鬖曰愁，或閟宿曰密，或蕭索輪困而曰五色，其可測耶，其不可測耶。

自余之涖乎此也，諸士之為文為質，為妍為醜，迷迷的的，郁郁紛紛，以至乎余前也，乃給曠移諦凝神息志，矜而出，審而鑒，一諷不再憶，立斷不再決，若踞乎十仞之巔而洞夫萬里之外。是固有取乎臨也，不觀夫古之教射者乎。先學不瞬，亞學晬三年而蟲如輪焉。然後，無不得矣。今余之相士也，道蓋在晬者也。懼其瞇也，非有所學也。若夫雲亦非有模狀，執著及大小之觀，從而求之也。天下之物未有不去之，以形遇之以機，而能盡其道者。臨雲者，蓋得乎高遠之勢，而以機遇者也。則不病其為瞇已矣。昔士衡入洛，才思益進，作為文賦，窮工妙解，天下後世之為文者，孰有逾於其言者乎。抑天下後世相人之為文者，亦孰有逾於其言者乎。余茲者幸涖洛也，其敢弗承以較士，顧所雲凜凜者慎也。先之以慎而後能晬之以高遠，是堂所由名，而余之志也。倘後之登斯者惕然而思，曠然而怡，以克副人文化成之盛，則學使者之責不已盡，而茲堂不亦有幸乎哉。於是，為記以永之。

順治十二年。

（文見同治《鄢陵文獻志》卷十一《建置志》。王偉）

重修鄉賢祠記

鄭二陽

鄢庠之有鄉賢祠，舊矣。自經兵亂，蕩為邱墟。丙戌秋仲，余始歸里門，值丁祭，屆期，當事草草露地為壇，舉行祭禮。於時即發願重修，而同人避地者尚未盡歸。丁亥秋杪，方釀金議修，大亂甫定，人鮮甯居。有捐金如約者，有捐纔及半者，亦有未及捐者，不得已權且構屋三楹，巋爲棲神之所。而牆垣戶牖尚猶缺然。延至甲午，余乃捐貲謀修，幸而學宮尚有前修兩廡之餘材，於是，託劉生白廣文先生用諸木料，再鳩工補修，創置高龕，增添門樓一座，週遭繚以崇墉，一切黝堊丹臒畢具，然後，鄉賢祠之工始竣。

順治十四年。

（文見同治《鄢陵文獻志》卷十四《壇廟志》。王偉）

常平倉記

梁熙

　　自耿壽昌本李悝之說，創爲常平之法，穀賤則加倍收之，穀貴則下價出之，使貴不致於傷人，賤不致於傷農。人無傷而農益勸，其法固甚善也。然歷代時舉時廢者，何也？指陳其弊，亦有數端。當斂之時，或勾集配抑，督責嚴急，未必如市中之貿易。官見以爲平糴，而民病於糴，及其當散也，或以新易舊之法，置若罔聞，往往全其封鐍，遞相傳授，至一旦甚不獲已，然後發之，則已化爲浮埃聚壤而不可食矣。於是，禁民穀赴市，而官獨賣之。枵腹者不得不隱忍姑買，價值之高下，又復懸殊。官見以爲平糴，而民病於糴。嗟乎，因仍苟且，弊日叢生而良法壞矣。常平起於漢孝、宣之時，而後漢劉般已言常平有利民之名，而豪右因緣爲奸，小民不得其平。班固亦曰：管子之輕重以至壽昌之常平，亦有從來顧古爲之有數，吏良而令行，故民賴其利，萬國作乂。由此觀之，法固不能無弊，要不可因噎而廢食也。宜民在法，守法在人。爲國之道，不外恤農以繫其家，足食以繫其身，聚其骨肉以繫其心。故曰：守國者守穀而已矣。善乎。司馬光曰：常平倉者。乃三代聖王之遺法，非獨李悝、耿壽昌能爲之也。穀賤不傷農，穀貴不傷民，民賴其食，而官收其利。法之善者無過於此。比來所以墜廢者，由官吏不得其人，非法之失也。然濟急又莫要乎近其人，苟徒置倉於都會，則道途艱阻，州縣鄉遂之遠，安能陸輓水運數百里，以與上官相交易哉。

　　順治十四年，上臺遵奉詔勅行，令州縣咸立常平倉。邑侯經公恪勤乃事，擇地之高燥者，創建倉廠若干楹，即乘穀賤，捐俸糴三百石，以爲常平之本，以視前代出上庫錢五千萬市米，置吏閱商賈錢每緡稅二十，以贍常平本錢者，又豈可同日語耶。嗟乎，良工陳其枲虆而拙者易之，非其器不適也。良農播其菑畬而惰者荒之，非其土不腴也。今之創始者難，後之循行者易，使繼侯而吏此土者，任牛羊芻牧之責，無秦越肥瘠之視，能長守其法而補飭通變之，雖百世無弊可也。

（文見同治《鄢陵文獻志》卷十一《建置志》。王偉）

重修儒學記

知縣黃雲鶴

鄢隸中土，春秋而後，洵沃壤名區，風教所首被者也。道彰於古，後千萬年聞焉。而羣有慕者之謂風，德殖於己極，千萬人衷焉而莫與易者之謂教。聖至孔子，爲風教所宗，以故明王在上，隆其典於辟雍，復下其制於郡縣，誠欲游於斯者，人無不學，俾於世無不治。顧三代以來，風教有所不能一者何哉？天下書愈多而理愈昧，學者事愈勤而心愈放，詞愈麗議論愈高，而德業事功愈無以逮古人，此考亭朱子所爲致歎於章句而必愼重於學校也。

余備員外正於學校，其敢令弗飭與。庚子夏初，有事文廟，見廟貌雖存，崩桷頹垣，剝蝕風雨，因謀於外翰董君色起、任君及第曰："葺甯之舉，不容晨夕緩已。"會奉檄分較秋闈，事竣，即以狀白於督學，旣允。以諸生梁克體等專總理之責，鳩材聚工，瀡塵之污者而礎之，拂薉之圮者而棟之，除犢鼻之曬者而垣壁之。凡自檻廡以內，門屏以外，悉爲鼎臛，不逾歲而斯干秩秩，翩然有伣。

是役也，官擔俸，紳士括廩餼，効力之民倂無苦於執功，迺余雖首倡，設非兩外翰迭爲勖贊，則落成之速豈能遽如是與。昔文翁化蜀，學校之成，則以相如爲師。余固愧非文矣。然輟餐餇義，下榻橫經，其課士務以實。彼僅僅著聞詞賦者，似亦未足多爾。矧鄢稱材藪，如縮高之節義，庚袞之孝友，尹宙崔立之吏治名德，范甯、薛瑄之經術、理學，爲當世所仰止，誰非先民之表表者乎。

鄢士乘時而出其所颿宣氣運者，又曷慮今遂不古若也。夫屬人以倫，緯世以材，故倫不本於孔子之學，可以率常而不可以權變。材不本於孔子之學，可以導治而不可以制亂。則學孔子之學者，務先以有得於心，倂有得於孔子之心。天子所繇治於上，生民所繇安於下，天地所繇位於兩閒，物類所繇育於四時，咸本是心以達之士，庶幾不以負風教者負學校，不以負學校者負朝廷。諸君盍胥勉乎哉。爰爲記而復詩以頌之。辭曰：

靈降惟嘉，自彼尼邱。司天之鐸，甯止春秋。法裕後王，道綜先疇。上覆下履，天地同流。范模百代，蒸嘗萬古。韡韡麟麟，賁於中土。安陵片壤，絃誦凤彰。閟宮修葺，俎豆重光。咨予多士，聿爾羹牆。聖繇心造，際值期昌。祐格是貺，鼓鐘鏘鏘。於以奠只，永祀無疆。

順治十八年。

（文見同治《鄢陵文獻志》卷十三《學校志》。王偉）

太常寺少卿封兵部尚書梁克從墓碑

韓程愈

　　梁吟梁改葬伯父奉常公事云康熙二年歲癸卯，梁子廷撰，就汴啟其伯父奉常公之喪於淹沒之墟而出之，暫殯於野，以謀改葬。余聞而嘉之。先是奉常公遭崇禎辛巳之亂，憂鄢陵破亡，餘壘不可支。壬午春，攜其室百十人入保於汴，已而賊往來彝門，攻掠不肯去。會城中守益堅，遷延至九月，決黃河水灌之，水至而三版絕，沈沒之禍成於是。城中人死者不可勝計。奉常公年既高，久處危城中，日夜聞羅雀掘鼠，易子析骸，事益憂懼。六月，卒於靜庵街居第。家人殯其柩於庭之西南隅，未幾，而城沒，家人無少長，男女皆死之。自是黃河之水浩淼洶瀁，日覩白浪洪濤，有識者不敢信有揚塵之事焉。

　　皇朝順治初，天子命吏治河，大施金錢，民力以補救之，河漸次入故道。大梁之城社復立。又十年，居民有復業者。郡守、邑令署治其中，生聚招來丁口以萬計。又十年，制府之鼓旗建焉，御史中丞之臺設焉，鄉貢士之院闢焉，商旅之輪蹄輻湊焉，人聲馬嘶、釜烟爐火、酒肉之氣、逆人颺有啟順之風，而抱沈鬱於荒落之地者尚不知其幾許也。廷撰日夜念旅魂不置，適以事至郡，過奉常公之墟而哭之，欲謀改葬而不得其處，見一叟荷鍤立，問之，則其鄰也。尾尾言當日事甚悉，遂得其柩之在庭西南隅者，扣其棺硜硜然，啟而視之，則奉常公衣冠楚楚，容體如向也。乃舉而厝之野，徐商後事。夫奉常公名卿耆儒，齒與德並，晚遭不偶，闔門駢死，幽魂淹滯，已分塵埋。今二十餘年，忽得輿櫬里門，待歸故壠，則廷撰之孝思，安可以不書也哉？

　　廷撰，字吟梁，奉常公少弟克紹之子也。

　　康熙二年。

（文見同治《鄢陵文獻志》卷八《土地志》。王偉）

邑侯裴公德政碑

鄭蕃

　　邑侯裴公以庚戌閏春蒞任茲土，七年政成，循聲懋著。臺司褒舉，上嘉納焉，卽以銓部特徵。紳士父老交慶忭舞，咸謂我侯實心惠政，榮陟清華，酬勳曠典，已著朝端矣。鄢人士沐公厚政，享粒甯之福，父母依之，神明奉之，自城闉至於僻陬，靡利不興，靡害不除，公之惠我鄢人備至。今公將去，而善政未勒之貞瑉，懼無以表公令德，傳之奕世也。羣謀建德政祠而來問記於余，余自惟拿鄙無能，揄揚萬一，然而子弟之誦父母，惟其實不惟其文，當不以樸陋爲譏也。

　　公之始至，市廛蕭條，逋賦疊徵，商賈遠徙，鹽筴不登，里馬里夫之苦累，漕米河夫之攤賠，逃亡相繼，鴻雁嗷嗷，荒糧日以滋，戶口日以減，庶士匱竭，澤宮茂草，鄢之凋敝幾不可以爲國。公俯詢疾苦，罟去煩苛，周覽疆域，見屯溝以南汙萊滿目，黔突無烟。詢之土人，曰：此所稱下四保也。年豐則禾黍穰穰，苟水大祲則逋逃四散。荒糧之累，下四保受之，且漸及於上數保，勢不致闔邑並困不已也。於是，履畝清丈，躬自檢閱，得新墾三百餘頃，盡以塡補拋荒數目，弗邀紀祿之功，弗市除荒之德，徵收錢糧，悉歸實額。荒糧削除，逃亡漸歸。公又假之牛種，寬以徭役，滋培休養，家室甯止，比年十月伊始，糧銀告竣，而下四保完糧最先，舉十年沈錮大庋，一旦蠲豁，公之政已足千古矣。里夫里馬，向屬限年供給，公履任之初，謂驛馬設有正項，無煩資之民間。且馬豈盡羸敝乎，何爲一歲一換，徒費民財也。乃擇馬臕壯者與以値，收養內廐，而里馬馬夫之累除。里夫四十餘名，寄食各保，每名約費十餘金。公惻然憫之。鄢非驛路，此輩徒事冗食，非法也。止留數名供役，遇有郵傳，按符僱用，而里夫之累消。限年當差者，里長之外，有寫算，有收役，食用衣資，俱出之本甲。公遴知夙習，合兩保爲一櫃，僉派掾吏分任其事。三倉漕米，賦役之最大者，公選委廉幹，先事經營，除正項支用外，閒有他費，悉出冰俸與之。數年辦納，從不令民閒私幫毫釐，而民亦不知有漕米之苦也。

鹽引初止四千，康熙初突加三千八百有奇。行之數年，商民俱困。公乃減二千八百引。邇來歲額無缺，鹽筴用舒。徵比錢糧，向限五日，以各保遠近不一，五日爲期。催徵幾何，更以十日。每保約定納銀若干，足則賞之，少則令之續補。桁楊罕事，輸納如雲矣。里甲大差，十年爲轉，名曰限年。年歲有豐歉，差役有多寡，苦樂不均，賠累無紀。公欲革去，限年而行。軟抬之法，人情狃於故常，莫能驟更。乃令每歲飛差如軍糧，如硝黃，諸不在經制正項者，悉令各保均攤。至於歲費，原屬限年者，限年任之。所以王事呫嗟立辦，而里甲亦不偏受其累。雖無軟抬之名，實受軟抬之賜也。公又篤愛文事，縉符涖治，不廢鉛槧。諸生之秀良者，董以月課。政事暇，講授不怠。善則獎，否則戒。婚喪助之，災患解之。一時膠庠諸生彬彬有鄒魯之風焉。

鄢境北通會城，自尉適鄢者，取道郲村舖。三十年蔓草荒煙，無復民居。公多方招徠，聚族而處者廿餘家，墾荒種植，已成土著。而公所尤慮者，鄢迤南屯溝橫石之閒，人烟希少，暴客出沒，爲之創置堡夫，又設法以募鳥鎗手，更番防禦。曩之畏途，今悉爲康莊矣。鼎革之後，鄢城痺薄。公憑眺增感，欲事重修而恐民力不敷，乃勸募工資，補其頹敗，更新雉堞。建立八堡，以宿更夫。今鈴柝震夜盜息民安。公之爲鄢人計者，無微不周，類如此。

公用民之力，恤其勤劬。予以餼餼，然猶量其時日，恐妨農務，不得已而興作。如奎樓爲學宮，文峯簷牙朽蠹，風雨不蔽，捐資鼎建，巍然巨觀。公惟念切民依，任用得人，故凡所營繕工堅利永，而民亦不苦勞役也。方域用兵，時有徵發，公軫卹艱難，一草一粒，不肯溢額徵派。即解運他所，亦必授之方畧。新鄭之軍糧，武昌之硝黃，胥役奉法，毫無侵漁。此尤昭昭在人耳目閒者。上行期會，斟酌緩急，籌辦預定，隨時遣發。貢賦從無愆期，而亦不至淹滯守候，爲民滋累焉。公視鄢人猶子，理鄢政如家，存心寬和，教令平恕，不以苛刻責人，不以率畧應物，一事必慮始終，一言必籌得失。廷見士民懃懃懇懇，人皆服公厚德。然於懲惡釐奸，法行迅擊，無少假貸也。嘗攷前賢遺愛久而彌彰，如陝之甘棠，中牟之三異，潁川之集鳳凰，南陽之召父、杜母，密令之蒲輪安車，盛德至善，民莫能忘者，惟豫獨多。夫豫爲四方之中，風會係焉。世之治也，聖主在御，即有慈良純德之臣，奠安中夏，爲當時柱石。今天子加意民生，崇獎良牧。公以循卓奏最，徵爲主爵。宏猷亮節，又安天下，且將以鄢政爲權輿矣。鄢人士歌詠功德，謀建公祠，雅有同心。則余戔戔之言，聊以導厥民志云。

康熙十六年。

（文見道光《鄢陵縣志》卷十《祠廟志》。馬懷雲）

修項公橋記

韓程愈

項公橋者，郭家橋之新名也。自尉入鄢，取道有三，中則由彭祖店，經文水橋，至五里廟而南焉；東則由探家莊，以晉門橋而西南焉；西則由郭家橋，經鳳凰岡而東南焉。郭家橋者，蓋鳳凰岡過渡之地也。鄢陵双洎河，自西莊頭而下，逶迤至彭祖店廟南地，素洿下，每天雨連綿，西山水發，則溱洧瀑漲，河之南與北，一望如洞庭彭蠡，深者丈餘，淺者五七尺。輿馬晝夜不息，至此咸趑趄焉。於是，思得郭家橋以達鳳凰岡高阜之地，而郭橋又斷，行旅之輪蹄不前，農人之禾黍日腐。近者文水橋又為山水所崩，五達之逵，衣帶中阻。東方之人，猶可假晉家橋、汪家橋以為津梁，而四方之人，終無可恃。雖有周家橋、丁家橋，皆遠在數里之外，往來之情莫申，而嗇事率多未便。今也，大橋工程浩繁，難責效於一旦，而郭家橋則數十金，可以全濟渡之功矣。衆方唏噓，而左家岡有善人軒從仁者，慨焉出疏，負其鈴牌，早夜行募，佛聲震天。及告之縣主，而縣主不允。自破其家，而無家可破。時有分巡南汝道項公至，從仁往懇焉。公曰：可。及至縣，公謂邑令楊公曰："邑北橋斷，行人苦之。大橋固難速成，變計修郭家橋，誠快論也。今有人已身任其事。予以十金佽之。公若再如是，邑之大家鉅商又如是，則桃花水不足慮矣。"言諄諄然。於是，從仁領其十金，首得大樹二十株，而橋之梁與柱具焉。四方之人聞項公有長者之施，慚恧焉，乃各捐其日用飲食者而與之。即相基度地於太尉廟之西偏，水緩河平，下無砂石，而通於鳳凰岡又甚便，遂下椿。衆又念有橋無路，勢必迂迴而寫遠，不可為久。而橋之東，生員劉玉如之地也，衆往求之。劉生慨然許其地以為路，自東徂西約地一畝，乃由觀音堂前，經太尉廟門而西正對新橋。邑尉謝公聞其事，亦捐清俸，自帶民夫多人，助其經營，喜曰："此橋之成，實項公玉成之力也。"盡改其名曰項公橋，紀其實也，為勸後也。自茲以往，行者得路而免其跋涉，農者得渡而免其憂惱，子婦慶於野，童叟慶於道，夫非項公之力能如是乎！從仁等請予為文，以識其歲月。

是役也，起於康熙二十年二月十五日，落成於四月十五月，許費金錢若干，工匠若干，合立石而刻施財之人於碑陰。

　　項公諱一經，號葦菴，湖廣漢陽人。順治己亥進士，歷任為南汝道，并誌以傳不朽。是為記。

　　康熙二十年四月。

（文見民國《鄢陵縣志》卷六《建置志》。馬懷雲）

重修文水橋記

韓程愈

　　往歲，益都高公以萬曆丙辰進士來知鄢陵縣事。越戊午，疏此河。明年己未，五孝廉並舉南宮，遂名其河曰文水。橋成，亦以是名名焉。紀成功也。歷崇禎壬申秋，文水、懷山、襄陵橋不固乃崩。夫汴南自朱鎮而外，故無虹橋巨津，此水為溱洧下流，號稱雙洎。縣北七里，河既壅塞不通，而彭祖店中河，又久淤廢，不足以瀉上流三十六陂之水，則洪流急湍，大勢在此河無惑矣。輪蹄輻輳，上下不絕。忽遭中斷，病涉如何。於是，車馬迂曲多就他道，而南北之途以梗。先君子既同毓醇郎生董修中河橋成，復有重修此橋之意。會流寇剽掠無時，闔門入保於縣，卒不果。丙子，先君子忽捐館舍，余亦苫塊餘生，讀禮事親，不遑他及。迨戊寅秋，偶過其所，慨焉有興復之思，又念先君子有願未成，誰當為此，乃謀諸長老而圖度之。時中丞鄭公備兵揚州，聞有斯舉，以尺牘相慰曰：「吾子年少而修白業，動濟人利物之心，為人之所不敢為。弱冠如此，黃髮抱慚矣。即以穀五十石，銀六十兩助之，又令其長公蕃加助銀三十兩，次公芑捐桐油一百二十觔，糯米二十石，以資其用。」由是，聞風者莫不歡喜讚嘆，樂施其財。邑侯高陵郭公輒發預備倉穀五十石，銀五十兩。奉常梁公帥其孫男為虹、為舟、為標、為龍、為光，各捐所有，合百金。先太孺人亦令賤兄弟共輸百金，以襄其事。不數月而諸費俱辦，乃於己卯春三月，稟命於侯而從事焉。郭侯慮貧士無以董其成，為撥公直四人，省試其事。計開滕河，摻圮基，築東西二堰，鋪石甃磚，工匠日以百數。閱三月而其工始竣。工竣，以告郭侯。侯曰：咄咄有是哉。子以沖年弱質，芸窗誦讀之士，乃不動聲色，搆此虹橋於百日之間，鉅富黃耇，又何所為！乃治酒以落其成，而為之歌曰：「溱洧兮泱泱，三十六陂兮侵吾疆，有令疏鑿兮架此梁，歷十五年兮沮懷襄，今得年少兮留此芳。」歌成，擬復發子弟以平治其道途，而曹南之命斯下，工亦尋止。其欄楯碑石，業採於西山之陽。以賊勢猖獗，饑饉薦臻，往來之人絕不入邑。至辛巳冬，賊破我鄢城，舉家瀕死，幸而不死，得奉母徙金陵，旅食下幃，不復計及往事。而禍水橫流，南北不靖，一飄一墮，已十五年。所餘始得解組海陲，以性命歸故鄉，渡其橋，固依然在也。追念昔舉，恍如夢寐，而佈施有人，贊襄有主，若終始沒沒，何以激勸來茲，永垂不朽也哉！以簿籍久亡，思憶僅得其略，爰為之記。殊不足以光兩侯之德，紀諸上善人之所施與，聊以誌其事之緣起云爾。

康熙二十年。

（文見民國《鄢陵縣志》卷六《建置志》。馬懷雲）

羅公德政祠碑記

梁熙

鄢陵在開封屬邑為中縣，夙稱易治。當皇清畫一，輿圖井疆如舊。其時，大河南衝，中州將有柳梢河夫之派，而他邑具遠，識者念草昧方開，版籍驟難詳核，乃起而為折地之謀，問其糧，則如部額，舉其地，則以三畝之半當他邑之一畝。固於徵收無害也，而差役則祇按其地矣。鄢邑地瘠，而河役則派仍舊畝。成規相沿，勢難轉變。於是，閭左空虛，而風俗亦漸澆矣。

康熙二十年辛酉之夏，三韓羅公來涖鄢，以為吏治之端，固有興除，要以藏富於民為先務，富民非有奇術，但上無所取，而效自可見。當徵收之時，令輸者各以闕石投封櫃，嚴飭里役，不得耗民之銖兩，於是，聽覩一新。而公志已皎然大著矣！每謂上俗區別未易，歷鄉徧詢，即聽斷之頃，委曲推詳，人情習尚，可得大略。當兩造具陳，必引近几案，霽威婉詰，既晰其情，諭以理，慨令三老和解。未及期年，而閭邑之錮習俱知。乃慨然太息曰：“賈太傅謂天下大器也，安危惟在所置。”由是推之，邑亦一器也，民生載焉，鄢邑之器，則漏卮矣。柳梢河夫，急於正供。終歲勤動，斂蓄存幾，而鹵野過半又無山澤之產，以孳利安業，慤守尚自難支，乃乾餱胥愬，婚姻道苦酗飲，搆釁競訟，詫強率以典衣鬻產，供拘訊道路之費。長民者雖生養拊循，圖歲計有餘，而積玩喜猾，不盡鑿混沌之竅，而不止不思器毀矣。爾生何依乎？為之晨夜坐思，刊為六諭，寫其肺肝，如勸以九歌之義。無何，而入訟庭者驚。其寂如遊郊坰者喜其帖如矣。有里老共議於途曰：吾儕小人，酕於積染，雖有子弟，無以教之，即木鐸路徇，亦誦言則醉爾。何我侯條示甫頒，乃皆如醒，時人聞漸時態赧然願改，豈變易惡俗，必官長清廉，庶幾有效歟！予聞而為之擊節曰：“誠哉。”此三代直道之言也。成周以六計定吏治，曰：廉善、廉能、廉敬、廉正、廉法、廉辨。如公惻怛發中，此善之本也。而剬裁之慧，老吏遜謝，靜則儼思，動以蹈矩，執法不移，辨物洞微，得其六者而以廉出之，豈止亮采有邦，即握大權有餘裕矣。無他，誠則動爾。蓋公以潔己化民而深見致治之源者，其大端有若此。

昔運柳梢皆以河幹為底止，總河飛檄，忽催送江北。適公履任之初，晉謁上臺時也。於是，備言郡邑之苦，為民請命。當事者心異之，乃江南之司交納者，為公舊知，通以尺書，而運役得免羈滯。時三倉之米，猶徵本色，而米價忽騰於往日。公擇綱僕往窺其事機，督糧既偵知政聲新著，而各里之賠累大減於往時。其冬，則五年審編之期也。公加意煢獨，凡贏丁弱戶，曲為裁酌。積日俯詢，垂晷不倦。於是，婦子共感杜母，而神君之頌溢於四鄢。蓋公之臨事，協輿情，而丰采動遐邇。其見於初政者，已若此。

春秋朔望，肅仰文廟，因東廡頹落，遂併殿宇俱新之。四十年來，泮池之茂草平岸。力為濬甃，竟復舊觀。其庀材命工，皆不勞而竣。手題奎樓之對聯，以示鼓勵。每引子衿課藝，與庠師面評其得失。至於童子之試，務拔單寒，恆捐橐以助膏火之資。

迨癸亥冬，有均里之役，蓋當事者謂並里已經十年，慮民閒置產，或一人而地散別里者有之。公乃彙十六世之地冊為詳閱焉。先是署中建書室，以俟退食坐思。其筆墨精良，有韋左司焚香掃地之致。於是，揆度術阡，比次魚鱗，遠近停勻，如指諸掌。其碎細繁瑣，不雷繭絲牛毛，而指點形勢，反見瀟灑盤礴之趣。惟視邑如家，故中心恬愉。每燈火青熒，而繙對未已。至地案張而胥役袖手，催徵易集矣。歲偶歉，公多方勸賑，徧涉村落，驗定菜色，始給票，令赴粥場。迨勅使來賑，每以冒破詰守令。至鄢則一夕馳去，因而悉饑民無他狀也。居恆嚴保甲緝捕之令，當朔風黑月，與縣尉分夕遠馳，晨星見而返署，未嘗以雞犬無警，稍宴息也。行旅之憩鄢路者，屈指治聲，咸謂公為中州第一。而市價之領於官者，必浮於民，又五尺之童所共曉也。今年秋得部咨，以同府遷公職。

父老戴恩，釀金建生祠，以永去後之思。士大夫屬不佞宜大書治績，以垂不朽。予固自負為知公之深，遂即耳目所彰徹者，結選以登石。猶有可紀者，公聽訟三年，遇詞狀之牽聯婦女，輒泚硃塗免，蓋竟任未嘗拘一婦女到官。昔賢曾舉此一節自負，為不媿於父母之稱。而公以英年為政，其曠然遠覽，真亭亭物表矣。壬戌之秋，維陽李衛侯至鄢，謂予曰："春月，董會辰之移豫撫而閩也。路出刊江，急問以鄢陵治狀。會辰曰：若塏居然，玉潤當即以循良著。然猶有三分儒素氣默味。斯言儒素之在今日，於吏治固鮮當歟。"予應之曰："此民生食惠之祥，而令尹積德之慶也。"衛侯曰：善。蓋總憲於亟陳運柳之艱難，時一見而識之也。今得綴述於此，謂有以見公之性志焉。頌曰：

史稱宓宰，琴韻浮簷。追求操術，澄水味鹽。才吏競能，循良惟賢。大賢成治，實本於廉。斯言不爽，我公涖鄢。飭躬潔志，陋規盡蠲。民輸惟正，裹餘而還。移風易俗，經術雅湛。諭言諄摯，愷悌攸宣。民因誠信，相喻於田。通蔭慰賈，日永市簾。泮池漪藻，廟貌巋然。露棠三节，鳧舄榮遷。行囊橐晰，可餘幾錢。四民祝戴，建祠爭先。五雲霖溥，待澤年年。時無吉甫，誰裁頌篇。謂予不諂，語以質傅。

康熙二十三年。

（文見道光《鄢陵縣志》卷十《祠廟志》。馬懷雲）

翰林院提督四譯官太常寺少卿王君墓誌銘

睢州人湯斌

太常王君子厚，以省覲南歸，道病，卒於臨清之舟次。訃至京師，士大夫咸嘆息泣下。子厚在詞館後余者十五年，余再起入都，相與為忘年友。嘗觀其氣概嶽嶽，不苟隨時，趨心竊儀之。官諫垣十四載，前後章數十上，皆關國家大計，使一旦秉鈞軸，盡攄其生平所蘊，必大有建豎，而今竟已矣。雖其所表見其自章章於世，而不能盡其才，使朝廷收得人之效，是可嘆也。冢嗣延禧卜葬且有日，迺奉其王父封公書來京師，以隧石誌銘為請。余不敢辭。據狀：子厚諱曰溫，一字綠野。其先山西洪洞人也。明初遷尉氏之古三亭岡，遂占籍尉氏。傳十餘世，皆有隱德。至芝童公，萬曆庚子魁於鄉，漢中推官，遷同知青州府。生子二：長鳴玉，次鳴球，即封公也。封公中順治庚子鄉試第一，甲辰中會試。有子六人。子厚其長也。

　　子厚負軼才，年十一，補博士弟子，有神童之目。癸卯舉於鄉，丁未會試中式。時年甫二十三。初，封公甲辰未與殿試，至是父子同對策大廷，人以為榮。封公考授中書，需次里居，而子厚選宏文院庶吉士，慨然有志於經世之學。

　　己酉，授兵科給事中。遇事侃侃，無所阿附。時有旨甄別督撫，而不及提鎮。疏言："提鎮為封疆大帥，權無異於督撫。今有歷任七八年或十餘年者，果人人稱職乎？請一體甄別，以肅軍紀。"是時，拜官甫數日，時論韙之。詔赦軍犯，而地方官往往淹滯不遽釋。上言："朝廷布宥罪之恩，而奉行者率至五六年之久。脫其中有客死異鄉者，如曠典何？"又言："詔款內逃人窩主，幹連人犯，俱准赦免。而直省地方，距京師遠者數千里，近者數百里，有赦前起解而赦後猶械繫道路者。天時酷暑，銀鐺烈日之下，保無渴死道上者乎！臣以為與其豁之於解到之後，曷若宥之於未解之前。請飭部飛檄各督撫，立釋歸農，使蒙赦者早慶生全，幸甚。"皆奉俞旨。自是或密奏，或公陳，多見采納。蓋其意感朝廷知遇，思奮發以圖報，稱孜孜以清吏治，重人才，分別激勸，綜核名實，雅不欲以倖直償事，而忠愛惓惓，尤有人所難者。聞嘗有搏擊，不避大僚，側目者衆，而卒安然無幾微震撼之虞者。仰賴皇上至聖大仁，優容諫官，故讀其奏疏，不獨可以見其志，亦足彰主聖臣直之治像也。一日，上召集臺垣，策問進剿機宜，轉輸方略。子厚敷對稱旨，奉條奏詳明，克稱言職之諭。蓋見知遇上者深矣。數年之間，經筵侍班，掌印戶垣，筦登聞鼓者，再晉鴻臚光祿寺少卿，轉通政司右參議。尋轉左，以至提督四譯館，太常寺少卿，駸駸大用矣。

　　壬戌五月，上念河工關運道民生，簡公廉大臣往勘，會大司寇魏公以年老辭，則命偕少司寇宋公往。瀕行，陛見者三。單騎馳往，西至蕭、碭，北至唐、宋山，東至海口，南至淮揚。周廻長隄三千餘里，尺計寸較，繪圖入告，蓋其勤慎如此。甲子冬，遇覃恩，誥封父如其官，母劉氏為恭人。上將東巡，遣大臣祭告岳瀆，而子厚分詣東鎮東海，將事惟虔。事竣，念封公家居日久，便道歸省。子厚性純孝，晨昏定省無間，封公促之入都，居常忽忽不樂。丙寅，復請假歸。初陸行至松林店而病，乃買舟張家灣，走天津，轉劇。至臨清，遂不起矣。

　　生平友愛最篤，遇親戚故舊咸有恩禮，課子諄諄，誡以守清白，勿驕溢，以墮家聲。其他懿行如此類甚衆，不暇著著其大者。生於順治二年乙酉閏六月十七日，卒於康熙二十五年丙寅閏四月十七日，享年四十有二。配蘇氏，封恭人，邑庠生光訓女。子五：延禧，拔貢生；延佑，候選州同；延祉、延祺，廩膳生員；延祚，附學生員。女一。康熙二十六年某月日葬於某原。銘曰：

嗚呼王君邦之傑，楷柱言路羞虌虋。位躋奉常神人悅，藏骨於斯山截嶩，後億千年視斯碣。

（文見民國《鄢陵縣志》卷二十七《文詞志》。馬懷雲）

重修儒學記

梁熙

鄢陵學宮，於皇帝二十九年歲次庚午秋八月，舉祀中丁，樂器新成，鐘磬琴瑟以及壎箎柷敔，列設就序，搏拊司歌者恪侍於階，執麾引節者統舞生鵠立於墀，邑令尹率陪祭諸員遵儀拜獻，鼓鐘既發，音聲協律，佾舞應節，起伏有度，於時衿珮昂若，恍如遊三代之澤宮，祀警宗而聽雅奏，移成均之觀瞻於下邑，蓋千餘年未有之盛典也。焚帛畢，登聚奎樓，謁文昌星，君俯見泮池澄泓如鑑，斗芒照澈，爽氣朝肅，於時青暘欲上，海霞發曙，大成巋然，檐翼翬飛，祠亭映暉，瓦鱗廉次。蓋學宮之重修告成伊始，邑令許侯經畫措置已五年於茲矣。

當丙寅下車之初，周視殿廡，穿漏欹側，徘徊者久之。左有塌宇，詢之則啟聖祠也。又後有頹址則敬一亭也。坐明倫堂，考業聆講，而日影射席，其蠹宋折桷，勢難久支。出而就輿，見泮池經巨潦所淤，茂草與殘礫並蓄，乃俯而嘆曰：幼抱先師數卷書，今而知一縣事，教化根本之地且若此，尚何設施為？於是，估程計資，捐俸顧役，獎勵工作，日必一視，有易朽而植者大殿兩廡，華榱麗檻矣。有因舊而實創者啟聖祠、敬一亭、明倫堂，瓴堅枋固矣。其泮池則出土起垣，務歷久而停碧，其門欄崇垣則堊飾丹凝，俾嚴整以改觀。力作甫竣而律呂以薦。論者謂有休徵之符焉。使非然者，振簫翟於頹敞之下，應節奏於傾渺之前，人心弗悅，神何享哉？然則舉唐宋未廣之樂章，而翕然以成人心之觀感，鼓舞其機宏且遠矣。昔韓起見《易象》與《魯春秋》，謂《周禮》在魯季札觀六代之樂，必舞韶箾，而後知帝德之大。古人心通禮樂之微，固皆能外灼其跡而耳目所歷，輒會制作之本旨，先師秉中和之元而手定禮樂，歷代遂舉，所以祀帝王者以報之，多士拜瞻之會，應自省曰。今之享獻進退，以為禮也。吾所以習敬畏而嚴視履者，能盡祛其慢易玩忽之心乎。今之俯仰暢和以為樂也，吾所以養性情而滌滓滯者，能盡釋其鄙倍宴溺之氣乎。五載以來，即邑侯月聚多士而勤課之，函蓋接承，凡所闡發《學》、《庸》、《語》、《孟》之旨，其書具在也。仁也，孝弟也。禮樂之實際攸存，方含毫繹理之時，將思無忘所能者為何義，功歷日新者果奚據，燦然篇成而身備之性明行修，夫然後居為碩儒，遠希陳文範，其名德足以化比閭，出為名臣，近若薛文清，其風槩足以動千禩。禋祀時舉，松栢蔚然，必也望宮牆而無慚恧之色，聞鐘鼓而多感慨之思，庶無負邑侯作人之雅意矣。

許侯名承澎，原籍爲福建之同安縣，今學師暨督理之庠生，例當列名於年月日之次。康熙二十九年。

（文見同治《鄢陵文獻志》卷十三《學校志》。王偉）

王公墓碑記

新安呂嗣源

公諱秉謙，字天益，直隸通州人，進士，知鄢陵縣事，誥授文林郎。於康熙四十八年，由正定府贊皇縣學博擢任茲邑。五十一年，以勤勞王事，卒於官。德配敕封孺人，亦相繼沒。公故潞河世族，而家貧。是時，季子文璽尚幼，仲子庠生文玉夫婦相繼沒，長子文基以歲試回籍，聞訃，奔喪，扶櫬無力，不得已謀於邑之族誼名元凱者，置壞權厝於城之東隅，文玉夫婦亦附焉。其後各散處，又俱無子嗣。垂今六十餘年，所有護墳餘壤，爲守墳奴魏福盜典無存。零落壞土，聞者傷之。公女適大梁劉公名文，雍正癸卯科舉人，擢陞甘肅靖逆通判。敕封安人，年幾八旬，宦遊歸，泫然流涕，遣子州同名克重來鄢展視，將白於官。時知縣盧公名鏊，江西孝廉，以今上之三十九年蒞任，興舉百廢，預飭會事。王公之老役蘇克成已逐一清釐，正其界址，得地二畝二分二釐五毫，糧銀七分七釐，戶名王文基，編入西營南保三甲，永著爲案。即命魏福之叔魏大臣承佃墳壤，守護封表以完賦，餘資修歲祀焉。並令元凱之長子名世青歲時稽查，佃戶不得私自典當，侵漁籽粒。劉公感盧君之釐剔功深，王君之藉有歲祀也，思立石以垂不朽，囑記於溫。溫與劉於王俱屬世戚，故記其顛末如此。

康熙五十一年。

（文見道光《鄢陵縣志》卷十一《麗藻志》。馬懷雲）

創建雙忠祠記

汪爲憲

人之境遇無常，而世之憂患莫測。苟其心志遊移，無卓然自立之操，則一遇艱險，鮮不喪其名節。惟讀書明理，於綱常道義之關，挾持有素，抱負甚宏，斯能臨大節而不奪，無愧於志士仁人之目也。康熙癸巳春，予承乏鄢陵。鄢故鄭邑，地多偉人，欲取其鄉賢、名宦以爲師法。及閱志，知明季有劉令、杜尉雙忠節事，心竊敬之。然以未立祠爲憾。

按：流寇始於崇禎戊辰，初橫秦、晉。癸酉，渡河而南。豫居天下之中，東西南北所必由，故其殘破之城廓，有不啻一至再至已也。劉公之令鄢爲己卯，寇之盤踞，已歷六載。市井村落，幾成邱墟。歲復饑饉，烟火蕭然。賴公靜鎮，民稍甯居。夫何寇勢益張？辛巳二月，破河南，即移攻開封，攻七晝夜而去。蓋彼知開封之難下，故舍以後圖。若其地不攻則已，攻則必破。不攻而破則已，攻而破則必屠。故其來也，人無鬭志，或開門揖入，或踰城而遁，而仗節死義者殊少。十月，陷南陽。十二月，突至鄢。公籌之已熟，謂其守之不支而屠，不若一死報國，可以全民。方投環，為廨隸解救，遂被執。與縣尉杜邦舉慷慨罵賊，並磔於北關。嗚呼，慘矣！當賊之將至也，公手書一詩云："淅米向矛頭，枕戈臥城闕。之死矢靡他，誓灑一腔血。"讀此而知身殉社稷，其志早決矣。公又有自緘一封，每歲生辰，必加封識。臨難後，其子純粹啟視，則不貪財，不愛色，不惜死三語。蓋居官廉，不貪財也；喪偶二十年不娶，不愛色也；至是而從容就義，不惜死也。豈非挾持有素，抱負甚宏者乎？尉雖卑，能以封疆自任，見危授命，不肯苟免，則其生平自命，當亦與公無二。雙忠凜凜，同享俎豆，固其宜也。余久欲立祠而未能，會已解職，邑士紳有醵金為家大人壽者，堅卻之不可。因謀及建祠事，邑人踴躍稱善。爰既鳩工，經始於去年臘月，落成於今年三月。余本擬仲春南旋，待其畢工也。踰月而後行。待其畢工也。

劉公諱振之，字而強，慈谿人。杜尉諱邦舉，陝西富平人。殉節之詳，具邑人總憲鄭二陽疏中。劉公贈太僕寺少卿，蔭一子入監讀書。杜尉遺骨尚葬郊外，至今寒食猶有陳麥飯而祭之者。

康熙五十八年記。

（文見民國《鄢陵縣志》卷六《建置志》。馬懷雲）

大有倉記

知縣孫國璽

積貯原以利民也，而區畫不善，遂為民累。雍正元年秋，余奉命出宰鄢陵，凡民間利害所在，罔不銳意興除。稽其積穀一萬四千有奇，為倉者四：曰常平、曰社、曰義、曰預備。倉無役，僉民之殷實者二十戶充斗級，以守之。牆欹木頹，往往需時修葺，以及圍囤繩席之費，差提造冊之質，盤糧夫役之供，吏胥內外分給，種種陋規，咸取之斗級。斗級派之地畝，黠者、奸者藉以包攬肥私，愚者懦者遂至破家蕩產。余惜其以利民之事，而反為民累也。越明年九月，又奉檄發價，買漕穀八千，留貯郡邑。乃請於上，始得建倉。爰即預備倉基，撤舊鼎建，厚其牆垣，覆以磚瓦，通以氣樓。廠分為八，碁布環向。廠之外，護以圍牆，東西置更房巡守。額以"豐豫恆萃"、"升泰咸益"，統名之曰"大有"，義取生生不已而厚積無窮也。倉可貯穀二萬四千有奇，併四倉之所貯而咸歸焉。歲省圍囤繩席之費，遂將民戶輪充斗級之差及供應陋規，盡革之。是舉也，不役一民，不斂一錢，以買穀節省及請銷者又從而捐足之，約費八百餘金，經始甲辰之仲冬，越六月而告成。募充斗級者八人，更番巡防，計役給食。民咸曰："今而後，幸終免差累矣。"余曰唯唯否否。

按鄢邑額設斗級四名，歲報支銷者僅十三兩。茲備其人，而其食仍曷以濟。維民踴躍歡欣，願輸金三百二十兩，貯之庫，暫為出借，歲取其息，以補斗級之工食，倉書之紙筆，造冊修補盤運之公費。遞年里長經其事，倉庫吏書登其簿，官核其出入之數。上下相維，毋侵漁，毋沈沒。俟所積既厚，徐圖膏腴之地而置之，自可以經久不易也。夫事窮則變，變則通。民窮而思所以通之，有司之職也。同一斗級之役，向者民輪充而不勝其苦，今者民爭充而皆以為樂，凡以利民而不為民累故也。為民父母者安得不為之區畫盡善，而無負聖天子愛養斯民之意乎。然余薦舊碑，前之令斯土者，如深州王公亦曾除民差而變通之矣。曾幾何時，而民之累於苦役者如此，安知後之視今不如今之視昔乎！然又安知後之君子其為斯民計安全者，不更什伯于今日乎！爰勒石以紀之，所有事宜，並刻之碑陰。

雍正二年。

（文見民國《鄢陵縣志》卷六《建置志》。馬懷雲）

重修常平倉記

孫國璽

積貯原以利民也，而區畫不善，遂為民累。雍正元年秋，余奉命出宰鄢陵，凡民閒利害所在，罔不銳意興除。稽其積穀一萬四千有奇，為倉者四：曰常平，曰社，曰義，曰預備倉。無役，僉民之殷實者二十戶充斗級，以守之。牆欹木頹，往往需時修葺，以及圍囤繩席之費，差提造冊之質，盤糧夫役之供，吏胥內外分給，種種陋規，咸取之斗級。斗級派之地畝，黠者奸者藉以包攬肥私，愚者懦者遂至破家蕩產。余惜其以利民之事，而反為民累也。

越明年九月，又奉檄發價買漕穀八千，留貯鄢邑。乃請於上，始得建倉。爰即預備倉基，撤舊鼎建，厚其牆垣，覆以磚瓦，通以氣樓，廒分為八，碁布環向，廒之外護以圍牆，東西置更房巡守，額以豐豫、恆萃、升泰、咸益，統名之曰大有，義取生生不已而厚積無窮也。倉可貯穀二萬四千有奇，併四倉之所貯而咸歸焉。歲省圍囤繩席之費，遂將民戶輪充斗級之差，及供應陋規，盡革之。是舉也，不役一民，不斂一錢，以買穀節省及請銷者。又從而捐足之，約費八百餘金。經始甲辰之仲冬，越六月而告成。募充斗級者八人，更番巡防，計役給食。民咸曰：今而後，幸終免差累矣。余曰：唯唯否否。

按鄢邑額設斗級四名，歲報支銷者僅十三兩。茲備其人而仍其食，曷以濟。維民則踴躍歡欣，願輸金三百二十兩，貯之庫，暫為出借。歲取其息，以補斗級之工食，倉書之紙筆，造冊修補盤運之公費，遞年里長經其事，倉庫吏書登其簿，官覈其出入之數，上下相維，毋侵漁毋沈沒，俟所積既厚，徐圖膏腴之地而置之，自可以經久而不易也。夫事窮則變，變則通，民窮而思所以通之，有司之職也。同一斗級之役，向者民輪充而不勝其苦，今者民爭充而皆以為樂。凡以利民而不為民累故也。為民父母者，安得不為之區畫盡善，而無負聖天子愛養斯民之意乎。然余考舊碑，前之令斯土者如深州王公，亦曾除民差而變通之矣。曾幾何時，而民之累於苦役者如此。安知後之視今，不如今之視昔乎。然又安知後之君子其爲斯民計安全者,不更什伯於今日乎。爰勒石以紀之,所有事宜並刻之碑陰。

雍正三年。

(文見同治《鄢陵文獻志》卷十一《建置志》。王偉)

移建雙忠祠記

姜綰

雙忠祠,昔建城中矣。茲復建於北郭者非瀆也。正其地,正其位,裁之義,以表忠節也。明季闖寇雲擾,懷宗辛巳季冬之望,陷郡城邑。邑令劉公振之、尉杜公邦舉並殉難北郭。邑人大中丞鄭公在任聞之,特章並題。劉蒙贈廕,杜以職微未獲與。自前令汪公為熹建雙忠祠於縣治之左,二公忠烈始以並著。邑人士猶以杜公壯氣勁節,屹然山立,僅侍劉側,似附驥尾以傳者,咸未厭於心焉,更立專祠以祀之。官民之志,皆在表忠,意胥善哉!特所憾者,於義未悉耳。蓋杜公未獲旌卹,明議政大臣之不知義也。汪公位置杜公劉側,汪公之於義未精耳。邑人塑杜公像於城隍廟東偏,為冥司賛襄,更鄙俚妄,可發一哂,其不識義,殆有過之。凡此皆以杜公之為佐貳也。夫忠臣孝子高下在德,豈論職之崇卑!昔者明之亡也,一丐題詩於壁云:"三百年來養士朝,一朝喪亂竟皆逃。綱常留在卑田院,乞丐羞存命一條。"遂赴水而死。假令斯人而生今日,賢人君子將以為乞丐而輕賤之乎,抑嘉其忠烈而尊重之乎。輕杜公者,其亦弗思之甚矣。余以為忠者人臣之義也,臣以義而盡忠,後之表忠者,自必事事協義而後天理順而忠魂安。嘗聞賊之大舉寇郡也,杜曰:"城存與存,城亡與亡。"而劉亦不惜其死。城陷,而執二公於北郭。杜曰:"彼為逆賊,不可屈膝。"而劉深韙其言。迫賊逼之降也,杜曰:"朝廷臣子,豈可為賊用。"而劉亦同其志。賊怒,而將磔二公也。杜罵不絕口,而劉亦視死如歸。當其時,賊斷其齒,二公之齒,張睢陽之齒也;賊抉其舌,二公之舌,顏常山之舌也。斷齒抉舌,而嘖血而噴賊。二公之血,稽侍中之血也。藐視百萬之衆,甘受刀鋸之慘,正文信國所謂浩氣沛然,塞滄溟,貫日月,而生死不足論者也。舍生取義,非此之謂與!迄今百有餘年,頌二公之慷慨赴死者,不勝芬芳於人口。而過殉難之地,咨嗟太息,輒不禁泣數行下。即余蒞鄢五載,每公出,道經北郭,未始不嘆二公生氣凜凜,為之肅然起敬焉。況劉公之後扶櫬歸里,而杜公之墓現存北郭,則建祠者宜於斯耶,不宜於斯耶?用是建祠於此,以誌二公殉難處,使人觸目感德,油然而興忠義之心。且堂分前後,俾二公各得專祠正位,見杜公秩微節大,不可以佐貳而或輕,庶二公之忠可以齊芳百世矣。故曰正其地,正其位,裁之義,以表忠節也。祠既成,乃於杜墓疊石為塚,礱碑為記,圍以牆垣,植以松柏。又因前闔邑有為杜公邀卹典之舉,余復亟為申請。迨丙寅春,荷蒙聖明俞允,特錫崇祀名宦,與劉公共享俎豆於宮牆,民情始獲大慰。余捐貲置地若干畝,附載碑陰,永為斯祠蒸嘗之需,並誌於此,以垂不朽云。

乾隆九年。

(文見民國《鄢陵縣志》卷六《建置志》。馬懷雲)

文清書院記

安溪潘思光

鄢舊無書院，乾隆十年始創建，顏曰"龍岡"，或曰爲其岡勢蜿蜒，故稱龍焉。顧寥寥九楹，近且風雨剝落，師生講肄無所，絃誦幾於闕如。我同年陳君興麓，涖政知所先後，嘗口授教誨於撫亡起瘠中，逾六年，人士和悅，因重修書院而增其舊三倍，下及門廚、廂養棲息之所，無不備具。計靡千金，自捐廉俸者六。之經始於壬午孟秋，逾冬月落成。乃奉文清主於後堂，行釋奠禮，易名文清書院。以書屬光爲記。

乾隆二十五年。

（文見同治《鄢陵文獻志》卷十三《學校志》。王偉）

重建關聖大帝廟碑

關聖大帝，忠義光於史冊，靈爽著於古今，天下祠而祀之者遍乎鄉閭。其在省府州縣，守土者必朔望拜跪爇香，春秋祭以上戊。備物致敬，典至鉅也。余自陝移節河南，二年陞任湖廣總督。舊屬鄢陵縣知縣洪運仁因縣廨之東北舊有帝廟，蕪久不治，重加修葺。凡垣墉根楣，寀廟棼桷，髹漆繪畫，靡舊不新，鳧鐘鼖鼓，几筵籩豆，瓴甋罘罳，靡廢不舉。然而舊碑漸滅，志亦不載所肇，適慮無以示後而永久，故以新修之碑文來請。惟帝靈蹟赫奕，浩浩洋洋，莫能殫述。其近而可徵者，甲午之歲，山左奸民竊發，帝顯其靈，不崇朝而撲滅，朝廷進尊帝為忠義神武靈佑關聖大帝。因此，東撫徐公諱績調撫河南，奉特旨重建帝廟於大梁。余時瞻拜墀下，摩挲碑記，益肅然想見帝之神威越數千百年而聲靈赫濯，護佑我國家永永無極。嗚呼，盛哉！或謂帝心乎漢室，當曹魏割據，豫實隸焉。惟帝有靈，疑抱木門之憾。余謂帝生而名震華夏，歿則氣塞天地。凡有血氣者，莫不尊親。況漢曾都許，鄢實接壤。洛陽有帝墓，距鄢亦不甚遠。彼浙、閩、甌、粵，昔帝未經之地，感之無弗應者，矧鄢陵乎！吾聞治民事神，皆長吏所有事焉。今仁能於案牘之暇，鳩工庀材，克竣其事，其示鄢民以忠義之意，與鄢民之子來趨事，均足多焉。董其事者縣尉李恩普，集其成者邑人蘇培德、王行端也。是為記。

欽點狀元及第、兵部尚書、總督湖北湖南等處軍務、前任河南巡撫畢沅撰。

鄢陵縣知縣洪運仁修葺篆額，勒石以誌。

乾隆五十五年歲次庚戌八月穀旦。

住持道會司朱來祥。

（文見民國《鄢陵縣志》卷十六《金石志》。馬懷雲）

文清書院加增膏火記

知縣保麟

從來善俗有方，資乎教。善教有本，資乎養。自古化民成俗者隆師儒，優廩餼，俾學者優游涵泳，日遷善而不自知。故其時賢才輩出，烝烝嚮風，教化行而風俗美也。

鄢邑雖屬蕞爾，鄉賢、名宦代有其人。自非懷經抱質，學有本原，何以著文明而光史冊乎。辛亥秋，余承乏茲邑。簿書錢穀，兢兢惟恐失職，而於讀書士子尤加意焉。竊思黌序所以育人才，書院所以輔黌序，顧設科置條，先籌經費。察文清書院歲入租息銀數十兩，加以前令陳任內邑生康鳳文捐入銀四百兩，挹茲注彼，百計不敷，因嘆朝廷詔糈義取，匪頒清俸可分君賜不可隱也。吾甯敝車羸馬，淡薄寡營，得使邑中寒素共邀天家明賜，豈不休哉。爰是延毘陵毛山長為之師，甄拔生童，列為正課，外課、附課若干名，每月兩課，正課、外課分給膏火有差，前三名分給花紅有差。計師徒廩膳修膏、花紅歲費約四百兩，行之期年，來學者頗稱濟濟。今又得邑生曹焯陳德方等樂輸，庫平九五，兌元銀一千三百二十兩，並康項分存各典，每年生息，共計銀二百六兩有奇外，典商雷永益，續捐趙南保地十九畝四分七釐。余嘉此項之可以永垂不朽也，用誌貞珉，以圖久遠。公孫丞相不云乎，勸學勵賢，以風四方，太平之原也。余不敢仰冀古人，惟願後之宰是邑者，宏此遠謨，相傳勿替。庶幾文治光昭，為王國多才慶，是余之厚望也夫。爰為記。

乾隆五十六年秋。

（文見同治《鄢陵文獻志》卷十三《學校志》。王偉）

重修惠民橋記

知縣何鄂聯

古者辰角見而雨，畢則除道；天根見而水，涸則成梁。蓋為政之一端。故子產乘輿濟人，孟子譏之。今之溱洧支流，合注于鄢之雙洎河，夏秋厥勢汪洋，客流猥集。其諸水道，前記言之詳矣。河為距省往來巨津。舊有石橋焉，額曰惠民。創自邑人曹瀛，傳者忘其年代。自有明中葉，黃流橫溢，鄢受餘波，橋以傾圮。經邑紳韓倡募重建。邊遭兵燹，陵谷變遷，越其令嗣程愈繼志續修，久乃竣事。自是行人不病涉者又百餘年。逮余蒞任之初，橋已無存，車騎過從以遶道為艱，而徒行任載之夫尤為不易。今歲二秋告稔，瑞麥嘉穀駢生在畝，民氣和懌。余念是橋不可久廢，乃進鄉之紳民馬鍔等，與議修營。因舊甃基淪沒于波，重購石材，非經年累月不辦，僉請易之以木。余謂將為一勞永逸計，石固其宜，然見百丈跨虹，當泜流湍急之衝，有圮不需時者。矧徒杠輿梁，古人不憚歲月一為之。苟得堅緻巨材，覆以土茨，至近可支二十稔，又費約而易成功，無已則木之制為近古。衆遵余說，捐貲輦運大木，召匠興作。凡再閱月而橋告成。余思橋曰惠民，義取利濟有弗濟，濟即衆被其惠耳。自後問津而過者，冠蓋相望，踵趾相攘，紛來沓往，不可更僕數。故從而民之。蓋昔命名之意如斯，而前記未及言，茲爲闡言焉。而橋仍舊名，猶初志也。

道光八年。

（文見民國《鄢陵縣志》卷六《建置志》。馬懷雲）

重修文清書院記

蘇源生

有明一代，理學以薛文清公爲稱首。而其發軔始於鄢庠，故鄢人之仰慕於公者，較他處爲尤切。切立祠建坊，以昭崇敬，由來舊矣。

迨國朝乾隆壬午，邑令新興陳公始建文清書院於東郊，後廢。道光丁亥，邑令侯官何公移建於城內雲衢街，定課期，第賞格，欲籍此以興起羣士，然條約空具，敷宣不力，主其事者又往往薄其地迂廩瘠，託故不至，遂使絃誦微，紹述缺，識者慨焉。源生自道光壬寅以來，謬膺歷任邑侯聘主講於此，凡課試之法，稍給之資，既已籌畫釐正而文清公存誠復性之學，又不憚諄諄言之，諸生均彬彬然向風矣。惜堂齋、庖廚漸就傾圮，使坐視弗理，其何以漸染薰陶，而永文清之教思於無窮耶！因於去歲秋，請於邑侯萬公。公未及爲而捧檄入闈。代理洪公至，議甫定而遽去。及萬侯歸鄢，乃捐俸倡始興修，既以督工屬之鄭君，而同志之士亦自謂得奮發於此，莫不相勵而趨爲之。故其材不賦而美，費不斂而集，而所修之屋因舊者三十三楹，易新者二十九楹，其餘棟桷之撓折者，牆垣之敗缺者，赤白之漫漶不鮮者，一律修治。僅靡錢五百九十千。既落成，萬侯敬奉文清栗主於正室，率諸生行釋菜禮，而屬源生爲之記。嗚呼，文清往矣，而其學有不與之俱往者。諸生試登其堂，拜其像，取所著《讀書錄》、《河汾集》反復讀之，以求其心源之所在，果有得焉，則亦無異於親炙之矣。《詩》曰："高山仰止，景行行止。"源生不敏，竊願與承學之士勉焉。庶無負今日重修之意也夫。至捐貲姓氏，課試經費，悉載碑陰，茲不著。

道光八年。

（文見同治《鄢陵文獻志》卷十三《學校志》。王偉）

重摹先賢朱子遺像跋

蘇源生

先賢朱文公，當宋光宗紹熙元年，年六十一，對鏡寫眞，神情畢肖。公卒後摹，勒建陽祠中，搨本流傳，源生得之，欲重刻於石久矣。咸豐元年冬十月，源生率同人於書院西偏，創建公祠。明年春，丹雘畢，敬置木主，復摹斯像於石。嗚呼，以今日上溯紹熙之世，可謂遠矣。乃遺像一設，而公之德容道範宛然在目，則因瞻禮以興則效之心，不在於學者之自勵乎哉。源生竊願與同志共勉之矣。

咸豐元年冬十月。

（文見同治《鄢陵文獻志》卷十四《壇廟志》。王偉）

創建節孝總坊記

蘇源生

嘗考古昔婦人之行，見於《詩》者，如《葛覃》、《苤苢》及《執懿》、《筐治》、《絺綌》、《績元》、《黃率》，皆履順安常之事，其遇變而以節見者，《行露》、《柏舟》二詩而已。降及後世，百行不及古人，而獨女子之以節著者所在多有。豈世近而事易知歟，抑民疇之未泯者獨鍾於斯歟？使非有以表揚之，則往者既已湮沒，而欲來者觀感而興起，豈不難歟？源生嘗欲采獲吾鄢貞孝節烈婦女，貢於有司，以待旌命。適西蜀萬使來宰斯邑，源生以是請，甚蒙許可。復質之教諭龐公、訓導杜公，亦以為然。遂不避僭妄，約同人盡心搜采得一百三人，由縣達於朝廷，奉旨建總坊，旌表如令式。邑侯屬是役於邑人士。邑人士祗承嘉命，卜建邑治北關外，並刻諸婦女節行於碑。嗚呼！諸婦女飲冰茹蘗，非吉祥可願之事也。而其志既堅，其心靡悔，綱常倫紀，遂由此以植立。我國家從而嘉獎之，其有裨於名教風俗為何如哉。源生幸襄盛典，與聞顛末，因記其事，以彰君上之仁與邦伯師長之德，而凡有助是役者，亦均詳於後云。

時咸豐元年。

（文見民國《鄢陵縣志》卷六《建置志》。馬懷雲）

重摹薛文清公遺像跋

蘇源生

薛文清公，隨父宦遊鄢陵，由此發籍，而其致仕也，仍歸河津故里，故遺像不傳於鄢陵。源生讀公文集，開卷首列公像，蓋摹自河津祠中者，其傳至真。茲因重修書院，命工敬謹摹勒上石，安置壁間。竊嘗讀公本傳，謂公膚如水晶，五臟皆見。斯刻雖不足以傳之，而滈古真龐盎然有道之容，則固可一覽而得矣。刻石既竣，敬記始末，俾來者有所考，且以誌生平仰企之私云。

咸豐二年。

（文見同治《鄢陵文獻志》卷十三《學校志》。王偉）

志仁堂記

蘇源生

　　咸豐辛亥冬十月，重修文清書院，復於院之西偏，闢一室名曰志仁。夫堂何以名志仁也？溯自道光戊申己酉間，源生嘗萃集衆貲，拾廢字，掩枯骨。其時邦伯大夫倡率於上，而章逢韋布之士，亦皆歡欣鼓舞，共相應和。行數年，人益廣，貲益多，於是，商之同人，買田賦粟，以垂永久。然條約雖具，而歲時出納無所，人皆病焉。茲因興造之餘，飾幽閒之地而講求斯事於其中，名以志仁，固其宜也。顧或謂仁道至大，類非尋常之所能，與豈知極其大，雖賢哲有所不能盡而察其端，則人人之所固有，特恐擴充不力，往往據可爲之勢，遇得爲之時，而竟有漠然以置之者，非降衷之有異，實立志之不預也。今諸君不惜己貲，而思與人同善，謂非有志於仁而能然乎。惟望同志諸君於斯事也，盡心經畫，舉前日所已行者維持之，未行者推廣之。殫其力之所能及，而勿使至於墮壞。孟子曰：仁者以其所愛及其所不愛。程明道云：一命之士，苟存心於愛物於人，必有所濟。是則司其事者之責也夫。

　　咸豐二年立石。

（文見同治《鄢陵文獻志》卷十一《建置志》。王偉）

鄢陵創修朱子祠堂記

桐城人方宗誠

　　中州自河南二程夫子得不傳之學於遺經，一時學者宗之。自北而南，至朱子集羣儒之大成，其道遂著於天下而傳於後世，歷元及明，學者非程、朱之說弗尚也。中州儒者，如許魯齋、曹月川、薛文清守之尤兢兢云。其後，陽明王氏之說興，由南而北，程、朱之真傳幾為所掩。獨中州涵濡程、朱之道久顯，然與為難者，尚無其人。夏峯孫徵君先生崛起北方，避亂河朔，惡學者之紛爭，一以和合朱、王之旨為宗。其奇節偉行，居德善俗，又足以風動乎一世。於是，中州之學，大都以夏峯為師，而不純乎朱子，以上溯二程夫子之所傳矣。其間惟儀封張清恪公論學一本程、朱，然力不足以勝之。予嘗謂朱子之學，至陽明而一變，至涇陽景逸念臺、夏峯、二曲而又一變。諸君子生陽明之後，能不為其說所囿，必兼取乎朱程，是固豪傑之士矣，而有能奮乎？百世之下，毅然卓然一宗朱子，而上溯乎二程者，其尤為振古之豪傑與。吾友鄢陵蘇君菊邨，少好朱子之學，既嘗興復文清書院，刊行張清恪所選薛文清遺書，又於書院之西創建朱子祠。祠前有堂，名曰志仁，率同人共為修己利物之事。嗟呼，朱子之學至今日而晦極矣。前此和合陽明之說者，猶不失為正人君子也。自漢學之徒興，務為雜博，穿鑿支離，而朱子之學晦詞章之徒出，務為華靡，浮誕放蕩；而朱子之學晦功利之徒起，務為機械巧詐，見小欲速；而朱子之學晦而且顯為攻訐，肆為無忌憚之言，學術亂而世運因之，有由然也。其他若科舉之徒，雖日讀朱子之書，立言不敢稍悖，而識之陋，志之鄙，則更有甚焉。是以朱子之學，名存而實亡。朱子之學亡，而古聖人相傳之正脈於是乎絕矣。夫欲繼古聖之正脈，非朱子之學無由入。而欲明朱子之學，非志於仁無由成。故朱子嘗作仁說以示學者。程子尤以識仁為學之基。入斯祠，登斯堂者，其皆志於仁焉。其斯為豪傑之士與。祠作於咸豐元年冬，未有記。同治元年，菊邨屬予書其顛末。予因述中州學脈之源流正變，與朱子之學之所從入，以諗學者焉。

同治元年。

(文見民國《鄢陵縣志》卷二十五《文詞志》。馬懷雲)

新建文昌宮記

知縣吳堂

始余作文昌宮記，但詳文昌之何以主持天下文運，與天下士子之何以崇祀文昌，而於創建之始末則未之詳也。先是鄢邑文昌閣，凡三處，一在城之東南隅，一在北關外，一在東街，率皆形勢淺促，不足以供祭祀。嘉慶七年，皇帝詔天下郡邑各修建文昌祠，列入春秋祀典。諸紳士皆歡欣鼓舞，樂於重建。而守土者適有他故，因循未果。十年秋，余奉檄來鄢，深悉諸紳士之踴躍樂從也。爰進而命之，孰任土木，孰稽工作，孰司出入，孰勸捐輸，選材必良，植基必固，毋怠事，毋旁撓，諸紳士皆諾。遂擇隙地於儒學明倫堂後，先捐俸二百金，為之倡。諸紳士皆從之。不踰月而千金立辦。然而工用浩繁，會計不敷所費，一時董其役者，咸慨然曰："是皆吾等責也。豈可重煩長吏？"又各出己貲以益之。太學生盧其秀又捐地，以為往來之路。不數月而落成。凡門屋三楹，正屋三楹，殿以傑閣，翼以迴廊，畫棟摩雲，朱闌繞砌，石柱山立，碧瓦波明，人無遠近莫不奔走來觀。縣令迺譔諸紳士於堂，酒數巡，有執爵而起曰："吾鄢昔固聲名文物之區也，百年來寥落久矣。此宮既成，其將英才鵲起，後先相望乎。敢進此以為邑宰慶。或又繼之曰：聖天子之恩也，賢令尹之績也。吾等當各體此意，共相切磨，以期不負此舉。言未既，或又趨而進曰：願吾宰常守茲土，俾廢者舉，壞者興，一如此宮。縣令載拜曰：敢不敬從二三子之言以自勵。爰書石而記之。

同治十一年。

(文見民國《鄢陵縣志》卷七《學建置志》。王偉)

修試院碑記

知縣張吉梁

竊以一邑風俗之厚，視乎栽培，而一邑人才之興，道在作養。所謂栽培者何？制田里，課農桑是也。所謂作養者何？興學校，振士氣是也。

鄢陵古稱形勝之區，南北襟帶雙洎、流潁兩河，中幹氣脈自嵩少來，崗陵起伏數百里。發源既厚，鍾毓自奇。由唐迄宋，迄元明，顯官相望，人才輩出，皆其明徵。辛未春，余初次來鄢，觀風課士，喜見學校諸生皆彬彬然有儒者氣象。唯查邑中培養人才，除書院一區，他無尺寸憑藉。每值縣試，考文則以衙前隙地為作文之所，較武則以獷野土阜為騎射之區。值夏秋，難當烈日浮空；遇嚴冬，更苦風寒雨濕。不禁喟然嘆曰："是皆臨涖茲土、教養斯民者之責，奈何歷有年所，草率相沿而不之講也。"無何，有志未逮，期已及而去。壬申春，此地重來，甫得籌款千金，遂欲趕辦此事。買書院左近宅有成說矣。守備張鑒之來告曰："今之富有倉，即昔日考棚舊跡，石礩現在，若得恢復舊制，方位既吉，局勢亦極宏闊，勝所買宅基遠甚。"商之同寅，諸公皆欣然稱善。旋有學校紳耆舉人張曉峯、文生葛經邦等，紛紛呈請興修，據情請示上憲，蒙撫憲批准，改復舊規在案。遂同兩學議請公正紳士董率其事，得李中峯、高濤之、張平、葛經邦、劉慶元、張燦、李振東、周東霖、馬書琴等六十人任其事，定期約鄉城急公好義各家先備墊底，以為迅速動工之用，一得有成數四千七百餘串。於是，派各董分任辦理，鳩工庀材，於十二年九月開工，至十三年四月縣試之期，未及半載，而自後閣至講堂，至東西配房、東西坐號，以至龍門、頭門、魁星樓、官廳、照壁、廣廈九十餘間，及城南教場，一切規模周備，觀者莫不嘆成功神速。由是與考文武皆歡欣欲試，而闔邑紳庶愈各踴躍將。迄今建修一載矣，不但試院規模巍然煥然，悉臻美備，而添建大有倉二十八間，改建雙忠祠一所，城北邑厲壇一所，重修西門內節孝祠，新修小北門禦水壩，無不一氣成功。必謂非常之舉，黎民所懼，可與樂成，而難與謀始，豈我鄢陵士庶之謂哉！雖然，為地方興此土木大役，動眾奚數千，費財不止巨萬，興工之始，未嘗不竊以為難。乃自開工以來，我同寅諸公經年照理，舌敝唇焦而不以為煩。各董事輾轉經營，辛苦備嘗而不以為勞。各紳民量力捐輸，按地畝多寡而不以為費。其故何也？無欲我鄢陵從此學校振興，人文蔚起，科第增梓里之光，事業會昇平之運。凡我多士，莫不勵志青雲，無負此日官紳修造一片苦心斯已耳。唯各工雖具有規模，而月課經費，猶未能籌備裕如。查所買西門宅現已變價一千一百串，節留一千串，發典一分生息，每年可有生息一百二十串，以八十串發交書院為生童膏火，以四十串存店為考棚歲修之用計。余兩涖茲土，前後三年，與我紳民如家人父子歡，一邑博學篤志之士，鵬搏鳳翥之英，盡在門牆。蓋相與濯磨無盡也。唯余現年七十五，精神就衰，情雖殷殷，而勢難戀戀，不久將罷此官歸去。有田養老，有書課孫，西望風烟五百里，時接此間好消息，乃所願也。是為記。

　　同治十三年。

（文見民國《鄢陵縣志》卷六《建置志》。馬懷雲）

妙相菴碑記

邑人唐素

鄢邑北十五里許，有古菴焉，厥名妙相。或曰是菴也，正殿所奉元武，元之又元，衆妙之門。或曰有取於佛家，心在塔頂，心輪相邊之義，故言妙相。而考其實，不在邑乘，亦無舊碑可據。夫留其跡，弗詳其名，猶之弗留也。詳其名，而弗得其義，猶之弗詳也。間嘗就世俗人道，神道之言而細玩之，謂人道邇，人道誠乎邇？謂神道遠，神道何嘗遠？《莊子》云：為不善於顯明之中者，人得而非之。為不善於幽暗之中者，鬼神得而責之。故人有善，惟神能福之。人有惡，惟神能殃之。且顧影顧形之地，父兄師長所不能指視者，惟神能指視之。匹夫匹婦之愚，《詩》、《書》、《禮》、《樂》所不能悚惕者，惟神能悚惕之。《易》曰："神也者，妙萬物而為言者也。"《詩》曰："相在爾室，尚不愧於屋漏。"然則神何神？惟妙故神也。神何妙？惟相故妙也。而《易》顧言妙不言相，言相而相在，不言相而相亦在也。《詩》顧言相不言妙，言妙而妙寓，不言妙而妙亦寓也。惟妙乃所以為相，惟相乃所以為妙也。是以元武妙相而水得其正，火星妙相而火得其正。關帝妙相而大義懍然，菩薩妙相而大悲惻然，廣生妙相而大德炳然。過斯菴者，體妙相之義，以修身制行，雖無心求福，而福自集矣。時因風剝雨蝕，廟貌神像俱就傾圮，附近諸公重捐己貲並募化四方，善信協力，重修工竣。乃函屬為文以記之。余筮仕睢陽，未獲躬襄其事，而實觸其神妙神相之旨，遂沐手而為之序。

（文見民國《鄢陵縣志》卷二十五《文詞志》。馬懷雲）

重修鄢邑南關三橋暨大路碑記

百年以來，鄢境水患，惟邑治南關為甚。蓋以鄢城半跨岡阜，北則居岡之上，南則在岡之下，至於南關，則窪波也。門橋低且窄，濠堤平淺。每遇夏秋驟雨，邑西北大澤諸水洶湧齊至，濠不能容，動決濠涯，以衝大路。所以南北大路業成溝渠。行人患濡股，患滅頂也，非日矣。門橋迤西，數百武外，有名大石橋者，南濠入絡江之津梁也。舊本一空，上無欄，近來塌陷殆盡。水當湍悍之時，不及瀉而橫溢，東西大路又沒于水。褰裳過者，竊恐惧墜城濠，直視若陷阱然。此一方之大患也。正南里許，有名一里橋者，橫跨絡江，為南北往來衝要途徑。是橋壞廢已久，僅存一二破裂古石，淤泥填塞，絡江由西而東之水不能順軌，偶值大水四溢，兼以大路之水，汪洋恣肆，南郊遂為澤國，沃壤皆成巨浸。邑南半辟之苦，舉在於此。都人士目擊心傷，久欲修治。奈以工大費廣，議興而旋止者屢屢。今歲春，余擬赴都供職，不果行。邑紳眾邀會商之曰："三橋之修，事雖頗難，而終不可廢。莫若共相努力，以圖善舉。"予初亦難之再三，圖維商酌，不覺躍然起曰："事無難易，有志者事竟成也。"遂與同人劉琪峯、廣文、蘇慕良，吏員張耀庭，上舍劉文屏，茂才以暨邑紳數十人，共議方略。旋即籌辦資材，諏吉興工。余素多病，羸弱甚。是年，不知何以耐勞。同人咸謂默有神助然與。經營之始，有私議此工必難有成者。余與劉、蘇諸君聞之，志益堅，氣益銳，宵計晝行，未嘗稍覺其苦。其始也，勸募商民各出墊款，迨工未半而用錢逾二千緡。絕不慮其支絀，以此知人之好善，誰不如我也。迨仲秋告竣，而四方樂輸者，摩肩擊轂至焉，計又得貲二千三百餘緡。於是，同事咸歡呼慶曰："上天不負苦心人。"信哉！既而三橋訖工後，未經旬日，而潛城濠，除道路，相繼成功。噫，事為因而同於創，目之難而成之易，未始非一快事也。由今觀之，三橋則根基鞏固，規模高聳，上排石欄，而車馬無驚墜之虞；下廊彎窿，而波濤無壅滯之患。城濠深而堤堅，崩折無容慮；道路起而坦平，病涉無容慮。前日遭水患而險阻者，從茲常為通衢矣。是舉也，不敢謂有濟於當世，而於一隅之往來，羈旅之行蹤，不無裨益云。是為記。

邑人六品銜壬戌科副榜甲子科舉人甲戌會試挑取謄錄候選知縣彭光煒撰文。

邑人六品銜歲貢生候選儒學訓導劉峼書丹。

大清光緒二年歲在柔兆困敦律仲蕤賓夏至後穀辰。

（文見民國《鄢陵縣志》卷十六《金石志》。馬懷雲）

重修哪吒廟建蘭房山門廣生堂歌舞樓碑記

當改古之載籍，知哪吒神像誕降，特奇形象，獨異三頭六臂，固古今所未有也。而其功德，亦為人世所不可及。岐山勝伏，有益於國家社稷；霤雨職司，有補於造化陰陽。生則為棟梁之器，沒則為正直之神。威風所及，固人人動色而驚心也。兼以關帝、二郎輔相左右，則忠義智勇足以消沴氣，神通變化堪以禦水患，相與為伍，並立者三。凡感恩戴德者，莫不思酬報于萬一也。汪家橋舊有斯廟，歷年久遠，幾就傾頹。今汪公長海等皆善士，意欲重修，並建東西蘭房，即以增福財神列座其間，亦與保障一方，庇蔭萬民之意也。本村傾囊捐資未敷用，因募化四方，共成善舉，使道昭彰，即人心亦無復遺憾也，豈不與！遂援筆為文，勒諸貞珉，以為流芳百世云。

候選訓導貢生蔣中撰文。

毛鴻恩書丹。

儒童汪益靜、儒童汪水恩篆額。

賞五品頂戴韓鳴風校閱。

清光緒十五年歲次己丑吉月吉日。

（碑在鄢陵縣馬坊鄉汪莊村哪吒廟。馬懷雲）

襄城縣

茂才耀南萬公墓誌銘

李來章

公既沒之三年，得吉壤于駱駝嶺，將葬前數日，其二子泣告于來章曰：吾父年不展志，生平懿行，恐遂湮沒不彰。惟吾舅錫言，以納諸壙中之石，庶垂不沒。且知吾父者，惟吾舅也。敢稽顙以請。來章伯姊歸公，固所稱肺腑親，而公于喪亂之後，依家大人以居二十餘年。來章自垂髫，聆訓誨，同硯席，每出入，多與俱。情意尤為篤至。知公者，信莫來章。若也雖寡陋不聞，誼何忍辭。謹揮淚誌之。

公姓萬氏，諱廷芳，字耀南。一鶴之仲子也。大父諱世相，贈登仕郎。曾大父諱民表。萬氏舊為江西南昌著姓，自民表客遊于襄，樂其風土，遂遷居焉，始為襄城人。至今人服其厚德，尚稱為萬隱君云。公生而狀貌雄偉，豐碩迥異，等儕見者，輒為肅然。長，值闖寇入豫，流離覃懷間。數年，亂定歸里，刻苦讀書，補邑諸生。為文崇尚雅練，不為踸踔之習。青田令耿應斗以文名世，獨奇公曰：吾閱制義多矣，如萬子者其于巍科可掇而取也。公益自喜，益奮礪為學，顧數走場屋應有司之試，跌而復起，其志不少挫折，然卒不見售。久之，二子為文皆有聲學使者，拔以為弟子員。公遂置田城東，將謝帙括，俾二子竟其未成之志，而優游以老于其中。一日，倉卒痰發不能言，遂終。享年五十。時康熙十九年辛酉五月朔七日也。初公之大父登仁公，好義喜施。值歲歉，嘗以錢穀活人。人德之。及公之生，人見其巍然魁梧，數目之以相語曰：父老謂萬氏當有興者，其在此君乎。已而，卒不驗。公性至孝，先是一鶴將析其三子。公泣諫不從，獨以其所得田二百畝為養老，具不以錙銖入私囊。尤侃直負氣，見人有冤抑者，無親疎，輒挺身為之辨析，使必伸然後已。人亦以是多公云。公子男二：長曰邦新、邑庠生；次曰戶，府庠生。女七，皆來章伯姊所出。其葬之時，以康熙二十二年癸亥三月十五日也。為之銘曰：

豐于貌，嗇於數。敏於文，蹶于主。青燐黃土，幽憤誰語。深埋斯銘，以俟萬古。

（文見康熙《襄城縣志》卷九《藝文志》。王偉）

襄城縣石丈記

邑令許子尊

石丈之設，奚昉乎上世，則壤成賦，雖地有厚薄，賦有輕重不等。然其時地無曠土而賦不加額，故民得安居樂業而無出鄉之思。自秦變阡陌，溝澮廢而民多水旱之憂。水旱仍而民有逃亡之苦。相沿之明，而民力大不堪矣。況襄邑地畝窪瘠居半。瘠者磽确，少旱則不能久耐。窪者卑濕，稍霪雨則山水下注，洩瀉無從而易於淹沒。小民終歲勤動，十年不獲三收，民之疲憊，不可與他縣較。嘉靖癸亥年間，邑令顧公奎詳立寬弓，伐石作記，勸墾補缺，實為足民裕國之至意。爰是山嶺河陂盡行開闢。萬曆之末，襄邑地畝丈至一萬二千餘頃之額，而行糧照三則折算，賦之多寡悉從壤，則此石丈之所由立也。迨至明末，秦、晉寇作，出沒楚、豫之間，襄當其衝。荼毒人民，焚燬署舍，石丈也付之祝融氏矣。

　　本朝定鼎，民尚未歸，戶口凋殘，村烟廖落，荊棘滿於道路，田疇化為汙萊。順治辛卯，佟公昌年初尹是邑。蒿目時艱。因思寇亂民離，奔潰他徙。今幸昇平，祖塋世業在是，何一往之不返歟？細察其情，良以襄地瘠薄，舊丈已廢，恐另立弓尺，賦重難支，是以不顧家鄉，寧老他郡。爰從灰燼中覓殘碑斷碣而更新之，復立石丈於儀門之外，以招徠斯民，意為循古，不必請詳，遂鐫佟某字樣於石，此又石丈所由立，而無失前人足民裕國之意也。惜當本朝起課之始，民以流徙未歸，不能盡言其概，止照明末每畝征糧之銀數，未折明時折畝之則條，以致厚薄同課，民畏賦重，窪瘠盡拋，地荒其半。今則賦額已定，全書已成，難以具請矣。

　　丁卯秋，尊承乏斯土。越明年，好事者因前任未詳明之故，忽起短長之論，而石丈幾致毀廢。查本朝有各省地畝依舊，則之部行，歷戊辰至庚午，叠詳上憲，委官勘丈，而石丈之弓尺與舊誌學田之弓尺相符。蒙院允其議，下令勒碑以示遵行，毋得任意盈縮，而因嘆大中丞閻公之反復詳求者，正深謀遠慮，為國計民生畫久長也。

　　襄邑自寇殘，而後雖歷數十年之生聚，而旱潦不時，牛疫蝗災，相繼叠告，家無蓋藏足恃，戶仍十室九空。倘石丈而頓毀矣，民未邀寬卹之惠，其不致仍昔之嗟碩鼠、嘆哀鴻者幾何矣。是下之有病於民，即上之不利於國也。方今聖仁在御災祲大蠲賑之典，欺隱開自首之條。石丈雖故明舊尺，然寬民一分，民即受一分之賜。惟大中丞仰推皇恩之浩蕩，不憚斟酌而後定之。俾好事之徒罔敢乘釁而滋其爭議，而且豪强息並兼之擾，貧弱免侵削之憂，民自是知有石丈之可循。窪瘠之地，漸次墾闢，既以足民之生，復以裕國之課，其所裨益豈直目前哉！蓋將垂之萬世而永賴矣。是為記。

　　康熙二十九年。

（文見康熙《襄城縣志》卷九《藝文志》。王偉）

襄城縣義學記

　　邑令許子尊

　　嘗讀曾南豐《宜黃縣學記》云：古之人自家至天子之國，自幼至長，未嘗去於學之中。蓋凡人起居飲食動作之小事，以及修身為家國天下之大體，皆自學出而無斯須之去於教也。是故教之進退升降揖讓之節，以養其身焉。教之孝弟忠信尋常之本，以端其志焉，教之禮義廉耻以坊表其行誼，詩書六藝以陶淑其性情焉。雖五方風土其材有剛柔緩急之異，皆可教之以歸於正，而無過不及。則材之繫於教，而教必厲於學，此夏、殷、周之世，庠序校之所由建也，學顧不重矣哉。降自漢、唐，詔令天下郡縣建立學宮，以置四方材俊，然皆為材之已成者設而非所論於鄉。鄉學則自成童象勺之年而教以養身端志之業，俾其知所學也。又教以坊表行誼，陶淑性情，使天下毋復有不成之材，豈不雍雍然上古之盛耶。第上世風俗醇茂，鄉有庠，黨有塾，術有序，父兄之教不肅而成，子弟之學不勞而能，故材之成也多。三古而後，人心傾危，世風薄劣，富而好禮者輒家私其塾，人私其學，不能臻於一道同風之美。若貧不能立於學者，又無所援，藉以自振拔，亦安望其人材造就，克底於成也哉。是故非樹之難，而材之成也難，亦非材之成也難，教之不立，學之不僅有以致之也。有心世道者欲進一世之材，為有用之士，不得不謀所以成之。爰有義學之舉，其富者毋藉於人，已至貧窶之子弟，則隨各鄉保之材俊，羣聚於學，悉如古之為教，內外繩檢，日夕就將，求躋於成人之列。尋常起居，飲食動作之小毋論，已而，修身為家國天下之大體，靡不講習研討，養之茂，識之明，而又使知天時陰陽寒暑之乖沴，地理剛柔燥濕之異宜，世道污隆興衰所由致，風俗澆淳理亂所由關，一旦建功名而膺艱鉅，其經猷幹濟自不同於碌碌無能之為。義學之有裨於人材豈淺鮮哉。予自丁卯秋來尹襄邑，襄固中州人文淵藪也。其先達之功業文章，卓然為世大觀，即一時之材俊，亦皆彬彬自樹於學宮，而又竊見各鄉保中之子弟類多聰敏英邁之流，寧無終窶且貧陀於不讀之歎，顧可令其無所造就，弗克為世有用之材也耶。間閱襄邑志乘，亦載城內社學一處，迫詢厥址基，竟淪於荒煙蔓草。值世多事，前令之賢能又或有志而未逮。今幸聖天子崇儒重道，撫憲閣重以興賢育材為心，檄下州縣修建義學。予雖貧員，樂於振興文教，因捐貲庀材，卜三賢祠之左，搆屋數椽，以為栖士之設。延請庠友，以司訓迪之任，俾單貧子弟咸獲受業其中，以為養身端志之地，陶淑性情，坊表行誼之階。將來人材之造就，寧有既哉。至於高開閎，塗丹臒，以富美厥觀，則又俟夫後之君子。予特司其草創云。

康熙辛未歲仲春月朔日記。

（文見康熙《襄城縣志》卷九《藝文志》。王偉）

重修襄城縣學欞星門碑記

邑令許子尊

天下事期於有成而不可以中止，要其為之何如耳。顧事有為之於前而不無待成於後者，亦有始為之終成之。若出一人之心而實同乎眾志，然終不敢邀眾人之功以為己力，此襄城縣學欞星門之所由記也。欞星門為聖學首觀，內廠宮殿，側列廊廡，其中藏美富，固千古禮樂之宗，百代人文之會，天下後世之志於學者，孰不欲由是路而出入是門也。其制以石為之，兩柱屹立，上不屋甍，門無扃鑰，計古今一統輿圖之勝。州邑郡學不下千百，而斯門之制汔無異同，蓋聖王一道同風之教，原本於天無私，覆地無私，載日月無私，照俾天下後世之人，羣仰止於斯而景行於斯。非若異端曲學之各鳴其得意，以相與角勝而不禁分戶立門也。夫人非卓自樹立，不為物誘，不為欲漁而志斯上達，則不得其門而入者多矣。人之履斯門也，可不惕然於孝弟忠信，以求為禮樂文明之具哉。襄城縣學肇自宋、元，至明規制大備。其間文治丕興，風教丕振，固鄭南之領袖也。歷後倉桑，不免傾圮。

本朝鼎定，御極兩世，相繼以文教治天下，一道同風，人爭自奮於學。前令杜君溥爰起而丕新之，上以鳴聖天子崇文重道之風，下以倡良司牧興賢育才之化。偉哉，甚盛典也。會宮殿成而杜君東歸，尚有櫺星門缺焉未治，全美弗彰。丁卯秋，余來尹茲土，省視學宮，見斯門之無以大聖觀，輒有更新之志，起而謀諸邑之紳士。邑紳士羣樂余一人以為倡，因不敢惜升斗之俸，率先勸捐，偕闔邑紳士衷賫而共襄之。先是學博王君純顯董厥事，甫有定論，旋以讀禮歸家。辛未春，洛中陳君尚司鐸是邦，毅然以經理為任。估價確議，清白無私，事半而功倍。同時佐理則司訓李君之璧，繼任夏君瓚，暨縣尉周君朝佐，紳衿侯抒佗、劉宗泗、戴巡、李琇、賈昌、王名彰、趙士元等，各宣乃心，以副斯務。是役也，始於康熙辛未四月念日，歷壬申年十月一日而事竣。因嘆天下事期於成而功卒以定，亦惟其為之之力耳。余不自揣其不文，樂於眾志同觀落成而濡筆為之記。

康熙三十一年十一月。

（文見康熙《襄城縣志》卷九《藝文志》。王偉）

蠲免官地租碑記

劉青震邑人

襄城郊關闤闠與夫圍堵公廨之傍，舊多隙地，游民販夫築舍其間，以為棲息貿易之計。司市歲收其租，以納於官。國初以來，相沿久矣。康熙三十六年，陳侯剖符茲土，閔此失業之氓，不忍徵輸。且曰城南地逼汝水，每歲暴漲，茆棟土垣，旋營旋毀。民力幾何，其能堪此哉！於是，聚眾曉諭，永為蠲免。遠近傳聞，無不嘖嘖稱頌不置。況茲拜賜之民，其為感激可言罄耶。於是，相與伐石，勒碑樹之南郭，而以紀事之辭屬余。余謂市廛之賦，自古有之。蓋先王抑末重本之意也。後世之民，類多無田可耕，不得不業於市焉以自瞻。與古之好為逐末者，其情事既不同矣，而猶藉口先王之法，以賦其廛。豈周官之制，反為漁利者之資，而為細民病也耶。今侯軫念襄人，永捐斯租，其湛恩汪濊，與世無極，固有不可以歲月計者。是宜勒之貞珉，使後世之人，摩挲嘆息，謂斯租之捐，自吾陳侯始也。故紀其事而附論之如此。

康熙三十六年。

（文見乾隆《襄城縣志》卷十《藝文志》。王偉）

永年典史張君芝玉墓表

劉青芝

同里張漢、德彬兄弟，書其父永年典史諱芝玉字蘭生之行治世次，因周生湄踵門載幣涕泣再拜而請曰："先人葬有日矣，願先生錫之言，以表於墓，則先人死且不朽。"按狀：

張君任典史在康熙癸未歲，歷七年致政歸。先是，庚午由給事縣庭為武清楊村驛驛丞，凡十五年，乃改今官。古者館不名驛而名傳，賓至，里人授館，膳夫致餐，廩人獻餼，司馬陳芻，工人展車，皆丞所司也。典史元制，在漢為尉，主盜賊。凡有賊發，主名不立，則推索行尋，案察姦宄，以起端緒。今之人能舉其職亦足多矣。而張君之在武清也，值山東大饑，流者相望境上，奉憲檄監賑，躬親臨視，計口授糧，俾均霑上德。又自市棺百餘口給死者，無使露骸骨。不足，復施席箔。永年蝗為災，縣令俞已請賑矣。君曰："賑令下，饑者久填溝壑。請共割己俸施粥以待。"其厚於仁以濟物，斯固職外事也，可不謂難乎！致政歸後，兩地父老朝武當者，道由襄，多致方物云。

弟芝明、芝秀，自少異炊而食，各為置田百畝，且授之券焉。性節約，裳衣疏糲，易簀之夕，顧諸子曰："願子孫師吾儉。"又曰："吾自揣生平無大過，後世或有昌者，爾輩其勉於學，以實吾言。"尋卒。

幼善星家言，嘗曰："吾年六十四其不免矣。"六十二致仕，越二年卒，如其言云。君之先，山四弘農人。祖有成遷襄，因家焉。父文斗。夫人劉氏，繼室劉氏。五男子：溥、治中，殤；博，富川典史，夫人出；漢，太學生；德彬，拔貢生，繼室出。孫六：永安、永甯、永泰、永康、永祚、永慶。曾孫三：景、晟、昊。以康熙五十七年五月十九日卒。乾隆六年二月十九日葬於先塋之次。嗚呼，今之葬其親者，競為非禮之易，紛華道路而已。而漢兄弟獨乞不腆之詞，以圖不朽其先人於百世，斯意不可孤也。遂次序其生平，俾揭於其墓之原。

（文見錢儀吉《碑傳集》卷一百十三。馬懷雲）

武進士淑韓盛老（愈）年先生墓誌

【誌文】

武進士淑韓盛老年先生墓誌

先生諱愈，字淑韓，襄邑舊家也。其先世科第綿綿，累代不絕。戶部公諱遜，開其基。太僕公諱鵬，大其業。先生固其嫡派裔孫也。先生高祖庠生諱惟天。曾祖庠生諱君重。祖庠生諱時。父處士諱肅。母祁氏，生昆玉二：長諱湖，先生其次也。祖居城南姜店街，後遷城北粉陳家。

先生善持家，開擴田產冠閭里。且負姿穎異，讀書能文。弱冠補弟子員，後貢于鄉。

其爲人也，敦孝弟，尚誠慤，重義節，輕財利。曾修惠民橋、潁水橋，補黃崗路，約費數百餘金。又嘗捐穀百餘石，以充貯倉，以廣利濟。他如賙閭黨之貧乏，拯道途之困苦，種種善端，難以枚舉。

先生晚歲間，足跡不輕出戶庭，諄諄然惟以耕讀訓子孫。享壽七十有五，于乾隆八年十二月二十五日壽終。至乾隆十年清明吉旦歸于窀穸。先生元配薛氏，生男一，諱世卿，太學生。生女三：長適庠生寇諱元勳之長男諱經；次適張諱振之次男諱湛；三適太學生閻諱弘範之長男諱錦。繼配李氏，生男一，諱世相，亦入太學。生女一，適武舉李諱大經之季男，貢監諱景。先生之長男世卿公，娶庠生李諱景林之長女，生男二：長逢堯，入太學。次逢辛，列膠庠生。女一，適庠生張諱問明之次男。又納副室孟氏，生男二、女一，俱幼。先生次男世相公，元配娶選拔貢生朱諱景洛之女，繼配李諱坪之女。生男三、女二，俱幼。逢堯娶耿諱德毅之女，生男二、女二，俱幼。逢辛娶武舉關諱意誠之女，生男一、女二，俱幼。余聞之，作善降祥，積德昌後。先生壽登古稀，福享千鍾，是作善之大驗也。桂子盈庭，蘭孫濟濟，是積德之明報也。銘曰：

忠厚承先，詩書裕後。動有準繩，言無浮游。正而不諒，和而不流。品之高兮，世所罕有。德之邵兮，言何能究。我銘斯刻，永垂不朽。

襄城縣儒學教諭年家眷弟蔡學熹撰文。

邑庠增廣生員愚侄子晰書丹。

乾隆十年歲次乙丑季春清明吉旦。

不孝男世卿、世相泣血納石。

（拓片藏河南省文物考古研究所。李秀萍）

敬惜字紙碑記

邑人劉偉表

卦畫演於庖犧，文明始自蒼頡，洩天地之秘奧，通今古之精微，功莫大而澤最普。凡有知識，孰不當敬而惜之，無庸贅也。獨是人輕於習見而易忽片紙。雙字濡於泥塗，淪於糞穢，任其堆積，聽其飄颺珠玉而瓦礫也，琳琅而沙塵也。荒滅雖小，其有關於教化大矣。仁人君子也，好善不倦者，應無不倦倦於此，卓哉！

君邑父母侯公諱傳山者，署襄甫下車，即以此為念，繼而太夫人榮歷署所，首以敬惜字紙為公勉之。並欲公推其所敬而及于一邑。噫嘻，賢矣。夫太夫人以閨閣之媛，淑德而兼學問，翼翼於斯，斷紙殘墨，敬惜為懷。其代公而栽培襄土何如也。雖吾襄僻於山壤，讀書之風尚可云淳。公以風雅文章潤色士林，而太夫人又以聖賢之意惠而及之。凡襄人士，誰不因其敬而敬之，隨其惜而惜之也。同城都閫毛諱選深明敬惜大義，力襄厥舉。而闔邑紳士百姓，亦莫不踴躍鼓舞，樂從恐後。遂築化爐於周王廟之前，僱清淨鐵冠，遠近按日收拾，隨收隨化。叢集殘文，盡歸烏有之鄉，而不至於暴棄，則敬惜者，始實而有功矣。後之樂善不倦者踵而行之，即可千載不替，而襄文教之流傳，寧有涯哉！伐石立碑，以誌不朽。是為記。

乾隆十一年。

（文見乾隆《襄城縣志》卷十《藝文志》。王偉）

重修希賢書院碑記

山川靈淑之氣，蜿壇扶輿，而人才以生。國家庠序之建，鼓舞振興，而人才以成。襄於中州，擅山水之勝，人文蔚起，代不乏人。是生之有其地矣。然文尚浮靡，功競□等，其積習亦所恒有。將陶淑而成之，獨非司牧者任歟。

邑舊有希賢書院，在城之西北隅。創自康熙三十五年，前任貴陽劉君所建也。置學田三頃八十畝，聚徒講學，首倡作人，斯亦一時盛舉也。日久廢弛，屋宇損壞，因陋就簡，生徒寥寥。余承乏是邑，撫茲愴然曰："此非陶熔人材之淵藪乎，胡爲荒蕪斯極也。"爰捐□貲，整而新之，將欲廣學舍，延名師，擇一邑之秀良，令讀書講業於其中，而又慮心無窮而力有限也。魯邑人宋子廣濟、廣惠，以其父諱洵者，曾置隴興書院，田一頃，屋八間，來請于余曰："先君建此，今不克整矣。願並歸諸希賢書院。"且捐銀五十兩，以資修費。余既允其所請，而邑人張子潞等十人，復首倡義舉，咸願輸金，並告其所交遊，羣相樂助。旬日之間，得銀七百六十三兩，因以五百兩付典取息，而以其餘者，修建書院。即于十人中，推□練者二人董其事。良材堅甓，數月告成。由是講課有堂，肄業有舍，門庭煥若，棟宇巍然。院舊田二頃八十畝，今益以隴興書院之一頃，共田三頃八十畝，歲得租課銀一百二十兩七錢，其存典五百兩，歲定取息一百二十兩，供租息銀二百四十兩七錢。租息所入，掌教之修膳，節禮廚司，門役之工食，以及歲時之修理，俱出其中。議立成規，歲有定額，惟地畝錢糧出自縣捐，不入支項外，尚歲餘銀八十七兩有零。以每月朔課生童之在前列者，分別獎給，以示鼓勵。由是遠鄉負笈接踵而來，歲增月盛，非復舊日之比矣。然猶恐年遠無稽，終成廢棄，倘靡克有終，不且辜余經營之苦心與衆紳士樂輸之盛意耶，因備陳始末，酌定章程，具詳立案，請之上憲，均報曰可。余至是快初願之克酬，而且喜縉紳先生皆能相與于有成也。將山川鍾毓之靈，得收效於涵育薰陶之內，文教聿興，拭目可待。因不自揣無文，謹述其事，以爲之記。

勅授文林郎知襄城縣事加三級軍功加二級紀錄三級記大功三次岳晏撰文。

勅授登仕郎候選主簿襄城縣典史劉佑書丹。

時同城官賜進士出身誥授昭武大夫專閫河南襄城營前署撫標中軍參將隨帶加一級又隨帶加一級紀錄三次記功二次劉仕偉。

勅授修職郎襄城縣儒學教諭王□□。

勅授修職佐郎襄城縣儒學訓導胡士□。

勅授奮武郎襄城營中軍軍功記功二次許科。

乾隆三十三年春正月之吉立。

邑人徐□泐石。

（碑存襄城縣文物保護管理所，拓片藏河南省文史研究館。馬懷雲）

仲民遷問津廟碑記

從來聖賢經由之處，往往懷古情深，豈不動人景仰之思哉！縱殊方異域，聞其名而核其實，過其地而擬其人，典籍所載，尚多附會不一。況木本水源之遺，焉敢湮沒而不彰乎。且先賢祖往來魯、衛、齊、楚間，其蹤足跡，歷歷可數。或建廟，或立祠，昭然若揭。要皆生靈之所護持，而百豪強所能攘奪者也。今河南葉縣北古問處，聞有祠宇一座，年久荒廢，神無所依。乾隆四十八年，據族人監生振岐、奉祀生振興呈請邑侯馬公諱景曾准照舊式，移建於襄邑北仲家莊。鳩工庀材，略為輪奐。工竣，屬予為記。予躍然起曰："我皇上重道崇儒，亙古莫京，而邑侯馬公樂此盛舉，不容古蹟湮沒，爭光雨曜。先賢有靈，當為欽舞。斯興廢舉墜之美，正吾族之仔肩茲任，因宜爾也。爰勒石以志始末並族人之請。

世襲翰林院五經博士耀涵撰。

乾隆四十八年。

（文見民國《重修襄城縣志》卷七《建置志·祠祀》。王偉）

李保康君岐生墓誌銘

張遠覽

乾隆五十有三年春，襄城李君文亭謁選於京師。得湖北保康縣知縣，遽卒於京邸。寔二月二十六日也。喪歸，而父年八十餘，三子，君其仲也。兄以哭弟死，而君之夫人方病，其子日號泣躃踊，無以活。踰二年，封公喪。又八年，夫人喪，謀葬。孝子乃求武君虛谷億為誌且銘，虛谷謂莫桐岡宜，今雖官於黔，即歸耳。余歸，不及見虛谷，而虛谷又沒。孝子乃以其狀來請余，事詳而詞哀，余為刪而著之。誌曰：

君諱岐生，文亭其字。其先山東冠縣人，元末遷於襄。四傳為明戶部尚書恭靖公諱敏。恭靖公之弟之子生員祥修職郎熠生贈文林郎繕性，是為君之祖。封文林郎象嚴，君父也。君幼有神童之目，年十四入學，試輒異等。

歲庚辰，舉於鄉。數年，權裕州學正，又權西平教諭，補汝州學訓導。歲庚子，登進士第七人。先是，君卷已定第一，人皆傳觀，拆卷為忌者所抑，殿試卷又為忌者抑。三甲歸班，加教授銜，以七品封其親，返汝州學任。伊陽民秦國棟殺其令而閧，撫軍勒兵汝州，聲言屠伊陽，民且潰。君急白幕府榜諭，止治首惡十餘人，民乃安。勘禁書，有將以書語違礙上聞。君力言其人已死，子孫不識字，且其語皆以文害詞，不足理也，事遂寢。歷俸滿當遷，觀察張公有年、督學王公大鶴同薦之，為其守所持。又歷俸滿，賑飢於永城，乃以堪膺民社薦，於是才得一縣，不及為而卒。年五十有五。

嗚呼！人之哀文亭者，以有才無命，有蓄無所發，抑塞困頓而欷焉以折，而余謂此猶其後也。文亭孝友人，以踽鼇之親不逮養，又痛隕其兄，此文亭之魂不寐，吾知其拊心泣血於冥冥中也。今余揮淚而為君銘，因更念虛谷。虛谷地下見此銘，應讀之而流涕也。

君配崔氏，封孺人，婦德克備。子希沆，廩生；希平；希濟，廩生；希濂。皆勤苦而為進士之學。女一。孫二。女孫二。婚字具於狀。所著《經學授受源流》四卷，《憇園詩存》四卷。某年月日葬於某阡。銘曰：

範我馳驅，有物焉以尼之。誰之不如，乃迤如遭如如斯。已而挺挺兮俟以摧，千秋兮一坏阤，既極兮後受祺。我之銘以為期。

（文見錢儀吉《碑傳集》卷一百十二。馬懷雲）

勅授儒林郎布政使司經歷誥封奉直大夫鹽運司運副盛公（勳）墓誌銘

【誌文】

勅授儒林郎布政使司經歷誥封奉直大夫鹽運司運副盛公墓誌銘

歲己酉，予授經盛氏家塾。盛君安瀾將卜葬其親，請曰：吾父之歿四年矣，饘粥之產尚足以營窀穸。其越時不葬者，懼銘之非人，未足昭於後也。得先生文納諸幽，庶後之人得以考信焉。予諾其請，乃序而銘之。公諱勳，字重華，姓盛氏，別號耕山。其先北平人。宋文肅公裔有官於襄，遂家焉者。襄城公有高祖曰貴，是為公之始祖也。八傳曰鵬，成化丙午舉人，任兵部主事，歷太僕寺少卿，監察御史，陝西按察使司按察使，封通議大夫，崇祀鄉賢。後先舉孝廉，薦明經，仕縣令，學博者又十餘人，載在邑志可考。高祖考愈，曾祖考世卿，俱贈布政司理問。世卿生逢辛，馳贈布政司經歷，公大父也。逢辛生封布政司經歷諱化淳，即公考也。妣孫氏、姚氏，俱封安人。

公天性端重，若不好弄。初就傅，舉止若成人。七齡喪母，哀號不已。太翁甚憐之。比長，事親盡禮，服御器用飲食之供，皆先意承志。昆仲三人：次乾行，庶母李孺人出。三居賢。長即公也。太翁年耄，命主家政。公內奉晨昏，外理庶務，布署條理井井。兩弟業詩書，不使間其功課。乾行出繼旁房，早卒，遺二子，家中落。公給以田畝，贍其饔飧，又推大宅居之。居賢既食廩膳，為援例補滑縣訓導。其友愛蓋天性也。先是太翁先生好行其德於鄉，嘗語家人曰："士無田不祭。我家廟中祀田僅若干畝，牲牷何由肥腯，饗祀何由豐潔。倘亡者餒而求食，恐不異若敖之鬼也。則祭田宜廣。後生小子成才難得，貧者艱束脩之費，遠者無肄業之所，雖佳子弟能成者鮮。則學塾宜建。此兩者皆吾之志，未暇蕆事也。"屬纊時久言之。及太翁殁，喪葬畢，公商於居賢曰："吾父雖捐賓客，遺命猶在。及今不自勉勵，閔先德不著，罪戾滋甚。"乃輸田百廿畝於家廟，以隆孝享。又度地村南里許，鳩匠師建學舍，置地三百六十餘畝，為生徒膏火資。卅餘年來，登賢書遊黌序者蓋彬彬矣。禮部尚書王蓮府先生摘陸機語題門額曰：誦芬書院。邑沈明府亦表之曰：承先樂育，嘉善繼述也。性喜施予，尤以擁財自衛者為鄙。癸酉，歲凶，餓殍載道，捐賑救饑，所全活多人。居賢廣文，時有滑縣朱生某以挂誤革衣頂。公助其申請，使得開復。至若中無城府，一諾不易。戚理故舊饋粟者，饋贐者，助權子母者，所費不貲。雖人不能償，置不較也。里中人至今猶能言之。晚得痰症，數年不能語而卒，享年七十五歲。配關宜人，太學生廷標公女。有賢行，孝翁姑，潔蘋藻。內政脩理，得宜人之助為多。享年五十一歲。公於道光二十六年卒。子男一，會洋，兵部候選游擊。女二：長適冀鳴鹿，次適太學生周玉章。孫男一，於斯，議敘州判。以道光二十九年三月上浣葬於伯達崗之旧塋。銘曰：

　　從治命，承先志。潔丞嘗，隆庠序。菁者莪，韡者棣。敦孝而無忒，葬崇邱而綿百世。因山向不宜，又改期於元年八月癸未日始以合葬焉。

　　勅授文林郎恩辛卯科舉人候選知縣愚弟宋芳輝頓首拜撰。

　　勅授文林郎丙午科舉人候選知縣愚姪吳燦西頓首拜書丹并篆蓋。

　　男會洋、孫於斯、曾孫熒昌納石。

　　大清咸豐元年歲次辛亥八月穀旦。

（拓片藏河南省文物考古研究所。李秀萍）

漯河市

제 Ⅱ 부

漯河市（郾城縣）

撫治番彝西寧道副使前侍御建侯李公墓誌銘

【蓋文】

明朝議大夫撫治西寧番夷兵備道前侍御史建侯李公墓誌銘

【誌文】

明朝議大夫撫治西寧番夷兵備道前侍御史建侯李公墓誌銘

　　天啟丁卯與余同舉於鄉者，沈潛有大略至性，首推郾城建侯李公。公在同籍中，與余最稱莫逆。同宦京師，風雨晦明，相過從無虛日。其於天下治忽之故，朝政得失之關，逞逞借箸而籌，慷慨激烈，毅然有匡扶之志。余得之燕閒晤言者甚悉，以故知公者莫余若也。公既歿十四年，是為皇清順治丁酉，公弟工部屯田郎賁持公子坤所為狀示余曰：先兄侍御，今季冬之月畢窀穸事。先生夙善先兄，亦深知先兄生平者，敢丐質辭，以文兄壙之石。余按：公家世澴上，大父號春海者，厚德博學，為一邑儒宗。考明寰公，配黃太夫人，實生公。明寰公經明行修，繼春海公以才德擅譽鄉鄴間。公齠齔讀書，奉明寰公教惟謹，趨向迥異常兒。明寰公心器之，嘗私語黃太夫人曰："大吾門者，此子也。"十四，補弟子員。天啟丁卯，舉於鄉。崇禎甲戌，成進士。□刑部主事，恤刑山左，遷員外郎，改浙江道監察御史，巡按山西，轉撫治西寧道副使。公天性孝謹，方為諸生時，太夫人病，侍湯藥目不交睫，衣不解帶，焚香夜禱，願以身代。卒不起，哀毀骨立，三年不茹葷酒。明寰公將對大廷，忽以痰作捐館舍，侍寢持喪如太夫人。時其在西曹按獄，平恕多所全活。值獄舍頹蕪，捐俸修葺，施鹽米、置蘆席數百，以紓罪人之困。恤刑二東，平反甚眾。為御史條上封事，咸切一時利病。而糾彈不避權貴，風裁涼如也。當持斧三晉時，寇焰方張，飭備防河，多先事綢繆之方。而察吏安民，威惠竝行，蓋春雨秋霜兼之矣。以才望，當內擢京堂。會有忌者，借西寧番彝雜處地，如公文武兼資，可用彈壓，遂外轉，至則簡士馬，策戰守，大剿諸番之不恭命者。中丞上其績，晉三階，節鉞之昇在旦晚間，以病告歸里。甲申，值國變，誓以身殉，鬱鬱廢寢食，以六月四日卒。卒之夜，妾劉氏自縊靈座之側，羣妾華氏、二楊氏、徐氏，同相繼殉。一室之中烈烈矣。歿之十三年，闔邑士民公舉從祀鄉賢，蓋無愧云。

　　公諱豫，字伯和，建侯其號。生於萬曆戊戌年，卒於崇禎甲申年，享壽四十七歲。元配韓氏，封安人，再封孺人。子二：長坤，庠生。娶邑貢生朱諱崇宗女，卒；繼娶江寧呂氏，妾朱氏、鄭氏。次璋，庠生，卒。娶邑太學生謝諱楨女。孫夢□，坤子，鄭氏出。孫女四：長適舞陽庠生關諱繡子中原；次許字西華進士王諱遵訓子都；三、四俱幼，尚未許聘。以順治丁酉十二月二十二日庚寅，窆於邑東之新阡。銘曰：

瀙水之涯，召陵之東。佳城鬱鬱，馬鬣是封。過者式焉，曰藏李公。白雲紀績，柱下生風。遺愛西陲，畏壘崇隆。屯難不渝，令譽永終。烈烈五姬，縊首殉忠。山高惟嶽，仰止中嵩。

資政大夫禮部左侍郎加二級兼內翰林弘文院學士前詹事府詹事國子監祭酒司業眷年弟薛所蘊撰文。

辛卯科鄉試中式舉人眷弟謝檳篆額。

乙未科會試中式未殿試舉人眷晚生王遵訓書丹。

刻字武自勉，石工李占魁仝鐫。

（拓片藏河南省文物考古研究所。李秀萍）

修塔橋坡碑記

知縣荊其惇

橋梁道路，責成佐職。乘隙鳩工，載在令典。郾無丞、簿，即首領闕，數年不補，以故廢墜實多。西南塔橋坡涍洞，病涉其一也。應生可選家其旁。一日，揖予，謂曰："燕、楚驛騎如織。時所最亟無若斯橋之疏滯流，與圮岸之宜防蹶仆者。生父名福，屢舉鄉善，受上臺榮獎。惟汲汲祠廟衢梁諸役自任。矧令長攢心，百廢蒿目，諸艱當益奮勵趨事，可選有志為一勞永逸之計。願得數言，紀其勤，足矣。"余聞之，欣然泚筆，不及待其語，竟取席前敞帛，相對咨賞紀之。應生將觀光國雍，以其學治民，所為孝子不匱永錫爾類者一橋云乎哉。

峕順治十年癸巳花朝後一日。

（文見順治《郾城縣志》卷十《藝文志·碑記》。王偉）

修龍堂隄碑記

知縣荊其惇

隄堰陂塘之利，農隙必講，謂其旱潦兼資，瀦洩有備也。若夫沮洳受浸，溝澮盈涸，旱則不藉灌溉，潦則必逢漂沉，修築之舉，專以防患而已。夫民之去害，甚於興利，宜其從事加亟。而濡遲貽害至數十年，廢其成功，憚於修復，如龍堂決口者，曷以故？考隄築於前朝萬曆末年，協同被水州邑，如上蔡、汝陽、項城、新蔡及江南潁州，力不煩而事易集。一經衝決，旋值兵荒，寇與兵俱棄彼汙萊，不復知為故土，亦已久矣。年來，蟄鴻漸歸。辛卯、壬辰，水患更烈於他日。逾年水退，乃跡其頹岸已五百餘丈。邑孝廉馮子純毅然卜築舊基，為居民倡。然屢歲大河決口，工役煩急，吾民未暇自治其私。至乙未冬，河工將成，役車少緩，於是，聚族而謀，終鮮協應。先是督臺李公、撫臺亢公先後下車，並咨詢州縣興除所急，具實以龍堂隄告。而上蔡庠生楊景震等、耆民李應蘭等，由大聲疾呼，泣呈兩臺願如往例，協工修築，以圖永利而祛積害。檄下郡邑會議，報可，事乃決。通計被水人戶得鄢城夫二百名，上蔡夫百名，續增百名，項城夫五十名，續增五十名。其他應協而志未同者不能強，亦不能待也。為之尋求廢址，計量廣狹，因高就勢，規便施工。孝廉、文學親董其事，[1] 晷刻無曠。鳩工於丙申正月之杪，竣役于四月終旬，無妨農事，而隄完且固。又西榆柳以護之。奄觀秋種可耕而播之。愚民乃始欣躍於去害之不可不速，而享利且可數十年，其毋忘兩邑首事好義之民，與爾里紳士倡議董役之勤懇，若夫憲臺軫恤災荒遺黎，重憫大河役困，加意諮謀，悉心興革，無非欲使民安土重遷，樂其本業，休養生聚，復臻康阜之盛，嗣是其益勤墾闢，無咨暑雨東南之鄉，[2] 遂將不鴻雁中澤，實賴斯堤為於垣之始事矣。

峕順治十三年歲次丙申中元前五日。

（文見順治《鄢城縣志》卷十《藝文志‧碑記》。王偉）

重修學宮碑記

知縣荊其惇

灑陽界平原之區，其為城郭溝塗，人民有幾。甲申後，澤火義著，郊外村鮮完部，邑內巷無居人，官舍民廛，曾不足當楚炬之一熾。獨文廟在天有靈，不至鞠故宮為茂草，第規格徒存，風雨肆響堂廡之間，亦漸就傾圮。夫以兵火焚掠之餘，家室如零，詩書無味，經營膠序，宜鮮究圖。顧彼思玄念一之流，咸知增新殿堂而莊嚴法象，青青子衿，亦不憚多方援引，以勸贊其事。豈二氏子孫皆肯堂肯構，而名為悅服先聖者，乃俱弗克負荷，徒為他人役者耶！予承乏茲邑，用是惕然自厲。考經制額費積三年，僅三十金。旋以除荒再減過半，則微俸不敢靳也。廣文崔君道亨、趙君奎雯皆踴躍任事，而鄉善應福者，其嗣可選，薄采芹藻，升進成均，乃不恤其力，兼資工料，肇修明倫堂以及殿門垣墉，莫不補其缺罨，飾以丹堊，煥如維新矣。鄉賢祠則李生坤以其先人侍御公新請從祀，獨任三楹。余乃率廣文漸復講室諸制，修啟聖祠，構名宦祠，以次舉焉。諸生從余以時祭祀，以時講業，應樂修建之有成，而知向之置如度外者，亦為習所囿，豈性本然哉！余用是滋慮矣。以魯國之儒一人，而萬世帝王、公卿大夫士駿奔對越，罔有射思，亦曰人倫之道於斯為極乎。抑又聞之，人之獨得其貴者，為可羣也。何以能羣？曰分。何以能分？曰義。是訓是行，

---

[1] 民國《鄢城縣記》卷三十六《文徵外篇下》書作"子純與孝廉謝公翼、文學謝公慎親董其事"。

[2] 以下民國《鄢城縣記》卷三十六《文徵外篇下》書作"無復澤雁之痛，豈非令之所大望於民者哉"。

而剛柔之質以劑；易知易從，而性命之理在我。然則天之予我民彝不克類著而彰顯之，雖文藝極工，非學人本務，亦奚取於？入其宮而躋其堂，為邑初造，民氣固已漸甦，民性未能頓復。余慇慇鞠保，常苦不逮，敢妄議禮樂之事？幸天心篤佑，降年屢康，凡我良士，不惟觀摩有地，抑亦篤行之有資矣。異日淑人君子率育此邦，進成人於有德，雍雍如也，區區榮願云爾哉。余雖固陋，為翦其榛莽，肅其堂階，以俟後之於論鼓鐘於樂辟雍者。

峕順治十三年歲次丙申中元前五日。

（文見順治《郾城縣志》卷十《藝文志·碑記》。王偉）

修陳太邱墓碑記

知縣荊其惇

　　蓋凡鐘靈淑於扶輿者，其生也，氣本乎天。天若以高明光大之氣，發榮舒暢而剛之體以立。其沒也，義依乎地。地亦若以嚴凝肅穆之義，歸藏收斂而魂魄之營長存。所為生有其自，死得所歸者耶。至若動履之間，輒關天象，兼以子孫令善風美流傳，史冊所垂，孰不知太邱陳先生也，而其精爽在平原荒草間，[1] 千百年後，將不免犁墓為田，摧柏為薪。當日吳王闔閭多金玉以殉，精氣騰化為白虎，至今咸歌舞其邱。田橫五百人相從赴義，名成於後世，豈苟慈明？韓元長等哀以送之，暨遠近會葬千人，祗隨聲附和，而於先生無至德之相感哉。雖然，先生生平不委曲以干時譽，及升為列宿，又何至為幻為怪？若輔弼之，與陸生談玄於煙草，即欲據地下修文之說，以相方諒，亦為先生所不取也。常試憑弔古先哲人之墓，尚多存焉者乎。惟此荒邱片石，是即德星之未盡問耳。羊叔子在峴山，百姓望其碑墮淚。董仲舒墳在長安，過者下馬。以先生之德，而不表識其邱隴，俾哀敬者有所動心焉。是長吏之過也。雪夜同孝廉謝公翼經宿其地，展拜中惻，舊有石碑，上鐫"陳太邱墓"四字，兵火之餘，碑仆旋失，乃立石如舊制，而記其歲月，買居民王繼世田二畝三分，種樹表道。嗚呼！誦揚先生者，蔡中郎之辭，卓越千古，其所云德務中庸，教敦不肅，聞其風者，猶將有為邦百年之思九原，不可作也，亦感悟於中郎之文。

　　順治十三年歲次丙申孟春之吉。

（文見順治《郾城縣志》卷十《藝文志·碑記》。王偉）

---

　　[1]　乾隆《郾城县志》卷八此後載文與之相異，書作："荒邱片石，是即德星之未盡問耳。董仲舒墳在長安，過者下馬。以先生之德而不表識其邱隴，俾哀敬者有所動心焉。是長吏之過也。雪夜同孝廉謝公翼經宿其地，展拜中惻，舊有石碑，上鐫'陳太邱墓'四字。兵火之餘，碑仆旋失。乃立石如舊制，而記其歲月。買居民王繼世田二畝三分，種樹表道。嗚呼！頌揚先生者，蔡中郎之辭，卓越千古。其所云德務中庸，教敦不肅，聞其風者，猶將有為邦百年之思九原，不可作也，亦感悟於中郎之文。"

重修縣治碑

李應宗

周治四百里為縣，春秋上大夫始受縣。楊子雲曰：今墨綬古之諸侯，漢明帝曰郎官，上應列宿，出宰百里。邑宰之職重矣，而其職掌則無所不統。邑之中，民人社稷，兵農錢穀，戶烟田土，水旱修救，惟宰是問。邑之中，觀善刑暴，羞耆恤孤，謹權審量，維風正俗，惟宰是問。邑之中，上有頒發制書榜文，下至宣達民隱疑獄，以及夫馬芻糧之瑣褻，城池保甲之緊要，惟宰是問。故曰宰之秩重，而宰之職掌無所不統也。夫職無不統，則公宇宜寬敞；秩重，則公宇之體制宜詳正嚴肅。方今郡國，每三年上計，必以修理衙舍，登之奏冊，誠非細務也。郾舊有大堂三楹，為邑宰臨蒞之所，基址湫溢，戒心坊去堂纔數笏，復低甚，不可仰視。儀門亦草創，大門為樓三，樓僅中一間，棚木數片，懸鐘鼓，司晨昏，樓下左右皆土塞高築，與棚木埒。官役出入於其中者，如在夾皐行。自大門望儀門，望大堂，曲折蜿蜒。作始之人，不知何所解。六曹率淺狹頹落，圖籍散亂浸久，恒為風雨所苦。戊申冬，予承乏茲土，見前後門堂房曹諸屬缺署者，舛錯者，低隘者，傾圮者，黑腐者，概不敢以逆旅安。因酉夏河水大浸，衝崩城垣，予捐資修築。大工雖竣，東作方興。至今十月，秋成冬隙，謀之紳衿，謀之鄉耆，咸樂其有是舉也。於是，庀材卜吉，命匠鳩工，出銀米，給廩餼，選鄉約，司支發。始事於戒心坊，誌敬天也。升坊而益之高，誌鑒下也。易大堂三楹為五楹，寬而有度也。堂基增崇五尺，居高聽卑也。儀門大門，其直如矢，悉與堂準，大中正也。門左右土塞者，去之，空空洞洞，撤壅蔽也。鐘鼓樓三間，悉鋪棚木，無私覆也。贊政廳堂、書房、皂快房、買辦房、旌善亭、申明亭，次第備具。土地祠、寅賓館、大照壁、八字牆，飾以丹粉，洗其污壞，缺署者補之，舛錯者正之，低者隘者，崇之廣之，傾圮黑腐者，扶持鮮治之。蓋瓦級磚，榱桷薨題軒欄，扁額聯句，甬道坍壖，煥然改其舊觀。一時子來趨事之眾不煩警鼓，浹月告成。臨蒞茲署者，睹公宇之寬敞，當思恪恭乃職，覬公宇體制之詳正嚴肅，當思副朝廷重宰之意。予表而記之，勒諸貞珉，用以自勉並以勉後之君子云爾，詎細務哉。

康熙九年歲次庚戌陽月穀旦。

（文見乾隆《郾城縣志》卷七《藝文志》。王偉）

郾城縣常平倉添造廠房碑記

劉登陞

河南開封府許州郾城縣為酌議添造廠房以俾儲備事。康熙三十三年七月初二日，奉本府正堂加五級管信牌，康熙三十三年六月二十五日，蒙河南等處承宣布政使司布政使、加九級李憲牌，康熙三十三年六月二十二日，蒙巡撫河南等處地方提督軍務、兼理河道兵部右侍郎、兼都察院右副都御史、加三級顧憲票前事，內開：照得每州縣儲積谷石，以備水旱災傷。誠出皇上睿慈，為民生至計。本部院恐各處廠房不敷，隨處堆貯，以致浥爛。迨日後參處，官吏按數追賠，一時無濟實事，故行酌議添造。今據該縣詳報，必需再建廠房，庶足儲積。但今估計合用工料銀兩應於何項動用，伏候憲檄遵行等因。到部院。據此，除詳批，發外，合就撥銀建造。為此，票仰郾城縣官吏，文到，即照數出具印領，專差的當員役赴開封府，於各官公捐銀內動發，一俟領銀回日，星速辦料鳩工。務於高燥處所建造，將完工日期具報，毋任胥役匠頭扣剋工料銀兩，以致造不堅固，難垂永久。或將領回官銀隱匿，復行派累百姓，致取重咎未便。等因。奉此，本縣遵即出具印領，專差的役赴開封府領回奉撥捐銀，備辦料物，雇覓匠役，擇吉於八月十五日興工，今於十月二十八日完工。並無扣剋官銀，致建造不堅及派累百姓情弊。相應勒石，豎立倉前，以備日後稽考，按時修葺，垂之永久，仰副朝廷儲積恤民至意。

康熙三十三年十月。

（文見民國《郾城縣志》卷三十《文徵外篇下》。王偉）

漢太邱長陳公墓碑

公諱寔字仲弓潁川人
漢太邱長陳公墓
康熙肆拾伍年丙戌上巳日郾城縣知縣關中後學溫德裕立。

（碑存漯河市郾城區許慎紀念館。王偉）

漢孝廉許公之墓碑

公諱慎，字叔重，召陵人。爲郡功曹，舉孝廉，再遷除洨長，卒于家，□著有《五經異義》、《說文解字》十四篇傳于世，祀鄉賢。
漢孝廉許公之墓
康熙丁亥三月穀旦。郾城知縣三原後學溫德裕立。

（碑存漯河市邵陵區許慎墓。王偉）

皇清誥贈孺人李（繼鄴）母周太君墓誌銘

【蓋文】
皇清誥贈孺人李母周太君墓誌銘

【誌文】

賜進士第通議大夫經筵日講官起居注吏部右侍郎兼翰林院學院學士教習庶吉士加一級前通政使司通政使右司政加四級太常寺卿太僕寺少卿欽差提督河南通省學政戶科掌印給事中翰林院編脩欽差丙子科貴州正主考翰林院庶吉士年家眷友弟湯右曾頓首拜撰文。

賜進士第通議大夫經筵講官內閣學士兼禮部侍郎前皇太子講官翰林院侍讀學士充日講官起居注右春坊右諭德兼翰林院脩撰翰林院編脩翰林院庶吉士年眷世弟彭始摶頓首拜篆額。

賜進士出身翰林院檢討前翰林院庶吉士年家眷弟柯喬年頓首拜書丹。

往者戊子之歲，予膺簡命，督學中州。試鄾城得李子相肅卷，首拔之，見其人於廣眾中，德器深沉，矯然獨異，心賞識之。及試汝、伊陽，廣文李君以超□鄾邑卷稱謝，詢及之，乃知為司農公之冢君，曩所取士乃其長孫。蓋其家學淵源，有自來也。閱三年，李君出宰合浦，謁選京師歲餘，於予有金蘭之契。晤言時，知有內君之喪未葬，因事慰焉。丙申歲，李子裔齋母氏周孺人行狀求予為誌而銘之。予讀狀，嘆李君之一門孝友，累世巍科，荊樹竹林，後先接躋，門內之駒，昂首千里，不獨李君主善繼善述，蓋孺人與有力焉。

按：孺人姓周氏，先世江右巨族，遷豫居鄾，遂家焉。父道新公，乙未科進士，歷官國子監監丞，當教授南陽時生孺人。司農公生冢君，素為莫逆之交，遂訂姻婭之好。蓋自結褵之始，而以德配德之雅，已共之矣。孺人生而端淑，貞靜幽閒，雖生長貴門，而敦崇朴素，不事華侈，錦繡組織之服，非有大禮，弗之御。迨歸李君，司農公已逝。孺人孝事黃太宜人三十年，事于太孺人二十年，執婦道恭謹盡禮，一遵內則之儀，黃太宜人垂白失明，孺人奉事左右，梳浴摩拭，必以躬親。旁有貸者，弗聽也。宜人性嚴峻，召呼無時，聽命而趨承，孺人倍凜於諸婦。祭祀之粢盛必致其潔，宴賓之酒殽必極其盛。兩太君之喪，牲牷、酒醴、布帛、食用諸物，一皆取諸宮中。非素敬勤，何以備具？李君昆仲奕世交遊，座上之客常滿，待食者動以百數。孺人隨分而餉之，井井有條，無觖望焉。宴會之餘，時以讀書勸勉伯仲，無忘先志。延禮名宿，有一席十數載者。以故兄弟叔姪科目聯鑣，而待奮者亦厲志青雲，皆孺人內助之益居多。李君主家政四十年，孺人筐篋中，金帛一無所有，服飾婢御，不爭多寡，豈非婦德所難，而善成李君兄弟之和者乎？且以房中久侍之女，而使延宗祀於別室，則螽斯之所及。不立本支百世，而且視子姪如一體矣。其公溥仁愛為何如，又豈止睦戚族，賙貧乏，公□斛，恤僕婢，推逸任勞，辭多取少，為人所痛悼追思於無已也哉。大抵孺人一生，貴而不驕，勞而不伐，讓而無私，惠而能普。今者李君分符粵東，治績稱最，使有孺人相助為理，行將以福一家者福遠邑。李君一歲三遷，孺人躬膺紫誥，榮封有加，豈非快事。奈何中道與李君別，而且遠離數千里，幽明永隔若是耶。嗚呼！修短何常，芳徽足紀，孺人之德不媿古人矣。光史策而垂不朽，此狀實為之權輿。

孺人生於順治十七年三月初二日酉時，卒於康熙四十九年九月十六日申時，壽五十一歲。子一，繼鄴，廩膳生，娶宋氏，修武縣訓導紹統公孫女，禮部主事乙未科進士逢泰公、澠池縣訓導逢期公、湖廣瀘溪縣知縣逢盛公姪孫女，文學可繼公女。孫一，真王，媒聘現任大理寺少卿、前光禄寺卿、都察院監察御史吳公諱梁孫女，增廣生琮林公女。夫以孺人之孝慈友愛，勤儉仁恕，母儀紹乎前賢，家聲振於奕禩，可謂生順歿寧，毫無遺憾矣。銘曰：

召城之右，灃水東流。婺宿分輝，壺範垂休。力行先訓，燕翼貽謀。子孫振振，世德作求。鶴駕去而芳躅留，疊疊焚黃華表頭，鬼神呵護土一丘。

丁酉三月十一日。

不孝男繼鄴泣血立石。

（拓片藏河南省文物考古研究所。李秀萍）

重修沙埠口橋記

羅其昌

沙埠口河，距城二十里許，橫截南北，霖潦為害，咫尺隔絕。前民靳氏始為橋。明末圮，復修，亦靳氏子孫首其事，迄今且百年。行其上者驚怖急遽，過之惟恐不速。余數目擊，甚恐。諸生靳大成居與橋近，余招之與謀。鄉民閻楷、李乾、閻林等皆至。靳生曰："橋已傾圮，石皆壞裂，不可用石。此橋當以千金計。"余曰："昔王周治定州，賞民粟而治其橋。王仲舒治蘇州，捐寶帶而助不給。杜預建孟津浮梁，排眾論而力主成。橋梁不修，有司之過也。雖然，需千金而後成梁，是隔南北之人若河漢矣。"乃出俸餘畀靳生，更募邑眾，得錢僅一百四十餘緡。買石覓匠，重為修理計，益以西北壞橋無用廢石，工遂就。靳生曰："是役也，處急遽之時，作無米之炊，功倍而不擾，惠大而不費。子輿氏所謂平其政行，辟人可者，其信然歟。"余謝不敏。曰："子能繼先志，勤勞彰著，與諸人協助之力也，於從政乎何與哉？謂為平政，吾豈敢？"

皆康熙五十八年仲冬月。

（文見乾隆《鄢城縣志》卷八《藝文志》。王偉）

皇清待誥徵仕郎候補內閣中書己卯科舉人靜菴李公（恪）暨元配謝孺人繼配孫孺人合葬墓誌銘

【蓋文】

皇清待誥徵仕郎候補內閣中書己卯科舉人靜菴李貳公暨元配待贈孺人謝氏繼配待贈孺人孫氏合葬墓誌銘

【誌文】

賜進士榜眼及第資政大夫工部尚書前巡撫廣西等處地方提督軍務兵部左侍郎兼都察院右副都御史加三級年通家眷侍生陳元龍頓首拜撰文。

賜進士出身翰林院編脩加一級庚子科湖廣副主考前丁酉科山東正主考翰林院檢討庶吉士年家眷世弟呂謙恒頓首拜篆額。

賜進士出身翰林院檢討加一級丁酉科福建正主考前翰林院庶吉士年眷弟柯喬年頓首拜書丹。

往者己卯之秋，先少宗伯兄典試豫闈，得李子靜菴文，讀之擊節稱奇，遂擢為本房冠，一時聲名藉甚，有國士之目。後數年庚子，忽以疾卒，其伯兄成齋將為卜葬於祖阡，預命其冢孫昭齋狀走京師，乞余誌而銘之。余讀狀，知公之文章氣節既為近今所無，又以悲賢人君子未獲大遇於時，且不幸而早歿於世也。

按：公諱恪，字恭如，別號靜菴。先世為晉婁山人。其始祖鰲，於明洪武中遷郾，因家焉。數傳後，以文名顯膠庠者，代不乏人。又再傳至方州先生，於順治酉、戌歲聯捷南宮，初授池陽令，累遷司農，所在治績卓然。生三子：長性，季怡，公其仲也。公生而美丰姿，穎邁絕倫。為兒即懷奇負氣，不隨人為步武。五六歲，能通經義，所讀書目過輒不忘。年十四，補博士弟子員，學使吳公奇其文，嘆曰：不謂今日獻吉復出也。後二年從名宿靳子遊，文思遂大進。壬申年三十一，食廩餼，始尚心舉子業。又七年己卯，公揣摩成，值學使胡公試許昌，拔其文為十五屬冠，且許闈中必售。至秋，果登賢書，而公之文章，遂由此大顯名於世。初，己酉年間，文體漸趨早靡。自慕廬先生首振旗鼓，風氣因之日勁，然要皆以才華相矜尚，而矩度終未復古。公自髫年為文，即宗震川風派，後復取裁於金、陳諸公，以蓄其奔放之勢而發其幽渺之思。故其文深探本原，卓然自成一家。於是，四方學者咸望風宗尚，稱其廓清摧陷之功，比於昌黎。嗚呼！可謂雄偉不凡者矣。公為諸生凡二十年，歲科試皆前矛，其他受知於宗工哲匠，以超等膺首選者，不可勝數。自己卯鄉薦後，計三上公車。庚辰，為同考傅公特薦，而主司嫌其下協時。癸巳，總裁王太倉已擬入彀，而卒以省額阻，工於文而窮於遇命矣。夫公事父母盡孝道，居喪哀毀骨立，足不入私閫者三年，營葬事遵古禮。所刻誌銘皆出己手，讀其文想見其為人，知其於仁孝甚隆也。治家嚴而有法，教子姪皆為知名士。豫中數清門文采，克世其家者，推李氏為最。年四十八，從兄教授伊陽，眾競師事之。伊人發科目自公始。甲午，從兄宰合浦。合浦偪近嶺海，為古來謫貶地，瘴癘染人輒死，較播州更不可居。一時從者皆有難色。公獨奮義前驅，眾由是皆感激，樂為之用。比及浦，公請先除其苛政，其他勸農桑，明教化，減賦徭，平鹽課，一切興利除弊之舉，多出公所籌畫。至其平海寇一檄，簡而奧，莊而有體，大哉言乎堪與《淮西碑》相表裏矣。丁酉，公居浦三年，其子繼膺卒於家，遺一孫尚幼，是時，子母孤孀，外無宗族親戚之援，內無兄弟手足之助。以人情處此，鮮無不痛念其子孫而歸領其家室者。乃公獨生死相從，依依不忍離，俾其兄功成名立，萬里旋家，然後，終為己職而無怨。迄今想其痛子不勝愛兄之言，猶令人感泣數行下。嗚呼！若靜菴者，真足以勵頑懦而有功名教矣。公博極羣書，力學不倦。晚年深造淵微，窺伊洛奧旨，詩宗北地、信陽，書法得二王之神。所與遊，皆當代名人。如翰林李牟山、柯樞齡尤其藉者。大中丞徐公亦雅重公名，兩造其廬焉。又性謙抑，樂勸規，尊師取友，久而彌篤。平居弱不勝衣，至見義敢為，雖健夫常畏其鋒。談及忠孝節烈事，則又鬚眉戟張，慷慨淋漓不置。終其身挺然特立，有表正人倫，砥礪廉隅之概，不獨文章領袖，壁立詞門已也。歿之日，士林悼惜，天為之晦暗者三日。遺一孤，頭角嶄然，見者皆謂盛德之報。冢孫承伯祖訓，亦頗知嗜學，則所以繼公之餘緒而光大其前烈者，政未有艾也。獨是公以命世之才，懷瑾握瑜，竟未獲大遇於時，卒以孝廉候補舍人終。

悲夫！公生於康熙元年十月十八日辰時，卒於康熙五十九年正月十三日巳時。元配謝氏，前乙酉科舉人謝公思教孫女，候選知縣謝公柟女，早歿。繼配孫氏，壬辰科進士、提督福建學政、孫公期昌姪女，文學孫公運昌女，亦先公卒。兩孺人皆恭儉仁孝，淑慎有禮。今卜合葬於祖兆，其一生坤德母儀，以及雞鳴相夫之功，堪與李子並垂不朽，無庸多為揄揚也。子二：長繼膺，國學生，初娶候選縣丞謝公之姚女，繼娶中牟縣縣丞史公豫明女，謝氏出。次繼迪，聘邑庠生于公載熙女，國學生于公載章姪女，葛氏出。女一，適直隸宣化府蔚縣知縣寇公原然次子愷，孫氏出。孫一，昭，繼膺出，聘上蔡縣戊戌科進士、直隸內黃縣知縣、後補四川資縣知縣張公沐曾孫女，太學生、候選州同知張公司燧孫女，廩生張公為里女。誌畢，又從而為之銘。銘曰：

婁山華胄，遠播濫陽。瓜瓞衍慶，五世聿昌。篤生王佐，邦家之光。燕翼有子，維公最良。宏文照耀，雲漢為章。名高司隸，節義琳瑯。二女來儐，德媲英皇。同心俎豆，蘋蘩足將。卜共幽宅，終焉允臧。綿綿厥後，永繼弗忘。

承重孫李昭，孤哀子李繼迪泣血立石。

（拓片藏河南省文物考古研究所。李秀萍）

重修鄢城縣城記

知縣力廷輝

雍正六年夏，輝備員宰鄢，欽奉上諭：各直省府州縣治城修廢舉墜，一切從事。鄢邑城垣蒙憲委員勘估，急需修飾，但不在請帑之列。輝瞿然曰："是固守土之責也。"因首捐養廉為倡，邑紳士亦欣然樂從，捐助磚灰工料。趨事赴功者踵相屬。其猶不足，則間以罰贖佐之。以雍正七年三月興事，抵九月告竣。輝惟鄢之昔為戰守重地，當南北衝，志乘可考也。守土者往往苟且媮惰，取適目前，覷官守如傳舍，以省事為便，圖以承平為可幸。時有坍塌剝落，置之膜外，漸而愈深，久而益甚，以致必俟大張改作，殫慮屈力而後集事，則後來者之累也。今壞者基之，頹者立之，缺者補之，故者新之，漶漫鹹爛者更之易之，樓觀之毀廢無存者從而特建之。工給現值，料皆平購。經營維謹，董率維勤，閱時半載而功已成。費可千金而事以立。因得以奉德意，仰承憲檄，更望後之官斯土者之相因於勿替也。因記之。

雍正七年九月。

（文見乾隆《郾城縣志》卷八《藝文志》。王偉）

皇清敕授承德郎候補主政前廣東廉州府合浦縣知縣加三級紀錄四次成齋李公（性）暨元配應贈安人周太君合葬墓誌銘

【蓋文】

皇清敕授承德郎候補主事前廣東濂州府合浦縣知縣加三級紀錄四次成齋李長公暨元配應贈安人周太君合葬墓誌銘

【誌文】

皇清敕授承德郎候補主政前廣東廉州府合浦縣知縣加三級紀錄四次成齋李公暨元配應贈安人周太君合葬墓誌銘

賜進士出身通奉大夫戶部左侍郎年家眷世姪呂耀曾頓首拜撰文。

賜進士出身中議大夫太僕寺卿加四級年家眷弟蔣璉頓首拜篆蓋。

賜進士出身翰林院庶吉士年眷姪張日譽頓首拜書丹。

原任廣東合浦令存如先生，余年伯祖司農公之冢子也。康熙五十二年，先生謁選至燕邸，與先君子詩酒往來，風雨談心，於世兄中誼最厚，知其家世亦最悉。余時追隨先君子，猶及見之。嗣是先生出宰嶺南，余亦奔走宦途，不親典型者數十年，而先生已作古人矣。余每憶其言論丰采，輒□□不能忘。今歲秋，先生家嗣相肅兄以先生行狀假郵至京師，屬余為銘。余以通家子姪之誼，不可辭，然亦不敢為諛詞也。謹以生平所稔知者，銘先生焉。先生諱性，字存如，號成齋。先世為晉婁山人。始祖鱉，於洪武中遷河南，隸於郾，以書香世其家，代有聞人。數傳至公父方洲先生，為理學名儒，聯捷順治酉、戌。初授池陽令，累遷司農卿，文章治積，至今光昭邑乘。公母太夫人張氏，繼夫人黃氏，孺人于氏、郭氏。先生兄弟三人：于孺人誕育先生及弟恪；三弟怡，郭孺人所出也。先生生而岐嶷，沉潛學問，年十五與弟怡同補博士弟子員。入庠後，益自奮勵，每試輒冠多士，學使者常器許之，無不謂司農公為有子者。迨司農公捐館舍，先生獨任家事，不獲專攻舉子業。延請名師，懇勤教誨其弟及子姪，務期爭自黽勉，以勿墜司農公家聲。由是仲弟恪中己卯經魁，胞姪繼弼登癸巳賢書，冢子相肅年兄由癸卯選拔列丙午副車。其他食廩餼、遊邑庠者，不可勝數。雖諸弟子姪克自振拔，而其得力於先生家教者實多云。其初任伊陽外翰善作人，再任合浦多惠政，後以循良列薦章，登部曹，致仕歸。迄今伊之人文風丕振，浦之人家尸祝，奉為師表，誦為父母。雖古所稱鵞湖、鹿洞，召父、郇母，無以加也。先生一生於孝友大節，出處大義，無不盡倫盡制，周詳篤摯，有如此者。此固郾之人飫聞饜見，余更不必多為揄揚也。

先生生於順治十八年四月初一日亥時，終於雍正十二年九月初六日子時，享壽七十有四。元配應贈安人周氏，順治乙未進士、國子監監丞周公道新女，於康熙四十九年先公卒。

安人一生恭儉仁孝，淑慎有礼。今卜合葬於祖兆，其坤德母儀，曩已勒石誌墓，永垂久遠，無庸再贅。子二：長繼鄴，癸卯選拔，丙午副榜，候補儒學教諭；元配宋氏，臨潁庠生宋公可繼女。次繼常，聘葉縣貢生、雲南定遠縣知縣、陞任湖廣黃州府同知孫公爾振女。女一，適候選州同知馮公永郁次子葉儒琳。孫一，曙，邑庠生，娶上蔡貢生張公為疆女，繼聘舞陽己酉拔貢生郭公檵女。孫女一，適候選州同知宋公適三子伯超。曾孫一，慶遠，幼未聘。曾孫女一，幼未字。誌畢，又從而銘之曰：

夒山華冑，遠播溾陽。瓜瓞衍慶，五世聿昌。篤生王佐，邦家之光。燕翼有子，惟公最良。才堪民牧，德沛遐方。鳳毛濟美，名登廟廊。淑女來配，周室英皇。同心俎豆，蘋蘩是將。卜共幽宅，終焉允臧。緜緜厥後，永繼弗忘。

時乾隆五年歲次庚申十一月下浣日穀旦

不孝男繼鄴、繼常泣血立石。

（拓片藏河南省文物考古研究所。李秀萍）

郾城縣修理學宮記

荊圖南

明嘉靖九年，詔天下學宮別立祠祀啟聖公，以先賢杞國公無繇等配以先儒永年伯珦等從祀，頒行內外。及我國朝，本達孝以推恩，緣世德而定禮。叔梁公以前並晉封爵，改啟聖祠曰崇聖王祠，恩溢五代，禮加百王矣。歲己未，余承乏郾學，崇聖祠傾危甚，不禁愴然於心，以為天下事之不為而不安無過於此者也。謀於前臨淄王公，募紳士約二百金。水蝗頻仍，有志未逮。越五年甲子八月，薊門趙公來蒞茲土，視學後，諸務未遑，即以修理崇聖祠為己任，捐俸勸募，刻期鳩工。經始於歲九月，約明夏四月而工竣。嗣是名宦祠、鄉賢祠、節孝祠、奎星樓、欞星門、大成坊，或則移建，或則補修，次第告成。嗚呼！趙公自下車以來，甫踰一載，諸善政在人耳目。而余於修理學宮一事，以為真能先得乎人心所同然，而大有當於聖人之心也。夫子有言，吾行在《孝經》，以此興起人心，昭宣倫教，於聖朝重道尊師，孝治天下之意深有裨焉。余竊仰公之知所先務能符乎人心之所不為而不安者，且可為後來者勸也。因為之記。

乾隆九年。

（文見民國《郾城縣志》卷八《藝文志外篇下》。王偉）

重修八蜡廟碑記

荊圖南

稽古八蜡之神，或司土穀，或司水庸，或司驅除，皆天生聖喆，開物成務，為萬世興稼穡之利，為生民啟粒食之源。故歷代相傳，春有祈，秋有報，制為典禮，享祀不替。迄今讀祭典、祭儀以及《豳風·七月》、《楚茨》、《大田》諸詩，可考而知也。我國家為民祈福，首重農功，於蜡祭尤特加意。乾隆三年，飭州縣建設專祠，朔望行香，歲終報賽，樂備工歌，禮隆九拜，而蜡祭之典遂與丁祭並重。迺郾邑自奉行而後，寄主別廟，未有專設，不惟背仁向藏，位置失宜，抑且漂雨飄風，淒其堪悲。

查郾邑自乾隆四年以來，寒暑失調，雨暘愆期，歲比不登，四民失依。毋以廟祀不虔，無以妥先聖先哲之靈，毋感乎時怨時恫而降之厲也。丙寅三月，山左傅公奉特簡蒞茲土，因謁廟之餘，目擊心惻，即慨然曰：“此余之責也。”奈到任未幾，凶荒迭告，公晝爾巡省，宵爾諮謀，問疾苦，救災敝，帶星出入，不遑寧處者凡二載。政稍成，民皆安，而歲不為災。公乃進紳士父老而告之曰：“民為邦本，食為民天。八蜡之神，帝命率育以立我蒸民者也。而聽其遷移剝落，迄無寧宇，其何以安？”爰捐俸薪，庀材鳩工，擇紳士之公正練達者孟生生、楊生兆蘭、趙生鴻飛、馮生滋凡四人，耆民之質實曉事者朱偉、劉文燦、安相臣、張文鳳、鈕存策、高志鴻凡六人，董其事。生衆等皆感公之誠，共矢善願，各出私財，同心普勸，於是貧者輸力，富者輸財，馨鼓弗勝，庶民子來。經始於乾隆十三年二月二十九日，閱五月朔三日而工竣。向之風雨不蔽者，今則邃宇重堂，臺階門牖巍然煥然，為邑東郭巨觀。夫神者，民之依也。今歲二麥中熟，三秋豐登，郾民較數歲之中為小康。天孰非公之實德實意有以洽神人、召和氣而貽厥休祥也哉！則由此而寒暑不忒，雨暘時若，大有頻書。蚤祲不作，郾邑之民，食神福於無疆也，將謳思公之德於不忘也。余故表而出之，以昭公為民求福之盛心，且以告夫後之嗣公而守茲土者。

公諱豫，字立庵，號雲林，山東萊州府高密人。乾隆丙辰科舉人，登乙丑進士。乾隆十一年三月，授今職。

乾隆十三年。

（文見民國《郾城縣志》卷三十《文徵外篇下》。王偉）

新修八蜡廟正劉將軍名稱記

傅豫

乾隆十一年，豫來牧於郾，肅將祀事，祈穀茂功，顧蜡無專地，即他所陳設，背離向坎，又吏民輒指劉猛將軍為神之名，大懼褻越，罔稱恭敬尊嚴之意。豫愀然曰：“祀不備不明，令之咎也。”不備，莫大無定居，不明，莫大無正名。不備不明，水旱災祲將作，以為民厲安事令為。於是孟生生、楊生兆蘭、趙生鴻飛、馮生滋，耆民朱偉、劉文燦、安相臣、張文鳳、鈕存策、高志鴻，聞令言，有感與令，共輸金以百，易置蜡祭之處，為位遷焉。以公田十三畝有奇充香火費。而諸君更以正劉將軍稱名見屬。

謹按：將軍諱錡，著祀典久尤詳者。《怡庵雜錄》載，宋景定四年三月八日，皇帝敕曰：國以民為本，民實比於干城。民以食為天，食又重於金玉。是以后稷教之稼穡，周人畫之井田，民命之所由生也。自我皇祖神宗，列聖相承，迨茲奕葉，朕嗣鴻基，夙夜惕若。邇年以來，飛蝗犯禁，漸食嘉禾，宵旰懷憂，無以為也。黎元咨怨，末如之何。民不能祛，吏不能捕，賴爾神力，掃蕩無餘。上感其恩，下懷其惠爾。故提舉江州太平興國宮、淮南江東浙西制置使劉錡，今特勅封為揚威侯天曹猛將之神，爾其甸撫，庶血食一方，故勅。俾吏書於廟，庶幾劉猛將軍之稱，大喻於民，明虔也。俗患罔知報本，然無常位，民罔所感。無定名，民罔所依。非民之過，令之過耳。自茲後，吾父老子弟邀神之庇，勿忘所由來。神將福之，抑孝弟力田之稱，能當與否，今於此覘之也。是為記。

乾隆十三年。

（文見乾隆《鄢城縣志》卷八《藝文志》。王偉）

沙河隄工碑

傅豫

沙河環鄢城西南面東注，而西門當其衝。夏秋水漲，自西北建瓴而下，衝射城根，資隄工捍禦。歲久益壞，距城至不能旋馬。居民日洶懼。乾隆二年，上命得以工代賑。前令王君瀛用隄工，請大府，需帑金千一百有奇。大府為咨達，報可，旋格不行。五年，檄更勘，以舊隄用磚，工難持久，議改建石工。又議更開河道，費益多，迄不能舉。余以十一年來牧鄢，睹益不可已，遂於十二年七月，以河隄之汕削愈薄，城垣之危迫堪虞，請委勘估修。陳留令丁君鶴起奉檄來視，距王君請修時歲益久，壞益甚，計工至三千有奇。與余合辭請，大府趣之。邑薦紳士民更乞改建石工，集衆資為之，不費公家。余復為請曰：“可石工。”議遂定。以乾隆十四年春集事。[1] 原任雲南安寧州知州楊若椿、舉人李杙、生員楊兆蘭、趙鴻飛、馮滋、耆民朱偉等任其事，以公以勤，捐輸所得五千有奇。悉經其收支，纖微允協。自石龍頭險工，南北寬[2]二十丈有奇，高三丈有奇，蓋底丈四尺有奇，盡改用石，堅固完厚。既落成，鄢人大悅。予惟為民捍禦災患，令之職攸屬。余踵王君，謀之十餘年，幸得吾民力藉手，釋怵目駭心之患。吾鄢民宜有福祐，豈惟大府與令慰藉而已。抑考沙河自古為鄢患，康熙四十三年，三原溫君德裕為令始，因土堤改用磚工。而康熙十年，邑令瀋陽李君應宗，請罷鄢民計畝出黃河夫役，得專力備鄢隄。令得因二君舊所經營，更建築石工，為久遠計，兩公先河之施，詎可忘耶？衆曰然。余因為志之，綴以詩。沙河，澱河也，故為澱流之歌。其辭曰：

---

[1] 民國《鄢城縣記》卷十七《金石篇》作"乾隆十七年春集事"，"七"為"四"字之誤。

[2] 民國《鄢城縣記》加按語：碑中云南北寬二十丈有奇。舊志如是。下又曰蓋底丈四尺有奇，不應是寬字，以楊嘉樹碑證之，應是長字。

澺流湯湯，嵩高所衍。涵孕澧河，澎湃東轉。唐蹴淮西，漕粟百萬。畫鷁方行，帆狂櫓健。惟此澺流，紙魯苞鄾。其來既駛，其威方悍。併力西城，崩濤類箭。何以繫之，長隄漫漫。浮筋漲脈，掣雲烘練。惟李及溫，踵茲憂患。迄用小休，淪浸奚憚。魚龍銷蝕，防維渙散。王侯蒞茲，當食惋歎。復踏披陳，神疲目眴。媿我非才，蒿思衝汕。伊我士民，靡怵以慢。伐石於山，構材於甸。有平其頗，有植其幹。屈曲盤拏，岪嶸璀璨。河流奔激，如犢在鞯。綿綿澺流，軼宕洄漩。禾木森陰，風日清倩。漁歌低揚，波紋平遠。令為歌詩，慰汝繾綣。

乾隆十四年秋立石。

（文見乾隆《郾城縣志》卷七《藝文志》。王偉）

修閼泥河九孔橋記

傅豫

閼泥河發源西平黃龍池，由周坡東南注於汝水。俗傳唐將羅士信人馬陷沒於此。按史：士信守洺水，死在廣平北三十里。傳聞者誤以為在西平北三十里，故附會之耳。而閼泥河之為沮洳下濕，梗於利涉往來，抑又可知已。河在郾西界上。在郾者武家岡南有橋九孔，踞南北要衝，郵遞商賈賴以濟。歲久圮壞，旦晚莫支。司土者憂之經費無所出，日夜籌度，未有定。而西平好義之民張惠民來謁，長跪告曰："惠民死罪。閼泥河九空橋，為惠民盡拆之矣。"余驚問故，則曰："惠民無狀，自少壯時，即務平治道塗橋梁為事，有所見輒盡力。睹閼泥河橋瀕壞，與同志謀新之。募工興役，先其尤壞者將以次底事。而工利盡拆之，勢必盡舉多得直，惠民與眾金不敷奈何。顧且獲大咎。"余慨然曰："為義者，不當如是耶。"雖然，弗既事不可問。其貲有幾？曰百金。更為集郾人好義者與謀，程士會、溫世用、郭璜、溫繼志、陳治國、相成德皆願分任其事。余捐輸及諸人所募二百有奇，趣畢工。自前經始為乾隆十五年十月庚午，以十六年三月己未告竣。竣後未及旬日，閼泥河水盈渠，渟蓄壅漫，橋橫其上，如瑞虹裹空際屬揭罔，所用曩稍遲回，則已後時莫可為矣。嗚呼！人患為義不勇耳。為之計出萬全甚善，時氣義鼓動不遑計其後，毅然志在必為，卒之天意人事，蔑不共相之，俾其有成，為善者又何懼耶？自茲以往，長有若惠民其人者乎？閼泥河之名，其必無望而畏之者矣。因為之記。

乾隆十六年三月。

（文見乾隆《郾城縣志》卷八《藝文志》。王偉）

城工紀略

余以乾隆十一年來牧郾，閱視城垣，時甫經前令趙君作霖修葺，顧未盡舉。趙君三事紀略所云稍有未竣者也，文具載縣誌。十二年，霪霖為災，圮益多。余以便宜節公費銀六十兩有奇，修南門西、小南門東等處。十三年，又用銀一百四十兩有奇，修小南門西、大南門東等處。十四年、十六年，修四面城垣殘缺者及垛口城路。又北門樓全圮，更新之。用銀至六百有奇。數年所費，為數近九百。公費無多，捐俸廉益之。自此城稍完，免興作一年矣。令資城垣捍衛民，圮而築，職守宜然。勞與費蔑庸計。顧余繼趙君後隨時葺築，不敢任其壞且重費益勞吾民者。區區之誠，士民久共諒之。後之視今，猶余視趙君。踵事焉隨時為之，雖千百年罔大興役可也。因彷趙君之文而紀之。

乾隆十有七年七月乙丑。

邑令高密傅豫記。

（文見乾隆《鄢城縣記》卷八《藝文志》。馬懷雲）

重修沙埠口橋工記

傅豫

土爐河，自禹州樊家坡發源，經臨潁馬家橋入鄢城界。自板橋挾馬腦河之水，東注沙埠口。沙埠南北衝也。夏秋水漲，為患甚鉅。前明靳氏始為橋，稱便。康熙五十八年，前令羅君其昌倡諸生靳大成、鄉民閻楷等更新之。自有記。乾隆十一年，余來牧鄢，值橋復壞，亟搶築為利涉計。格於力，罔能張其役。辛未九月，諸生靳珣等、諸生田懷玢、鄉民李起等來請，願仔厥事。余稱善。為請大府曰，可估其直三百。余及諸人捐貲各有差。經始壬申二月，環橋居民多踴躍力役。夏五月，役竣。更為河神祠，祈佑庇永固。生等暨鄉民來賀且謝，盛有所稱道。余惄然退，沮告之曰：鄢之為邑，使命郵遞之所，往來行旅負擔者之所經，歷道泥阻弗通，令且獲戾用速謗。諸君子掖其不及，俾釋於愆。令念諸君詎有已顧功余，余愧滋甚。抑余為諸君勖，諸君子不辭艱鉅紓令憂，非動念於往來厲揭滅頂沒趾之可虞耶。誠若是，親族鄰里，有衣食罔給而顛連無告，退於濡足褰裳，動仁人義士之矜憐，不啻倍蓰。令之憂亦諸君子憂，睦淵任恤，將自能勉之，不待令諄諄告矣。令之為諸君子歎息慶幸，其不遠於古者一沙埠橋云乎哉。皆曰善。願以志橋之不朽也。因為之記。

乾隆十七年。

（文見乾隆《鄢城縣志》卷八《藝文志》。馬懷雲）

岳忠武王廟碑

傅豫

鄢城再捷，兀朮喪膽。恢復之機，於此而決。賊檜之忌，於此而深。故夫鄢城者，忠武立功之地，而忠武之所由死也。忠武之浩氣，充塞天壤，何所不之。要其義膽雄略所為，抑鬱悲憤而不能平者，在郾城為多。百世魂魄，其惓惓於郾也必矣。

郾城忠武祠，為前明邑紳陳副使璣所建。神宗時，重修於邑令張君調元。歲久漸圮，兩廡中，又為黃冠輩塑置神像，都無義例，且以包孝肅、海忠介配食。孝肅於忠武為前輩，尤義所不安者。嗚呼，郾城之祀忠武而滅裂如此，即又何以伸正氣，而洽人心也哉！豫春秋將事，蹵然靡寧，會司訓唐君儀為忠武同里，後進議以克合，乃與教諭荊君鵬展、防汛李君鴻瑞、典史張君大法，各捐俸為倡，紳民踴躍樂從，得金若干，撤舊材而更新之，移兩廡神像他所，更以牛、張、楊、王、蘭諸將配焉。豫不佞，以記見推。豫時方輯郾志為忠武傳論，則未嘗不流涕也。十年之哭，五日之留，忠武豈能一日忘君父生民之痛，徒為賊檜所扼，使郾城班師，為千秋遺恨之地，廟食禋祠，空能鑄賊檜夫婦與嵩俊諸奸而躑蹋之，忠義之士所謂扼腕憤欷而不可已者。廟祠之新，與配食之易，則亦於無可如何中，為此，伸正氣而洽人心之舉也。

茲役也，唐君之勤為多。諸生程天錫、楊兆蘭、佾生李紹經紀之，例得備書云。

乾隆十八年。

（文見乾隆《郾城縣志》卷七《藝文志》。王偉）

郾城修沙河隄工碑記

楊嘉樹

粵稽沙河自古為郾患，由西南而東，注捐嵩門，更當其衝。夏秋水漲，衝射城根，居民日益洶懼。舊資磚工捍禦，歲久漸頹。傅君豫易磚為石，經營締造，差釋忾目馘心之患。然舊工上下缺處尚多，汕削浸薄，城垣就危。余甫來牧，歷覽形勢，輒不禁慨然興思也。會前任李君瑋於楊橋物料所，遺浮寄錢一千九百七十九千零五十三文，銀二百二十三兩，經署篆武君先慎選邑紳士商議，詢謀僉同，詳請修築，蒙上憲恩准，公予乃得所藉手也。遂庀羣材，鳩衆工，總全數，曲為之謀，議定以本年二月起工，諸紳士皆慷慨任事。以公勤勤攘袂用力為之課工給食，度材授值，每各出己資，以就食於河畔，而羣役亦願任指使，踴躍爭先，惟獲戾滋懼，民不疾而速，事不勞而成，其所修磚石二工各南北長一丈五尺有奇，高三丈六尺二寸有奇，堅固完厚，可以歷遠，可以待久，所藉以捍災禦患者，於此基之，尤有望於將來也。問之民間，偶有動作，則物議時興，往事然也，而茲胡以不問也。公道之在人心者，其不容沒乎。且是役也，於不易之而作，第落成，以月計勞。施於一旦，害獲免於一方。此固有，莫或啟之，若或翼之者，豈盡人力也哉！余之幸，實民之福也。用是為之記，以誌不朽云。

乾隆三十一年十月。

（文見民國《郾城縣志》卷三十《文徵外篇下》。王偉）

皇清待贈儒林郎鄢學庠生李公溪暨元配張孺人繼配李孺人合葬墓誌銘

【誌文】

賜進士出身文林郎知直隸許州鄢城縣事加三級，年家眷弟楊嘉樹頓首拜撰文。

原任歸德府柘城縣儒學教諭壬子乙卯科兩次副榜愚甥楊樵頓首拜篆蓋。

歲進士吏部候選儒學訓導愚甥張榮頓首拜書丹。

君諱湧，字仙溪，號武源，鄢學庠生也。李氏先，大梁人。自始祖遷鄢，至君，歷十二世，今距其亡，二十有四年矣。歲丁亥，余既投閒置滯茲土。其孤本介、其堂弟杜踵門而請曰：“杢不孝，父柩在堂，遷延未舉，罪孼深重。母氏近復見背，念先君子砥節礪行，賦志莫遂，茲歸窆有期，敢請一言，為泉壤光。”噫，亦冥為哉！豈以數月令長褒德揚徽，其舊職歟。獨是余倚以誌君哉！雖然，顯身後之名，發潛德之光，表徵之責也，亦勵俗之道也。余與鄢人交，大抵敦厚樸實，喜其饒有淳風，而於城北李氏，別更樂道之。李望族，長幼羣從類，循循雅飭，不踰尺寸，較諸萬石君家法，其子弟純謹者，不啻是也。及考邑志家乘，繼繼承承，代有實行。然後，嘆醴泉芝草，必有根源，蓋其由來舊矣。而今又知大前人之緒餘，立通族之表率，盡在於君。源遠流長，根邃枝茂。李氏之興，其有未艾矣乎。

君孝友，本於天性，宗族鄉黨，咸目為孝子悌弟。兼之和易無競，慷慨好義，凡有利於物，則身任弗辭，不尸工，不責報，惟為所得為、為所當為而已。邨有石橋圮，嘗獨力修之，行者享其惠，亦其一端也。生平善無不為，而撫孤一節為尤著，足以感人心，風世俗焉。君兄湧年，當強仕，竟以疾亡。亡三月，嫂應亦故，遺子女五。長女適楊，次猶待字。幼男三：大者殷齒，小甫生百餘日也。藐諸孤，君受而撫之，自少及壯，為之婚，為之嫁，養之教之，務期於成材也。棟也學業就，遂列膠庠，迨後析居，取瘠推肥，祖舍畀姪，而己則別治屋而棲。由是觀之，人苟稍知自好，雖未必疾視其姪，求如此之久而愈篤也，難乎其難焉矣。有姊適宋，早卒。子幼，弗能自存。君置於家，相其材而授之業，亦入武庠。此蓋由姪，因以及其甥，即可圖甥，益信其姪也。嗟乎！古人論子與姪，於起不起，寐不寐，自以為私，若君者，可謂無私也已。世之處家庭骨月者，能無翻然改，奮然興乎！余且去矣。吾聞積善之家，必有餘慶。他日其子若孫有□飛而鵲起者，逖聽之下，其亦慨然而心慰與。

君生於康熙二十年九月十四日寅時，卒於乾隆九年八月初五日亥時，享年六十四歲。元配張孺人，生於康熙十八年正月十四日酉時，卒於康熙六十年正月十六日戌時，享年四十三歲。繼配李孺人，生於康熙三十二年十一月二十八日辰時，卒於乾隆三十二年六月二十四日亥時，享年七十五歲。男三人：長□，張孺人出，娶王氏；次本，國學生，娶侯氏；次楨初，娶李氏，繼娶張氏，俱李孺人出。女二：長張孺人出，適臨邑庠生潘復振；

次李孺人出，適臨邑庠生宋□。孫三：長文燀，聘許州庠生孫元亮女，公承樞嗣；次文喜，俱本出。次文燕，植出。孫女二：長適遂平縣郡庠生王毓蕃；次幼未許字，俱本出。茲擇丁亥十一月十七日，葬君暨李孺人於鄾城之北門外先塋。遷張孺人之柩而合諸墓，禮也。因繫之銘曰：

澱水之陽，鬱鬱蒼蒼。川靈結毓，巍彼高岡。

佳城之設，蟠根之祥。以安以妥，維也其昌。

乾隆三十二年十二月十七日吉旦。

承重孫，孝男文林郎泣血立石。

（碑存漯河市鄾城區文物保護管理所。王偉）

增修沙河隄工記

馮履豫

環鄾西南隅皆河也。逼近城垣，危險殆甚。舊資磚石兩工捍禦，歲久漸頹。前邑令傅君修築之，楊君補修之，亦曰有基者，其勿壞。第舊工上下缺陷尚多，往往夏秋水洩，城郭田廬均需防護。余蒞茲土，推勘形勢，不禁觸目心駴也。查舊例，輸材效力，悉出自民間。遂謀邑紳士，詳稟上憲，為一勞永逸之計。都人士相應如響。不待恃度而後蒇事。余因捐己俸以倡其先，而士民即慷慨以繼其後，委群材，鳩眾工，其深思患之防，用戒道旁之築，俾執事焦勞河干，按工給食，而匠役各任指使。不數旬，而廢者興，墜者舉，所修急工十丈。於前歲五月二十六日起工，七月二十日落成。緩工三十二丈，於今春二月十五日起，四月二十五日告竣。其工均高四丈許，寬二丈有奇，堅厚鞏固，永久勿替。此鄾之事，實余之責，而要非吾民之力不至此。今當工成日，詳具規模，勒之於石，俾將來修補者，為所取裁焉。是為記。

乾隆三十四年五月。

（文見民國《鄾城縣志》卷三十《文徵外篇下》。王偉）

鄾城縣改建二聖廟碑記

周生山

粵稽禋祀五帝，見於《周禮》。唐玄宗始立三皇廟於京師。元成宗時，民間通祀三皇五帝。明洪武中，以其瀆而禁之。今於中州，見大河南北之三皇之廟，所在多有，未獲正其名而辨其位，及承乏召陵，都人士以三皇廟落成，請余題額，叩其由來，則業醫貿藥之徒，奉伏羲、神農、黃帝為三皇，而以歷代名醫配之。蓋沿元代之舊，非古也。夫原百病之起，瘉者本乎黃帝，辨百藥之味性者本乎神農。二聖人者，實為萬世醫藥之祖，不當並祀伏羲，廟號三皇，轉致報本之誠不篤。是宜專祀黃農，榜曰"二聖廟"，如此則名實相符矣。至於歷代名醫，余［俞］跗、歧伯，黃帝之臣也。憫世疾苦，著書垂後，實為首庸湯液之制，惟伊尹懋厥勳焉。盧氏之為神醫，和緩之為良醫，《左傳》、《列子》所推重也。秦越人洞明醫術，聿著《難經》，淳于意之《脈書》，郭玉之《鍼經》，張仲景之《傷寒論》，皆有稱。秦、漢間，有華陀則鍼藥之外，兼能刳割，此治病之變也。王叔和《奇經八脈》，葛稚川《肘後神方》，並為晉代之良。隋姚僧垣，醫術高妙，聲聞邊□，孫思邈《千金備急之方》，王砅《天元玉策》之作，又唐賢之表表者。宋尚書掌禹錫，鄭人也。嘗著《圖經本草》，有圖則探藥無訛，有經則用藥不誤。非醫家者流所當尊宗而敬禮之耶。如此則位辨矣。且夫醫雖小道，實所以寄死生。故本草石之寒溫，量疾病之淺深，假藥味之滋，因氣感之宜，辨五苦六辛，致水火之齊，以通閉解結者，猶磁石取鐵耳。邑之業醫貿藥者，果以活人為心，聚毒藥而慎所用，其邀福於二聖，而嘿契於名醫者，不亦共躋仁壽乎！

廟在岳忠武王廟東偏，門庭堂廡，規制井井，其地延十五丈三尺，袤四丈二尺，前明魏氏施入岳廟者。今以別地易之，故並志其緣起云。

乾隆四十年正月。

（文見民國《鄭城縣志》卷三十《文徵外篇下》。王偉）

例贈文林郎邑庠生若園趙公墓誌銘[1]

蔣霽園

君姓趙氏，諱大韶，字象九，號若園。先世自洪洞遷鄭。明時，有文煥者知蒲州，以政績著，君三世祖也。曾祖鼎新，祖洹，父桂，代有潛德。君生負至性，總角時，侍父疾，晝夜不少離。君豪於飲，能一石不亂。母命節之，遂終身不敢過。叔父長君祗二歲，君執禮甚恭。迨鬚眉皓然，猶作肅罔懈。姊適應氏，早寡而貧。迎歸養之，且教其子得列學宮弟子。此孝弟之大節也。

村北有先世未分地若干，其肥者可得善價，諸叔計分而鬻之，君受其瘠者一畝有奇，餘悉推焉。又有閒地一區，為鄰人所需求，市而艱於直，或沮之。君曰："此吾不急之地，而為彼所急，何不使得其便乎。"卒歸之。其長厚類如此。

君年十九，始為諸生，三十後，絕意進取，惟以讀書教子為務。綸嘗與六德詮辨經史，六德往復貫串，無一字棘口。詰以何能如是？曰："此童年時，經吾父口授。篤行醇儒，後

---

[1] 民國《鄭城縣志》加按：武虛谷《答郭方山書》曰：往時鄭城趙興一，丐某為其先君子作一墓表。于義固無所辭。脫稿後，便付興一，屬使自為裁削，或俟某稍有進益，當更為點竄。聞興一邊已上石，今八年矣。思之每為汗下云云。興一、六德之字，後改名源生，是蔣誌而外，倘有武表，今趙氏既無石本，而《授堂文鈔》亦不存此篇。

世以七藝謝功名。少失其的，輒遭擯棄，故修士難焉。"使君言揚行舉本家修為廷獻，其勳業必多，其稱譽必遠，乃踽踽於諸生無可為之地，僅以庸德庸言流傳人口，豈不惜哉！

君卒於乾隆三十四年十月二十七日，享年六十有三。配謝氏，封孺人。子男三：長一德，增廣生；次六德，丙子科舉人，候選知縣；次三德，文奇而夭。綸嘗序其遺集，竊擬為李長吉之倫。女二人。孫四人。乾隆四十年十二月十九日，葬君於邑西南陰陽趙村東之新阡。銘曰：

淑身維德，淑世維命。施於有政，是亦為政。

乾隆四十年十二月。

（文見民國《郾城縣志》卷三十《文徵外篇下》。王偉）

重修古龍井誌

周生山

通汝門外嶽廟東偏，有古龍井，其深不測，歲旱，禱雨輒應。郾人神之。井有潛壑，方廣丈餘，結甋磚為門户，模範人物製作，精麗上乘。大木中留方口，鋪以白板，砌以文石，取綆汲引。又建小亭於頂，以虛其中。俗所謂八角琉璃井也。前明邑令婺源王季立詩云："林深鳥必集，德立斯有鄰。廟東古龍井，靈物依靈神。上寬敞方石，下圓蟠修鱗。苔痕敷碧甃，鏤石羅華文。有綆不敢汲，千歲終無渾。雖云潛無用，旱至能興雲。會看布陽德，奮迅騰蒼旻。"讀此詩，可以見此井之靈勝矣。今歲久木壞，邑人醵金重新之。既固既安，因志在事姓名，落成年月如右。

乾隆四十三年夏四月望日。

知縣周鋡、儒學王顯烈、王金蘭、汛司王建勳、典史鄧友筠、董事生員楊天章、李天春、馮際隆、常玉麟仝立石。

（文見民國《郾城縣志》卷三十《文徵外篇下》。王偉）

許夫子從祀文廟碑記 [1]

大篆十五篇，秦之李斯乃增損，大試 /
學僮，新莽時，甄平等，改定古 /
巧說口辭類，皆謬于史籀，而古 /
經典義一書，其稱易五口書孔 /
千三百五十三，文敍述篆欠合 /

---

[1] 此碑 / 下字殘，僅據存文錄出。

程夫子性篤學博，時人語曰：五 /
我《五經異義》自唐以來，雖已失 /
考《全書總目》載兩漢經學極 /
王風素撰並書。
教諭王宗興篆額。
南閣祭酒其裔孫居會請書
□□□
安□
如□

（碑存漯河市邵陵區許慎墓。王偉）

皇清修職郎候選縣丞李府君墓誌銘

【蓋文】
皇清修職郎候選縣丞李府君墓誌銘

【誌文】
賜進士出身文林郎任江南□州府黔陽縣知縣癸卯丙午甲寅科試同考官姻眷侄姚文起謹撰

己酉科選拔貢生候選儒學教諭□春侄姚金章謹書

勅授承德郎貴州夏江清軍理□通判知鎮遠縣事表弟張遠覽謹篆

公姓李氏，諱梓，字楚名，號謹亭。其先由大梁□□之王崗里，又遷城內，科第相望，代有顯達。高祖諱發□，天啟辛酉舉人。值閹宦專政，不肯祿仕，著有□前後集，□於□。曾祖諱墀，邑庠生，仰承父志，乃更遷於縣西北三十里之時曲村而隱居，□學於此。祖諱鉅，廩膳生，以文章書畫名世。生贈縣丞，諱重賞，即公父也。公生未周歲，而父辭世。其母閆孺人葬祭如禮。為事姑，克盡婦道。嘗因姑病疴，晝夜憂勞，竟至一日喪明。公少長，即為延師督課，教以讀書作人，不辱其先。而以事則□成，是□三十七年如一日。嗚呼！可謂賢矣。雍正七年，公乃與族親公舉節孝，入縣志。又於乾隆三年，奉旨建坊入祠，□□□令德，從此，昭新罔極之深恩，幸酧萬一。一時士大夫感嘆羨之，而又痛其父之業儒未就，而即遊之。

因捐職縣丞，得以循例封其父，而母胡孺人、閆孺人並膺勅命。蓋凡可以顯揚其親者，無不竭力，而孝子之則為己若矣。公未及事父，而事祖母與事母，皆以孝聞。篤族党，好施與，而自奉則儉素如寒士。課耕教讀之外，惟寓意書畫而已。待人恭而有禮，雖遇親友後輩，必正衣冠。晚年步履艱難，猶作人扶持，迎門送門外，故聞喪者，莫不盡哀。

公生於康熙四十二年十二月十七日卯時，卒於嘉慶六年八月初三日子時，享壽九十有八。元配王孺人，臨潁太學生王公弼女，生於康熙三十九年，卒於雍正二年，享年二十四。繼配海孺人，邑李公藏女，生於康熙四十八年，卒於乾隆五十七年，享壽八十三。少室王孺人，生於康熙五十三年，卒於乾隆五十九年，享壽八十，皆先公卒。子二：長例貢生文變，海孺人出，先公卒；次太學生文煦，少室王孺人出。女四，皆海孺人出。孫一，太學生鉁琳，文變出。孫女三，文變出。曾孫二：長修善，次修升，鉁琳出。曾孫女三，鉁琳出，婚字皆名族。今揖於嘉慶六年十一月十九日，葬公於先塋。其壙向限三柩，故僅以王、海兩孺人祔焉。孝孫珍琳以其狀來請銘。銘曰：

　　我思君子，古之耆英。孝友仁厚，濟以艱貞。

　　百歲其壽，千秋其名。繩繩孫子，奕世尊纓。

　　嘉慶六年歲次辛酉十一月十九日。

（碑存漯河市郾城區文物保護管理所。王偉）

創修漢許文公祠碑記[1]

【碑陽】

創修漢許文公祠碑記

【碑陰】

翰林院庶吉士知郾城縣事東阿周雲捐錢□捌拾九千七百五／

　　許山鳳捐錢一百千，杜楷捐錢五千文，振德恒捐錢二十千，許文煥捐地三分正，許錦大捐錢五百文，許□捐錢十千文，許人乾捐錢五千文，許蘭芳捐錢五千文，許□□捐錢五千文，□□許捐錢五千文，□村捐錢八千四，許濟川捐錢六千文，老許捐錢四千文，許殿棟捐錢五千文，許殿楊捐錢二千文。

　　孟慶雲捐錢二千，謝國英捐錢二千，謝林峰捐錢二千，謝學曾捐錢五千，李森捐錢五千，溝村李許捐錢一千，義和源捐錢一千文，渠陳店許捐錢一千五，龐建勳捐錢一千文，應憲章捐錢一千文，永成祥捐錢一千文，復興堂捐錢一千文，恒昌公捐錢一千文。

　　□□□捐錢二千文，□□□捐錢二千文，□□□捐錢二千文，許天錫捐錢一千文，許天佑捐錢一千文，許□□捐錢一千五，許□□捐錢一千五，許□□捐錢一千，許法捐錢一千文。

　　周成捐錢一千，周□芳捐錢一千，杜春榮捐錢一千，德升恒捐錢一千文，柴道生捐錢一千文，同德堂捐錢五百文，廣生堂捐錢五百文，王振恒捐錢一千文，同興和捐錢一千文，裕順昌捐錢一千文，頡錫爵捐錢一千文。

（碑存漯河市郾城區許慎紀念館。王偉）

---

[1] 此碑殘，僅錄可識認之文。

□□□大殿工竣碑記

　　大清嘉慶十三年歲次戊辰仲春穀旦。

　　開列衆□□□於後：

　　長教趙□□一千。

　　首事李□□一千，宛□□一千，許□□五百，許□□五百，許藥年六千，宛鴻一千，李□興六百，許□六百，許國順六百，宛輝六百，佟甫公六百，許九逵五百，許偉五百，許海五百。河上李德五百，李成發五百，李大發五百，李□和二百，李萬年四百，宛鴻順五百，袁恒春五百，張良臣四百，許高陵五百，馬蘭三百，趙振吉三百，袁守業六百，袁履祥三百。[1]

　　宛□□二百，□文祥二百，李□二百，司國寧二百，李法二百，李武成二百，張萬二百，張有才二百，郭許氏二百，宛讓二百五十。

　　李□□一百，許□□一百，宛□□一百，佟□□一百，宛福二百，海傳二百。

　　右共捐錢二十七千四伯六十文。

（碑存漯河市邵陵區許慎墓。王偉）

重修彼岸寺碑記 [2]

　　郾邑西隅，古有彼岸寺，重修伽藍殿、方祖殿、天王殿並滿堂神像，暗然無色。住持意欲金妝。衆善之舉，各捐己資，重修各殿神像，功程告竣，刻石刻銘，永垂萬古不朽矣。

　　化主欒太清、寧克睿、柴寬、莊辰、張文思、張廷魁、李從心、常萬清、劉有才、張九思施樹壹科。

　　郭□□二千，輝盛號二千，楊悄隆二千，常順德二千，成恒順一千，陳簡二百，李廣順二百，正興號二百，恒心號二百，錢宗人二百，雷協昌二百，陳大豐二百，譚同恕二百，常盛號二百，段正升二百，全成店二百，同成店二百，協興號一百。李會元、李義全、許三順、徐繼賢、洪發號、楊友魁、生順號、合泰號、胡天君、柳成名、原興號、張士元、全順店、新生號、陳興隆、張陳氏、高李氏、武趙氏、王潘氏、王汪氏、王楊氏、王黃氏、王秦氏。

　　大清嘉慶拾伍年歲次庚午荷月吉旦碑記立。

（碑存漯河市郾城區。王偉）

---

　　[1] 以下碑殘，僅將可辨識的文字錄出。
　　[2] 該碑分二十六排，每排四十二人姓名，字多模糊，僅錄可識者。

重修郾城縣學宮記

知縣路鎮潘

道光乙未冬，熊邑侯進邑士於庭，為重修文廟之議，興學也。越明年春三月，載生魄，庀材鳩工，至秋八月蕆事，乃屬余記其事。余不學，竊維凡學之道，嚴師為難，師嚴然後道尊，道尊然後民知敬學。學有綱領條目，民有智愚賢不肖，而其要一本於敬。敬者，聖學所以澈上澈下也。敬則誠，反是則偽。故均是學也，有君子儒，有小人儒。自宋仁宗詔天下州縣立學，崇祀先聖先賢，歷元訖明，國朝因之，而禮加隆焉，皆使民知敬學之深意也。顧中人之性，有所見則心怵，無所見則心肆，往往習焉不測，雖日從師而不知師之嚴，雖日履道而不知道之尊。是以列朝建立文廟，其體制規模，務為崇高峻極。凡殿宇宮牆之制，春秋享祀之儀，與夫宗廟百官之富美，獨異於羣廟，固所以重道也，亦所以駭智愚賢不肖之耳目，以憺其心思，使之望而驚且畏。畏則生敬，敬則生慕，敬慕之心生，庶返而思立學之意，則師嚴而道乃尊。《記》曰："君子如欲化民成俗，其必由學。"此之謂也。郾治居灅水之陽，古召陵地也。城之北有土隆隆然而高，西曰應宿嶺，東曰聚奎岡，文廟適位嶺岡之南，而灅水自西北來至城下，折而南流，迤邐而東，與潁川合。跡其山川形勝，岡巒起伏，濚洄曲直，蜿蜒磅薄，當必魁偉奇特之士生於其間。今者邑志東漢孝廉許叔重、太邱陳仲弓二賢之墓在焉。宋有侍郎掌君禹錫，明有贈尚寶寺卿劉君校，皆鄉先達之懿行碩德，可為後學坊表者也。

辛巳，余以挑選教職來郾，瞻謁殿宇，遍讀舊碣，元以前不可考矣。自明以來，重修者屢屢。杞邑劉文烈公碑記尚存。今又百餘年，屢議修而艱於費。邑侯甫下車，慷慨任其事。倡捐興作，先大成殿，次東西廡，次名宦、鄉賢兩祠，而戟門而櫺星門，而宮牆泮池，廢者舉，污者新，塗茨丹雘，觀之者莫不肅然而起敬。先是，明倫堂時習、日新兩齋俱墮壞。己丑，司諭湯君以尉氏司訓薦升到郾，集金修築，數不足，又捐俸以復舊式，故茲役不及焉。昔范文正公做秀才時，慨然以天下為己任，而其後經濟學問，為有宋第一流人物。諸生幸際聖天子雅化作人，崇儒重道，而又有賢邑侯興學育才，以大其栽培，皆當克自樹立，格致誠正，繼東漢而下，諸先達以成一代學術之正，區區取高第，擢巍科，又奚足多哉！

是役也，共捐錢一千零八十一仟九百文，其費錢一千零八十一仟九百文。襄事者，生員李震方、歲薦李庠、孝廉楊生人、州同尚三才、柴瑞麟、孟清朗、千總吳文燦、廩生趙振泰、附生李彬華、武生趙司蛟、馮若驥、程秉章、許沅湘，又有孝廉安法曾、武舉趙相君、選拔倪振柄，皆醇誠士也。敬謹從事，不苦役，不傷財，是以用省而工固。

道光十六年。

（文見民國《郾城縣志》卷三十《文徵外篇下》。王偉）

荊公祠臥碑

魏鴻漸題

荊公其惇爲郾令，有善政，歿於王事。敕建專祠於城治西方，今失其處。僅有臥碑置準提庵東壁間。

古廟無餘片石存，世間公道向誰論。偶摩苔蘚尋碑字，認是前民舊淚痕。

（文見民國《郾城縣志》卷三十《文徵外篇下》。王偉）

開封教授柴午村神道碑 [1]

裕州學正姬泰聚

先生姓柴氏，諱容煙，字秋曦，午村其號也。世居郾邑東南皇甫村。祖歲進士，諱天簡，字帝心，善講說《四書》、《五經》，皆隨手爲批解，發前人所未發，得其指授者，纂輯成本《藝林寶》，重之。後遭兵燹，率多散佚。父諱聚學，字本仁，英姿卓犖，不幸早世。先生少失怙，常痛父不得事，竭力奉母，雖極幼時有爲成人所不能者。及應童子試，邑侯傅公賜之食，食舍果。公問之曰："歸遺母。"邑侯贊歎不置口。未幾，果冠童子軍。歲丙子，登賢書。受知於胡、瞿兩先生，稱爲積學篤行之士。馮邑侯欲以孝廉方正舉，力辭不應，遂以大挑二等，歷署新安、寧陵等縣教諭，俱有聲問。既而握裕州學正篆，以黌宮爲學舍，遊其門者歲數百人，一時捷南宮、領鄉薦者不可勝數。而尤皆有正誼不謀利，明道不計功之遺風。噫嘻！盛矣。而不知皆先生之學問博洽，德行純粹，有以鼓鑄之也。先生平時好講實學，不以儷黃駢綠爲工。往來學使皆許其有國初諸先正風。至於詩賦文詞，典贍高華，卓然自成一家。中年，截取知縣，未就。晚歲推陞開封教授。裕門人思慕不已，立德教碑於學舍前。所著有《晚悔堂四書語錄》、《晚悔堂文集》、《詩集》及《評定熊文存眞集》，俱待梓。屬纊時有絕命筆，寓意尤爲深遠。及沒，裕門人又豎碑於墓側，表豎神道焉。非德澤感人之深，能如是乎。呼！若先生者不誠足以維風化，扶世教也歟。

道光二十二年。

（文見民國《郾城縣志》卷三十《文徵外篇下》。王偉）

---

[1] 民國《郾城縣記》卷十七《金石篇》載是碑爲裕士共立，無年月。

郾城修太邱祠碑記

陳瑞琳

公墓在郾城而無祠，春秋秩祀，守土者以遠故，往往不得親蒞事，甚非所以重國典、妥公靈也。去年，瑞琳來攝令事，春秋以時祀。展公墓，退而謀所以建公祠者。郾城與臨潁、西平宗人咸踴躍來會，度地於邑西岳忠武王廟之右，卜以今年正月十九日癸未經始。先是，土木磚石之需，宗人名仲衍者，預鳩工於其家，悉購造之。至期，車運入城，以備用。以故工簡而捷，閱三月二十九日癸卯，祠成。諸宗人來謀修祠祀，因以碑文屬予。予不敢辭。夫以公高行耆德，載於漢史，百世下聞風者皆興起，此無待言者也。即以予小子敘述公生平萬一，具見於祭公之文，亦無可更言者也。惟是祠之建也，先謀就公墓側，既與諸宗人議，僉曰：“守土所以不得親蒞秩祀者以遠故。今墓在是，祠亦在是，均之遠也，即均之不親蒞也，祀不幾墜乎？且合三邑族姓修公祠事，其來去於城為便，是尤可久遠行之。若夫公墓歲時灑掃奠酹之役，居墓側者，舊有分支，責無可辭。即別居若郾城之風憲里，臨潁之孝台村，西平之權寨，凡經理祠事者，間歲可一至焉。豈得謂祠成而於墓顧缺如耶！”宗人之議如是。予曰：“是故然矣。”然祠與墓有並隆無偏廢也，請以每歲春祭祠，秋祭墓，白於守土者，著為例。何如？宗人僉曰善。繼自今，凡我宗人尚各服先疇，食舊德，詠駿烈，頌清芬，期無愧公孫子。是則予之兢兢自守，而願與宗人其勖之者也。予族宋嘉祐中，自江州遷靳春莊，系於中州為遠，今寄居臨潁，其昭穆一以臨潁孝台村為序，示不紊也。祠榜曰“陳太邱祠主”，題曰“漢太邱長陳文範先生之位”。重秩祀，示不敢私也。至祠凡若干楹。是役也，予倡捐若干金，宗人共輸若干金，仲衍經用若干金，另有碑，例得並書云。

咸豐五年。

（文見民國《郾城縣志》卷三十《文徵外篇下》。王偉）

創修後漢許公祠碑記

按《後漢書·儒林傳》，公姓許氏，諱慎，字叔重，汝南召陵人也。性純篤，少博學，經籍好古，喜正文字，工小篆。扶風馬融常推敬之。時人為之語曰：“五經無雙。”許叔重為郡曹，舉孝廉，除洨長、太尉、南閣祭酒。初，公以五經藏口吾不同，於是，撰為《五經異義》。又以倉頡而後，周秦以來，文字體殊，未能畫一，乃搜天祿石渠之秘奧，證以諸儒之攷訂，探五經之精蘊，發六書之正義，綜成其書，名曰《說文》。建光元年，寢疾。命子冲詣闕上之。帝深贊賞。安帝末年，卒於家。公墓在郾城縣東三十五里召陵城下黑許村，即漢之萬歲里。舊有祠，歲久荒廢。邑令溫公、荊公，皆修墓道，樹豐碑，歲時春秋致祭焉。公雖祀鄉賢，享兩廡，□□祠缺如。己亥歲，周世翁父臺甫下車，即訪問公墓所在，親臨祭焉，既又捐廉八百八十九千文，閤邑紳民亦捐錢二百餘千，命公之後裔山鳳及紳士董其事，於城內東北隅購地三畝三分，建大殿五間，大門三間，周圍垣牆，門外石橋及照壁，閱兩月告竣。父臺乃設公位，操文以祭，遂稟明上憲，祀以少牢，為公立主，廩生以奉祀祭祀，又以公事中籌畫各牧，每一年得錢一千二百餘文，擬就祠內隙地，佔齋房十數間，延師以授生徒。山長束脩，諸生膏火，置買書籍，計三五年間皆可辦成。父臺之為郾人謀者，周且至也。

父臺名雲，字世臣，山東東阿人。

賜進士出身翰林院庶吉士署理郾城縣正堂周雲，五品銜藍翎選巡檢許山鳳，邑增生孟慶雲。

大清光緒貳拾捌年歲乙丑三月，重修許公祠，因原碑斷缺而重書全文。

（碑存漯河市郾城區許公祠。王偉）

臨潁縣

繁城碑記為奉憲批諭勒石分界杜爭永垂事

照得本縣繁城鎮店，歷載新舊志書圖籍，分銷臨潁鹽引集首人等，領給縣帖，貿易當差，近因許州士民雜居刁强，有李時昌等混將州在鎮發鹽縣引阻滯，商民楊邦忱將究查私鹽以疏官鹽事詞控上，李時昌亦以越境抄誣事詞控上告。經三院各司道府廳行請，禹州正堂孟親臨踏勘，審驗履畝分界，眼同立石詳報外，復奉院道批請本府刑府覆審，看得鹽引，各有地界，越境為私，此定例也。獨繁城鎮則有異焉。繁城為許、臨接壤，實系臨境州縣之民，雜處鎮中。有獻帝廟之南，鹽鋪十三家，行縣鹽而給縣帖，廟之北鹽鋪五家，行州帖，官之不問，而商亦相安，莫之或爭也。今楊邦忱因額難疏而歸咎於州行縣境，遂以私鹽控縣，而爭端始起矣。反復細訊，查考地志，繁城俱是縣境，界必正，既已查明，嗣後該州不得行鹽，而帖亦不得侵境。鎮中勒石，永垂可耳。招詳分巡大梁道沈批覆，詳看得繁城一鎮，原隸臨潁，因鎮有漢帝廟，居民雜處，其間州商行鹽於廟北，縣商行鹽于廟南，相安無爭。有岳應魁者，始同黨粹告銷縣引，後因虧貲，復移夥李時昌鋪中告銷州引，借境行鹽，縣引難疏，爭端漸起。此楊邦忱先有究查私鹽之控，而時昌亦以越境抄誣，互相訐告也。本道一奉憲批，即諭令禹州攜誌親詣確訊，廟北士民里老供稱，繁城委屬縣境，復駁行該廳再四研鞫，令勒石以別州縣之界分銷，以杜虞芮之爭，永息訟端，情法可謂兩平矣。等因。蒙此，該本縣看得州縣原有分土鹽引，原有分地州引之鹽，不得分銷於臨潁之境。犯者自有私鹽律禁，州帖之行，不得插入於臨潁之地。敢有仍前恃强霸立市者，即申究，應擬私充牙行之律也。況鹽引關係縣官之考成，行帖所關各行户之差務，惟此二者，毫忽不可混淆耳。蓋士民適市，以其所有，易其所無，從古皆然，不之禁也。至于潁民居許地，必奉州差，而許民既已受潁之廛，理宜應潁之約束，此恕道也。政爾民式好無尤之道也。不然州縣咫尺，而頑頑于化外，當亦司牧者之所必治也。遵奉憲批，合行刻石曉諭，區畫疆界，務期永遵，各勿混違取咎，自干法紀，須至示者。

順治拾柒年孟夏吉旦。

（文見民國《重修臨潁縣志》卷十五《碑記》。王偉）

修武縣廣文宋隆卿祠碑記

鄢陵監察御史梁熙

潁之東鄙曰平寧城者，其由來，邑乘不載，相傳為商高宗遺址也。明思宗庚辰，旱蝗頻仍，饑饉薦臻，孝廉崔公慰焉憂之，為陰雨綢繆計，率衆因其址而城之。鄢陵、西華之民，多就之者。越明年辛巳，歲大饑，父子相食，盜賊蜂起。大者擁眾數萬，小者千百為羣，劫掠焚殺。民之從盜者生，不然則為溝中瘠，釜中肉矣。村落灰燼，民無孑遺。是時，崔公避難南行，眾擁隆卿宋公主其事。公剛直坦易，處事明斷，為眾所信服。於是，繕堞濬隍，厲鄉勇，備守禦。賊兩犯城下，皆擊敗之，無能為害。民之處寨中者，妻子安堵，家室如故，另一樂國世界。眾於是念崔公成城之勞，而感宋公督率保障之功，為甚大也。嗣後，闖寇李自成破縣屠城，汴梁失守，大河以南，悉為賊藪。長吏望風遠遁，一時豪橫各擁眾據境，爭城爭地，互相殘殺，覆人之宗，滅人之族，若刈草菅。甚至逼劫長吏，不啻驅遣廝役，而公獨安靜循理，無侮無拂，上之尊禮縣公，下之和民輯眾，雖嚴守禦之備，仍是耕食鑿飲之民也。即有強橫鷹眼鴟張，公惟以禮款之，以信義睦之，我不授彼以釁，彼亦無釁可乘，所以寨人始終安然，永相保聚，無殺戮之慘致干天地之和者，則公之樽俎折衝，不戰而屈人之妙用也。其於遠人之避難者，若太康、扶溝、尉氏諸縣民，皆一一安輯之，使不失依。為之開集市，通貿易，為大眾資生計。其或生儒，則為設館開學，資束脩，以給其食。則公之利賴，不但寨人德之，而數縣之民又皆咸霑其惠也。其功德及人，甯有量哉！嗣後公即世，寨人思其德不能忘，羣請於邑侯甘公，為之建祠。每春三月享祀。公至是猶恐其久而或湮也，議立石以垂不朽，而屬余為記。

余昔避亂時，曾託庇公，今又為年誼世姻，知公之行事至悉，遂為序，紀其略如此。昔柳下惠有言曰：祀國之大節也。先王慎制之，以為國典。惟其功德之有賴於民也。故其制曰：法施於民，則祀之。以勞定國，則祀之。能捍大患，能禦大災則祀之。又有報焉。及夫前哲令德之人，所以為民質也。若然，則人之功德，誠有及于民者，當即為先王之所許也。今公保障之功，延及數縣之民，其為禦災捍患也審矣。民各安其耕桑絃誦，而不至陷身俘虜，至今為國之良民者，不可謂非法施於民，而勞及於國也。若然，則公之不愧前哲令德也，亦不誣矣。後之君子表章前哲，闡揚令德，當必曰鄉先生沒而可祭於社者，其在斯人與。豈但寨人一時享祀不忘也哉！是為記。以告後之秩祀者，使知寨人非有所私云。

康熙八年歲次己酉春二月立。

（文見乾隆《臨潁縣續志》卷八《藝文志》。王偉）

清故待贈孺人姚（紳）母徐氏墓誌銘

【蓋文】

皇清待贈孺人姚母徐氏墓誌銘

【誌文】

清故待贈孺人姚母徐氏墓誌銘

賜同進士出身太僕寺提督東路少卿前內陞正四品服俸管禮科給事中事壬子科奉命湖廣典試巡視茶馬巡按山東廣東道監察御史通家侍生朱裴頓首拜撰文。

賜同進士出身巡按山西督理河東鹽課監察御史前中書科中書舍人庚子科奉命廣西典試通家侍生何元英頓首拜篆蓋。

賜同進士出身翰林院侍講前國子監司業翰林院檢討庶吉士纂脩實錄年家眷弟王封溁頓首拜書丹。

潁恩拔進士哲甫姚公元配，姓徐氏，許昌巨室。四世祖金，以前明經筮仕新安令。曾祖斗牛，以前進士拜儀部□政。祖鳴盛，以前明經高尚。父世卿，郡學生。孺人其次女也，年十六歸哲甫公。公諱重華。公之祖諱德溥，明己酉舉人，癸醜副榜，任山西寧鄉縣令。父諱胤秀，郡庠生，聚之其字也。歲貢生諱胤祥者，公之伯，貢監候選鹽運司運判諱孟華者，公之同堂弟。邑庠生諱□者，公侄也。世居西華姚家橋，徙穎南董紀，益繁昌。當孺人於歸時，聚之公尚健，而朱太孺人已棄杯棬矣，公庶母周氏相繼雲亡，主家政者唯公庶母徐氏。徐孺人尊之如阿姑，每告哲甫公曰：庶母賢，宜善事之，勿傷吾父心。會明季亂，哲甫公奉聚之公暨庶母北渡河，晨昏甘旨，孺人躬自操作，雖寄旅他鄉，從未聞以釜甕罍恥告也。逮皇清定鼎，乙酉旋里。未幾，而聚之公病，時庶母徐氏已故，哲甫公方從其伯客江南，徐孺人食必親調，藥必先嘗，暗室籲天自代，無人知者，亦不欲人知。及哲甫公歸里，未幾而聚之公即世。雖草昧之初，未遑成葬，而含殮之，具祭奠之儀，毫無厥略，則孺人內助之力居多。哲甫公庶母周氏有女，年未及笄而失所恃，閨範、女紅悉孺人訓導，及于歸山西武鄉縣令鄢陵梁公之鯤男生員璐，一切奩具靡不從厚。哲甫公舉三丈夫一女，雖異母，而徐孺人一視之皆如己出。塚君元配王氏蚤卒，遺三子，俱幼，徐孺人因呼兩如夫人曰：三孫未成立，汝輩當各撫其一，其最幼者吾自撫之，勿令失所後。年餘，王氏父亦不祿，其母弟雖存，貧困難支。徐孺人垂念慇慇，時餽之粟，遺之絮，無吝色。鄉里間或值饑歲，待徐孺人舉火者不可勝一數。孺人一一周之，亦無吝色。哲甫公好結納，門多長者車，每旦晚張具，徐孺人必務豐腆，輙身經理，不專委侍婢。教諸如夫人與兒婦輩，唯以親紡織、習女紅為務，非口訓即身先之。教子孫以力學為先，曰：無失祖父來書香之澤。因知孺人之大有造於姚室也。初，孺人未於歸時，其前母之女為許州李室婦，夫婦相繼蚤逝，止遺一子在襁褓中，李氏一脈如綫。徐孺人提攜保護之，遂得長成，諱黃，今已為博士弟子員，而原所自始，唯孺人撫育之功是賴。則是孺人之事翁姑、相夫子、馭家人、訓子孫，以及恤親黨之貧而孤者，蓋無間然也。即求之古女史中，豈多覯哉？觀於其生也，而遠邇稱之；其死也，而親故之來哭者皆盡哀，可概見矣。始余承乏禹州，獲交哲甫公，心竊異之，曰：此天下士哉！何汪洋若干頃波也！遂以道契。及壬子奉命典試三楚，過潁再晤哲甫公暨塚君於驛舍。塚君翠竹碧梧，鸞鵠停峙，學淵而才博，試輒冠軍，克昌其業，余為哲甫公喜者久之，且期塚君必售。迨事竣，復過潁，聞孺人之變，深為塚君扼捥腕云。時喬梓即以徐孺人狀求餘誌。餘讀未竟，輒慨焉嘆孺人之淑德懿行大堪風世，不可以不傳也。遂不能以不文辭。而於道路之暇，按狀而敘列之，既成而郵寄之，勒諸貞石，以垂不朽焉。孺人生於明甲子年十二月廿日申時，卒於清壬子年閏七月廿三日酉時，享年四十有九。男三：長紳，邑庠廩膳生，徐孺人出，配王氏，庠生王尚瓚女，繼杜氏，庠生杜愫女。次繗，如夫人魏氏出，配王氏，處士王一冰女。次紀，如夫人李氏出，聘廣西江左右翼鎮標中軍參將蕭九有女。女一，如夫人李氏出，許字武進士湖廣洞庭水師營都司幹洙男蘊璞。孫三：長希舜，聘拔貢生杜貽哲女；次希禹，聘廩膳生朱士元女；次希湯，聘庠生金國香女。俱紳原配王氏出。此皆徐孺人積善之所致也。茲卜以癸丑年十月廿五日，葬於潁南董紀村之新阡。宜銘。銘曰：

婦貞必求其孝，埋詞必鑴其石。孝可以垂姆訓，石可以光窀穸。日月無生死，川嶽無終始，籲嗟孺人德其奕。

不孝男繗、紳、紀泣血立石。

石工李得旺。

（拓片藏河南省文物考古研究所。李秀萍）

邑侯梁請停河夫碑記

從來豫省重累，莫如黃河徵夫。在昔大中丞佟老公祖特疏入告，停募歲修各役，民得休息，口碑藉甚。近以堤岸浸薄，鳩工增築，協募之檄日下，開、歸二郡皆然，不獨臨潁一邑也。而臨潁倍有難焉者，則以鍋壅屢決，桑麻盡為洪波。尚修則應募無人，兼修則民力不逮。嘉賴我梁老夫子俯鑒輿情，屢詳請命，始則減免數百名，終且永停協夫。尚治鍋壅等口，民命少蘇，如行者之獲息。文移具在，邑之人謀勒貞珉，俾世世子孫知撫憲王大老爺之宏恩與列憲之軫恤、梁老夫子之苦心。風風雨雨，歌思不置，其功德之及人，寧在佟中丞下耶？中忝列龍門，忘其固陋，走筆數言，以弁其首云。

口子科舉人受業邑人潘執中謹識。

康熙二十年。

（文見乾隆《臨潁縣續志》卷八《藝文志》。王偉）

清光州儒學訓導哲甫姚公（重華）墓誌銘

【蓋文】

皇清光州儒學司訓哲甫姚公墓誌銘

【誌文】

皇清光州儒學訓導哲甫姚公墓誌銘

賜進士出身經筵講官禮部右侍郎前國子監司業翰林院檢討庶吉士纂修實錄丁未科會試同考試官年家眷弟王封溁頓首拜撰文。

賜進士出身吏部考功司郎中年家眷弟王材任頓首拜篆蓋。

賜進士出身戶科掌印給事中加一級年家眷晚生李旭升頓首拜書丹。

士之窮達豈必遇不遇哉，顧其所自表樹謂何耳。夫在邦而聞易，在家而達寶難。遇固幸，不遇非盡不幸。余於姚公三嘆！公諱重華，字伯農，哲甫其號也。先世自晉之沁水徙家西華，而臨潁則由乃祖孝廉禹城令澤寰公遷於斯而著族也。公紹麟足，振鳳毛，髫年采芹食餼，試每壓其儕伍。事乃父文學聚之公，以順德聞。明季中原鼎沸，許、臨、鄢、鄒，賊踐躪無一寸淨土。邑人倡納款之舉以延殘喘，而公以為與燕雀之處室不知禍之將及也，遂奉文學公北渡河以脫於難。及福藩南下，公遨遊金陵，冀得升斗為仰養計，久而知新亭之泣無異於子夜之歌也，急賦歸來以慰倚閭。而不意文學公旋騎箕尾去，毀頓幾難自立，襄事備極豐贍，猶皇皇然若有所求而弗獲，其孝思寧僅敦牢杖履間哉。獨恨看室窺篋，雀角鼠牙，致公疏於誦讀，而僅以明經老為足惜也。雖然公志不克大就，而其操行著於鄉者特詳。余初舉孝廉，計偕北上，謁公於此園。見夫傾蓋來者，東西朔南踵相接也。既而握手京師，出其遨遊草相質，則齊晉吳越，岱泰衡湘，皆為屐齒所己涉，其間一丘一壑，沙起雲行，山標海立，風鳴樹偃，人物魚鳥，升沉變化，一切可驚可愕之狀，皆在其嘯歌中矣。乃潁人士之倚公為重，則不但是公輕財好義，闔邑悅服，學宮傾圮，捐貲募化，重脩改觀；渚河鍋甕口決，呈請停止河夫，崇治鍋甕，至今援為舊例，闔邑永食其福。鄉黨間偶有忿爭，片言排解。孱弱被侮者，力扶公道。邑有大利弊，躬詣當事，言無不盡。與人交，不設城府，然多負氣，富貴驕人田子方，不欲見也。以至門植五柳，竹開三徑，題花品石，課魚限鳥。與二三翰墨士及子姓輩尚論千古，斗酒百篇，悲歌慷慨，倏而心腸鐵石，倏而襟懷風月，倏而彥方正直，倏而嗣宗遊戲，欲以轍跡求之不可得已。夫膽決者少遲重，彊直者寡含覆，練達者乏氣骨，而公兼之，豈與拘儒終身守一，迂闊而遠於世情者等哉！使天假之以年，勿論成大名，當大任，即可訓專城，鷙振鷙遷，得百里而治之，其所就亦未可量，而何不幸以明經老耶！雖然，每見世之成大名，當大任，處則鄉黨服其公，出則湖海揚其響，生同北斗之仰，歿擬泰山之頹者，或不盡如公之今日，則何必旂常竹素而後為顯，亦顧其所表樹何如耳。餘既知公深，而丈夫子方麓復遠以狀來乞余銘。余以義不可辭，因為誌其大者。嗚呼！謂之達於家可也，而何得以未遇為不幸哉。

公生於明天啟甲子六月廿七日酉時，卒於皇清康熙庚申八月初四日亥時，享年五十有七。所配徐孺人，前進士禮部主事徐公諱牛斗曾孫女，郡學生公諱世卿女。子四：長紳，廩監生，候選縣丞，娶王氏，前進士兵部主事王公諱所夢曾孫女，庠生公諱尚瓚女；繼娶杜氏，郡庠生杜公諱愫女。徐孺人出。次繗，娶王氏，處士王公諱一冰女，蚤卒。側室魏氏出。次紀，次纘，俱蚤卒，側室李氏出。女二：一蚤卒，側室李氏出；一許字太學生張公諱睿子太學生克敬，側室李氏出。孫三：希舜，太學生，娶杜氏，拔貢杜公諱怡哲女；希禹，增廣生，娶田氏，合肥縣縣二尹田公諱永禎孫女，庠生公諱霓女；希孔，娶胡氏，太學生胡公諱景虞女；紳出。希禹出為繗後。孫女四：一許字太學生王公諱允斌子[1]，繗出。一許字丁酉舉人瀘溪知縣宋公諱逢盛孫廩監公諱秄子夢熊；一許字太學生盧公諱琯子廷鋣；一幼，未字；紳出。曾孫四：力仁，聘太學生楊公諱三捷孫女，太學生公諱標女；修義，聘庠生王公諱夢卜女，希舜出。學禮、範智，俱幼未聘，希禹出。曾孫女二：一未字，一許字候選守備張公諱圻翰孫癸酉舉人公諱文桂子[2]，希禹出。徐孺人先於康熙壬子卒，葬董紀北崗之新阡。今於康熙癸酉十一月十五日奉公之柩而祔焉。銘曰：

亦豪而達，實直而方。彌天紫氣，千頃汪洋。胸無纖累，骨有餘香。其形息乎，此神則吾不知其所止。

不孝男紳、繗泣血立石。

石工彭光先。

（拓片藏河南省文物考古研究所。李秀萍）

皇清候選縣二尹方麓姚公（紳）墓誌銘[3]

【蓋文】

皇清候選縣二尹方麓姚公墓誌銘

【誌文】

皇清候選縣二尹方麓姚公墓誌銘

丁酉科舉人原任湖廣辰州府瀘溪縣知縣眷教生宋逢盛頓首拜撰文。

賜進士出身候選知縣眷弟殷丕承頓首拜篆蓋。

丁巳科舉人候補內閣中書眷弟王光夒頓首拜書丹。

吾潁稱世家望族者，首姚氏。方麓，尤德行文章卓越一時之君子也。當乙亥秋初沒時，邑士民聞之，無不悼惜嗟嘆，以為公文章既成，未獲售而食其報；德行素積，未大展而竟其用也。今己卯，公之令嗣長文昆季卜吉于是年冬十月十二日，將奉公柩瘞于潁城南塋次，從父兆也。預緝行述，介予孫夢熊來請銘，謂予與公為世姻，且夙有文章契習，知其家世行誼最悉，若非予，無為誌者。予亦實有感切於心，不能以不文辭。於是，謹按狀，敘次其行實，而系之以銘。序曰：

公姓姚氏，諱紳，別號思菴，又號適菴，方麓其字也。先世晉之沁水人。明永樂靖難後，遷晉民於豫，公之始祖占籍於西華之姚家橋，遂家焉。代有隱德不仕，傳至公曾祖澤寰公諱德溥，復自西華徙居臨潁，遂世為臨潁姚氏。澤寰公為吾邑理學名儒，從遊者禹烈

---

[1] "子"字下原空二字未刻。

[2] "子"字下原空二字未刻。

[3] 誌蓋斷裂為四塊。

王公、翰儒崔公，皆名士也。公舉前己酉鄉試，再上春官不第，就固始教諭，即以舉子業課弟子員，一如其教授生徒者。文風蔚起，省元即出公門，公之名於是震中州矣。繼遷山左禹城令，循卓著聲，其民人至今頌德不忘。公祖文學聚之公，諱應秀，性恬退，以琴書自娛。父哲甫公，諱重華，以恩選除光州司訓，未任而逝，生丈夫子四：长即公，次繗，次紀，次繵，皆早逝。公性穎慧，六歲就塾師，偶句應聲，嶄嶄多奇，嘗至難其塾師。儀觀俊偉，六七歲時，即如成人，出語每驚其座客。讀書目過輒成誦。初為文，無漫語，下筆即成一家言。時人異之。十六歲，補博士弟子員。司訓公於是年膺恩選，蓋今上元年壬寅也。司訓公性豪邁，喜遨遊，所至，賢人君子皆樂為忘形交，至有逾年忘返者。適有悍僕以私怨殺婢潛逃，邑令以此大獄難結，不委差緝，竟專責主人。是時，司訓公客楚，公母徐太孺人曰：女年幼未更事，人命大獄，調停失措必遺患。當急走楚，告爾父來圖之。公毅然曰：殺人者死焉，能波及乎？速獲凶手足矣。若必待我父旋，往返多日，恐奴軼遠不及，遂設法分路急緝。未逾月，獲凶手于光山驛，案以結，公私晏然。當是時，公方弱冠，惟讀書是事，從未與戶外。突遭盤錯，不惟孺人難之，一時邑人無不為公咋舌者。而公獨凝然鎮靜，處之裕如。論者咸謂公之卓識宏材，於此已見一班。嗣後司訓公屢遊，盡以家政遺公，內外惟一身綜理，線悉咸周秩如也。夜則不惟攻苦，兼訓課諸子，講書論文，嘗至雞喔喔始寢。蓋天性篤學，材優養裕，故能以一身率先啟後有如此者。西華汜菴王公奇之，引與諸公子同社，親為甲乙其文，公屢列前茅。壬子春，當科試學使為史公逸裘，乃乙未名家也，特拔公第一，遂食餼。時江左咸公价人遊許，閱公卷，大為賞識，曰：今科省元必此公也，豈直冠許屬哉。歲秋，丁內艱，未得與闈，論者惜焉。嗣後讀禮終喪，雖當哀毀，不忘本業，且自制藝外，兼及子史百家，博通淹貫，詩古文辭，皆擅名一時。歲丁巳，恩例捐貲太學，准鄉試。司訓公曰：女習舉子業有年，固不屑此，然借徑入闈，曷嫌焉！遂援例入闈，奈數奇不偶，時論咸為公稱屈。己未銓試，得縣二職。越明年，又丁外艱。公於是哀且嘆曰：向來汲汲一第，希祿養悅親耳。今雙親既逝，蓼莪增悲，白雲徒嘆，尚何為耶！況窮達有命，與其疲形勞神，徼倖於不可知之數，何如安意適志，陶詠于吾性吾情之為得乎。

自是絕意仕進，并謝家務，日纂輯《古今詩文》、《世說錄要》、《廣輿記鈔》、《閱古古詩釋問》，引騷人雅士分題賦詩，來往贈答，因又號適菴，謂此也。其風雅高致若是。至邑有大疑難事，如河夫柳梢、運米如地等務，皆賴公調停以寢。則其功德之在人者，曷可勝道也。然公猶有隱德在家庭，為人所難及者。當司訓公捐館後，遺三少房在室，及異母弟妹，雖屬同堂，食指各列，性行不同，嗜好亦異，此人情所最難調停者。公獨能仰體先志，克展孝思，事庶母如母，待弟妹如同胞，奉養贍給，概從優一渥。歲節及誕日，咸率子姓稱觴上壽，致敬盡禮。如此，所以一堂雍穆，和氣藹然，從無線毫芥蒂也。至公弟雲麓乏嗣，即以仲子禹後之，而撫其孥。弟妹出閨，豐其奩具，過於己女焉。此皆公善悅庶母之心，而陰以慰親心於泉下者也，非至孝純篤烏能如是哉。自古帝王賢聖篤孝行者不乏，而夫子獨稱大舜及閔子騫，何哉？豈非以所處異母昆弟間，倍有難焉者乎？若公者，其何愧焉。嗚呼！孝為百行之原，先王所稱為至德要道以順天下者，而公克盡于家如此。且功德會於鄉邦，文章炳於儒林，著述傳諸無窮，然則公豈但為卓越一時之君子也哉？吾知其文章未獲售於身者，自必發于其後；積德未竟其施者，尤將昌大於其□也。

公生于順治丙戌十二月十七日卯時，卒于康熙乙亥八月二十四日子時，享年五十歲。元配王孺人，前進士兵部主事王公諱所夢曾孫女，庠生公諱尚瓚女。繼配杜孺人，庠生杜公諱愫女。子三：長希舜，太學生，娶壬子拔貢生杜公諱貽哲女；次希禹，增廣生，娶合肥縣縣二尹田公諱永禎孫女，庠生公諱霓女；次希孔，附學生，娶候選知縣胡公諱景虞女；俱元配王孺人出。希禹出為雲麓公諱繡後。女三：一適予孫夢熊，一許字太學生盧公諱瑄子廷鉚，一許字歲貢生候選教諭宋公諱如玉子[1]，俱繼配杜孺人出。孫男三：長力仁，聘太學生楊公諱標女；次修義，聘文學王公諱蘿卜女；俱希舜出。次範智，幼未聘，希禹出。孫女四：一未字，一許字候選守備張公諱圻翰孫癸酉舉人公諱文桂子[2]，一幼未字，一幼未字，俱希禹出。一幼未字，希孔出。公元配王孺人先公卒於康熙戊申，葬於邑南之董村，今於康熙三十八年十月十二日，奉公之柩而祔焉。銘曰：

不朽惟三，德功與言；苟得其一，亦足以傳。於維姚公，學行俱嫻；惟孝友于，大德克全。出其緒餘，濟公急難；風雅載颺，炳于雲漢。才餘於用，用自不衒；澤未及施，施將無限。留其有餘，篤貽後昆；妥茲幽宮，貞珉燦爛。

康熙三十八年歲次己卯十月十二日。

不孝男希瞬、孔泣血納石。

石工彭光先鐫。

（拓片藏河南省文物考古研究所。李秀萍）

重修宋統制楊再興墓碑記

錢塘邑令沈近思

康熙四十有五年丙戌五月，近思承乏臨潁，即詣小商橋，致瓣香於宋統制楊將軍之祠廟。越五年庚寅四月，始知楊將軍遺墓在鎮之東半里許，躬往瞻仰。維時麥菽稠密，孤塚巋然，旁無跪拜之地，墓前有斷碣，僅留其半，字漫滅不可識。維大書"楊再興墳墓"五字，尚可別白。近思徘徊墓側，摹畫碣文，感慨興懷，不能自已。以將軍之忠義，抔土掩於田疇菽麥之間，而墓道弗修，豐碑未立，甚非表忠揚義、勸勵死節之意。官斯土者，實有責焉。爰大其封而誌之。

---

[1] "子"字原空二字未刻。

[2] "子"字下原空二字未刻。

謹按：楊將軍名再興，始為曹成將，成破，岳王釋之，而告以忠義報國。將軍感謝，屢立戰功。紹興十年，岳王敗金人於郾城，兀朮合兵逼之。將軍單騎破其軍，手殺數百人。兀朮復屯兵十二萬於臨潁，將軍以三百騎，遇於小商橋，殺二千餘人及萬戶撒捌孛堇，千戶百人，遂遇害。會張憲繼至，大敗兀朮，追奔五十里，中原大震。岳王自郾進次潁，哭將軍於小商橋，獲其尸焚之，得箭鏃二升。夫將軍以一介武人，感岳王忠義報國之言，而百戰不屈，卒以死徇，可謂不負國士之知矣。且當是時，將軍以三百騎，抗十二萬之師，擊殺數千人，使兀朮沮喪。張憲甫至，即望風遠遁。岳王進次朱仙鎮，追奔逐北，幾復中原。將軍商橋一戰，實為虎奔前驅，功亦偉哉！岳王有言："文官不愛錢，武官不惜死，天下可致太平。"如將軍之盡忠報國，真可謂不惜死之臣矣。此近思所以望故里而興懷，撫孤墳而神往也。又於將軍祠左得殘碑一，有云將軍與金人戰歿，葬於商橋店東，立墳塋一座，周三十畝，墳迤北坡一頃五十畝。成化十三年，遠孫楊敬故絕，無人祭掃，地屬他姓，則將軍之葬處無疑也。或謂當時尸已受焚，今謂有墳，似屬可疑，不知岳王之焚傷其流矢叢體，故焚尸去鏃，使遺骨全歸地下。《宋史》載文，文山致命燕市，友人收其骸，未去髮上繩，遂見夢。則岳王之焚尸尋骨，何疑乎？或又謂宋既南渡，兩河之地日為戎馬踐蹂，安得有墳？至今不知岳王朱仙大捷之後，遣使修治諸陵，則同時戰死將士必悉為埋葬，而將軍之墓歸然獨存者，忠義之氣留之無疑也。嘗思忠義之氣，塞乎天地之間，根於秉彝之性，雖歷千百年，而忠魂毅魄凜凜如生，一抔之土，天地照臨之，鬼神呵護之，而必無泯沒可信也。近思於是捐貲若干，買其墓之四旁地一十九畝，監生邢倫捐地五分，一時好義紳衿輸工樂助，相與恢拓，舊塋封土高二丈五尺，重立新碑，題曰"宋統制楊將軍之墓"。使後之人仰雲霄而瞻浩氣，將軍忠義報國之心，其從可想見於茲土也夫。

康熙四十九年十月。

（文見乾隆《臨潁縣續志》卷八《藝文志》。王偉）

創修紫陽書院碑記

沈近思

康熙四十九年，歲登大有，近思治邑已五載，幸會盈成。而地小俗樸，絃誦未宏，是乃官師之事也。因修建城隍廟門於南向，即於其地葺為學舍，有門有階，有堂有室，環以板築，嚴以扃鐍，中有三槐高古，恰當庭簷。經始八月之初，至九月九日而工甫成。額曰："紫陽書院"。蓋欲學者講明朱子正學也。五十年春月，禮請明師，以廣教習。近思乃言於眾曰："潁之人士，汩於俗學久矣。父兄所願望，師友所授受，惟在竊一青衿。甫入學宮，志得意滿，讀書事畢，上不知有君親，中不知有身心，下不知有民物。於戲！何其志小而量淺也！

古人讀書在乎識力識遠，則氣象宏大，力重則負荷克勝，先之《小學》、《孝經》，以植其基，繼之《四書》、《五經》，以廣其識，而窮理力行，不二不雜。是以處則孝友慈讓，立身修德，鄉里為文章品行之宗；出則忠清勤慎，正己化人，朝廷有事業功名之望。此古人所重於讀書也。乃若朝誦夜唸，窮繪筆墨，志在利達，已成俗流。又下而止望一青衿，以為支持門戶，出入公庭，武斷鄉里，此最卑下之習，而謂有志讀書者為之乎？用望穎之人士入此學者，立品欲其剛方，立志欲其遠大，立心欲其正直，從事於小學、四子、五經之書，以求乎孔、孟、顏、曾、周、程、張、朱之理，舍經書而言學者非正學也。然舍朱子而言經書，則無自而得其真，何則？先聖之道由朱子傳注而始明，後賢之言得朱子證議而始定，斷在先從《四書集注》，入後可徐及於《六經》、《性理》、《綱目》諸書。夫性命之學，涵於一心，瑩然至靜而萬感森昭，散彌六合而卷藏于密，體用工夫，要日存誠主敬而已。能從事而不迷，將見養之為德行，發之為文章，施之為經濟，成光明純粹之品，而具宏通廣大之才，則德星聚於潁水，而河岳炳其精華，備盛時之楨幹，永斯道之干城，是中懷之所睽望，不則雖入此學，名為稱先稽古，實猶識力卑。凡教者，期其上達，學者安於俗流，使無類之心變為不屑之教，則又安可不戒懼於心而勤屬其志哉！因書之石，以視潁人。

康熙五十年。

（文見乾隆《臨潁縣續志》卷八《藝文志》。王偉）

新建雙忠祠碑記

吏部尚書徐潮

天地之間有正氣，上則為日星，下則為河岳，其於人也，為忠義。忠義之生，所以宏一代之功業，而立萬古之綱常。惟此浩然正氣，至大至剛，充塞宇宙，雖世遠時殊，聞風興慕，景仰彌光，足以知忠義之感人深，而秉彝攸好，人人所不能自己，若宋岳忠武王，明于忠肅公，其尤赫赫者。當高宗和議之日，英宗北狩之年，舉朝唯諾，無能任其事。二公獨出文經武緯之才，建柱天擎地之業，精誠貫乎日月，志節烈乎冰霜，才力回乎山岳，豈非天地之正氣，發為忠義，有如是之充塞者乎！二公威靈照鑒，天下莫不仰之，獨豫之人思之尤甚。蓋以忠武盡捍衛之勞，忠肅著綏柔之績，皆其有功德於茲土者也。

臨潁令沈近思，以庚辰進士，丙戌受職於斯，及今七年，能以實心視事，如社倉、義學、義塚、修城、築堤，次第舉行，可謂不負所學。於其暇時，復捐俸鳩工，特建雙忠祠，以祀二公之神。《禮》曰："以勞定國則祀之，能禦大災則祀之。"忠武收復河南，由鄭至潁，商橋奏捷。轉戰縣之東北，百姓皆餽糗糧牛酒，父老焚香戴盆以迎師。其有功於潁民者甚大。忠肅撫豫十有九年，防河積粟，廣樹藝，教耕鑿，在鎮久遠，德澤宏深，而桑棗路柳之法，惟潁邑奉行為最先。夫祠之建於豫地者朱仙鎮，湯陰縣祀忠武，會城有忠肅庇民一祠。

今以二公合祀於潁，固不違乎有功德於民者祀之之典禮，亦所以表剛大之正氣，俾一邑之人瞻拜其下而油然生忠臣孝子之思者，更自無窮也。余庚辰歲奉天子命巡撫河南，慨然想見于公撫豫諸政，竊欲倣而行之。近思與余有淵源之誼，能不為俗吏所為慕古人風節，建祠以妥二公，其志行實有足嘉者。祠成，來請余記其事，且作歌以使祀焉。其詞曰：

神之來兮潁陽，雲冥冥兮八荒。觸飛龍兮婉婉，驂鷟鳳兮翱翔。文不愛錢兮武有烈腸，清風兩袖兮熱血一腔。千古雙忠兮羌一氣而混茫，鼓瑟兮吹竽，衆音紛兮輝煌，蘭籍兮蕙蒸，旨酒在縮兮籩豆在房，窈窕兮容與，稱功比德兮異世一堂。神之昭明兮民之福，作忠孝兮與日月而爭光。

康熙五十一年歲次壬辰春三月。

(文見乾隆《臨潁縣續志》卷八《藝文志》。王偉)

清故太學生顯考姚大公（希舜）墓誌

【蓋文】

□□□學生姚大公諱希舜字長文號企怡墓誌

【誌文】

清故太學生顯考姚大公墓誌

顯考諱希舜，字企怡，號長文[1]。配我母杜太君，西華縣拔貢生杜公諱貽哲女。由俊秀入太學。先世為山西洪洞人，後居豫省之西華縣姚家橋，復遷臨潁縣董畦村。前萬曆己酉舉人諱德溥，號澤寰，山東禹城、山西寧鄉兩縣邑令，崇祀名宦鄉賢，顯考之高祖也。郡庠生諱應秀，號聚之，顯考之曾祖也。恩貢生、光州訓導諱重華，號哲甫，字伯鬱，顯考之祖也。廩膳生員、援國學鄉試例入貲為太學生諱紳，號方麓、字彬士，顯考之皇考也。顯考同胞兄弟三人，顯考為長。仲叔諱希禹，字次述，增廣生員。季叔諱希孔，號淑時，廩膳生員。仲叔出為叔祖雲麓公後。顯考舉二子：長即不孝力仁，廩膳生員；次依仁，增廣生員。孫男四：長弘燮，次弘烈，力仁出；次弘熹，次弘燾，依仁出。依仁出為三叔父後。顯考生於康熙二年癸卯正月二十六日午時，卒於雍正五年閏三月二十二日申時，享壽六十有五。今歸窆於邑東大李村之新阡，時蓋雍正六年戊申春二月初九日也。

不孝男力仁泣血識石。

石工彭經。

(拓片藏河南省文物考古研究所。李秀萍)

---

[1] 蓋文中希舜字長文，號企怡，與誌文不同，似誌文有誤。

修許家口隄工記

縣令劉沆

　　渚河許家口在潁城西南十有五里。河自西北迤邐而來，嚮南衝漩，瀠而東，茲口即南岸頂衝地云。余辛酉七月初蒞任，巡河抵此。父老為余道己未開潰之險，前任王令堵築之勞且費，飭守旂毋怠。迨壬戌六月間，山水橫噬，保地等又告警。余聞，單騎往眎之，洶涌澎湃，南決五十餘丈，田禾淹浸，廬舍亦多倒塌。潁民被割者賈家莊等八九邨，溢流犇滙，鄢境頓成澤國。因亟請上憲緩征，復捐銀以葺厥室，迺屬耆衆而謀修築。有進言於余者曰："水勢趨南，正河淤阻，當濬河以覆隄，購秫稭，備椿木，事均毋緩。"余嘉納之。奈茲口地瘠民貧，數庄邨該夫又尠，或謂潦及鄢，理合幫修，且己未曾助夫百餘，隨關之至再。因彼處工夥，不膺儘派夫役，僅得七百名，除近口衆夫濬河覆隄外，其口下另派鄰河居民挖之，挑溝三道，長八里許。十餘日挖訖。遂捐俸遣役，購秫稭約一萬數千束，陸續運積河干，唯所用。更命夫頭等各備椿木，細大不遺，於決口內繇西北而東南設一順水壩，河潛障以壩，水勢之趨南者半，折而東。爰督夫役摻畚鍤，備夯硪，分東西夾築之，基開數丈，中用對椿，實以埽，隨埽隨覆遞衍，而近裏兩邊隄近溜，迅令各下沿邊埽以防圮損，中間水口約距四五丈，迺繩捲長埽，下之口門外，預將大椿深釘密欄，俾埽不冲卸，泊埽下而浮，則於埽上每土一層，秫稭一層，如是層層墊壓漸沉而下，蓋三日而龍門以闔，時埽沉而浸流不舍，埽外填土數四，概被水漂，諭嚮裏填。僉曰滾埽。余曰："濬河築壩，南注之勢已弱，埽外大椿，更用斜椿敵之，料無害也。"衆從之。半日而截流，衆夫驚且喜，不謂決口纔掩，大水叠漲，而次兼霪雨霏霏，衆懼欲竄。余冒雨親督之，水隨隄長，而新隄薄更鬆。余與夫並力防守，徹夜無眠。幸而風波不起，水落隄成。肇修於壬戌季夏之望，迄仲秋望日告竣事。維時稟聞上憲，頗蒙許可。余竊思董事畫籌者若而人，鳩工輸力者若而人。又聞己未堵茲口，闔而復開者五。今一闔而固，且大水兩漲，卒保無虞，毋亦冥冥有相之者歟！猶恐隄卑薄，越癸亥春，捐口糧，借倉穀，悉力幫築，底厚十五丈，頂合四五丈而止。特是河自王曲橋，抵小商橋，委小灣多陸路十餘里，河路盤折，百有餘里。然則茲口當頂衝地，而下又苦壅滯，今雖堅築，能保將來永永無患耶！余故敘隄工之顛末，而附記於此，以見先時而備則力省功多，後事而營則費絲勞倍，願以質諸嗣來牧潁者。
　　乾隆七年。

（文見乾隆《臨潁縣續志》卷八《藝文志》。王偉）

萬壽宮告成恭記

劉沆

　　粵自皇恩丕冒，統四海而識尊親，由是率土皆臣，向九天而申拜舞，千祥雲起，萬歲山呼，無非表乎拱極之忱，乃以昭夫朝宗之義。《易》曰："聖人作而萬物覩"，良不誣之。沉於乾隆六年孟秋沍任臨潁，仲秋恭逢聖誕，屆期於萬壽寺內，設幄陳鑪，列庭燎序班位，非不肅肅雝雝，究於其地不專，斯於其心不懌。越明年，政舉人和署樂，民風之淳境安，吏治之拙，簿書休暇，閱及《河南通志》，雍正十三年，特建萬壽宮，覽其告成之蹟，玩其頌禱之文，不禁恍然興起曰："萬壽宮之設，豈惟省城宜有哉！屬在州縣，皆當專置龍亭之地，庶幾快愉揚拜之心也。"因與鄉紳士民謀，咸有同志焉。第慮壯麗罕覯，經營難竟，延乙丑歲而初志乃定。由是相基址物土方計，徒庸書度支，量出入，彙捐金，越旬月而告竣。欽惟我皇上澤覃萬宇，統接千齡，納物象於熙和，舍生豐泰成治功於簡易，取法乾坤，福履駢臻，休徵畢至，非獨慶賀拜祝，分所應然。抑亦至德之廣運，有以鼓盪之也。臣沉爰謀構宮而宏敞之。蓋亦天顏不違咫尺意也。而本此意，以令茲土，一時大夫濟濟稽首而頌曰："單父鳴琴，垂簾而治，願無疆之惟休。"諸士蹌踉稽首而頌曰："成人有德，小子有造，願無強之惟休。"庶民僬僬稽首而頌曰：日用飲食，耕田鑿井，願無強之惟休，惕然震叠，莫不識朝廷之尊，則道德一而風俗同，拜手颺言，具見一統之矩矱，瞻雲就日，聿徵四達之河山，所謂九天閶闔開，宮殿萬國，衣冠裳拜，冕旒者舉備，諸此斯宮之建，直可作一王繪圖觀也。即以繪聖德之廣被也，亦無不可。臣沉誠懽誠忭，額手而賦曰："倬彼峨宮兮麗明當陽，皇仁浩浩兮潁水湯湯。如崗如陵兮日昇月恒，乃聖乃神兮五咸三登。"

　　乾隆七年。

（文見乾隆《臨潁縣續志》卷八《藝文志》。王偉）

杜曲橋碑記

邑令商有煌

　　潁西十五里杜曲鎮，以渚河為限。向予捧檄過此病涉。居人僉言："舊有石橋，潁水時害之。"之官之明年初，乃謀創葺，而潁人士亦復樂從。爰度其地，將鳩工焉。考之《說文》，溴水出密縣入潁。又《水經注》載：溴出具茨山，谿水出其阿為陂。是潁水實溴水，而渚同其流，其來已遠。杜曲適當其陂，折而北，乃歇鍋甕口，走斷入湖，下達石梁、艾城諸河。然則延衍無束，河伯將都，杜曲非橋，銀河帶水，東西阻長矣。按《舊志》未詳橋自，且諸溴橫齧，多亂故道，碑遺闕文。我朝康熙九年，鄉士朱鳳鳴、姚孟華眾力所成，名曰通濟。誠能濟人也。五十六年，諸生張琨、張啟再建之。洎今數十年來，還復圮壞，邑人竇魁方等勇於興造。予甚樂其急公，出官俸，首先為率應者，先後若醽閱如干日而蕆事。往來稱便。成橋之日去予下車日，猶未歲之半也。潁人士望風相謂曰："令君愛也，人人濟之矣。"雖然，予實甚慚，昔棗祇、任竣［峻］決潁水屯田，歲收數萬斛。予不敏，在官伊始，未及為潁盡利其利，然斯橋立矣，睠言可懷，次第綢繆，固所自期歟！抑潁人士跂予而望者，其亦在是與。既泐其事，並識與事姓氏於碑陰。

乾隆十一年。

（文見乾隆《臨潁縣續志》卷八《藝術文志》。王偉）

河工頌德碑文

北王保上五圖紳士公立。

臨潁者，以潁水而得名也。水勢自西北入境，環抱於境之東南，盈三帶，雖非洪波巨浸，而秋夏泛濫，民蒙其害。舊例沿河居民，先時隨隄幫修。偶遇冲決，近河被潦村落協力塞堵。人勤事習，不勞而功立。迨後朝弦夕改，妄扳夫役，遠者畏苦不前，近者觀望以待，爭訟繁興，意欲併力圖功，實則遲緩敗事。斷斷河畔，績用弗成，毋亦紛更者之為謀不臧哉。丙寅春，我侯商父母來蒞茲土，勤求民瘼，夙夜不遑，甫一載，政通人和，百務就理，更念河口為田廬性命所關，宜為經久計。按舊規，酌時宜，請命上臺給照，義民遠者無越畔代謀之責，近者嚴支吾逃躲之弊，度地鳩工，無濫役也。因人任事，有差等也。夫潁之流入吾境也，蜿蜒迤邐，不下百有餘里矣。偏舉一工，疑有專任之勞；統計全河，實為共便之利。我侯之相土宜民，董功率事，無毫髮之遺者，要豈有私意於其間哉！嗣此夫役維均，清波永奠，侯之湛恩汪濊，殆與潁水並長矣。三章詳明，程憲昭烈，用誌貞珉，以垂不朽。

乾隆十二年。

（文見乾隆《臨潁縣續志》卷八《藝文志》。王偉）

重修學宮記

銀文昭

皇帝御極之三十有三年，詔新大學廱宮。時我王侯方需次京師，恭瞻其盛，歎曰："吾今而知王道之所由成也。"振民育德，孰有先於興學者乎！越二年，侯奉命來尹吾潁，甫釋菜，見大成殿初撤修，黝堊未飾，自垤以下悉如故。詢之兩學博，曰："前任姚侯實興是役，未幾，以憂去。楊侯攝篆僅三月，其襄事者，亦半以宦游之四方，懼其事弗克，終是在我侯矣。"侯曰："吾夙志也。"既周覽廟制，退觀學舍，問司訓宅，已久廢。至紫陽書院，狹其地，亟出廉俸二百金，暫質隙宅遷焉。於是，勸學課農五年，政修時和，遂銳意為大作。乃集邑人士於明倫堂，揖而進之曰："百工居肆，成事學宮之役。予日夜籌之。諸君子皆學中人，甯獨無意乎？"僉曰："不敢忘。"顧授書喻侯意。不數日，各書所糾貲，統計得錢二千八百緡，以復於侯。侯曰："善。"爰筮日鳩工，戒衿士幹練通達者董其事，而授以經度之方，驅石於山，流木於河。經始四月初八日，起崇聖宮、大成殿，而兩廡、而戟門、櫺星門、泮池、周垣門路，次及明倫堂、馨皷胥興，名宦、鄉賢二祠，舊在旁院，益隳殘，且非地也，乃移建戟門外。東西廡南，朝東為文昌祠，因而葺之。巍乎煥乎，觀瞻益肅。遊於門者，咸油油然有懷新意。侯顧而樂之，遂於明倫堂西創修司訓宅一區，計共費捐資三分之一。餘為起造書院，添設膏火之用。今已定地，擇日興役矣。因廟工久竣，謂昭嘗從諸君子後，宜先有言，以落其成，即以寓日新之箴也。竊以昭抱殘守缺，日凜乎懼朽木之不可雕，而糞土之不可朽也。將無以保其故，又烏足以知新！伏思學，以學為人而已。自天子公卿大夫，承學之士，下逮農工商賈，莫不有仁義禮智之性。君臣父子、夫婦昆弟、朋友之倫，豈別有新奇可喜哉！然而道在天壤，如日月之明，萬古常新。學者生當正學昌明之日，入學鼓篋，每春秋舉祀，趨蹌將事，瞻仰徘徊，穆然深思，同為聖人之徒，何以或曰儒、或曰賢，或亦稱聖，何以或祠於門牆以內，或進於廡，或升於堂，入於室，何以昔惟一子配享，而繼增以四，昔惟十哲，而今且十二，何以兩廡之位無常，數代有來者，何以身列廟庭，致其親亦配享於崇聖之宮，官斯土者多矣，鄉之人又益衆矣，何以祠者不過若而人。鈞是人也。得其門以入舉，可階而升也。不然溺於俗尚，厭常喜新，雖破萬卷，掇巍科，爵位耀於當時，文章傳於後世，沒身之後，欲在鄉齒於鄉賢，在官附於名宦，不可得矣，而況門廡以內哉！夫為學者不務名，然沒世無稱，君子疾之。昭不敏，不能文，其辭謹取能言就傅以來，所傳於父師及側聞鄉先生之緒。余摭其大略，用明我侯仰體聖天子作新之化，以加惠我邑之厚意。蓋在此不在彼，期與來者，相砥礪於無窮。嗚呼！有志之士，將必有奮然而起者矣。

乾隆四十年。

（文見民國《重修臨潁縣志》卷十五《碑記》。王偉）

易經圖解序

邑進士吏部文選司郎中銀文昭

《易》以四聖成觀象取數，而理著焉。子思作《中庸》，深明《易》道，而未嘗一言及于《易》。《孟子》七篇亦僅于禹、稷、顏子、曾子、子思發易地之論，亦未嘗顯舉四聖之書以示人。蓋其徒萬章、公孫丑輩，既皆不足以語此，而楊、墨、告子之流，方人持異說，以亂正道，勢又不暇與深究精微之蘊，昔人謂孟子口不言《易》，而一生所行，無非《易》者。洵為知言，孔、孟沒，而《易》遂為卜筮之書，迨讖緯興，而《易》學益以大壞，泥於數也。王輔嗣獨掃象言理，後人始知《易》之為用，非小數比。然《易》生於象，象烏可掃耶。邵子因占數而深探夫理，濂溪因窮理而靜玩夫象。程、朱繼之，而《易》於是大明於世。程子猶不言象，朱子始謂象不可廢，及作本義，又往往略之。蓋象之失傳久矣。朱子之學，雖以格物窮理為務。而格致之功，則先其大者。不急急於詁釋文字之間，且《易》之為象，其稱名也。小其取類也。雜舉一貫萬循之無端，若如瞿塘之絕跡入出三十年，以玩一象，豈朱子之學哉！然以朱子所言觀之，未嘗不歉然於象之失解，設前此有瞿塘其人者，一一求其象於卦爻德位，錯綜互變之中而鑿然可據，朱子必亟取以補周、程之所不及，斷不視為無益，而病其喪志也。來氏之註朱子，既未及見，後人或以朱子不深究象，而斥來註為多事，抑亦惑矣。顧其為書，雖多發明前儒未發之蘊，而穿鑿之失亦多不免。蓋以一人之識，欲契四聖人之旨，於千載不傳之後，使無一字一句之不脗合，雖周、邵、程、朱之賢猶難之，而欲責備瞿塘乎！愚幼受讀本義、程傳，知易之動，悔以寡過，日奉以兢兢。而按之詞義，覺其談理其善，而未盡合乎四聖相傳之義，與言其占變圖説亦或涉於牽强，而未盡出於天地自然之象與數，故於心每扞格而不入，而於經卒昏焉而無得。及得來氏圖註，緣徑以入，如遊幽巖古洞，耿耿得一綫通光之隙，以牖厥明，旋以奔走仕途，役役者十餘年，此事輒廢，閣不復理。近來家居無事，與生徒相論辨，因復合傳義來註，兼採衆說，虛中以求其一當，無貪新奇，無主先入，其皆不合於心者，則概置傳註而獨研之於經，久之，乃油然見人心中各有一《易》，為日用須臾之不可離，欣然見聖人去人不遠，可朝夕晤對於一堂，而請業也。玩讀之餘，隨其所觸，而有得於中者，集為《圖解》三卷。蓋取諸三才之道，雖未敢自為，得解而於天地本然之象，陰陽自然之數，人心同然之理。竊自信其無甚繆戾，雖未敢以之示人，而本之聖人，扶陽尚剛，用中守正之意，求其動悔補過之用。竊自覺其時有稗益。自此以往，亦惟謹持聖人無恒之戒，以思免於不占之羞焉已矣。

乾隆四十年歲次乙未六月朔日銀文昭書。

（文見民國《重修臨潁縣志》卷十五《碑記》。王偉）

臨潁縣霧強廟粟境碑

粟地者，志窪下也。平甯城周圍七村，三面距河，凡遇天潦，許、臨之水，俱聚於此，每至，連年不干。其居民往往有去其鄉里而就食者，其田地往往聽其荒蕪而不治者，非額外加恩，幾成廢地。自前明嘉靖部議，准作粟地一百九十二頃二十畝六分，雜差一概豁免。及本朝聖祖仁皇帝重新蠲免，厥後，無數賢牧蠲免之條，不一而足，載在古碑，班班可考。所以潁邑之粟地雖多，而此獨名為御粟也。但歷年久遠，縣主不及詳查，未得此地真情，故光緒丁亥歲，修理鄭地河工，物料幫車，屢催不休。幹天蒞任，差催如故。七村紳耆，懇恩陳情。幹天細閱碑文，七村之苦，大略已得，及親驗其地，雖序屬三春，四野之有水者大半，田地之未闢者極多，乃側然曰：數村之地，瘠乃爾焉！昔之屢加優免者，有由來也，遂停七村物料幫車之差催。幹天斯舉也，可謂率由舊章者矣！烏可湮沒，因敘顛末，立碑勒石，以垂不朽。平甯城、南元莊、邊劉村、鄭莊村、霧強廟、北元莊、安鄭村立。

光緒十三年。

（碑存臨潁縣霧強廟。王偉）

重修文廟碑

邑舉人徐春甲

蓋自聖朝崇儒重道，俾天下建學，立先師廟，所司以時致祭，無或廢怠。以故雍正十年、乾隆四十年，臨潁縣文廟嘗新理之。顧歷時久遠，風雨剝蝕，棟楹檐壁，悉有腐敗傾倚之患。前有司格於兵荒，宜修而不果者，已數十年。禮臣孫邑侯，直隸朝陽人也，由鄉舉辟孝廉方正，任涖斯土，下車進謁至聖廟，周視殿廡門宇惻然，謂聖道之高美，與日月同光，而廟敝似茲，何以副朝廷崇重之意而肅士儒瞻仰之懷？退即有修志。乃潁邑地薄民貧，需艱所出，謀諸徐、劉兩司訓，爰集城鄉紳耆而諭之曰："郡縣之建聖廟，所以妥神靈，彰教育，養才俊，以翊承平也。人心世道，所關甚巨。一邑之政，非此之急，復何急乎！"由是量工度費，計畝捐資，俾春從諸君後，以董其役。崇聖宮、大成殿成，即及東西廡、名宦、鄉賢各祠，次戟門、櫺星門、廟前照壁，舊制卑狹，更為拓其規模。宏深肅穆，巍然煥然，兩閱寒暑而工始竣。同事諸君僉以為是役也，力用於民而民不知勞，財取於民而民不覺費，賢邑侯之力也，是不可不示於後。不計春之譾陋，囑記焉，以刊諸石。春惟道原於天而備于聖，上丁釋奠，國朝垂為令典。孫邑侯內矢禮敬，外切譽髦，兢兢以繕修之功為急務，一時俎豆門牆，春秋駿奔，仰斯道之淵源，有誰不敢發興起哉！是知師若弟，以道誘即以道勉，多士之飭，躬學校者，淑已淑世，胥肫然以道為依歸，此固建學立廟之實效。孫邑侯學問見諸經濟，即其始政，亦可識治教之有原焉爾。

光緒十七年。

（文見民國《重修臨潁縣志》卷十五《碑記》。王偉）

舞陽縣

潘公祠堂記

仁和人掌印給事提督河南學政湯右曾

余行部南陽，歲試既竣，乃檄兩河郡邑搜揚節孝義烈之行，以宏風教。由南陽抵汝寧，道經舞陽，有郭明經景儀率諸生來迎，具言流寇陷舞陽時，明邑令潘公死節事甚悉。時邑宰楊君萬春亦與聞之。余壯其烈，高其義，欲為建祠以祀。楊君之為政，知所先後，教養兼舉，因力任其事，且欲置講舍其閒，俾諸生以時肆業。余乃捐月俸為之倡。人士忻欣，耆艾嗟嘆。乃鳩工庀材，以潰於成。楊君以祠記為請。余曾購得公遺集及其家傳，其事信而有徵，遂為之記。

公諱宏，淮之山陽人。狀貌魁梧岸偉，蚤年有聲庠序閒，為文超軼卓越，試鎖闈不獲一，當以明經司訓定遠。時鳳陽流寇猖獗，定遠彈丸邑，其令恐不能支，用公計，出奇制勝，俘斬數千人。督撫交薦於朝，謂公有文武才，宜不次擢用。嗣乃掌教海門。踰二年，辛巳，始擢知舞陽事。是時，公年七十一矣，而精力強毅，神明炯然。秋八月，單車之任，與其子諸生澄瀾偕，甫到官，即選丁壯，儲糧芻，為城守計。時土寇楊枝等揭竿萬餘，恣焚掠，民咸惴恐。公慰之曰："烏合耳，吾咄嗟可辦。"不數日，草薙禽獮殆盡，僉謂其用兵如神云。無何，闖賊自南陽來逼舞陽，勢如風雨。公戎服登陴設伏，毒矢以待。及賊至攻城，火西門，公親冒矢石，督城中人擊賊。賊不支，宵遁。公謂眾曰："賊雖遁，當必復來。"於是，益治城塹，修器械，積芻粟，於皇邊倉猝閒，期必破賊。有諸生景長舒，陰予賊書，賣其城，城潰。公謂其子曰："死事，吾職也。兒焉往？"公子泣曰："大人死國，兒何用生為？"頃之，公被執不屈，極口罵賊，死。公子澄瀾於公被害時，掣佩刀，直衝賊營，裂眥大呼，立擊殺數十餘人。賊憚其勇，舍之。乃仰天號泣，投井死。嗟乎！公一死烈矣。公之子奮不顧身，手刃寇賊，以報父仇，然後死之。忠孝一門，是父是子。孔子曰："有殺身以成仁。"若公父子非孔子所謂殺身成仁者歟！

公蒞官僅數月，即以身殉，其決策料敵髣髴如睢陽，而卒於無濟，豈非天哉！事聞，贈公奉議大夫按察司僉事。順治初，公冢孫乃奉兩柩歸里。昔卞壺死蘇峻之難，二子相隨赴賊。尚書郎宏謂重議以謂壺伏國難，父子併命賞疑從重，況在不疑。於是，壺得改贈，二子眕盱皆贈官，以公父子方之無愧色矣。公所著書摘經史，而於二氏之學尤所研貫，曾南豐作《顏魯公祠堂記》云。公之學問文章，往往雜於神仙浮圖之說，及其奮然自立，能到於此者，蓋天性然也。余於公亦云。乃縱其生平大要鑴之石，俾瞻拜祠下者有所考焉。

康熙四十七年。

（文見道光《舞陽縣志》卷十《藝文志》。孫新梅）

創建江南會館碑記

上左有孔子道德,高於萬山,世士人重其文也,然有文以爲之經,必有武以爲之緯。惟我關子,生於山右,仕於漢朝,功略蓋天地,神武冠三軍尤可稱。秉燭達旦,大節垂於史冊,洵足媲美孔子。躬當武夫子之稱,護國佑民,由中達外,至今普天下凡有血氣者,莫不尊親。三晉商賈貿易□□土者,夙托神庇,無往不利,思仰答於萬一,弗□像以表誠,前[1]

雍正八年十月中浣。

(碑存舞陽縣北舞渡中心小學院內。王偉)

鼎建鴻文書院記

常寧人劉蔚植

人才之用也,關乎治化。而其成也,由於教學。是以成周造士,地官掌邦教,小司徒贊之。考其德藝,簡其不率,下至閭胥、黨正、比長、鄰人,皆得操觵撻之令。故爾時學者自離經辨志馴致乎知類通達,强立不返之域,而其材於是乎成。材成矣,然後陞之司馬,詔諸瞽宗,量能授事,罔不欽乃攸司,以佐乃闢,一時之治化無競焉。人第見先王之世,芃菁棫茂,鳳鳴梧生,以爲氣運之隆。適爾詎知其長養成就之者,固涵濡於百年之久哉。我國家崇道右文,伊古未有,重熙累洽,久道化成。故光天下,至於海隅日出,罔不率俾。且四門宏闢,剔抉搜羅,絲粟尺寸之材咸得。自效西京鐘鼓,雲漢作人,豈足方斯?而舞陽爲中州名區,河嶽鍾秀,夙號多賢。又地近畿輔,就日瞻雲,觀感尤易宜乎。哲士挺生,後先輝映矣。顧未聞有醇儒碩士發名成業,亮工熙朝者,豈川生嶽降之氣一發而薄耶,抑吏茲土者務於刀筆筐篋,罔知大體,有如賈生之所訶耶。何其今竟異於古所云也。

按:邑城南故有舞泉書院,嘉靖中任侯諱柱者之所建,後燬於寇,寖尋廢墜。以至於今,垂二百年,徒見寒松古栢,滅沒蒼涼,敗瓦頹垣,斷碑風雨,蓋絃歌之寂寥久矣。戊申夏,余恭膺簡命,來蒞茲邑,大懼人才放失,罔克承宣雅化,因商諸司鐸郭、侯二公、闔邑紳士,謀以舊治廢址創書院,以育羣才。議既克協,爰上其事於各憲,亦咸報曰:可。遂捐清俸,鳩工首事。邑人士踴躍助修焉。於是,建講堂一楹,顏曰聚魁。後廳一楹,顏曰敬業。東西書屋十舍,左曰治經之齋,右曰明務之齋,其前門則鴻文書院之額在焉。復周以長垣,蒔以槐柳,塏爽幽邃,曠奧胥宜,南山列屏,蒼翠欲滴,藏修游息之具於是焉。在工既訖功,乃禮聘名進士孟津王先生使主西席。由是佔畢之士挾策盈庭,伐鼓陳書,絃

---

[1] 以下字跡模糊。

歌彬雅，二百年來復覯其盛。茲非舞邑之幸與？抑余尤有告焉，夫聖人之所謂學，豈第藝焉之謂，其謂忠信立誠以為進修之本，而涵泳就將要諸歸宿之地。由此蘊為德行，顯為事業，胥是物也。今幸人奮其學，士服其教，行見諸君子經明行修，蔚為國華，固可操券得。然文采勝，則實意寡。微功苦久，則媮惰漸生。苟其高明之士，負厥才華，以浮薄相尚，佻達為工，將奇衺固屬可虞，沉潛者又不免望洋驚自崖返，不克深造於大成之域。或勤焉，或怠焉，二者交譏，其於教學之意，不大相剌謬乎！繼自今蘄爾多士，講求於心性之精，劇切乎忠孝之旨，毋飾虛車勿安。凡近明體達用，有守有為，以庶幾於我菁棫茂，鳳鳴梧生之隆，以仰副朝廷崇道右文，搜羅剔抉之盛心。則處為醇儒，出為名臣，不惟諸君子於昔賢有光，余亦得藉手報聖世矣。於是乎記之，以誌慶。

　　雍正九年。

（文見道光《舞陽縣志》卷十《藝文志》。孫新梅）

創修普濟堂碑記

　　黔南進士河東總督王士俊

　　宛居豫之西南，而舞隸其東。漢時即設縣，屬穎川郡，以居舞水之陽，其名最古。嘗考之郡乘曰："民淳尚義，男耕女織，婚喪相恤。"誠如是，又安有窮民而無告者哉！及訪利弊，詢休戚，則境南多大山，民依為業。週來户口蕃，庶山力不給，民殆無以為養。余聞而悲之曰："此所謂窮民也，而其無告者復何如耶？"我皇上萬物一體，矜恤鰥寡。余承上德意，既力行墾荒之政以活窮民，而南陽府所墾為最。既又廣設普濟堂以活無告窮民，而舞陽縣所修，尅期告成。余為舞邑之無告窮民幸矣。令竭力董勸，闔邑歡欣鼓舞，踴躍樂輸，而生員王夢弼、谷珣、邊琇、商人段標等捐尤多。爰擇邑治之舊址地基三畝，於本年六月興工，十月告竣。生員張紳、張二南、楊鄰伊、監生高爾操實監其工。前置中堂三楹，後圍瓦屋二十六間，相聯以壁，相別以户，周以垣墉，堂後復闢隙地十有四畝，以藝蔬菜，旁臨大塘以資灌溉，規模宏廠，甚盛舉也。於是，鳩邑之窮民無告者咸居其中。守令歲各捐穀以為食，令復捐金以給費。寒則煖以綿，疾則調以醫，沒則葬以棺。慮其勿給也，則取工費羨貲二百金生息以裕其用。恐其難入也，則合捐田撥地三百七十九畝，以永其利。事竣，令以圖來告。余顧而樂之曰："今而後，舞邑窮民之無告者，可以遂生矣。"而因歎舞邑富民之好義如郡乘所云者，洵不虛也。夫天地之大德曰生，元道四德以統天，宇宙之大，無非生氣所流通。是以至治之世，大化翔洽，民氣和樂，生意宣暢，躋春臺而遊化宇，行見大有，屢書休徵，疊見舞之窮民各得其所，舞之富民亦食尚義之福，是足以慰聖天子宵旰之勤，而亦不負余愛義羣黎之意也，豈不盛哉！爰為文以誌石。

　　令繆姓，名集，江南泰州進士，例得備書。

　　雍正十二年。

（文見道光《舞陽縣志》卷十《藝文志》。孫新梅）

重修儒學記

泰州進士邑令繆集

雍正十有一年歲在癸丑，集奉天子命，宰茲邑。祇謁廟學，見殿廡門垣日就頹弛，明倫堂岌岌欲傾，慮無以興學育才。仰承朝廷德意，受事方新，未遑內作。明年秋，捐俸倡始，邑之紳士量力輸助，庀材鳩工，黽勉襄事。大成殿兩廡戟門、櫺星門、名宦、鄉賢、忠義各祠，以及宮牆、泮池，其梁檁榱桷之殘缺者，易之；丹艧髹漆之漫漶者，整之。明倫堂湫隘腐敝尤甚，為增崇基，而大其舊制，締構堅貞，規模宏敞，靡不煥然一新，閱四年，而訖工。於是，躬率紳士行釋菜禮，進多士而告之曰：諸生之為學，猶是也。雖有其基，弗葺則壞，克堅乃志終底於成，倘其功不加修，行不加進，悠焉忽焉，其不至於日就頹弛者幾何。倘其澤以詩書，涵以禮樂，就焉將焉，其不至於煥然一新者又幾何。然必如吾之不安其舊，欲圖其新，力不計其能否也，事不計其難易也，功不計其多寡也，時不計其遲速也，銖銖而累之，寸寸而積之，勿廢於半途，勿虧於一簣，而學寧有不成者乎。諸生咸舉手曰：謹奉教。請即斯語以為記。夫膠庠為教育之地，因陋就簡，保殘守敝，宰茲邑者咎也，則今日之聿新，不過盡吾職分之所當為者耳，曷足記。特念紳士樂輸及勤勞董事，不及則無以為急公者勸。因按簿而勒其姓氏於石，其稽工費，慎始終，終久而簿懈者，司縣學事潁昌李君棟先生也。是為記。

雍正十六年。

（文見道光《舞陽縣志》卷十《藝文志》。孫新梅）

敬獻供器與當買地碑記

北舞渡，舞陽縣之巨鎮也。行不數武，東南巽地，有關聖帝行宮焉。其神則心上有萬，仁至義盡，最足起人祇肅之念。創建乃山陝商人慷慨捐財，虔誠募化者也。肇於康熙六十年十二月，今正殿則翬飛鳥革，炔濯已成；享殿則鳩公庀材，輝煌告竣。至於兩廊、歌舞樓，亦輪奐俱美。巍巍乎誠舞渡之雄觀也已。前後左右，庶乎次第告完。而特所缺者，神前之供器，並主持之養膳爾。若供器缺，則非所以妥神明；養膳缺，則不能以安住持。今忽有秦人張志、胡士發、段居仁、閆崙、布弘猷等，平昔好善，於是，大發虔心，各解己囊，樂為領袖，懇祈商賈。凡往來貿易茲土者，亦皆出貲贊助。雖曰多寡不侔，要皆翕然而罔怪。為時未幾，今觀厥成。此所謂數人倡義，而衆皆響風懿良同其而羣焉種福也。豈曰勒之石，以垂不朽，寔以鼓人心作善之機。於是虔記。

陝西西安府華陰縣萬壽科舉人現授肅學正堂楊晟篆額。

丙辰進士吏部候銓縣正堂史調撰文。

附監生吏部候銓縣左堂王民古書丹。

首事人：朝邑張志，涇陽縣胡發、閻崙、三原段居仁、布弘猷。

住持僧常了徒利本、利仁。

玉筆匠史可學。

乾隆三年夏四月吉日立。

（碑存舞陽縣北舞渡中心小學院內。王偉）

重修明殉難潘公祠堂碑記

邑令泰州進州士繆集

嘗讀史至忠臣義士為國捐軀，決脰屠腸，曾不少瞬，未嘗不慨然掩卷而三嘆也。夫天既以河嶽英靈之氣毓鍾斯人，曷不生逢泰交之時，師師濟濟，以鳴國家之盛，乃不幸運值道消，身膏斧鑕，而後名垂於千百世，亦足悲矣。當夫明運將革之際，海內賢達一時死節之多，或父子相繼，或闔門盡殲，且婦人孺子亦莫不蹈湯赴火，視死如歸。考書契以來，未有若此之盛者。豈天實欲斯人磨世礪鈍，為天下後世之身，而不徒以純德元勳鳴一時之盛也耶！崇禎十四年冬，闖賊陷舞陽，伊時罵賊不屈被支解死者，邑侯山陽潘公宏也。子澄瀾繼死之。其事具在《明史·忠義傳》。康熙戊子，仁和湯公右曾視學中州，始於東門外數十武即公死難處建祠奉祀，並立碑以誌公遇難本末及生平事蹟。其嗣而葺之者，則前邑宰仁和蔡公汝齊也。乃歲久又圮，僅存正楹三間。雍正十一年春，余始蒞茲土，即謁祠下，仰瞻遺像，摹撫碑文，感慨興懷，不能自已。以公之父子忘身殉難，忠孝一門，而祠宇弗新，祀典未舉，非所以表揚前烈、勸礪死節之義也。官斯土者，實有責焉。當時即欲鳩工修葺，並詳請崇祀入祠，而屢逢儉歲，撫綏多愧，典禮未遑也。乾隆五年，大稔，閭閻元氣稍復，則顯微表幽冥容再緩乎？又邑諸生陳預抱、預養、預懷、母段、預抱妻黃、子默通、預養妻馬、子默恆、默言，三世九人，亦於城陷日殉難，事載《明史》，祀典亦闕。余因彙敘諸烈事實上告，請崇名宦、鄉賢、忠義、節孝之祀典，并倡捐薄俸，議葺公祠，且修廣旁楹，俾諸生以時肄業，曉諸邑之紳士，咸忻然願輸其力以完之。遂寬與之約，聽其從容營辦。六年，蒙大中丞雅公具題，禮臣覆奏，分別入祀諸祠，以伸正氣，勵衆志。制曰可。八年三月，馳檄下縣。余率同官及紳士敬奉公神牌入祠。九月，復增置祠之前門三間。十一月，工始告竣。公子及陳氏三鼎皆肖像配享焉。嗚呼！以忠事君，人臣之常分。然遭大變，臨大節，苟其涵養未至，中無所主，為禍福利害所動而延一時之生，以貽千百世之譏者多矣。若公之從容就義，等性命於鴻毛，身既死節，子亦繼之，真可謂處得其宜而無所難者也。與晉之卞壼、宋之袁粲父子殉難，豈不後先一轍，同耀簡編？其孤忠亮節，雖與日月爭光可也。今日者祠宇既成，新規式煥，舊制有加。過者徘徊，入者詠嘆，庶幾邑之人知夫士君子之忠於國者雖死於不幸，後世必載祀典，嚴廟貌，敬奉尊仰之，如此皆思勉而為忠孝節義。自一邑以推之一郡，自一郡以推之天下。其所以磨世礪鈍，植天綱，扶人紀，豈曰小補哉！然則忠臣義士之死於一時，正所以生之於千百世。而余之慨然者，抑又爽然矣。是工也，總其事者，司繹李君棟，許州人。勸其事者，邑明經張君玉振。士民輸貲者，咸列碑陰，以誌其慕義向風之義於不朽云。

乾隆八年歲次癸亥仲冬吉旦。

（文見道光《舞陽縣志》卷十《藝文志》。孫新梅）

重修舞陽城記

邑令丁永琪

星碁分布，參伍百雉以成城。舞固封建定制哉。考楚子築不羹城二，漢置定陵郡，先分後併，錫樊侯湯沐，今名舞陽城。城步視大郡若半，視小邑有羨，計數得六里三百七步許。壯哉！屏藩襟帶山河，即如前明守禦為控扼秦、晉、吳、楚要地，洵不可覿者。今天朝德威誕敷，海宇蕩平，民生其閒，優游作息於樂利之鄉者，已百餘年。且綢繆周詳，保障嚴肅，似無庸浚池壘險之亟亟。但凡人國厥家室，未有不完葺垣墉，況倉庫、廨署、學校、祠壇、民廛、商貨、舖店，里表俱係是焉，得不高墉屹屹，以壯金湯，資捍禦哉？有廢必舉，有圮斯培，守土令敢懈？乃公事城，自前明築土城，高一丈六尺，周遭六里餘，郭如城圍八里。正德周公逵易甎石增高二丈八尺，厚半之，城樓四角樓四，窩舖二十，垜口三千零，完圮不常。國朝定鼎後，歲修如式，因有寓賑於工之議，官吏視若傳舍。查自乾隆四五年，雨水稍過，陸續坍頹。四門磚城九處，通計各高二丈八九尺，長五十餘丈。土城十三處，長二百五十餘丈，南北戍樓、馬道垜口坍頹有差。奉文查勘估報工程，千兩下者飭分年捐修。舞城約費六百金。

余甲子蒞任，遵檄辦理，士民有好義者閒出一力，欲勸斯役。予思城垣大事，倚重一官，而必資年前歉收，元氣將復之民大不可，購料經營，傭工給直，親身赴督，里役不驚，憲恩寬大，限年竣事，庶幾保障地聲勢有所，觀瞻有式，而嚴柝啟閉閒，不減金湯。所患塼堵久，剝落多，根基鬆，敧折易。明正德到今數百年矣，四面連理掛礙之處甚多，保毋風雨狐鼠之足患，隨時補救，其守土事而誰？更願居民共相保護，毋謂非己事而戎安樂窩也。予非好文，第以興工年月，不可磨滅，爰載筆記事，且祝之曰：

不騫不崩，永奠斯民。詹山舞水，拱翠環清。錫我樂利，振此先聲。太平豐潤，絃歌武城。

乾隆十年。

（文見道光《舞陽縣志》卷十《藝文志》。孫新梅）

修舞北泥河告成記

邑令丁永琪

畎澮之制，詳於禹甸。而後代因之，至今不廢。正經界，畫溝洫，備宣洩，資稼穡，利盡東南，源疏西北，水利之大有造於民田也，亙古如茲矣。國朝慎重邦本，叠奉當途名公查巡興修，直省所轄郡縣靡歲不舉。河防海運，分經分緯詳其大，未遑親其細。如各縣之圩埝溝塍，屬之牧令，因利乘便，責將誰貸？我舞，宛南一隅，仰接西北上游之水，襟帶入淮。源遠者，若汝水、溠水、澧水自葉西來。源近者，若灰河、乾江河自葉南來。地處下游，勢已難支，況境內深谷平泉，縷細奔騰，若澔河、滾河、唐河、泥河，夏秋間，波迅雨注，更內應而為民害。所恃四境諸渠殺勢分洩耳。如西南境，山岡瀉出，受害尚狹。東境近淮閒，有沮洳。獨北境沙河右、澧河左村落數十，民糧萬計，兩岸障其外葉之田閒溢水灌其胸。一朝陰雨連綿，渦心巨浸，有若簸天幔地而下者，民之苦澇久矣。前任遵郡憲飭查，因泥河故跡順窪下一帶，議引漬水東入澧，計長四十餘里，地遠工多，未及告竣。予甲子蒞任，即有志斯役。相度前規，按地授夫，通力合作。更選保長刻日鳩工，委衙督理外，復躬自查催。士民併力，越月告成。報到，大加獎賞，各欣然而退。予思凡舉大事，樂成易，圖始難，斯言信然。夫人每狃目前之安，而忘腹心之疾，細民其奚怪哉！茲役也，予曾詰父老曰：「爾力茲役，為誰何事？」啞然答曰：「為我田禾，反勞官督。」予感其言而壯之。雖然，如保正不力何？如矜士觀望何？庶工丕作，創始匪易也。役書甫播，民曰官事，官曰民事，交相諉矣。和會難齊，官曰保疲，保曰官緩，交相議矣。交相諉，交相議，而不至交相怨。因利引民，故事有終耳。計此外各小渠數十，以次催竣。感以天，繩以規，未雨綢繆，俚言諄誨，人知自奮。蓋人究未有懼心腎之疾而不思瘳者，情也。但瘳而不慎，善後更難。今歲就緒矣，民之計久長者誰乎？嗣是督率之勤，勸諭之力，勿至不可救藥而始請命於天。俾國計民生歷久不替，端有賴於茲役之歲修思永矣。因記之，以佐當官之箴銘也，可乎？

乾隆十年。

（文見道光《舞陽縣志》卷十《藝文志》。孫新梅）

縣北舞渡移兵駐防記

邑令丁永琪

縣治北舞渡距城五十餘里，民廛稠密。賈客列肆，鎮中轂擊肩摩負販而喧嘩者，儼如城郭。洵中州巨鎮，南河要津也。土不產異種，即布棉菽粟，亦無盈箱積車，運販出境者，因水陸適中停泊投憩，秦晉吳楚，商貨往來陸行者易舟，水行者易車。先時設牙置廠，以為招集懷遠之計。本鎮既無五方雜處，而陸路河岸趁縴卸載之夫，復逐日雲集，行踪難稽。

奸良安辨。余清釐保甲，顧此廑念。查照裕州賖店鎮例詳請上憲撥汛兵四名，巡哨若干，捐俸設堡，蒙允資准，部覆奉飭如議。增營移駐務修煙墩哨竿，以壯形勝而資彈壓。俾居民行安集無虞。惟冀兵民和輯，禁暴詰宄，再約束嚴明，永躋泰寧。余於汛長有榮施，不惟地方商民已也，爰記事附志。

　　時丙寅六月上浣之吉。

（文見乾隆《舞陽縣志》卷十《藝文志》。王偉）

補修關帝廟大殿拜殿並增殿前甬路碑

　　今夫基已立而勿壞，功愈治而益增，甚盛事也。□□有一二善信之士，後先相繼，日培舊址，則成於始者□將不保其終，守舊者僅以襲其故，而□□□□□□□，欲以永垂不朽，增其式廓也，不綦難乎已之□鉏，商賈往來，貿易茲土者，各輸資財，于鎮之東南而建立關聖帝君祠，左右爲廊，環之四壁門焉，而堂三，中而□外□□拜殿三楹，殿堂□室，堂前爲□，其上則□然，以其高則廓然而廣，後置禪院一區，前建大廈於中間之上，宏中而肆□□□□□□□□□□□□□左偏爲□□□□□□□□□□祠築其後偏，爲財神殿□□□□□□□□□□□□□□□□□□□□□□□以矣然而後之□□□□□□君子猶或以甬道未修爲□焉近今之□□□□□□□□□□□□□□□□□□□□□□□不無石缺棟□□□□□□□□□□□□□檻梁柵板檻之屬往來□□□□□□□□□□□□□□□□□□□□□配殿皆相稱□□□□□□□□□□□□□□□如一輒焉□难糜財無多而□□而月新工既告竣，輒勒之石，將以昭來者，俾知□□之規模，所□思後焉。或更有加焉，未可知□也。

　　邑庠生□衷一撰。

　　山右大邑太學生吳斗光書丹。

　　募化督主人楊□□□。

　　乾隆十八年歲次癸酉嘉平吉旦。

　　鐵筆司□□。

　　施財芳名開列于左：

　　李順成十三兩九ㄠ，張文隆十兩，□盛鋪十兩，吳錦盛十兩，祁興鋪十兩，善興鋪七兩，王信義七兩，趙世興五兩九ㄠ[1]

---

[1]　後缺一人姓名。

趙晉興二兩九卬，王公裕二兩九卬，趙裕成二兩九卬，程廣盛二兩五卬，源茂店二兩。李茂林、程廣興、李新盛、尉三元、孫合盛、張□盛、三合廠、任亨利[1]一兩五卬。

李人一兩四卬，蔡國興一兩四卬，人順傑一兩四卬，五萬忠一兩四卬，平永錫一兩二卬，□□□、□□□、□□□，一兩一卬，□□□一兩，□□□、復盛鋪、三和館、李文錦、牛金斗、□□□、□□□、永順號[2]

王文道二卬，苗青二卬，積德堂一卬四分。泰豐店衆客：欽誠號二兩，俊興號二兩，欽章號二兩，德盛號二兩，建興號一兩，順號一兩，興號一兩，共銀十一兩。盛泰店衆客：□□□二兩，□□□一兩五卬，□□□一兩，□□□一兩，□□□一兩，共銀六兩。

大興店衆客：□□□、□□□、□□□、□□□、永太號、德興號、瑞興號、常修號、永茂號、世源號、潔發號、福成號、三和號、潔□號、德一好、天成號、□大號、潔盛號、合盛號[3]共銀五兩五卬。

世興店客：世泰號三兩、胡金益二兩。義順店客：欽公號二兩、長髪號二兩、郭□聚七錢。協吉店衆客：久成號、三興號、三益號、□盛號七分，□天號六分，永利號六分，永盛號六分，敬盛號六分。

信威號、大魁號、敬盛號、天成號、大興號、李京升、李興盛、張大來、李□義、王允成、陳公信、人和號、□□□、□□□，以上各五分，共銀二兩九卬。[4]

（殘12人）大興號、世興號、衆和號、臨太號、繡盛號、興盛號、大興號、昌記號、君盛號、興隆號、興盛號、天成號、三□號、南恒號、□□號，以上各一卬，共三兩七卬。

恒興店客、悙於號一兩。源茂店衆客：

王恒昌一卬六分，亨太號四卬。晉昇號、馬□修、合盛號、永成號、興旺號、隆和號、溫興號、□□□、□□□、□□□，以上各一錢，□義號五分，萬興號五分，共銀二兩二卬六分。

晉昌店衆客、益□號三卬三分，德盛號二卬，隆盛號二卬，王三槐一卬五分，天□號一卬五分，□□號、常成太、李興順、趙元興、珩字号、張敬盛，以上各一錢二分，共銀一兩六卬六分。[5]

張忠信三卬、葉連芳三卬、曹孝三卬、張君義三卬。

茂盛店衆客：辛鋭一兩、福興號五卬、晉興號三卬、合興號、晉兴號、日萬號，各二卬四分。[6]

---

[1] 以下缺二十三人姓名。

[2] 後残。

[3] 下缺十七家店鋪名號。

[4] 以下十二人姓名，字模糊不清。

[5] 以下數人姓名，字殘。

[6] 以後兩排字殘。

共佈施銀一兩一介八分。

振興店失落募疏共佈施銀四介五分。

（碑存舞陽縣北舞渡中心小學院內。王偉）

御製平定準噶爾告成太學碑 [1]

清高宗
御製平定準噶爾告成太學碑文
乾隆二十一年。

（碑存舞陽縣城文廟。王偉）

創建舞陽縣朱衣閣碑記

【額題】科第振興

嘗讀堪輿諸書，而知人文所以盛也。昔人有言曰：人傑地靈，亦未有地靈而人不傑者。舞邑文廟居城東隅，亦既得其□矣。余自壬辰冬，來鐸斯邑。敬謁聖廟畢，周環□□，北有文君閣，東有□樓，而廟左巽方，□□不有□□□□□□□□以□文明□□□之必不少也。歷觀諸邑朱衣閣□□□□生張雲瑞之僉曰善人□□□□□人士，同心協力，□資財□□□□年用，已成巨觀，行見三峰，並人文蔚起者，胥基諸此。自□□□，學校興隆，鄉會兩試賦鹿鳴而宴□□□□，連綿不絕矣。余將拭目以待之。是為記。

特簡儒學教諭借補舞陽縣學訓導事王章撰文並書。[2]

紀錄三次張也斗。

皇清乾隆四十二年歲次丁酉仲秋穀旦。

特授文林郎知舞陽縣事丁酉科舉人□□紀錄四次又□功／

恩科壬申舉人任舞陽縣儒學教諭□趙興天。

特授南陽道□左營駐防舞陽縣左司李。

特授登仕郎□□舞陽縣□□使加一級／

督工監生／

石工：李□、司成。

仝立。

（碑存舞陽縣城內。王偉）

---

[1] 見本書第一册第29—32頁。

[2] ／後，字跡漫漶。

邑賢侯林太爺修理城池功德碑記

　　公諱適中，字權先，號敬亭，乃廣東惠州府和平□人也。丁卯科名孝廉，由部選來牧舞陽。仁□仁政，不可殫述，而築城鑿池，尤居一焉。邑之有城池也，由來舊矣。前任書公捐俸修理，歷年久遠，漸就傾頹。辛丑秋，大雨如注，彌月不止，倒塌損壞者二百餘丈。公周圍騐看，約請紳士公議，急欲整脩。適值黃流決口，奉調赴工辦理河務，有志未逮。今歲春，久旱不雨，民之恃舉火者十□四，約二三家焉。倣前人以工代賑方法，捐俸千有餘金，採買磚灰，朝夕運送，絡繹不絕。因而定期動工。四境之民，聞風興起，踴躍爭先。見負者、荷者、杵者、畚者，不約而至，如子趨父事一般。每日需尺工百餘名，按時發價，絲毫不病窮民。未及兩月，鼕鼓不事而工告竣矣。脩城而築之使高，鑿池而浚之使深，較前倍加鞏固。此誠一勞永逸，百年不朽之鴻猷也。《易》曰："悅以使民，民忘其勞。"唯公足以當之。邑人士視茲盛舉，為保障不為繭絲，歌功頌德，勒諸貞石，欣欣然咸心悅誠服，而動於不容已者矣。後之莅斯土者，瞻仰豐碑，是則是傚，未始非保民之一助云。

　　闔邑士民地保公立。

　　皇清乾隆四十七年歲次壬寅孟夏卜浣之吉。

（碑存舞陽縣博物館。王偉）

創建老君廟碑記

【碑陽】

創建老君廟碑記

　　德配穹蒼，而莫與比德。功參造化而莫與爭功，非大而化之之聖，聖而不可知之之神，烏能以如此哉！太上老君古聖人也。李姓諱耳，生於商，為周柱下史。暨周德衰後，於秦騎青牛越函谷關時，關令尹喜曰：紫氣東來，此地當有聖人過之。嗚呼！非天下之至聖，疇可於朕兆形之際，令人以有知？非天下之至神，疇克於形蹤來至之時，命人以有覺？此皆聖德之輝光有于充周乎宇內而照耀乎人寰，故所感而輒應焉。不然，函谷關熙熙者來，攘攘者往，車馬輻輳，何老君過之，至今獨傳為異事哉！

　　北舞渡開設油店諸公，沐聖人之德，有志創建老君廟，奈力有未足，于嘉慶十六年，僅捐佈施錢一百五十五串文，衆油店捐貲生息，至道光十三年，積錢一千零九十九串文。十七年，油店諸公公舉原台興號經理，每年七厘生息。除祀神用費外，至咸豐元年，其積錢一千玖佰七十二串四百八十一文。當斯時也，蓄積既豐，而諸公創建之願，亦可大慰。於是，原合興同油店等公議，商於陝廟震方，創立老君大殿三間，東西廂房一間，鳩王丹楹刻。不期年而功告竣。固是見聖德之感人至深，亦以見諸公樂善不倦之心彌文而彌彰焉。

浸記其事，用垂不朽。

　　山西上党郡長子縣廩膳生員趙掄元撰文。

　　山西堯都府太平縣儒學生員胡敷五書丹。

　　　　　　侄　征、醒、　樂、

　　住持僧續安　本　孫覺　曾孫昌　元孫隆印。

　　　　　　徒　瑞、魁、　學、

鐵筆匠：楊光生、李文章。

大清咸豐二年歲次壬子二月十五日立。

【碑陰】

嘉庚十六年衆油坊捐錢開後

萬順店募化衆油坊佈施錢開後：

　　御店新盛永捐錢三千文，合水徐九泰捐錢三千文，效集章源盛捐錢三千文，舞陽彭司義捐錢三千文，賈合興捐錢三千文，彭善成捐錢三千文，石橋李公義捐錢貳千文，馮堂馮合泰捐錢貳千文，吳城吳永瑞捐錢貳千文，御店仲興號捐錢貳千文，馬村張善興捐錢貳千文，吳城彭誠順捐錢貳千文，舞陽振泰裕捐錢貳千文，儀封和盛魁捐錢貳千文，義和號捐錢貳千文，和盛號捐錢貳千文，臨潁新順公捐錢貳千文，李和興捐錢貳千文，王恒順捐錢貳千文，楊杜、崔永捐錢貳千文，渡舞萬順局捐錢貳千文，永興號捐錢壹千五百文，永裕號捐錢壹千五百文，永泰號捐錢壹千五百文，鴻源號捐錢壹千五百文，同心協捐錢壹千五百文，恒興號捐錢壹千文，閻昌盛捐錢壹千文，連八台增成文捐錢壹千文，以上共捐錢伍拾捌千伍百文。

　　興盛店捐錢伍千文，天昌店捐錢伍千文，萬新金捐錢伍千文，萬順店捐錢伍千文，泰來店捐錢伍千文，德泰裕捐錢貳拾千文，萬順慶捐錢拾伍千文，瑜泰公捐錢拾伍千文，五昌號捐錢壹拾千文，以上共捐錢捌拾伍千文。

　　桂興店捐錢三百貳拾千文。王萬順捐錢貳拾千文，原合興貳拾千文，馬赫順捐錢貳拾千文，誠順號捐錢拾伍千文，常興號捐錢拾伍千文，永舜號捐錢拾伍千文，馬和盛捐錢壹拾千文，張聚星捐錢壹拾千文，晉義號捐錢壹拾千文，順興養捐錢貳十千文，畛成號捐錢拾伍千文，雙盛號捐錢一拾千文，慶昌號捐錢壹拾千文，協盛公捐錢伍千文，天興號捐錢伍千文。

　　至咸豐元年恩捐厘頭，除□年費用，公積錢壹千玖百拾貳千肆百捌拾壹文。

嘉慶十六年衆油坊捐錢開後：

以上四宗通共收錢貳千四百三十五千九百八十一文。

　　金塑神像油漆彩畫錢一百零八千文，木料錢四百千零七百九十八文，青紅石頭錢一百三十九千六百六十九文，磚瓦錢三百九十四千七百七十七文，石灰錢四十七千七百七十一文，鐵貨錢三十一千五百四十一文，土坯錢貳十九千三百零八文，木匠工錢三百五十五千九百六十文，石匠工錢一百貳拾千柒七百伍拾文，泥水匠工錢一百四十四千五百文，零碎使錢貳百三十三千八百零三文，典地三十貳畝價錢三百二十千文，刻碑錢六千七百文，以上共使錢貳千三百肆拾零伍百捌拾壹文，除使盡，餘錢玖拾伍千肆百文開光使用。

　　木匠楊萬祿、張棟林。

　　泥水匠鹿法全。

　　彩畫匠張武渠、劉麒麟。

　　嘉慶十六年。

（碑存舞陽縣北舞渡中心小學院內。王偉）

會館購地碑

　　會館爲祀□之所，前人屢圖□□建別樓，後人开□□□□□□□□欲令神廟蕭靜，而苦無□□□□於廟西北角之神，既外購得空地一方，東西□□□□□丈□尺，南北長五丈五尺，並置胡同一，寬五□□□□尺，南通大路，凡我□人皆以□□□願爲喜，雖然，□□□鳩工，□□□不爲敬重，□□無人，斯□猶屬空閒，並冬十月立。□□□□□□□□□于前陳豆。我程德裕、□大□□□□□□□□□□□協泰□祥□□□興等號諸君子□□和役運於□□梓□□□□□□□□□北房二門，後門一□，胡同□、便門一道，兼修斯前棋杆一對。斯舉也，爭行恐後，不日而成，洵所謂人□神助之，□□□□爲記其巔末，以示來茲。至於□物工價，俱有清單，爲祠□□所共見，此特□記，使大□官錢二百二十三千文。石不花勒省文也。

　　嘉慶三拾年歲次月穀旦。

　　陳一□撰文。

　　宋□□書丹。

　　劉光禮鐫石。

　　住持僧□□□□孫廣溫。

（碑存舞陽縣北舞渡中心小學院內後院。王偉）

皇清援例明經興之臧君（學詩）墓誌銘

【誌文】

　　皇清援例明經興之臧君墓誌銘

　　□城縣學廩生盟兄巴泰勳頓首拜撰。

　　同邑太學生愚內弟張德修頓首拜書。

興之既歿，依俗年、月、日、時吉，然後塟，塟故遲，殯於客位焉。余方館其家，欲為作行狀，哀之凝思，輒心慘□而未果。適卜塟吉日，得興之內兄六吉張君，與興之暨余為忘形友，囑余按興之事實，為興之誌墓，□易狀為誌，慟悼均也。無已，則不較工拙，而臚所欲言焉。興之自嘉慶戊辰歲識余。余館興之堂兄歷青華亭家，均以賓束交契兄事余，興之推誼亦兄事余。時興之方少也，從師篤於學，循謹接人，□□浮華，余心知為沉毅士，以此交漸密。繼余改館他所，輒傳聞興之賢聲嘖嘖。及前歲延余課兩□，乃熟悉興之十餘年來心身家世。至此雍雍焉，成古者風，而興之逝矣。興之初業舉子業，熟六經，涉諸史，為文清暢不俗。兩應童試不售，才擬努力扶搖，而胞兄鵬搏君壯歲歿，二姪幼，兩宅家敝，萃於一人。既然曰：士貴實行耳，文藝末也，功名身外物，皆置之。問六吉內兄：處世宜何先？告以先睦族。請，益告：推誠相與。興之欣然。嗣是，族人與周旋，雖遠脈如同爨，不異視興之，興之之所感深也。族與族有不會者，擬涉訟，事連興之，訟者不忍列狀。興之聞之曰：不訟我，私也；必欲訟，必列我。訟遂寢。又因財欲訟，聞於興之。曰：短用，何不告我，而訟彼同氣耶。給以財，訟亦寢。兩事均囑勿令所訟者知，徒傷和。嗣是，族人不睦者亦睦矣。當是時，興之以壯盛之年，敦善不怠，凡親戚鄰里，交接之儀，急難之恤，無不準以禮，酌以情，將以實，意而自勵以誠也。泛常者無論已，磊落英多之士，重興之，慕興之，與興之交遊，不自知，浮文盡去，真意交孚焉。蓋其所致皆自門內感之。日惟談笑，與至戚好友論古商今，質疑辨難，若不知有他。而於二子塾課，旦晚按程，助塾師嚴，終歲不懈。嘗云：兩姪幸成名。今諸子成名固好，倘不讀不肖，將辱先，我負罪矣。余服其用心迥非流俗，教子苟掇青紫、圖富貴者可比。可謂能見其大已。初興之終歲不談家用。余疑之，試問物價低昂？答：不知。田穀收豐歉？答：不知。歲入相抵乎？餘乎？否乎？均答：不知。久而笑謂余：吾之家事，生母主之，室人輔之。予自成人至今，不過問也。蓋劉太孺人，興之生母。興之七歲失嚴怙，家政皆恃太孺人，事事井理，惟延師教興之讀為先務。十六歲納婦張媛，更多才知書，識大體，謂夫子未冠，當力學，不宜累家冗。助姑力任鉅細，從此幾二十年，無不治事。興之所得專力敏行而成篤實之彥者以此。於此為興之慰。堂有賢母，室有賢配，世業無慮不增，而諸男玉立均可以。信興之者，信厥後人之更將大也。興之姓臧氏，諱學詩，字興之，號葛繁，援例明經。先代自明初居舞陽，世有達人傳家乘。祖餙五公，篤忠厚，拓充世基。父天培公，以武庠生振先業。輕財好義，嘗獨出千金，修孔聖廟堂。雖未大顯食報，而識者謂厚積德，以貽子孫□□。天培公二嗣，興之居次。興之以乾隆五十四年己酉十二月戌時生，於道光二年壬午六月二十五日辰時卒，享年三十有四。配張孺人，世家女。早有賢聲，現上奉劉太孺人，下教撫四子一女，孝慈□兼盡者。子：萬瑩、萬烜，俱業儒；萬敏、萬宗，俱幼聰秀。女亦幼，嫻姆訓。現卜吉於道光三年二月日[1]，葬興之兆附□天培公冥宅

---

[1]　三年二月日，"日"前空一字未刻。

之右。興之之歿也，猝中暍暑七日，遂不起。宗族戚友，無不盡哀出涕。士人商賈，以至食力游閒之輩，多即道路大呼：此人死可惜！並有才士素與興之不合意見，斬往來，聞訃拍掌曰：大有關繫人也！再假十年生，我合邑當老成依此人矣。蓋鄉論重興之於盖棺之時，如是云。銘曰：

或逞虛，君務實。或忉文，君葆質。學成心中之白日。駕塵海而傑出，倏爾歸冥室。吁其何疾，形魄可藏。心者當貽，争日月光。

道光三年歲次癸未二月中浣。

（誌存舞陽縣博物館。李秀萍）

重修城隍廟兩廊戲樓鐘鼓樓甬道記

興大利者，必除大害。陰陽殊塗，幽明一理。行可表，則襃獎以示勸，興利也。行不軌，則貶抑以示懲，除害也。凡行於省府州縣，皆大害也。顧此有權有位者之興除，不可以例士民。士民舉事，心有餘而力不足。閒成一役，可以諛聞，不可以動衆。烏乎，大然，亦有閤縣以成之者，為人情風俗計，不容泯泯也。乙酉歲，城隍廟重修兩廊二十二間，波及戲樓、鐘鼓樓、甬道，經始於春正月，落成於夏五月。工竣，屬余為記。余深愧譾陋，而誼無容辭也。是廟載在祀典，靈跡不可殫述，尤異者，五世祖建安公曾紀之。兩廊肖像，行善者升諸天堂，作惡者沉之地獄。臨在上而質在旁。遍閱一週，竦然有動，足見天理之長存，而人心之不□也。□數十年來，未經重脩，鳥鼠啄，風雨蝕，棟梁傾圮，神像零落，人且不堪入目，其何以棲神示警覺乎！爰是募衆鳩工，洗其舊而新之。在爾時□屬一念之善，而不知興大利除大害者，即在是也。何言之贈以壺飧，被惠不過一人，興利甚微焉。摘其瑕疵，受儆不過一人，除害甚微焉。惟此□□開醮趨謁者如歸市。不但已也，每逢朔望誕辰，或獻供，或演戲，擊鼓鳴鐘，虔誠禮拜，熙熙然扶老攜幼而來者，不可億萬計。見善人邀榮寵，必以爲苟有善，則身後當如斯，而善念頓長。見惡人受磨折，必以為苟有惡，則身後當如斯，而惡念頓消。是則人盡古處，熙皞成風，足補治化所不逮。□大莫有大于此者，故記之若是。夫矗矗隆廈，旆美瑱而不勝記；金漆華勳，堊飾□而不必記。紳士商民捐貲輸財，則另勒石以記之，茲無庸贅。

丁卯科舉人郭璋和撰文。

監生高文英書丹。

首事千總臧慶雲，千總郭峯青、舉人郭璋和、生員臧萬□、八品職李萬經、生員胡寶泉、□□何建業、生員張聯奎、州同高暨、生員張書正、廩生劉勳、監生李成童、增生楊見田、監生苗春光。

大清道光五年溜月上浣穀旦。

（碑存舞陽縣博物館。王偉）

欽加五品銜特授舞陽縣右堂高大老爺德政碑 [1]

欽加五品銜特授舞陽縣右堂高大老爺德政碑
水村下難名
經直導禾稱

（碑存舞陽縣博物館。王偉）

創建牌坊碑記

【碑陽】

創建牌坊碑記

神工之興，即土木必資謀於人，而人之善謀，又不盡人謀之善也。念之善功於至誠，神亦默佑。其囊使之規矩在心而修爲合度，此善作所以善成，善始所以善終，良非易也。南陽之舞陽縣有北舞渡，恃水陸並進，商賈雲集，無窮之重鎮也。心計善持籌，其往過來續，戀遷有無，不可數計，感神靈之佑護，創廟宇之輝煌，乃于鎮東南，築山陝會館，以關聖帝君像居之。憶前首事者經營締造於茲也，宮殿牆堧已臻盡美，而其中少牌坊一座，善事者爲之四顧躊躇焉而未能滿志也。獨山陝六陳行向富商等號募化錢文，猶不得其竣，在社者各捐己資，以彰其美。嗚呼，盛矣！是功之成，謂非人爲之而不得謂非，神爲之而亦不得，向非神之靈，默率趨善於不自知前此之規模結構已具體矣。又奚貴乎此要之神有靈亦人善念足以感通而結想之誠，不啻來告。《詩》曰："神其福汝。"《家語》云："使爾多財。"是爲衆檀越樂善好施者進。

癸未科進士功之山西祁縣閻汝舟敬撰。

癸未歲進士山西太平縣趙振川書丹。

首事協吉店、奎隆店、大興店、茂盛店、馬興盛、全順店、生盛店、乾泰店。

住持僧心安，徒源旺，孫廣良，曾孫續遠、續永。

皇清道光六年三月吉日穀旦。

【碑陰】

山陝會館佈施碑

大興店衆客：龍興歧施錢八千文。通性昌、福隆元，各施錢七千文。興盛衛施錢六千文。宏昌大、長發祥、興盛忠、玉成大、西永泰、通興永、公興遠、義盛仁，各施錢五千文。協合號、富盛如、恒裕太，各施錢四千。宜昌永施錢三千五百文。公裕茂、永順魁、

---

[1] 該碑左下部，字多不清。

資泰賈、永和公、啓興峰、珍昌興、富盛椿、西雙全、五美號、世昌升、翕泰號、恒泰誠、公盛合，各施錢三千文。世隆集、永和同，各施錢二千五百文。天育正、台成永、交泰號、五豐隆、隆昌合、豐泰植，各施錢二千文。大椿瑾、衡泰祥、玉盛公、永隆全、永發玉、王雙興、九如合、萬盛慶、熾昌號、德泰號、雙成合、金鍾號、致和永、天德興、大利捷、永隆昌、振升成、統吉翰、日新店，各施錢二千文。足盛王、三合棟、履泰和、嘉盛強、元恒豐、久成玉、五豐和，各施錢一千五百文。雙興號、聚興利、同興號、永興東、恒義號、和順瑞、發祥宸、正興合、普成通，各施錢一千文。

以上共施錢一百九十七千文。

興盛店衆客：平萬盛施錢五千文。

恒順湧、永興典、利泰興、正興號、賀盛號、趙煥、武順興，各施錢三錢文。張東玉、山盛號、三興號、長型號、復盛號、統盛號、福興號、同聚號、瑜興號、玉型號、任義號、聚積號、春榮號、全聚號、新寧號、合興公、同盛號、萬盛信、郭泰興、李明義、梁魁盛、通順昌、合盛同、洪順君、萬全敬、耀盛號、聚隆號、協盛統、宏盛號、合成號、全恭號、水發號、雙成號、楊誠順，各施錢二千文。同興號、翼成號、呂悅來、源盛號、三成號，各施錢二千文。昌盛號、天聚興、栗天泰、珍成號、張天成、健蘭號、嶽同泰、永盛號、興順號各施錢一千五百文。三義號、杜明盛、順生號、九泰號、敬泰號、地聚號、杜明泰、信成號、正型號、草順興、毛公興、蘇永和、永祥號、長聚號、協順號、萬益號、玉成號、清泰號、西興盛、欽盛號、發興號、順成號、理工醫、成功聚、郭魁元、風聚號、賈晉合、范興盛各施錢一千文。

以上共施錢一百四十五千五百文。

茂盛店衆客：南恒昌、荊玉泰、世泰合各施錢五千文。義元長施錢四千文。中信公、川如典，各施錢三千文。協泰成、恒升典、光和永、公益合、協成公、貞泰正、合昌同、達吉士、元興永、世發康、田全號、君順合、恒興號、虹興長、新盛號、聚泰義、顴發體、南旺盛、北往盛、南瑞盛、豐玉號、啓馨齋、公宜合、雙盛合、卿雲忠、連盛河、福玉隆、天成統、合興泰、百泉會、如旭號、融和德、公盛長、永福兆、益盛利、光興永，各施錢二千文。柴永昌施錢二千文。復興公、舞美號、合興美、聚義行、李長發、新泰號、統元致、生生東、王盛祥、兩義合、大美綽、世長福、天興文、茂盛勝、隆茂泰、雙益元、天順嶽、永裕公、俊盛號、泳泰號、永茂瑞、三合俊、漣泰生、元益合、萬奎局、正成慶、永盛無、鳴九泰、通義合、新盛公、奪魁德、永和公、同志典、安興公、泰和永、協泰典、恒裕典，各施錢一千文。日章號、王翕興、常大順、承裕正、合裕豐、大義成，各施錢一千文。張天祐施錢二千文。

以上共施錢一百四十五千文。

協吉店衆客：遇魁統施錢五千文。萬順合施錢四千文。宏吉裕施錢四千文。四合店、義順成、永遠東、萬盛篤，各施錢三千文。天菊傑、三義昌、永泰安、協星光、義盛誠、趙萬順、隆泰光、永舜遵、暢順臨、新興西、天源厚、泰順生、聚興益、忠義桐、正興秀、義合篤、永慶福、福禮典、許永、恒順協，各施錢二千文。

以上共施錢六十五千文。

生盛店衆客：敬盛允施錢三千文。宋三合、富大有、貿盛德、恒盛正、德興信、瑞生甫、同仁坛、地縫好、永順統、富勝如、協成玉、茶務公，各施錢二千文。三義香、公信鳳，各施錢一千五百文。大美绰、興盛敦、德慶餘、廣太恒、萬全號、通裕河、三盛通、新盛永、大興仁、全盛公、新興玉、玉興龍、永盛號，各施錢一千文。興永施紋銀一兩整。魁玉章、合益號、玉興永各施錢五百文，天誠篤施錢三百文，

以上共施紋銀一兩整，錢四十二千八百文。

全順店衆客：義泰□施錢四千文。合盛全、翼成號，各施錢三千文。合盛焕、張復興、永裕號、同興號、明發號，各施錢二千文。天泰號、京盛號、南珍成、天合號、忠信號、義合號、合義號、協成號、隆□號，各施錢一千文。

以上共捐錢三十千文。

乾泰店衆客：萬盛魁施錢三千文。永順西施錢二千文。祥盛玉、發盛河、永盛恒、元興允、滋盛大、天慶長、通盛和、如松茂、合義公、新興、慶泰和、慶魁元、俊盛和、鼎順號、興盛趙，各施錢一千文。公和恒、正興鄭、公盛玉，各施錢二百文。恒盛號、綿章號各施錢一百文。

以上共施錢二十千零八百文。

奎隆店衆店：廣裕合、聚□鳴、義興玉、興廣聚、信裕執，各施銀一兩整。

木工李瑞。

泥水匠康學忠。

石匠趙忠朋。

彩畫匠何維文。

鐵匠司振魁。

（碑存舞陽縣北舞渡中心小學院內。王偉）

告示

特授南陽府舞陽縣正堂加五級紀錄五次陸，為追還地畝、嚴定罰規，出示立碑，以垂永久事。

照得本邑城隍廟，向有邑人宋朝玉捐施地一頃二十八畝，作為香火之資。乾隆季間，被住持劉元山當出五十二畝零，經宋法祖等具控到縣，追還入廟。歷今多年，該廟住持衣食有資，理應自矢天良，共相承承。詎夏裡運復又將地典與民户，共計四十一畝。經耆民宋德英等具控到縣，節經本縣全數追回，交割入廟。當將夏裡運驅逐，令廟社公議，特王

宗山經理，取有收管除附卷，所有私行典當之地價，一概不為着追。庶共知警□。可□永供香火而迓庥。合將示罰緣由，刻石曉諭。為此，仰示居民人等知悉，嗣後，再□□當廟地者，除將廟地追回，住持驅逐，□□當地價全罰，概不着追，仍行重□，□追後悔，凜之□之。

敬啟。特示。

道光十四年歲次甲午十二月日給勒石。

（碑存舞陽縣博物館。王偉）

重修大殿拜殿藥王拜殿創建後園敞棚門樓記

庚子夏，余游歷後鎮憩於吾鄉之會館，見其神像巍峨、廟宇壯麗，固尚煥然一新也。今歲又至，則工匠紛然，斧斤刀鋸，襟然具舉，方補創建之，彩畫丹漆之□，是欲常常而新之也。夫人之精神，新則振奮，陳則萎。今神之樓既已無時不新矣，則鎮之生理必新而又新可知也，亦必久而益新可知也。不止於是，凡履是地者，亦必皆振發其精神，無不鼓舞振作，新可知也。余閱會館多矣。其摧頹坍塌者，不可勝數，孰有如茲之振以齊，嚴以肅，而光景日，新乎？是役也，金裝神像十一尊，翻瓦大殿三間，拜殿三間，藥王拜殿三間，禪房五間，創建後園敞棚三間，門樓一間，費工若干，料若干，共費錢若干。工既竣，同鄉友許君等乞余作記。余因思夫廟建神之靈，前人言之詳矣，無須乎記。適逢其新，姑就其新焉者以記之。

例授修職郎吏部候選儒學訓導山西太平縣明經進士張雲縉沐手撰文。

離授儒林郎吏部候選直隸州同山西太平縣程德琅沐手書丹。

　　　　協義公、泰和仁、李新盛、

經理人德聚興、義和丙、義和興、

　　　　蔡美豐、武順興、美玉文、

　　　　　　　　醒

　　　　侄　澄、　　悟、

住持僧續安　本　　孫覺　曾孫昌和。

　　　　徒　童、　　喜、

　　　　　　　　勝、

鐵筆匠杜全德。

道光歲次辛丑菊月穀旦立。

（碑存舞陽縣北舞渡中心小學院內。王偉）

邑賢侯梓卿劉大老爺德政碑

【額題】日月

邑侯劉公酌定東伍保下里支差章程式

古者賦出於田，役亦如之。故米□出其中，夫役出其中，車馬芻秣亦出其中。古之所□□□□□所謂逾差也。然古者賦有上中下之名，而戶無上中下之別。後世田不出井，民自為□。因之田有□□□□□□□小數役者。即其量田之多寡，別戶之大小而均之，以役之重輕雖與古□□□，而所以均役則同也。我國家承平□百餘年矣，舞民應役者，每月所支不過驛馬，每歲所輸不過芻秣，每戶所出不過數錢而已。然則其上中下戶而等差之，即所謂重大小、均輕重。數十年來，鮮有苦其不均而構訟者。□□□□□□江湖。我朝命將徵□□，邑當南北之中，大兵所過，絡繹不絕，而民乃有車馬之累焉。夫無事則享太平，有事則供車馬，凡屬子民□為分所宜。然每次兵差，有徵車數十輛，徵馬數十匹，至累月無休息者。富猶竭力，貧何以堪？而奸胥舞弊，□□貧富，而一律派之，以致鬻田賣宅。竟蹶□差，不均瘠□。故東伍保十里，有構訟數年而不結者。舞民苦此苛政久矣。幸有梓卿劉侯蒞茲土，除奸暴，安善良，並訪知斯民之疾苦，集紳民而酌斷之。糧銀四兩以上者為上戶，三兩以上者為中戶，二兩以下者為下戶。兵站車馬上戶支之，每月驛馬上中戶均支之。芻秣□□上中下戶□□□□□□。且諭之曰：舞民皆吾子也，力役之徵有輕有重，以□不均，宜以上戶協濟中戶，並以中戶協濟下戶，各戶誼敦任恤，相觀而善，則積弊由此革，訟端由此□，風俗由此□，豈不□與？維時下里紳民咸曉然□□□□□□□而案從此結。誠恐日久弊生，舊章更變，訟端復□。□□其事，以勒諸石，非維頌揚劉公之德，並欲合保居民，率由舊章，永無不均之訟也。是為序。

大清咸豐肆年歲次甲寅仲秋季穀旦。

東伍保下里紳民仝立。

（碑存舞陽縣博物館。王偉）

邑賢侯王大老爺印元緒德政碑

公山東沂蘭府蘭山縣人也。清明者其神，剛直者其志，如鏡懸虛室、冰在玉壺矣。自蒞任以來，興孝悌而禁娼賭，戢強暴而安善良。以及草馬公事，各屬減半；城設大炮，以防皖匪。公非為一己□為萬民也。如南山土匪，亦聞風遠遊，不敢復作。四方紳民，感恩難忘，莫不有父母孔邇之歌矣。八月間，皖匪又出，過襄至葉。公聞之，令城門不開，以便逃戶出入。他縣所破之寨，實不堪言，未敢深入舞境者，何也？實公威名之所致耳。彼治蒲邑而稱三善，治武城而□絃歌詞，為公咏之哉。故被澤之民，欲遺甘棠之愛，勒諸王琪珉，永垂久遠云爾。

　　城西高堂集紳民：耆民朱德俊、劉洞龍、高學德、殷國楨、王成印、高青雲、賈元合、張好智、殷從元、耆民郭潘、李培仁、監生楊朝宗、閻應甲、郭大令、宋淑魁、郭光潤、賈清和、殷溯武、郭清甲、張正和、郭臨午、尚規章、郭汝林、

　　殷恒生[1]謝九成、殷祿賢、吳保全、齊殿卿、房安仁、高全德、朱信、楊朝安、王相、□永瑞、□同林、楊朝、安玉如、王潤、高文成、耆民鄭時潤、耆民殷潤花、趙生平、朱喆魁、饒殷義、王肥與、宋高魁、張海、殷清花、劉潤、連全貴、李奉先、殷松林、劉殿全、劉法禪、馬德年、徐景全、楊瑞林、監生賈遙庚、監生劉方貞、殷□東、高顯、賈泗、□祿、耆民殷□林、□禮、□明、□一、□聚、賈遙殷、殷富德、郭文明、殷順花、殷玄時、劉恒、劉保山、楊玉、化松德、賈順、高汝清、

　　劉永祥、賈大禮、張永和、吳廷芝、姜松、殷振堂、殷錫花、吳順、饒成先、劉運祥、鄭全貞、鄭全有、高長明、趙海生、高遠元、高德洪、苗景春、趙存旺、李存中、李天洙、郭信東、殷明禮、王太恒、張宣聚、董三林、朱向、尚朝、朱文光、張路行、梁應修、化景春、鄭全聚、胡景明、胡廣生、唐根山、吳潤祥、李清賢、張□義、孟全林、朱連西、朱章、馬青山、朱福來、張炳謙、唐里安、楊俊、唐振宗、殷恒煦敬立。

　　龍飛同治貳年歲次癸亥陽月上浣穀旦。

（碑存舞陽縣博物館。王偉）

重建關帝廟正殿並補修各殿碑記

　　嘗讀《書》曰："作善降之百祥。"《易》曰："積善之家必有餘慶。"自古以來在官在商，民必可敬，於神則應；知必可敬，於明幽則通之。其爲功也致大極。積極徵人有一念之善，雖渺乎其小，無心求福，神必佑之。五方之風俗雖不齊，而神之錄功也，東西南北則無二。夫舞渡東南隅，舊有關帝廟一座，前有正殿、偏殿、東西殿、兩廊、牌坊、鐘鼓、戲樓，後有春秋樓、老君殿、客堂、僧舍、歡帝相應，頗稱輪煥。不意咸豐九年，皖匪屢至，大肆蹂躪，本廟諸祠，半遭兵災。其未災者，概無完全之所。神像暴露，不避風雨。每逢朔望瞻拜，睹之不覺心傷，因議重興土木，奈工程浩大，獨力難成。誠懇祈山陝諸君子善士，量力輸財，以勷厥事。庶眾易舉，集腋成裘。茲幸四方仁人義士，動樂善之心，慷慨出囊，厥功神像各殿，煥然聿新，棟梁無毀頹之形，柱角有彩畫之美，何其偉歟！將見神以人靈，幽以明顯。不惟佑障一方，即樂施之賢人，尚德之佳士，雖山川遙隔，捷若回應，在官者高升，在商者駿發，爲士民者功名顯達，躬膺榮壽，子孫千億，凡在盡心出力之吉人，仁恕尚德之良士，永享升平之福，脫災患而登于仁壽之域，孰不從樂善好施，

---

　　[1]　以下字不清。

積德懷義，精誠通於神明中來哉！茲工程告竣，刻銘于石，永垂不朽。

山西平陽府翼城縣生員六品軍功孔昭功敬撰。

山西太原府太谷縣明經進士候選儒學副堂龐振堂策額。

山西澤州府鳳台縣軍功議敘按察司知事宋五治書丹。

經理人劉二合、儀澍泰、程益德、龐隆昌、億興和、程屋聚、程大遠、通興錦、王昌世、程德裕、史宏吉、義和丙、源昌聚、程信興、李新盛。

住持僧本童孫昌樂、昌潤，曾孫隆、钵。

鐵筆匠闞文禮、李運西。

大清同治六年歲次丁卯菊月中浣穀旦。

施財芳名開列於後

舞邑城內：恒貿典、泰吉典，各捐錢十五千文，合興號捐錢六千文，德茂和捐錢五千文，聚泰號捐錢五千文，同成捐錢四千文，盛稱恒捐錢四千文，貴省號捐錢三千文，龍太和捐錢三千文，恒聚義捐錢三千文，和尤德捐錢三千文，源發生捐錢二千文，廣興德捐錢二千文，永和堂捐錢二千文，謙盛店捐錢二千文，薛德義捐錢二千文，復興恒捐錢二千文，新城□捐錢二千文，永盛魁捐錢二千文，吳盛厚捐錢二千文，王茂全捐錢二千文，天順義捐錢二千文，凍死恒捐錢二千文，通興義捐錢二千文，□□□捐錢二千文。

本鎮佈施：振□□捐錢五十千文，厚和興捐錢一百一十千文，史宏集捐錢五十千文，成性聚捐錢五十千文，義和丙捐錢三十千文，謙源長捐錢一千文。

王家店佈施：德和全捐錢七千文，順生湧捐錢五千文，光茂和捐錢三千文，三茂槐捐錢壹千五百文，廣興號捐錢壹千五百文，光裕魁捐錢壹千五百文，守謙亨捐錢一千五百文，萬慶亨捐錢壹千五百文，長髮魁捐錢壹千五百文，德盛隆捐錢壹千文，萬亨通捐錢一千文，世德昌捐錢一千文，日盛號捐錢一千文，合美協捐錢一千文，鴻盛昌捐錢壹千文，衛興元捐錢二千文，全泰公捐錢二千文，慶豐昌捐錢二千文，豐裕興捐錢二千文，信成全捐錢二千文，義順成捐錢二千文，泰豐裕捐錢二千文，統泰正捐錢二千文，恒義合捐錢二千文，泰順合捐錢二千文，隆順元捐錢二千文，興隆泰捐錢二千文，正興和捐錢二千文，劉二合捐錢二千一百五十文，程義德捐錢二千一百五十文，程太遠捐錢二千一百五十文，東升號捐錢一千二百文，太升和捐錢一千二百文，祥瑞義捐錢一千文，義和堂捐錢壹千文。

上瀅和店佈施：彭的興捐錢四千文，史悠久捐錢二千文，西合興捐錢一千文，同性謂捐錢一千文。

卸家店佈施：湧泰號捐錢五千文，湧泰號捐錢五千文，泉泰號捐錢三千文，永茂號捐錢三千文，長太好捐錢二千文，東統泰捐錢二千文，福泰號捐錢一千文，光源泰捐錢一千文。

玉山鎮佈施：敬慎中捐錢二千文，吳同興捐錢二千文，謙泰興捐錢二千文，萬順興捐錢二千文，通義成捐錢二千文，復生禮捐錢二千文，泰興和捐錢一千文。

天興店山陝衆商佈施：蔚盛長捐錢三千文，恒裕公捐錢三千文，復生長捐錢三千文，世太贊捐錢三千文，恒吉榮捐錢三千文，公興順捐錢三千文，西永泰捐錢二千文，茂盛店捐錢二千文，天興店捐錢二千文，程益本捐錢一千文，梁益協捐錢一千文，義興店捐錢一千文，史大有捐錢八千文，李新成捐錢七千文。

襄城縣：衛泰協捐錢四千文，合成宇、湧源泰、福德和、生聚同、同興順各捐錢三千文，正吉祥、萬慶永、陳立美、震亨大捐錢二千文。

汶境橋：建昌號、仁和昌、正太號、修齊堂各，正祥成、正心永、三泰和、同興隆、世興元、大德常、元隆昌、廣泰恒、巨貞義、東升茂、協泰成、福德和、三興和、遇魁通各捐錢二千文，永馥和捐錢七千文，宋五治、曹文彥、雷義和、王世昌、德生號、福盛和各捐錢五千文。

霍堰鎮：程德亨捐錢五千文，柴恒立捐錢四千文，程本立、董興順各捐錢二千文，裴秀昌、東升信、東升義、泰生永各捐錢二千文，樊通興捐錢一千文。

茨溝鎮：正吉從、德盛合各捐錢五千文，恒和禮、西赴順各捐錢二千文，牛興盛捐錢一千五百文。

繁城鎮：義泰正捐錢四千文，全成泰、廣順暢、世和恒、元昌玉、富盛和、寶聚公、德長義、乾泰恒、獨慎玉各捐錢二千文。

大興店山陝衆客佈施：永盛亨、致合永、德生恒、永盛原各捐三千文，大生堂捐錢伍千文，工錦雲、恒昌永、吉鳳圖、福泰和、許埔、衛世藁各捐錢三千文。

葉縣城內：新興正捐錢三千文，泰興號、重盛號、元隆典、元美典各捐錢二千文，趙德興、儀協泰、許永儀、續廣興各捐錢壹千文。

墳台鎮：劉永茂捐錢四千文。

連村橋：杜全盛捐錢三千文，新興名捐錢二千文，英聚盛捐錢一千文。

白貫鎮：宋建興捐錢三千文，永盛長捐錢三千文，祥盛玉、萬勝德、榮盛宗、廣生恒、永源德、德隆合、永盛合、永盛久、文元泰、興泰正、永盛魁、協和昌、中和何各捐錢二千文，萬億堂捐錢三千文，李清、湧泉盛、霍中興、天成德、心正誠、和順永各捐錢二千文。

神堂鎮：東合成、西合成各捐錢四千文，天泰昌、義成號、人和義、和成號、廣成號、晉義興、□和厚各捐錢二千文，義和公、廣盛號、福成慶、復生號、中復興、謙益號各捐錢一千文。

漯灣河：公盛遠捐銀四兩，豐盛德、永盛順、通盛和、永興西各捐錢二千文，協成大捐錢壹千文。

茂盛店山陝衆客佈施：天全乾、泰興泉、心誠和、萬奎祥、和義永、萬盛全、敬承德各捐錢一千文，張力田捐錢一千五百文。

郾邑城內：井龍興、義和通、雷義順、恒福全、義和利，各捐錢一千文。

新店：原恒振、天佑和，各捐錢一千文。[1]

義興店山陝客商佈施：儀澟泰捐錢五千文。

錦泰店山陝客商佈施：郝和盛捐錢五千文。

湧泉店山陝客商佈施：福盛和、心成源，各捐錢一千文，復聚興捐錢三百文，

收外鎮山陝客商佈施三百二十七千九百文。

收行店山陝客商佈施二百三十千零三百文。

在十四項開支中：支木匠工錢二百七十六千三百一十五文，支泥工匠工錢一百七十千零四百四十文，十四項總共開支二千零七十四千七百文。

（碑存舞陽縣北舞渡中心小學院內。王偉）

邑侯鄭大老爺德政碑

北舞渡，巨鎮也。商賈交集，而糧行為首。□□□□用，相沿已久，商民無不相安，自無爭執。乃有閻尚志等因□利興販，欲將買用改革，屢次涉訟。昨歲蒙恩已示諭台大老爺秉□批分晰出示，吃户概不出用，□販仍循舊章。合行感德，敬將批示勒石存之，以彰德政。恩批：查此案一經本縣示諭，該紳民等涉訟，原為糧行不取吃户買用起見，所以食者可比，自應初出買用，訟之本意，亦大相刺謬矣。屬不於示內指明，買吃户概不出用。本□奉文採買，不出行用。則商販豈能勝於採買轉不出用乎。據稱閻尚志分晰示諭，凡吃户一概不出用錢，販户仍出買用，以昭平允。倘爾等示，再行分晰，曉諭事。案查北舞渡糧行，前與貢生閻尚志等為買賣行用到户買用起見，所以於示內指明，吃户概不出用，本係體□民，非指商販而言也。至買販賣本出售，與買户並無所損，倘竟不出買糧用錢，牙儈以空言。今據該行户等呈稱，該紳等率領此販之徒，聲稱不出買用，時相玆□，將吃户、商販混為一體，知悉爾等販買圖利，不比買食貧民。嗣後糶糧不及壹石者，作為吃户，不許索取買用，按地持行市之律令□□□□，決不寬貸。各宜凜遵毋違。特示。

大清光緒貳拾捌年歲次戊申梅月上浣穀旦，北舞渡糧行仝立。

（碑存舞陽縣博物館。王偉）

捐助舞陽學堂經費碑記

【額題】樂善好施

自來國家強盛，由於人才薈萃。然無學校則人才莫由出，無經費則學校不能立。若是乎經費之所關綦重也。光緒二十九年，奉天蓋州□丕寅李老父台倡捐萬餘金，創修舞陽學

---

[1] 該碑空數行。

堂。工竣，復籌及常年經費，務令充裕，以培植人才而備國家之用。於是，官紳商賈，觀感興起，若張方伯、張軍門、儒學教諭以及蔡明府、苗明府、鹽當各商，皆慷慨捐輸，伙襄盛舉。從此經費無支絀之虞，人才有蔚起之望。學堂既受裨益，安忍聽其湮沒。时芳忝膺學堂監督，老父台命為文以紀實。因誌之，以為激公好義者勸。是為記。

　　欽加三品銜賞戴花翎傳旨嘉獎大計卓異撫提部院營務處在任候補府軍機處存記特授南陽府舞陽縣正堂加十級紀錄二十次李文烈捐錢壹萬二仟三佰玖拾六千文。

　　賜進士出身前浙江雲南廣西等處布政使司布政使工科掌□給事中翰林院編修張廷燎捐銀貳佰兩整。

　　欽命鎮守寧夏等處地方掛□總兵前署甘州提督軍門寇勇巴圖魯張永清捐銀壹仟兩整。

　　誥封奉政大夫欽加禮器庫簿正銜己丑恩科舉人特授舞陽縣儒學教諭加一級仝履愫捐錢柒佰伍拾串文。

　　欽加同知銜賞戴花翎遇缺盡先即選知縣蔡佩珩捐錢壹萬壹仟串文。

　　敕授文林郎遇缺即選知縣苗世昌捐錢壹萬壹仟串文。

　　舞陽北舞渡鎮總鹽商振德恒捐銀貳仟兩整。

　　舞陽縣城內當商泰吉典捐銀貳佰兩整。

　　大清光緒叁拾叁年歲次丁未嘉平月上瀚穀旦建立。

（碑存舞陽縣博物館。王偉）

平顶山市

平頂山市（寶豐縣）

清故顯考鄭公諱君智字照臨行二妣孺人葉太君合葬之墓

【額題】永言孝思

清故顯考鄭公諱君智字照臨行二妣孺人葉太君合葬之墓

父諱秉然，母陳氏。胞兄諱君修，嫂唐氏，生四子：長文魁、次文星、三文禮、四文義。

文魁，娶王氏、井氏，生三子：長倫、次仁、三儒，孫：如蘭、如芳、如蒿、如梅、如學、如茂，曾孫：可成、可望、可觀、可敬、可傅、可發、可畏、可取、可意，玄孫：風來、友來、泰來、東來。

文星，娶蔣氏、王氏，生三子：長信、次位、三佶，孫：如茂、如虎、如意、如柏，曾孫：可思、可懷。

文禮，娶井氏、陶氏、余氏、曹氏，生三子：長監生偕、次份、三儼，孫：如苞、如華、如璽、如環、如璋、如瑩、如玉、監生如嶽、如岱、如昆，曾孫：可欽、可興。

文義，娶徐氏、馬氏，生二子：長偉、次健，孫：如炎、如璉，曾孫：可發。從堂兄起富，嫂王氏，生子文選，娶張氏，生二子：長佩、次伸，孫：生員如蕙、如蒼，生員如芬、如蕃，曾孫：可服、可義、可口、可則、可舉、可象、可仰。

君智公生子三：長男文燦，次男文焯，三男文炳。

文燦，娶范氏，生六子：長傑，娶陳氏，生子如芯，娶苗氏；如苤，娶姬氏。次俊，娶王氏、趙氏，生子如常，娶劉氏。三佳，娶何氏、李氏，生子如梁。四俠，娶田氏，生子如梅，娶趙氏。五價，娶劉氏。六僑，娶何氏，生子如桂。

文焯，娶任氏、宋氏，生二子：長倜，娶高、范氏，生子如玢，娶許氏，生子可立、可羨；如敬娶蔣氏，生子可慕。次男備，娶吳氏，生子如玶、如璧。

文炳，娶姬氏，生三子：長欣，娶路氏、趙氏、王氏，生子如堯、如舜、如禹、如湯；次倦，娶景、牛氏，生子如文、如武、如周；三仔，娶胡、徐氏，生子如孟。

龍飛大清乾隆十八年歲次癸酉十月一日穀旦。

婿劉玉、張土恭同立。

（文見平頂山市滍陽鎮鄭營村《鄭氏家譜》。王興亞）

明處士鄭公諱臣字上卿元配吳氏之墓

按明洪武二十四年，分子十人爲王，伊王棣分封汝州，其護衛軍士散爲屯田，鄭氏屯田於此，而遂家焉。迨嘉靖四十三年，世襲伊王典樸不法，上免其世封，撤其護衛，屯田軍士皆編入州治爲民。

自今稽之，鄭氏居於此已四百餘年矣。祖塋中墓塚累累，無所考稽。唯此公墓前僅有片石，中寫"明故鄭公諱臣，字上卿，妻吳氏之墓。子文然、煟然、炳然、煥然"，餘字磨滅不可識認。唯炳然生子君修、君智。君修生子四人：文魁、文星、文禮、文義。文魁生子三人：倫、仁、儒。文星生子三人：信、位、佶。文禮生子三人：太學生偕、份、儼。文義生子二人：偉、健。君智生子三人：文燦、文焯、文炳。文燦生子六人：傑、俊、佳、俠、價、僑。文焯生子二人：個、備。文炳生子三人：欣、倦、仔。後嗣尚多，不能悉載。嗚呼！鄭門一門，分居數十餘家，男婦數百餘口，何非此公之繁衍乎？爲後嗣者，恐其久無所稽，立碑墓前，以誌不朽，亦有心哉。余與鄭氏地近情密，知之最悉，是以謹爲之序。

歲貢生候選儒學訓導後學父城熊吉撰書。

乾隆五十九年歲次甲寅仲冬月穀旦。

六世孫如孟耆生、如梅生員、元午耆生、如長監生、承先監生、如岱監生、如昆、如錫、如曾、如武、如文、如周、如林、如賢；七世孫中、可法、可數、可睦、可立、可成、可畏、可付、可樂、可用、輝、禽、堂、鞱、沂、滅、翺、冲、翔、明、朋；八世孫光遠、泰來、友來、來福、謙恒　仝勒石。

（文見平頂山市滍陽鎮鄭營村《鄭氏家譜》。王興亞）

汝州市（臨汝縣）

恢復汝州記

國朝李士標

豫之汝，文王棫樸之化，召伯棠蔭國也。先賢名宦，咸仕游焉。穎考叔、顏魯公之忠孝，二蘇、兩程之品學，遺風善政，猶有存者。生茲土者，不能殫述。至於俗樸民淳，男佃女愆，夙稱遵化。粵自崇禎壬申，汝水泛漲，傷我稼穡。癸酉，流寇渡河而南，焚劫擄掠，繼以客兵，民苦賊，又苦兵，而又旱魃為災，飛蝗遮野，八年之間，民無安堵。至庚辰，天亶怒矣，連歲不雨，大無頻書。辛巳二月，逆匪自洛抵汝，官民罹禍，玉石俱焚，遂成榛莽。及大清定鼎以後，九州并，四海一。史公奉命監司汝土。斯時也，小丑猖狂，多於東郊之赤子，羣邪洶湧，孰安南國之蒼生？公乃聚衿耆日夜籌策，撫流移，勸開墾，拔薤化蠻，撥亂反正。俾士獲哦於庠，賈獲集於肆，顛連者獲告，仳離者獲聚，豈非公之殫厥心，而其大旨仍不外約己裕人，剔蠹懲奸，以與民休息。以故庭無鬻取之貨，野絕怨呼之胥，其視鵠面鳩形之衆，不啻煦煦乎孺子也。至於革面之徒，野性難馴，時摘其渠，盡置之法，由是不善者懼，而善者戴矣。公嘗謂人曰："今日汝海之民，如人病在尪羸，不惟砭石不得施，並膏粱亦不宜用。惟有加意噢咻，以俟元氣之復。"又云：無恒產而有恒心者，惟士能為。雞鳴狗盜之輩，為饑所驅，不知擇業，鋌而走險，急何擇焉。要在裕以衣食，然後教以禮義。爰設公田，以備凶荒之用。復修城郭，以為鞏固之謀。迄今狐兔之宮變為禾黍，榛莽之域易而桑麻，疇之力耶。考公之政績，當與唐、宋名臣並傳不朽。汝人飲水思源，難圖環報，爰述其事，勒之於石，以誌二天之戴。

公諱延曄，字扶雅，號還白，福建晉江人。登萬曆鄉進士，並書其姓氏，以示來茲云。

（文見道光《直隸汝州全志》卷十《藝文志》。王興亞）

重修風穴白雲寺碑記

欽差整飾河南等處分巡兵備道河南提刑按察司僉事瀋陽范承祖紀綱父撰。
欽差分守河南道河南按察司副使兼布政使司右參議三韓許文秀實軒父篆。
奉直大夫汝州知州三韓林中寶玉齋父書。

汝距北餘里許有風穴焉，擁倦嵩山，枕負黃流，相傳為承相吳公棲隱之山，偕往仙費長房談玄之地，寺名"白雲"，不知創自何年。人以為梁皇曾論經於此，及讀殘碣，則在延祐年間，其來舊矣。水簾噴珠，烟嵐疊翠，蜿蜒鳥逕，屈曲穿雲，中羅八景，曾云棲數百人，蓋一方勝概也。今以秋，余奉命來□□□□□□□章昧福開，奠鼎伊始，日皆寥寥。子遺求田間，舍艾草誅茆，較獵郊原，休於古寺，曾遊覽其間，則空山閑寂，唯有鳥啼，木脫水瀉，松鳴□□□□傾圯，淄流寥落，及問之老衲，知為兵燹所厄，而僧衆托鉢四方矣。山屏燦景錦，尚餘野草閑花；瀑布流珠，依依鳴弦奏玉。雲鎖吳公之洞，泥□□□立橋。慈泉瑟瑟，誰問曹溪；明月娟娟，徒留臺古。最可憐者，高閣空懸，久斷曉鐘之百八；而猶可愛者，清嵐滿目，不禁翠黛之浮沉。余且與雞處雪盧雲衲子，不勝欷歔，而復亦不勝羨賞也。秋是丈六金身，可經煙迷，而瓦鷲一碧，可任苔封乎？爰解體新之幾，期祝聖壽而福民也。時郡刺史林君亦願襄其事。雖為時無幾，而功將告竣。適憲副許寅臺過化，於期停車流覽，輾然喜焉。復議構禪堂，以資十方禪悅。又相與捐金，成□□瑤函貝葉，藉以翻譯。金繩龍樹香花，令可諦聞妙義，庶幾乎深山香火，一望雲林，金磬木魚，晨鐘暮鼓，不致玄損叫而山燐發矣。則白雲□□自當現龍象，以福斯世斯民，何第覺花梵雨哉！爰述而記之。

憲副許公諱文秀，刺史林君諱中寶，皆三韓世族云。

峕大清順治九年歲次壬辰□□之吉。

（碑存汝州市風穴寺。王景荃）

巡道范老爺手郵風穴地畝來源記碑

昔碑碣在方丈西壁，為火所焚，幸有墨蹟存稿。今於康熙三十四年，闔州紳衿里民公呈，重勒石。予自庚寅歲，奉命巡汝，公事之暇，出狩北郊，遙望翠栢蒼烟，衆山環繞，遂攬轡沿谿而入，荊棘塞道，虎跡爛然。適有老僧□□導引至山，遍閱殘碑，知為風穴白雲□寺也，始於後唐延沼禪師，開山演法，宏禪宗教，乃臨濟宗第四代祖庭也。有八景之勝，二□之奇，名公鉅儒，題詠甚多。蓋因世運遷變，法席無望，僧徒遂分房頭，習為子孫應院禪宗，戒律無復有聞。值明季中原大亂，僧衆奔逃，殿宇傾圯，佛像蒙塵，目擊慘甚。歸語汝州牧林舍親□確，慨然同盟，庀材修葺，但土曠人稀，不能全力。遂委寺左金溝一里百姓，蠲免差徭，命工督理，修葺數年，殿閣廊廡，前後輪奐，一時改觀。功既落成，出示招撫本寺逃亡僧衆，還山焚修，彌月之間，竟無應者。故今吾鄉僧秀傑者，暫住持焉。但寺廓僧少，難以料理，遂差役賷書幣往羅山縣龍池山，敦請大禪宗雲我，老禪師係臨濟正宗當山沼公之源裔也。由是仰攀法駕，恢弘宗社。予也三生何幸，接錫光臨，日聆玄晦，開悟迷途，誠茲山有靈，賜我以山中主人者也，忻躍不盡。但州牧林舍親任轉七閩，予也左遷東魯。公車載道，行旌日不能細□愚衷。久聆坌談，見天雨花石點首耳。惟幸大禪師弘開禪社，山門有託常住。一應巨細，悉借掌管。所慮者，誠恐常住日久費繁，香鉢之供，迺令州牧詢查舊例，有寺內老僧祖□□，寺左右居民鄉保等公舉，茲寺古來原有香火山地五頃四十八畝，自經變亂，盡已拋荒。復令州牧查地界，東至東風穴東嶺為界，西至劉家溝中心為界，南至馬鞍山白楊樹墳為界，北至白石罏煙牛嶺為界，剳勘明白，照依前例，永充十方常住。予仍捐俸，為買耕牛貳俱，招佃土民冀成雲、常敬、于瑞、范繼輔、李應文、范繼春六户，免其差徭，歷年開墾，以助佛前香燈暨十方禪衲終歲之費。嗣後，不許里民妄報糧畝，秩行科派。予於僧徒自有清規，但進山門，顆粒同餐，亦不許擅分房頭，各立烟爨，仍蹈子孫覆轍。倘有不法，舟塹夜移者，當赴有司，不難見宰官耳而說法，逐令出院。

自今以後，風穴常住，即大禪師演法弘化之祖堂也。遞傳有德高僧住持。予雖就任他方，自是恒為衛護，更冀雲公禪師廣施佛慧，弘開日月之光，大布慈仁，永作山林之主，上祝皇圖鞏固，下祈兆庶咸康。凡我後任貪翁及州牧，相沿呵護，庶宗風善緣，綿綿不替，當來護福，多多益善矣。特書手郵一通，勒石存寺，告往知來，永作千載□容之勝事云爾。

旹大清順治十三年歲次丙申八月廿有七日。

欽差整飭兵備分巡河南道河南按察司僉事潘陽范承祖沐手記筆。

工房王文臣、謝德龍首刻。

安邑趙得印、王之勝鐫。

當代方丈住持憨休乾率兩序闔山僧衆立石。

（碑存汝州市風穴寺。王興亞）

創立汝陽書院碑記

高平人巡道張汧

粵稽汝墳，乃成周之化區，薪樵械樸遺風，迄今未替，固所稱人文淵藪也。其間才哲踵生，賢豪輩起，指不勝屈。即以近代言之，雖異學爭鳴，而伊洛宗旨，昭揭中天，豈非淵源有自耶！嗣以兵燹潰亂，莪莪膠宮，且鞠為茂草矣。人習一經者，莫不賦黃鳥，歌采葛，尚望其絃誦不輟，而以詩書為性命乎！嗟嗟，儒者遇有升沉，而先師道無顯晦，專視秉鐸作人者為何如耳。予涖茲土，宏覽士習，見其彬彬大雅，居然淳古之風，但井邑初復，庠序未修，而城闕青衿不幾日即于佻達乎。爰先訂考課，稍加月旦，陶淑而鼓舞之，遂創立汝陽書院，詳請上憲，以為興賢儲才之地。諸生假此一廬，日就月將，互相砥礪，由名儒以作名臣，他日立朝大業，俱基於此，當不負予拳拳厚望也。所緝亭臺皆幽靜，因樹為屋，叠石成林，不惟誦習有依，而且早韭晚菘，圃蔬兼可給也。所望人文鵲起，蒸蒸然不讓於隆古，豈非大盛事哉！

（文見道光《直隸汝州全志》卷十《藝文志》。王興亞）

金裝變化觀音像記

觀音大士證衆妙於靈山，正法明王現神通於汝海，時和歲稔，物阜民殷，廣魅不攏於四衆，龍神永護於八方。征伐既寢，而以尚賢為務，禮樂既興，而民以作善為先。然善惡既有徵於神明，而禍福豈不勉於後世。至於修者、補者、金者，不無存焉，芳名勒石，永垂不朽。

社首王加美、社首王加機、社首李加秀、蘇希明、姬忠明、馬文升、靳守剛、靳守強、郭國禎、郭藩城、李大成、郭國慶、張臣相、王加廣、王加興、王都、牛印爵、魏文李、馬時奇、梁之玉、潘進科、張邦貴、馬三李、郭洪奎、姚克亮、姚謹、郭明好、王加祥。

康熙伍年歲次丙午七月望日立石。

（碑存汝州市風穴寺。王景荃）

便公老人住世規約要畧

住持僧心慧，今日年邁，不能安家理事，會同緇素合家眷屬僧衆等，謹立規約，以防久後子孫分散家產，失沒香火地畝等事。本堂雖非十方常住，佛祖規約，不可不立。若不立之，眷屬漸多，家必亂之，亂必分之，分則香火莊地必失，失則此堂廢矣。如是觀之，祖規當立，條相設列於左，數有八欵：

一、本家眷屬只許同居，不許分地分房，另起鍋竈。

一、凡新當家，主事人必須聚本堂眷屬公議舉請，不得私自強當。若當家主事濫壞，聚衆退之，另請。

一、凡同住，須聽當家號令行事。違者以清規理論處罰。再抗者擯出不共住。

一、犯根本大戒者，擯出。任意匪為，不受擯罰教誨者，送官究處。未受戒者，一體同論。

一、當家或年老不願當者，或參學欲辞本職，必須同衆將此規約交明，並家業地契山界等事，一一托明。

一、仝住人各照本職辨事，或隨衆出入，不告假者跪香。

一、庫房副司、經營銀錢糧食等物，須按當家三人共知，出入分明，不致寫算有差。

一、此萬年規約，當家副司收執，恐家亂失覓，故勒石為記。

一、上八欵，一一遵行。家道必隆，賢者心聚，聚者必和，和者佛法必昌，昌者必出龍象獅子，吼振四海八方。若如是，佛祖生其喜幸檀越增其福壽。

右八欵，非是心慧杜撰，皆按古規立之。祖規條多，約不備載。當家另外立之。

　　　　　　　　　義
竹園坪法雲寺長門五世孫本量
　　　　　　　　　和
　　　　　來、生　　　彥　　　香
六世孫覺 虎、覺花，七世孫昌武、昌槐，八世孫隆
　　　　　　山　　　奎、　　　寅、　　　竒
　　　　　　　　　明、　　　璽、　　　叢、　　　語、

紫雲山觀音堂二門五世孫本玉本安、六世孫覺 性、覺 海、覺童
　　　　　　　　　　　立、　　　　　　省、　恒、　　讓、
　　聚、淵、
七世孫昌興、昌江、昌潤
　　　　諒、湘、
　　　　　　　　方丈祿、　　　方丈 純、棕、　　蔓、
泰山廟崇興寺三門五世孫本，六世孫　覺 覺，七世孫昌梅、
　　　　　　　　善、　　　　泰、堂，　　榮。
八世孫隆春。
武家堂圓通庵四門五世孫本林，六世孫覺宣、覺梵。

（碑存汝州市風穴寺。王興亞）

重修觀音閣神帳碑記

清興以來，風穴寺亭庵樓門，一一鼎新。惟觀音閣神前帳幔，廢而未舉。二十年餘，無一發善念者。一日，偕室人李氏，進水門會至閣下拜瞻，因補紬帳一掛，既而見像不莊嚴，奈何復捐金新之。又念閣之簷阿不華彩，奈何復捐金新之。是舉也，始於丙午歲季秋，告成於丁未歲仲夏。□曰創造，亦聊以修廢耳。自茲以後，山屏彩錦，沼水生光，佛法顯靈，山高水長。

旹康熙六年端午月望後二日。

汝信士張懋學同妻李氏、姪張洪、孫庠生張時秀、張問善、張問政立石。

金□大雲。

（碑存汝州市風穴寺。王興亞）

造請水陸聖像記

賜進士第觀吏部尚書政郡人任楓夢道父撰文。

　或謂水陸緣因事，是為有漏，又從而像之，不更色而非空乎？曰："否。不然。"佛法有真諦，有俗辭，彰本寂之理，不受一塵，是非□泯，此真諦也。弘善示天堂之樂，懲非顯地獄之苦。此俗諦也。非俗諦，則真諦不彰，非緣因，則正用不見。故大涅盤明三種報，一順現報，聖王孝慈訓世，則祥雲布壽星見，仁君恩德及物，則澧泉湧，嘉苗秀。樵人指熊而臂蓺落酒客啖肉，以□泉□明生報今生行善惡之因，次生受苦樂之果，瓶沙轉報於四天有相，改生於六欲。三順後報，因造今身報終，後世伽吒七反而享餘慶。那律久劫，以受遠福。此三種報，皆名定業，雖達人怒士，不必作如是想，而仁孝子之用心，不愚不足

盡其誠，不□不足窮其變，設萬一或有之境以攄，必不容己之心。諸佛菩薩之功德大矣，安得謂有漏之果而遽超絕。此□好事興，且古今來，未有能盡水陸之願者。水陸之願，公普無量，願天子多福，山河郊靈，願□紘無事，願陰陽風雨時，願疫癘不作，願臣臣忠，願子子孝，願人人壽，願人人多男子，願黎民不饑不寒，願諸佛子益精進，願居士無退轉心，願一切苦輪咸得解脫，願一切冥滯咸得生天，願一切眾生咸得成佛，舉人世事，水陸之思，皆至之舉。人世必不能備致之物，水陸皆欲人致之，推其緣起，阿難自佛救面然，因而普度後世，不能思議之。種種福除，種種苦斯，即堯舜博濟之心，仁人孝子之志也，豈直為恆河沙餓鬼億萬，婆羅門仙施飲食之一盂哉！故曰水陸雖緣，而事而實，不昧此緣也。

　　至於畫像則俗諦之，俗者而於人情為特近，蓋人情莫不欲福而畏災，災福之來，莫可方物，自非上根，孰能戒於無形，懼於無聲！是故見紺殿香城，瓔珞寶幢，種種善果，生歡喜心，見泥犁阿鼻，寒林湯鑊，種種惡趣，不覺妄念冰釋，此人情之常也。況諸佛菩薩，天地水陸，百千億萬之神聖，儼然森列於上，而人之見，必以為天地間神聖如此之多，有伺我於上者，有伺我於下者，有伺我於前後左右者，有伺我於青天白日，人所共見者，有伺我於暗室昏夜，人所不知，而鬼神無不知之者。合此□千億萬神聖之福，福必可致，合此百千億萬神聖之災，災必難逭。由是必欲為善，必不敢為不善，則像□生於人情耳。

　　如來化機，方便不離。時節回緣，自雲峩和尚住風穴，凡再建水陸，未嘗購像，一日田君養性發心請募而師，乃順其情而弗拒。所謂時節，因緣至矣。以是阿毘曇鼓七眾之尸羅，則檀信同心，襄成盛舉。是不以彼為晏通出課之烏奴也。是為記。

　　傳臨濟正宗第三十二世方丈住持行喜，嗣法門人慧徹書丹。

　　康熙七年歲次戊申清明日闔社立石。

　　鐫字呂公□、陳忠、張應□、李永貴。

（碑存汝州市風穴寺。王興亞）

重脩地藏殿記

　　白雲寺有地藏殿一所，亂後重修，他碣詳載，今復記矣。有社首馬氏人等，鳩集眾善會社，三年煥然新之。乃請一言，以記其事。夫所謂神鬼者，其理甚殷。今古難測者久矣。故季路有□宣尼弗釋，良由生死理隔，人神道殊，非聖者之不能言，恐賢者之不達耳。唯吾大覺世尊，窮神之化，思患預防，弘善示天堂之樂，懲非顯地獄之苦。曉人以三世因果，明如指掌。若今之取功名如拾芥者，有昔因之助焉。達詩書而困窮者，無宿福之資也。是以樂善好施，人神所重，且微功難以補大過，厚德可以掩微瑕，斯必然之理也。唯仁智之士，內勤克念之功，外弘不爭之德，則神鬼自然欽崇冥報何以加焉。惟我此會善人，尊神敬鬼，樂善好施，則庶幾乎仁與知□，故不辭以為之記。

　　社首馬守良，社首尚光友，社首于廣文、馬從真、尚光彩、馬國珍、馬尚選。社首馬國珍荣氏、社首馬貴釜李氏、馬從真李氏、馬國民柴氏、尚光文韓氏、許保成孔氏、馬大亮尹氏、許邦秀楊氏、生員賈漢卿李氏、馬貴金、郭進孝、外捐捐樹□根、于廣礼、于治業、尚光元、尚光池、郭應好、刘應瑞朱氏、姚自成吳氏、楊明周氏、姚自成姚氏、刘□□馬氏、馬文成蘇氏、馬大順李氏、馬志義蘇氏、刘□王氏、生員魏良輔、生員楊藹、僧官定洲、郭三冬、刘進省、馬石顯、張四仁、尚君睿赫氏、宋騰雨馬氏、馬顯卿□氏、張之竒石氏、□文苑王氏、郭仁□楊氏、馬邦斗王氏、馬之俊喬氏、楊明、馬文式、于敬榮、楊万才、于緯文、許尚義、吳道興、尚光彩馬氏、尚光武宋氏、張奉□黃氏、馬□文王氏、楊萬夏黃氏、楊成美□氏、張純先楊氏、尚門賈氏、□□王氏。

另，社總共□過錢三十柒千一百六十文。

張孟夏楊氏、楊門楊氏、馬門李氏男小侄。

女社首□□錢二十七千□百一十文。

康熙七年歲在戊申仲夏望日，蜀秋雲兆勝題。

（碑存汝州市風穴寺。王興亞）

汝州風穴寺創建藏經閣碑記[1]

白雲禪院既購置《大藏》，乙巳越辛亥，凡七載。又有藏經閣之舉，原其意 /
教外別傳，不立文字，經亦贅矣。又從而閣之，不幾相中相妄中妄乎？硒 /
教關口使□道宗教相須一而二，二而一也。經顧可少乎哉！故閣其宜 /
費，日九千有文，靡金八百以外。肇斯謀者，雲莪禪師也。間關募化者，知 /
寒暑拮閣者，諸工人有事者也。簪筆而記之者，硒莊任子也，咸以因緣。 /
康熙十三年甲寅上元，走筆記事於白雲方丈俗衲任楓沐識。

貴州等處承宣布政使司布政使潘超先、貴州等處提刑按察使司按察使張文德、整飭廣州鹽驛水利道僉事加一級王□、河南□河鹽糧捕廳任進孝、河南直隸汝州知州婁彩鳳、河南直隸汝州知州劉駿名、汝州同知徐志君、汝州同知黃椎、汝州判官李曰駕、汝州吏目王堯徵、郟縣知縣鐘有聞、汝州防守陳謨、吏部進士任楓、清江縣知縣屈有信、湘潭縣知縣趙光耀、鄢城縣學正程琮、貢生吳治顯、鄉宦周溶、朕迅然、李□標、劉崇厚、孫承統、王登科、鄉宦王承乾、張金榜、溫德址、李一麒、馬彥儒、信官党文輝、生員丁運開、吳治心、丁爾昌、貢監丁維隆、信商韓經洪、楊鴻際、鄉宦葉之馥、司吏段紹先、生員李一龍、孫蘭、丁運禎、王駿聲、王駿禮、王駿際、王駿魁、馬文明、羅應龍、閻翀、張國禎、石含璞、韓徵、張環、張錫、張廷瑄、生員龔璜、田同井、田華、李之用、劉鯉耀、朱昌、連啓胤、李賣、吳志廣、萬錢選、馬獻、牛塱緊、李雲蛟、陳宸、郭鵬翀、莫出珩、黃守

---

[1] 此碑 / 後有缺字。

□、熊国英、劉天祿、余元祿、張戀學、生員楊克振、郭尚選、姚景隆、□體咸、李鳴佩、夏雲程、李楫、李經世、醫官焦濟民、僧官定洲、生員閻有章、李可培、譚大純、田養性、馬周詢、蕭應羽、生員孫繼武、楊瓚、楊純儒、丁紹祖、常九先、馬從真、馬尚選、馬国珍、王恩英、楊邦郡、楊應政、焦文燦、韓廷成、陳是、生員張嗣經、李旺、王国龍、劉三槐、王加吉、蘇希明、蔡聯弟、王大剛、姚應弟、馬大順、馬貴全、馬文成、李大成、劉進省、劉治芳、芮昇登、古允中、張其賢、僧得勝、楊貴甫、常似柳、郭大海、靳守剛、胡連弟、于騰龍、李茂、王之新、吳之棟、僧洪秀、張可甫、陳進忠、王堯甯、張邦貴、張應魁、張應選、曾国祥、馬尚忠、楊明、郭進學、馬之義、生員尚光□、尚光□、尚光□、尚光□、尚光□、尚光□、尚光□、馬洪□、赫尚□、耿進□、周復□、李国□、程加□、曹文□、張思□、龔起□、韓□□、范□□。

康熙十三年甲寅。

（碑存汝州市風穴寺。王興亞）

風穴寺雪兆禪師塔銘

此雪公禪師舍利龕也。師蜀人，嗣法於風穴，雲峨老人設機接引，度脫為最多。居常嗜讀書，善文字，下筆千百言，咄嗟立就，其清談妙緒不減深公道林輩，常年以故，當世大人先生及士俗有道氣者，咸皈依之。竊惟達摩教外，別傳不立文字，自是無上妙義第，恐神光慧能不恒觀黑，窣窣地豈不誤卻世上多少盲人。雪公不執文字，不抹文字，奚翅得吾皮也。所謂絳鉢偉人是耶。示寂之日，四衆悼切，祔厝于沼祖龕之南，右昭續燈也。余故約略其大概而為之銘，至其因緣始末，以及鶴林風穴開法諸語錄詩偈，具有載籍可考，不重列焉。銘曰：

猗與雪公，非儒非佛。儒佛淵藪，健筆縱橫。驚濤撼鬥，提毗盧印。婆心毒手，愛人如寶，殺人如芥。截斷天童山，把住風穴口。鳥雀飛不過，碓磑穿梭走。具如是法力，復一絲何有。雪公雪公歸去，來鷲嶺時掉首。而金輪常轉，而獅王常吼。紛彼世上人漠然，徒見萬柏之蒼涼兮，而亦烏知夫千峰白雲之不朽。

峕皇清康熙辛酉秋七月。

賜進士第文林郎內閣撰文。

中書舍人汝郡硘莊任楓沐手識。

當代住持法弟慧徹督理。

嗣法門人兩序：通天、道來、興如、清修、覺清、實修、寂靜、滿靜、道慧、湛和、同真、慶心、覺明、了昭、定明、寂恩、來昕、從智、照祥、傳源、慶從、定洲、覺玄、宗宇、莊和。

（碑存汝州市風穴寺。王景荃）

重修玉皇殿碑記

　　環汝皆山也。其正北有山，名玉皇。上□□雷電□在其下，至玉澤崆峒□春諸山，悉有拱戴之勢，名為玉皇。職是故耳。萬曆時，土人因建玉皇上帝殿於其上，以為一方鎮。迨及於今，風雨漂搖，殿宇傾頹，適有喬君名三樂、許君名邦秀、黃君名邦俊等顧而愀然曰："此一方頭□也，任其圮壞，心實惻然。"因率諸君善人君子，同心戮力，開廣殿宇，創建露亭。落成時，索予言以記。予乃顧為喬君曰："其山之崇隆不足言，而峭拔巍峨，左紫雲，右白雲，一□夫人君之端冕於上，而羣山皆為其班聯也。玉皇之名，豈虛語哉！"但願皇□以上帝憫下民之微晨，使時和年豐，物阜人安，享祀自不□矣，豈止廟貌輝煌已哉！

　　大清康熙二十五年歲次丙寅孟秋吉旦。

　　鄉進士南陽府裕州儒學學正登仕郎丁其會薰沐敬撰。

　　閤社姓名：黃世太、黃冬喜、李應龍、黃□俊、喬三樂、許邙秀、□定国、□德友、孫繼舟、王東淵、苗白寶、馬文花、田應龍、劉萬選、李化鳳、楊成□、楊□□、□□變、□□□、□□□、李振海、崔應槐、劉景林、劉美、生員劉撫民、馬洪尚、喬邦棨、劉福祥、崔澤溥、張維本、尚光彩、張□高、趙□可、陳□義、王□萬、李裕得、李曾胡、喬文斗、尚光友、王志得、董黃、郭君禮、郭喜舟、孫之秀、郭邦傑、郭君然、董安成、李加祿、蔡化龍、郭鳳鳴、楊□□、馬昕□、許柏□、張文□、孟宗德、宋国珍、喬文峯、楊名芳、王自友、劉萬全、許定国、□啟器、□鳳合、□子貴、鄭国玉、許朝聘、許相遴。

　　施工：宋国安、宋国清、劉孟、崔□安、李可愛、溫治興、崔澤洪、崔澤澄、崔應時、苗加定、崔澤民、宋天順、張起奉、李文盛、□澤沛、郭邦福、喬自鳳、崔澤光、崔澤林、陳得友、喬云露、李明、喬云翔、郭三勤、樊一臣、喬光斗、□孝、□胡、郭三才。

　　木匠宋国奇。

　　化主馬斯鳳。

（碑存汝州市風穴寺。王興亞）

風穴寺免稅碑

　　汝州鄉官舉貢監生唐登科、何宗聖、周溶、王弼等，文武生員張浩然、吳世珩、王孟元、史可元等，三十四里里民穆維顯、白守堂、尚子良等，呈為□陳風穴地畝原委，乞天府徇舊規，重新勒石，以免後累事。

　　竊照創佛隴於螺溪開銀地，集僧伽於龍井，眾備香廚，自昔已有福田，於今遂成勝果。風穴古刹，汝上名區。誅草茅而建法堂，肇基於後唐之延沼和尚，闢金藍而招禪侶，□宗於先年之雲衲高僧，雖盂盛散優曇，自有神天供養，而廚封橡栗難消，檀越伊蒲。國朝順治七年，巡道范州守林俯從民請，公發慈心，買置耕牛，招人墾闢。因為廣置山田，借以招徠徒眾，原有公捨香火山地伍頃肆拾捌畝，歷來豁當差徭，勒石寺中，詳載明白。嗣後，僧眾續開地畝，已經隨時報糧註冊，今於康熙三十三年以前，所建碑碣，為火所焚。誠恐日久湮沒，將前人公捨之地，一並行糧，則石田猶舊，瘠土難勤，不特塵生香積，誰擎松下清烟，而且烟冷經樓空壘山中白石，僧徒奔散各地，荒殘十八，相俱已攢眉，一片雲行將空鎖。為此，公懇仁慈太老爺，俯念舊規，廣布心地，准照勒石，以免後累，收五百畝之粟，供一週歲之用，則百里投齋，不必洛陽郭外，頻年乞食，無煩舍衛。城中地氣常新，山靈有主，僧徒幸甚，士民幸甚，理合具呈，須至呈者，准勒石。

康熙三十四年四月□日具呈。

鄉官舉貢監生范湛、陳治、毛鵬起、陳濟、馬星炤、王弼、樊成美、李樒、何宗聖、唐登科、周潛、張兩銘、唐登先、吳士琨、丁□、路遐齡、屈宋賢、張濱、丁維雅、任泉、何龍章、李敘、章溶、張懷德、馬皇煌、馬承勳、張瑞、吳士璜、張文炳、閻獻孟、郝廷煌、李士林、張士色、閻□益、田茂、焦洪□、丁鈺。

監院德彰李藺山僧眾立石。

（碑存汝州市風穴寺。王興亞）

重建風穴寺白雲禪寺方丈碑記

延沼大師開闢以來，風穴禪林為古祖庭也。高僧相繼卓錫於此，實大闡宗風。然上堂提唱十笏，不能塞滿高足，方丈七楹，固舊設歟。歲甲戌春，為回祿所燎。噫！當風揚灰，或阿難抱薪，如來下火，一切燹去，不立法門耶。豈劫火宜然，□□霞燒佛婆子焚菴，余固不俱論。但從此地倒，還從此地起，護法斯室者，當不肯一空所有也。太守王公山門宗主，持護有年，進僧徒而謀之，謂"近日蘭若紺宇有所興復，非持鉢可能聽之。衲子東跳西走，終無了義"。遂慨然捐俸貳佰金，以作首倡外，告諸同事諸公，及郡邑紳士之微有力者，協成焉。嗚呼！一切純根，人好興佛，敵入緇流之室，□□□戈，合琉璃之光，因而縱火，公乃布金，不啻聚沙使生。公請堂再一重新，謂非具大慈悲，法不斷津梁，使天下一切頑石，俱入此室中點頭者耶。室較前廣六丈八尺，深三丈二尺，托始於乙亥之春，成於秋。費繁工鉅，不可以無紀。張子乃為之作序，而記之曰：

欲留飛錫，先謀講堂。風穴之麓，選佛之場。誰為善緣，作爾棟梁。實維州牧，堂構輝煌。登斯堂者，造福無量。共糸般若，百丈金光。

大清康熙三十四年歲次乙亥孟冬上浣之吉。

癸酉科舉人郡人張兩銘撰。

欽奉留任同知仍管河南汝州正堂事加三級王登魁、儒學學正李在茲、汝州同閻錫興、儒學訓導賈宗昌、汝州州判夏寅、吏目陶世昌、防守汝魯郯寶左□部劉璉、文林郎知魯山縣事王雍、文林郎知郟縣事使倪爀、文林郎知賓豐縣事李秀發、文林郎知伊陽縣事謝夢弼、縣丞洪如琅、儒學教諭蕕名廷、儒學教諭楊方泰、儒學教諭宋咸、山西澤州舉人孔鎰、儒學教諭李兆元、儒學訓導袁、儒學訓導劉出圖。

　　本郡鄉紳舉貢監生：王弼、周□、馬星煌、張兩銘、屈秉賢、李樾、馬星禮、張濱、任巘、張煓、丁鈺、周炳。

　　儒學訓導李色新、典史武君錫、典史陳治東、典史張應逵、典史同瑤、

　　郡庠：常陳常、石基昌、曾文楷、羅應龍、王孟元、劉撫民、馬軍奇、劉士發、劉冲斗、張炎、魏建□、羅又倫、吳士□、屈啟賢、張廷瑄、任堂、張時秀、□□□、張恒仁、李淑彭、張煌、馬見龍、

　　傳臨濟正宗第三十三世當代住持如乾率兩序執事監寺德彰等仝立石。

　　楊若時、安邑趙得印鐫字。

（碑存汝州市風穴寺。王興亞）

奉和湯西厓先生遊風韻

飄渺煙嵐徑，□巘蒼翠間。簌篁覆畫閣，萬栢點青山。
興目幽時遠，詩從靜□刪。登臨憶謝□，不負此身閑。
張兩銘

避煎尋勝地，遊覽數峰間。曲逕穿林水，曾戀疊翠山。
松蟠野鶴舞，竹密老僧刪。每到忘機处，白雲相對閑。
屈啟賢

和喜公池韻

菩提涵鈔水，細響靜聲聞。月印一泓小，川流前派分。
陰林泓竹粉，冷氣吐松雲。悟徹名心靜，脩然不可羣。
張兩銘

何年名錫地，石□冷突間。碎□□邊動，細流竹□□。
泓巖絕署氣，林壑起浮雲。雲靜閑來此，清思□出羣。
屈啓賢

監寺通印立石。

（碑存汝州市風穴寺。王興亞）

遊風穴寺詩碑

為愛連峰好，連峰窈窕間。清冷風出穴，曲折寺藏山。
翠柏陰皆合，業篁密不刪。門生傍籃舉，應識老夫閑。
喜公池
喜公池上坐，竹□暗泉聞。細脈中峯茲，淙流下界分。
半規如得月，一縷欲生雲。萬個篔□外，翛然鸞鶴羣。
康熙丁亥二月十五日，仁和湯右曾。□□□。

（碑存汝州市風穴寺。王興亞）

湯學憲遊風穴寺詩碑八首

學憲湯公子，丁亥仲春，駐節臨汝，□士之暇，聞風穴佳山水，欣然命駕，令諸生數人咸從遊焉。至則，流覽不能去，同馬韻賦詩，悉命屬和，用鐫諸石，以紀一時之勝事云。

遊風穴寺
何年游古寺，縹緲白雲間。曲徑穿流水，□林點克山。
逃禪徒有意，俗慮未能刪。結伴隨公後，同消半日閑。
楊若時和。
公餘春正好，幽興水雲間。驄馬巡花露，各旌映翠山。
將寄隨杖履，作賦借增刪。塵席鐘聲經，陶然意自閑。
韓寶仁和。
暇日尋幽地，清和二月閑。翠煙籠碧水，紅杏點青山。
席向涇邊設，詩於竹里刪。登臨欣共我，也得一朝閑。
毛鶴章和。
結伴隨驄馬，尋春古寺間。野花通絳萌，好鳥待青山。
句向池邊得，詩從竹里刪。謝公丘壑意，也共老僧閑。
馬振垣和。
喜公池
輕風拂翠柳，邇韻自流間。峭壁千珠碎，清流載派□。
炎我不覺署，霽日暗□□。覽罷留題處，飄然□與羣。

楊若時和。

碧沼依山寺，宣囂寂不間。泉珠千點落，竹樹兩涯分。
寒印穿林月，影涵望岫雲。清流觴永地，亦深我隨羣。

韓寶仁和。

小池依羣壑，隔屋細泉間。數屢點涯精，一源入澗分。
清涼寒佛□，恬淡靄慈雲。澄澈如水鑑，高湯敢與羣。

毛鶴章和。

清池莆寺里，細響上方聞。一片寒光徹，六時秀危分。
林□浮晚翠，石鏡倒春云。竹外忘機□，不驚偶馬羣。

馬振垣和。

康熙丁亥季冬中浣之吉，方丈性慈率兩序立石。

（碑存汝州市風穴寺。王景荃）

風穴寺中佛殿聖像又金接引佛二菩薩韋馱菩薩彩畫殿宇碑記

【額題】碑記

夫法身無為，不隨諸教，豈云三十二相，然後為佛。蓋緣衆生迷於聲色，□於輪廻外，逐妄境內感真性，自無量劫來，從有尊天真古佛，久被塵埋。故我世尊為三界師，作四生父，興慈運悲，極焚援溺，向無身中現身，無法處說法，正如春風甘雨，萬卉得之，無下發生，故曰物無虛應，應必有緣。適孚中老禪師統都寺職，誓殫六生精力，能行諸利益事，人因誠感，廢以時興，不城東金溝里九甲人氏，現在凹馬家莊居住。信士馬順龍室人李氏，男驥良捐輸發心，金裝佛像，可謂靈山有約一會者也。欲使人禮其相，而契無之法，身瞻其形，而獲無形之妙用，不假修證，始知本來是佛，如斯福德，烏可為喻請諸大檀，幸莫錯過。

會首信士□□成室人明氏，率男自貴、高氏，自堯、范氏，孫小皂、小伏，共施銀拾玖兩五 。

馬順龍室人李氏，率男驥良、郭氏，孫善學、崔氏，重孫小甲、廣享、廣緣，共施銀拾兩。

□□□白氏一兩，秦世英郭氏六个，黑朝同李氏五个，郝文江韓氏五个，宋國順張氏五个，焦三命倪氏五个，張弘彬張氏五个，崔希仞五个，馬善成五个。

闔會信士：崔毓英三个，趙如元三个，趙如傑三个，魯勳三个，隨希俊三个，潘桂三个，張承訓三个，樊廷桂三个，王相三个。馬國俊三个，馬國奇三个，馬國利三个，馬國德三个，生員郡進善二个，吏員李維太二个，貢生李敘二个，崔棟二个，崔毓秀二个，崔繼善二个，馬繼德二个，龐祐二个，張彬二个，張彩二个，保譽宣二个，王剛一个，郭之玉二个，隨之璽一个，隨之珩二个，陳聖詢一个，李振虎二个，鄭德旺二个，石馨二个，楊洪秀二个，崔印斗二个，于昆二个，董進科二个，韓□鎧二个，完顏弼二个，郭臣賓二个，寧之官二个，李正智二个，李玉秀二个，馬繼重二个，魏之俊二个，趙起運二个，武登雲二个，劉中二个，曹國友二个，曹國臣二个，李可經二个，黃守璧二个，黃守珍二个，馬雲程二个，馬有章二个，馬登科二个，魏本竒二个，劉東江二个，楊奉儀二个，李之順二个，熊俊二个，王魁隆二个，裴英二个，郭進才二个，楊爵二个，馬化駁二个，靳可權二个，侯應機二个，張弘儀二个，張興二个，樊玉佩二个，陳顯宗二个，馬漢士二个，隨之玉一个，燕繼雪一个，張子春一个，段自學一个，李合望一，賈守愛一个，鄭同大一个，陳進彥一个，耿漢祿一个，王冏印一个，王體彰一个，楊基一个，李曰白一个，魏本立一个，馬□風一个，郭朝相一个，趙國玲一个，景動運一个，張文名一个，羅竒奉一个，曹洺一个，張素林一个，張應魁一个，張應遴一个，曹湧一个，徐有六一个，鄧名世一个，靳煇一个，丁維志一个，蔡文民一个，張化佼一个，趙宗展一个，祁問昌一个，鄭加棟一个，韓養純一个，郡進柱一个，劉世璽一个，郡世貴一个，夏得鄰一个，張起鳳一个，藍正一个，雷璽一个，王陪一个，任弘禮一个，王可信一个，郭相舉一个，韓定儀一个，韓定印一个，張士洪一个，焦景介一个，鄭國俊一个，張世傑一个，陳聖烈一个，梁門王氏三个，李門黃氏二个，馮門秦氏二个，葛門靳氏二个，付門劉氏二个，和門武氏一个，李門呂氏一个，靳門馬氏一个，馬門崔氏一个，蘇門孫氏一个，馬門惠氏一个，韓門鄭氏一个，何門李氏一个，孫門王氏一个，韓門呂氏一个，韓門馬氏一个，梁門王氏一个，梁門克氏一个，王門張氏一个，韓門劉氏一，王門石氏一个，張門宋氏一个，張門高氏一个，汪門李氏一个，汪門司氏一个，梁門韓氏一，郭門張氏一个，梁門田氏一个，胡門劉氏一个，劉門閻氏一个，陳門王氏一个，靳門褚氏一个，楊門□氏一个。

金塑匠張弘彬。

大清康熙歲次伍拾年菊月蕞生捌日，本藍都寺比丘性元立石。

王之勝鐫。

（碑存汝州市風穴寺。王興亞）

重修中佛殿水陸殿大悲閣石牆碑記

【額題】風穴寺重修中佛殿碑記

　　風穴禪林為有唐延沼卓錫地，蓋祖庭也。山林秀麗，紺宇輝煌，峙汝城，此為一郡之大觀。千百年來，興替相循，不知幾變遷矣。噫！其興也，寶月金雲，林雕檻繪，何其偉哉！而其廢也，雨剝霜摧，苔侵鳥啄，將使前佛不復辨，百年一莓苔，子瞻所云，殆非誑語耳。然後者復衰，衰者又盛，自人興時為之也。自昔莊嚴淨土，罔非護法檀那。頻年以來，謀所營造，苦於天行，東支西吾，全無了義。自我太守賀公来，隨車化雨，時和年豐，郡城之內，首崇先聖，宮牆及凡在祀典者，無不增修勳至，煥然聿新。公餘之暇，偶著訢履，登臨山寺，瞻禮昆盧，迺復慨然曰：茲仙區也。前後左右亭閣堂廡，胥巋然可觀。奈何中佛一殿，薈飛瓦敗，大悲石壁，風頹雨壞，以及水陸殿宇，年久破損，竟使諸相攢眉耶。

公佛貌佛心，迺現宰官身，為人說法，願布大地黃金，共襄盛事。一切達官長者，善男信女，值公之時，作福有田。凡屬皈命之人，可□慳吝之心，因心種果，何妨積少成多，聚沙為丘，必使倡予和汝。庶幾維摩月殿，羣瞻貝葉，千尋羅迦雲林，共覩蓮花十丈。善哉！檀□克助，勝緣妙矣。菩提蚤圓極果云爾。

歲戊子五月朔一日吉旦。

賜進士出身文林郎知福建建寧府松溪縣事郡人張兩銘沐手護題。

奉直大夫知河南直隸汝州正堂事加三級賀弘源，儒學學正加一級潘執中，駐防汝魯郟寶左部加一級張俊，儒學訓導加一級任琦，原任駐防汝魯郟寶左部申文遠，吏目加一級陳琦，汝州同知加一級王廷輔，原任吏目張光耀，汝州州判加三級袁祖根，原任魯山教諭張瑤光，文林郎知魯山縣事加一級高鏜，儒學教諭加一級孟百壽，典吏羅廷諫，文林郎知郟縣事加一級趙景榮，魯山訓導加一級王都，文林郎知寶豐縣事加一級陳希芳，儒學教諭加一級解，儒學訓導加一級郝，典史加一級□，文林郎知伊陽縣事加一級張邦憲，原任文林郎知伊陽縣事徐亮祖。

康熙五拾貳年歲次癸巳冬月之吉。

當代主持紫崖璋、雪可修中也慈率兩序闔山僧衆立。

庫頭照用，東序都寺行昆，西序首座樂全，□殿海蓉，悅衆道福，監院通印，西堂淨澍，衣鉢海□。寮院傅福，知事達平，書記海月，聖僧淨成，勤藉竟初，維那容福，知藏寂玉，侍者傅貞，□□淡如，副寺覺聞，知客源聰、源清。□收寂存，典座微慧，知浴明祥，營□福元，庀土通明，□歲海全，知衆心明，堂工通明。

（碑存汝州市風穴寺。王興亞）

創修中嶽拜殿三官正殿地基碑記

天下事無以開其先者，固無以繼其後，無以補其終者，亦難以全其始。小功可以補，大功□□足。一善可以全，數善而有餘，此善事之所以有成而無敗，缺而可全者，頂代有同志之人也。如中嶽行宮，汝東之勝概也。不知創建何時何代，歷康熙癸未重修落成焉。然幾百俱□，惟拜殿地基未□，是亦所缺仟佰之一也。適宮殿溫家村社首時君諱繼賢等遊覽至斯，目擊而相商其舉，因歸而謀同村者，村之善士遂各捐己貲，共勤厥事焉。既而人衆爭輸，咸相謂曰："地之未鋪者，下更有三官正殿乎。"於是，一舉而兩全其美焉。然所費者雖小，而所鋪者實大也。故勒石為志，以垂不朽云。

社首靳四良、社首溫燦、社首時繼賢、雄俊、靳之亮、周文花、張弘恩、靳大仁、時明、張恤俞、張定昌、李祥、靳士魁、張懷奇、張嗣昌以上各施銀二錢。外有山西□安府客人史巡□、王福保施銀二錢。

郡庠生高松天沐手撰並書。

住持僧妙安、徒□東仝立。

清康熙歲次甲午仲春之吉。

(碑存汝州市風穴寺。王景荃)

游風穴山白雲寺

入山惟深松，聞鐘知古寺。一經絕渡通，兩崖曲以邃。客興水石間，車馬有閒致。不待叩禪關，已識靜者意。

望寺寺在山，登山寺撲地。雲嵐鑽塔尖，日月隔山外。泠泠竹下池，流泉四面至。細脈達前澗，小作奔放勢。激蕩有□響，復環無遠馺。僧清不及泉，瓶缽有時出。人間厭煩勞，物反苦無事。唯應攜搕壺，日日嶺盡醉。

旹康熙歲次乙未秋九月望日，寶應劉師恕題。

(碑存汝州市風穴寺。王興亞)

金裝太尉神像記

且夫天地間，無形而有形，無象而有象者，其惟神乎？即如東嶽鎮太尉尊神，其始原無形也，無像也。攸焉建以形設以像，非所謂無形而有形，無像而有像乎？閱歷年所，與世浮沉，有形者又幾無形矣，有像者又幾無像矣。忍有八善士，出念在茲，釋在茲，不寶金玉而寶善亦苻金烏，又煥然維新焉。洵乎其為無形而有形，無像而有像乎。噫！觀乎此，即謂神能使人為形也，為像也。可時為記。

汝庠生員李紀沐手撰。

金塑匠李含珍、杜喜珍。

泥水匠邢觀瀛。

住持張本興、孫振義。

大清康熙五十五年歲次丙申菊月穀旦立碑。

(碑存汝州市風穴寺。王景荃)

冬日游風穴白雲寺留宿方丈有序

汝州名勝，首數白雲。鼠子跳梁，擾我綠野。封寶地杖策之幽人，蹤煙鎖琳宮探奇少。東山之履，雖名僧卓錫，法可安禪而游士迴車。

誰遣攬勝葉神君之膏雨，偏灑青郊，使遵化之舊邦，復稱樂土。梅芷飄香歲雲暮矣，攜我良友，載酒登臨。蘭若罔爐，遂一夕之情話，清宵剪燭，實三生之夙緣，各分沈韻，莫滯江筆。

四郊安阜樂時康，暇日幽尋詣上方。
曲折看山隨蹇步，從容得句付奚囊。
登前久坐禪房靜，酒後高歌夜月長。
為語同人須盡醉，老僧應不厭疎狂。
魯人楷正則

相邀瑾社許追陪，香刹攜樽得匕來。
寒月澄潭明綠藻，清霜聞砌冷新梅。
山冥野鳥歸林宿，更晚禪僧入定回。
靜者葉能容醉客，推敲覓句共徘徊。
韓寶仁靜立

招提聚首共良宵，蓮漏遲遲清事饒。
敲句渾忘天欲曙，當歌莫厭酒盈瓢。
月流素影松間照，梅發寒香戶外飄。
留宿空山虛籟靜，塵心盡向此中消。
馬振垣金城

白雲古寺共圍爐，相對竹林興不孤。
習匕松風來客座，潺潺澗水繞香廚。
吟成醉里詩千首，傾倒樽前酒一壺。
緘口不言當世事，逮公指點消寒圖。
屈洛賢敬止

為愛名山共探奇，蒼蒼松柏晚煙迷。
縱譚蘭若鐘殘後，細酌樽梢□上時。
清磬初鳴聞梵語，銀釭頻別賦新詩。
塵心不解消何處，領略□情我輩知。
楊泳雪洲

平生書劍兩無能，且喜塵心冷似冰。
正好偷閒來寶地，自應閒靜□名僧。
斷溪水傍橋邊石，午夜香浮寺里燈。
對酒高歌應盡興，松林□指月初升。
馬超凡聖階

松徑重重碧岫高，追攀何葉及兒曹。
諸天佛火明虛壁，野寺霜鐘度哀皋。
梅花繞開香冉冉，月明初上興滔滔。
揮毫自愧無佳句，只共羣公醉濁醪。
魯愚正則子年十齡

經年瓢笠掛山坳，抱拙幽樓遠世交。
靖節遙來犬吠屋，子瞻適至鵲鳴巢。
談心對竹風生韻，話舊觀松月上梢。
愛客渾忘清淨理，尋詩寒夜費推敲。
僧本參登旭

老僧高臥白雲巔靜立，惟許幽人共往還敬止。
竹屋清風常細細雪洲，松林皎月自娟娟金城。
杖慕推愛臨流水正則，載酒偏宜趁雪天聖階。
笑指禪心無任著，相逢不必費言詮澄旭。
聯句一首

康熙丁酉，郡伯徐公牧汝之次歲也。四郊寧靜，人□優聞喜平□瀚，郡之縉紳文學先生，同攀蘿徑，來訪祇園，樂山兼以樂水，卜盡因而夜樽，浮緣訥室照紅燈，獸炭熾爐，獵香裊裊，戶艮□□昏而達□，明月自東以轉西，在羣公賦就□□共欣吐鳳而□衲吟□□□□許續貂，接坐七人，正符竹林之數，賞可一室，可紹蘭亭之歡惕矣。茲宵快哉，此會洵為登臨佳話，足以炫燿名山者也。謹刻貞珉，式昭勝事。
風穴澄旭參敬跋。
康熙五十六年。

（碑存汝州市風穴寺。王景荃）

重修紫雲山觀音堂記

【額題】皇帝萬歲

東路總保李之賓等稟為奉旨墾開事：

州東五十里許，有紫雲山觀音堂，甚勝景也。前遭流寇，廟宇毀壞大半，佛祖香火吸吸乎將斷矣。吾輩不忍坐觀，招服住持道耀師徒苦修，墾開荒地頃餘，不惟佛祖香火弗斷，而僧人糊口亦有其資矣。叩乞本州仁慈老爺，准照施行。

蒙本州正堂吳批，准照墾開。

清軍水利廳周、督糧廳袁督捕廳陶俱批准照。

東至三叉口，北至沙骨堆，西至百枝河，南至五百步坡底。

眾社首靳之林、南奇、靳大水、袁應斗、史正順、形［邢］克長、焦艮玉、馬九功、倪成松、魏四賢。

監生張彥、張星辰。

生員畢歸極、焦允命。

石匠劉起鳳。

住持通耀、通喜，男懷德

仝立。

康熙三十七年十月初一日批准，六十一年四月初一日勒石。

（碑存汝州市風穴寺。王興亞）

題喜公池二古附之

喜公池何似，形如古半月。龍蛇沉竹近，影珠玉層層。
飲之洗詩□，□之生禪悅。吾道何能爾，千載流不歇。

誰將碧流璃，棄擲巘岩下。澄光劍青天，蜃氣結臺榭。
真是蛟龍居，主同蛙魚含。清冷逼勢腸，多少塵心化。
風穴顥石琇題並書。

雍正四年丙午中秋月。
白下楊世鵬鐫。

（碑存汝州市風穴寺。王興亞）

重修玉皇殿石記

【額題】皇帝萬歲

　　州治東迤北去城一舍，古山陽堡，近所稱玉皇頂者，舊有玉皇殿，失志，莫考其始。蓋幾經圮修焉。今復榱折，像墨又將殘落。善人魏光、黑鳴鳳、馬振乾、李可欽等，篤請米家廟住持魏揚甯，募緣鑒修，功成告志。愚因睹其風景，依玉寨、祖嵩山、麓筆傍，襟白雲，左□□釀黃澗之水，右發洗耳之源，崇冠羣峰，景曜汝州，誠汝郡鍾□□靈之盛地乎！謹呈六韻，以誌不朽云。

　　巒嶺鬱疊兮，龍蟠虎踞。巄嵷崒崒兮，麟道鳳矞。氤氳□□兮，災浸格去。雨露□霖兮，人物豪飲。錦繡莊嚴兮，四民力勷。祈報□仰兮，□年□處。

　　監修馬戌、馬□、劉宜民。
　　泥木匠張。
　　金塑匠楊。
　　石匠徐邦科。
　　捐工張海、徐策。
　　汝陽後學弟子武庠生員王宗勃亮鴻氏沐手撰文並書丹。
　　旹皇清雍正七年歲次己酉秋七月落成，後四年癸丑七月吉日立。

（碑存汝州市風穴寺。王景荃）

奉和學憲鄒公原韻二首

風穴寺
汝州名勝地，古寺白雲間。路繞縈紆水，橋連斷續山。
亭芳花滿砌，院洞草頻刪。不是東坡至，松門鎮日間。

喜公池
此地喧塵少，懸泉隔屋聞。濺崖朱閣冷，入沼碧溪分。
澄靜涵松月，清涼護竹雲。遊觀咸有賦，高唱獨超羣。

雍正乙卯年閏四月廿七日，方丈脫穎月。

（碑存汝州市風穴寺。王興亞）

重修龍王廟碑記

　　從來天下之事，乘其未敗而為之，則易以成功。待其既壞而為之，功難以圖績。蓋未敗者稍為拯救可以踵事，而□□□□□□□□□□飭，無以整頓於維新，茲龍王之重修其是乎。粵稽有明以來，此地之有龍王廟也，蓋歷數十年，以至於今矣。時其世遠年沿，相頹相崩，遺制無弗有存，不有以修飾而整理焉，其何以信今而傳後。相其勢而力圖之，此亦一二有志之士，所焉極不能不情深流連於其間也。爰有善士王前士與鄭竒者，出念吾□壽跡宇下，清風細雨，固已被仁恩之汪濊甘霖下逮，又復沾功德之浩蕩，神之為灵昭昭也。顧天下地因以神而灵，神亦自人而顯。今即神像廟宇雖已盡毀，而永福山之下，猶有樹木一科［棵］，爰與多士相為同心戮力，解刻成板，出賣於人，得錢十五，遂即放之於外，至今已有六十餘兩。慨然與鄭竒經理，爰修龍王廟三間，金塑神像，此合眾人之錢糧，成眾人之功德也。又念殿宇輝煌，神像煥發，於以格神祇，人非簧鼓管絃，何以誇大觀誦神功，而顯吾人之虔誠哉！故復出一己之錢糧，匯眾人之功德，特修戲樓一所，於康熙五十七年閏八月二十五日動工，雍正十一年成功矣。命匠人刻着於石，以垂後世，以告成功。余適在茲，特為搆思抒文，以誌不朽於萬一云。

　　潁東城內增廣生員張麗拜手撰。

　　木匠史文□、史文□、邱世□、邱世□。

　　石工劉彬、江連、張自成、張有礼施食桌一張。

　　皇清乾隆元年九月十五日立。

（碑存汝州市風穴寺。王興亞）

免大衆柴坡記

　　余繼□風穴，恒愧夙願不□□德淺薄，有負名山之召，不憚辛勤，率諱參□，惟種田博飯守成而已。數年以來，土木興工，大衆抒誠竭力，次第經營，雖未備美，已漸復舊觀矣。惟茲山之栢，自清初以來，採取以供香積之炊，兼之樵豎盜伐，漸覺林木蕭疎，久擬以煤代薪，俾林木滋長，壯山林葱鬱之观，且以息大衆之肩。奈囊空羞澀，未敢向衆啓齒也。茲有戒弟子永林禪人等，衆議僉同，各輸衣鉢之貲，典地若干畝，每歲取租以供遞年炊爨之需，甚愜余懷。恐日久湮沒，爰鑴石以垂永久。余嘉其意之誠，爰勒記於石。並典地之數，及輸財字諱，俾後人知所自云。

　　方丈徹尚銀壹兩，□□□常銀貳兩，和菴□恂銀壹兩，松菴行壽銀壹兩，徹空通鑑銀壹兩，福慧浴慈銀壹兩，益元照強銀壹兩，桂岩祖芳銀壹兩，園証祖真銀壹兩，萬行普量銀壹兩，福元遠慶銀叁錢，勝樸德玉銀五錢，□堂照空銀貳錢，誠□本善銀二錢，□□明堂銀叁錢，信士馬善學貳錢。

本山方丈脫穎□□□□□□立。

旹乾隆三年歲次戊午七月之望。

（碑存汝州市風穴寺。王興亞）

重修鐘樓記

【額題】重修白雲禪寺鐘樓碑記

傳臨濟第三十五世脫公月主風穴之十載，重新山門禪堂，上及地藏殿，藏經樓，大小諸工，次第畢舉，最後迺募修懸鐘閣，以工鉅費繁，寺中力弗能獨舉也，既落成礱石，囑余記之，恐四方好義士與兩序協力大衆，久而遂湮，無以詔將來勸後人，非自彰厥績也。余唯寺中有樓，重修於前明萬曆十二年，魏博鄭使君記云："寺以風名，君子德也。風以穴名，風所自也。因寺為鐘，播風聲也。覆鐘以樓藏，有聲於無聲也。樓崇上而厚下，蔽外必虛中，四面欲闊以達，勿令雍閼，重簷則壯以固，勿為巧飾。其出聲欲遠，毋不叩而遂鳴，其藏形欲完，亦勿叩而不鳴。興必慮廢，毋以喜事釀速成。廢必修，毋以畏事滋大壞。庶幾永永風聲，隆施靡極，與此名山並傳盛美矣。比鄭公感鐘樓之興廢，推廣其義，以喻官常，以告有位者也。其言大矣，至矣，盡矣。距今兩歷甲子，幸未及大壞，而樓復重修以完，脫公深得大不以畏事滋大壞意矣。"工既竣，脫公囑余記之。余復何言哉！余因思□內士庶登斯樓也，俯仰高厚，宇宙清寧，不可不知風之義，安禪緇侶叩斯鐘也，聲入心通，是空非空，亦不可不知此義。士庶而知此義，四民安業，從欲風動，則風雨節，寒暑□，風移俗易，而萬邦以貞緇侶而解此義，五蘊畢空，大扣大鳴，小叩小鳴，風□不動，獅吼天中，以陰詡王化。庶幾乎不墮宗風，風之時義大矣哉。故曰："知遠之近，知風之自，知微之顯，可舉入德矣。質之脫公，不復河漢。"余言因書之石，以樹風聲焉。

時大清乾隆陸年歲次辛酉春三月，臨汝默庵屈啓賢沐手記。

奉直大夫汝州正堂趙林，汝州同知文為□，防汝州城守營左部曹廷廣，儒學學正孫斌，汝州吏目陳士龍，文林郎知郟縣事張和。

運商朱光先六兩，當商馬益遠四兩，當商張濟昌四兩，當商謝同興二兩，孝廉屈穀賢二兩，舉人王龍記一兩。

本□鄉紳衆貢監生：馬健一兩，郭朝三錢，郭沛五錢，郭甲五錢，王偉三錢，李棟五錢，吳紹關五錢，傅克已三錢，吉星照三錢，李齊若三錢，李木定二仆，丁錕二仆，陳秉敏二仆，李武烈二仆，張勉二仆，盧宗二仆，李朝相一仆，王清士一仆，馬逢士一仆，崔生芳一仆，路生蘭一仆。

郟邑紳衿商人：趙咨謀三仆，柳子溫一仆，楊弘福一仆，劉弘緒一仆，張存信四仆，趙正義四仆，吉誠四仆，曹一標二仆，張成烈一仆，馬凌霞一仆。

本山當代方丈海月率兩序：

首座普淨、都監大慈、監院照強、知事了全、維那際文、副寺通年、興座慶良、立歲印興、知眾純生、庫司廣漢、悅眾真元、副悅淨法、睿元正泰、耆□普量、西堂照明、□頭自珍、書記祖真、知藏本善、知客普同、知浴照常、知殿行修、記錄廣績、延賓道全、衣鉢大珏，湯藥大機，營辦大興、監收廣慶、監修德善。

莊主大惠暨大眾仝立。

（碑存汝州市風穴寺。王興亞）

李家祠創修觀音堂前戲樓碑

堂北數武，有隙地焉。春秋報賽，於茲歌舞，乃對越之地也。舊無戲樓，每歲當報賽之期，演戲苦搭臺之煩。村中范子士先生言念及此，不勝慨然。於是，會眾捐資，首事興工，營建戲樓一所。工成，畫棟飛雲，簷牙高啄，方之柏梁華屋，今古可相輝映。然則斯樓之建立，豈惟為人一勞永逸計哉！而越之際，神明亦定悅矣。爰立石以誌。

汝庠廩膳生員邵文源撰文並書丹。

清乾隆六年歲次辛酉律中黃中之吉。

（碑存汝州市文物保護管理所。王興亞）

重新四堂及書齋廚房土地祠三聖祠碑記

知州宋名立

州舊治燬於兵燹，遂即分巡道廨舍，而更之庭域，雖不甚深邃，而規模宏敞，頗為壯觀。庚申嘉平，余來任事，凡退食燕居，偶值狂飇急霰，則滿屋蕭颯淋漓，飄搖震撼，岌岌乎蹈不測，吾甚恐。蓋自雍正四年，前守宜君修葺前後兩堂，工未竟，而宜君左遷去。故堂以內無論書齋、臥室，率為風雨之所摧殘，鳥鼠之所剝蝕，閱五六十稔，蒞茲土者，因陋就便，未嘗加以丹堊掃除之功，無怪乎朽腐者日益傾欹，穴隙者日益灌莽，在在皆然也。夫出而作，入而息，不有寧居，其何以安？此人情之常，非比亭臺苑囿，窮侈極靡，娛人心，悅耳目者之所為，雖在小民于茅索綯乘屋是亟，矧以堂堂州署，簿書堆積几案，上漏下濕，浥爛堪虞，即繙閱綜理，實煩且勞，而棲息休沐地，時切驚駭徬徨，倘立乎巖牆之下，曾不一趨避焉。我躬之不閱，又遑廬閭閻之野□露處，一體恫瘝而袵席之也哉！爰是庀材鳩工，圮者植之，缺者補之，蠹者易之，漫漶黝堊者墍塗之，繚垣卑痺坍塌者固壘而增崇之。匠氏廩以工數計，材木陶植料以箇數計，節捐養廉以濟用，不費民間絲粟。擇其急者，整飭繕治二十有四楹，足以容膝理事，餘故緩。詎敢踵事增華，亦聊免於棟折榱崩，僑將壓焉云爾。因撮其畧，以誌廳事之隅，冀來者之或寓目歲時，彌縫其闕，經久勿壞，毋若郵傳然，一再過而忽諸，並以諒予之不得已也。

乾隆六年。

(文見道光《直隸汝州全志》卷三《公署志》。王興亞)

便民倉記

夫惠民之政，首重常平，社倉而名在實廢，無益編氓，貽累守令者有之。年來，中州大法小廉，仰體聖主愛民至意。倉儲咸裕矣。余自申冬牧汝，即清釐各社倉儲，所部有丁、余、沈、孫四屯，營民皆離州治百有餘里，祗丁屯稍近，立有社倉，餘皆未設。一遇凶年，官民皆束手無策。爲民父母而坐視其顛連無告，可不預爲籌畫乎！用是余先行倡捐，爲各補立社倉，委公直社正副掌之，優以禮貌。故社谷日漸充裕。復念長平官倉春借秋還，爲法至善，獨吾屯民以地遠而不得霑升斗之惠，未免向隅。余爲力請於各憲，以運江谷石，採買於適中之寶豐，捐資置買南門內地基一處，建廒十六間，公廨三間，給事廚舍咸備，垣牆大門，莫不堅整，貯谷肆千餘石。連年出放監收俱委寶尉王秉槐。尉能體余心，而出納公平，民甚便之。茲余被命，特調西屬，善後經久，能不廑懷。蓋州縣常平設於治内，斂散之時，稍涉疏虞，經承僕胥揹勒守候，淋尖踢斛，諸弊叢生，利民者反以之厲民，甚且厄滿中飽，上累及官。況此倉建於寶治，去州九十里遠，當事者振刷稍懈，實之宰尉既不便越俎，而稽領收之際，諸弊尤爲易生。余不能不爲屯民慮，尤不能不爲後之當事者慮也！余雖去汝，是役也，實余創始。爰輸誠諄告，望後之君子勿問遠邇，時廑諸懷，俾屯民實被其澤，當事不致受累，免指余爲歷階拜惠多矣！敬勒貞珉，鑑余忠曲云。

時乾隆十年歲次乙丑四月中浣，汝牧穆蘭山宋名立記

(文見道光《直隸汝州全志》卷四《倉儲志》。王興亞)

重修廣生殿宇序

世嘗稱廣生殿司生死之權者，予竊疑之。當化育萬物乃天地自作之用，夫豈沾之要，尤以司之乎？然白元之黎庶蔑爾。於是，祈禱□想，亦以厚德普育，恩無以報，姑假此以自盡耳。□□不息，儼若不仕彼而在此者，此聖母殿創修于前，重修於後，享而祀之者之有由然也。汝郡東中嶽廟右有聖母殿，年代久矣。社首靳君士明等憫其頹敗，募衆善捐貲財，革故鼎新，燦然而改觀者，亦何能報廣生之德于萬一也乎。

峕汝郡靳國定莫庵氏撰文。

大清乾隆十年歲次乙丑冬十月吉日。

住持道人黃教文。

刻字匠人趙朝業。仝立。

（碑存汝州市風穴寺。王景荃）

創立詩宗祠記

知州宋名立

《詩》首三百篇，而《周南》爲風始，《汝墳》三章，又《此地》篇什之權輿乎。自唐以《詩》取士，希夷劉公崛起汝陽，步前人之章程，爲後來之領袖，卓然莫與京矣。歷金、明以迄本朝，宗、張、吳、任四家，皆著有集，膾炙人口。今州人士主而宗之，意欲建祠以祀，質之於予。不禁欣然神往。夫梅禹金編才鬼，賈閬仙祭詩神，寧無取爾耶！昔年曾覽浙省通志，載紹興府設立詩巢，祀唐賀監諸詩伯。良以楷模在人心，俎豆在後世。汝州一瓣香，敬爲劉希夷諸公，固其宜耳。汝陽書院內，予新建有學齋，今於中間置主設祭，不但表彰先賢，亦可興起後進，將見州人士風軒月榭，商確推敲，揚扢風雅，鼓吹休明，於以歌詠聖朝之功德，而追商周魯頌之作者，顧不盛歟。

乾隆十年。

（文見道光《直隸汝州全志》卷十《藝文志》。王興亞）

重修拜殿碑記

從來廟前有拜殿三間，不知創自何時，余不暇稽。但經歲已久，椽瓦毀傷，棟柱頹敗，岌岌乎將盡傾覆矣。吾謂既有創於前者，必有繼於後者也。今有善士靳士明觸其情感，不忍漸至湮沒，慨然有興廢舉墜之念。於是，約同衆善士焦廷舉等，募化銀兩，各捐己貲，齊心戮力，以共勷厥事焉。經理無幾，而興作已告成矣，煥然已一新矣。若此者，雖非希世之善，其壯觀也為何如哉！今既落成，有住持道人黃教文，不知余才學淺陋，求余為文以刻碑，余辭之不獲，乃援筆楮疆為俚言，聊口記善云爾。

汝州處士梁元發撰。

社首靳士明。

峕皇清乾隆拾壹年歲次丙寅玖月吉旦仝立。

（碑存汝州市風穴寺。王景荃）

重修三官廟碑記

乾隆十三年歲在庚午十一月之吉，重修三官廟神像，煥然一新。工竣告成，謹書姓名於石，以宏前後之美。俾萬年香火不斷不滅，為不乏祈報瞻仰之地，不沒明神靈爽之德乎！因書名於石云。

社首安文德、馬挺生、王錫谷、安文鳳。

（碑存汝州市風穴寺。王景荃）

重修廣生殿碑記

蓋聞天地之大曰生，夫生至天地，凡有形有色者，皆並生於其間。其生尚有不廣乎？而世又有廣生殿之說焉。何也？意者以生命名，而天地生物之心也。以廣生為名，亦即此天地好生之心也。業德同天地，功在斯民，自應建廟設像，血食於斯世焉。中嶽廟右，有廣生殿一座，前遭風雨損壞，吾祖士明於乾隆十年，約會衆善，將上覆重修，後被秋雨連綿，又將南山傾倒。吾祖士明約同吾兄聖璽，共募周圍善士修廟宇，煥然一新。功既畢，予因為之記，以示不朽云爾。

汝郡後學□□□撰文並書丹。

社首靳士明、社首靳聖璽、社首靳士傑。

清乾隆十八年歲次癸酉孟夏穀旦立。

（碑存汝州市風穴寺。王景荃）

金裝中嶽行宮記

嘗聞父老之言：中州嵩山，乃名區勝地，為崇聖帝托跡之所。每逢聖神朔望之時，四方人民咸朝山而禮拜焉。斯地環列，善士亦奉齋大社於茲。至聖誕，而進香嵩山，因覽名山之景況，玩殿宇之勝概，歸而同社之人，各捐貲財，共勸厥事。制就文武執事，並行宮一座，較之嵩嶽之形勢，有大小而無異同。建斯宮也，固以妥行神之盛靈，亦以壯一社之榮光也。予昔從學於此，見駕後粉板，尚有遺跡可稽，于順治年間創立，于康熙年間重新。自大社不舉，經理無人，歷年久遠，職事盡廢棄矣。行宮雖存，而神龕崩裂，聖像垢污，昔之壯光華者，今則不堪入目矣。適有吾堂嬸靳李氏，身遭災祲，命從堂侄靳聖敬至廟中而禱告焉。聖敬見行宮破碎，向住持而言曰："吾母若愈，願將行宮更新。"未幾，而病果愈。堂嬸遂使孫靳法、孟敬請畫工將神龕裝飾，聖像金塑，視昔之采裝，愈覺光耀奪目矣。功既成就，予因勒諸石，以誌神之靈應不爽云爾。

信女靳門李氏，善男孫靳法孟。

住持黃教文。

石匠毛祥。

畫匠王玉。

岢汝郡後學□□□撰文並書。

龍飛乾隆二十年歲次乙亥三月莫春穀旦立。

（碑存汝州市風穴寺。王景荃）

募化重修玉皇山小引[1]

　　竊謂玉帝威弥八荒，德鎮九霄，三界侍衛，五帝司迎，萬神朝禮，後使雷霆，包羅乎天地，養育乎羣生，神武昭彰，功德顯跡。霹靂玄宗，萬炁衍廢，雖掛海冰天，陰崖暘谷，莫不建祠而尊礼之。神之為功于世道人心，一大矣哉。今汝州東北隅，距州三十里，原有高山峻嶺，名曰玉皇山，其來久矣。北接嵩山之氣，南臨汝州之秀，東有黃澗繞於左，西有白雲峙其右，偉然汝之大觀也。但年深日久，風雨漂搖，墻垣敝廢，木植蠹朽，幾將頽矣。則脩之宜急矣。茲有善士馬君諱世俊等，素行樂善好施，愿捐貲財，以重修為己任，但功果浩大，獨立難成，仍乞於四方善男信女，隨心捐助，共勷厥事。工成告竣，刊石以誌不朽。

　　做文杜龍章。

　　書字秦思言。

　　首事馬秉法一千二百，馬秉成一千二百，馬秉仁一千二百，宋有才一千四百，馬來忠一千四百，馬世俊一千二百，馬何忠三千，馬秉北二千，馬秉光一千四百，王鳳羣一百，郭□一百，郭□□一百，王可□一百。

　　何墾：化主王全義二百、王全礼一百、何成功一百、高義員二百、王林山、馮子義、魏茂孝、方天茂、劉貴、何香、□世祿、王天合、程孝、翟龍、武公顯、劉榮、劉貴、劉文舉、劉松、李如松、李光、馬照乾、郭松林、王棟、楊百誠、黃經法、苗貴、雷成、李龍、李鳳、李□、李法、王全、化主王宗見、王春、

　　劉明倫、劉明鳳、劉明□、姚學義、宋天祿、任自立、王蘭、李景、李斌、李強、于□、王□公二百、王錫　三百、張化清、李臣、任近忠、崔承進、黃敬脩、

　　董天德、董天仁、□□忠、□孝、李元德三百、李宗堯、鄭有林、楊彥章、楊法、□定業、何□泰、劉囘、郭□建、劉榮、苗宗見、郭有德、郭珩、郭琨、

　　郭倫、郭俠、郭登鰲、馬元齋、黃星辰、盧順仁、□克信、王□同、王廷、于志德、杜承業、李山、于志鳳、于志龍、張玉書、程鼎甲、

　　化主□可、□和有、□□□、□□□、鄧可□、□□□、侯□□、程聯□、程□□、程□□、鄧可□、鄧可良、楊□福、□□生、□□道、閻發財、和有義、李向和、

　　馬秉有、馬萬全、馬秉□、馬秉禮、韓有才、馬孝、馬秉坤、□顯、□彥、□士美、馬懷、馬梓、馬聚方二百、馬垣、馬萬祥二百、馬聰二百、王瑞、□成仁、

---

[1]　該碑斷爲兩截。

宋文興、王建、馬思聰、范孝顏、鄭永春、馬文龍、馬文璨、宋文頻、姚博、馬磊、馬憲、馬官、李蓮、馬爾泰、馬守福、□泰、李之本、寇元有、陳敬、

馬松、馬龍、馬勝、馬文興、馬文禮、尚宗□、尚宗本、尚宗端、楊起文、尚宏道、尚宏朝、尚宏池、尚宏秀、尚宏福、尚宏祿、劉逢賢、劉逢德、

劉進□、六□、尚倫、尚宏林、尚宏恩、趙德、武建德、李守云、郭曾文五十、尚全五十、李黨、趙宏章、曹貴、馬聚茂、馬聚貴、馬聚才、馬有才、

□□、□克勤、趙進才、于和明、郭全義、李元茂、楊進才、王世富、付有德、王衛、劉起才、劉永振、孫永裕、□法、付有能、李平、孟有仁。

毛福、李寶松、孫永壽、吳遠文、王澤鳳、化主郭懷仁、王世英、王世華、張體乾、劉元善、劉元瑞、牛先龍、王鎔、譚希禮、譚希戎、譚希玉、范林有。

譚井、譚範、譚義、化主于志君、于天才、于志魁、于志□、于潤脩、于成脩、于重脩、于重顯、于永彥、于□、化主李之顯、王世貴、□通、郭□珉、傅潤茂。

李子順、□武、化主郭廷俊、張金榜、郭俊、樊朝宗、張起先、張永福、衛武城二百、尚元君、靳興仁、監生郭泰階、侯輔邦、侯玠、常玉、孔明信、賈有亮。

孔紹、孔明普、賀成玉、程繼□、鄭有福、降用泰、楊成功、武生范占鰲、范宣、范學速、范學敏、范學曾、范茂林、范學虎，以上各一百。

高重五十，于偉五十，劉存明五十，高祥五十，□□五十，□□□五十，郭永學五十，賈存彥五十，許□五十，許□五十，喬□有五十，姚明五十，喬林五十，陳耀五十，賈存鳳五十。

畫匠郭世昌。

石匠寇元有、陳敬。

泥水匠張二。

旹大清乾隆叁拾玖年玖月吉日立。

（碑存汝州市風穴寺。王興亞）

汪太老爺德政碑

【額題】賜進士 日 月

汝陽東北五十里許，有紫雲山，山水秀麗，甲於西京，吾郡之勝槩也。中建觀音堂，不知創自何時，據重修碑刻有香火地數段，其東與仙人堂接壤，近因地界不明，彼此構訟。蒙青天汪太老爺公斷，兩堂以分水嶺為界，人心悅服。各有遵依，甘結存案。然恐後世遠年湮，好事者出，互有侵佔情弊，再滋事端，因勒諸石，以感公之德政，並羅列四至。東至分水嶺，西至石板河，南至五伯坡，北北至沙骨堆，地界已明，絕無葛藤焉，故立石以誌之。

賜進士出身奉政大夫知河南直隸州汝州事軍功隨帶加二級又隨帶加一級紀錄七次江南江甯府江寧縣仁明諱濤字亦山汪太老爺德政之碑。

豈本山住持方丈廣富、廣舉、廣越、廣文、廣位、廣惠、廣修、廣□、廣禮。

徒輝、緒明、緒寶、緒河、緒禮、緒蘭、緒瑞、緒朗、緒林、緒愷、緒代、緒榮、緒端、緒丕、緒成、緒道、緒經、緒祿、緒乾。

徒孫本明、本惠、本珠、本誠、本玉、本定、本品、本月、本旺、本杭、本立、本祿、本通、本貴、本性、本柱、本超。

曾孫覺環等仝立。

龍飛大清乾隆四十二年夏六月下浣榖旦。

（碑存汝州市風穴寺。王興亞）

皇清賜進士湖北潛江縣知縣例贈奉政大夫海齋王老世臺先生暨德配誥封七品孺人例贈宜人任老太君合葬墓誌銘

賜進士出身原任山西大同府陽高縣知縣年家眷世弟石文秀鍾靈甫頓首撰文。

庚辰恩科舉人直隸正定府新樂縣知縣年家眷姻晚生甄時濟清鞠甫頓首書丹。

丁酉科舉人受業門生耿生泰位東甫頓首篆蓋。

歲乙卯，應試至汝，謁汝濱老夫子於汝陽書院。維時從遊者□□□百人，英傑輩出，桃李盡哉。僕亦執經講業焉，兼晤世臺昆王三槐齊茂，而公濯世臺先生，年甫弱冠，早登賢書，姿高學醇，磊落英爽，望而知其文章經濟，為當代巨子。厥後，題名雁塔，踵接黃魯，僕亦濫隸仕版，浪遊三晉，暮雲春樹，時縈遠懷，前解組來汝遊訪，始悉世臺先生功成，別□□□師母耿太孺人，春秋高，終養回籍。噫！余曩所傾心為文章經濟士者，誠無愧天地間一完人矣。詎今歲春仲，嗣君菊圃世兄造門，垂涕而請曰："先大人捐館已三年矣。先孺人又相繼即世。卜葬有期，惟此墓門石，乞生一言，以垂不朽。"嗚呼，痛哉！《大雅》云：亡老成凋謝，表揚懿美學士之表也，況世誼□好寡，余素所景慕者，弗敢以不文辭。

按：先生諱睍，字公濯，晦齋其號也。生而穎異，長益崢嶸，遵汝濱夫子庭訓，早擅文□，歲十二，列諸生，十六中副車，己酉魁於鄉，乙丑成進士，候選回籍。慨然以開啟後學為己任，鄉學義塾爭聘不遑，而汝陽、春風、召陵三書院主講席者，接讀數載。化雨廣被，文運宏開，由汴洛而河朔，而秦、晉，入膠庠，掇巍科者難更僕數。迨筮仕經綬羅田巖邑，而值凋敝之後，先生酌緩急，劑寬猛，首隆文教，移建黌宮，創立書院者三，一□□，一叢桂，一蒙養，均延師訓迪。公餘仍親課其甲乙。邑科名甚艱，一經振興，而丙子余生即奪秋魁，謂非觀風選秀而成者。與其治民也，案無留牘，獄無枉縱，清慎勤，數載如一日。有巨盜連劫鄰封州縣，多涉吏議，而羅境秋毫無犯，□其所以，曰不敢干王君法，亦見安攘之一斑矣。庚辰春，上憲稔公才，委兼攝蘄水縣篆，衝繁鉅邑，積案甚夥。先生從容剖斷，不數月而一空。邑人士有三月大治之歌，刊佈兩縣幾遍。至十年報最，□□潛江縣。羅邑士民借寇未□，特建生祠，題額"臨汝王公"，有十年丕著循良績，一旦難忘父母恩之頌。蓋寔錄也。蒞潛半載，首建江堤，接辦大差，□□北上，回任，候陞□旌方面正在指顧，乃眷念萱堂，陳情乞養，非忠孝兩全，大節不渝，曷克臻此。

憶先生蒞楚棘圍，總與分校，所拔皆名宿，於今入詞垣為守者十餘人，卓有賢聲。所著有《槐庭制藝》、《柳邨詩草》，未及校梓而已紙貴云。若德配任老孺人，亦有不可沒者。幼毓名門，夙嫻姆教，當于歸時，□世先生已中副車。親□□業，磨礪方殷，孺人績聲與書聲相軋，時以遠到勗之，且具□一堂，□孺人裙布荊釵，親操井臼，菽水承歡者二十餘年。翁姑色喜，有佳婦昌後之譽。爾時教授生徒，兩世繼美，飲食訓誨，往來不絕。□食指浩繁，孺人力。三中積率奴婢□勤苦，晨起入庖，更余方退，爨烟所襲，熱淚紛拔，毫無怨言。即至居官顯貴，食無兼味，衣必再澣，仍是寒素家風，世先三性，嚴屬鑑水，弱民狎不事姑息，孺人每矜恤相規，聞者莫不感激。其事我師母耿太孺人也，迎養至署，孝義悟篤，食必躬炊，器必親滌，物必手奉。厥後太孺人以家務言旋千里，神注夢寐難忘，及告回籍，目擊垂白霜。姑晚年喪明，□孺人愈為心惻，先意承志，晨夕不離左右者數年，延至不起。含殮□葬，盡哀盡禮，時□世先生以痰火氣，動輒即昏迷，而嗣君宦遊江左，大事悉孺人獨身任之，日夜焦勞，心力俱疲憊，嗣□言及泣數行下，則是向之克勤克儉者，至此不又稱巾幗丈夫哉！他如綿恩誼於小郎，泯嫌疑於娣姒，下即臧獲嚴而寓慈，以及睦姻族，周里黨，恤孤濟急，扶災救危，種種懿行，难以枚舉。茲者子姓繁盛，瓜瓞綿綿，固我世先生燕謀之□，亦孺人之培植者厚，且先生卒之日，距康熙壬午年，又六月初七日，享壽僅七十有七。孺人卒之日，距康熙甲申年十一月十九日，享寿亦僅七十有七。生子二：長時亮，廩貢生，署江南徐州來安縣知縣、池州府同知、督理鳳陽關稅務，現擬服闋，補官江左，始娶馬氏，本郡太學生□□貴次女，繼娶伊邑庠員傅公元勳女，庚午科舉人、杞縣教諭念祖胞姑；次時露，幼業儒，聘劉氏，吏部候選縣丞諱王璈次女，副室徐氏出，生女四：長適太學生李公諱坦子太學生東銘；次適貢生馬公諱欽明子太學生奎東；次適己酉科舉人丁公諱文輝子珏；次適太學生馬公諱長貴子永齡；俱孺人出。孫男二：長鳴呵，業儒，娶本郡庚辰恩科舉人、直隸新樂縣知縣甄公諱□□□女；次鳴□，幼業儒，聘□邑丁酉科選拔貢生吏部候選教諭張公諱清儀長女。余素□景慕，知其家世冣悉，□□□為誌而並繫以銘，銘曰：

嵩山毓秀，汝水發祥。哲人聲隆，邦家之光。仁□三□，□□□黃。義川黎庶，俎豆蒸嘗。遙瞻佳城，鬱鬱蒼蒼。眉合德□，歿後彌彰。鶴駕雙並，合祔永廣。哲嗣振□，□□寢昌。□萬斯年，既吉且康。

峕龍飛乾隆四十六年三月二十五日。

孝男時亮、時露泣血納石。

（碑存汝州市博物館。王興亞）

漱玉亭記

己酉冬，家大人典郡汝陽。余自京師來省視，聞白雲寺泉清峯秀，偕兩弟及同志讀書山中，登臨攬勝，無境不到。寺景有八，而琭珠崖為八景之一，不百步，有隙地，可半畝，水流於□，竹挺於上，嶺然雜陳者其石，森然爭植者其樹，而荒蕪不治，竟成廢墟。予徘徊久之，念茲泉石乃自然生成之境，竹與樹則人為以助泉石之觀者，今乃為奧草淤泥所蒙翳是，豈天地之心與前人培植之意乎？於是，芟其繁，去其穢，既焚既刈，亦釃亦鏬，嘉木立，美竹露，奇石顯，而清泉瀉流，益淵渟而可愛。爰構亭其上，但聞飛流□漱，萬□璨琤，同志顧之樂甚，謂陸士衡詩："山瀉何冷冷，飛泉漱鳴玉。"其在是乎？遂名其亭曰漱玉。家大人嘗訓予曰："莠草不除，嘉禾不植，殘暴不除，善良不安。"是故天地生物，必因人力以成。其類如此。余於泉石竹木，蓋亦體此意，以治之云爾。建亭作記者，金陵王鼎文也。從而慾惠者，弟鼎言、鼎亨也。襄其事者，江甯胡鈞、長洲汪師軾、郡人孟□□、孫泰、孔繼炳、李□南、岳□靈、鄭同聲、黨雲松、李泰嚴、王脩幹、張先甲、李澤廣、王樹□、馬惟和、魏金聲、□□□、□□、張魁生、韓宗、魏韓本、魏張植也。

乾隆歲次辛亥三月上元王鼎文記並書。

汝陽彭鳳翔鐫。

（碑存汝州市風穴寺。王興亞）

重新中佛殿神像記

郡城之脉，由北罿峯蜿蜒而來，形家以紫霄為主山，而白雲寺居其中，亦靈氣所鍾之地。自延沼開山，滄桑代謝，梵宇琳宮，呵護不廢，固臨濟傳代宗門也。

郡伯蔡公来攝汝篆，政通人和，百廢俱興，偶值恒雨不節，悲傷田功，躬率州人士，禱於茲山。已而，天開山霽，雲散雨停，農歌於野，商慶於市，秋禾稔熟，年登大有，皆我公之力也。公不自以為功，歸功於神，入寺見佛像闇淡，愴然有感，遂出廉金若干，命工新之。俾金光紗現，法力普護，為民之心，可謂至矣。自古循良之盛，莫過於兩漢。其治績，載在史冊，卓卓可傳者，指不勝屈。要皆仁心為質，以實意，行實政，故力能格天，休徵相應。今公以愛民之真，能使積陰頓消，嘉穀報成，其視古循良為何如？而藉是以盦神庥，金碧燦爛，事有相因，而成者類如斯歟！異時者，政成報最，膺不次之擢，燮理陰陽，潤色鴻業，登斯民於仁壽，其澤被無既，又不獨吾墳也，則公今日之惠政，當與茲山並永矣。

思育，正白旗漢軍人。

皆大清嘉慶四年歲次己未秋之吉。

郡戊申科解元雲莊孟藻江譔記。

郡癸卯科舉人漁邨王墀書丹。

郡學生曉園馬惟允篆額。

本山當代住持達興率大衆立石。

鐵筆工陳友鑴字。

（碑存汝州市風穴寺。王興亞）

清福寺碑記

閻嘉言

　　佛寺興於漢，明帝始迎佛法入京師，暫置鴻廬寺，後遂沿襲。凡奉佛之所，咸名爲寺，以資福也。福之所在，人爭趨焉。上有好者下必甚。通都大邑，莫不宏廠莊麗，金碧輝煌。窮鄉僻壤，制雖狹小，而莊嚴供奉，以爲祈福地者，所在皆然。夫五慾三戒，息滅爲宗。寶筏慈航，接引爲事。伊古以來，尊而信者有人，辭而闢者有人，究之信者於佛無所益，闢者於佛無所減。蓋其精神意氣，有不可磨滅於天地間者，豈以是爲顯晦哉！昔朱子欲毀天下佛院爲書院，以崇學校，以育人才。吾以爲不若因佛院爲書院，其勢較便。鄉村有寺，目爲官所，公事會於斯，學館設於斯，倣古里塾黨庠之遺意，藉佛堂勝地以肄業，暮鼓晨鍾，發人深省，安在機趣，不勵以禪宗，而儒風遂敗於因果乎！則傾圮者葺而新之，是亦福利之一徵與！汝南有寺曰大明，考其碑碣，修於前明，命名義取尊王。然在爾時爲尊王，在今日爲反，古資借而適作之孽，甚不可也。爰同衆議，易號清福。佛法有靈，上以護國，下以庇民。皇清之祚福無疆，如來之壽福無量，庶民之錫福無極矣！

　　嘉慶七年。

（文見道光《直隸汝州全志》卷九《古蹟志》。王興亞）

重修白雲寺上客堂暨禪堂齋堂記

郡戊申科舉人森亭趙書田撰

郡癸卯科舉人麗堂王墀書。

郡太學生雨樵屈芳草篆。

　　寺以千峰白雲著稱，而風穴名益播遠邇矣。故《天下名山記》艷稱之。蓋自開元沼師開山，大闡宗風，爲禪門祖席，由是織臨濟法者，代有名衲，護持焚修，迄今未之或替。丁卯歲，余硯田設於茲，與天錫長老，坐譚上方，竟日不倦。見有棟宇七楹，已就頹圮，所存惟孤牆峭立，天錫指謂余曰："此上客堂也。雖余輩寄鉢於此，而實騷人之所憩息，與往來仕宦之所停驂也。心法師超公掌院時，即發念重修，有志未逮。余忝主此席，又將二載，每憶先志，未嘗不寢食俱廢，欲蹴成其事。惜大廈不克，以一木支也。"言之垂涕。余聊慰之曰："廢久必興，有志竟成。公姑待之。"今秋，余自京師歸，從客來遊，甫入山門，見屹然特立，輝煌迎目，則上客堂也。而且禪堂齋堂，靡不次第黝堊之，煥新之，一洗向日之陋。詢於天錫，知其所費六百餘金，輒出於減食省衣之所為，未嘗稍資檀樾，其締造經營，庀材鳩工，監院月中之力為尤多。余聞而喜之曰："和衷共濟，相與有成，天下事大抵如斯。若禪師與月中謂非釋之中矯矯者歟！"天錫退，□弗敏，且引分內事，不欲暴之於人。余曰："費靡功浩，不可以或以且俾後之繼此席者，志公之志。墜者舉，廢者修，庶沼師開闢勝蹟，可與名山共千古矣。"是為記。

東序首座源馥、徒堂、真貴。

本山當代方丈達祿率

西序西堂廣富、臨山覺純。[1]

石工寧同□鐫。

大清嘉慶十三年歲次戊辰小春上浣之吉。

（碑存汝州市風穴寺。王興亞）

眾村山主定規

從來物非己有，雖一毫莫取。一土一石之微，不許偷挈強取。[2] 如有見小之人知規故犯，眾山主公議處罰。且在昔盛時，踧踧周道，男女猶且別道，豈廟上聖會，男女進廟出入之路，□可無別乎。人定規時，值盛會女人由山門出入，男人由偏門出入，不許亂行。若有縱禮無恥之輩，不遵規矩，眾山主公議處治。二規既定，俱宜常守。倘有恃強違抗者，送官究處，決不寬貸。爰鐫石示眾，以防後弊云。

大清嘉慶二十五年三月吉日。

（碑存汝州市文物保護管理所。王興亞）

創修觀音堂臨濟正宗第一十六世本支源流譜

開山和尚兄弟三人，長諱通耀，字騰隱；次諱通喜，字密隱，幼披剃陳州趙廟，名曰伏魔庵。騰公具戒華山。康熙三十二年，二公遊汝境，創葉紫雲山觀音堂。本堂年久無僧，神前香烟將斷，二公入山焚修，朝夕功課不間，時對鐘鼓稱揚，無論冬寒夏暑，晝夜總以參禪為念，訓子孫遵守宗制，習學禪院。不數年，煥然聿新。公住山時，墾開山場，耕田得食，行力精專，不辭勞苦，惟做衲僧本分事。當其始，峰巒巉巖，松栢茂密，恒為虎狼

---

[1] 以下開列三十餘人姓名，字漫漶。

[2] 該碑上在此旁加一行小字：廟中之物，于今定規。

遊息之所。而二公雖受其害，亦不懼其威，但誠心。前□虎狼，後漸次遠遁。迄於今，觀其懸崖峭壁，山環石衛，中間清泉長流，潺潺滌俗，真堪稱明心見性勝區也。騰公長徒心秀，字光含；二心慧，字便含；三心定，字靜含；四心淨，字普念；皆有行力於此。密公乏嗣，騰公令四徒心淨出繼為徒，本堂諸公率徒修理，有碑。時考康熙五十五年，騰公又創住州西南崇興寺，而觀音堂還是密公同侄心慧照理。雍正八年，心秀之徒源振，孫廣會，祖孫三人遊伏牛山，在南召縣境法雲寺為住持。惟時騰公居崇興日久，春秋高矣。心慧等請師還山，服勞奉養，而崇興留心定照理，二公老復聚首。騰公念密公未嘗具戒，雍正元年四月初八日，升法座，親與密公說戒。於是，而像乃可並傳矣。傳像之後，住世有言囑曰："吾之徒子徒孫，謹遵律制，不得習學應院，永不許擅分房頭，各主烟爨。尚有不法，立逐出院。自今以後，觀音堂稱謂祖庭。蓋惟歷世恪守清規，不敢違老僧住世前言，尤望後之子子孫孫，各存恒心，自然家風千古不墜。"公有偈復囑云：

　　紫雲山下亦西天，開創艱難數十年。若是家風常不改，臨濟支派福綿綿。

　　次序開山建立祖堂記。

　　心印直指臨濟之傳獨盛。蓋自騰祖、密祖開山紫雲觀音堂，稱為祖庭，其燕翼貽謀誠深，後世當思先老人住世辛苦也。故建立敬設二位老人影像，並過去神主，使臨濟子孫歲歲奉祀，目覩遺像，心念功德，各存報本追遠之意。先老人涅槃入塔時，便祖心慧等住世，有志修堂久矣。闔堂咸体便祖心，協力同修祖堂，以表先老人創業垂統，求傳世世於勿替也。

　　附錄臨濟宗派計開四十八字：附慧清淨，首德圓明，真如性海，寂照普通。心源廣績，本覺昌隆，能仁聖果，常演寬洪。惟傳法印，證悟會蝎。監持戒定，永繼宗祖。

　　崇興堂上係白雲退居方丈本祿字天錫，率徒係白雲現今方丈覺純省乙甫篆文。

　　觀音堂上係興國具戒釋子本玉崑石氏沐手敬書。

　　龍飛大清道光二年三月十五日穀旦立。

（碑存汝州市風穴寺。王興亞）

遊風穴寺詩

　　我聞太華巔，中有啟母石。叠聽萬歲呼，山神望恩澤。層峰削立間，靈異破常格。斯山名風穴，毋乃祀風伯。寺古似飛來，粵有峽山寺，傳是蘇州□祚寺飛來，形勢酷似。何年究安宅。歷萬刹常超，慣聚凌雲客。踏上白雲層，心齋與道凝。秋毫大恍悟，泰山小頓興。美殤推上壽，薄彭加天稱。靜探涅槃緼，物外訪高僧。冥權與事會，學禪說大乘。脫□金沙河，神與古相矜。錦屏開八正，珠簾就薰沐。仙橋拯逝川，吳公洞展讀。澡身大慈泉，無緣洗愁斛。西眺望州亭，怳惚翠嵐屋。夜登玩月臺，重昏如秉燭。古柏交枝柯，雲深無柔綠。金粟爰來儀，文殊時往復。僧吃自然齋，戒律彌整肅。薙草置徑行，於茲開一局。放曠學莊周，羈孤類楚囚。用啟息言津，掩室卻道謀。若存還若亡，不約到瀛洲。挹彼朝夕池，權當禊事修。魯陽迄齋陰，乘興快登臨。佛衣綠暫廢，了義觸新吟。大巔頗聰明，索我揮素琴。風流慕江左，雅詠遜圭陰。紅塵迷五色，公餘踞靜域。擬從絕頂追，又虞與天逼。外此廣成陂，省耕屢憑軾。尚有三蘇墳，縱目如相識。書此鎮山門，敢傍石壁側。

　　道光五年乙酉清和月，遊風穴，得五古一章。留贈省上一人。

　　汝州同知嶺南陳光朝拜庭氏撰。

　　癸酉舉人本郡尚夢書蓮溪氏書。

　　嗣法門人真修率兩序大衆立石。

　　李文成刻。

（碑存汝州市風穴寺。王興亞）

風穴山白雲寺重修毗盧殿記

　　郡廩膳生員福堂甫王樹基撰文。

　　郡廩膳生員緘齋甫高金三書丹。

　　郡癸酉科舉人候選教諭丹篆甫尚夢書撰額。

　　將隆赫奕之業，必降負荷之人，而其人其地，寥濶千百里，而適際其會此中，蓋有默策之者，若慧公禪師之於風穴是也。風穴白雲寺，我汝名刹，毘盧殿為其中建極之區，規模□由來已遠，近今數十年來，寺宇不乏重新，而此殿一仍其舊。上雨旁風，漸就剝蝕，意者艱大之投，不得不借其人，而因有待於公耶。公本湖北名宿，歷五台、南海，來遊於此。愛其川秀拔，林樹蘢蔥，遂掛錫焉。和尚體公深器重之，授以衣鉢。體公住院八年，百廢俱舉，艱難辛苦，公分其半，而開水田，築通衢，尤其績之最著者。體公退隱，公主叢席，演濟之正派，廣無上之法乘，宏開慧日，丕振宗風，於說法傳戒之餘，每顧毘盧殿而慨然曰："此體公未竟之業，向所諄諄切囑者，愧未能有以成其志也。"

　　丁酉春，適余設帷於龍山坳，自在庵初至，方丈過訪，公即有是議，躊躇工程浩大，難形於色。余從中慫恿，勸其募化，遂鳩之庀材，踵事增華，不數月，而飛甍畫棟，煥然改觀。落成之日，丐記於余。余以先祖桐、先君麗堂，與此山此寺皆有宿緣，不容辭，且念公以千里聯隔，跋涉來汝，肩重任，成鴻業，卒使琳宮巍煥，寶地輝煌，為山靈生色，誠有不容湮沒者，而亦豈偶然哉！爰即其事而質之，庶公之勤懇經營與夫體公之知人，並衆善之樂於共襄厥事，均足以昭不朽云。

　　誥授奉政大夫、知河南汝州直隸州事加五級紀錄十次楊兆李，署汝州直隸州正堂韓慶聯，州署幕中錢家成，持授河南營駐防汝郟登左部廳李萬松，持授汝州直隸州儒學正堂申憲章，持授汝州直隸州儒學副堂楊德懋，汝州直隸州右堂陳鑒，候補縣右堂余繼法。

　　化主監生馬長庚、舉人閆其泰、尚參、金沼、監生李士□、王□忠金川、李桂聯、恩辰、監生馬惟治、監生于廣施、監生于廣智。

庠生郭雲松、生員耿羣、生員樊鳴臺、監生王德焓、監生馬福、監生楊泰捐四千元。

黃□庚、孫□桂、王作新、郭修裕、張國彥、尚臨渭、蘇定和、許洁五、申定業、張同倫、監生馬啓泰、監生池鳳池、郭□秋、陳鴻聲、監生韓兆發、任中元、崔其泰、尚雲露、馮灝、生員王純相、生員夏應午、范種玉、生員張甲榮、劉作輪、武春和、李俊德、張汝俊、天興店、李元吉、侯景賢、丁成德、張桂林、楊明、姚桂彥、楊大杰、田永福、宋大福，以上各一仟。

王玉、雷位南、吳鎔、楊大謨、李明、合盛號、劉惠楨、趙德一、李榮法、于水根、楊繼孔、吳永祥、劉公海、王廷賢、呂清、魏天祥，以上各三百。

洛陽千總寧綽亭四千。

本寺當代方丈空磬率兩序。

化主當住菩提寺、蒼□寺。

貢生賀空、□生李新中二千。

武生王化遠、監生李從心、馮澗標、張鍠，各一千。

鎮平縣監生梁鐸十千。

義興典、隆聚典、趙振舉、生員張恒貴，各五千。

長盛號程永年一千。程中元、張玉春、祝桂一、張華林五百。賈元音、永成生、永福公、千總劉加、永生昌各二千。□周和、

執事錢良、總理昌梁、監院綺□、後堂淳代、首座綺寄、西堂覺從、堂上覺堂、參頭晉月、書記重有、知客溶潤、知浴祖會、悅衆梅□、知衆□尚、知壇源欽、典座善德、副寺常德、知殿昌梅、燒香福松、□□宗振、延賓覺永、□缸□方請代□芳、參頭遇元、□□源成、□□□文、堂主絪玉、清衆廣□、副悅寧超、湯藥普德、聖僧通林、倉庫理順、兩掃雲讓、同□東德、塔主□□、知隨源林、飯頭方德、水頭復岐、火頭智洲、行堂□嵐、公□溫恒、巡鎮德順、□□重彩、照磨海照。

善人毛步雲、善人張玉同立。

清道光十七年七月中浣之吉。

鐵筆匠王清泰。

（碑存汝州市風穴寺。王興亞）

湯神廟碑記

任楓

天下有名同而實異，古是而今非者，不可不察也。余初至汝，聞城西有湯王廟，竊甚疑之。從來地以人傳，凡神聖仁賢踪跡所及後人，往往建祠樹珉，以誌不朽，若舜井禹穴，胥山孝水之類，要皆不與劫灰同盡者也。成湯革夏命，都殷亳，去嵩汝遠甚，即東征西怨，

經營四方，孜其道路所經，未嘗見之經傳。是役也，胡自昉哉？後余以勸農，稅駕崆峒之野，蓋廣成子隱處也。昔者黃帝登具茨，過襄城，問道崆峒即此。山之東麓數里許，溫泉出焉。考之天下溫泉有七，此其一，鄉稱七一靈泉。上有祠，問之，則即曩所謂湯王廟者。余於是始知爲湯神，非湯王也。曰湯王，後世之訛也。按《三秦記》：有驪山湯。張勃《吳錄》：丹陽江乘有湯山，湯出其下。溫泉之謂湯者，古矣。凡物既久，精氣之所聚，皆謂之神。汝有溫泉，上有丹礬，下有硫磺，可以療民疾，可以溉農田，其功德施於民，當不僅以武后流杯綺麗娛人，如華清之鳧雁石蓮已也，於以祠之，誰云不可？然祠之可也，王之不可也。

《王制》五嶽視三公，四瀆視諸侯，源泉溪澗，不過附庸州邑已耳！今概從而王之，致使世俗顓愚，遞相傳誦，朝夕喧瀆，而真以爲有商之聖人，不亦侮慢之甚乎哉！且聰明正直之謂神，非禮之號弗榮，非儀之物弗歆。夫樂奏樊遏叔孫辭之，況以鄙夫豎子之口，而納明神於吳楚之僭，曾謂靈源不如魯卿乎！余仍表而尊之曰湯神，神之心庶其安乎？既而又聞城之南有堯王廟，訊其故，則陶埴者之所爲也。夫陶之爲此窑神耳，亦獺祭魚豺祭獸，不忘本之義也。而後世遂訛之以爲堯王，其侮聖人，不又與祠湯王者同類而共笑之耶！客嘗爲余言，許、郟之間以薄姬爲始箕之師，溱洧之鄉以子產爲司孕之府，一座絕倒，以此例之，竟非戲談。嗚呼！因文起義，則坊畷咸秩，名姓偶合，則曾母投杼，以及買璞而得鼠，郢書而燕悅，古今來錯誤因循，穿鑿附會，其是非同異之類，若此豈少也哉！因爲之正其名而刊石焉。

（文見道光《直隸汝州全志》卷九《古蹟志》。王興亞）

雲水寺記

任楓

往昔參覺懷大師云：惡不在小，善不在大，雖善知識，憑空簸颺，不果因果，然離却因果，衆人於何處着腳？十數年來，呪心受持，逢人提唱"一般雪月風花路，任爾東西南北行"。一日，有禪僧遠喬者，來自汝東雲水寺，發大願力，以莊嚴佛主爲己任，求予言，徧告閻浮。咦！爾不惜跣足挑水，菩提有種，誰肯不種。塵剎須芥，佛性渾同。最初威音，王以前有無孔。鐵鎚大悲，通身八萬四千，姥羅臂摸索不着，若能直下，承當便可。石女烹茶無手。上天，難不難，易不易，隨君用盡伎倆，終是鬼面獠牙，眼前不肯錯過，多少金蓮撒地，即今此舉天普度，叫喚沿街，福歸檀施。僧合掌大笑，月揭諦揭，諦者回打破葫蘆，人人撞著。佛祖西來如是，如是遂以此募緣，以此鳩工，不數月而告厥成。即以予言爲記焉。

（文見道光《直隸汝州全志》卷九《古蹟志》。王興亞）

任楓墓誌

仝軌

木菴，今之學道愛人之君子也，又與余同年舉進士，相知最深，豈可以不文辭。[1]

木菴，諱楓，字夢道，汝州人。曾大父時隆，大父立紀。父三奇，登丁卯河南副榜，貢入國學，以推官待選，卒後贈文林郎、靈石縣知縣。妣韓氏，贈孺人。木菴爲諸生，即以文章有聲黌序間。順治十一年，舉於鄉。五上公車，不第。康熙六年，始成進士，授山西靈石縣知縣。

靈石當秦、蜀之衝，方西南用兵，大軍數過，騷擾十倍於他鄉。爲吏者又往往追呼敲扑，竭百姓之脂膏，以媚上官爲遷擢計，民不堪命。木菴獨惻然悲之。謂人曰："吾少時，見府縣官不念天子生民之寄，而殘虐無告，甚恨。今一旦備官即忘之，獨不愧乎，顧余何能爲！夫天高不敢不跼，地厚不敢不蹐，以身試不測而無益於民，斯亦難矣！堯夫有言：'寬一分，則民受一分之賜。'吾將疏闊禁網，與之休息而已。"居六年，拊循保護，甚有惠愛，政聲流播千里外。張仲誠客禹州，聞而亟稱之。

一日，偶外出，見石上大繩繫一人，問知其負官租者。大怒，立命釋其人，而笞督租者數十。有訟者，兩家並巨富，各行賂至千金求直。木菴揮之去，曰："無所用此，若金多，何不投之汾水中耶？"卒勸諭之，使歸於好而後已。[2]

鄒人仝軌者渡河來謁，既別去，木菴語所親曰，諸往來過此者，率勸吾爲囊橐計，其賦詩飲酒外，語絕不及私，惟車同一人耳，亦可笑也。蓋其高致如此。好推獎士類，以人才爲性命，而靈石荒陋之區也，人家有坊刻《通鑑》數十卷，則以爲異書矣。木菴始欲大進諸生指授之，已而，無可當其意者。獨時時彈琴作詩，登介山韓侯嶺，慷慨悲歌而已。時太原傅青主抗志岩穴，最少許可，木菴獨與書問不絕，人以是高之。

木菴淡於榮進，自念五六十歲人，不宜與後輩馳騁，顧求去不可得，遂用新例，得待次中書舍人以歸。去之日，老幼哭送百餘里不絕，有送至平陽府者。其仁心厚德，可謂民之父母，而其志意亦可悲矣！既歸里，謝絕世事，方相從故人野老，日倘徉山水間以自娛，

---

[1] 錢儀吉《碑傳集》卷九十二書作：康熙二十年十一月朔，木菴任先生卒，其子鎧將以明年十一月十七日葬於城東十里之新塋，狀來請銘。嗚呼，木菴，今之學道愛人之君子也，又與余相知最深，其可以不文辭。

[2] 錢儀吉《碑傳集》卷九十二此後所載無"鄒人仝軌者渡河來謁，既別去，木菴語所親曰，諸往來過此者，率勸吾爲囊橐計，其賦詩飲酒外，語絕不及私，惟車同一人耳，亦可笑也。蓋豈高致如此。好推獎士類，以人才爲性命，而靈石荒陋之區也，人家有坊刻《通鑒》數十卷，則以爲異書矣。木菴始欲大進，諸生指授之，已而，無可當其意者。獨時時彈琴作詩，登介山韓侯嶺，慷慨悲歌而已"。

而不幸一年遽以死，壽僅六十。汝墳人無大小皆爲垂涕。有兩弟一姪，引與同房，終身無間言。性嗜書，自《六經》、《四子》以及司馬遷、班固、宋諸儒之所論述，靡不究其指歸。與人交，絕去城府，望之夷然，即之溫然，而篤於故舊。至於其人已死，而恤其妻子，愈久而不倦。其論詩，深以世之規模王、李者爲非，而有取於性情之言滔滔自運者，顧其體氣頗疑於俊。自甲寅入都門，與白仲調相倡和，始一變而爲雄渾。寓慈仁寺，每仲調夜歸，三鼓必過其廬，候之以爲常。余讀其所贈詩，有"惜哉天下士，等於衆人行"之句，仲調之於木菴，可謂傾倒矣。卒之日，始爲辭，余閒得數闋，皆可喜者。善行草書，然篤好王文安，他不甚學也。

娶王氏，贈孺人。李自成之亂，孺人年十七，罵賊以死，葬寶豐城西，今改祔木菴墓。繼娶李氏、陶氏，最後娶蘭氏，封孺人。子男三：噔，弟榎子；暐，弟枬子；木菴以無嗣育爲己子，並爲州學生；曠，尚幼。孫男二：龍珠、二美。

汝墳自唐來以詩名世者劉希夷一人耳，絕響千餘年。至木菴而繼之。而木菴學行大節，孔子所謂古之遺愛者希夷不及也。昔蔡中郎爲郭有道碑，自以生平所作惟此無愧辭。余於木菴真無愧者矣。銘曰：

巍巍大雄，汝水淙淙。木菴子墳在其中。

（文見道光《直隸汝州全志》卷九《古蹟志》。王興亞）

風穴八景

雲□臺高月正中，□筵玉樹□珍瓏。無論人在冰壺裏，長誦狂影微□碧。
玩月臺

嵐羣滿高翠滿巔，看清足下走雲烟。浮名已被青山冷，到此輕望樂奉天。
翠嵐□

新情你步白雲灣，聞看珠簾碧岫間。怪店終影懸不起，此中彷佛住雲山。
珍珠篇

何年坡上砌雲根，蕩蕩仙風今尚存。扶杖橋影逢想像，壺中生個有乾坤。
仙人橋

鏡比澄光玉比顏，夕陽倒影浴龍山。阿誰偷剪瓊池水，藏在白雲畫閣間。
大慈□

倩松牧上錦屏風，小小高中四望通。好景便宜運晚照，萬家烟雲接崆峒。
　　望州□

當年石洞酒點生，苦探琅環有令名。剩在此松濤爾數裏，蕭蕭猶似讀書亭。
　　吳公澗

青正長就錦屏風，一幅白雲湧梵宮。異草奇花常在眼，心靈巧於奪天工。
　　錦屏風

（碑存汝州市風穴寺。王興亞）

龍安禪師重脩方丈記

郡廩膳生員福堂甫王樹基撰文。
郡癸酉科舉人候選教諭丹篆甫尚夢書書丹。
郡廩膳生員仙舟甫張金瀛篆額。
　　古之所謂方丈者，有維摩石室焉。方丈之名，由來遠矣。風穴白雲寺前中佛殿，中毘盧殿，最後方丈，左臨珍珠厓，右翼翠嵐亭，錦屏風背出而環抱之，真仙靈奧區也。規模宏廠，而仍十笏之稱，其創始未詳，重脩在康熙三十四年之乙亥冬，迄今百二十餘歲。上雨旁風，漸不可支。嗚乎！以上堂提唱之所，致令與銅駝共咽，其何以廣大覺之傳哉！然而無廢不興，存乎其人，有龍安禪師者，前方丈體公授法之高足也。佛法有緣，爰披剃於殊勝福地，宗風克振，遂領袖乎白雲洞天。當主席伊始，即隱發重脩願，而苦於力之不給，於是，與大衆不辭艱辛，克勤克儉，欲豫積錙銖，以了此義。賴聖天子德參天地，功贊化育，陰陽和而風雨時，連歲大熟，蓄積頗饒，乃於辛丑春，鳩工庀材，躬親省試，凡三越月而落成焉。黝堊丹漆，倍極壯麗，因其餘貲，又為慧命倉舍六間，就基建造，亦相繼完固。夫佛門弟子，多以清閒相尚，如龍公者，固不獨有參禪功，而又兼有幹事之才者也。是役也，雖布金不假檀越，而龍公以如來之身，不遑入定，大衆以羅漢之體，共襄盛舉。則亦誠者不容沒者，記之，以為後之人入斯室者勸。
　　傳臨濟正宗第四十一世當代方丈空禪率兩序：知□吉□、監院妙□、後堂妙一、首座顯□、西堂西賓、堂□妙□、知□吉臨、監院妙□、後堂妙一、首座顯真、西堂西賓、□堂妙禪、□□景奉、□□□奇、庫司鑑宗、堂司慧誠、典座正果、知客法鐸、知泉西□、知殿秀然、庫司琦嵐、衣□□德、清泉性悟、察院宣文、聖僧海照、悅衆通才、副悅党壽、□狀晉陽、□修松章、清泉惺道、舉主本和、飯頭能定、貼案法柺、莊主容泰、侍祖宗人、典務海□，行堂宏慶、倉庫如□、出照海聚、行者春年、水頭覺參、照客素章、公務滿朝、火頭興坤、茶頭沉松、巡山通文、知隨恒泰、圓頭心法、雜務行法、香燈淳蘭、灑掃寂鐸、圓頭覺岐、圓頭本立、拂子淨善。

大清道光二十一年歲次辛丑八月中浣吉旦□□□□仝立。

鐵筆石廷潔、魏役□。

（碑存汝州市風穴寺。王興亞）